COLECTION
FOLIO/ESSAIS

Charles Baudelaire

Critique d'art

suivi de

Critique musicale

Édition établie par
Claude Pichois

Présentation de
Claire Brunet

Gallimard

PRÉSENTATION

> « Cependant des répétitions fréquentes
> des mêmes phrases mélodiques, dans des
> morceaux tirés du même opéra impli-
> quaient des intentions mystérieuses et une
> méthode qui m'étaient inconnues. Je
> résolus de m'informer du pourquoi, et de
> transformer ma volupté en connais-
> sance. »
>
> Baudelaire, *Richard Wagner*
> *et Tannhäuser à Paris*, p. 366.

I. BAUDELAIRE CRITIQUE ET SES CONTEMPORAINS

Lettres à sa mère

De la correspondance baudelairienne des années 1844-
1846 on connaît et l'on retient surtout l'obsession financière
et le comptage des sommes dues. Qu'il s'adresse à sa mère, à
Ancelle, à ses éditeurs ou à ses amis, c'est presque toujours
au sujet de son endettement et des manières d'y remédier
que Baudelaire écrit. Son activité épistolaire apparaît ainsi
comme une incessante demande pour obtenir quelque
argent ou délai de remboursement. Elle apparaît comme un
dispositif pour en acquérir de sa mère à l'insu d'Ancelle,
conseil judiciaire imposé au jeune Baudelaire qui ne tarderait
pas, selon sa famille, à « manger le tout » de l'héritage
paternel. On pourrait cependant lire tout autrement cette
correspondance et choisir de porter son attention sur le
statut qu'y assument les écrits sur l'art du jeune poète,

mieux : à la manière dont il les y introduit et, même, les
institue en tant qu'œuvre et travail. Que Baudelaire n'ait pas
accordé à l'art épistolaire une place et une fonction interne à
la littérature importe finalement peu ici : support privilégié
des relations qu'il entretenait avec sa mère, ces lettres témoignent non moins fortement de ses projets d'existence et de
ses moyens de justification. Il est dès lors intéressant de voir
que les écrits de critique d'art y sont bien plus souvent évoqués que les nombreux poèmes pourtant déjà composés.
A-t-on suffisamment remarqué, en effet, que l'unique œuvre
mentionnée par Baudelaire dans la terrible lettre qu'il
adressa à Madame Aupick en apprenant qu'elle avait requis
un conseil judiciaire est justement un travail de critique d'art
et un « livre de peinture » ? A-t-on suffisamment souligné
cette phrase où transparaît, dans la condamnation même des
résolutions de sa mère, une conception quasi économique de
l'activité critique : « Maintenant, ton parti est pris d'une
manière furieuse ; tu as été si vite en besogne, que je ne sais
plus moi que faire — et que je suis obligé de renoncer à mon
plan. J'avais imaginé que mon premier travail, étant presque
une chose de science, et tombant sous les yeux de plusieurs
personnes, il te serait fait quelques compliments, que toi
voyant de l'argent venir, tu ne m'aurais pas refusé quelques
nouvelles avances*... » Le travail de critique d'art — soit
encore le « livre de peinture » de la lettre suivante de ce
même été 1844 — est donc précisément situé dans cet
échange intime entre mère et fils comme une preuve de
l'absurdité et de la bêtise d'une pareille dation, comme une
preuve de la capacité de Baudelaire à vivre selon son désir et,
enfin, de la possibilité de rembourser ses dettes et de payer
les coûts de la vie par la seule activité littéraire. Qui plus est,
avant même parution dudit livre (dont on peut supposer que
les *Salons* de 1845 et 1846 constitueront l'aboutissement),
Baudelaire ajoute : « Tu me fais une peine infinie, et tu fais
une démarche toute offensante, la veille peut-être d'un
commencement de succès, la veille de ce jour que je t'ai tant
promis. C'est juste le moment que tu choisis pour me casser
bras et jambes... » (*ibid.*).

Outre ces comptes rendus classiques d'exposition que
furent les Salons de 1845 et 1846, Baudelaire ne cesse alors

---

* (*Correspondance*, édition établie par Claude Pichois, Paris, la Pléiade,
Gallimard, t. I, p. 109.)?

de projeter essais sur la peinture ou la sculpture, petits traités sur l'histoire des beaux-arts ou des arts mineurs, plaquette sur la caricature... et ne cesse non plus d'expliquer que ces textes constitueront bientôt une source de revenu assurée. Ainsi écrit-il à sa mère en mars 1846 : « Je me trouve par une série de démarches heureuses en même temps que malencontreuses, — en veine de gagner beaucoup en peu de temps —, mais pris par les dettes que tu sais... » Mentionnant à cet égard cinq feuilletons, il ajoute : « Mais j'ai en même temps mon *Salon* sur les bras, c'est-à-dire un volume à faire en huit jours. » C'est dire que celui-ci, à quelque intérêt profond qu'il répondît, était d'abord gagne-pain et témoignage à opposer aux décisions de sa mère. Ainsi encore le second plat de la couverture du *Salon de 1845* annonce-t-il la parution de plusieurs volumes : *De la peinture moderne, De la caricature, David, Guérin et Girodet*. Tous livres qui ne paraîtront pas comme tels mais nourrissent le compte rendu du *Musée classique du Bazar Bonne-Nouvelle* publié en feuilleton dans le *Corsaire Satan* de janvier 1846 ou l'essai sur le rire de 1855 dont Baudelaire évoquait le projet dans une lettre à sa mère de décembre 1847 : « Il y a à peu près huit mois que j'ai été chargé de faire deux articles importants qui traînent toujours, l'un une *Histoire de la caricature*, l'autre une *Histoire de la sculpture*. » Mais dans la constance du projet de rédiger des livres sur les beaux-arts comme dans l'impuissance qui manque régulièrement à le faire aboutir, le jeune poète trahit sa difficulté d'écrire. Annonçant ses ambitions de critique, il n'est pas sans rappeler la figure du narrateur de *La Recherche du Temps Perdu* faisant à sa mère d'incessantes promesses mais ne parvenant pas plus à se mettre au travail qu'à rompre avec Albertine.

L'écriture de comptes rendus d'expositions et de petites plaquettes consacrées aux arts plastiques apparaît dès lors comme l'objet d'un discours dont la fonction, au sein de cette correspondance avec la mère, est de faire valoir auprès de sa lectrice une capacité de vivre et un désir d'autonomie. Mais ce discours n'en dévoile pas moins simultanément le problème le plus constant de Baudelaire : la procrastination. C'est dire que *souci d'argent et projets d'écriture se répondent alors l'un l'autre* selon un motif dont les formes sont tout à la fois névrotiques et réelles. Souhaitant rassurer Madame Aupick et lui apparaître sous les traits d'un fils pleinement capable de gagner sa vie, Baudelaire lui montre que la littérature peut rapporter tout en lui exposant que la réussite en journalisme demande lutte et conquête. Qu'il ait fallu rassurer cette mère et défendre sa décision de vivre de sa plume, le mot de celle-ci à Asselineau en 1868 rapporté par Crépet en témoigne suffisamment : « Les études terminées [le général Aupick] a fait pour Charles des rêves dorés d'un brillant avenir : il voulait le voir arriver à une haute position sociale, ce qui n'était pas irréalisable, étant l'ami du duc d'Orléans. Mais quelle stupéfaction pour nous, quand Charles a voulu voler de ses propres ailes, et être auteur ! » Le motif de « Bénédiction » ouvrant *Les Fleurs du Mal* correspondait donc sans doute à une réalité d'existence et le problème de Baudelaire fut aussi pour un temps de faire avec l'épouvante et la haine maternelles face à son désir d'« être auteur ». La publication de critiques d'art aurait donc servi de rempart contre cette haine ; elle aurait initialement valu comme manière de s'en garantir. On conçoit dès lors que la commande d'articles publiés soit en feuilletons dans de petits journaux intimes comme l'était le *Corsaire Satan*, soit en plaquettes vendues au moment des *Salons* ait été promue au premier rang par l'épistolier : elle ébauchait un tout autre profil d'auteur que ne le faisaient des poèmes aux tonalités scandaleuses — celui d'un auteur à succès à la manière de Balzac. Cette promotion reflète en outre cet état de la littérature où, selon le mot de Sainte-Beuve « tout était pris dans le domaine de la poésie ». Aussi nombre d'auteurs vivaient alors de journalisme.

Figures du critique en journaliste

Ces lettres où Baudelaire consigne le projet d'écrire sur la peinture ou la sculpture seraient donc le pendant intime des *Conseils aux jeunes littérateurs* publiés en feuilleton en avril et en septembre 1846 et de la petite « blague » *Comment on paie ses dettes quand on a du génie* publiée en novembre 1845 et reprise en 1846. Ces deux textes contemporains de la première période critique de Baudelaire esquissent le portrait de la littérature de son temps. Sur le mode du fragment cynique dans les *Conseils*, sur celui du pastiche et du conte dans *Comment on paie ses dettes...*, ils constituent la reprise des passages d'*Un grand homme de province à Paris* où Balzac représentait cliniquement les milieux de la petite littérature journalistique. Le personnage que Baudelaire tendait à incarner en expliquant à sa mère ses projets de critique d'art est bien proche de celui de Lousteau dans *La Comédie Humaine*[1]. À son instar, il aurait compris qu'il fallait opposer aux ambitions du poète soucieux de publier des sonnets et d'en vivre la dure réalité du monde littéraire. Il aurait donc compris, en termes balzaciens toujours, qu'il avait « six fois le temps de mourir » s'il comptait « sur les produits de [sa] poésie pour vivre ». En un mot, il aurait saisi la nécessité de mesurer le texte à la seule aune de sa valeur marchande. Si la littérature doit permettre aux auteurs de « battre monnaie avec [leur] encrier » et s'il faut y faire avec « les réalités du métier, les difficultés de la librairie et le positif de la misère », s'il faut donc tirer leçon de la *Comédie Humaine* et savoir que seul le journalisme nourrit, c'est dans sa correspondance que Baudelaire en prend acte : en proposant à sa mère une manière d'autoportrait en journaliste. Mais ces lettres disent-elles toute la vérité ? Baudelaire considéra-t-il jamais la critique d'art simplement sous cet angle pragmatique ? S'il est vrai qu'elles désignent ouvertement ses débuts de critique (les *Salons* de 1845 et 1846 à tout le moins) comme manière de payer ses dettes ou, selon la formule des *Conseils*, comme accomplissement de l'essence de la littérature : « Avant tout remplissage de colonnes », la critique conserva-t-elle ensuite ce statut aux yeux du poète ?

On ne saurait nier que la production du jeune critique qu'était alors Baudelaire (jeune puisqu'il débute dans le domaine et publie pour la première fois) comblait prosaïquement le déficit financier auquel l'avait réduit ses dépenses et le conseil judiciaire. Garantissant la rentrée de ce « salaire » auquel les *Conseils* consacraient une section, elle assumait une fonction dans l'économie la plus matérielle qui soit. Est-ce à dire que l'écriture critique n'ait satisfait aucune autre intention et faut-il croire que, paradoxalement figé dans la posture du dandy, Baudelaire ait voulu distinguer son travail poétique de cette prose ? Est-ce à dire que, purement ordonnée à la tâche de payer les dépenses occasionnées par la vie, cette activité critique ait été coupée du souci de poète ? On ne saurait en fait trancher sur ce seul dossier et poser Baudelaire en

1. Balzac, *Les illusions perdues*, Œuvres Complètes, éd. Bibliothèque de la Pléiade, Paris, Gallimard 1952, pp. 676-679, 717. Sur la critique, dans le même volume, *La Muse du département*, p.178.

analogue, cynique, de ce même Lousteau ou du Claude
Vignon que Balzac oppose à ce dernier. Il faut lire les textes
critiques eux-mêmes et non la seule correspondance avec la
mère pour savoir s'il pratiquait le sérieux du second ou la frivolité du premier. Pour savoir, donc, s'il inscrivait sa
réflexion sur les beaux-arts dans le cadre de cette simple
activité de feuilletoniste qui, selon Balzac, « convient aux
esprits paresseux, aux gens dépourvus de la faculté sublime
d'imaginer ou qui, la possédant, n'ont pas le courage de la
cultiver » ou s'il pratiquait au contraire cette critique qui est
« toute science [et] exige une compréhension complète des
œuvres, une vue lucide sur les tendances d'une époque,
l'adoption d'un système, une foi dans certains principes ». La
question demeure : cette activité critique fut-elle domaine
alimentaire cyniquement pratiqué ou laboratoire d'une écriture et d'une pensée, — c'est-à-dire moyen d'élaborer, entre
autres, un mode descriptif personnel et une manière singulière de rendre les sensations et les souvenirs ? Phénomène de
mode ou nécessité matérielle, intérêt primitif à l'endroit des
« images » ou substance dès ce moment ressentie comme
nourriture du travail poétique, quelles furent au juste la
dimension et la portée propres de ces incursions baudelairiennes dans le compte rendu d'expériences esthétiques ?

Mise au point d'une « méthode de discours »

Ce livre de peinture, cette « chose de science » que Baudelaire projetait en 1844 vit finalement le jour sous l'espèce
de ses deux premiers *Salons*, — celui de 1845 et celui de
1846. Tous deux furent publiés sous forme de plaquette et
prolongeaient ainsi un genre bien déterminé depuis
Diderot, mais alors situé entre journalisme et littérature.
Baudelaire adoptait donc — à l'encontre de sa première idée
d'un livre sur les arts plastiques moins assujetti aux données
factuelles d'une exposition (cf. *Baudelaire* par Claude Pichois
et Jean Ziegler, Paris, Julliard, 1987, p. 204) — un type
d'écriture aux ambitions pragmatiques élaboré au cours du
XVIIIe siècle. Il reprenait cette tradition que Diderot avait
dotée d'une dimension littéraire et qui florissait périodiquement depuis le début du XIXe siècle aux colonnes des journaux en même temps qu'il répondait prosaïquement
— comme ses contemporains — à la demande d'un public de

plus en plus important dans les expositions d'art. Formule éminemment pratique depuis ses premières occurrences vers la moitié du XVIIIᵉ siècle, le *Salon* doit en effet permettre aux visiteurs de s'y retrouver dans la très grande quantité des toiles exposées les unes à côté comme les unes au-dessus des autres. Il doit orienter leur regard et formuler un jugement plus ou moins sérieusement fondé que les visiteurs puissent reprendre à leur compte. Baudelaire assumait donc pleinement les caractéristiques du genre, qui définit le *Salon* dans ses « quelques mots d'introduction » de 1845 comme un utile « guide-âne ». Quelque ambigus que soient les propos de l'adresse « aux bourgeois » ouvrant le *Salon* de 1846, quelque fonction qu'y occupe l'ironie, on doit toutefois reconnaître la dimension proprement pédagogique que Baudelaire accordait alors à ce type de dispositif critique. Le compte rendu sera d'abord une manière d'introduire le public, le « bourgeois » à la jouissance esthétique, une manière de lui apprendre ce qu'il méconnaît : l'usage des « cinq sens ».

Mais il faut aussi noter qu'en même temps qu'il accorde cette dimension pragmatique au genre du *Salon*, Baudelaire en remanie très vite la structure et le sens immédiat. Entre 1845 et 1846 en effet, une *mutation de style et de visée s'opère* définitivement. Dans son premier *Salon*, en effet, Baudelaire distribuait son compte rendu en fonction de la hiérarchie classique des genres picturaux. Comme il l'explique lui-même, il adoptait alors une « méthode de discours » analytique et traditionnelle consistant à diviser le travail « en tableaux d'histoire et portraits — tableaux de genre et paysages — sculptures — gravures et dessins, et à ranger les artistes suivant l'ordre et le grade que leur a assigné l'estime publique ». En 1846, en revanche, la composition du *Salon* obéit à une logique de pensée et même à une théorie de la peinture. Si l'ordre de 1845 présentait l'exposition en fonction des critères classiques de la hiérarchie des genres établie depuis la Renaissance, celui de 1846 se compose d'une organisation thématique générale (le romantisme, la couleur, le dessin, le poncif...). Refusant de se découper en fonction de genres depuis longtemps académiques, l'organisation répond à une succession de questions précisément posées en même temps qu'elle dégage la supériorité de l'option romantique-coloriste. Aux incertitudes et aux aléas de la présentation réelle des toiles, elle préfère ce type de dis-

cours que Baudelaire devait tant priser chez Poe : un discours « concaténé » visant à produire un effet ponctuel et
précis sur son lecteur. À une organisation du compte rendu
directement calquée sur le dispositif muséologique, Baudelaire substituait donc un déploiement de la pensée esthétique
autonome ; au strict parallélisme entre ordre du discours et
ordre de l'accrochage, un itinéraire de la réflexion et une singularité de goût. À une écriture orchestrée par la succession
des tableaux au fil de la promenade succédait ainsi, en 1846,
une réflexion et une disposition inédites. Au rythme du
Salon admis et pratiqué par l'ensemble de ses contemporains
(des critiques professionnels comme Delécluze aux écrivains
comme Gautier et les Goncourt), Baudelaire substituait un
suivi problématique de la peinture selon les catégories de sa
genèse (couleur, ligne, mouvement...), et non pas selon
celles d'un succès institutionnel et social. Au lieu d'une
forme dominée par un mode descriptif ordonné depuis les
Vies de Vasari à l'*istoria* narrée par le tableau, il proposait un
mélange d'esthétique et de réflexion sur son propre sentiment d'amateur et de poète. Comme il l'explique au demeurant lui-même, la critique d'un tableau n'est autre chose que
« ce tableau réfléchi par un esprit intelligent et sensible ».
Elle entretient donc d'emblée des affinités avec le lyrisme et
ne saurait se contenter de décrire les éléments de l'œuvre en
visant à l'objectivité. Loin de se mettre au service d'une
demande exclusivement pratique et loin d'aider seulement le
public à acheter, Baudelaire orchestrait son travail autour
d'une idée et d'une histoire de la peinture toutes deux faites
de ressouvenirs. Le *Salon* assumait dès lors les différentes
tâches vraisemblablement dévolues à ce « livre de peinture »
projeté en 1844 : réfléchir et non pas seulement décrire,
esquisser les grandes manières de concevoir le tableau et
rendre enfin, pour reprendre le mot de Mallarmé à Cazalis,
« non la chose mais l'effet qu'elle produit » ou, dans les
termes de 1846 : la réflexion de l'œuvre dans la subjectivité
du spectateur. C'est dire que Baudelaire dépassait la simple
dimension du journalisme pour proposer ce qu'il lisait chez
Hoffmann : « un catéchisme de haute esthétique ». Les
mésaventures du compte rendu de l'Exposition Universelle
de 1855 témoignent au demeurant de cette primauté de la
réflexion sur le journalisme aux yeux de Baudelaire. Tandis
que la première et la troisième partie de ce *Salon* parurent
dans *Le Pays* des 26 mai et 3 juin, la deuxième, refusée, ne

put être publiée que dans *Le Portefeuille* du 12 août. Découragé par ce refus de l'article sur Ingres, il semble que Baudelaire ait abandonné le projet d'un quatrième article. Il demeure qu'il ne sacrifia en rien au ton convenu du journalisme contemporain, qu'il polémiqua vivement en réunissant Ingres et Courbet sous une même accusation, qu'il continua d'organiser son texte en fonction d'impératifs logiques et qu'il adopta la franchise et la violence de ton caractérisant sa critique depuis 1845. Faut-il croire pour autant que seule une théorie de la peinture l'intéressait et faire des *Salons* le lieu d'un exercice critique autonome ou faut-il y repérer l'un des aspects d'une démarche poétique générale, voire l'une de ses origines? En un mot, existait-il à ses yeux un lien entre activité critique et invention poétique?

Une écriture de la critique

Qu'il ait annoncé sur la couverture du *Salon de 1846* le titre d'un recueil de poésies à paraître tend du moins à prouver qu'il établissait lui-même un rapport entre ces deux activités, fût-il de pure réclame. On sait, en effet, combien cet homme, qui demandait à Philippe de Chennevières si son éditeur avait pris soin de déposer des exemplaires partout, était attentif aux relativement récents dispositifs de lancement d'un ouvrage. Mais cette annonce indique plus qu'une stratégie publicitaire; elle rappelle d'abord qu'en 1847, lorsqu'il déclare publier bientôt un « volume grand in-4° », la plupart des poèmes de l'édition des *Fleurs du Mal* de 1857 sont composés (dans leur première version à tout le moins). Si Baudelaire se présentait à sa mère comme auteur critique susceptible de vivre de sa plume, il se savait donc aussi — sans le lui dire — poète. Mais comment cohabitaient ces personnages du poète et du critique : leur distinction était-elle aussi tranchée que le discours tenu à Madame Aupick semble le poser? Était-elle même tenable?

Sans doute convient-il d'abord de voir que l'activité critique composait à ses yeux un *véritable travail d'écriture*. Qu'il ait attentivement lu ses contemporains (Delécluze et Planche pour ce qui concerne les salonniers professionnels; Thoré-Bürger ou Théophile Silvestre qui écrivaient en historiens de l'art; Gautier enfin) ou ses prédécesseurs (Diderot dont l'ensemble des *Salons* fut publié entre la fin du XVIIIᵉ et 1857

et dont *L'Artiste* du 9 mars 1845 proposait justement le
Salon de 1759, Stendhal et Heine que Baudelaire cite en 1845
notamment) montre qu'il prit cette entreprise au sérieux.
Qu'il ait, en outre, réfléchi et remanié la composition du
genre montre qu'il y ressentit une réelle exigence formelle.
En cela il était donc plus proche de la critique sérieuse que
de l'attitude frivole et paresseuse selon Balzac. Loin d'avoir
pratiqué la critique d'art sans lui accorder l'importance
d'une écriture, Baudelaire a travaillé ses *Salons*, — c'est-à-
dire non seulement ses goûts, mais encore sa « méthode de
discours » et l'expression de ses partis pris. Pour les avoir
parfois rédigés sans trop d'orthodoxie, il ne les en a pas
moins réellement pensés. On sait par exemple qu'il ne fit
qu'une visite au Salon de 1859 et qu'il rédigea son compte
rendu de mémoire. Ainsi écrivait-il à Nadar : « Quant au
Salon, hélas! je t'ai un peu menti, mais si peu! J'ai fait une
visite, UNE SEULE, consacrée à chercher les nouveautés,
mais j'en ai trouvé bien peu; et pour tous les vieux noms, ou
les noms simplement connus, je me confie à ma vieille
mémoire, excitée par le livret. Cette méthode, je le répète
n'est pas mauvaise, à la condition qu'on possède bien *son
personnel*. » Comme on verra bientôt, il n'y a pas là, dans
cette unique visite, de quoi s'offusquer : comptant sur la
seule mémoire — sur une mémoire des noms plus propre
encore à éveiller les associations d'anamnèse — Baudelaire
est parfaitement cohérent avec ses positions de principe qui,
dès 1846, avançaient que toute bonne peinture s'inscrit
« dans le répertoire des souvenirs » dans l'instant même où
elle est perçue.

Par-delà l'ironie qui consiste à évoquer, dans une lettre à
Nadar, un texte assassinant presque la photographie (*Le
Salon de 1859*), ce fragment de lettre soulève, en réalité, un
problème technique directement lié aux contraintes et aux
fonctions de salonnier. Il montre en fait l'extrême maîtrise
du genre chez Baudelaire en 1859 — et non une simple
paresse. Depuis son invention, le genre du *Salon* trouvait en
effet sa forme et sa nécessité dans l'absence de toute reproduction en nombre des œuvres. Il était par conséquent surtout une description des œuvres et un palliatif à l'absence des
images : les gravures étaient encore rares dans les livrets et
comptes rendus d'expositions et la photographie commencera tout juste à assumer cette charge vers la fin du
xixe siècle. Et s'il est vrai que le débat sur la qualité et la

valeur des reproductions photographiques d'œuvres d'art s'ouvrait autour de 1855, il n'en demeure pas moins que la réalisation matérielle des supports premiers d'un *musée imaginaire* (magazines, revues, cartes postales, diapositives, catalogues...) est encore lointaine. Quelques progrès qu'aient fait les techniques de reproduction et d'impression, la critique d'art relève encore, au temps de Baudelaire, du seul discours : en dépit des nouveautés qui permettent à la presse illustrée de se développer dès les années 1830, elle conserve le devoir de décrire et ne peut encore déléguer cette fonction à l'image (photographique ou gravée). Concrètement, les salonniers sont donc toujours contraints de rendre visible ce qu'ils ont vu sans pouvoir s'appuyer, auprès du lecteur, sur le puissant complément d'une image. Ils sont toujours obligés de fonder leur critique sur une description et de ne formuler leur opinion qu'après avoir rendu l'impression visuelle. À l'instar d'un Diderot s'adressant par le biais de la *Correspondance littéraire* de Grimm aux quelques têtes couronnées de l'Europe des Lumières qui ne pouvaient faire le voyage de Paris pour y admirer les toiles exposées, les salonniers ont pour tâche et ambition premières de *faire voir*. Mais, à l'instar d'un Diderot se plaignant de n'avoir aucune reproduction à sa disposition qui l'eût aidé dans la rédaction du *Salon*, et à la différence des actuels historiens de l'art travaillant presque exclusivement sur reproduction, ils doivent rendre compte des œuvres visuelles en l'absence de toute vision au moment même de rédiger.

À une époque où faisaient encore défaut les moyens de reproduction visuelle de masse, les amateurs d'art avaient à jouer sur leurs mémoires comme sur leurs défauts. Deux solutions s'offraient alors, soit qu'ils prissent des notes au moment où ils voyaient les œuvres, consignassent ce qu'il faudrait en écrire et condensassent ensuite l'information enregistrée par écrit, soit qu'ils se concentrassent vivement sur le temps du seul regard, puis fassent effort de mémoire sans s'aider de quelques notes que ce soit. Dans un ordre parallèle à ce travail des salonniers, les pages de Baudelaire sur la singulière méthode de Constantin Guys comprise tout à la fois comme dessin de mémoire « et non d'après modèle » et comme « un duel entre la volonté de tout voir, de ne rien oublier, et la faculté de la mémoire qui a pris l'habitude d'absorber vivement la couleur générale et la silhouette, l'arabesque du contour » (cf. *infra*, p. 358) ou bien encore sa violente critique à l'encontre de ceux qui, justement, s'appliquent à « prendre des notes » (*Salon de 1859*, « paysage », *infra*, p. 325) montrent que l'*unique* visite de 1859 ne s'inscrivait pas seulement dans l'idiosyncrasie singulière du poète, mais aussi dans une méthode de critique et une logique de pensée — *dans une conception spécifique du rapport qu'entretiennent perception, souvenir et expérience esthétique*. Après Benjamin qui insistait sur les singulières affinités de Proust et de Baudelaire, Jacques Derrida l'a bien souligné dans *Mémoires d'aveugle* en notant que Baudelaire assigne « l'origine du dessin à la mémoire, plutôt qu'à la perception[1] ». De même donc que « tous les bons et les vrais dessinateurs dessinent d'après l'image écrite dans leur cerveau, et non d'après la nature » (*Le Peintre de la vie moderne*, *infra*, p. 358), de même pourrait-on supposer que le vrai critique, selon Baudelaire, rédige de mémoire. Il y aura donc ceux qui doivent voir et revoir les toiles et prendre des notes au moment même de leur visite et il y a ceux (« les bons et les vrais » critiques?) qui n'écriront que dans la tension de leur mémoire, que dans l'après-coup.

C'est dire que l'activité critique engageait simultanément ce que *Le Peintre de la vie moderne* nomme une « mnémotechnie du beau » et ce que la tradition philosophique désigne comme opposition du visible et du dicible, de ce qui se montre et de ce qui se dit. C'est dire qu'elle engageait simultanément les difficultés à dire le souvenir et une confrontation entre les potentialités expressives de la langue et les affections visuelles produites par le tableau. De ces deux dimensions, la lettre à Nadar porte l'empreinte. Baudelaire, qui savait que la rédaction d'un *Salon* demande en toute logique un exercice du regard, y éprouve presque un remords de n'avoir accompli qu'une seule visite au Salon. Mais il savait aussi, comme on l'a suggéré, qu'elle exige surtout une activité mémorielle et c'est celle-ci qu'il développe en lui assignant, dans cette même lettre, une dimension singulière : celle d'une mobilisation du « personnel ». L'exercice du critique rejoint dès lors la méthode de distinction définie dès 1846 : « La bonne manière de savoir si un tableau est mélodieux est de le regarder d'assez loin pour n'en comprendre ni le sujet ni les lignes. *S'il est mélodieux, il a déjà*

1. Jacques Derrida, *Mémoires d'aveugle*, catalogue du Louvre, Paris, Réunion des Musées nationaux, 1990, p. 53.

un sens, et il a déjà pris sa place dans le répertoire des souvenirs »
(nous soulignons). Le critère de la valeur d'une œuvre
sera sa capacité à faire mémoire. S'en souvenir signalera
à soi seul sa qualité, ne pas pouvoir le faire, sa médiocrité.
En 1859, la critique effectuerait donc comme un retour
sur ce « répertoire »; elle serait l'accomplissement de
cette logique tôt formulée. Si la série des bons tableaux
forme une chaîne de mémoire, le critique doit pouvoir, à
l'instar du poète qui veut écrire, rappeler ses impressions à
volonté et, ici, rappeler la valeur même des œuvres à mesure
que le nom de leur auteur ou la mention de leur titre éveille,
à la lecture du livret, un souvenir. C'est dire qu'une conti-
nuité remarquable caractérise la critique d'art baudelairienne
précocement mise au point. C'est dire surtout qu'elle ne fut
jamais simple jeu de journaliste parce qu'elle engagea toujours plus qu'un regard d'amateur sur les peintures et les
sculptures de son temps : à proprement parler, *une poétique*
et, pourrait-on dire, une biographie constituée de
l'ensemble singulier de ces souvenirs et de leurs rapports
rétroagissants.

Pour répondre à une nécessité matérielle, la critique n'en
constitua donc pas moins un choix profond. Si les lettres à sa
mère la qualifient comme faire-valoir social, elle ne saurait se
définir en fonction de ce seul discours épistolaire. Elle fut
assurément pour Baudelaire une manière de s'introduire
dans le milieu des feuilletonistes, mais avec combien de
réserve. Elle fut sans doute moyen de gagner quelque
argent, mais si peu. S'il est donc vrai que, selon les mots de sa
mère, Baudelaire voulut « être auteur », il ne voulut jamais
l'être professionnellement et, quoique des plus conscients
quant au devenir-marchandise de la littérature, ne sacrifia
pas réellement au commerce dénoncé par *Comment on paie ses
dettes quand on a du génie*. À la figure énergique de Balzac, il
opposait plutôt avec Flaubert celle d'une apathie et d'une
impuissance. À cet homme d'affaires de la littérature, il
opposait son incapacité à faire aboutir tout projet mon-
nayable et tout profit tangible. Aussi a-t-il finalement peu
sacrifié au journal et peu proposé d'articles, à l'encontre
d'un Nerval ou d'un Gautier par exemple. Qui plus est,
tandis que ces mêmes contemporains s'occupaient de journalisme, il préférait traduire Poe ou De Quincey. En termes
quantitatifs, ses critiques littéraire, musicale et plastique
constituent donc bien peu au regard des leurs. C'est dire

qu'il se tenait en retrait du monde des feuilletonistes et de la petite critique. Retrait dont témoigne d'ailleurs la position qu'il adopta selon Asselineau dans l'aventure du *Corsaire Satan*, journal satirique dirigé par Le Poitevin Saint-Alme et où débutèrent entre autres Champfleury, Murger et Banville : « Sa part de rédaction fut mince et se borna à deux ou trois articles qu'il répudiait plus tard et qui ne se retrouvent pas sur les listes qu'il a laissées d'œuvres à réimprimer. *Au fond, le journalisme n'était pas son affaire.* Sa nature aristocratique l'éloignait de ce pugilat en public qui rappelle l'arène et le cirque banal. Ainsi les bureaux du *Corsaire* furent-ils surtout pour lui un salon de conversation[1]. » C'est dire les limites d'une lecture qui ferait de cette activité un phénomène d'époque et n'y saisirait, pour le dire avec Balzac encore, que la quête des « bénéfices du métier de journaliste ».

Un goût de la critique

À supposer que l'entreprise critique ait d'abord répondu à une nécessité matérielle, il semble donc que Baudelaire se soit pris au piège de ses exigences singulières et au charme des images. À supposer qu'écrire sur les beaux-arts ait d'abord constitué à ses yeux un véritable métier, il semble que cette activité ait renoué les éléments d'une passion qu'il donnait lui-même pour constitutive de son être. Nombre de signes militent en faveur de cette importance des images — objets par excellence de la critique d'art. Ainsi le changement du titre des écrits critiques tout d'abord mentionné par Poulet-Malassis sur un mode dépréciatif comme *Bric à brac esthétique*. Ainsi, bien sûr, le célèbre propos de *Mon cœur mis à nu* où, dans le registre de la confession, Baudelaire note : « glorifier le culte des images (ma grande, mon unique, ma primitive passion*) » ou ce qu'il écrit dans une note autobiographique de 1861 : « Goût permanent depuis l'enfance de toutes les représentations plastiques. » Ainsi surtout la proposition complémentaire du *Salon de 1859* : « Très jeunes, mes yeux remplis d'images peintes ou gravées n'avaient

---

* *Œuvres complètes*, tome I, édition établie par Claude Pichois, la Pléiade, Paris, Gallimard, p. 701.

1. Charles Asselineau, *Charles Baudelaire, sa vie et son œuvre*, Le Temps qu'il fait, 1990, p. 44.

jamais pu se rassasier, et je crois que les mondes pourraient finir, *impavidum ferient*, avant que je devienne iconoclaste. » Si la contemplation d'œuvres visuelles répondait en quelque sorte aux exigences de sa nature profonde, la critique d'art réactivait une prédilection constante et une nécessité existentielle. On connaît en effet la description de sa chambre de l'hôtel Pimodan, « carrée, basse de plafond, (...) entièrement tapissée de papier rouge et noir... », dont les murs arboraient une copie des *Femmes d'Alger* de Delacroix par Deroy, un portrait de Baudelaire par ce même peintre et « une tête peinte par Delacroix d'une expression inouïe, intense, extraterrestre » selon Banville. À quoi s'ajoutaient selon ce même témoin les lithographies de Delacroix sur *Hamlet*. On se souvient aussi du propos du *Salon de 1846* : « J'ai eu longtemps devant ma fenêtre un cabaret mi parti de vert et de rouge crus, qui étaient pour mes yeux une douleur délicieuse. » On n'ignore pas que son père, peintre amateur, l'emmena tôt visiter les atelier de Ramey, Naigeon et d'autres peintres de ses amis ni même que très tôt Baudelaire fréquenta les musées. On sait enfin qu'il se ruina en peinture. Ainsi Prarond le décrit-il : « Je le trouvais souvent sur un siège bas, examinant minutieusement une toile acquise la veille et posée devant lui. » Ainsi acheta-t-il des œuvres à l'authenticité plus que douteuse : une *Madeleine* de Zuccari, un *Saint Jérôme* du Dominiquin, un paysage de Poussin, une tête de Vélasquez, un sujet de sainteté du Tintoret et une tête du Corrège. Tous achats qui relèvent à l'évidence d'une influence stendhalienne et furent le fait d'un jeune esthète crédule et dépensier. Une liste des tableaux que possédait Baudelaire vers juin-juillet 1865 mentionne des œuvres qu'il avait vraisemblablement reçues : des chats, deux paysages, une esquisse et une eau-forte de Legros, six dessins de Guys, un Jongkind, trois eaux-fortes de Méryon, deux gravures d'Alfred Rethel, deux tableaux de Manet et une copie de Goya. Les amitiés ou les contacts qu'il noua avec divers peintres de son temps — Émile Deroy dont il fut proche et Delacroix auquel il rendit quelques visites — affinèrent sans doute ce regard et ce goût naturel pour la peinture. Plus tard, il fréquenta Boudin lors de ses séjours à Honfleur et bien sûr, plus longuement, Charles Méryon et Constantin Guys. Faut-il mentionner en outre qu'il dessinait plutôt bien : Daumier aurait dit que « si Baudelaire eût appliqué à la peinture les facultés qu'il a consacrées à la poésie, il eût été

aussi grand peintre qu'il a été poète distingué et original. »
Cadre de vie, habitudes de l'enfance, goût de la collection et
de la beauté, soin dandy des apparences, obsession de la toilette, tout tendait à faire du personnage de Baudelaire un être
sensible à ce qu'il nomme dans son texte sur Gautier « le
bonheur que donne à l'imagination la vue d'un bel objet
d'art ». Loin de lui être imposée par une tâche journalistique
purement extérieure (il aurait pu, somme toute, comme
Nerval, se faire critique de théâtre ou développer plus avant
sa critique musicale), la critique d'art semble s'être très naturellement insérée dans une logique subjective (c'est-à-dire
dans une singulière passion de l'image). Mais cette logique
fut logique de l'œuvre autant que de l'individu, logique de
l'invention littéraire autant que phénomène d'idiosyncrasie.
Au besoin d'écrire pour gagner de quoi vivre, Baudelaire
aurait répondu en critique d'art à la fois par goût personnel
et par choix poétique ; la critique aurait en somme élaboré
dans un cadre prosaïque ce à quoi Baudelaire donnait par ailleurs forme de poème.

Critique et poème

Les remarquables études de Jean Prévost, *Baudelaire, Essai
sur l'inspiration et la création poétique*, ou de Jean Pommier,
Dans les chemins de Baudelaire, ont en effet montré comment
le regard porté sur la peinture, la sculpture, la gravure ou le
dessin avait nourri chez l'auteur des *Fleurs du Mal* l'invention poétique. Et l'on a même suggéré que ces œuvres plastiques pallièrent les difficultés du poète à trouver ses sujets.
Loin de se constituer comme domaine indépendant, les
œuvres d'art auraient fourni autant d'idées au poète. Loin de
former comme un temps séparé, exclusivement consacré au
soin de trouver de l'argent, la critique aurait été l'un des
foyers de l'écriture des poèmes. Loin d'être hostile à la
littérature la plus haute enfin, le journalisme aurait représenté pour Baudelaire ce qu'il ne fut jamais pour les héros
balzaciens (le Lousteau de *La Muse du département* ou Lucien
dans *Les Illusions Perdues*) : un moyen de l'invention poétique
et non sa ruine. Nombre de poèmes des *Fleurs du Mal* prennent en effet appui sur la tradition des beaux-arts : qu'il
s'agisse des statues d'Ernest Christophe dans « Le Masque »
et « Danse Macabre », d'une eau-forte de Vésale dans le

« Squelette Laboureur » ou d'une planche de Golzius dans « L'Amour et le Crâne », de Goya avec « Le Vampire » ou de Callot avec « Bohémiens en Voyages », de Manet enfin avec « Lola de Valence » et de Delacroix avec « Sur le Tasse en prison d'Eugène Delacroix ». Qui plus est le lexique même du recueil relève souvent de la peinture ; *Les Phares*, enfin, en constituent le bilan, cependant qu'ils présentent comme une histoire poétique de la peinture et mettent au jour ce répertoire des souvenirs visuels les plus constants et les plus prégnants. Est-ce à dire, pour autant, que la critique soit en tant que telle à l'origine de ces références plastiques ? Est-ce à dire qu'un rapport de causalité organise la succession des critiques et des poèmes ?

Sans doute, la critique d'art fut une forme d'affrontement entre langue et expérience et comme un premier travail sur les données brutes de la perception visuelle. Sans doute posait-elle le difficile problème de rendre dans le tissu d'une écriture la texture des sensations. Il serait toutefois sans intérêt de reconduire au sujet de ces proses critiques la querelle suscitée par le statut des petits poèmes en prose — de tenter de savoir si la version critique d'un compte rendu fut antérieure ou postérieure à la version poétique de ce même compte rendu. Pourquoi vouloir systématiquement penser le poème comme élaboration sophistiquée d'une expérience visuelle auparavant traduite dans le domaine critique ? Ou bien, inversement, pourquoi penser la critique comme décomposition du prisme synthétique d'une forme poétique centrée autour de telle ou telle œuvre plastique ? Pourquoi vouloir assigner une origine première et penser tantôt la critique tantôt le poème comme traduction de cette première version ? Au demeurant, si Derrida avait raison de poser la mémoire au fondement de tout dessin, la question de l'origine est insondable puisqu'il n'est pas de commencement assignable dans le champ du souvenir et que le premier élément importe autrement moins que la série des correspondances où il s'inscrit, autrement moins surtout que les textes dans leur vivacité propre. Il est incontestable que les œuvres plastiques furent sources d'inspiration. Mais s'il est, comme nous l'avons dit, de peu d'intérêt de se demander si ces œuvres donnèrent d'abord lieu à un compte rendu prosaïque pour être ensuite métamorphosées en poème, ou si elles donnaient immédiatement lieu à poèmes pour ensuite se retranscrire en petits textes de prose, c'est que la chronologie de ces inventions d'écriture n'importe aucunement au regard de leur duplicité même. Nécessité de dire dans l'une et l'autre configuration de la langue une même expérience qui, par ses traductions multiples, occupe une posture et une situation problématique. Au demeurant cette duplicité dit précisément la fragilité de l'expérience esthétique au temps de la modernité : classiquement répertoriée dans la tenue du vers et de la prosodie ou plus énigmatiquement retranscrite dans des proses plus ou moins petites. Le *Salon de 1846* pose au demeurant clairement la réciprocité des manières critique et poétique : « Le meilleur compte rendu d'un tableau pourra être un sonnet ou une élégie. Mais ce genre de critique est destiné aux recueils de poésie et aux lecteurs poétiques... » Comme il existe des types de lecteurs plus ou moins ouverts à la poésie, il existe deux manières de rendre compte d'une œuvre, le poème et la critique en prose, — la plaquette du *Salon* et le recueil de poésie. Encore faut-il voir que Baudelaire assigne à ces deux genres une portée critique : tout autant que le texte de prose, le poème en possède une. C'est dire qu'*une idée singulière de la critique* se fait ici jour, *fondée sur une poétique autant que sur une esthétique*, fondée sur une certaine conception des potentialités expressives du poème autant que sur une pensée de la peinture. S'il demeure intéressant de comparer les passages des *Salons* et les passages des *Fleurs du Mal* dans lesquels une même œuvre se trouve en jeu (c'est le cas notamment des œuvres d'Ernest Christophe et de Delacroix), il convient d'abord de questionner la différence de réussite et d'ambition des deux propos. Le rapport entre forme critique et forme poétique ne se résout pas plus en termes chronologiques ou hiérarchiques (une forme serait supérieure à l'autre) que ne le fait le rapport qu'entretiennent *Le Spleen de Paris* et *Les Fleurs du Mal*. La diversité des manières de rendre compte d'une œuvre, diversité propre aux *Salons* comme aux poèmes du recueil, interdirait d'ailleurs toute enquête simpliste sur les correspondances qui les relient.

Goût du sens allégorique et goût de l'image concrète

Aussi semble-t-il prudent de s'en tenir à une première supposition générale : s'il est vrai que la poétique de Baudelaire fut travaillée par l'invention allégorique en même temps que par « le culte des images », on peut croire que, dans l'activité critique même, décrypter le sens des œuvres exposées répondait au premier de ces goûts tandis que considérer la texture picturale des œuvres répondait au second. Écrire sur les beaux-arts aurait simultanément satisfait le versant emblématique de la poétique de Baudelaire et son goût du visuel en tant que tel. Tendant à lire dans l'œuvre une visée de sens — que Delacroix nomme « idées de peintre » — le regard de Baudelaire ne se rendait pas moins attentif aux données matérielles de la peinture. Aussi la critique fut-elle moins essentiellement pour lui manière de pallier un défaut d'imagination que nécessité interne à sa poétique d'*aller et venir entre l'image et le sens*. Manière d'apprendre à se promener dans ces « forêts de symboles » dont parle le poème *Correspondances* ; manière d'apprendre à saisir « le langage des fleurs et des choses muettes » que mentionne le poème *Élévation*, — tous deux poèmes dont on sait que, situés en ouverture des *Fleurs du Mal*, ils exposent explicitement tout un pan de la poétique baudelairienne. La critique d'art fut donc l'exercice où restituer *le sens des choses vues* en même temps que *leurs qualités visuelles spécifiques* en fut donc domaine où penser le symbole. Aussi pourrait-elle bien avoir constitué le laboratoire d'une écriture par laquelle exprimer — souvent au moyen d'une polémique sans concessions — une poétique autour de laquelle Baudelaire allait finalement orchestrer tant ses *Fleurs du Mal* que ses petits poèmes en prose.

*Reprise romantique de l'*ut pictura poesis

Mais faut-il voir dans ce mouvement d'intégration de données plastiques au travail poétique, dans ce désir de donner à voir par le biais du poème, une spécificité de Baudelaire ou bien un phénomène d'époque ? Si l'on s'accorde généralement pour faire du mouvement romantique un moment de restructuration des théories littéraires, on oublie parfois — sauf à considérer le projet hugolien — d'insister sur la réactivation de l'*ut pictura poesis* qu'impliquaient ces remaniements. Insistant à la suite de la *Préface de Cromwell* sur la théorie des genres, la promotion du grotesque, du drame et du roman, on fait moins cas de cette réactivation. Or les échanges de la peinture et de la littérature importent,

— à tout le moins pour comprendre la critique. Tout à fait différents selon qu'ils concernent Gautier, Fromentin, Baudelaire, les Goncourt ou même Hugo et Sainte-Beuve, ils ont alors nourri des poétiques soucieuses de rivaliser avec l'image. La thématisation et la critique de ces échanges remontent, comme on sait, au texte inaugural du *Laocoon* dans lequel Lessing s'en prenait à la doctrine classique de l'*ut pictura poesis*. Refusant de reconnaître avec Alberti que les peintres aient à imiter les poètes et à rendre une histoire, Lessing insistait sur l'hétérogénéité des modes plastiques et discursifs. Montrant comment la peinture s'inscrivait dans l'espace tandis que la poésie trouvait son élément dans un pur déploiement temporel, il distribuait leurs tâches selon leur médium le plus propre. Si la peinture excelle à rendre, dans l'instant, l'impression visuelle, la poésie et, généralement parlant, la littérature excelleraient à développer un récit. Dès lors que l'une se voyait attribuée au temps tandis que l'autre se voyait assignée à l'espace, pas plus l'une que l'autre ne pouvait légitimement imiter l'autre. À l'encontre des deux interprétations possibles de la formule d'Horace (*ut pictura poesis erit*), la peinture ne pouvait plus désormais faire comme (*ut*) la poésie, ni la poésie comme la peinture. De ces innovations théoriques, Diderot s'était rapidement fait l'écho en France et Gautier pouvait encore écrire dans une chronique de novembre 1836 : « L'*ut pictura poesis* est une vieille bêtise qui pour avoir tantôt deux mille ans, n'est pas plus respectable pour cela. La peinture et la poésie sont des choses diamétralement opposées[1]. » Il n'en demeure pas moins que l'*ut pictura* fut paradoxalement réactivée par l'anticlassicisme des romantiques. Ce que ces derniers contestaient à la suite de Lessing, c'était la nécessité pour la peinture d'avoir à rendre une histoire. Ce qu'ils promurent en revanche, à l'encontre du *Laocoon*, ce fut *la nécessité pour la littérature d'avoir à rendre le visible*. Dans l'ambiguïté inaugurale de la formule latine autorisant deux

1. « Chronique des Beaux-Arts », *Le Figaro*, 11 novembre 1836, cité par I. J. Driscoll, *The Role of « Transposition d'art » in the Poetry of Théophile Gautier*, Ph. D., Cambridge, 1971. À propos de cette question, on lira avec profit le texte de T. James « Ut pictura poesis ou art rêveur ? », *Œuvres complètes de Victor Hugo*, éd. chronologique sous la direction de Jean Massin, t. XV-XVI, Paris, 1970; de même que, bien entendu, la préface de Hugo lui-même aux *Orientales* et, plus généralement, les actes du colloque sur *Victor Hugo et les images*, sous la direction de Pierre Georgel, Dijon, 1989.

versions, les romantiques tranchèrent contre l'âge classique. Si le propos latin permettait de situer tantôt le peintre en modèle du poète, tantôt le poète en paradigme du peintre, classicisme et romantisme décidèrent alternativement de l'une ou l'autre traduction. Où les théoriciens de l'art pictural renaissant comme les membres de l'Académie Royale de Peinture et de Sculpture avaient voulu contraindre le peintre par des exigences littéraires, les romantiques voulurent astreindre la littérature à des effets de pittoresque. À l'interprétation des XVIe, XVIIe et XVIIIe siècles imposant au peintre de narrer une *istoria*, le XIXe siècle opposait une lecture demandant aux écrivains de s'inspirer des peintres. Si la peinture avait donné à lire en respectant l'*ut pictura* des classiques, la littérature allait désormais donner à voir en respectant celle des romantiques. Si la peinture avait pris ses leçons auprès des poètes, la littérature allait désormais prendre les siennes auprès des peintres et tenter d'obtenir les qualités sensuelles et suggestives propres au visible et, très spécifiquement, des effets de couleur. L'*ut pictura* comme les échanges entre peinture et littérature furent donc moins abolis qu'ils ne furent inversés. L'interprétation classique de l'*ut pictura poesis* était désormais impossible, mais la leçon du *Laocoon* n'était que partiellement admise. Une interprétation romantique et post-romantique vit ainsi le jour dont les transpositions d'art, l'écriture plastique des Goncourt ou bien encore la poétique baudelairienne sont autant d'occurrences. Interprétation que *Les Orientales* de Hugo et le recueil de Sainte-Beuve *Vies, poésies et pensées de Joseph Delorme* — qui marqua profondément le jeune Baudelaire — soutiennent tout autant que la « symphonie de la neige » de Banville en 1844 ou la « symphonie en blanc majeur » de Gautier en 1849. Interprétation dont le propos de Leconte de Lisle selon lequel « le premier soin de celui qui écrit en vers ou en prose doit être de mettre en relief le côté pittoresque des choses extérieures » est pour le moins emblématique. Interprétation à laquelle donnent également forme, quoiqu'en se déplaçant de la peinture vers la sculpture, des œuvres du Parnasse comme *les Cariatides* (1842) de Banville ou *Émaux et Camées* (1852) de Gautier; ou bien encore *Les Trophées* de José Maria de Heredia, véritable petit musée imaginaire où chaque poème rend une œuvre, qui fut publié en 1893 mais composé à partir des années 1860. À l'impératif narratif mis en avant par les tenants du *disegno* en peinture, le siècle de Balzac à Huysmans répondrait par un souci de produire en littérature des chairs, des matières, des textures, et, pour le dire dans les mots des Goncourt, des coulures et des raclures. Le colorisme romantique induisait ce renversement. Mais, dira-t-on, et Baudelaire ?

S'il n'appartient pas encore à la génération pour laquelle, poussant à son terme la logique de ce nouvel *ut pictura*, la mise en page et la typographie relèveront du travail poétique, il n'en demeure pas moins que l'immense travail d'intégration du pictural et du graphique aux *Fleurs du Mal* participe de cette constitution d'une nouvelle poétique. Il a pleinement joué son rôle dans cette re-définition de l'*ut pictura* et, par là même, a très singulièrement établi de nouveaux liens entre poésie et critique. En ce domaine, sa spécificité consiste en ce qu'il ne se contenta pas de traduction directe, — c'est-à-dire en ce qu'il intégra à son œuvre critique les exigences de sa poétique. Si la poésie de Gautier put se contenter de pratiquer la transposition d'art et s'élaborer comme portrait des œuvres (trait pour trait), Baudelaire élabora plus avant l'insertion de l'œuvre plastique dans le poème. À la différence de Gautier, il ne put s'en tenir à la pure description et il lui fallut interroger inlassablement la perception même et la sensorialité singulière que compose la visibilité dans ses rapports intimes avec les parfums, les sons ou les émotions tactiles. Sa spécificité tient cependant aussi à la distinction qu'il instaura entre forme critique et forme poétique. Si le meilleur compte rendu d'un tableau relève à ses yeux du poème, il n'en demeure pas moins — comme on l'a dit — que la critique assume des fonctions propres au sein d'une économie de prose. S'il est donc vrai que cette dernière fut orchestrée par les ambitions de la poésie, elle n'usurpa jamais sa place et conserva ses fonctions initiales de critique d'art. Ainsi la poésie a-t-elle plus que la seconde droit à la suggestion ; ainsi la critique trouve-t-elle plus souvent appui dans une tournure théorique. Baudelaire évitait par là même le reproche adressé par le *Journal* de Delacroix aux textes critiques d'un Gautier : « Il prend un tableau, le décrit à sa manière, fait lui-même un tableau qui est charmant, mais il n'a pas fait acte de véritable critique ; pourvu qu'il trouve à faire chatoyer, miroiter les expressions macaroniques qu'il trouve avec un plaisir qui vous gagne quelquefois... il est content, il a atteint son but d'écrivain curieux*. » Baudelaire, lui, ne vise pas à l'étonnement littéraire mais veut *penser la peinture*. Sacrifiant peu à la pure description, il n'évita cependant pas toujours de faire « lui-même un tableau » dans le domaine critique, mais il rendit compte de ce que sont la couleur, le dessin, la composition, le travail sur les valeurs... (rappelons d'ailleurs qu'en poésie, *Les Fleurs du Mal* proposent une section intitulée « Tableaux Parisiens »). C'est dire que, pour n'avoir pas entendu la critique au sens technique où Delacroix le faisait, il n'en fit pas moins ce que ce dernier nommait un « acte de véritable critique ».

Faut-il rappeler en effet que le peintre s'en prenait dans son *Journal* au jugement trop « littéraire » et donc trop peu pictural des critiques d'art? Professeurs, littérateurs, journalistes, ces derniers ne possédaient pas, à ses yeux, ce qui doit fonder l'opinion critique : un savoir des techniques picturales. Ainsi notait-il : « La plupart des livres sur l'art sont fait par des gens qui ne sont pas des artistes : de là tant de fausses notions et de jugements portés au hasard du caprice et de la prévention. Je crois fermement que tout homme qui a reçu une éducation libérale peut parler pertinemment d'un livre mais non pas d'un ouvrage de peinture ou de sculpture**. » Il posait ainsi la question des fondements du jugement critique en même temps qu'il contestait à la langue et aux humanités leur toute-puissance. L'image recelant des factures et des histoires spécifiques, disposer du discours ne saurait suffire à l'interpréter. La tâche du critique demandait en outre que l'on disposât de notions proprement picturales, que l'on sache manier le pinceau, que l'on ait pratiqué l'art. Delacroix faisait en cela écho au propos de Sainte-Beuve sur Théophile Gautier, dans ses *Nouveaux Lundis*, [vol. 6] : « Depuis que Diderot et Grimm ont inauguré en France la critique des Salons, ce sont presque toujours des littérateurs qui ont rendu compte des expositions de statues ou de tableaux, et presque toujours ils l'ont fait plus ou moins au point de vue de la littérature. » Delacroix critiquait par là indirectement le refus chez Baudelaire, exprimé dès 1846, de traiter des parties techniques de la peinture. Mais faut-il penser que, récusant l'analyse technique, ce dernier jugea

---

* Eugène Delacroix, *Journal, 1822-1863*, Paris, Plon, 1980, pp. 515-516.

** *Op. cit.*, p. 606.

des œuvres « au point de vue de la littérature » ; faut-il croire
qu'il exigea des peintres ce que Delacroix nommait « des
idées de littérateurs » et oublier que, pour n'avoir pas livré
de secrets d'atelier et n'avoir rien dit sur la « cuisine » des
peintres, il a traité des éléments constitutifs que sont la ligne,
la couleur, les valeurs... ? Ce sont là questions qui engagent
la fortune critique de Baudelaire : la manière dont on a
choisi de lire ses écrits esthétiques, le point de vue qu'on a
bien souvent décidé de lui faire soutenir dans la querelle du
classicisme et du modernisme ou dans l'antagonisme oppo-
sant bien souvent aussi histoire de l'art et esthétique.

II. LECTURES DE LA CRITIQUE BAUDELAIRIENNE

> Ici, puisqu'il s'agit de littérature, les
> toiles sont absentes, et les mots tout seuls
> doivent non seulement faire image mais
> faire l'image.
>
> Victor Segalen, *Essai sur l'exotisme.*

Ces lectures de Baudelaire ont en fait pris diverses
formes : soit qu'elles se composent d'emblée comme recon-
ductions du projet critique (et ce sont alors des auteurs littéraires qui continuent d'écrire sur les peintres de leur temps),
soit qu'elles s'inscrivent dans le champ des études baudelairiennes (et ce sont alors des historiens de l'art ou de la littérature qui analysent l'œuvre).

Des écrits critiques de Laforgue ou de Mallarmé à ceux,
récents, d'Yves Bonnefoy ou d'Octavio Paz, une postérité se
dessine qui prend acte non seulement du geste inaugural de
Diderot restituant la critique d'art à la République des
Lettres (et la forme du *Salon* fut le lieu même de ce déplacement), mais encore et surtout des enjeux que Baudelaire lui
assigna. Non que ces auteurs (aussi extrêmement divers, on
le sait, que Zola, Huysmans, Mallarmé, Laforgue, Claudel,
Valéry, Proust, Malraux, Bataille, Char, Ponge, Michaux...
et plus récemment, Jacques Dupin, Claude Esteban, André
du Bouchet, Bernard Noël...) revendiquent constamment
cet héritage. Du moins existe-t-il en quelque sorte — dans

les lieux communs ou idées reçues qu'elle provoque et dans ses effets les meilleurs — comme une histoire et une tradition des écrits d'auteurs sur la peinture. Si Baudelaire fut l'une des origines du petit poème en prose dans les lettres françaises, il fut donc aussi l'une des origines de ce type de parole, — et de ce qu'on pourrait nommer les mésaventures modernes de l'*ut pictura poesis* entendue comme travail à effectuer, chez les poètes tout particulièrement, sur le visible en peinture. Ce qu'il enseigne à tout le moins et qui constitue cette tradition, c'est que le discours sur les arts engage — d'emblée — une poétique : une théorie du poème comme rythme, figure et image. Si les poètes travaillent la représentation de peinture, ce n'est donc pas qu'ils y aient naturellement ou facilement accès. C'est que leur opération la plus propre (l'invention du poème) convoque, elle aussi, dans sa fabrique la plus quotidienne, l'épreuve d'une traduction et d'une mise en forme (fût-elle explicitement orientée contre les séductions de l'image comme chez Celan ou Jabès par exemple). En critique comme en poésie, ils ont à saisir dans la langue, à articuler, une expérience qui n'est pas toujours déjà discursive.

Quant aux études baudelairiennes, elles mirent pour leur part quelque temps à reconnaître le critique dans le poète. Si l'on a très tôt reconnu le poète des *Fleurs du Mal* (l'important article que leur consacre Barbey d'Aurevilly est de fait contemporain de leur publication), on a en revanche plus difficilement admis le poète du *Spleen de Paris* — et plus tardivement encore le critique des *Salons*. Aux travaux d'André Ferran près (qui datent des années 1930), en effet, la majeure partie des études qui leur furent consacrées s'étend des années 1950 aux débuts des années 1970. Mais ces travaux en demeuraient au seul cadre des *Salons*. Ils n'interrogeaient de relations qu'internes à l'histoire de l'art ou à sa critique : celles que Baudelaire avait entretenues avec Delacroix, Diderot, le réalisme, le baroque, Ingres, Courbet, la photographie... Restait à comprendre que certains poèmes des *Fleurs du Mal* possédaient aussi un statut critique; que les *Salons* constituaient aussi le laboratoire de poèmes en prose; que *le Spleen de Paris* enfin exposait aussi — sur un mode singulier — une théorie philosophique : celle de l'impossibilité d'élaborer une esthétique de la beauté dans le cadre de la décrépitude moderne du grand art, celle des métamorphoses et de la raréfaction de l'expérience d'aura. Il faut donc toujours revenir sur ce propos de 1846 selon lequel « le meilleur compte rendu d'un tableau pourra être un sonnet… », être attentif à l'écriture même des *Salons* et voir que l'esthétique de la pointe et de la cruauté des petits poèmes en prose signe la fin d'un rapport classique (et satisfaisant) à la beauté, qu'elle constitue ainsi le pendant de l'amour pour Delacroix. Que Baudelaire ait été simultanément poète et critique ne saurait être ni méconnu ni passé sous silence : ses différentes écritures ne furent pas sans échanger propriétés et propos.

Au demeurant, les grandes études de Prévost et de Pommier déjà mentionnées, les prolongations non moins remarquables que leur donnèrent John E. Jackson ou Yves Bonnefoy (et les brèves propositions fécondes de Giorgio Agamben, de Michel Deguy ou de Jean Starobinski) ont dans l'ensemble comblé ces lacunes. Tous ont repéré, marqué et analysé les points de confluences des projets critique et poétique. Tous ont défini l'activité du *Salon* comme nourriture de l'invention poétique et, dans le cas de Bonnefoy notamment, montré comment les goûts et les dégoûts, l'option critique même, se constituaient au sein du poème — au plus intime de sa texture verbale. En quelque manière, ils ont mené à leur terme les suggestions de Valéry selon lesquelles Baudelaire serait poète de « l'intelligence critique associée à la vertu de poésie ». Ils ont tiré leçon de cette « situation de Baudelaire » qui aurait imposé une manière d'écrire fondamentalement critique, — induite par la lecture de Poe ou par le regard sur l'art comme par le désir de n'être « ni Hugo, ni Lamartine »… Configuration existentielle et nécessité historique, elle aurait fait d'un projet intime une option proprement moderne.

Un problème se pose toutefois dans cette histoire des lectures de Baudelaire : celui du moderne, justement, et de sa reprise dans l'invention du néologisme de « modernité » auquel Baudelaire eut recours pour qualifier la spécificité des dessins de Constantin Guys (cf. *infra*, p. 354). Des écrits de Walter Benjamin — chez lequel il conviendrait d'opposer l'étrange silence sur les *Salons* aux nombreux fragments des *Passages Parisiens* consacrés à la promotion de l'« exposition » au XIXᵉ siècle — on a souvent tiré un principe d'interprétation des *Curiosités esthétiques* trop peu soucieux des difficultés propres de cette question et trop peu attentif au paradoxe sur lequel ils attiraient le regard : que

Baudelaire ait tout à la fois cherché les correspondances et récusé la nature[1]. Ce paradoxe indiquait pourtant la portée d'une esthétique du moderne qui, voulant donner à l'artiste « l'époque, la mode, la morale, la passion » (*infra*, p. 345) pour cadre et référence, l'arrachait aux canons d'un beau idéal winckelmannien comme à la règle académique d'une imitation de la nature. Il désignait aussi la possibilité d'un règne des correspondances différent de celui que décrit la première strophe du célèbre poème des *Fleurs du Mal*, — d'un règne qui ne serait plus le « temple » d'échos naturels, mais le domaine de l'artifice et du maquillage ; de correspondances qui ne seraient plus dès lors immédiatement données, mais indirectement élaborées ou, pour mieux dire, extraites et perçues. À considérer le travail de Constantin Guys tel que le thématise Baudelaire — « dégager de la mode ce qu'elle peut contenir de poétique dans l'historique, (...) tirer l'éternel du transitoire » — un art poétique et une esthétique semblent, en effet, se définir. Récusant les modèles traditionnels et an-historiques du beau sans pour autant renoncer aux vrais fondements du « poétique » (aux correspondances en général et donc, sur le plan des sentiments évoqués, à la suggestivité, la richesse, la sensualité au rêve... et, sur celui des modalités, à la composition, la structure, l'analogie, l'épithète et la métaphore...), ils caractériseraient assez bien l'art des *Fleurs du Mal* et l'art du *Spleen de Paris*, mais aussi celui de Delacroix et celui de Wagner (dans lesquels la composition essentiellement chromatique de l'unité picturale et le retour des motifs dans le développement temporel de l'œuvre assurent une constitution « moderne » du tableau comme du drame lyrique).

Insistant sur les images baudelairiennes de la prostitution, du maquillage, du dandysme, du choc ou de l'esquisse, on peut les séparer des propos sur la peinture, la composition et le ressouvenir, et l'on peut les passer sous silence ou tenter d'excuser les propos de 1859 condamnant la photographie. On prélèverait ainsi une *thématique* de la modernité pour faire valoir non pas les *structures* par quoi poésie et critique se répondent et s'entre-soutiennent, mais les seules *images* (au sens le plus plat d'imagerie ou de choses vues) des écrits

---

1. « Contradiction entre la théorie des correspondances et le renoncement à la nature. Comment la résoudre ? », Walter Benjamin, *Charles Baudelaire, un poète lyrique à l'apogée du capitalisme*, Paris, 1982, p. 213.

poétiques et critiques. On se délivrerait ainsi définitivement
d'avoir à rendre compte d'une cohérence de propos[1] en
s'arrogeant le droit de se promener dans les écrits de Baudelaire comme ces figures désormais bien connues du flâneur
ou du chiffonnier dans la ville : en s'appropriant çà et là telle
suggestion ou telle formule. Bien souvent, d'ailleurs, on n'a
cité de l'ensemble des essais sur la peinture, que *le Peintre de
la vie moderne* — qui plus est, remanié sous l'espèce (tant
appréciée de Baudelaire, il est vrai) du poncif. C'est-à-dire
sans du tout saisir les motifs et les visées, les présupposés et
les conséquences de cette esthétique du présent, sans tenter
de comprendre la conversion à laquelle cette poétique invi-
tait qui, au lieu de la nature, donnait les strates du temps
pour repère, — le transitoire et l'anecdotique pour autant
qu'ils délivrent la texture de l'existence et de la temporalité.
De ces écrits, donc, qu'un cliché du moderne. Il incomberait
dès lors au droit à la contradiction revendiqué par les *Journaux intimes* d'autoriser pareil découpage, voire d'expliquer
maintes incompatibilités apparentes : que la haine du photographique fasse pendant à l'amour du moderne, que l'éloge
de Constantin Guys fasse pendant à un refus de Manet[2]...
Enfin, loin de voir comment Baudelaire creusait à sa manière
le projet romantique d'une conjonction des modes philosophique, critique et poétique, et loin de voir comment
la question de la modernité répond chez lui, comme
question, à l'impossibilité d'une donation immédiate des
« correspondances » et au caractère révolu des conditions

1. Trois textes majeurs défendent néanmoins cette idée d'une cohérence des options critiques de Baudelaire : *Painting Memories*, où Michael
Fried se propose d'y repérer une « structure intellectuellement
cohérente » ; *Baudelaire contre Rubens* dans lequel Yves Bonnefoy
démontre la logique d'éthique et de poétique qui articule dans l'existence
et la pensée les diverses phases du rapport du poète au peintre ; *La surface
profonde, naissance de la modernité* enfin, où Jean-Christophe Bailly insiste
sur la puissance d'invention du propos de Baudelaire en posant que « à
l'imitation de la nature [il] substitue ici la ressemblance morale : un
espace-temps de gestes liés par l'appartenance à l'être de l'époque, et cela,
à toutes les époques », *La Fin de l'Hymne*, Paris, 1991, p. 72.
2. Jean-Christophe Bailly encore aura bien saisi la double articulation
de ces écrits sur l'art qui, dans *La Fin de l'Hymne*, note : « Ainsi la peinture dont il [Baudelaire] rêve est-elle définie sur deux plans : le plan intérieur de la couleur et le plan extérieur de la modernité. » Quelques
réserves qu'on puisse faire sur cette dualité, il aura eu le mérite de marquer cette double position et que c'était de la conjonction de ces deux
pans qu'allait naître en Manet, la peinture moderne.

d'expérience décrites par les premiers poèmes des *Fleurs du Mal* («La vie antérieure» ou «Parfum exotique» par exemple), on pourrait croire qu'il prônait simplement une peinture et un rendu des objets modernes (cravates et bottes vernies, habits noirs...). Ce serait méconnaître que la modernité s'oppose, dans l'univers baudelairien, à la «vie antérieure» autant qu'à l'antiquité grecque ou latine ; qu'elle désigne un mode de l'expérience avant toute époque historique donnée.

On oublierait ainsi qu'elle désigne tout à la fois, mais sur deux plans distincts, une *structure d'expérience* dans laquelle, comme l'a bien souligné Walter Benjamin, les correspondances font d'abord défaut (et dans laquelle elles sont donc à reconstituer ou à extraire et dégager, comme le fait, précisément, l'artiste) et, sur un plan ontologique si l'on veut, le présent. Pour la réduire à un simple magasin d'images, il faut donc omettre ce qui, chez Baudelaire, fonde tout à la fois le critique et le poétique : le souci du correspondant et du comparant, soit la mise en œuvre desdites correspondances qui ne sont pas seulement naturelles et ne relèvent pas nécessairement du «vert paradis des amours enfantines». Il faut s'en tenir à de petits fragments textuels et retenir, non pas le souci qui les réunissait à d'autres, mais le seul effet de leitmotiv qui, du *Salon de 1845* au *Peintre de la vie moderne*, relance de mêmes images et de mêmes appels. Ainsi la conclusion de ce premier *Salon* : : Au vent qui soufflera demain nul ne tend l'oreille ; et pourtant l'héroïsme *de la vie moderne* nous entoure et nous presse [...] Ce ne sont ni les sujets ni les couleurs qui manquent aux épopées. Celui-là sera le *peintre*, le vrai peintre, qui saura arracher à la vie actuelle son côté épique, et nous faire voir et comprendre, avec de la couleur ou du dessin, combien nous sommes grands et poétiques dans nos cravates et nos bottes vernies ! » (*infra*, p. 67). Ou bien encore le dernier chapitre du *Salon de 1846* exemplairement nommé « de l'héroïsme de la vie moderne » : « Le spectacle de la vie élégante et des milliers d'existences flottantes qui circulent dans les souterrains d'une grande ville — criminels et filles entretenues, — la *Gazette des tribunaux* et le *Moniteur* nous prouvent que nous n'avons qu'à ouvrir les yeux pour connaître notre héroïsme (*infra*, p. 155). La vie parisienne est féconde en sujets poétiques et merveilleux. Le merveilleux nous enveloppe et nous abreuve comme l'atmosphère ; mais nous ne le voyons pas.

[...] Les moyens et les motifs de la peinture sont également abondants et variés ; mais il y a un élément nouveau, qui est la beauté moderne » (*infra*, p. 156). Ou bien enfin, dans l'essai sur Constantin Guys, l'éloge du « croquis de mœurs » et de l'artiste « observateur, flâneur, philosophe ». Insistant sur cet aspect de la théorie baudelairienne du moderne, on oublierait qu'elle ne s'appuie pas seulement sur une idiosyncrasie du poète, sur un goût pour les spectacles de son temps ou sur un fétichisme et une passion du nouvel objet[1] mais qu'elle suppose une texture spectaculaire au présent. Or la conception baudelairienne de la modernité demande au présent d'être essentiellement représentatif et figural pour pouvoir affirmer que « le plaisir que nous retirons de la représentation du présent tient non seulement à la beauté dont il peut être revêtu, mais aussi à sa qualité essentielle de présent ». Le moderne ne saurait dès lors désigner la seule beauté, la seule apparence ou le seul visage du présent. Il qualifie tout aussi nécessairement sa texture temporelle singulière — singularité qu'on ne s'empressera pas, d'ailleurs, de penser sur le mode de la présence, mais bien plutôt sur celui de la présentation[2]. Sans doute ce propos, sans doute cette attention à la manière dont le présent se présente aux regards, rend-il plus difficile encore de comprendre les réticences de Baudelaire à l'égard de la photographie ; au plan ontologique tout au moins, il noue définitivement les questions de l'art et de la modernité.

Réduire la conception baudelairienne à un bazar des clichés du XIXe siècle demande donc à tout le moins que l'on omette (et peut-être a-t-on parfois voulu s'en défaire) tout le pan de son esthétique qui l'inscrit au cœur d'une problématique éminemment classique : son désir de l'unité picturale, son souci de la composition, sa recherche des logiques intimes de l'œuvre... Tout ce qui, finalement, l'attache à la pensée comme à l'œuvre de Delacroix et lui fait critiquer nombre de ses contemporains. Tout ce qui, apparemment, justifie sa haine du mode agrégatif des photographies de son temps (à Nadar près chez lequel il désirait, comme on

---

1. Sur le fétichisme de Baudelaire et sa puissance d'invention, on renverra au beau chapitre de Giorgio Agamben « Baudelaire ou la marchandise absolue » dans *Stanze*, Paris, 1981.

2. Comme le fait peut-être Deguy dans un article sur « l'esthétique de Baudelaire », *Critique*, 244, 1967.

sait, que sa mère posât). Tout ce qui, enfin, fait du moderne
un terme indissociable de celui de « correspondances ».
Réduisant donc trop souvent la complexité de l'esthétique
de Baudelaire à une collection de figures d'époque, on oublie
que, pour demander dès 1845 le peintre « qui saura arracher
à la vie actuelle son côté épique » comme pour écrire en 1865
de Manet qu'il était « le premier dans la décrépitude de [son]
art », Baudelaire prenait appui sur ces mêmes correspondances. On oublie dès lors qu'il tenait à ce qu'un principe lui
permît de penser les extrêmes ensemble — Guys et Delacroix, l'exigence de peindre son temps et la décrépitude de
l'art de peindre en même temps que le refus du photographique. Touchant les arts, on néglige par suite son souci de
conjoindre l'éternel et le présent, ou que « le beau est toujours, inévitablement, d'une composition double (...) Le
beau est fait d'un élément éternel, invariable, dont la quantité est excessivement difficile à déterminer, et d'un élément
relatif, circonstantiel, qui sera, si l'on veut, tour à tour ou
tout ensemble, l'époque, la mode, la morale, la passion ». La
beauté, fût-elle beauté moderne, ne saurait pourtant résulter
de la simple exhibition des colifichets du moment, toilettes,
femmes ou marchandises, villes et voitures. Peut-être même
est-ce cette intemporalité temporalisée qui la rend
« bizarre ». La beauté demande non seulement que le présent soit donné à voir sous une forme indifférente et quelconque mais, répétons-le, qu'il soit représenté dans « sa
qualité essentielle du présent », que le contemporain soit
présenté comme tel, ou, pour le dire dans un langage un
peu différent et qui est aussi de Baudelaire, que « la
circonstance » soit rendue avec « tout ce qu'elle suggère
d'éternel ». Le texte que nous citions précédemment du
Salon de 1845 indique bien, au demeurant, ce que le poète des
Fleurs du Mal exigeait de cette re-présentation : qu'elle fasse
« voir et comprendre »; plus exactement même, qu'elle fasse
voir et comprendre aux acteurs que nous sommes, le temps
même de nos agissements, qu'elle nous découvre le cadre
singulier de notre vie, qu'elle nous permette de saisir, enfin,
le monde qui est le nôtre et auquel nous sommes habituellement aveugles : « la pelure du héros moderne », « les souterrains d'une grande ville »... c'est-à-dire « cette beauté
nouvelle et particulière qui n'est celle, ni d'Achille, ni
d'Agamemnon ». Sa fonction sera donc aussi de nous défaire
de nos fausses représentations, de nous interdire de plaquer

de l'ancien sur du neuf, de revêtir de vieux vêtements...
bref, et pour le dire moins métaphoriquement, de nous
empêcher de trouver les catégories de notre pensée dans la
langue, les tours et la pensée de nos ancêtres (ce qui ne
signifie pas, bien sûr, que Baudelaire interdise tout retour sur
la tradition, mais seulement qu'il défend toute remise en
vigueur — telles quelles — de formes passées).

Insistant sur cette teneur représentative des images considérées, Baudelaire les maintenait par ailleurs dans le droit fil
d'une pensée proprement classique du tableau. Pour avoir
distingué le « fait » du « fini » à propos de Corot (« il y a une
grande différence entre un morceau fait et un morceau
fini... » *infra*, p. 50), il ne confondait pas l'ébauche, l'étude
et le tableau. Pleinement cohérent avec ses engagements en
matière de poétique, il fondait ainsi la capacité de l'œuvre à
faire sens sur ses articulations structurales (sa composition)
comme sur la mise à distance qu'elle opère (l'effet re-présen-
tatif à proprement parler). De même que la nouvelle et le
sonnet l'emportaient à ses yeux par leur laconisme même sur
le roman ou le long poème épique, de même l'image susceptible de ramasser la totalité de ses ressorts dans l'unité d'un
tableau l'emportait sur le pur morceau de peinture. Représentation du présent, il fallait qu'elle délivre la puissance et
la richesse de ses associations dans l'instant même de sa saisie
— quitte à ne déployer l'ensemble de ses potentialités
expressives et émotives qu'en de multiples après-coups. Et
de même que ces deux premières formes d'écriture — la
nouvelle et le sonnet — avaient à ses yeux un effet d'autant
plus puissant qu'elles reposaient sur des contraintes formelles fortes, de même l'image qui fera tableau sera, plus que
toute autre et en raison même des requêtes structurelles qui
président à sa composition, l'image par excellence : « La
nouvelle plus resserrée, plus condensée, jouit des bénéfices
éternels de la contrainte : son effet est plus intense; et
comme le temps consacré à la lecture d'une nouvelle est bien
moindre que celui nécessaire à la digestion d'un roman, rien
ne perd de la totalité de l'effet[1]. » Qu'on le veuille ou non, et
quoique sa conception de l'unité picturale ne soit plus guère
dramatique — ni fondée sur le texte ni sur une scénographie

---

1. Baudelaire, « Théophile Gautier », *Œuvres complètes*, tome II,
Bibliothèque de la Pléiade, p. 119, cf. aussi la lettre à Armand Fraisse du
18 février 1860, (*CPi*, I, 676) et les *Notes sur Poe* en général.

pathétique — Baudelaire est encore pris dans une perspective esthétique dont les concepts majeurs ont été répertoriés et, à maints égards, redéfinis par Diderot.

À la différence de celui-ci, néanmoins, son exigence du « tableau » n'est plus guère prise dans le système et la hiérarchie des genres : ce n'est pas l'objet représenté qui qualifiera l'œuvre mais sa puissance d'articulation interne — soit encore, pour le dire selon son vocabulaire, les correspondances des couleurs et de valeurs qu'elle mettra en œuvre. Aux images, Baudelaire demandait donc non pas un pur effet de séduction, mais ce même gain d'intelligibilité qu'il demandait au visage maquillé d'une femme : « Qui ne voit que l'usage de la poudre de riz, si niaisement anathématisée par les philosophes candides, a pour but et pour résultat de faire disparaître du teint toutes les taches que la nature y a outrageusement semées, *et de créer une unité abstraite* dans le grain et la couleur de la peau ?... » Nous soulignons ici en comprenant que Baudelaire réclamait simultanément une métamorphose du visage en un plan de lecture, une transformation du grain de la peau en une géométrie d'origines et de projections érotiques et un arrachement du corps au naturel conçu comme régime de « bêtise ». La théorie de la modernité exige donc bien que ce qu'il spécifiait comme « représentation du présent » soit reconnu comme re-présentation, avec les retards et les aménagements, avec l'idéalisation peut-être, que ces procédures supposent. Elle demande que ce qu'il désignait dans le chapitre sur « la modernité » de l'essai sur Constantin Guys comme une extraction le soit tout autant, avec les prélèvements et les choix qu'engage toute abstraction. Ce n'est donc pas la pure et simple copie d'une scène actuelle qui fera l'image essentiellement moderne, mais le fait de « s'appliquer à en extraire la beauté mystérieuse qui y peut être contenue, si minime ou si légère qu'elle soit ». Considérant la répétition des verbes d'« extraire » et de « dégager » aux pages où Baudelaire examine cette beauté moderne, on pourrait invoquer, à l'opposé du *via di porre* en quoi consiste l'application de pâtes et de fards colorés, la manière traditionnelle du *via di levare*. Peut-être est-ce dans cette « extraction » qu'opère naturellement le ressouvenir de l'artiste décrit par le *Peintre de la vie moderne*. Peut-être est-ce dans cette sélection par quoi « tous les matériaux dont la mémoire s'est encombrée se classent, se rangent, s'harmonisent » que les correspon-

dances qui structurent une scène d'actualité viennent au jour
et fondent la qualité de l'image comme re-présentation et
qui plus est, très paradoxalement même, comme re-présentation du présent. Mieux encore et comme Manet allait
bientôt le montrer, peut-être est-ce par la grâce et la puissance de ces correspondances que le présent peut se faire
visible sans avoir à s'organiser comme scène d'histoire. Il
est d'ailleurs saisissant de voir ici combien le travail rétroactif
de Guys se rapproche de celui, dans l'après-coup et non pas
sur le motif, de Boudin qui sait « bien qu'il faut que tout cela
[ses impressions, ses études de plein air] devienne tableau par
le moyen de l'impression poétique rappelée à volonté ». Sur
un plan légèrement distinct, les conclusions du premier
Salon selon lesquelles « ce ne sont ni les sujets, ni les couleurs qui manquent aux épopées » du moderne ne signifient
pas autre chose : manquent encore, à ses yeux, les modalités
par quoi ces sujets et ces couleurs pourraient faire œuvre et
se donner pour tableaux. Manquent encore, à l'amateur
d'images, les représentations qui témoigneraient ostensible-
ment d'une épuration et d'une métamorphose permettant au
peintre, comme au poète des *Fleurs du Mal*, d'affirmer en épilogue : « Ô vous! soyez témoins que j'ai fait mon devoir /
Comme un parfait chimiste et comme une âme sainte. / Car
j'ai de chaque chose extrait la quintessence, / Tu m'as donné
ta boue et j'en ai fait de l'or. » Manquent les filtres par quoi,
sous l'opération même de l'art, une matière se convertit en
une autre, un matériau prend forme — bref, un présent se
fait tout à la fois perceptible et intelligible.

Manquent donc les principes structuraux par quoi ces
images viendraient à s'inscrire dans l'histoire de l'art.
Manque ce qui en ferait des symboles, c'est-à-dire, chez Baudelaire, des spectacles où « la profondeur de la vie se révèle
tout entière ». En un mot, manquent ces correspondances
que la complexité des grandes capitales (leurs nombreux
croisements...) rendent difficilement perceptibles, mais non
moins puissantes ou nécessaires. D'où la grandeur, pour
Baudelaire, d'un Daumier et d'un Guys qui prirent le temps
de les extraire. D'où ceci que l'esthétique baudelairienne
n'est pas celle d'un « dérèglement » des sens ou des langues,
mais celle d'une mise en relation d'éléments donnés par le
choc ou la surprise, une esthétique du bizarre et du rapprochement (incongru parfois, mais toujours orchestré) des sensations et des sentiments. À leur immense faculté d'observa-

tion, ces vrais artistes, ces « hommes du monde », allieront
dès lors une immense mémoire, c'est-à-dire une immense
capacité à trouver les correspondants et à tirer « la fantasmagorie (...) de la nature ». Il faut donc bien voir ici que ce que
la modernité ruine et en quoi elle manque à répondre à
l'idéal winckelmannien de « belle totalité », de « noble
simplicité » ou de « grandeur calme », n'est autre que l'évidence (naturelle) des correspondances. Ce point a été clairement exposé par Walter Benjamin qui les désignait comme
données selon la seule modalité de l'antérieur[1], comme un
fait de ressouvenir qui n'apparaîtrait, au présent, que sous
l'espèce d'un problème. Si donc le dessin et la critique se
fondent en mémoire, c'est précisément parce que l'anamnèse
seule, la dépouillant, organise et structure la chose en forme
et figure. Précisément parce que le crible de cette épreuve et
résurrection (l'expression est de Baudelaire concernant
Guys, encore) constitue les données sensorielles, non pas
nécessairement en un objet classiquement défini dans le
dictionnaire des ustensiles et des sentiments (non pas en un
tableau régulièrement inscrit dans tel ou tel grand genre),
mais en un réseau et une structure. En une gamme et une
série inscrites dans le dictionnaire d'idées et de sensations
évoqué en 1855 et qui n'est autre que « l'immense clavier
des correspondances » où s'entr'appellent, par exemple, le
rouge et le vert, les « parfums frais » et les « chairs
d'enfants », ou bien encore, « la couleur du ciel, la forme
du végétal, le mouvement et l'odeur de l'animalité » (1855
toujours).

Sans doute le domaine esthétique était-il plus propice que
tout autre à la réactivation comme à la réactualisation de ces
correspondances. À condition toutefois qu'il se constituât
comme domaine du beau. Or l'ensemble du *Spleen de Paris* et
nombre de poèmes des *Fleurs du Mal* marquent la fin d'une
esthétique circonscrite par le beau. Posant le corps en putréfaction d'une bête rencontrée en chemin comme toile et
ébauche d'une peinture à venir, « Une Charogne » pose,
aussi précisément que *le Peintre de la vie moderne*, que l'œuvre
d'art n'est plus office de beauté; « À une madone », qu'elle
ne saurait non plus se réfugier dans un office de bonté. Est-ce

---

1. Walter Benjamin, *Essais* II, Paris, Denoël, 1967, « Sur quelques
thèmes baudelairiens », p. 179 : « Les correspondances sont les données
du mémorable... »

à dire pour autant que les correspondances soient alors
défuntes, et qu'elles ne trouvent d'existence qu'au sein d'une
vie antérieure et d'un cadre exotique ? Non pas puisque ce
que ces poèmes maintiennent néanmoins comme œuvres
d'art — et qui fait peut-être de Baudelaire le dernier des classiques en même temps que le premier des modernes au sens
de l'histoire de la littérature — c'est l'exigence de correspondances désormais entendues comme simples structures formelles et comme puissances d'agencement logique. Il n'y a
plus donation, mais demande et constitution de celles-ci ; il
n'y a donc pas ruine définitive dans le choc, mais difficile élaboration du présent dans l'épreuve même de ce qui s'en
mémorise (cf. *Le Salon de 1846* par exemple, ou « La chevelure »). Aussi n'est-il pas indifférent que la forme poétique où
s'écrive au mieux la critique selon Baudelaire soit le sonnet :
forme fixe, forme rythmée, forme ancienne et lestée d'une
tradition, forme contraignante. Et les « correspondances » de
constituer une tâche plutôt qu'un acquis ; la mise en forme,
un impératif plutôt qu'un fait. Où le monde cessait de se présenter comme « belle nature » pour apparaître sous les traits
d'émotions fragmentaires et « passantes », il convenait donc
encore de restaurer un régime de répondants, une grille de
saisie, voire un symbole, mais non sans reconnaître que
d'autres expériences — érotiques et amoureuses notamment
— étaient vouées à échapper à toute maîtrise. Où les correspondances cessaient d'être évidentes, il fallait encore les
extraire et les dégager. Il fallait faire le deuil de leur forme
antérieure (sacrée), mais non pas de leur possibilité moderne ;
renoncer aux repères absolus de l'expérience immémoriale
d'un rapport au monde heureux pour tâcher de maintenir
leur quête dans une relation plus indéterminée et plus
conflictuelle à ce qui nous entoure. Ainsi la passante peut-elle
encore délivrer une émotion certaine alors même que la ville
contraint cette certitude à devenir une expérience de perte :

« Un éclair... puis la nuit ! Fugitive beauté
Dont le regard m'a fait soudainement renaître,
Ne te verrai-je plus que dans l'éternité ?

Ailleurs, bien loin d'ici ! trop tard ! jamais peut-être !
Car j'ignore où tu fuis, tu ne sais où je vais,
Ô toi que j'eusse aimée, ô toi qui le savais ! »

Au moment où la correspondance des désirs et des sentiments (« ô toi qui le savais » peut s'interpréter ainsi et non

pas seulement comme projection subjective) se donne dans l'instant d'un croisement, les structures de l'expérience moderne, qui est un accroissement des possibilités de la rencontre en même temps que la condamnation de toute durée, interdisent la présence de ces émotions et sentiments. Aussi la critique d'art fut-elle un lieu de réserve et de retrait où Baudelaire tenta cette restauration, sinon de la présence, du moins d'une expérience qui prendrait corps et pourrait se dire autrement que dans un soupir ou un balbutiement. Aussi ouvre-t-elle à la reconnaissance de ce que Benjamin nomme une expérience « sans crises ». Et ce, en engageant à nouveau frais le problème d'une traductibilité du discours en figure et des figures en discours, en remaniant l'*ut pictura poesis*. L'erreur serait donc de la lire en omettant de la confronter aux structures spécifiques du travail poétique (et notamment, à cette énigme baudelairienne des échanges de la prose et du vers). La difficile conjonction du critique et du poétique, celle non moins aiguë que posent encore les expressions multiples du propos esthétique, interdisent d'en faire un simple répertoire ou dictionnaire des images du moderne. Pour séduisante qu'elle soit, et dans sa brutalité même, la modernité n'en revêtait pas moins essentiellement, pour Baudelaire, la forme d'un problème. En même temps qu'elle se donnait comme sensibilité et comme destin, elle exigeait qu'on la pensât et que l'on répondît à ses demandes — ce que firent, sans doute possible, les petits poèmes en prose[1].

Il existe un partage historique des formes de la dicibilité et des formes de la visibilité. Au milieu du XIXᵉ siècle, Baudelaire oscille entre une compréhension classique de l'articulation des mots et des images, une fascination pour la résolution magico-incantatoire des relations de la langue et du réel et une appréhension lucide de l'impasse où se trouvent les

---

1. D'un type de lecture de la critique baudelairienne nous n'avons pas parlé, car il aurait été un peu long d'en retracer les origines et le contexte : les lectures marxistes de la critique littéraire allemande issue de l'École de Francfort et marquée par Adorno autant que par Benjamin. Ces lectures se concentrent sur les premiers Salons pour en proposer de interprétations en termes de choix politique et de lutte des classes. Le livre de Dolf Oehler, *Pariser Bilder I (1830-1848). Antibourgeoise Ästhetik bei Baudelaire, Daumier und Heine*, Suhrkamp Verlag, 1979, en donne une bonne idée. Dans un article des *Études baudelairiennes*, Claude Pichois rend compte de l'ensemble de ces travaux, de leurs mérites comme de leurs défauts (« Baudelaire devant la socio-critique allemande », *Études baudelairiennes* nº 9).

solutions syntaxiques ou poétiques classiques dès lors que surgit une conscience de modernité, c'est-à-dire dès lors que le temps traverse consciemment l'espace de la perception. Il sait que les liens du dicible et du sensible se modifient lorsque le temps opère sous l'espèce d'une mise en mémoire de l'acte même qui perçoit et ne s'intègre plus immédiatement à des formes naturelles ou répertoriées (cf. *Le Salon de 1846* et le texte sur *L'Exposition Universelle de 1855*), et sous l'espèce aussi d'une rencontre réussie dans son échec même. La tâche critique et la tâche poétique auront en commun d'être confrontées au surgissement de cette conscience, à la rupture d'une tradition et d'une esthétique dans l'ordre formel (avec le passage des *Fleurs du Mal* au *Spleen de Paris*) comme dans l'ordre du réel (avec la naissance de la ville moderne, de la marchandise, de la paupérisation...). Toutes deux auront thématisé la puissance unique du style (de l'écrivain, du peintre, du dessinateur...) face à la confusion des sens et des sentiments que le poème « À une passante »[1] désigne comme vérité de l'expérience. Toutes deux auront montré la puissance unique des correspondances (de couleur, de prosodie, de tonalité...). Le sens majeur de cette esthétique du moderne sur laquelle les commentateurs insistent tous légitimement sera donc moins d'exhiber des images (pour nous surannées, faut-il le rappeler ?) du siècle dernier que d'insister sur l'*essentielle figurativité du présent* : sur ceci qu'il ne se donne jamais immédiatement à notre perception, mais toujours revêtu de ses formes spécifiques et transitoires ; que toujours, il nous marque et nous « estampille » dans nos manières d'être et de vivre (de peindre, de lire, d'écrire...) ; que pour le « voir et comprendre », il nous faut des médiations qui sont celles de ces correspondances — de ces « langages indirects » — que les artistes et les critiques mettent en œuvre. Écriture critique et écriture poétique seraient, donc, chez Baudelaire, autant de manières de dévoiler cette impossibilité d'avoir directement accès aux choses. Toujours, les choses nous seront données, fût-ce à l'âge des quantités et des foules, par le jeu « des parfums, des couleurs et des sons » — c'est-à-dire, par le biais des affections et des mémoires subjectives et par le jeu des chocs et des regroupements inédits de singularités distinctes.

CLAIRE BRUNET

1. Sur ce poème, cf. C. Imbert, « La ville en négatif », *Les Temps modernes* n° 581, mars-avril 1995.

CRITIQUE D'ART

SALON DE 1845

I

QUELQUES MOTS D'INTRODUCTION

Nous pouvons dire au moins avec autant de justesse qu'un écrivain bien connu à propos de ses petits livres : ce que nous disons, les journaux n'oseraient l'imprimer[1]. Nous serons donc bien cruels et bien insolents ? non pas, au contraire, impartiaux. Nous n'avons pas d'amis, c'est un grand point, et pas d'ennemis. — Depuis M. G. Planche[2], un paysan du Danube dont l'éloquence impérative et savante s'est tue au grand regret des sains esprits, la critique des journaux, tantôt niaise, tantôt furieuse, jamais indépendante, a, par ses mensonges et ses camaraderies effrontées, dégoûté le bourgeois de ces utiles guide-ânes qu'on nomme comptes rendus de Salons*.

Et tout d'abord, à propos de cette impertinente appellation, le *bourgeois*[4], nous déclarons que nous ne partageons nullement les préjugés de nos grands confrères *artistiques*[5] qui se sont évertués depuis plusieurs années à jeter l'anathème sur cet être inoffensif qui ne demanderait pas mieux que d'aimer la bonne peinture, si ces messieurs savaient la lui faire comprendre, et si les artistes la lui montraient plus souvent.

---

* Citons une belle et honorable exception, M. Delécluze[3], dont nous ne partageons pas toujours les opinions, mais qui a toujours su sauvegarder ses franchises, et qui sans fanfares ni emphase a eu souvent le mérite de dénicher les talents jeunes et inconnus.

Ce mot, qui sent l'argot d'atelier d'une lieue, devrait être supprimé du dictionnaire de la critique.

Il n'y a plus de bourgeois, depuis que le bourgeois — ce qui prouve sa bonne volonté à devenir artistique, à l'égard des feuilletonistes — se sert lui-même de cette injure.

En second lieu le bourgeois — puisque bourgeois il y a — est fort respectable; car il faut plaire à ceux aux frais de qui l'on veut vivre.

Et enfin, il y a tant de bourgeois parmi les artistes, qu'il vaut mieux, en somme, supprimer un mot qui ne caractérise aucun vice particulier de caste, puisqu'il peut s'appliquer également aux uns, qui ne demandent pas mieux que de ne plus le mériter, et aux autres, qui ne se sont jamais doutés qu'ils en étaient dignes.

C'est avec le même mépris de toute opposition et de toutes criailleries systématiques[a], opposition et criailleries devenues banales et communes*, c'est avec le même esprit d'ordre, le même amour du bon sens, que nous repoussons loin de cette petite brochure toute discussion, et sur les jurys en général, et sur le jury de peinture en particulier, et sur la réforme du jury devenue, dit-on, nécessaire, et sur le *mode et la fréquence* des expositions, etc... D'abord il faut un jury, ceci est clair — et quant au retour annuel des expositions, que nous devons à l'esprit éclairé et libéralement paternel d'un roi à qui le public et les artistes doivent la jouissance de six musées (la galerie des Dessins, le supplément de la galerie Française[1], le musée Espagnol, le musée Standish[2], le musée de Versailles[3], le musée de Marine[b4]), un esprit juste verra toujours qu'un grand artiste n'y peut que gagner, vu sa fécondité naturelle, et qu'un médiocre n'y peut trouver que le châtiment mérité.

Nous parlerons de tout ce qui attire les yeux de la foule et des artistes; — la conscience de notre métier nous y oblige. — Tout ce qui plaît a une raison de plaire, et mépriser les attroupements de ceux qui s'égarent n'est pas le moyen de les ramener où ils devraient être.

Notre méthode de discours consistera simplement à diviser

---

* Les réclamations sont peut-être justes, mais elles sont criailleries, parce qu'elles sont devenues systématiques.

notre travail en tableaux d'histoire et portraits — tableaux de genre et paysages — sculpture — gravures et dessins, et à ranger les artistes suivant l'ordre et le grade que leur a assignés l'estime publique.

8 mai 1845.

II

TABLEAUX D'HISTOIRE

DELACROIX

M. Delacroix est décidément le peintre le plus original des temps anciens et des temps modernes[1]. Cela est ainsi, qu'y faire ? Aucun des amis de M. Delacroix, et des plus enthousiastes, n'a osé le dire simplement, crûment, impudemment, comme nous. Grâce à la justice tardive des heures qui amortissent les rancunes, les étonnements et les mauvais vouloirs, et emportent lentement chaque obstacle dans la tombe, nous ne sommes plus au temps où le nom de M. Delacroix était un motif à signe" de croix pour les *arriéristes,* et un symbole de ralliement pour toutes les oppositions, intelligentes ou non; ces *beaux temps* sont passés. M. Delacroix restera toujours un peu contesté, juste autant qu'il faut pour ajouter quelques éclairs à son auréole. Et tant mieux ! Il a le droit d'être toujours jeune, car il ne nous a pas trompés, lui, il ne nous a pas menti comme quelques idoles ingrates que nous avons portées dans nos panthéons. M. Delacroix n'est pas encore de l'Académie[2], mais il en fait partie moralement; dès longtemps il a tout dit, dit tout ce qu'il faut pour être le premier — c'est convenu; — il ne lui reste plus — prodigieux tour de force d'un génie sans cesse en quête du neuf — qu'à progresser dans la voie du bien — où il a toujours marché.

M. Delacroix a envoyé cette année quatre tableaux[1] :

1º LA MADELEINE DANS LE DÉSERT

C'est une tête de femme renversée dans un cadre très étroit. À droite dans le haut, un petit bout de ciel ou de rocher — quelque chose de bleu ; — les yeux de la Madeleine sont fermés, la bouche est molle et languissante, les cheveux épars. Nul, à moins de la voir, ne peut imaginer ce que l'artiste a mis de poésie intime, mystérieuse et romantique dans cette simple tête. Elle est peinte presque par hachures comme beaucoup de peintures de M. Delacroix ; les tons, loin d'être éclatants ou intenses, sont très doux et très modérés ; l'aspect est presque gris, mais d'une harmonie parfaite. Ce tableau nous démontre une vérité soupçonnée depuis longtemps et plus claire encore dans un autre tableau dont nous parlerons tout à l'heure ; c'est que M. Delacroix est plus fort que jamais, et dans une voie de progrès sans cesse renaissante, c'est-à-dire qu'il est plus que jamais harmoniste.

2º DERNIÈRES PAROLES DE MARC-AURÈLE[2]

Marc-Aurèle lègue son fils aux stoïciens. — Il est à moitié nu et mourant, et présente le jeune Commode, jeune, rose, mou et voluptueux et qui a l'air de s'ennuyer, à ses sévères amis groupés autour de lui dans des attitudes désolées.

Tableau splendide, magnifique, sublime, incompris. — Un critique connu a fait au peintre un grand éloge d'avoir placé Commode, c'est-à-dire l'avenir, dans la lumière ; les stoïciens, c'est-à-dire le passé, dans l'ombre ; — que d'esprit ! Excepté deux figures dans la demi-teinte, tous les personnages ont leur portion de lumière. Cela nous rappelle l'admiration d'un littérateur républicain[3] qui félicitait sincèrement le grand Rubens d'avoir, dans un de ses tableaux officiels de la galerie Médicis, débraillé l'une des bottes et le bas de Henri IV, trait de satire indépendante, coup de griffe libéral contre la débauche royale. Rubens sans-culotte ! ô critique ! ô critiques !...

Nous sommes ici en plein Delacroix, c'est-à-dire que nous avons devant les yeux l'un des spécimens les plus complets de ce que peut le génie dans la peinture.

Cette couleur est d'une science incomparable, il n'y a pas une seule faute, — et, néanmoins, ce ne sont que tours de force — tours de force invisibles à l'œil inattentif, car l'harmonie est sourde et profonde; la couleur, loin de perdre son originalité cruelle dans cette science nouvelle et plus complète, est toujours sanguinaire et terrible. — Cette pondération du vert et du rouge plaît à notre âme. M. Delacroix a même introduit dans ce tableau, à ce que nous croyons du moins, quelques tons dont il n'avait pas encore l'usage habituel. — Ils se font bien valoir les uns les autres. — Le fond est aussi sérieux qu'il le fallait pour un pareil sujet.

Enfin, disons-le, car personne ne le dit, ce tableau est parfaitement bien dessiné, parfaitement bien modelé. — Le public se fait-il bien une idée de la difficulté qu'il y a à modeler avec de la couleur ? La difficulté est double, — modeler avec un seul ton, c'est modeler avec une estompe, la difficulté est simple; — modeler avec de la couleur, c'est dans un travail subit, spontané, compliqué, trouver d'abord la logique des ombres et de la lumière, ensuite la justesse et l'harmonie du ton; autrement dit, c'est, si l'ombre est verte et une lumière rouge, trouver du premier coup une harmonie de vert et de rouge, l'un obscur, l'autre lumineux, qui rendent l'effet d'un objet monochrome et *tournant*[1].

Ce tableau est parfaitement bien dessiné. Faut-il, à propos de cet énorme paradoxe, de ce blasphème impudent, répéter, réexpliquer ce que M. Gautier s'est donné la peine d'expliquer dans un de ses feuilletons de l'année dernière[2], à propos de M. Couture — car M. Th. Gautier, quand les œuvres vont bien à son tempérament et à son éducation littéraires, commente bien ce qu'il sent juste — à savoir qu'il y a deux genres de dessins, le dessin des coloristes et le dessin des dessinateurs ? Les procédés sont inverses; mais on peut bien dessiner avec une couleur effrénée, comme on peut trouver des masses de couleur harmonieuses, tout en restant dessinateur exclusif.

Donc, quand nous disons que ce tableau est bien dessiné, nous ne voulons pas faire entendre qu'il est dessiné comme un Raphaël; nous voulons dire qu'il est dessiné

d'une manière impromptue et spirituelle; que ce genre de
dessin, qui a quelque analogie avec celui de tous les
grands coloristes, de Rubens par exemple, rend bien, rend
parfaitement le mouvement, la physionomie, le caractère
insaisissable et tremblant de la nature, que le dessin de
Raphaël ne rend jamais. — Nous ne connaissons, à Paris,
que deux hommes qui dessinent aussi bien que M. Delacroix, l'un d'une manière analogue, l'autre dans une
méthode contraire. — L'un est M. Daumier, le caricaturiste[1]; l'autre, M. Ingres, le grand peintre, l'adorateur rusé
de Raphaël[2]. — Voilà certes qui doit stupéfier les amis et
les ennemis, les séides et les antagonistes; mais avec une
attention lente et studieuse, chacun verra que ces trois *dessins* différents ont ceci de commun, qu'ils rendent parfaitement et complètement le côté de la nature qu'ils veulent
rendre, et qu'ils disent juste ce qu'ils veulent dire. —
Daumier dessine peut-être mieux que Delacroix, si l'on
veut préférer les qualités saines, bien portantes, aux facultés étranges et étonnantes d'un grand génie malade de
génie; M. Ingres, si amoureux du détail, dessine peut-être
mieux que tous les deux, si l'on préfère les finesses laborieuses à l'harmonie de l'ensemble, et le caractère du morceau au caractère de la composition, mais[3] . . . . . .
. . . .
. . . .
. . . .
. . . .
. . . .

aimons-les tous les trois.

3° UNE SIBYLLE QUI MONTRE LE RAMEAU D'OR

C'est encore d'une belle et originale couleur. — La tête
rappelle un peu l'indécision charmante des dessins sur
Hamlet[4]. — Comme modelé et comme pâte, c'est incomparable; l'épaule nue vaut un Corrège.

4° LE SULTAN DU MAROC[a] ENTOURÉ DE SA GARDE ET DE SES OFFICIERS[1]

Voilà le tableau dont nous voulions parler tout à l'heure quand nous affirmions que M. Delacroix avait progressé dans la science de l'harmonie. — En effet, déploya-t-on jamais en aucun temps une plus grande coquetterie musicale ? Véronèse fut-il jamais plus féerique ? Fit-on jamais chanter sur une toile de plus capricieuses mélodies ? un plus prodigieux accord de tons nouveaux, inconnus, délicats, charmants ? Nous en appelons à la bonne foi de quiconque connaît son vieux Louvre ; — qu'on cite un tableau de grand coloriste, où la couleur ait autant d'esprit que dans celui de M. Delacroix. — Nous savons que nous serons compris d'un petit nombre, mais cela nous suffit. — Ce tableau est si harmonieux, malgré la splendeur des tons, qu'il en est gris — gris comme la nature — gris comme l'atmosphère de l'été, quand le soleil étend comme un crépuscule de poussière tremblante sur chaque objet. — Aussi ne l'aperçoit-on pas du premier coup ; — ses voisins l'assomment. — La composition est excellente ; — elle a quelque chose d'inattendu parce qu'elle est vraie et naturelle. . . .
. . . .

P. S. On dit qu'il y a des éloges qui compromettent, et que mieux vaut un sage ennemi..., etc. Nous ne croyons pas, nous, qu'on puisse compromettre le génie en l'expliquant.

HORACE VERNET

Cette peinture africaine[2] est plus froide qu'une belle journée d'hiver. — Tout y est d'une blancheur et d'une clarté désespérantes. L'unité, nulle ; mais une foule de petites anecdotes intéressantes — un vaste panorama de cabaret ; — en général, ces sortes de décorations sont divisées en manière de compartiments ou d'actes, par un

arbre, une grande montagne, une caverne, etc. M. Horace
Vernet a suivi la même méthode; grâce à cette méthode
de feuilletoniste, la mémoire du spectateur retrouve ses
jalons, à savoir : un grand chameau, des biches, une
tente, etc... — vraiment c'est une douleur que de voir un
homme d'esprit patauger dans l'horrible. — M. Horace
Vernet n'a donc jamais vu les Rubens, les Véronèse, les
Tintoret, les Jouvenet[1], morbleu !...

WILLIAM HAUSSOULLIER

Que M. William Haussoullier ne soit point surpris,
d'abord, de l'éloge violent que nous allons faire de son
tableau[2], car ce n'est qu'après l'avoir consciencieusement
et minutieusement analysé que nous en avons pris la résolution; en second lieu, de l'accueil brutal et malhonnête
que lui fait un public français, et des éclats de rire qui
passent devant lui. Nous avons vu plus d'un critique,
important dans la presse, lui jeter en passant son petit
mot pour rire — que l'auteur n'y prenne pas garde. — Il
est beau d'avoir un succès à la *Saint-Symphorien*[3].

Il y a deux manières de devenir célèbre : par agrégation
de succès annuels, et par coup de tonnerre. Certes le dernier moyen est le plus original. Que l'auteur songe aux
clameurs qui accueillirent le *Dante et Virgile*[4], et qu'il per-
sévère dans sa propre voie; bien des railleries malheureuses tomberont encore sur cette œuvre, mais elle restera
dans la mémoire de quiconque a de l'œil et du sentiment;
puisse son succès aller toujours croissant, car[a] il doit y
avoir succès.

Après les tableaux merveilleux de M. Delacroix, celui-
ci est véritablement le morceau capital de l'Exposition;
disons mieux, il est, dans un certain sens toutefois, le
tableau unique du Salon de 1845; car M. Delacroix est
depuis longtemps un génie illustre, une gloire acceptée et
accordée; il a donné cette année quatre tableaux; M. William Haussoullier hier était inconnu, et il n'en a envoyé
qu'un.

Nous ne pouvons nous refuser le plaisir d'en donner
d'abord une description, tant cela nous paraît gai et déli-

cieux à faire. — C'est la *Fontaine de Jouvence* ; — sur le
premier plan trois groupes ; — à gauche, deux jeunes
gens, ou plutôt deux rajeunis, les yeux dans les yeux,
causent de fort près, et ont l'air de faire l'amour allemand[1]. — Au milieu, une femme vue de dos, à moitié
nue, bien blanche, avec des cheveux bruns crespelés[2], jase
aussi en souriant avec son partenaire ; elle a l'air plus sensuel, et tient encore un miroir où elle vient de se regarder
— enfin, dans le coin à droite, un homme vigoureux et
élégant — une tête ravissante, le front un peu bas, les
lèvres un peu fortes — pose en souriant son verre sur le
gazon pendant que sa compagne verse quelque élixir
merveilleux dans le verre d'un long et mince jeune
homme debout devant elle.

Derrière eux, sur le second plan, un autre groupe
étendu tout de son long sur l'herbe : — ils s'embrassent.
— Sur le milieu du second, une femme nue et debout,
tord ses cheveux d'où dégouttent les derniers pleurs de
l'eau salutaire et fécondante ; une autre, nue et à moitié
couchée, semble comme une chrysalide, encore enveloppée dans la dernière vapeur de sa métamorphose. —
Ces deux femmes, d'une forme délicate, sont vaporeuse-
ment, outrageusement blanches ; elles commencent pour
ainsi dire à reparaître. Celle qui est debout a l'avantage
de séparer et de diviser symétriquement le tableau. Cette
statue, presque vivante, est d'un excellent effet, et sert,
par son contraste, les tons violents du premier plan, qui
en acquièrent[a] encore plus de vigueur. La fontaine, que
quelques critiques trouveront sans doute un peu *Séraphin*[3], cette fontaine fabuleuse nous plaît ; elle se partage
en deux nappes, et se découpe, se fend en franges vacil-
lantes et minces comme l'air. — Dans un sentier tortueux
qui conduit l'œil jusqu'au fond du tableau, arrivent,
courbés et barbus, d'heureux sexagénaires. — Le fond
de droite est occupé par des bosquets où se font des
ballets et des réjouissances.

Le sentiment de ce tableau est exquis ; dans cette
composition l'on aime et l'on boit, — aspect voluptueux
— mais l'on boit et l'on aime d'une manière très sérieuse,
presque mélancolique. Ce ne sont pas des jeunesses fou-
gueuses et remuantes, mais de secondes jeunesses qui
connaissent le prix de la vie et qui en jouissent avec
tranquillité.

Cette peinture a, selon nous, une qualité très importante, dans un musée surtout — elle est très voyante. —
Il n'y a pas moyen de ne pas la voir. La couleur est d'une
crudité terrible, impitoyable, téméraire même, si l'auteur
était un homme moins fort; mais... elle est *distinguée,*
mérite si couru par MM. de l'école d'Ingres. — Il y a des
alliances de tons heureuses; il se peut que l'auteur
devienne plus tard un franc coloriste. — Autre qualité
énorme et qui fait les hommes, les vrais hommes, cette
peinture a la foi — elle a la foi de sa beauté, — c'est de la
peinture absolue, convaincue, qui crie : je veux, je veux
être belle, et belle comme je l'entends, et je sais que je ne
manquerai pas de gens à qui plaire.

Le dessin, on le devine, est aussi d'une grande volonté
et d'une grande finesse; les têtes ont un joli caractère. —
Les attitudes sont toutes bien trouvées. — L'élégance et
la *distinction* sont partout le signe particulier de ce tableau.

Cette œuvre aura-t-elle un succès prompt ? Nous
l'ignorons. — Un public a toujours, il est vrai, une
conscience et une bonne volonté qui le précipitent vers le
vrai; mais il faut le mettre sur une pente et lui imprimer
l'élan, et notre plume est encore plus ignorée que le
talent de M. Haussoullier.

Si l'on pouvait, à différentes époques et à diverses
reprises, faire une exhibition[1] de la même œuvre, nous
pourrions garantir la justice du public envers cet artiste.

Du reste, sa peinture est assez osée pour bien porter les
affronts, et elle promet un homme qui sait assumer la responsabilité de ses œuvres; il n'a donc qu'à faire un nouveau tableau.

Oserons-nous, après avoir si franchement déployé nos
sympathies (mais notre vilain devoir nous oblige à penser
à tout), oserons-nous dire que le nom de Jean Bellin[2] et
de quelques Vénitiens des premiers temps nous a traversé la mémoire, après notre douce contemplation ?
M. Haussoullier serait-il de ces hommes qui en savent
trop long sur leur art ? C'est là un fléau bien dangereux,
et qui comprime dans leur naïveté bien d'excellents mouvements. Qu'il se défie de son érudition, qu'il se défie
même de son goût — mais c'est là un illustre défaut, — et
ce tableau contient assez d'originalité pour promettre un
heureux avenir.

DECAMPS

Approchons vite — car les Decamps allument la curiosité d'avance — on se promet toujours d'être surpris — on s'attend à du nouveau — M. Decamps nous a ménagé cette année une surprise qui dépasse toutes celles qu'il a travaillées si longtemps avec tant d'amour, voire *Les Crochets* et *Les Cimbres*[1] ; M. Decamps a fait du Raphaël et du Poussin. — Eh ! mon Dieu ! — oui.

Hâtons-nous de dire, pour corriger ce que cette phrase a d'exagéré, que[a] jamais imitation ne fut mieux dissimulée ni plus savante — il est bien permis, il est louable d'imiter ainsi.

Franchement — malgré tout le plaisir qu'on a à lire dans les œuvres d'un artiste les diverses transformations de son art et les préoccupations successives de son esprit, nous regrettons un peu l'ancien Decamps.

Il a, avec un esprit de choix qui lui est particulier, entre tous les sujets bibliques, mis la main sur celui qui allait le mieux à la nature de son talent ; c'est l'histoire étrange, baroque, épique, fantastique, mythologique de Samson, l'homme aux travaux impossibles, qui dérangeait les maisons d'un coup d'épaule — de cet antique cousin d'Hercule et du baron de Munchhausen. — Le premier de ces dessins — l'apparition de l'ange dans un grand paysage — a le tort de rappeler des choses que l'on connaît trop — ce ciel cru, ces quartiers de roches, ces horizons graniteux sont sus dès longtemps par toute la jeune école — et quoiqu'il soit vrai de dire que c'est M. Decamps qui les lui a enseignés, nous souffrons devant un Decamps de penser à M. Guignet[2].

Plusieurs de ces compositions ont, comme nous l'avons dit, une tournure très italienne — et ce mélange de l'esprit des vieilles et grandes écoles avec l'esprit de M. Decamps, intelligence très flamande à certains égards, a produit un résultat des plus curieux. — Par exemple, on trouvera à côté de figures qui affectent, heureusement du reste, une allure de grands tableaux, une idée de fenêtre ouverte par où le soleil vient éclairer le parquet de manière à réjouir le Flamand le plus *étudieur*. — Dans le

dessin qui représente l'ébranlement du Temple, dessin
composé comme un grand et magnifique tableau, —
gestes, attitudes d'histoire — on reconnaît le génie de
Decamps tout pur dans cette ombre volante de l'homme
qui enjambe plusieurs marches, et qui reste éternellement
suspendu en l'air. — Combien d'autres n'auraient pas
songé à ce détail, ou du moins l'auraient rendu d'une
autre manière ! mais M. Decamps aime prendre la nature
sur le fait, par son côté fantastique et réel à la fois — dans
son aspect le plus subit et le plus inattendu.

Le plus beau de tous est sans contredit le dernier — le
Samson aux grosses épaules, le Samson invincible est
condamné à tourner une meule — sa chevelure, ou plutôt
sa crinière n'est plus — ses yeux sont crevés — le héros
est courbé au labeur comme un animal de trait — la ruse
et la trahison ont dompté cette force terrible qui aurait pu
déranger les lois de la nature. — À la bonne heure —
voilà du Decamps, du vrai et du meilleur — nous retrouvons donc enfin cette ironie, ce fantastique, j'allais
presque dire ce comique que nous regrettions tant à
l'aspect des premiers. — Samson tire la machine comme
un cheval ; il marche pesamment et voûté avec une naïveté
grossière — une naïveté de lion dépossédé, la tristesse
résignée et presque l'abrutissement du roi des forêts, à
qui l'on ferait traîner une charrette de vidanges ou du
mou pour les chats.

Un surveillant, un geôlier, sans doute, dans une attitude attentive et faisant silhouette sur un mur, dans
l'ombre, au premier plan — le regarde faire. — Quoi de
plus complet que ces deux figures et cette meule ? Quoi
de plus intéressant ? Il n'était même pas besoin de mettre
ces curieux derrière les barreaux d'une ouverture — la
chose était déjà belle et assez belle.

M. Decamps a donc fait une magnifique illustration et
de grandioses vignettes à ce poème étrange de Samson
— et cette série de dessins où l'on pourrait peut-être blâmer quelques murs et quelques objets trop bien faits, et
le mélange minutieux et rusé de la peinture et du crayon
— est, à cause même des intentions nouvelles qui y
brillent, une des plus belles surprises que nous ait faites
cet artiste prodigieux, qui, sans doute, nous en prépare
d'autres.

ROBERT FLEURY[a]

M. Robert Fleury reste toujours semblable et égal à lui-même, c'est-à-dire un très bon et très curieux peintre. — Sans avoir précisément un mérite éclatant, et, pour ainsi dire, un genre de génie involontaire comme les premiers maîtres, il possède tout ce que donnent la volonté et le bon goût. La volonté fait une grande partie de sa réputation comme de celle de M. Delaroche. — Il faut que la volonté soit une faculté bien belle et toujours bien fructueuse, pour qu'elle suffise à donner un cachet, un style quelquefois violent à des œuvres méritoires, mais d'un ordre secondaire, comme celles de M. Robert Fleury. — C'est à cette volonté tenace, infatigable et toujours en haleine, que les tableaux de cet artiste doivent leur charme presque sanguinaire. — Le spectateur jouit de l'effort et l'œil boit la sueur. — C'est là surtout, répétons-le, le caractère principal et glorieux de cette peinture, qui, en somme, n'est ni du dessin, quoique M. Robert Fleury dessine très spirituellement, ni de la couleur, quoiqu'il colore vigoureusement; cela n'est ni l'un ni l'autre, parce que cela n'est pas exclusif. — La couleur est chaude, mais la manière est pénible; le dessin habile, mais non pas original.

Son *Marino Faliero* rappelle imprudemment un magnifique tableau qui fait partie de nos plus chers souvenirs. — Nous voulons parler du *Marino Faliero* de M. Delacroix[1]. — La composition était analogue; mais combien plus de liberté, de franchise et d'abondance !...

Dans l'*Auto-da-fé,* nous avons remarqué avec plaisir quelques souvenirs de Rubens, habilement transformés. — Les deux condamnés qui brûlent, et le vieillard qui s'avance les mains jointes. — C'est encore là, cette année, le tableau le plus original de M. Robert Fleury. — La composition en est excellente, toutes les intentions louables, presque tous les morceaux sont bien réussis. — Et c'est là surtout que brille cette faculté de volonté cruelle et patiente, dont nous parlions tout à l'heure. — Une seule chose est choquante, c'est la femme demi-nue vue de face au premier plan; elle est froide à force d'efforts dramatiques. — De ce tableau, nous ne saurions trop louer l'exécution de certains morceaux. — Ainsi certaines parties nues des hommes qui se contorsionnent dans les flammes sont de petits chefs-d'œuvre. — Mais nous ferons remarquer que ce n'est que par l'emploi successif et patient de plusieurs moyens secondaires que l'artiste s'efforce d'obtenir l'effet grand et large du tableau d'histoire.

Son étude de *Femme nue* est une chose commune et qui a trompé son talent.

L'Atelier de Rembrandt est un pastiche très curieux, mais il faut prendre garde à ce genre d'exercice. On risque parfois d'y perdre ce qu'on a.

Au total, M. Robert Fleury est toujours et sera longtemps un artiste éminent, distingué, chercheur, à qui il ne manque qu'un millimètre ou qu'un milligramme de n'importe quoi pour être un beau génie.

GRANET

a exposé *Un chapitre de l'ordre du Temple*. Il est généralement reconnu que M. Granet est un maladroit plein de sentiment, et l'on se dit devant ses tableaux : « Quelle simplicité de moyens et pourtant quel effet ! » Qu'y a-t-il donc là de si contradictoire ? Cela prouve tout simplement que c'est un artiste fort adroit et qui déploie une science très apprise dans sa spécialité de vieilleries gothiques ou religieuses, un talent très roué et très décoratif.

ACHILLE DEVÉRIA

Voilà un beau nom, voilà[a] un noble et vrai artiste à notre sens.

Les critiques et les journalistes se sont donné le mot pour entonner un charitable *De profundis* sur le défunt talent de M. Eugène Devéria, et chaque fois qu'il prend à cette vieille gloire romantique la fantaisie de se montrer au jour, ils l'ensevelissent dévotement dans la *Naissance de Henri IV,* et brûlent quelques cierges en l'honneur de cette ruine[1]. C'est bien, cela prouve que ces messieurs aiment le beau consciencieusement; cela fait honneur à leur cœur. Mais d'où vient que nul ne songe à jeter quelques fleurs sincères et à tresser quelques loyaux articles en faveur de M. Achille Devéria ? Quelle ingratitude ! Pendant de longues années, M. Achille Devéria a puisé, pour notre plaisir, dans son inépuisable fécondité, de ravissantes vignettes, de charmants petits tableaux d'intérieur, de gracieuses scènes de la vie élégante, comme nul keepsake, malgré les prétentions des réputations nouvelles, n'en a depuis édité. Il savait colorer la pierre lithographique; tous ses dessins étaient pleins de charmes, distingués, et respiraient je ne sais quelle rêverie amène. Toutes ses femmes coquettes et doucement sensuelles étaient les idéalisations de celles que l'on avait vues et désirées le soir dans les concerts, aux Bouffes, à l'Opéra ou dans les grands salons. Ces lithographies, que les marchands achètent trois sols et qu'ils vendent un franc, sont les représentants fidèles de cette vie élégante et parfumée de la Restauration, sur laquelle plane comme un ange protecteur le romantique et blond fantôme de la duchesse de Berry.

Quelle ingratitude ! Aujourd'hui l'on n'en parle plus, et tous nos ânes routiniers et antipoétiques se sont amoureusement tournés vers les âneries et les niaiseries vertueuses de M. Jules David[2], vers les paradoxes pédants de M. Vidal.

Nous ne dirons pas que M. Achille Devéria a fait un excellent tableau — mais il a fait un tableau — *Sainte Anne instruisant la Vierge,* — qui vaut surtout par des qualités d'élégance et de composition habile, — c'est plutôt, il est vrai, un coloriage qu'une peinture, et par ces temps de *critique picturale, d'art catholique* et *de crâne facture,* une pareille œuvre doit nécessairement avoir l'air naïf et dépaysé. — Si les ouvrages d'un homme célèbre, qui a fait votre joie, vous paraissent aujourd'hui naïfs et dépaysés, enterrez-le donc au moins avec un certain bruit d'orchestre, égoïstes populaces !

BOULANGER

a donné une *Sainte Famille,* détestable;

Les Bergers de Virgile, médiocres;

Des *Baigneuses,* un peu meilleures que des Duval-Lecamus et des Maurin, et un *Portrait d'homme* qui est d'une bonne pâte.

Voilà les dernières ruines de l'ancien romantisme — voilà ce que c'est que de venir dans un temps où il est reçu de croire que l'inspiration suffit et remplace le reste; — voilà l'abîme où mène la course désordonnée de Mazeppa. — C'est M. Victor Hugo qui a perdu M. Boulanger — après en avoir perdu tant d'autres — c'est le poète qui a fait tomber le peintre dans la fosse[1]. Et pourtant M. Boulanger peint convenablement (voyez ses portraits); mais où diable a-t-il pris son brevet de peintre d'histoire et d'artiste inspiré ? est-ce dans les préfaces ou les odes de son illustre ami ?

BOISSARD

Il est à regretter que M. Boissard, qui possède les qualités d'un bon peintre, n'ait pas pu faire voir cette année un tableau allégorique représentant la Musique, la Peinture et la Poésie[2]. Le jury, trop fatigué sans doute ce jour-là de sa rude tâche, n'a pas jugé convenable de l'admettre. M. Boissard a toujours surnagé au-dessus des eaux troubles de la mauvaise époque dont nous parlions à propos de M. Boulanger, et s'est sauvé du danger, grâce aux qualités sérieuses et pour ainsi dire naïves de sa peinture. — Son *Christ en croix* est d'une pâte solide et d'une bonne couleur.

SCHNETZ

Hélas ! que faire de ces gros tableaux italiens ? —
nous sommes en 1845 — nous craignons fort que
Schnetz en fasse[a] encore de semblables en 1855[1].

CHASSÉRIAU

LE KALIFE DE CONSTANTINE SUIVI DE SON ESCORTE

Ce tableau[2] séduit tout d'abord par sa composition. —
Cette défilade de chevaux et ces grands cavaliers ont
quelque chose qui rappelle l'audace naïve des grands
maîtres. — Mais pour qui a suivi avec soin les études
de M. Chassériau, il est évident que bien des révolutions
s'agitent encore dans ce jeune esprit, et que la lutte n'est
pas finie.

La position qu'il veut se créer entre Ingres, dont il est
élève, et Delacroix qu'il cherche à détrousser, a quelque
chose d'équivoque pour tout le monde et d'embarrassant pour lui-même. Que M. Chassériau *trouve son bien*
dans Delacroix, c'est tout simple; mais que, malgré tout
son talent et l'expérience précoce qu'il a acquise, il le
laisse si bien voir, là est le mal. Ainsi, il y a dans ce tableau
des contradictions. — En certains endroits c'est déjà de
la couleur, en d'autres ce n'est encore que coloriage — et
néanmoins l'aspect en est agréable, et la composition,
nous nous plaisons à le répéter, excellente.

Déjà, dans les illustrations d'Othello, tout le monde
avait remarqué la préoccupation d'imiter Delacroix[3]. —
Mais, avec des goûts aussi distingués et un esprit aussi
actif que celui de M. Chassériau, il y a tout lieu d'espérer
qu'il deviendra un peintre, et un peintre éminent.

DEBON

BATAILLE D'HASTINGS

Encore un pseudo-Delacroix; — mais que de talent !
quelle énergie ! C'est une vraie bataille. — Nous voyons
dans cette œuvre toutes sortes d'excellentes choses; —
une belle couleur, la recherche sincère de la vérité, et la
facilité hardie de composition qui fait les peintres
d'histoire.

VICTOR ROBERT

Voilà un tableau qui a eu du guignon; — il a été suffisamment *blagué* par les savants du feuilleton, et nous
croyons qu'il est temps de redresser les torts. — Aussi
quelle singulière idée que de montrer à ces messieurs
la religion, la philosophie, les sciences et les arts éclairant
l'Europe[1], et de représenter chaque peuple de l'Europe
par une figure qui occupe dans le tableau sa place géographique !
Comment faire goûter à ces articliers[2] quelque chose
d'audacieux, et leur faire comprendre que l'allégorie
est un des plus beaux genres de l'art ?

Cette énorme composition est d'une bonne couleur,
par morceaux, du moins; nous y trouvons même la
recherche de tons nouveaux; de quelques-unes de ces
belles femmes qui figurent les diverses nations, les attitudes sont élégantes et originales.

Il est malheureux que l'idée baroque d'assigner à
chaque peuple sa place géographique ait nui à l'ensemble
de la composition, au charme des groupes, et ait éparpillé les figures comme un tableau de Claude Lorrain,
dont les bonshommes s'en vont à la débandade.

M. Victor Robert est-il un artiste consommé ou un
génie étourdi ? Il y a du pour et du contre, des bévues de
jeune homme et de savantes intentions. — En somme,
c'est là un des tableaux les plus curieux et les plus dignes
d'attention du Salon de 1845.

BRUNE

a exposé *Le Christ descendu de la croix*. Bonne couleur, dessin suffisant. — M. Brune a été jadis plus original. — Qui ne se rappelle *L'Apocalypse* et *L'Envie*[1] ? — Du reste il a toujours eu à son service un talent de facture ferme et solide, en même temps que très facile, qui lui donne dans l'école moderne une place honorable et presque égale à celle de Guerchin et des Carrache, dans les commencements de la décadence italienne.

GLAIZE

M. Glaize[a] a un talent — c'est celui de bien peindre les femmes. — C'est la Madeleine et les femmes qui l'entourent qui sauvent son tableau de la *Conversion de Madeleine* — et c'est la molle et vraiment féminine tournure de Galathée qui donne à son tableau de *Galathée et Acis* un charme un peu original. — Tableaux qui visent à la couleur, et malheureusement n'arrivent qu'au coloriage de cafés, ou tout au plus d'opéra, et dont l'un a été imprudemment placé auprès du *Marc-Aurèle* de Delacroix.

LÉPAULLE

Nous avons vu de M. Lépaulle une femme tenant un vase de fleurs dans ses bras[2]; — c'est très joli, c'est très bien peint, et même — qualité plus grave — c'est naïf. — Cet homme réussit toujours ses tableaux quand il ne s'agit que de bien peindre et qu'il a un joli modèle; — c'est dire qu'il manque de goût et d'esprit. — Par exemple, dans le *Martyre de saint Sébastien*, que fait cette grosse figure de vieille avec son urne, qui occupe le bas du tableau et lui donne un faux air d'ex-voto de village ?

Et pourtant c'est une peinture dont le *faire* a tout l'a-
plomb des grands maîtres. — Le torse de saint Sébastien, parfaitement bien peint, gagnera encore à vieillir.

MOUCHY[1]

MARTYRE DE SAINTE CATHERINE D'ALEXANDRIE

M. Mouchy doit aimer Ribera et tous les vaillants
factureurs[2]; n'est-ce pas faire de lui un grand éloge ? Du
reste son tableau est bien composé. — Nous avons sou-
venance d'avoir vu dans une église de Paris — Saint-
Gervais ou Saint-Eustache[3] — une composition signée
Mouchy, qui représente des moines. — L'aspect en est très
brun, trop peut-être, et d'une couleur moins variée que
le tableau de cette année, mais elle a les mêmes qualités
sérieuses de peinture.

APPERT[4]

L'Assomption de la Vierge a des qualités analogues —
bonne peinture — mais la couleur, quoique vraie couleur, est un peu commune. — Il nous semble que nous
connaissons un tableau du Poussin, situé dans la même
galerie, non loin de la même place, et à peu près de la
même dimension, avec lequel celui-ci a quelque ressemblance.

BIGAND

LES DERNIERS INSTANTS DE NÉRON[5]

Eh quoi ! c'est là un tableau de M. Bigand ! Nous
l'avons bien longtemps cherché. — M. Bigand le coloriste a fait un tableau tout brun — qui a l'air d'un conci-
liabule de gros sauvages.

PLANET

est un des rares élèves de Delacroix qui brillent par
quelques-unes des qualités du maître.

Rien n'est doux, dans la vilaine besogne d'un compte
rendu, comme de rencontrer un vraiment bon tableau[1],
un tableau original, illustré déjà par quelques huées et
quelques moqueries.

Et, en effet, ce tableau a été bafoué[2]; — nous conce-
vons la haine des architectes, des maçons, des sculpteurs
et des mouleurs, contre tout ce qui ressemble à de la
peinture; mais comment se fait-il que des artistes ne
voient pas tout ce qu'il y a dans ce tableau, et d'originalité dans la composition, et de simplicité même dans
la couleur ?

Il y a là je ne sais quel aspect de peinture espagnole et
galante, qui nous a séduit tout d'abord. M. Planet a fait
ce que font tous les coloristes de premier ordre, à savoir,
de la couleur avec un petit nombre de tons — du rouge,
du blanc, du brun, et c'est délicat et caressant pour les
yeux. La sainte Thérèse, telle que le peintre l'a représentée, s'affaissant, tombant, palpitant, à l'attente du dard
dont l'amour divin va la percer, est une des plus heureuses
trouvailles de la peinture moderne. — Les mains sont
charmantes. — L'attitude, naturelle pourtant, est aussi
poétique que possible. — Ce tableau respire une volupté
excessive, et montre dans l'auteur un homme capable
de très bien comprendre un sujet — *car sainte Thérèse
était brûlante d'un si grand amour de Dieu, que la violence de ce
feu lui faisait jeter des cris... Et cette douleur n'était pas cor-
porelle, mais spirituelle, quoique le corps ne laissât pas d'y avoir
beaucoup de part*[3].

Parlerons-nous du petit Cupidon mystique suspendu
en l'air, et qui va la percer de son javelot ? — Non. —
À quoi bon ? M. Planet a évidemment assez de talent
pour faire une autre fois un tableau complet.

DUGASSEAU[1]

JÉSUS-CHRIST ENTOURÉ DES PRINCIPAUX FONDATEURS DU CHRISTIANISME

Peinture sérieuse, mais pédante — ressemble à un Lehmann[2] très solide.

Sa *Sapho* faisant le saut de Leucade est une jolie composition.

GLEYRE

Il avait volé le cœur du public sentimental avec le tableau du *Soir*[3]. — Tant qu'il ne s'agissait que de peindre des femmes solfiant de la musique romantique dans un bateau, ça allait; — de même qu'un pauvre opéra triomphe de sa musique à l'aide des objets décolletés ou plutôt déculottés et agréables à voir; — mais cette année, M. Gleyre, voulant peindre des apôtres[4], — des apôtres, M. Gleyre ! — n'a pas pu triompher de sa propre peinture.

PILLIARD

est évidemment un artiste érudit; il vise à imiter les anciens maîtres et leurs sérieuses allures — ses tableaux de chaque année se valent — c'est toujours le même mérite, froid, consciencieux et tenace[5].

AUGUSTE HESSE

L'ÉVANOUISSEMENT DE LA VIERGE[1]

Voilà un tableau évidemment choquant par la couleur — c'est d'une couleur dure, malheureuse et amère — mais ce tableau plaît, à mesure qu'on s'y attache, par des qualités d'un autre genre. — Il a d'abord un mérite singulier — c'est de ne rappeler, en aucune manière, les motifs convenus de la peinture actuelle, et les poncifs[a] qui traînent dans tous les jeunes ateliers; — au contraire, il ressemble au *Passé* ; trop peut-être. — M. Auguste Hesse connaît évidemment tous les grands morceaux de la peinture italienne, et a vu une quantité innombrable de dessins et de gravures. — La composition est du reste belle et habile, et a quelques-unes des qualités traditionnelles des grandes écoles — la dignité, la pompe, et une harmonie ondoyante de lignes.

JOSEPH FAY[2]

M. Joseph Fay n'a envoyé que des dessins, comme M. Decamps — c'est pour cela que nous le classons dans les peintres d'histoire; il ne s'agit pas ici de la matière avec laquelle on fait, mais de la manière dont on fait.

M. Joseph Fay a envoyé six dessins représentant la vie des anciens Germains; — ce sont les cartons d'une frise exécutée à fresque à la grande salle des réunions du conseil municipal de l'hôtel de ville d'Ebersfeld, en Prusse.

Et, en effet, cela nous paraissait bien un peu allemand, et, les regardant curieusement, et avec le plaisir qu'on a à voir toute œuvre de bonne foi, nous songions à toutes ces célébrités modernes d'outre-Rhin qu'éditent les marchands du boulevard des Italiens.

Ces dessins, dont les uns représentent la grande lutte entre Arminius et l'invasion romaine, d'autres, les jeux sérieux et toujours militaires de la Paix, ont un noble air de famille avec les bonnes compositions de Pierre de Cornélius[a1]. — Le dessin est curieux, savant, et visant un peu au néo-Michel-Angelisme. — Tous les mouvements sont heureusement trouvés — et accusent un esprit sincèrement amateur de la forme, si ce n'est amoureux. — Ces dessins nous ont attiré parce qu'ils sont beaux, nous plaisent parce qu'ils sont beaux ; — mais au total, devant un si beau déploiement des forces de l'esprit, nous regrettons toujours, et nous réclamons à grands cris l'originalité. Nous voudrions voir déployer ce même talent au profit d'idées plus modernes, — disons mieux, au profit d'une nouvelle manière de voir et d'entendre les arts — nous ne voulons pas parler ici du choix des sujets ; en ceci les artistes ne sont pas toujours libres, — mais de la manière de les comprendre et de les dessiner.

En deux mots — à quoi bon tant d'érudition, quand on a du talent ?

JOLLIVET[1]

Le *Massacre des Innocents,* de M. Jollivet, dénote un esprit sérieux et appliqué. — Son tableau est, il est vrai, d'un aspect froid et laiteux. — Le dessin n'est pas très original ; mais ses femmes sont d'une belle forme, grasse, résistante et solide.

LAVIRON[3]

JÉSUS CHEZ MARTHE ET MARIE

Tableau sérieux plein d'inexpériences pratiques. — Voilà ce que c'est que de trop s'y connaître, — de trop penser et de ne pas assez peindre.

MATOUT

a donné trois sujets antiques, où l'on devine un esprit
sincèrement épris de la forme, et qui repousse les tentations de la couleur pour ne pas obscurcir les intentions
de sa pensée et de son dessin.

De ces trois tableaux c'est le plus grand qui nous plaît
le plus, à cause de la beauté intelligente des lignes, de
leur harmonie sérieuse, et surtout à cause du parti pris
de la manière, parti pris qu'on ne retrouve pas dans
Daphnis et Naïs[1].

Que M. Matout songe à M. Haussoullier, et qu'il voie
tout ce que l'on gagne ici-bas, en art, en littérature, en
politique, à être radical et absolu, et à ne jamais faire de
concessions.

Bref, il nous semble que M. Matout connaît trop bien
son affaire, et qu'il a trop *ça* dans la main — *Indè* une
impression moins forte.

D'une œuvre laborieusement faite il reste toujours[a]
quelque chose.

JANMOT

Nous n'avons pu trouver qu'une seule figure de
M. Janmot, c'est une femme assise avec des fleurs sur
les genoux[2]. — Cette simple figure, sérieuse et mélancolique, et dont le dessin fin et la couleur un peu crue
rappellent les anciens maîtres allemands, ce gracieux
Albert Dürer, nous avait donné une excessive curiosité
de trouver le reste. Mais nous n'avons pu y réussir. C'est
certainement là une belle peinture. — Outre que le
modèle est très beau et très bien choisi, et très bien
ajusté, il y a, dans la couleur même et l'alliance de ces
tons verts, roses et rouges, un peu douloureux à l'œil,
une certaine mysticité qui s'accorde avec le reste. — Il
y a harmonie naturelle entre cette couleur et ce dessin.

Il nous suffit, pour compléter l'idée qu'on doit se

faire du talent de M. Janmot, de lire dans le livret le
sujet d'un autre tableau :

Assomption de la Vierge — partie supérieure : — la
sainte Vierge est entourée d'anges dont les deux principaux représentent la *Chasteté* et l'*Harmonie*. Partie inférieure : *Réhabilitation de la femme ; un ange brise ses chaînes*[1].

ÉTEX

Ô sculpteur, qui fîtes quelquefois de bonnes statues,
vous ignorez donc qu'il y a une grande différence entre
dessiner sur une toile et modeler avec de la terre, — et que
la couleur est une science mélodieuse dont la triture du
marbre n'enseigne pas les secrets[2] ? — Nous compren-
drions plutôt qu'un musicien voulût singer Delacroix,
— mais un sculpteur, jamais ! — *Ô grand tailleur de pierre*[3] !
pourquoi voulez-vous jouer du violon ?

III

PORTRAITS

LÉON COGNIET[a]

Un très beau portrait de femme, dans le Salon carré[4].
M. Léon Cogniet est un artiste d'un rang très élevé
dans les régions moyennes du goût et de l'esprit. — S'il
ne se hausse pas jusqu'au génie, il a un de ces talents
complets dans leur modération qui défient la critique.
M. Cogniet ignore les caprices hardis de la fantaisie
et le parti pris des absolutistes. Fondre, mêler, réunir tout
en choisissant, a toujours été son rôle et son but; il l'a
parfaitement bien atteint. Tout dans cet excellent portrait, les chairs, les ajustements, le fond, est traité avec
le même bonheur.

DUBUFE

M. Dubufe est depuis plusieurs années la victime de tous les feuilletonistes *artistiques*[1]. Si M. Dubufe est bien loin de sir Thomas Lawrence, au moins n'est-ce pas sans une certaine justice qu'il a hérité de sa gracieuse popularité. — Nous trouvons, quant à nous, que le *Bourgeois* a bien raison de chérir l'homme qui lui a créé de si jolies femmes, presque toujours bien ajustées.

M. Dubufe a un fils qui n'a pas voulu marcher sur les traces de son père, et qui s'est fourvoyé dans la peinture sérieuse.

Mlle EUGÉNIE GAUTIER

Beau coloris, — dessin ferme et élégant. — Cette femme a l'intelligence des maîtres; — elle a du Van Dyck; — elle peint comme un homme. — Tous ceux qui se connaissent en peinture se rappellent le modelé de deux bras nus dans un portrait exposé au dernier Salon[2]. La peinture de Mlle Eugénie Gautier n'a aucun rapport avec la peinture de femme, qui, en général, nous fait songer aux préceptes du bonhomme Chrysale[a].

BELLOC

M. Belloc a envoyé plusieurs portraits. — Celui de M. Michelet nous a frappé par son excellente couleur[3]. — M. Belloc, qui n'est pas assez connu, est un des hommes d'aujourd'hui les plus savants dans leur art. — Il a fait des élèves remarquables, — Mlle Eugénie Gautier, par exemple, à ce que nous croyons[4]. — L'an passé, nous avons vu de lui, aux galeries du boulevard Bonne-Nouvelle[5], une tête d'enfant qui nous a rappelé les meilleurs morceaux de Lawrence.

TISSIER

est vraiment coloriste, mais n'est peut-être que cela; —
c'est pourquoi son portrait de femme, qui est d'une couleur distinguée et dans une gamme de ton très grise,
est supérieur à son tableau de religion.

RIESENER

est avec M. Planet un des hommes qui font honneur à
M. Delacroix. — Le portrait du docteur H. de Saint-A.....
est d'une franche couleur et d'une franche facture.

DUPONT[1]

Nous avons rencontré un pauvre petit portrait de
demoiselle avec un petit chien, qui se cache si bien qu'il
est fort difficile à trouver; mais il est d'une grâce exquise.
— C'est une peinture d'une grande innocence, — apparente, du moins, mais très bien composée, — et d'un
très joli aspect; — un peu anglais.

HAFFNER

Encore un nouveau nom, pour nous, du moins[2].
M. Haffner a, dans la petite galerie, à une très mauvaise
place, un portrait de femme du plus bel effet. Il est difficile à trouver, et vraiment c'est dommage. Ce portrait
dénote un coloriste de première force. Ce n'est point de
la couleur éclatante, pompeuse ni commune, mais
excessivement distinguée, et d'une harmonie remar-

quable. La chose est exécutée dans une gamme de ton
très grise. L'effet est très savamment combiné, doux et
frappant à la fois. La tête, romantique et doucement
pâle, se détache sur un fond gris, encore plus pâle autour
d'elle, et qui, se rembrunissant vers les coins, a l'air de
lui servir d'auréole. — M. Haffner a, de plus, fait un
paysage d'une couleur très hardie — un chariot avec un
homme et des chevaux, faisant presque silhouette sur
la clarté équivoque d'un crépuscule. — Encore un
chercheur consciencieux... que c'est rare[1] !...

PÉRIGNON

a envoyé neuf portraits, dont six de femmes[2]. — Les
têtes de M. Pérignon sont dures et lisses comme des
objets inanimés. — Un vrai musée de Curtius[3].

HORACE VERNET

M. Horace Vernet, comme portraitiste, est inférieur
à M. Horace Vernet, peintre héroïque. Sa couleur surpasse en crudité la couleur de M. Court.

HIPPOLYTE FLANDRIN

M. Flandrin n'a-t-il pas fait autrefois un gracieux
portrait de femme appuyée sur le devant d'une loge,
avec un bouquet de violettes au sein[4] ? Mais il a échoué
dans le portrait de M. Chaix d'Est-Ange[5]. Ce n'est qu'un
semblant de peinture sérieuse ; ce n'est pas là le caractère
si connu de cette figure fine, mordante, ironique. —
C'est lourd et terne.
Nous venons de trouver, ce qui nous a fait le plus vif
plaisir, un portrait de femme de M. Flandrin, une simple

tête qui nous a rappelé ses bons ouvrages. L'aspect en est un peu trop doux et a le tort de ne pas appeler les yeux comme le portrait de la princesse Belg...[1], de M. Lehmann. Comme ce morceau est petit, M. Flandrin l'a parfaitement réussi. Le modelé en est beau, et cette peinture a le mérite, rare chez ces messieurs, de paraître faite tout d'une haleine et du premier coup.

RICHARDOT[2]

a peint une jeune dame vêtue d'une robe noire et verte, — coiffée avec une afféterie de keepsake. — Elle a un certain air de famille avec les saintes de Zurbaran[3], et se promène gravement derrière un grand mur d'un assez bon effet. C'est bon — il y a là-dedans du courage, de l'esprit, de la jeunesse.

VERDIER

a fait un portrait de Mlle Garrique, dans *Le Barbier de Séville*[4]. Cela est d'une meilleure facture que le portrait précédent, mais manque de délicatesse.

HENRI SCHEFFER

Nous n'osons pas supposer, pour l'honneur de M. Henri Scheffer, que le portrait de Sa Majesté ait été fait d'après nature. — Il y a dans l'histoire contemporaine peu de têtes aussi accentuées que celle de Louis-Philippe[5]. — La fatigue et le travail y ont imprimé de belles rides, que l'artiste ne connaît pas. — Nous regrettons qu'il n'y ait pas en France un seul portrait du Roi. — Un seul homme est digne de cette œuvre : c'est M. Ingres.

Tous les portraits de Henri Scheffer sont faits avec la même probité, minutieuse et aveugle; la même conscience, patiente et monotone.

LEIENDECKER

En passant devant le portrait de Mlle Brohan[1] nous avons regretté de ne pas voir au Salon un autre portrait, — qui aurait donné au public une idée plus juste de cette charmante actrice, — par M. Ravergie, à qui le portrait de Mme Guyon avait fait une place importante parmi les portraitistes[2].

DIAZ

M. Diaz fait d'habitude de petits tableaux dont la couleur magique surpasse les fantaisies du kaléidoscope. — Cette année, il a envoyé de petits portraits en pied[3]. Un portrait est fait, non seulement de couleur, mais de lignes et de modelé. — *C'est l'erreur d'un peintre de genre qui prendra sa revanche.*

IV

TABLEAUX DE GENRE

BARON

a donné *Les Oies du frère Philippe*[a], un conte de La Fontaine.
C'est un prétexte à jolies femmes, à ombrages, et à tons variés quand même.

C'est d'un aspect fort attirant, mais c'est le rococo du romantisme. — Il y a là-dedans du Couture, un peu du faire de Célestin Nanteuil, beacoup de tons de Roqueplan[1] et de C. Boulanger[2]. — Réfléchir devant ce tableau combien une peinture excessivement savante et brillante de couleur peut rester froide quand elle manque d'un tempérament particulier.

ISABEY

UN INTÉRIEUR D'ALCHIMISTE

Il y a toujours là-dedans des crocodiles, des oiseaux empaillés, de gros livres de maroquin, du feu dans des fourneaux, et un vieux en robe de chambre, — c'est-à-dire une grande quantité de tons divers. C'est ce qui explique la prédilection de certains coloristes pour un sujet si commun.

M. Isabey est un vrai coloriste — toujours brillant, — souvent délicat. Ça a été un des hommes les plus justement heureux du mouvement rénovateur[3].

LÉCURIEUX[4]

SALOMON DE CAUS À BICÊTRE[5]

Nous sommes à un théâtre du boulevard[a] qui s'est mis en frais de littérature; on vient de lever le rideau, tous les acteurs regardent le public.

Un seigneur, avec Marion Delorme onduleusement appuyée à son bras, *n'écoute pas* la complainte du Salomon qui gesticule comme un forcené dans le fond.

La mise en scène est bonne; tous les fous sont pittoresques, aimables, et savent parfaitement leur rôle.

Nous ne comprenons pas l'effroi de Marion Delorme à l'aspect de ces aimables fous.

Ce tableau a un aspect uniforme de café au lait. La

couleur en est roussâtre comme un vilain temps plein de poussière.

Le dessin, — dessin de vignette et d'illustration. À quoi bon faire de la peinture dite sérieuse, quand on n'est pas coloriste et qu'on n'est pas dessinateur ?

Mme CÉLESTE PENSOTTI

Le tableau de Mme Céleste Pensotti s'appelle *Rêverie du soir*[1]. Ce tableau, un peu maniéré comme son titre, mais joli comme le nom de l'auteur, est d'un sentiment fort distingué. — Ce sont deux jeunes femmes, l'une appuyée sur l'épaule de l'autre, qui regardent à travers une fenêtre ouverte. — Le vert et le rose, ou plutôt le verdâtre et le rosâtre y sont doucement combinés. Cette jolie composition, malgré ou peut-être à cause de son afféterie naïve d'album romantique, ne nous déplaît pas; — cela a une qualité trop oubliée aujourd'hui. C'est élégant, — cela sent bon.

TASSAERT

Un petit tableau de religion presque galante. — La Vierge allaite l'enfant Jésus — sous une couronne de fleurs et de petits amours. L'année passée nous avions déjà remarqué M. Tassaert[2]. Il y a là une bonne couleur, modérément gaie, unie à beaucoup de goût.

LELEUX FRÈRES

Tous leurs tableaux sont très bien faits, très bien peints, et très monotones comme manière et choix de sujets.

LE POITTEVIN[a]

Sujets à la Henri Berthoud[1] (voyez le livret). — Tableaux de genre, vrais tableaux de genre trop bien peints. Du reste, tout le monde aujourd'hui peint trop bien.

GUILLEMIN

M. Guillemin, qui a certainement du mérite dans l'exécution, dépense trop de talent à soutenir une mauvaise cause; — la cause de l'*esprit en peinture*. — J'entends par là envoyer à l'imprimeur du livret des légendes pour le public du dimanche[2].

MÜLLER[b]

M. Müller croit-il plaire au public du samedi en choisissant ses sujets dans Shakespeare et Victor Hugo[3] ? — De gros amours *Empire* sous prétexte de sylphes. — Il ne suffit donc pas d'être coloriste pour avoir du goût. — Sa *Fanny* est mieux.

DUVAL-LECAMUS[c] PÈRE

« ... Sait d'une voix légère
Passer du grave au doux, du plaisant au sévère[4]. »

DUVAL-LECAMUS JULES

a été imprudent d'aborder un sujet traité déjà par M. Roqueplan[5].

GIGOUX

M. Gigoux nous a procuré le plaisir de relire dans le livret le récit de la *Mort de Manon Lescaut*[1]. Le tableau est mauvais; pas de style; mauvaise composition, mauvaise couleur. Il manque de caractère, il manque de son sujet. Quel est ce Des Grieux ? je ne le connais pas.

Je ne reconnais pas non plus là M. Gigoux, que la faveur publique faisait, il y a quelques années, marcher de pair avec les plus sérieux novateurs.

M. Gigoux, l'auteur du *Comte de Cominges*, de *François Ier assistant Léonard de Vinci à ses derniers moments*, M. Gigoux du *Gil Blas*[2], M. Gigoux est une réputation que chacun a joyeusement soulevée sur ses épaules. Serait-il donc aujourd'hui embarrassé de sa réputation de peintre ?

RUDOLPHE[3] LEHMANN

Ses Italiennes de cette année nous font regretter celles de l'année passée[a].

DE LA FOULHOUZE

a peint un parc plein de belles dames et d'élégants messieurs, au temps jadis. C'est certainement fort joli, fort élégant, et d'une très bonne couleur. Le paysage est bien composé. Le tout rappelle beaucoup Diaz; mais c'est peut-être plus solide[4].

PÉRÈSE[a]

La Saison des roses. — C'est un sujet analogue, — une peinture galante et d'un aspect agréable, qui malheureusement fait songer à Wattier, comme Wattier fait songer à Watteau.

DE DREUX

est un peintre de la vie élégante, *high life.* — Sa *Châtelaine* est jolie; mais les Anglais font mieux dans le genre paradoxal[1]. — Ses scènes d'animaux sont bien peintes; mais les Anglais sont plus spirituels dans ce genre animal et intime.

Mme CALAMATTA

a peint une *Femme nue à sa toilette*[2], vue de face, la tête de profil — fond de décoration romaine. L'attitude est belle et bien choisie. En somme, cela est bien fait. Mme Calamatta a fait des progrès. Cela ne manque pas de style, ou plutôt d'une certaine prétention au style.

PAPETY

promettait beaucoup, dit-on. Son retour d'Italie fut précédé par des éloges imprudents. Dans une toile énorme, où se voyaient trop clairement les habitudes récentes de l'Académie de peinture, M. Papety avait néanmoins trouvé des poses heureuses et quelques motifs de composition; et malgré sa couleur d'éventail, il y avait tout lieu d'espérer pour l'auteur un avenir sérieux[1]. Depuis lors, il est resté dans la classe secondaire des hommes qui peignent bien et ont des cartons pleins de motifs tout prêts. La couleur de ses deux tableaux *(Memphis. — Un assaut*[2]*)* est commune. Du reste, ils sont d'un aspect tout différent[a], ce qui induit à croire que M. Papety n'a pas encore trouvé sa manière.

ADRIEN GUIGNET

M. Adrien Guignet a certainement du talent; il sait composer et arranger. Mais pourquoi donc ce doute perpétuel ? Tantôt Decamps, tantôt Salvator. Cette année, on dirait qu'il a colorié sur papyrus des motifs de sculpture égyptienne ou d'anciennes mosaïques *(Les Pharaons)*[3]. Cependant Salvator et Decamps, s'ils faisaient Psammenit ou Pharaon, les feraient à la Salvator et à la Decamps. Pourquoi donc M. Guignet... ?

MEISSONIER

Trois tableaux : *Soldats jouant aux dés — Jeune homme feuilletant un carton — Deux buveurs jouant aux cartes.*

Autre temps, autres mœurs; autres modes, autres écoles. M. Meissonier nous fait songer malgré nous à M. Martin Drolling[4]. Il y a dans toutes les réputations, même les plus méritées, une foule de petits secrets. — Quand on demandait au célèbre M. X*** ce qu'il avait vu au Salon, il disait n'avoir vu qu'un Meissonier, pour éviter de parler du célèbre M. Y***, qui en disait autant de son côté. Il est donc bon de servir de massue à des rivaux.

En somme, M. Meissonier exécute admirablement ses petites figures. C'est un Flamand moins la fantaisie, le charme, la couleur et la naïveté — et la pipe !

JACQUAND

fabrique toujours du Delaroche, vingtième qualité.

ROEHN

Peinture *aimable* (argot de marchand de tableaux)[1].

RÉMOND

Jeune école de dix-huit cent vingt[2].

HENRI SCHEFFER

Auprès de *Madame Roland allant au supplice*, la *Charlotte Corday*[3] est une œuvre pleine de témérité. (Voir aux portraits.)

HORNUNG

« *Le plus têtu des trois n'est pas celui qu'on pense*[4]. »

BARD

Voir le précédent.

GEFFROY[1]

Voir le précédent.

V

PAYSAGES

COROT

À la tête de l'école moderne du paysage, se place M. Corot. — Si M. Théodore Rousseau voulait exposer, la suprématie serait douteuse, M. Théodore Rousseau unissant à une naïveté, à une originalité au moins égales, un plus grand charme et une plus grande sûreté d'exécution. — En effet, ce sont la naïveté et l'originalité qui constituent le mérite de M. Corot. — Évidemment cet artiste aime sincèrement la nature, et sait la regarder avec autant d'intelligence que d'amour. — Les qualités par lesquelles il brille sont tellement fortes, — parce qu'elles sont des qualités d'âme et de fond — que l'influence de M. Corot est actuellement visible dans presque toutes les œuvres des jeunes paysagistes — surtout de quelques-uns qui avaient déjà le bon esprit de l'imiter et de tirer parti de sa manière avant qu'il fût célèbre et sa réputation ne dépassant pas encore le monde des artistes. M. Corot, du fond de sa modestie, a agi sur une foule d'esprits. — Les uns se sont appliqués à choisir dans la nature les motifs, les sites, les couleurs qu'il affectionne, à choyer les mêmes sujets; d'autres ont essayé même de pasticher sa gaucherie. — Or, à propos de cette prétendue gaucherie de M. Corot, il nous semble qu'il y a ici un petit préjugé à relever. — Tous les demi-savants, après avoir consciencieusement admiré un tableau de

Corot, et lui avoir loyalement payé leur tribut d'éloges,
trouvent que cela pèche par l'exécution, et s'accordent
en ceci, que définitivement M. Corot ne sait pas peindre.
— Braves gens ! qui ignorent d'abord qu'une œuvre
de génie — ou si l'on veut — une œuvre d'âme — où
tout est bien vu, bien observé, bien compris, bien imaginé — est toujours très bien exécutée, quand elle l'est
suffisamment — Ensuite — qu'il y a une grande différence entre un morceau *fait* et un morceau *fini* — qu'en
général ce qui est *fait*[a] n'est pas *fini,* et qu'une chose très
finie peut n'être pas *faite* du tout — que la valeur d'une
touche spirituelle, importante et bien placée est énorme...
etc... etc... d'où il suit que M. Corot peint comme les
grands maîtres. — Nous n'en voulons d'autre exemple
que son tableau de l'année dernière[1] — dont l'impression était encore plus tendre et mélancolique que d'habitude. — Cette verte campagne où était assise une femme
jouant du violon — cette nappe de soleil au second plan,
éclairant le gazon et le colorant d'une manière différente
que le premier, était certainement une audace et une
audace très réussie. — M. Corot est tout aussi fort cette
année que les précédentes; — mais l'œil du public a été
tellement accoutumé aux morceaux luisants, propres et
industrieusement *astiqués,* qu'on lui fait toujours le même
reproche.

Ce qui prouve encore la puissance de M. Corot, ne
fût-ce que dans le métier, c'est qu'il sait être coloriste
avec une gamme de tons peu variée — et qu'il est toujours harmoniste même avec des tons assez crus et assez
vifs. — Il compose toujours parfaitement bien. — Ainsi
dans *Homère et les Bergers,* rien n'est inutile, rien n'est à
retrancher; pas même les deux petites figures qui s'en
vont causant dans le sentier. — Les trois petits bergers
avec leur chien sont ravissants, comme ces bouts d'excellents bas-reliefs qu'on retrouve dans certains piédes-
taux des statues antiques[2]. — Homère ressemble peut-être
trop à Bélisaire[3]. — Un autre tableau plein de charme[b] est
Daphnis et Chloé — et dont la composition a comme
toutes les bonnes compositions — c'est une remarque
que nous avons souvent faite — le mérite de l'inattendu.

FRANÇAIS

est aussi un paysagiste de premier mérite — d'un mérite analogue à Corot, et que nous appellerions volontiers *l'amour de la nature* — mais c'est déjà moins naïf, plus rusé — cela sent beaucoup plus son peintre — aussi est-ce plus facile à comprendre. — *Le Soir* est d'une belle couleur.

PAUL HUET

Un vieux château sur des rochers. — Est-ce que par hasard M. Paul Huet voudrait modifier sa manière ? — Elle était pourtant excellente.

HAFFNER

Prodigieusement original — surtout par la couleur. C'est la première fois que nous voyons des tableaux de M. Haffner — nous ignorons donc s'il est paysagiste ou portraitiste de son état — d'autant plus qu'il est excellent dans les deux genres.

TROYON

fait toujours de beaux et de verdoyants paysages, les fait en coloriste et même en observateur, mais fatigue toujours les yeux par l'aplomb imperturbable de sa manière et le papillotage de ses touches. — On n'aime pas voir un homme si sûr de lui-même.

CURZON

a peint un site très original appelé *Les Houblons*. — C'est
tout simplement un horizon auquel les[a] feuilles et les
branchages des premiers plans servent de cadre. — Du
reste, M. Curzon a fait aussi un très beau dessin dont
nous aurons tout à l'heure occasion de parler.

FLERS

Je vais revoir ma Normandie,
C'est le pays[1]...

Voilà ce qu'ont chanté longtemps toutes les toiles de
M. Flers. — Qu'on ne prenne pas ceci pour une moque-
rie. — C'est qu'en effet tous ces paysages étaient poétiques, et donnaient l'envie de connaître ces éternelles et
grasses verdures qu'ils exprimaient si bien — mais cette
année l'application ne serait pas juste, car nous ne
croyons pas que M. Flers, soit dans ses dessins, soit dans
ses tableaux, ait placé une seule Normandie. — M. Flers
est toujours resté un artiste éminent.

WICKENBERG[b]

peint toujours très bien ses *Effets d'hiver*[2] ; mais nous
croyons que les bons Flamands dont il semble préoccupé
ont une manière plus large.

CALAME et DIDAY

Pendant longtemps on a cru que c'était le même artiste atteint de *dualisme chronique ;* mais depuis l'on s'est aperçu qu'il affectionnait le nom de Calame les jours qu'il peignait bien[1]...

DAUZATS

Toujours de l'Orient et de l'Algérie — c'est toujours d'une ferme exécution[a2] !

FRÈRE

(Voyez le précédent[2].)

CHACATON

en revanche a quitté l'Orient; mais il y a perdu.

LOUBON

fait toujours des paysages d'une couleur assez fine : ses *Bergers des Landes* sont une heureuse composition[4].

GARNEREY

Toujours des beffrois et des cathédrales très adroitement peints[1].

JOYANT

Un *Palais des papes d'Avignon,* et encore *Une vue de
Venise.* — Rien n'est embarrassant comme de rendre
compte d'œuvres que chaque année ramène avec leurs
mêmes désespérantes perfections.

BORGET

Toujours des vues indiennes ou chinoises[2]. — Sans
doute c'est très bien fait; mais ce sont trop des articles
de voyages ou de mœurs; — il y a des gens qui regrettent
ce qu'ils n'ont jamais vu, le boulevard du Temple ou
les galeries de Bois[3] ! — Les tableaux de M. Borget nous
font regretter cette Chine où le vent lui-même, dit
H. Heine[4], prend un son comique en passant par les
clochettes, — et où la nature et l'homme ne peuvent pas
se regarder sans rire.

PAUL FLANDRIN

Qu'on éteigne les reflets dans une tête pour mieux
faire voir le modelé, cela se comprend, surtout quand
on s'appelle Ingres. — Mais quel est donc l'extravagant
et le fanatique qui s'est avisé le premier d'*ingriser* la
campagne ?

BLANCHARD[1]

Ceci est autre chose, — c'est plus sérieux, ou moins *sérieux,* comme on voudra. — C'est un compromis assez adroit entre les purs coloristes et les exagérations précédentes.

LAPIERRE et LAVIEILLE

sont deux bons et sérieux élèves de M. Corot. — M. Lapierre[2] a fait aussi un tableau de *Daphnis et Chloé,* qui a bien son mérite.

BRASCASSAT

Certainement, l'on parle trop de M. Brascassat, qui, homme d'esprit et de talent comme il l'est, ne doit pas ignorer que dans la galerie des Flamands il y a beaucoup de tableaux du même genre, tout aussi *faits* que les siens, et plus largement peints, — et d'une meilleure couleur[3]. — L'on parle trop aussi de

SAINT-JEAN

qui est de l'école de Lyon, le bagne de la peinture[4], — l'endroit du monde connu où l'on travaille le mieux les infiniment petits. — Nous préférons les fleurs et les fruits de Rubens, et les trouvons plus naturels. — Du reste, le tableau de M. Saint-Jean est d'un fort vilain aspect, — c'est monotonement jaune. — Au total, quelque bien faits qu'ils soient, les tableaux de M. Saint-

Jean sont des tableaux de salle à manger, — mais non
des peintures de cabinet et de galerie; de vrais tableaux
de salle à manger.

KIÖRBÖE[a]

Des tableaux de chasse, — à la bonne heure ! Voilà
qui est beau, voilà qui est de la peinture et de la vraie
peinture; c'est large, — c'est vrai, — et la couleur en
est belle. — Ces tableaux ont une grande tournure
commune aux anciens tableaux de chasse ou de nature
morte que faisaient les grands peintres, — et ils sont
tous habilement composés.

PHILIPPE ROUSSEAU

LE RAT DE VILLE ET LE RAT DES CHAMPS

est un tableau très coquet et d'un aspect charmant. —
Tous les tons sont à la fois d'une grande fraîcheur et
d'une grande richesse. — C'est réellement faire des
natures mortes, librement, en paysagiste, en peintre de
genre, en homme d'esprit, et non pas en ouvrier, comme
MM. de Lyon. — Les petits rats sont fort jolis.

BÉRANGER

Les petits tableaux de M. Béranger sont charmants —
comme des Meissonier[1].

ARONDEL[1]

Un grand entassement de gibier de toute espèce. — Ce tableau, mal composé, et dont la composition a l'air bousculé, comme si elle visait à la quantité, a néanmoins une qualité très rare par le temps qui court — il est peint avec une grande naïveté — sans aucune prétention d'école[a] ni aucun pédantisme d'atelier. — D'où il suit qu'il y a des parties fort bien peintes. — Certaines autres sont malheureusement d'une couleur brune et rousse, qui donne au tableau je ne sais quel aspect obscur — mais tous les tons clairs ou riches sont bien réussis. — Ce qui nous a donc frappé dans ce tableau est la maladresse mêlée à l'habileté — des inexpériences comme d'un homme qui n'aurait pas peint depuis longtemps, et de l'aplomb comme d'un homme qui aurait beaucoup peint.

CHAZAL

a peint le *Yucca gloriosa,* fleuri en 1844 dans le parc de Neuilly[2]. Il serait bon que tous les gens qui se cramponnent à la vérité microscopique et se croient des peintres, vissent ce petit tableau, et qu'on leur insufflât dans l'oreille avec un cornet les petites réflexions que voici : ce tableau est très bien, non parce que tout y est et que l'on peut compter les feuilles, mais parce qu'il rend en même temps le caractère général de la nature — parce qu'il exprime bien l'aspect vert cru d'un parc au bord de la Seine et de notre soleil froid; bref, parce qu'il est fait avec une profonde naïveté — tandis que vous autres, vous êtes trop... artistes. — *(Sic[3].)*

VI

DESSINS — GRAVURES

BRILLOUIN

M. Brillouin a envoyé cinq dessins au crayon noir qui ressemblent un peu à ceux de M. de Lemud[a1]; mais ceux-ci sont plus fermes et ont peut-être plus de caractère. — En général, ils sont bien composés. — *Le Tintoret donnant une leçon de dessin à sa fille,* est certainement une très bonne chose. — Ce qui distingue surtout ces dessins est leur noble tournure, leur sérieux et le choix des têtes.

CURZON

Une sérénade dans un bateau, — est une des choses les plus distinguées du Salon. — L'arrangement de toutes ces figures est très heureusement conçu; le vieillard au bout de la barque, étendu au milieu de ses guirlandes, est une très jolie idée. — Les compositions de M. Brillouin et celle de M. Curzon ont quelque analogie; elles ont surtout ceci de commun, qu'elles sont bien dessinées — et dessinées avec esprit.

DE RUDDER

Nous croyons que M. de Rudder a eu le premier l'heureuse idée des dessins sérieux et *serrés ;* des cartons, comme on disait autrefois. — Il faut lui en savoir gré. —

Mais quoique ses dessins soient toujours estimables et gravement conçus, combien néanmoins ils nous paraissent inférieurs à ce qu'ils veulent être ! Que l'on compare, par exemple, *Le Berger et l'Enfant* aux dessins nouveaux dont nous venons de parler[1].

MARÉCHAL[2]

La Grappe est sans doute un beau pastel, et d'une bonne couleur; mais nous reprocherons à tous ces messieurs de l'école de Metz[3] de n'arriver en général qu'à un *sérieux* de convention et qu'à la singerie de la *maestria,* — ceci soit dit sans vouloir le moins du monde diminuer l'honneur de leurs efforts. — Il en est de même de

TOURNEUX

dont, malgré tout son talent et tout son goût, l'exécution n'est jamais à la hauteur de l'intention[4].

POLLET

a fait deux fort bonnes aquarelles, d'après le Titien, où brille réellement l'intelligence du modèle[5].

CHABAL

Des fleurs à la gouache, — consciencieusement étudiées et d'un aspect agréable[6].

ALPHONSE MASSON

Les portraits de M. Masson[1] sont bien dessinés. — Ils doivent être très ressemblants; car le dessin de l'artiste indique une volonté ferme et laborieuse; mais aussi il est un peu dur et sec, et ressemble peu au dessin d'un peintre.

ANTONIN MOINE

Toutes ces _fantaisies_ ne peuvent être que celles d'un sculpteur. — Voilà pourtant où le romantisme a conduit quelques-uns[2] !

VIDAL

C'est l'an passé, à ce que nous croyons, qu'a commencé le préjugé des dessins Vidal[3]. — Il serait bon d'en finir tout de suite. — On veut à toute force nous présenter M. Vidal comme un dessinateur sérieux. — Ce sont des dessins _très finis_, mais non _faits_[4]; néanmoins cela, il faut l'avouer, est plus élégant que les Maurin et les Jules David[5]. — Qu'on nous pardonne d'insister si fort à ce sujet; — mais nous connaissons un critique qui, à propos de M. Vidal, s'est avisé de parler de Watteau.

Mme DE MIRBEL

est ce qu'elle a toujours été; — ses portraits sont parfaitement bien exécutés, et Mme de Mirbel a le grand mérite d'avoir apporté la première, dans le genre si ingrat de la miniature, les intentions viriles de la peinture sérieuse.

HENRIQUEL DUPONT

nous a procuré le plaisir de contempler une seconde fois
le magnifique portrait de M. Bertin, par M. Ingres, le
seul homme en France qui fasse vraiment des portraits.
— Celui-ci est sans contredit le plus beau qu'il ait fait,
sans en excepter le Cherubini. — Peut-être la fière tournure et la majesté du modèle a-t-elle doublé l'audace de
M. Ingres, l'homme audacieux par excellence. — Quant à
la gravure, quelque consciencieuse qu'elle soit, nous
craignons qu'elle ne rende pas tout le parti pris de la
peinture. — Nous n'oserions pas affirmer, mais nous
craignons que le graveur n'ait omis certain petit détail
dans le nez ou dans les yeux.

JACQUE

M. Jacque est une réputation nouvelle qui ira toujours grandissant, espérons-le. — Son *eau-forte* est très
hardie, et son sujet très bien conçu. — Tout ce que fait
M. Jacque sur le cuivre est plein d'une liberté et d'une
franchise qui rappelle les vieux maîtres. On sait d'ailleurs
qu'il s'est chargé d'une reproduction remarquable des
eaux-fortes de Rembrandt.

VII

SCULPTURES

BARTOLINI[1]

Nous avons le droit de nous défier à Paris des réputations étrangères. — Nos voisins nous ont si souvent pipé notre estime crédule avec des chefs-d'œuvre qu'ils ne montraient jamais, ou qui, s'ils consentaient enfin à les faire voir, étaient un objet de confusion pour eux et pour nous, que nous nous tenons toujours en garde contre de nouveaux pièges. Ce n'est donc qu'avec une excessive défiance que nous nous sommes approchés de la[a] *Nymphe au scorpion*[2] — Mais cette fois il nous a été réellement impossible de refuser notre admiration à l'artiste étranger. — Certes nos sculpteurs sont plus adroits, et cette préoccupation excessive du métier absorbe aujourd'hui nos sculpteurs comme nos peintres; — or, c'est justement à cause des qualités un peu mises en oubli chez les nôtres, à savoir : le goût, la noblesse, la grâce — que nous regardons l'œuvre de M. Bartolini comme le morceau capital du salon de sculpture. — Nous savons que quelques-uns des *sculptiers*[3] dont nous allons parler sont très aptes à relever les quelques défauts d'exécution de ce marbre, un peu trop de mollesse, une absence de fermeté; bref, certaines parties veules et des bras un peu grêles; — mais aucun d'eux n'a su trouver un aussi joli motif; aucun d'eux n'a ce grand goût et cette pureté d'intentions, cette chasteté de lignes qui n'exclut pas du tout l'originalité. — Les jambes sont charmantes; la tête est d'un caractère mutin et gracieux; il est probable que c'est tout simplement un modèle bien choisi*. — Moins l'ouvrier se laisse voir

---

* Nous sommes d'autant plus fier de notre avis que nous le savons partagé par un des grands peintres de l'école moderne[4].

dans une œuvre et plus l'intention en est pure et claire, plus nous sommes charmés.

DAVID

Ce n'est pas là, par exemple, le cas de M. David, dont les ouvrages nous font toujours penser à Ribera. — Et encore, il y a ceci de faux dans notre comparaison, que Ribera n'est homme de métier que par-dessus le marché — qu'il est en outre plein de fougue, d'originalité, de colère et d'ironie.

Certainement il est difficile de mieux modeler et de mieux faire le morceau que M. David. Cet enfant qui se pend à une grappe, et qui était déjà connu par quelques charmants vers de Sainte-Beuve[1], est une chose curieuse à examiner; c'est de la chair, il est vrai; mais c'est bête comme la nature, et c'est pourtant une vérité incontestée que le but de la sculpture n'est pas de rivaliser avec des moulages. — Ceci conclu, admirons la beauté du travail tout à notre aise.

BOSIO

au contraire se rapproche de Bartolini par les hautes qualités qui séparent le grand goût d'avec le goût du trop vrai. — Sa *Jeune Indienne* est certainement une jolie chose — mais cela manque un peu d'originalité[2]. — Il est fâcheux que M. Bosio ne nous montre pas à chaque fois des morceaux aussi complets que celui qui est au Musée du Luxembourg[3], et que son magnifique buste de la reine.

PRADIER

On dirait que M. Pradier a voulu sortir de lui-même et s'élever, d'un seul coup, vers les régions hautes. Nous ne

savons comment louer sa statue[1] — elle est incompara-
blement habile — elle est jolie sous tous les aspects —
on pourrait sans doute en retrouver quelques parties
au musée des Antiques ; car c'est un mélange prodigieux
de dissimulations. — L'ancien Pradier vit encore sous
cette peau nouvelle, pour donner un charme exquis à
cette figure ; — c'est là certainement un noble tour de
force ; mais la nymphe de M. Bartolini, avec ses imper-
fections, nous paraît plus originale.

FEUCHÈRE

Encore un habile — mais quoi ! n'ira-t-on jamais
plus loin ?

Ce jeune artiste a déjà eu de beaux salons — sa statue
est évidemment destinée à un succès ; outre que son sujet
est heureux, car les pucelles ont en général un public,
comme tout ce qui touche aux affections publiques, cette
Jeanne d'Arc que nous avions déjà vue en plâtre gagne
beaucoup à des proportions plus grandes[2]. Les draperies
tombent bien, et non pas comme tombent en général les
draperies des sculpteurs[a] — les bras et les pieds sont
d'un très beau travail — la tête est peut-être un peu
commune.

DAUMAS

M. Daumas est, dit-on, un chercheur. — En effet,
il y a des intentions d'énergie et d'élégance dans son
Génie maritime[3] ; mais c'est bien grêle.

ÉTEX[4]

M. Étex n'a jamais rien pu faire de complet. Sa conception est souvent heureuse — il y a chez lui une certaine

fécondité de pensée qui se fait jour assez vite et qui nous plaît; mais des morceaux assez considérables déparent toujours son œuvre. Ainsi, vu par-derrière, son groupe d'Héro et Léandre[a] a l'air lourd et les lignes ne se détachent pas harmonieusement. Les épaules et le dos de la femme ne sont pas dignes de ses hanches et de ses jambes.

GARRAUD

avait fait autrefois une assez belle bacchante dont on a gardé le souvenir — c'était de la chair — son groupe de la *Première famille humaine* contient certainement des morceaux d'une exécution très remarquable; mais l'ensemble en est désagréable et rustique, surtout par-devant[1]. — La tête d'Adam, quoiqu'elle ressemble à celle du Jupiter olympien, est affreuse. — Le petit Caïn est le mieux réussi.

DE BAY[b]

est un peintre qui a fait un groupe charmant, le *Berceau primitif*[2]. — Ève tient ses deux enfants sur un genou et leur fait une espèce de panier avec ses deux bras. — La femme est belle, les enfants jolis — c'est surtout la composition de ceci qui nous plaît; car il est malheureux que M. De Bay n'ait pu mettre au service d'une idée aussi originale qu'une exécution qui ne l'est pas assez.

CUMBERWORTH

LA LESBIE DE CATULLE PLEURANT SUR LE MOINEAU[3]

C'est de la belle et bonne sculpture. — De belles lignes, de belles draperies, — c'est un peu trop de l'antique, dont

SIMART[1]

s'est néanmoins encore plus abreuvé, ainsi que

FORCEVILLE-DUVETTE

qui a évidemment du talent, mais qui s'est trop souvenu de la *Polymnie*[2].

MILLET

a fait une jolie bacchante — d'un bon mouvement; mais n'est-ce pas un peu trop connu, et n'avons-nous pas vu ce motif-là bien souvent[3] ?

DANTAN[4]

a fait quelques bons bustes, nobles, et évidemment ressemblants, ainsi que

CLÉSINGER

qui a mis beaucoup de distinction et d'élégance dans les portraits du duc de Nemours et de Mme Marie de M...

CAMAGNI

A fait un buſte romantique de Cordelia, dont le type
eſt assez original pour être un portrait[1]. . . . .
. . . .
. . . .

Nous ne croyons pas avoir fait d'omissions graves. —
Le Salon, en somme, ressemble à tous les salons précédents, sauf l'arrivée soudaine, inattendue, éclatante de
M. William Haussoullier — et quelques très belles choses
des Delacroix et des Decamps. Du reſte, conſtatons que
tout le monde peint de mieux en mieux, ce qui nous
paraît désolant; — mais d'invention, d'idées, de tempérament, pas davantage qu'avant. — Au vent qui soufflera
demain nul ne tend l'oreille; et pourtant l'héroïsme *de
la vie moderne* nous entoure et nous presse. — Nos sentiments vrais nous étouffent assez pour que nous les
connaissions. — Ce ne sont ni les sujets ni les couleurs
qui manquent aux épopées. Celui-là sera le *peintre,* le vrai
peintre, qui saura arracher à la vie actuelle son côté épique, et nous faire voir et comprendre, avec de la couleur
ou du dessin, combien nous sommes grands et poétiques
dans nos cravates et nos bottes vernies. — Puissent les
vrais chercheurs nous donner l'année prochaine cette
joie singulière de célébrer l'avènement du *neuf*[2] !

LE MUSÉE CLASSIQUE
DU BAZAR BONNE-NOUVELLE

Tous les mille ans, il paraît une spirituelle idée. Estimons-nous donc heureux d'avoir eu l'année 1846 dans le lot de notre existence; car l'année 1846 a donné aux sincères enthousiastes des beaux-arts la jouissance de dix tableaux de David et onze de Ingres*a*. Nos expositions annuelles, turbulentes, criardes, violentes, bousculées, ne peuvent pas donner une idée de celle-ci, calme, douce et sérieuse comme un cabinet de travail. Sans compter les deux illustres que nous venons de nommer, vous pourrez encore y apprécier de nobles ouvrages de Guérin et de Girodet, ces maîtres hautains et délicats, ces fiers continuateurs de David, le fier Cimabué du genre dit classique, et de ravissants morceaux de Prud'hon, ce frère en romantisme d'André Chénier[1].

Avant d'exposer à nos lecteurs un catalogue et une appréciation des principaux de ces ouvrages, constatons un fait assez curieux qui pourra leur fournir matière à de tristes réflexions. Cette exposition est faite au profit de la caisse de secours de la société des artistes, c'est-à-dire en faveur d'une certaine classe de pauvres, les plus nobles et les plus méritants, puisqu'ils travaillent au plaisir le plus noble de la société. Les pauvres — les autres — sont venus immédiatement prélever leurs droits. En vain leur a-t-on offert un traité à forfait; nos rusés *malingreux*[2], en gens qui connaissent les affaires, présumant que celle-ci était excellente, ont préféré les droits proportionnels. Ne serait-il pas temps de se garder un peu de cette rage d'humanité maladroite, qui nous fait tous les jours, pauvres aussi que nous sommes, les victimes des pauvres ? Sans doute la charité est une belle chose; mais ne pourrait-elle pas opérer ses bienfaits, sans autoriser ces *razzias*[1] redoutables dans la bourse des travailleurs ?

— Un jour, un musicien qui crevait de faim organise un modeſte concert ; les pauvres de s'abattre sur le concert ; l'affaire étant douteuse, traité à forfait, deux cents francs ; les pauvres s'envolent, les ailes chargées de butin ; le concert fait cinquante francs, et le violoniſte affamé implore une place de *sabouleux*[2] surnuméraire à la cour des Miracles ? — Nous" rapportons des faits ; leĉteur, à vous les réflexions.

La classique expoſition n'a d'abord obtenu qu'un succès de fou rire parmi les jeunes artiſtes. La plupart de ces messieurs présomptueux, — nous ne voulons pas les nommer, — qui représentent assez bien dans l'art les adeptes de la fausse école romantique en poésie, — nous ne voulons pas non plus les nommer, — ne peuvent rien comprendre à ces sévères leçons de la peinture révolutionnaire, cette peinture qui se prive volontairement du charme et du ragoût malsains, et qui vit surtout par la pensée et par l'âme, — amère et despotique comme la révolution dont elle eſt née. Pour s'élever si haut, nos rapins sont gens trop habiles, et savent trop bien peindre. La couleur les a aveuglés, et ils ne peuvent plus voir et suivre en arrière l'auſtère filiation du romantisme, cette expression de la société moderne[3]. Laissons donc rire et baguenauder à l'aise ces jeunes vieillards, et occupons-nous de nos maîtres.

Parmi les dix ouvrages de David, les principaux sont *Marat, La Mort de Socrate, Bonaparte au mont Saint-Bernard, Télémaque et Eucharis*[4].

Le *divin* Marat, un bras pendant hors de la baignoire et retenant mollement sa dernière plume, la poitrine percée de la blessure *sacrilège,* vient de rendre le dernier soupir. Sur le pupitre vert placé devant lui sa main tient encore la lettre perfide : « Citoyen, il suffit que je sois bien malheureuse pour avoir droit à votre bienveillance.» L'eau de la baignoire eſt rougie de sang, le papier eſt sanglant ; à terre gît un grand couteau de cuisine trempé de sang ; sur un misérable support de planches qui composait le mobilier de travail de l'infatigable journaliſte, on lit : « À Marat, David. » Tous ces détails sont hiſtoriques et réels, comme un roman de Balzac ; le drame eſt là, vivant dans toute sa lamentable horreur, et par un tour

de force étrange qui fait de cette peinture le chef-d'œuvre
de David et une des grandes curiosités de l'art moderne,
elle n'a rien de trivial ni d'ignoble. Ce qu'il y a de plus
étonnant dans ce poème inaccoutumé, c'est qu'il est peint
avec une rapidité extrême, et quand on songe à la beauté
du dessin, il y a là de quoi[a] confondre l'esprit. Ceci est le
pain des forts et le triomphe du spiritualisme; cruel
comme la nature, ce tableau a tout le parfum de l'idéal.
Quelle était donc cette laideur que la sainte Mort a si vite
effacée du bout de son aile ? Marat peut désormais défier
l'Apollon, la Mort vient de le baiser de ses lèvres amoureuses, et il repose dans le calme de sa métamorphose.
Il y a dans cette œuvre quelque chose de tendre et de
poignant à la fois; dans l'air froid de cette chambre, sur
ces murs froids, autour de cette froide et funèbre baignoire, une âme voltige. Nous permettrez-vous, politiques de tous les partis, et vous-mêmes, farouches
libéraux de 1845, de nous attendrir devant le chef-
d'œuvre de David ? Cette peinture était un don à la
patrie éplorée, et nos larmes ne sont pas dangereuses.

Ce tableau avait pour pendant à la Convention la
Mort de Le Peletier de Saint-Fargeau[b]. Quant à celui-là, il a
disparu d'une manière mystérieuse; la famille du conventionnel l'a, dit-on, payé 40 000 francs aux héritiers de
David; nous n'en disons pas davantage, de peur de
calomnier des gens qu'il faut croire innocents*.

La Mort de Socrate est une admirable composition que
tout le monde connaît, mais dont l'aspect a quelque chose
de commun qui fait songer à M. Duval-Lecamus (père).
Que l'ombre de David nous pardonne !

Le *Bonaparte au mont Saint-Bernard* est peut-être, — avec
celui de Gros, dans la *Bataille d'Eylau*[2], — le seul Bonaparte poétique et grandiose que possède la France.

Télémaque et Eucharis a été fait en Belgique, pendant
l'exil du grand maître. C'est un charmant tableau qui
a l'air, comme *Hélène et Pâris*[3], de vouloir jalouser les
peintures délicates et rêveuses de Guérin.

Des deux personnages, c'est Télémaque qui est le plus

---

* Ce tableau était peut-être encore plus étonnant que le *Marat*.
Le Peletier de Saint-Fargeau était étendu tout de son long sur un
matelas. Au-dessus, une épée mystérieuse, descendant du plafond,
menaçait perpendiculairement sa tête. Sur l'épée, on lisait : « Pâris,
garde du corps[1]. »

séduisant. Il est présumable que l'artiste s'est servi pour le dessiner d'un modèle féminin.

Guérin est représenté par deux esquisses, dont l'une, *La Mort de Priam*[1], est une chose superbe. On y retrouve toutes les qualités dramatiques et quasi fantasmagoriques de l'auteur de *Thésée et Hippolyte*.

Il est certain que Guérin s'est toujours beaucoup préoccupé du mélodrame.

Cette esquisse est faite d'après les vers de Virgile[2]. On y voit la Cassandre, les mains liées, et arrachée du temple de Minerve, et le cruel Pyrrhus traînant par les cheveux la vieillesse tremblante de Priam et l'égorgeant au pied des autels. — Pourquoi a-t-on si bien caché cette esquisse ? M. Cogniet, l'un des ordonnateurs de cette fête, en veut-il donc à son vénérable maître ?

Hippocrate refusant les présents d'Artaxerce, de Girodet, est revenu de l'École de médecine[3] faire admirer sa superbe ordonnance, son fini excellent et ses détails spirituels. Il y a dans ce tableau, chose curieuse, des qualités particulières et une multiplicité d'intentions qui rappellent, dans un autre système d'exécution, les très bonnes toiles de M. Robert-Fleury[4]. Nous eussions aimé voir à l'exposition Bonne-Nouvelle quelques compositions de Girodet, qui eussent bien exprimé le côté essentiellement poétique de son talent. (Voir l'*Endymion* et l'*Atala*.) Girodet a traduit Anacréon[5], et son pinceau a toujours trempé aux sources les plus littéraires.

Le baron Gérard fut dans les arts ce qu'il était dans son salon, l'amphitryon qui veut plaire à tout le monde, et c'est cet éclectisme courtisanesque qui l'a perdu. David, Guérin et Girodet sont restés, débris inébranlables et invulnérables de cette grande école, et Gérard n'a laissé que la réputation d'un homme aimable et très spirituel. Du reste, c'est lui qui a annoncé la venue d'Eugène Delacroix et qui a dit : « Un peintre nous est né ! C'est un homme qui court sur les toits. »

Gros et Géricault, sans posséder la finesse, la délicatesse, la raison souveraine ou l'âpreté sévère de leurs devanciers, furent de généreux tempéraments[6]. Il y a là une esquisse de Gros, *Le Roi Lear et ses filles*[7], qui est d'un aspect fort saisissant et fort étrange; c'est d'une belle imagination[a].

Voici venir l'aimable Prud'hon, que quelques-uns

osent déjà préférer à Corrège; Prud'hon, cet étonnant
mélange, Prud'hon, ce poète et ce peintre, qui, devant
les David, rêvait la couleur ! ! Ce dessin gras, invisible
et sournois, qui serpente sous la couleur, eſt, surtout
si l'on considère l'époque, un légitime sujet d'étonnement. — De longtemps, les artiſtes n'auront pas l'âme
assez bien trempée pour attaquer les jouissances amères
de David et de Girodet. Les délicieuses flatteries de
Prud'hon seront donc une préparation. Nous avons surtout remarqué un petit tableau, *Vénus et Adonis*[1], qui
fera sans doute réfléchir M. Diaz[2].

M. Ingres étale fièrement dans un salon spécial[3] onze
tableaux, c'eſt-à-dire sa vie entière, ou du moins des
échantillons de chaque époque, — bref, toute la Genèse
de son génie. M. Ingres refuse depuis longtemps d'exposer au Salon, et il a, selon nous, raison. Son admirable
talent eſt toujours plus ou moins culbuté au milieu de
ces cohues, où le public, étourdi et fatigué, subit la loi
de celui qui crie le plus haut. Il faut que M. Delacroix
ait un courage surhumain pour affronter annuellement
tant d'éclaboussures. Quant à M. Ingres, doué d'une
patience non moins grande, sinon d'une audace aussi
généreuse, il attendait l'occasion sous sa tente. L'occasion
eſt venue et il en a superbement usé. — La place nous
manque, et peut-être la langue, pour louer dignement
la *Stratonice,* qui eût étonné Poussin, la *grande Odalisque*
dont Raphaël eût été tourmenté, la *petite Odalisque*[4] cette
délicieuse et bizarre fantaisie qui n'a point de précédents
dans l'art ancien, et les portraits de M. Bertin, de M. Molé et de Mme d'Haussonville[5] — de vrais portraits,
c'eſt-à-dire la reconſtruction idéale des individus; seulement[a] nous croyons utile de redresser quelques préjugés
singuliers qui ont cours sur le compte de M. Ingres
parmi un certain monde, dont l'oreille a plus de mémoire
que les yeux. Il eſt entendu et reconnu que la peinture de
M. Ingres eſt grise. — Ouvrez l'œil, nation nigaude, et
dites si vous vîtes jamais de la peinture plus éclatante
et plus voyante, et même une plus grande recherche de
tons[6] ? Dans la seconde Odalisque, cette recherche eſt
excessive, et, malgré leur multiplicité, ils sont tous
doués d'une diſtinction particulière. — Il eſt entendu
aussi que M. Ingres eſt un grand dessinateur maladroit
qui ignore la perspective aérienne, et que sa peinture

est plate comme une mosaïque chinoise; à quoi nous
n'avons rien à dire, si ce n'est de comparer la *Stratonice,*
où une complication énorme de tons et d'effets lumineux
n'empêche pas l'harmonie, avec la *Thamar*[1], où M. H. Vernet à résolu un problème incroyable : faire la peinture
à la fois la plus criarde et la plus obscure, la plus embrouillée ! Nous n'avons jamais rien vu de si en désordre.
Une des choses, selon nous, qui distingue surtout le
talent de M. Ingres, est l'amour de la femme. Son liber-
tinage est sérieux et plein de conviction. M. Ingres n'est
jamais si heureux ni si puissant que lorsque son génie
se trouve aux prises avec les appas d'une jeune beauté.
Les muscles, les plis de la chair, les ombres des fossettes,
les ondulations montueuses de la peau, rien n'y manque.
Si l'île de Cythère commandait un tableau à M. Ingres,
à coup sûr il ne serait pas folâtre et riant comme celui
de Watteau, mais robuste et nourrissant comme l'amour
antique[2]*.

Nous avons revu avec plaisir les trois petits tableaux
de M. Delaroche, *Richelieu, Mazarin* et l'*Assassinat du duc
de Guise*[4]. Ce sont des œuvres charmantes dans les régions
moyennes du talent et du bon goût. Pourquoi donc
M. Delaroche a-t-il la maladie des grands tableaux ?
Hélas ! c'en est toujours des petits; — une goutte d'essence dans un tonneau.

M. Cogniet a pris la meilleure place de la salle; il y a
mis son *Tintoret*[5]. — M. Ary Scheffer est un homme d'un
talent éminent, ou plutôt une heureuse imagination,
mais qui a trop varié sa manière pour en avoir une bonne;
c'est un poète sentimental qui salit des toiles.

Nous n'avons rien vu de M. Delacroix, et nous
croyons que c'est une raison de plus pour en parler. —
Nous, cœur d'honnête homme, nous croyions naïvement que si MM. les commissaires n'avaient pas associé
le chef de l'école actuelle à cette fête artistique, c'est que
ne comprenant pas la parenté mystérieuse qui l'unit à
l'école révolutionnaire dont il sort, ils voulaient surtout

---

* Il y a dans le dessin de M. Ingres des recherches d'un goût
particulier, des finesses extrêmes, dues peut-être à des moyens singuliers. Par exemple, nous ne serions pas étonné qu'il se fût servi
d'une négresse pour accuser plus vigoureusement dans l'*Odalisque*
certains développements et certaines sveltesses[3].

de l'unité et un aspect uniforme dans leur œuvre; et
nous jugions cela, sinon louable, du moins excusable.
Mais point. — Il n'y a pas de Delacroix, parce que
M. Delacroix n'est pas un peintre, mais un journaliste;
c'est du moins ce qui a été répondu à un de nos amis,
qui s'était chargé de leur demander une petite explication à ce sujet. Nous ne voulons pas nommer l'auteur
de ce bon mot, soutenu et appuyé par une foule de quolibets indécents, que ces messieurs se sont permis à
l'endroit de notre grand peintre. — Il y a là-dedans plus
à pleurer qu'à rire. — M. Cogniet, qui a si bien dissimulé son illustre maître, a-t-il donc craint de soutenir
son illustre condisciple[1] ? M. Dubufe[2] se serait mieux
conduit. Sans doute ces messieurs seraient fort respec-
tables à cause de leur faiblesse, s'ils n'étaient en même
temps méchants et envieux.

Nous avons entendu maintes fois[a] de jeunes artistes se
plaindre du bourgeois, et le représenter comme l'ennemi
de toute chose grande et belle. — Il y a là une idée fausse
qu'il est temps de relever. Il est une chose mille fois plus
dangereuse que le bourgeois, c'est l'artiste-bourgeois,
qui a été créé pour s'interposer entre le public et le génie;
il les cache l'un à l'autre. Le bourgeois qui a peu de
notions scientifiques va où le pousse la grande voix de
l'artiste-bourgeois. — Si on supprimait celui-ci, l'épicier
porterait E. Delacroix en triomphe. L'épicier est une
grande chose, un homme céleste qu'il faut respecter, *homo
bonæ voluntatis* ! Ne le raillez point de vouloir sortir de
sa sphère[b], et aspirer, l'excellente créature, aux régions
hautes. Il veut être ému, il veut sentir, connaître, rêver
comme il aime; il veut être complet; il vous demande
tous les jours son morceau d'art et de poésie, et vous le
volez. Il mange du Cogniet, et cela prouve que sa bonne
volonté est grande comme l'infini. Servez-lui un chef-
d'œuvre, il le digérera et ne s'en portera que mieux[3] !

SALON DE 1846

AUX BOURGEOIS[1]

Vous êtes la majorité, — nombre et intelligence; — donc vous êtes la force, — qui est la justice.

Les uns savants, les autres propriétaires; — un jour radieux viendra où les savants seront propriétaires, et les propriétaires savants. Alors votre puissance sera complète, et nul ne protestera contre elle.

En attendant cette harmonie suprême, il est juste que ceux qui ne sont que propriétaires aspirent à devenir savants; car la science est une jouissance non moins grande que la propriété.

Vous possédez le gouvernement de la cité, et cela est juste, car vous êtes la force. Mais il faut que vous soyez aptes à sentir la beauté; car comme aucun d'entre vous ne peut aujourd'hui se passer de puissance, nul n'a le droit de se passer de poésie.

Vous pouvez vivre trois jours sans pain; — sans poésie, jamais[2]; et ceux d'entre vous qui disent le contraire se trompent : ils ne se connaissent pas.

Les aristocrates de la pensée, les distributeurs de l'éloge et du blâme, les accapareurs des choses spirituelles, vous ont dit que vous n'aviez pas le droit de sentir et de jouir : — ce sont des pharisiens.

Car vous possédez le gouvernement d'une cité où est le public de l'univers, et il faut que vous soyez dignes de cette tâche.

Jouir est une science, et l'exercice des cinq sens veut une initiation particulière, qui ne se fait que par la bonne volonté et le besoin.

Or vous avez besoin d'art.

L'art est un bien infiniment précieux, un breuvage

rafraîchissant et réchauffant, qui rétablit l'estomac et l'esprit dans l'équilibre naturel de l'idéal.

Vous en concevez l'utilité, ô bourgeois, — législateurs, ou commerçants, — quand la septième ou la huitième heure sonnée incline votre tête fatiguée vers les braises du foyer et les oreillards du fauteuil.

Un désir plus brûlant, une rêverie plus active, vous délasseraient alors de l'action quotidienne.

Mais les accapareurs ont voulu vous éloigner des pommes de la science, parce que la science est leur comptoir et leur boutique, dont ils sont infiniment jaloux. S'ils vous avaient nié la puissance de fabriquer des œuvres d'art ou de comprendre les procédés d'après lesquels on les fabrique, ils eussent affirmé une vérité dont vous ne vous seriez pas offensés, parce que les affaires publiques et le commerce absorbent les trois quarts de votre journée. Quant aux loisirs, ils doivent donc être employés à la jouissance et à la volupté.

Mais les accapareurs vous ont défendu de jouir, parce que vous n'avez pas l'intelligence de la technique des arts, comme des lois et des affaires[a].

Cependant il est juste, si les deux tiers de votre temps sont remplis par la science, que le troisième soit occupé par le sentiment, et c'est par le sentiment seul que vous devez comprendre l'art; — et c'est ainsi que l'équilibre des forces de votre âme sera constitué.

La vérité, pour être multiple, n'est pas double; et comme vous avez dans votre politique élargi les droits et les bienfaits, vous avez établi dans les arts une plus grande et plus abondante communion.

Bourgeois, vous avez — roi, législateur ou négociant, — institué des collections, des musées, des galeries. Quelques-unes de celles qui n'étaient ouvertes il y a seize ans qu'aux accapareurs ont élargi leurs portes pour la multitude.

Vous vous êtes associés, vous avez formé des compagnies et fait des emprunts pour réaliser l'idée de l'avenir avec toutes ses formes diverses, formes politique, industrielle et artistique. Vous n'avez jamais en aucune noble entreprise laissé l'initiative à la minorité protestante et souffrante, qui est d'ailleurs l'ennemie naturelle de l'art.

Car se laisser devancer en art et en politique, c'est se suicider, et une majorité ne peut pas se suicider.

Ce que vous avez fait pour la France, vous l'avez fait pour d'autres pays. Le musée espagnol[1] eſt venu augmenter le volume des idées générales que vous devez posséder sur l'art; car vous savez parfaitement que, comme un musée national eſt une communion dont la douce influence attendrit les cœurs et assouplit les volontés, de même un musée étranger eſt une communion internationale, où deux peuples, s'observant et s'étudiant plus à l'aise, se pénètrent mutuellement, et fraternisent sans discussion.

Vous êtes les amis naturels des arts, parce que vous êtes, les uns riches, les autres savants.

Quand vous avez donné à la société votre science, votre induſtrie, votre travail, votre argent, vous réclamez votre payement en jouissances du corps, de la raison et de l'imagination. Si vous récupérez la quantité de jouissances nécessaire pour rétablir l'équilibre de toutes les parties de votre être, vous êtes heureux, repus et bienveillants, comme la société sera repue, heureuse et bienveillante, quand elle aura trouvé son équilibre général et absolu.

C'eſt donc à vous, bourgeois, que ce livre eſt naturellement dédié; car tout livre qui ne s'adresse pas à la majorité, — nombre et intelligence, — eſt un sot livre.

1er mai 1846.

I

À QUOI BON LA CRITIQUE?

À quoi bon? — Vaſte et terrible point d'interrogation, qui saisit la critique au collet dès le premier pas qu'elle veut faire dans son premier chapitre.

L'artiſte reproche tout d'abord à la critique de ne pouvoir rien enseigner au bourgeois, qui ne veut ni peindre ni rimer, — ni à l'art, puisque c'eſt de ses entrailles que la critique eſt sortie.

Et pourtant que d'artistes de ce temps-ci doivent à
elle seule leur pauvre renommée ! C'est peut-être là
le vrai reproche à lui faire.

Vous avez vu un Gavarni[1] représentant un peintre
courbé sur sa toile; derrière lui un monsieur, grave,
sec, roide et cravaté de blanc, tenant à la main son dernier feuilleton. « Si l'art est noble, la critique est sainte. »
— « Qui dit cela ? » — « La critique ! » Si l'artiste joue
si facilement le beau rôle, c'est que le critique est sans
doute un critique comme il y en a tant.

En fait de moyens et procédés — des ouvrages eux-
mêmes*, le public et l'artiste n'ont rien à apprendre ici.
Ces choses-là s'apprennent à l'atelier, et le public ne
s'inquiète que du résultat.

Je crois sincèrement que la meilleure critique est celle
qui est amusante et poétique; non pas celle-ci, froide et
algébrique, qui, sous prétexte de tout expliquer, n'a ni
haine ni amour, et se dépouille volontairement de toute
espèce de tempérament; mais, — un beau tableau étant
la nature réfléchie par un artiste, — celle qui sera ce
tableau réfléchi par un esprit intelligent et sensible. Ainsi
le meilleur compte rendu d'un tableau pourra être un
sonnet ou une élégie.

Mais ce genre de critique est destiné aux recueils de
poésie et aux lecteurs poétiques. Quant à la critique
proprement dite, j'espère que les philosophes comprendront ce que je vais dire : pour être juste, c'est-à-dire pour
avoir sa raison d'être, la critique doit être partiale, passionnée, politique, c'est-à-dire faite à un point de vue
exclusif[2], mais au point de vue qui ouvre le plus d'horizons[2].

Exalter la ligne au détriment de la couleur, ou la
couleur aux dépens de la ligne, sans doute c'est un point
de vue; mais ce n'est ni très large ni très juste, et cela
accuse une grande ignorance des destinées particulières.

Vous ignorez à quelle dose la nature a mêlé dans
chaque esprit le goût de la ligne et le goût de la couleur,
et par quels mystérieux procédés elle opère cette fusion,
dont le résultat est un tableau.

---

* Je sais bien que la critique actuelle a d'autres prétentions;
c'est ainsi qu'elle recommandera toujours le dessin aux coloristes
et la couleur aux dessinateurs. C'est d'un goût très raisonnable et
très sublime !

Ainsi un point de vue plus large sera l'individualisme bien entendu : commander à l'artiste la naïveté et l'expression sincère de son tempérament, aidée par tous les moyens que lui fournit son métier*. Qui n'a pas de tempérament n'est pas digne de faire des tableaux, et, — comme nous sommes las des imitateurs, et surtout des éclectiques, — doit entrer comme ouvrier au service d'un peintre à tempérament. C'est ce que je démontrerai dans un des derniers chapitres[2].

Désormais muni d'un criterium certain, criterium tiré de la nature, le critique doit accomplir son devoir avec passion; car pour être critique on n'en est pas moins homme, et la passion rapproche les tempéraments analogues et soulève la raison à des hauteurs nouvelles.

Stendhal a dit quelque part[3] : « La peinture n'est que de la morale construite ! » — Que vous entendiez ce mot de morale dans un sens plus ou moins libéral, on en peut dire autant de tous les arts. Comme ils sont toujours le beau exprimé par le sentiment, la passion et la rêverie de chacun, c'est-à-dire la variété dans l'unité, ou les faces diverses de l'absolu, — la critique touche à chaque instant à la métaphysique.

Chaque siècle, chaque peuple ayant possédé l'expression de sa beauté et de sa morale, — si l'on veut entendre par romantisme l'expression la plus récente et la plus moderne de la beauté, — le grand artiste sera donc, — pour le critique raisonnable et passionné, — celui qui unira à la condition demandée ci-dessus, la naïveté, — le plus de romantisme possible.

* À propos de l'individualisme bien entendu, voir dans le *Salon de 1845* l'article sur William Haussoullier[1]. Malgré tous les reproches qui m'ont été faits à ce sujet, je persiste dans mon sentiment; mais il faut comprendre l'article.

II

QU'EST-CE QUE LE ROMANTISME ?

Peu de gens aujourd'hui voudront donner à ce mot un sens réel et positif; oseront-ils cependant affirmer qu'une génération consent à livrer une bataille de plusieurs années pour un drapeau qui n'est pas un symbole ?

Qu'on se rappelle les troubles de ces derniers temps[1], et l'on verra que, s'il est resté peu de romantiques, c'est que peu d'entre eux ont trouvé le romantisme; mais tous l'ont cherché sincèrement et loyalement.

Quelques-uns ne se sont appliqués qu'au choix des sujets; ils n'avaient pas le tempérament de leurs sujets. — D'autres, croyant encore à une société catholique, ont cherché à refléter le catholicisme dans leurs œuvres. — S'appeler romantique et regarder systématiquement le passé, c'est se contredire. — Ceux-ci, au nom du romantisme, ont blasphémé les Grecs et les Romains : or on peut faire des Romains et des Grecs romantiques, quand on l'est soi-même. — La vérité dans l'art et la couleur locale en ont égaré beaucoup d'autres. Le réalisme avait existé longtemps avant cette grande bataille, et d'ailleurs, composer une tragédie ou un tableau pour M. Raoul Rochette[2], c'est s'exposer à recevoir un démenti du premier venu, s'il est plus savant que M. Raoul Rochette.

Le romantisme n'est précisément ni dans le choix des sujets ni dans la vérité exacte, mais dans la manière de sentir.

Ils l'ont cherché en dehors, et c'est en dedans qu'il était seulement possible de le trouver.

Pour moi, le romantisme est l'expression la plus récente, la plus actuelle du beau.

Il y a autant de beautés qu'il y a de manières habituelles de chercher le bonheur*.

---

* Stendhal[2].

La philosophie du progrès explique ceci clairement; ainsi, comme il y a eu autant d'idéals qu'il y a eu pour les peuples de façons de comprendre la morale, l'amour, la religion, etc., le romantisme ne consistera pas dans une exécution parfaite, mais dans une conception analogue à la morale du siècle.

C'est parce que quelques-uns l'ont placé dans la perfection du métier, que nous avons eu le rococo du romantisme, le plus insupportable de tous sans contredit.

Il faut donc, avant tout, connaître les aspects de la nature et les situations de l'homme, que[a] les artistes du passé ont dédaignés ou n'ont pas connus.

Qui dit romantisme dit art moderne, — c'est-à-dire intimité, spiritualité, couleur, aspiration vers l'infini[1], exprimées par tous les moyens que contiennent les arts.

Il suit de là qu'il y a une contradiction évidente entre le romantisme et les œuvres de ses principaux sectaires.

Que la couleur joue un rôle très important dans l'art moderne, quoi d'étonnant? Le romantisme est fils du Nord, et le Nord est coloriste; les rêves et les féeries sont enfants de la brume. L'Angleterre, cette patrie des coloristes exaspérés, la Flandre, la moitié de la France, sont plongées dans les brouillards; Venise elle-même trempe dans les lagunes. Quant aux peintres espagnols, ils sont plutôt contrastés que coloristes.

En revanche le Midi[2] est naturaliste, car la nature y est si belle et si claire, que l'homme, n'ayant rien à désirer, ne trouve rien de plus beau à inventer que ce qu'il voit : ici, l'art en plein air, et quelques centaines de lieues plus haut, les rêves profonds de l'atelier et les regards de la fantaisie noyés dans les horizons gris.

Le Midi est brutal et positif comme un sculpteur dans ses compositions les plus délicates; le Nord souffrant et inquiet se console avec l'imagination, et s'il fait de la sculpture, elle sera plus souvent pittoresque que classique.

Raphaël, quelque pur qu'il soit, n'est qu'un esprit matériel sans cesse à la recherche du solide; mais cette canaille de Rembrandt est un puissant idéaliste qui fait rêver et deviner au-delà. L'un compose des créatures à l'état neuf et virginal, — Adam et Ève; — mais l'autre secoue des haillons devant nos yeux et nous raconte les souffrances humaines.

Cependant Rembrandt n'est pas un pur coloriste,

mais un harmoniste ; combien l'effet sera donc nouveau et le romantisme adorable, si un puissant coloriste nous rend nos sentiments et nos rêves les plus chers avec une couleur appropriée aux sujets !

Avant de passer à l'examen de l'homme qui est jusqu'à présent le plus digne représentant du romantisme, je veux écrire sur la couleur une série de réflexions qui ne seront pas inutiles pour l'intelligence complète de ce petit livre.

III

DE LA COULEUR[1]

Supposons un bel espace de nature où tout verdoie, rougeoie, poudroie et chatoie en pleine liberté, où toutes choses, diversement colorées suivant leur constitution moléculaire, changées de seconde en seconde par le déplacement de l'ombre et de la lumière, et agitées par le travail intérieur du calorique[2], se trouvent en perpétuelle vibration, laquelle fait trembler les lignes et complète la loi du mouvement éternel et universel. — Une immensité, bleue quelquefois et verte souvent, s'étend jusqu'aux confins du ciel : c'est la mer. Les arbres sont verts, les gazons verts, les mousses vertes ; le vert serpente dans les troncs, les tiges non mûres sont vertes ; le vert est le fond de la nature, parce que le vert se marie facilement à tous les autres tons*. Ce qui me frappe d'abord, c'est que partout, — coquelicots dans les gazons, pavots, perroquets, etc., — le rouge chante la gloire du vert ; le noir, — quand il y en a, — zéro solitaire et insignifiant, intercède le secours du bleu ou du rouge. Le bleu, c'est-à-dire le ciel, est coupé de légers flocons blancs ou de masses grises qui trempent heureusement sa morne

---

* Excepté à ses générateurs, le jaune et le bleu ; cependant je ne parle ici que des tons purs. Car cette règle n'est pas applicable aux coloristes transcendants qui connaissent à fond la science du contrepoint.

crudité, — et, comme la vapeur de la saison, — hiver ou
été, — baigne, adoucit, ou engloutit les contours, la
nature ressemble à un toton qui, mû par une vitesse
accélérée, nous apparaît gris, bien qu'il résume en lui
toutes les couleurs.

La sève monte et, mélange de principes, elle s'épanouit
en *tons mélangés ;* les arbres, les rochers, les granits se
mirent dans les eaux et y déposent leurs *reflets ;* tous les
objets transparents accrochent au passage lumières et couleurs voisines et lointaines. À mesure que l'astre du jour
se dérange, les tons changent de valeur, mais, respectant
toujours leurs sympathies et leurs haines naturelles,
continuent à vivre en harmonie par des concessions
réciproques. Les ombres se déplacent lentement, et font
fuir devant elles ou éteignent les tons à mesure que la
lumière, déplacée elle-même, en veut faire résonner de
nouveaux. Ceux-ci se renvoient leurs reflets, et, modifiant
leurs qualités en les *glaçant* de qualités transparentes et
empruntées, multiplient à l'infini leurs mariages mélodieux et les rendent plus faciles. Quand le grand foyer
descend dans les eaux, de rouges fanfares s'élancent de
tous côtés ; une sanglante harmonie éclate à l'horizon,
et le vert s'empourpre richement. Mais bientôt de vastes
ombres bleues chassent en cadence devant elles la foule
des tons orangés et rose tendre qui sont comme l'écho
lointain et affaibli de la lumière. Cette grande symphonie
du jour, qui est l'éternelle variation de la symphonie
d'hier, cette succession de mélodies, où la variété sort
toujours de l'infini, cet hymne compliqué s'appelle la
couleur.

On trouve dans la couleur l'harmonie, la mélodie et
le contrepoint.

Si l'on veut examiner le détail dans le détail, sur un
objet de médiocre dimension, — par exemple, la main
d'une femme un peu sanguine, un peu maigre et d'une
peau très fine, on verra qu'il y a harmonie parfaite entre
le vert des fortes veines qui la sillonnent et les tons san-
guinolents qui marquent les jointures ; les ongles roses
tranchent sur la première phalange qui possède quelques
tons gris et bruns. Quant à la paume, les lignes de vie,
plus roses et plus vineuses[a], sont séparées les unes des
autres par le système des veines vertes ou bleues qui les
traversent. L'étude du même objet, faite avec une loupe,

fournira dans n'importe quel espace, si petit qu'il soit, une harmonie parfaite de tons gris, bleus, bruns, verts, orangés et blancs réchauffés par un peu de jaune ; — harmonie qui, combinée avec les ombres, produit le modelé des coloristes, essentiellement différent du modelé des dessinateurs, dont les difficultés se réduisent à peu près à copier un plâtre.

La couleur est donc l'accord de deux tons. Le ton chaud et le ton froid, dans l'opposition desquels consiste toute la théorie, ne peuvent se définir d'une manière absolue : ils n'existent que relativement.

La loupe, c'est l'œil du coloriste.

Je ne veux pas en conclure qu'un coloriste doit procéder par l'étude minutieuse des tons confondus dans un espace très limité. Car en admettant que chaque molécule soit douée d'un ton particulier, il faudrait que la matière fût divisible à l'infini ; et d'ailleurs, l'art n'étant qu'une abstraction et un sacrifice du détail à l'ensemble, il est important de s'occuper surtout des masses. Mais je voulais prouver que, si le cas était possible, les tons, quelque nombreux qu'ils fussent, mais logiquement juxtaposés, se fondraient naturellement par la loi qui les régit.

Les affinités chimiques sont la raison pour laquelle la nature ne peut pas commettre de fautes dans l'arrangement de ces tons[a] ; car, pour elle, forme et couleur sont un.

Le vrai coloriste ne peut pas en commettre non plus ; et tout lui est permis, parce qu'il connaît de naissance la gamme des tons, la force du ton, les résultats des mélanges, et toute la science du contrepoint, et qu'il peut ainsi faire une harmonie de vingt rouges différents.

Cela est si vrai que, si un propriétaire anticoloriste s'avisait de repeindre sa campagne d'une manière absurde et dans un système de couleurs charivariques, le vernis épais et transparent de l'atmosphère et l'œil savant de Véronèse redresseraient le tout et produiraient sur une toile un ensemble satisfaisant, conventionnel sans doute, mais logique.

Cela explique comment un coloriste peut être paradoxal dans sa manière d'exprimer la couleur, et comment l'étude de la nature conduit souvent à un résultat tout différent de la nature.

L'air joue un si grand rôle dans la théorie de la couleur, que, si un paysagiste peignait les feuilles des arbres telles qu'il les voit, il obtiendrait un ton faux; attendu qu'il y a un espace d'air bien moindre entre le spectateur et le tableau qu'entre le spectateur et la nature.

Les mensonges sont continuellement nécessaires, même pour arriver au trompe-l'œil.

L'harmonie est la base de la théorie de la couleur.

La mélodie est l'unité dans la couleur, ou la couleur générale.

La mélodie veut une conclusion; c'est un ensemble où tous les effets concourent à un effet général.

Ainsi la mélodie laisse dans l'esprit un souvenir profond.

La plupart de nos jeunes coloristes manquent de mélodie.

La bonne manière de savoir si un tableau est mélodieux est de le regarder d'assez loin pour n'en comprendre ni le sujet ni les lignes. S'il est mélodieux, il a déjà un sens, et il a déjà pris sa place dans le répertoire des souvenirs.

Le style et le sentiment dans la couleur viennent du choix, et le choix vient du tempérament.

Il y a des tons gais et folâtres, folâtres et tristes, riches et gais, riches et tristes, de communs et d'originaux.

Ainsi la couleur de Véronèse est calme et gaie. La couleur de Delacroix est souvent plaintive, et la couleur de M. Catlin[1] souvent terrible.

J'ai eu longtemps devant ma fenêtre un cabaret mi-parti de vert et de rouge crus, qui étaient pour mes yeux une douleur délicieuse.

J'ignore si quelque analogiste a établi solidement une gamme complète des couleurs et des sentiments, mais je me rappelle un passage d'Hoffmann qui exprime parfaitement mon idée, et qui plaira à tous ceux qui aiment sincèrement la nature : « Ce n'est pas seulement en rêve, et dans le léger délire qui précède le sommeil, c'est encore éveillé, lorsque j'entends de la musique, que je trouve une analogie et une réunion intime entre les couleurs, les sons et les parfums. Il me semble que toutes ces choses ont été engendrées par un même rayon de lumière, et qu'elles doivent se réunir dans un merveilleux concert. L'odeur des soucis bruns et rouges produit surtout un effet magique sur ma personne. Elle me fait tomber dans une profonde rêverie, et j'entends alors comme dans le lointain les sons graves et profonds du hautbois*. »

On demande souvent si le même homme peut être à la fois grand coloriste et grand dessinateur.

Oui et non; car il y a différentes sortes de dessins.

La qualité d'un pur dessinateur consiste surtout dans la finesse, et cette finesse exclut la touche : or il y a des touches heureuses, et le coloriste chargé d'exprimer la nature par la couleur perdrait souvent plus à supprimer des touches heureuses qu'à rechercher une plus grande austérité de dessin.

La couleur n'exclut certainement pas le grand dessin, celui de Véronèse, par exemple, qui procède surtout par l'ensemble et les masses; mais bien le dessin du détail, le contour du petit morceau, où la touche mangera toujours la ligne.

L'amour de l'air, le choix des sujets à mouvement, veulent l'usage des lignes flottantes et noyées.

Les dessinateurs exclusifs agissent selon un procédé inverse et pourtant analogue. Attentifs à suivre et à surprendre la ligne dans ses ondulations les plus secrètes, ils n'ont pas le temps de voir l'air et la lumière, c'est-à-dire leurs effets, et s'efforcent même de ne pas les voir, pour ne pas nuire au principe de leur école.

On peut donc être à la fois coloriste et dessinateur, mais dans un certain sens. De même qu'un dessinateur peut être coloriste par les grandes masses, de même un coloriste peut être dessinateur par une logique complète de l'ensemble des lignes; mais l'une de ces qualités absorbe toujours le détail de l'autre.

Les coloristes dessinent comme la nature; leurs figures sont naturellement délimitées par la lutte harmonieuse des masses colorées.

Les purs dessinateurs sont des philosophes et des abstracteurs de quintessence.

Les coloristes sont des poètes épiques.

* *Kreisleriana*[1]

IV

EUGÈNE DELACROIX

Le romantisme et la couleur me conduisent droit à EUGÈNE DELACROIX. J'ignore s'il est fier de sa qualité de romantique; mais sa place est ici, parce que la majorité du public l'a depuis longtemps, et même dès sa première œuvre, constitué le chef de l'école *moderne*.

En entrant dans cette partie, mon cœur est plein d'une joie sereine, et je choisis à dessein mes plumes les plus neuves, tant je veux être clair et limpide, et tant je me sens aise d'aborder mon sujet le plus cher et le plus sympathique. Il faut, pour faire bien comprendre les conclusions de ce chapitre, que je remonte un peu haut dans l'histoire de ce temps-ci, et que je remette sous les yeux du public quelques pièces du procès déjà citées par les critiques et les historiens précédents, mais nécessaires pour l'ensemble de la démonstration. Du reste, ce n'est pas sans un vif plaisir que les purs enthousiastes d'Eugène Delacroix reliront un article du *Constitutionnel* de 1822, tiré du Salon de M. Thiers, journaliste[1].

« Aucun tableau ne révèle mieux, à mon avis, l'avenir d'un grand peintre que celui de M. Delacroix, représentant *Le Dante et Virgile aux enfers*. C'est là surtout qu'on peut remarquer ce jet de talent, cet élan de la supériorité naissante qui ranime les espérances un peu découragées par le mérite trop modéré de tout le reste.

« Le Dante et Virgile, conduits par Caron, traversent le fleuve infernal et fendent avec peine la foule qui se presse autour de la barque pour y pénétrer. Le Dante, supposé vivant, a l'horrible teint[a] des lieux; Virgile, couronné d'un sombre laurier, a les couleurs de la mort. Les malheureux, condamnés éternellement à désirer la rive[b] opposée, s'attachent à la barque : l'un la saisit en vain, et, renversé par son mouvement trop rapide, est replongé dans les eaux; un autre l'embrasse et repousse avec les pieds ceux qui veulent aborder comme lui;

deux autres serrent avec les dents le bois qui leur échappe. Il y a là l'égoïsme de la détresse, le désespoir de l'enfer[a]. Dans le sujet[b] si voisin de l'exagération, on trouve cependant une sévérité de goût, une convenance locale, en quelque sorte, qui relève le dessin, auquel des juges sévères, *mais peu avisés ici*[c], pourraient reprocher de manquer de noblesse. Le pinceau est large et ferme, la couleur simple et vigoureuse, quoique un peu crue.

« L'auteur a, outre cette imagination poétique qui est commune au peintre comme à l'écrivain, cette imagination de l'art, qu'on pourrait appeler en quelque sorte l'imagination[d] du dessin, et qui est tout autre que la précédente. Il jette ses figures, les groupe et les plie[e] à volonté avec la hardiesse de Michel-Ange et la fécondité de Rubens. Je ne sais quel souvenir des grands artistes me saisit à l'aspect de ce tableau ; je retrouve[f] cette puissance sauvage, ardente, mais naturelle, qui cède sans effort à son propre entraînement.

. . . . [g][1]

« Je ne crois pas m'y tromper, M. Delacroix a reçu le génie ; qu'il avance avec assurance[h], qu'il se livre aux immenses travaux, condition indispensable du talent ; et ce qui doit lui donner plus de confiance encore, c'est que l'opinion que j'exprime ici sur son compte est celle de l'un des grands maîtres de l'école[i][2]. »

                                        A. T...RS.

Ces lignes enthousiastes sont véritablement stupéfiantes autant par leur précocité que par leur hardiesse. Si le rédacteur en chef du journal avait, comme il est présumable, des prétentions à se connaître en peinture, le jeune Thiers dut lui paraître un peu fou.

Pour se bien faire une idée du trouble profond que le tableau de *Dante et Virgile* dut jeter dans les esprits d'alors, de l'étonnement, de l'abasourdissement, de la colère, du hourra, des injures, de l'enthousiasme et des éclats de rire insolents qui entourèrent ce beau tableau, vrai signal d'une révolution, il faut se rappeler que dans l'atelier de M. Guérin, homme d'un grand mérite, mais despote et exclusif comme son maître David, il n'y avait qu'un petit nombre de parias qui se préoccupaient des vieux maîtres à l'écart et osaient timidement conspirer

à l'ombre de Raphaël et de Michel-Ange. Il n'est pas*ª*
encore question de Rubens.

M. Guérin, rude et sévère envers son jeune élève, ne
regarda le tableau qu'à cause du bruit qui se faisait
autour.

Géricault, qui revenait d'Italie, et avait, dit-on, devant
les grandes fresques romaines et florentines, abdiqué
plusieurs de ses qualités presque originales, compli-
menta si fort le nouveau peintre, encore timide, que celui-
ci en était presque confus.

Ce fut devant cette peinture, ou quelque temps après,
devant *Les Pestiférés de Scio**¹, que Gérard lui-même, qui,
à ce qu'il semble, était plus homme d'esprit que peintre,
s'écria : « Un peintre vient de nous être révélé, mais
c'est un homme qui court sur les toits²! » — Pour courir
sur les toits, il faut avoir le pied solide et l'œil illuminé
par la lumière intérieure.

Gloire et justice soient rendues à MM. Thiers et
Gérard !

Depuis le tableau de *Dante et Virgile* jusqu'aux peintures de la chambre des pairs et des députés, l'espace est
grand sans doute; mais la biographie d'Eugène Delacroix est peu accidentée. Pour un pareil homme, doué
d'un tel courage et d'une telle passion, les luttes les plus
intéressantes sont celles qu'il a à soutenir contre lui-
même; les horizons n'ont pas besoin d'être grands pour
que les batailles soient importantes; les révolutions et
les événements les plus curieux se passent sous le ciel
du crâne, dans le laboratoire étroit et mystérieux du
cerveau.

L'homme étant donc bien dûment révélé et se révélant de plus en plus (tableau allégorique de *La Grèce,* le
*Sardanapale, La Liberté*ª, etc.), la contagion du nouvel
évangile empirant de jour en jour, le dédain académique
se vit contraint lui-même de s'inquiéter de ce nouveau
génie. M. Sosthène de La Rochefoucauld, alors directeur
des beaux-arts, fit un beau jour mander E. Delacroix,
et lui dit, après maint compliment, qu'il était affligeant
qu'un homme d'une si riche imagination et d'un si
beau talent, auquel le gouvernement voulait du bien, ne

---

* Je mets *pestiférés* au lieu de *massacre,* pour expliquer aux
critiques étourdis les tons des chairs si souvent reprochés.

voulût pas mettre un peu d'eau dans son vin; il lui
demanda définitivement s'il ne lui serait pas possible de
modifier sa manière. Eugène Delacroix, prodigieusement
étonné de cette condition bizarre et de ces conseils
ministériels, répondit avec une colère presque comique
qu'apparemment s'il peignait ainsi, c'est qu'il le fallait
et qu'il ne pouvait pas peindre autrement. Il tomba dans
une disgrâce complète, et fut pendant sept ans sevré
de toute espèce de travaux. Il fallut attendre 1830.
M. Thiers avait fait dans *Le Globe* un nouvel et très
pompeux article[1].

Un voyage à Maroc[2] laissa dans son esprit, à ce qu'il
semble, une impression profonde; là il put à loisir étudier l'homme et la femme dans l'indépendance et l'originalité native de leurs mouvements, et comprendre la
beauté antique par l'aspect d'une race pure de toute
mésalliance et ornée de sa santé et du libre développement de ses muscles[3]. C'est probablement de cette époque
que datent la composition des *Femmes d'Alger*[4] et une
foule d'esquisses.

Jusqu'à présent on a été injuste envers Eugène Delacroix. La critique a été pour lui amère et ignorante; sauf
quelques nobles exceptions, la louange elle-même a dû
souvent lui paraître choquante. En général, et pour la
plupart des gens, nommer Eugène Delacroix, c'est jeter
dans leur esprit je ne sais quelles idées vagues de fougue
mal dirigée, de turbulence, d'inspiration aventurière,
de désordre même; et pour ces messieurs qui font la
majorité du public, le hasard, honnête et complaisant
serviteur du génie, joue un grand rôle dans ses plus
heureuses compositions. Dans la malheureuse époque de
révolution dont je parlais tout à l'heure, et dont j'ai
enregistré les nombreuses méprises, on a souvent
comparé Eugène Delacroix à Victor Hugo. On avait le
poète romantique, il fallait le peintre. Cette nécessité de
trouver à tout prix des pendants et des analogues dans
les différents arts amène souvent d'étranges bévues, et
celle-ci prouve encore combien l'on s'entendait peu.
À coup sûr la comparaison dut paraître pénible à Eugène Delacroix, peut-être à tous deux; car si ma définition
du romantisme[5] (intimité, spiritualité, etc.) place Delacroix à la tête du romantisme, elle en exclut naturellement M. Victor Hugo. Le parallèle est resté dans le

domaine banal des idées convenues, et ces deux préjugés encombrent encore beaucoup de têtes faibles. Il faut en finir une fois pour toutes avec ces niaiseries de rhétoricien. Je prie tous ceux qui ont éprouvé le besoin de créer à leur propre usage une certaine esthétique, et de déduire les causes des résultats, de comparer attentivement les produits de ces deux artistes[1].

M. Victor Hugo, dont je ne veux certainement pas diminuer la noblesse et la majesté, est un ouvrier beaucoup plus adroit qu'inventif, un travailleur bien plus correct que créateur. Delacroix est quelquefois maladroit, mais essentiellement créateur. M. Victor Hugo laisse voir dans tous ses tableaux, lyriques et dramatiques, un système d'alignement et de contrastes uniformes. L'excentricité elle-même prend chez lui des formes symétriques. Il possède à fond et emploie froidement tous les tons de la rime, toutes les ressources de l'antithèse, toutes les tricheries de l'apposition. C'est un compositeur de décadence ou de transition, qui se sert de ses outils avec une dextérité véritablement admirable et curieuse. M. Hugo était naturellement académicien avant que de naître, et si nous étions encore au temps des merveilles fabuleuses, je croirais volontiers que les lions verts de l'Institut, quand il passait devant le sanctuaire courroucé, lui ont souvent murmuré d'une voix prophétique : « Tu seras de l'Académie ! »

Pour Delacroix, la justice est plus tardive. Ses œuvres, au contraire, sont des poèmes, et de grands poèmes naïvement conçus*, exécutés avec l'insolence accoutumée du génie. — Dans ceux du premier, il n'y a rien à deviner; car il prend tant de plaisir à montrer son adresse, qu'il n'omet pas un brin d'herbe ni un reflet de réverbère. — Le second ouvre dans les siens de profondes avenues à l'imagination la plus voyageuse. — Le premier jouit d'une certaine tranquillité, disons mieux, d'un certain égoïsme de spectateur, qui fait planer sur toute sa poésie je ne sais quelle froideur et quelle modération, — que la passion tenace et bilieuse du second, aux prises avec les patiences du métier, ne lui permet pas toujours de

---

* Il faut entendre par la naïveté du génie la science du métier combinée avec le *gnôti séauton*, mais la science modeste laissant le beau rôle au tempérament.

garder. — L'un commence par le détail, l'autre par l'intelligence intime du sujet; d'où il arrive que celui-ci n'en prend que la peau, et que l'autre en arrache les entrailles. Trop matériel, trop attentif aux superficies de la nature, M. Victor Hugo est devenu un peintre en poésie; Delacroix, toujours respectueux de son idéal, est souvent, à son insu, un poète en peinture.

Quant au second préjugé, le préjugé du hasard, il n'a pas plus de valeur que le premier. — Rien n'est plus impertinent ni plus bête que de parler à un grand artiste, érudit et penseur comme Delacroix, des obligations qu'il peut avoir au dieu du hasard. Cela fait tout simplement hausser les épaules de pitié. Il n'y a pas de hasard dans l'art, non plus qu'en mécanique. Une chose heureusement trouvée est la simple conséquence d'un bon raisonnement, dont on a quelquefois sauté les déductions intermédiaires, comme une faute est la conséquence d'un faux principe. Un tableau est une machine dont tous les systèmes sont intelligibles pour un œil exercé; où tout a sa raison d'être, si le tableau est bon; où un ton est toujours destiné à en faire valoir un autre; où une faute occasionnelle de dessin est quelquefois nécessaire pour ne pas sacrifier quelque chose de plus important.

Cette intervention du hasard dans les affaires de peinture de Delacroix est d'autant plus invraisemblable qu'il est un des rares hommes qui restent originaux après avoir puisé à toutes les vraies sources, et dont l'individualité indomptable a passé alternativement sous le joug secoué de tous les grands maîtres. — Plus d'un serait assez étonné de voir une étude de lui d'après Raphaël, chef-d'œuvre patient et laborieux d'imitation, et peu de personnes se souviennent aujourd'hui des lithographies qu'il a faites d'après des médailles et des pierres gravées.

Voici quelques lignes de M. Henri Heine[1] qui expliquent assez bien la méthode de Delacroix, méthode qui est, comme chez tous les hommes vigoureusement constitués, le résultat de son tempérament : « En fait d'art, je suis surnaturaliste[2]. Je crois que l'artiste ne peut trouver dans la nature tous ses types, mais que les plus remarquables lui sont révélés dans son âme, comme la symbolique innée d'idées innées, et au même instant. Un moderne professeur d'esthétique, qui a écrit des

Recherches sur l'Italie[1], a voulu remettre en honneur le vieux principe de l'*imitation de la nature,* et soutenir que l'artiste plastique devait trouver dans la nature tous ses types. Ce professeur, en étalant ainsi son principe suprême des arts plastiques, avait seulement oublié un de ces arts, l'un des plus primitifs, je veux dire l'architecture, dont on a essayé de retrouver après coup les types dans les feuillages des forêts, dans les grottes des rochers : ces types n'étaient point dans la nature extérieure, mais bien dans l'âme humaine. »

Delacroix part donc de ce principe, qu'un tableau doit avant tout reproduire la pensée intime de l'artiste, qui domine le modèle, comme le créateur la création; et de ce principe il en sort un second qui semble le contredire à première vue, — à savoir, qu'il faut être très soigneux des moyens matériels d'exécution. — Il professe une estime fanatique pour la propreté des outils et la préparation des éléments de l'œuvre. — En effet, la peinture étant un art d'un raisonnement profond et qui demande la concurrence immédiate d'une foule de qualités, il est important que la main rencontre, quand elle se met à la besogne, le moins d'obstacles possible, et accomplisse avec une rapidité servile les ordres divins du cerveau : autrement l'idéal s'envole.

Aussi lente, sérieuse, consciencieuse est la conception du grand artiste, aussi preste est son exécution. C'est du reste une qualité qu'il partage avec celui dont l'opinion publique a fait son antipode, M. Ingres. L'accouchement n'est point l'enfantement, et ces grands seigneurs de la peinture, doués d'une paresse apparente, déploient une agilité merveilleuse à couvrir une toile. Le *Saint Symphorien*[2] a été refait entièrement plusieurs fois, et dans le principe il contenait beaucoup moins de figures.

Pour E. Delacroix, la nature est un vaste dictionnaire[3] dont il roule et consulte les feuillets avec un œil sûr et profond; et cette peinture, qui procède surtout du souvenir, parle surtout au souvenir. L'effet produit sur l'âme du spectateur est analogue aux moyens de l'artiste. Un tableau de Delacroix, *Dante et Virgile,* par exemple, laisse toujours une impression profonde, dont l'intensité s'accroît par la distance. Sacrifiant sans cesse le détail à l'ensemble, et craignant d'affaiblir la vitalité de sa pensée par la fatigue d'une exécution plus nette et plus calligraphique, il jouit pleinement d'une originalité insaisissable, qui est l'intimité du sujet.

L'exercice d'une dominante n'a légitimement lieu qu'au détriment du reste. Un goût excessif nécessite les sacrifices, et les chefs-d'œuvre ne sont jamais que des extraits divers de la nature. C'est pourquoi il faut subir les conséquences d'une grande passion, quelle qu'elle soit, accepter la fatalité d'un talent, et ne pas marchander avec le génie. C'est à quoi n'ont pas songé les gens qui ont tant raillé le dessin de Delacroix; en particulier les sculpteurs, gens partiaux et borgnes plus qu'il n'est permis, et dont le jugement vaut tout au plus la moitié d'un jugement d'architecte. — La sculpture, à qui la couleur est impossible et le mouvement difficile, n'a rien à démêler avec un artiste que préoccupent surtout le mouvement, la couleur et l'atmosphère. Ces trois éléments demandent nécessairement un contour un peu indécis, des lignes légères et flottantes, et l'audace de la touche. — Delacroix est le seul aujourd'hui dont l'originalité n'ait pas été envahie par le système des lignes droites; ses personnages sont toujours agités, et ses draperies voltigeantes. Au point de vue de Delacroix, la ligne n'est pas; car, si ténue qu'elle soit, un géomètre taquin peut toujours la supposer assez épaisse pour en contenir mille autres; et pour les coloristes, qui veulent imiter les palpitations éternelles de la nature, les lignes ne sont jamais, comme dans l'arc-en-ciel, que la fusion intime de deux couleurs.

D'ailleurs il y a plusieurs dessins, comme plusieurs couleurs : — exacts ou bêtes, physionomiques et imaginés.

Le premier est négatif, incorrect à force de réalité, naturel, mais saugrenu; le second est un dessin naturaliste, mais idéalisé, dessin d'un génie qui sait choisir, arranger, corriger, deviner, gourmander la nature; enfin le troisième, qui est le plus noble et le plus étrange, peut négliger la nature; il en représente une autre, analogue à l'esprit et au tempérament de l'auteur.

Le dessin physionomique appartient généralement aux passionnés, comme M. Ingres; le dessin de création est le privilège du génie*.

---

* C'est ce que M. Thiers appelait l'imagination du dessin.

La grande qualité du dessin des artistes suprêmes est la vérité du mouvement, et Delacroix ne viole jamais cette loi naturelle.

Passons à l'examen de qualités plus générales encore. — Un des caractères principaux du grand peintre est l'universalité. — Ainsi le poète épique, Homère ou Dante, sait faire également bien une idylle, un récit, un discours, une description, une ode, etc.

De même, Rubens, s'il peint des fruits, peindra des fruits plus beaux qu'un spécialiste quelconque.

E. Delacroix est universel; il a fait des tableaux de genre pleins d'intimité, des tableaux d'histoire pleins de grandeur. Lui seul, peut-être, dans notre siècle incrédule, a conçu des tableaux de religion qui n'étaient ni vides et froids comme des œuvres de concours, ni pédants, mystiques ou néo-chrétiens, comme ceux de tous ces philosophes de l'art qui font de la religion une science d'archaïsme, et croient nécessaire de posséder avant tout la symbolique et les traditions primitives pour remuer et faire chanter la corde religieuse.

Cela se comprend facilement, si l'on veut considérer que Delacroix est, comme tous les grands maîtres, un mélange admirable de science, — c'est-à-dire un peintre complet, — et de naïveté, c'est-à-dire un homme complet. Allez voir à Saint-Louis au Marais cette *Pietà*[1], où la majestueuse reine des douleurs tient sur ses genoux le corps de son enfant mort, les deux bras étendus horizontalement dans un accès de désespoir, une attaque de nerfs maternelle. L'un des deux personnages qui soutient et modère sa douleur est éploré comme les figures les plus lamentables de l'*Hamlet*[2], avec laquelle œuvre celle-ci a du reste plus d'un rapport. — Des deux saintes femmes, la première rampe convulsivement à terre, encore revêtue des bijoux et des insignes du luxe[a]; l'autre, blonde et dorée, s'affaisse plus mollement sous le poids énorme de son désespoir.

Le groupe est échelonné et disposé tout entier sur un fond d'un vert sombre et uniforme, qui ressemble autant à des amas de rochers qu'à une mer bouleversée par l'orage. Ce fond est d'une simplicité fantastique, et E. Delacroix a sans doute, comme Michel-Ange, supprimé l'accessoire pour ne pas nuire à la clarté de son idée. Ce chef-d'œuvre laisse dans l'esprit un sillon pro-

fond de mélancolie. — Ce n'était pas, du reste, la première fois qu'il attaquait les sujets religieux. Le *Chriſt
aux Oliviers,* le *Saint Sébaſtien*[1], avaient déjà témoigné de
la gravité et de la sincérité profonde dont il sait les
empreindre.

Mais pour expliquer ce que j'affirmais tout à l'heure,
— que Delacroix seul sait faire de la religion, — je ferai
remarquer à l'observateur que, si ses tableaux les plus
intéressants sont presque toujours ceux dont il choisit
les sujets, c'eſt-à-dire ceux de fantaisie, — néanmoins
la triſteſſe sérieuse de son talent convient parfaitement
à notre religion, religion profondément triſte, religion
de la douleur universelle, et qui, à cause de sa catholicité
même, laisse une pleine liberté à l'individu et ne demande
pas mieux que d'être célébrée dans le langage de chacun,
— s'il connaît la douleur et s'il eſt peintre.

Je me rappelle qu'un de mes amis[2], garçon de mérite
d'ailleurs, coloriſte déjà en vogue, — un de ces jeunes
hommes précoces qui donnent des espérances toute leur
vie, et beaucoup plus académique qu'il ne le croit lui-
même, — appelait cette peinture : peinture de cannibale !

À coup sûr, ce n'eſt point dans les curiosités d'une
palette encombrée, ni dans le dictionnaire des règles,
que notre jeune ami saura trouver cette sanglante et
farouche désolation, à peine compensée par le vert
sombre de l'espérance !

Cet hymne terrible à la douleur faisait sur sa classique
imagination l'effet des vins redoutables de l'Anjou, de
l'Auvergne ou du Rhin, sur un eſtomac accoutumé aux
pâles violettes du Médoc[3].

Ainsi, universalité de sentiment, — et maintenant
universalité de science !

Depuis longtemps les peintres avaient, pour ainsi
dire, désappris le genre *dit* de décoration. L'hémicycle
des Beaux-Arts[4] eſt une œuvre puérile et maladroite,
où les intentions se contredisent, et qui ressemble à une
collection de portraits hiſtoriques. Le *Plafond d'Homère*[5]
eſt un beau tableau qui plafonne mal. La plupart des
chapelles exécutées dans ces derniers temps, et diſtri-
buées aux élèves de M. Ingres, sont faites dans le système des Italiens primitifs, c'eſt-à-dire qu'elles veulent
arriver à l'unité par la suppression des effets lumineux
et par un vaſte syſtème de coloriages mitigés. Ce sys-

tème, plus raisonnable sans doute, esquive les difficultés.
Sous Louis XIV, Louis XV et Louis XVI, les peintres
firent des décorations à grand fracas, mais qui manquaient
d'unité dans la couleur et dans la composition.

E. Delacroix eut des décorations à faire, et il résolut
le grand problème. Il trouva l'unité dans l'aspect sans
nuire à son métier de coloriste.

La Chambre des députés[1] est là qui témoigne de ce
singulier tour de force. La lumière, économiquement
dispensée, circule à travers toutes ces figures, sans intri-
guer l'œil d'une manière tyrannique.

Le plafond circulaire de la bibliothèque du Luxembourg[2] est une œuvre plus étonnante encore, où le peintre
est arrivé, — non seulement à un effet encore plus doux
et plus uni, sans rien supprimer des qualités de couleur
et de lumière, qui sont le propre de tous ses tableaux, —
mais encore s'est révélé sous un aspect tout nouveau :
Delacroix paysagiste !

Au lieu de peindre Apollon et les Muses, décoration
invariable des bibliothèques, E. Delacroix a cédé à son
goût irrésistible pour Dante, que Shakespeare seul
balance peut-être dans son esprit, et il a choisi le passage
où Dante et Virgile rencontrent dans un lieu mystérieux
les principaux poètes de l'antiquité :

« Nous ne laissions pas d'aller, tandis qu'il parlait ;
mais nous traversions toujours la forêt, épaisse forêt
d'esprits, veux-je dire. Nous n'étions pas bien éloignés
de l'entrée de l'abîme, quand je vis un feu qui perçait
un hémisphère de ténèbres. Quelques pas nous en sépa-
raient encore, mais je pouvais déjà entrevoir que des
esprits glorieux habitaient ce séjour.

« " Ô toi, qui honores toute science et tout art,
quels sont ces esprits auxquels on fait tant d'honneur
qu'on les sépare du sort des autres ?"

« Il me répondit : " Leur belle renommée, qui retentit
là-haut dans votre monde, trouve grâce dans le ciel, qui
les distingue des autres. "

« Cependant une voix se fit entendre : " Honorez le
sublime poète ; son ombre, qui était partie, nous
revient. "

« La voix se tut, et je vis venir à nous quatre grandes
ombres ; leur aspect n'était ni triste ni joyeux.

« Le bon maître me dit : " Regarde celui qui marche,

une épée à la main, en avant des trois autres, comme un roi : c'eſt Homère, poète souverain; l'autre qui le suit eſt Horace le satirique; Ovide eſt le troisième, et le dernier eſt Lucain. Comme chacun d'eux partage avec moi le nom qu'a fait retentir la voix unanime, ils me font honneur et ils font bien ! "

« Ainsi je vis se réunir la belle école de ce maître du chant sublime, qui plane sur les autres comme l'aigle. Dès qu'ils eurent devisé ensemble quelque peu, ils se tournèrent vers moi avec un geſte de salut, ce qui fit sourire mon guide. Et ils me firent encore plus d'honneur, car ils me reçurent dans leur troupe, de sorte que je fus le sixième parmi tant de génies*. . . . .
. . . .
. . . . »

Je ne ferai pas à E. Delacroix l'injure d'un éloge exagéré pour avoir si bien vaincu la concavité de sa toile et y avoir placé des figures droites. Son talent eſt au-dessus de ces choses-là. Je m'attache surtout à l'esprit de cette peinture. Il eſt impossible d'exprimer avec de la prose tout le calme bienheureux qu'elle respire, et la profonde harmonie qui nage dans cette atmosphère. Cela fait penser aux pages les plus verdoyantes du *Télémaque*, et rend tous les souvenirs que l'esprit a emportés des récits élyséens. Le paysage, qui néanmoins n'eſt qu'un accessoire, eſt, au point de vue où je me plaçais tout à l'heure, — l'universalité des grands maîtres, — une chose des plus importantes. Ce paysage circulaire, qui embrasse un espace énorme, eſt peint avec l'aplomb d'un peintre d'hiſtoire, et la finesse et l'amour d'un paysa-giſte. Des bouquets de lauriers, des ombrages considé-rables le coupent harmonieusement; des nappes de soleil doux et uniforme dorment sur les gazons; des montagnes bleues ou ceintes de bois font un horizon à souhait *pour le plaisir des yeux*[2]. Quant au ciel, il eſt bleu et blanc, chose étonnante chez Delacroix; les nuages, délayés et tirés en sens divers comme une gaze qui se déchire, sont d'une grande légèreté; et cette voûte d'azur, profonde et lumineuse, fuit à une prodigieuse

* *L'Enfer*, de Dante, chant IV, traduction de Pier Angelo Fiorentino[a1].

hauteur. Les aquarelles de Bonington^a sont moins transparentes.

Ce chef-d'œuvre, qui, selon moi, eſt supérieur aux meilleurs Véronèse, a besoin, pour être bien compris, d'une grande quiétude d'esprit et d'un jour très doux. Malheureusement, le jour éclatant qui se précipitera par la grande fenêtre de la façade, sitôt qu'elle sera délivrée des toiles et des échafauds, rendra ce travail plus difficile.

Cette année-ci, les tableaux de Delacroix sont *L'Enlèvement de Rébecca,* tiré d'*Ivanhoé,* les *Adieux de Roméo et de Juliette, Marguerite à l'église,* et *Un lion,* à l'aquarelle.

Ce qu'il y a d'admirable dans *L'Enlèvement de Rébecca,* c'eſt une parfaite ordonnance de tons, tons intenses, pressés, serrés et logiques, d'où résulte un aspeȼt saisissant. Dans presque tous les peintres qui ne sont pas coloriſtes, on remarque toujours des vides, c'eſt-à-dire de grands trous produits par des tons qui ne sont pas de niveau, pour ainsi dire ; la peinture de Delacroix eſt comme la nature, elle a horreur du vide.

Roméo et Juliette, — sur le balcon, — dans les froides clartés du matin, se tiennent religieusement embrassés par le milieu du corps. Dans cette étreinte violente de l'adieu, Juliette, les mains posées sur les épaules de son amant, rejette la tête en arrière, comme pour respirer, ou par un mouvement d'orgueil et de passion joyeuse. Cette attitude insolite, — car presque tous les peintres collent les bouches des amoureux l'une contre l'autre, — eſt néanmoins fort naturelle ; — ce mouvement vigoureux de la nuque eſt particulier aux chiens et aux chats heureux d'être caressés. — Les vapeurs violacées du crépuscule enveloppent cette scène et le paysage romantique qui la complète.

Le succès général qu'obtient ce tableau et la curiosité qu'il inspire prouvent bien ce que j'ai déjà dit ailleurs, — que Delacroix eſt populaire, quoi qu'en disent les peintres, et qu'il suffira de ne pas éloigner le public de ses œuvres, pour qu'il le soit autant que les peintres inférieurs.

Marguerite à l'église appartient à cette classe déjà nombreuse de charmants tableaux de genre, par lesquels Delacroix semble vouloir expliquer au public ses lithographies si amèrement critiquées.

Ce lion peint à l'aquarelle a pour moi un grand mérite,

outre la beauté du dessin et de l'attitude : c'est qu'il est
fait avec une grande bonhomie. L'aquarelle est réduite
à son rôle modeste, et ne veut pas se faire aussi grosse
que l'huile.

Il me reste, pour compléter cette analyse, à noter une
dernière qualité chez Delacroix, la plus remarquable de
toutes, et qui fait de lui le vrai peintre du XIXe siècle :
c'est cette mélancolie singulière et opiniâtre qui s'exhale
de toutes ses œuvres, et qui s'exprime et par le choix
des sujets, et par l'expression des figures, et par le geste,
et par le style de la couleur. Delacroix affectionne Dante
et Shakespeare, deux autres grands peintres de la douleur
humaine; il les connaît à fond, et il sait les traduire
librement. En contemplant la série de ses tableaux, on
dirait qu'on assiste à la célébration de quelque mystère
douloureux : *Dante et Virgile, Le Massacre de Scio*[1], le *Sar-*
danapale, Le Christ aux Oliviers, le Saint Sébastien, la *Médée*[2],
Les Naufragés[3], et l'*Hamlet* si raillé et si peu compris[4].
Dans plusieurs on trouve, par je ne sais quel constant hasard, une figure plus désolée, plus affaissée que les autres,
en qui se résument toutes les douleurs environnantes;
ainsi la femme agenouillée, à la chevelure pendante, sur
le premier plan des *Croisés à Constantinople*[5] ; la vieille,
si morne et si ridée, dans *Le Massacre de Scio.* Cette mélancolie respire jusque dans les *Femmes d'Alger,* son tableau
le plus coquet et le plus fleuri. Ce petit poème d'intérieur,
plein de repos et de silence, encombré de riches étoffes
et de brimborions de toilette, exhale je ne sais quel haut
parfum de mauvais lieu qui nous guide assez vite vers
les limbes insondés de la tristesse[6]. En général, il ne peint
pas de jolies femmes, au point de vue des gens du monde
toutefois. Presque toutes sont malades, et resplendissent
d'une certaine beauté intérieure. Il n'exprime point la
force par la grosseur des muscles, mais par la tension des
nerfs. C'est non seulement la douleur qu'il sait le mieux
exprimer, mais surtout, — prodigieux mystère de sa
peinture, — la douleur morale ! Cette haute et sérieuse
mélancolie brille d'un éclat morne, même dans sa couleur, large, simple, abondante en masses harmoniques,
comme celle de tous les grands coloristes, mais plaintive
et profonde comme une mélodie de Weber[7].

Chacun des anciens maîtres a son royaume, son apanage, — qu'il est souvent contraint de partager avec

des rivaux illuſtres. Raphaël a la forme, Rubens et Véronèse la couleur, Rubens et Michel-Ange l'imagination
du dessin. Une portion de l'empire reſtait, où Rembrandt seul avait fait quelques excursions, — le drame, —
le drame naturel et vivant, le drame terrible et mélancolique, exprimé souvent par la couleur, mais toujours
par le geſte.

En fait de geſtes sublimes, Delacroix n'a de rivaux
qu'en dehors de son art. Je ne connais guère que Frédérick Lemaître et Macready[1].

C'eſt à cause de cette qualité toute moderne et toute
nouvelle que Delacroix eſt la dernière expression du
progrès dans l'art. Héritier de la grande tradition, c'eſt-
à-dire de l'ampleur, de la noblesse et de la pompe dans
la composition, et digne successeur des vieux maîtres,
il a de plus qu'eux la maîtrise de la douleur, la passion,
le geſte ! C'eſt vraiment là ce qui fait l'importance de
sa grandeur. — En effet, supposez que le bagage d'un
des vieux illuſtres se perde, il aura presque toujours
son analogue qui pourra l'expliquer et le faire deviner
à la pensée de l'hiſtorien. Ôtez Delacroix, la grande
chaîne de l'hiſtoire eſt rompue et s'écoule à terre.

Dans un article qui a plutôt l'air d'une prophétie que
d'une critique, à quoi bon relever des fautes de détail
et des taches microscopiques ? L'ensemble eſt si beau,
que je n'en ai pas le courage. D'ailleurs la chose eſt si
facile, et tant d'autres l'ont faite ! — N'eſt-il pas plus nouveau de voir les gens par leur beau côté ? Les défauts de
M. Delacroix sont parfois si visibles qu'ils sautent à l'œil
le moins exercé. On peut ouvrir au hasard la première
feuille venue, où pendant longtemps l'on s'eſt obſtiné,
à l'inverse de mon syſtème, à ne pas voir les qualités
radieuses qui conſtituent son originalité. On sait que
les grands génies ne se trompent jamais à demi, et qu'ils
ont le privilège de l'énormité dans tous les sens.

★

Parmi les élèves de Delacroix, quelques-uns se sont
heureusement approprié ce qui peut se prendre de son
talent, c'eſt-à-dire quelques parties de sa méthode, et
se sont déjà fait une certaine réputation. Cependant leur
couleur a, en général, ce défaut qu'elle ne vise guère

qu'au pittoresque et à l'effet; l'idéal n'est point leur domaine, bien qu'ils se passent volontiers de la nature, sans
en avoir acquis le droit par les études courageuses du
maître.

On a remarqué cette année l'absence de M. PLANET[1],
dont la *Sainte Thérèse* avait au dernier Salon attiré les
yeux des connaisseurs, — et de M. RIESENER[2], qui a souvent fait des tableaux d'une large couleur, et dont on
peut voir avec plaisir quelques bons plafonds à la Chambre des pairs, malgré le voisinage terrible de Delacroix.

M. LÉGER CHÉRELLE a envoyé *Le Martyre de sainte
Irène*[3]. Le tableau est composé d'une seule figure et d'une
pique qui est d'un effet assez désagréable. Du reste, la
couleur et le modelé du torse sont généralement bons.
Mais il me semble que M. Léger Chérelle a déjà montré
au public ce tableau avec de légères variantes.

Ce qu'il y a d'assez singulier dans *La Mort de Cléopâtre*,
par M. LASSALLE-BORDES[a4], c'est qu'on n'y trouve pas une
préoccupation unique de la couleur, et c'est peut-être
un mérite. Les tons sont, pour ainsi dire, équivoques,
et cette amertume n'est pas dénuée de charmes.

Cléopâtre expire sur son trône, et l'envoyé d'Octave
se penche pour la contempler. Une de ses servantes
vient de mourir à ses pieds. La composition ne manque
pas de majesté, et la peinture est accomplie avec une
bonhomie assez audacieuse; la tête de Cléopâtre est belle,
et l'ajustement vert et rose de la négresse tranche heureusement avec la couleur de sa peau. Il y a certainement
dans cette grande toile menée à bonne fin, sans souci
aucun d'imitation, quelque chose qui plaît et attire le
flâneur désintéressé.

V

DES SUJETS AMOUREUX
ET DE M. TASSAERT

Vous est-il arrivé, comme à moi, de tomber dans de
grandes mélancolies, après avoir passé de longues
heures à feuilleter des estampes libertines ? Vous êtes-
vous demandé la raison du charme qu'on trouve parfois
à fouiller ces annales de la luxure, enfouies dans les
bibliothèques ou perdues dans les cartons des marchands,
et parfois aussi de la mauvaise humeur qu'elles vous
donnent[1] ? Plaisir et douleur mêlés, amertume dont la
lèvre a toujours soif ! — Le plaisir est de voir représenté
sous toutes ses formes le sentiment le plus important
de la nature, — et la colère, de le trouver souvent si
mal imité ou si sottement calomnié. Soit dans les interminables soirées d'hiver au coin du feu, soit dans les
lourds loisirs de la canicule, au coin des boutiques de
vitrier, la vue de ces dessins m'a mis sur des pentes de
rêverie immenses, à peu près comme un livre obscène
nous précipite vers les océans mystiques du bleu. Bien
des fois je me suis pris à désirer, devant ces innombrables
échantillons du sentiment de chacun, que le poète, le
curieux, le philosophe, pussent se donner la jouissance
d'un musée de l'amour, où tout aurait sa place, depuis
la tendresse inappliquée de sainte Thérèse[2] jusqu'aux
débauches sérieuses des siècles ennuyés. Sans doute la
distance est immense qui sépare *Le Départ pour l'île de
Cythère*[3] des misérables coloriages suspendus dans les
chambres des filles, au-dessus d'un pot fêlé et d'une
console branlante; mais dans un sujet aussi important
rien n'est à négliger. Et puis le génie sanctifie toutes
choses, et si ces sujets étaient traités avec le soin et le
recueillement nécessaires, ils ne seraient point souillés
par cette obscénité révoltante, qui est plutôt une fanfaronnade qu'une vérité.

Que le moraliste ne s'effraye pas trop; je saurai garder

les justes mesures, et mon rêve d'ailleurs se bornait à désirer ce poème immense de l'amour crayonné par les mains les plus pures, par Ingres, par Watteau, par Rubens, par Delacroix ! Les folâtres et élégantes princesses de Watteau, à côté des Vénus sérieuses et reposées de M. Ingres; les splendides blancheurs de Rubens et de Jordaens, et les mornes beautés de Delacroix, telles qu'on peut se les figurer : de grandes femmes pâles, noyées dans le satin*[1] !

Ainsi pour rassurer complètement la chasteté effarouchée du lecteur, je dirai que je rangerais dans les sujets amoureux, non seulement tous les tableaux qui traitent spécialement de l'amour, mais encore tout tableau qui respire l'amour, fût-ce un portrait**.

Dans cette immense exposition, je me figure la beauté et l'amour de tous les climats exprimés par les premiers artistes; depuis les folles, évaporées et merveilleuses créatures que nous a laissées Watteau fils[3] dans ses gravures de mode, jusqu'à ces Vénus de Rembrandt qui se font faire les ongles, comme de simples mortelles, et peigner avec un gros peigne de buis.

Les sujets de cette nature sont chose si importante, qu'il n'est point d'artiste, petit ou grand, qui ne s'y soit appliqué, secrètement ou publiquement, depuis Jules Romain jusqu'à Devéria et Gavarni.

Leur grand défaut, en général, est de manquer de naïveté et de sincérité. Je me rappelle pourtant une lithographie[4] qui exprime, — sans trop de délicatesse malheureusement, — une des grandes vérités de l'amour libertin. Un jeune homme déguisé en femme et sa maîtresse habillée en homme sont assis à côté l'un de l'autre, sur un *sopha,* — le sopha que vous savez, le sopha de l'hôtel garni et du cabinet particulier. La jeune femme veut relever les jupes de son amant***. — Cette page

---

* On m'a dit que Delacroix avait fait autrefois pour son *Sardanapale* une foule d'études merveilleuses de femmes, dans les attitudes les plus voluptueuses.

** Deux tableaux essentiellement amoureux, et admirables du reste, composés dans ce temps-ci, sont la *grande Odalisque* et la *petite Odalisque* de M. Ingres[2].

*** Sedebant in fornicibus pueri puellaeve sub titulis et lychnis, illi femineo compti mundo sub stola, hae parum comptae sub puerorum veste, ore ad puerilem formam composito. Alter venibat sexus sub altero sexu. *Corruperat omnis caro viam suam.* — Meursius[5].

luxurieuse serait, dans le musée idéal dont je parlais, compensée par bien d'autres où l'amour n'apparaîtrait que sous sa forme la plus délicate.

Ces réflexions me sont revenues à propos de deux tableaux de M. Tassaert, *Érigone* et *Le Marchand d'esclaves*[1].

M. Tassaert, dont j'ai eu le tort grave de ne pas assez parler l'an passé[2], est un peintre du plus grand mérite, et dont le talent s'appliquerait le plus heureusement aux sujets amoureux.

Érigone est à moitié couchée sur un tertre ombragé de vignes, — dans une pose provocante, une jambe presque repliée, l'autre tendue et le corps chassé en avant; le dessin est fin, les lignes onduleuses et combinées d'une manière savante. Je reprocherai cependant à M. Tassaert, qui est coloriste, d'avoir peint ce torse avec un ton trop uniforme.

L'autre tableau représente un marché de femmes qui attendent des acheteurs. Ce sont de vraies femmes, des femmes civilisées[3], aux pieds rougis par la chaussure, un peu communes, un peu trop roses, qu'un Turc bête et sensuel va acheter pour des beautés superfines. Celle qui est vue de dos, et dont les fesses sont enveloppées dans une gaze transparente, a encore sur la tête un bonnet de modiste, un bonnet acheté rue Vivienne ou au Temple. La pauvre fille a sans doute été enlevée par les pirates.

La couleur de ce tableau est extrêmement remarquable par la finesse et par la transparence des tons. On dirait que M. Tassaert s'est préoccupé de la manière de Delacroix; néanmoins il a su garder une couleur originale.

C'est un artiste éminent que les flâneurs seuls apprécient et que le public ne connaît pas assez; son talent a toujours été grandissant, et quand on songe d'où il est parti et où il est arrivé, il y a lieu d'attendre de lui de ravissantes compositions.

VI

DE QUELQUES COLORISTES

Il y a au Salon deux curiosités assez importantes; ce sont les portraits de *Petit Loup* et de *Graisse du dos de buffle,* peints par M. CATLIN, le cornac des sauvages. Quand M. Catlin vint à Paris, avec ses Ioways et son musée[1], le bruit se répandit que c'était un brave homme qui ne savait ni peindre ni dessiner, et que s'il avait fait quelques ébauches passables, c'était grâce à son courage et à sa patience. Était-ce ruse innocente de M. Catlin ou bêtise des journalistes ? — Il est aujourd'hui avéré que M. Catlin sait fort bien peindre et fort bien dessiner. Ces deux portraits suffiraient pour me le prouver, si ma mémoire ne me rappelait beaucoup d'autres morceaux également beaux. Ses ciels surtout m'avaient frappé à cause de leur transparence et de leur légèreté.

M. Catlin a supérieurement rendu le caractère fier et libre, et l'expression noble de ces braves gens; la construction de leur tête est parfaitement bien comprise. Par leurs belles attitudes et l'aisance de leurs mouvements, ces sauvages font comprendre la sculpture antique. Quant à la couleur, elle a quelque chose de mystérieux qui me plaît plus que je ne saurais dire. Le rouge, la couleur du sang, la couleur de la vie, abondait tellement dans ce sombre musée, que c'était une ivresse; quant aux paysages, — montagnes boisées, savanes immenses, rivières désertes, — ils étaient monotonement, éternellement verts; le rouge, cette couleur si obscure, si épaisse, plus difficile à pénétrer que les yeux d'un serpent, — le vert, cette couleur calme et gaie et souriante de la nature, je les retrouve chantant leur antithèse mélodique jusque sur le visage de ces deux héros. — Ce qu'il y a de certain, c'est que tous leurs tatouages et coloriages étaient faits selon les gammes naturelles et harmoniques.

Je crois que ce qui a induit en erreur le public et les journalistes à l'endroit de M. Catlin, c'est qu'il ne fait pas

de peinture *crâne,* à laquelle tous nos jeunes gens les ont
si bien accoutumés, que c'est maintenant la peinture
classique.

L'an passé j'ai déjà protesté contre le *De profundis*
unanime, contre la conspiration des ingrats, à propos
de MM. Devéria[1]. Cette année-ci m'a donné raison. Bien
des réputations précoces qui leur ont été substituées ne
valent pas encore la leur. M. ACHILLE DEVÉRIA surtout
s'est fait remarquer au Salon de 1846 par un tableau,
Le Repos de la sainte famille[2], qui non seulement conserve
toute la grâce particulière à ces charmants et fraternels
génies, mais encore rappelle les sérieuses qualités des
anciennes écoles; — des écoles secondaires peut-être,
qui ne l'emportent précisément ni par le dessin ni par
la couleur, mais que l'ordonnance et la belle tradition
placent néanmoins bien au-dessus des dévergondages
propres aux époques de transition. Dans la grande
bataille romantique, MM. DEVÉRIA firent partie du batail-
lon sacré des coloristes; leur place était donc marquée ici.
— Le tableau de M. Achille Devéria, dont la composition est excellente, frappe en outre l'esprit par un aspect
doux et harmonieux.

M. BOISSARD, dont les débuts furent brillants aussi et
pleins de promesses, est un de ces esprits excellents
nourris des anciens maîtres; sa *Madeleine au désert* est une
peinture d'une bonne et saine couleur, — sauf les tons
des chairs un peu tristes. La pose est heureusement
trouvée.

Dans cet interminable Salon, où plus que jamais les
différences sont effacées, où chacun dessine et peint un
peu, mais pas assez pour mériter même d'être classé, —
c'est une grande joie de rencontrer un franc et vrai
peintre, comme M. DEBON. Peut-être son *Concert dans
l'atelier* est-il un tableau un peu trop *artistique,* Valentin,
Jordaens et quelques autres y faisant leur partie; mais
au moins c'est de la belle et bien portante peinture, et
qui indique dans l'auteur un homme parfaitement sûr
de lui-même[2].

M. DUVEAU[4] a fait *Le Lendemain d'une tempête.* J'ignore
s'il peut devenir un franc coloriste, mais quelques parties
de son tableau le font espérer. — Au premier aspect,
l'on cherche dans sa mémoire quelle scène historique il
peut représenter. En effet, il n'y a guère que les Anglais

qui osent donner de si vastes proportions au tableau de genre. — Du reste, il est bien ordonné, et paraît généralement bien dessiné. — Le ton un peu trop uniforme, qui choque d'abord l'œil, est sans doute un effet de la nature, dont toutes les parties paraissent singulièrement crues, après qu'elles ont été lavées par les pluies.

La Charité de M. LAEMLEIN[1] est une charmante femme qui tient par la main, et porte suspendus à son sein, des marmots de tous les climats, blancs, jaunes, noirs, etc... Certainement, M. Laemlein a le sentiment de la bonne couleur; mais il y a dans ce tableau un grand défaut, c'est que le petit Chinois est si joli, et sa robe d'un effet si agréable, qu'il occupe presque uniquement l'œil du spectateur. Ce petit mandarin trotte toujours dans la mémoire, et fera oublier le reste à beaucoup de gens.

M. DECAMPS est un de ceux qui, depuis de nombreuses années, ont occupé despotiquement la curiosité du public, et rien n'était plus légitime.

Cet artiste, doué d'une merveilleuse faculté d'analyse, arrivait souvent, par une heureuse concurrence de petits moyens, à des résultats d'un effet puissant. — S'il esquivait trop le détail de la ligne, et se contentait souvent du mouvement ou du contour général, si parfois ce dessin frisait le chic, — le goût minutieux de la nature, étudiée surtout dans ses effets lumineux, l'avait toujours sauvé et maintenu dans une région supérieure.

Si M. Decamps n'était pas précisément un dessinateur, dans le sens du mot généralement accepté, néanmoins il l'était à sa manière et d'une façon particulière. Personne n'a vu de grandes figures dessinées par lui; mais certainement le dessin, c'est-à-dire la tournure de ses petits bonshommes, était accusé et trouvé avec une hardiesse et un bonheur remarquables. Le caractère et les habitudes de leurs corps étaient toujours visibles; car M. Decamps sait faire comprendre un personnage avec quelques lignes. Ses croquis étaient amusants et profondément plaisants. C'était un dessin d'homme d'esprit, presque de caricaturiste; car il possédait je ne sais quelle bonne humeur ou fantaisie moqueuse, qui s'attaquait parfaitement aux ironies de la nature : aussi ses personnages étaient-ils toujours posés, drapés ou habillés selon la vérité et les convenances et coutumes éternelles de leur individu. Seulement il y avait dans ce dessin une

certaine immobilité, mais qui n'était pas déplaisante et
complétait son orientalisme. Il prenait d'habitude ses
modèles au repos, et quand ils couraient, ils ressemblaient
souvent à des ombres suspendues ou à des silhouettes
arrêtées subitement dans leur course; ils couraient comme
dans un bas-relief. — Mais la couleur était son beau côté,
sa grande et unique affaire. Sans doute M. Delacroix
est un grand coloriste, mais non pas enragé. Il a bien
d'autres préoccupations, et la dimension de ses toiles
le veut; pour M. Decamps, la couleur était la grande
chose, c'était pour ainsi dire sa pensée favorite. Sa couleur splendide et rayonnante avait de plus un style très
particulier. Elle était, pour me servir de mots empruntés
à l'ordre moral, sanguinaire et mordante. Les mets les
plus appétissants, les drôleries cuisinées avec le plus
de réflexion, les produits culinaires le plus âprement
assaisonnés avaient moins de ragoût et de montant[1],
exhalaient moins de volupté sauvage pour le nez et le
palais d'un gourmand, que les tableaux de M. Decamps
pour un amateur de peinture. L'étrangeté de leur aspect
vous arrêtait, vous enchaînait et vous inspirait une
invincible curiosité. Cela tenait peut-être aux procédés
singuliers et minutieux dont use souvent l'artiste, qui
élucubre, dit-on, sa peinture avec la volonté infatigable
d'un alchimiste. L'impression qu'elle produisait alors
sur l'âme du spectateur était si soudaine et si nouvelle,
qu'il était difficile de se figurer de qui elle est fille, quel
avait été le parrain de ce singulier artiste, et de quel
atelier était sorti ce talent solitaire et original. — Certes,
dans cent ans, les historiens auront du mal à découvrir
le maître de M. Decamps[2]. — Tantôt il relevait des
anciens maîtres les plus hardiment colorés de l'École
flamande; mais il avait plus de style qu'eux et il groupait
ses figures avec plus d'harmonie; tantôt la pompe et
la trivialité de Rembrandt le préoccupaient vivement;
d'autres fois on retrouvait dans ses ciels un souvenir
amoureux des ciels du Lorrain. Car M. Decamps était
paysagiste aussi, et paysagiste du plus grand mérite : ses
paysages et ses figures ne faisaient qu'un et se servaient
réciproquement. Les uns n'avaient pas plus d'importance que les autres, et rien chez lui n'était accessoire;
tant chaque partie de la toile était travaillée avec curiosité, tant chaque détail destiné à concourir à l'effet de

l'ensemble ! — Rien n'était inutile, ni le rat qui traversait
un bassin à la nage dans je ne sais quel tableau turc, plein
de paresse et de fatalisme, ni les oiseaux de proie qui
planaient dans le fond de ce chef-d'œuvre intitulé : *Le
Supplice des crochets*[1].

Le soleil et la lumière jouaient alors un grand rôle
dans la peinture de M. Decamps. Nul n'étudiait avec
autant de soin les effets de l'atmosphère. Les jeux les
plus bizarres et les plus invraisemblables de l'ombre
et de la lumière lui plaisaient avant tout. Dans un tableau
de M. Decamps, le soleil brûlait véritablement les murs
blancs et les sables crayeux; tous les objets colorés
avaient une transparence vive et animée. Les[a] eaux étaient
d'une profondeur inouïe; les grandes ombres qui coupent les pans des maisons et dorment étirées sur le sol ou
sur l'eau avaient une indolence et un farniente d'ombres
indéfinissables. Au milieu de cette nature saisissante,
s'agitaient ou rêvaient de petites gens, tout un petit
monde avec sa vérité native et comique.

Les tableaux de M. Decamps étaient donc pleins de
poésie, et souvent de rêverie; mais là où d'autres, comme
Delacroix, arriveraient par un grand dessin, un choix de
modèle original ou une large et facile couleur, M. Decamps arrivait par l'intimité du détail. Le seul reproche,
en effet, qu'on lui pouvait faire, était de trop s'occuper
de l'exécution matérielle des objets; ses maisons étaient
en vrai plâtre, en vrai bois, ses murs en vrai mortier
de chaux[2]; et devant ces chefs-d'œuvre l'esprit était souvent attristé par l'idée douloureuse du temps et de la
peine consacrés à les faire. Combien n'eussent-ils pas
été plus beaux, exécutés avec plus de bonhomie !

L'an passé, quand M. Decamps, armé d'un crayon[3],
voulut lutter avec Raphaël et Poussin, — les flâneurs
enthousiastes de la plaine et de la montagne, ceux-là qui
ont un cœur grand comme le monde, mais qui ne veulent
pas pendre les citrouilles aux branches des chênes, et
qui adoraient tous M. Decamps comme un des produits
les plus curieux de la création, se dirent entre eux :
« Si Raphaël empêche Decamps de dormir, adieu nos
Decamps! Qui les fera désormais? — Hélas! MM. Guignet et Chacaton[4]. »

Et cependant M. Decamps a reparu cette année avec
des choses turques, des paysages, des tableaux de genre

et un *Effet de pluie*[1] ; mais il a fallu les chercher : ils ne
sautaient plus aux yeux.

M. Decamps, qui sait si bien faire le soleil, n'a pas su
faire la pluie; puis il a fait nager des canards dans de la
pierre, etc. *L'École turque*[2], néanmoins, ressemble à ses
bons tableaux; ce sont bien là ces beaux enfants que nous
connaissons, et cette atmosphère lumineuse et poussié-
reuse d'une chambre où le soleil veut entrer tout entier.

Il me paraît si facile de nous consoler avec les magnifiques Decamps qui ornent les galeries, que je ne veux pas
analyser les défauts de ceux-ci. Ce serait une besogne
puérile, que tout le monde fera du reste très bien.

Parmi les tableaux de M. PENGUILLY-L'HARIDON, qui
sont tous d'une bonne facture, — petits tableaux largement peints, et néanmoins avec finesse, — un surtout
se fait voir et attire les yeux : *Pierrot présente à l'assemblée
ses compagnons Arlequin et Polichinelle.*

Pierrot, un œil ouvert et l'autre fermé, avec cet air
matois qui est de tradition, montre au public Arlequin qui
s'avance en faisant les ronds de bras obligés, une jambe
crânement posée en avant. Polichinelle le suit, — tête un
peu avinée, œil plein de fatuité, pauvres petites jambes
dans de grands sabots. Une figure ridicule, grand nez,
grandes lunettes, grandes moustaches en croc, apparaît
entre deux rideaux. — Tout cela est d'une jolie couleur,
fine et simple, et ces trois personnages se détachent
parfaitement sur un fond gris. Ce qu'il y a de saisissant
dans ce tableau vient moins encore de l'aspect que de la
composition, qui est d'une simplicité excessive. — Le
Polichinelle, qui est essentiellement comique, rappelle
celui du *Charivari* anglais[3], qui pose l'index sur le bout
de son nez, pour exprimer combien il en est fier ou
combien il en est gêné. Je reprocherai à M. Penguilly
de n'avoir pas pris le type de Deburau, qui est le vrai
pierrot actuel, le pierrot de l'histoire moderne, et qui
doit avoir sa place dans tous les tableaux de parade[4].

Voici maintenant une autre fantaisie beaucoup moins
habile et moins savante, et qui est d'autant plus belle
qu'elle est peut-être involontaire : *La Rixe des mendiants,*
par M. MANZONI. Je n'ai jamais rien vu d'aussi poétiquement brutal, même dans les orgies les plus flamandes. —
Voici en six points les différentes impressions du passant
devant ce tableau : 1º vive curiosité; 2º quelle horreur !

3° c'est mal peint, mais c'est une composition singulière et qui ne manque pas de charme; 4° ce n'est pas aussi mal peint qu'on le croirait d'abord; 5° revoyons donc ce tableau; 6° souvenir durable.

Il y a là-dedans une férocité et une brutalité de manière assez bien appropriées au sujet, et qui rappellent les violentes ébauches de Goya[1]. — Ce sont bien du reste les faces les plus patibulaires qui se puissent voir; c'est un mélange singulier de chapeaux défoncés, de jambes de bois, de verres cassés, de buveurs vaincus; la luxure, la férocité et l'ivrognerie agitant leurs haillons.

La beauté rougeaude qui allume les désirs de ces messieurs est d'une *bonne touche,* et bien faite pour plaire aux connaisseurs. J'ai rarement vu quelque chose d'aussi comique que ce malheureux collé sur le mur, et que son voisin a victorieusement cloué avec une fourche.

Quant au second tableau, *L'Assassinat nocturne*[2], il est d'un aspect moins étrange. La couleur en est terne et vulgaire, et le fantastique ne gît que dans la manière dont la scène est représentée. Un mendiant tient un couteau levé sur un malheureux qu'on fouille et qui se meurt de peur. Ces demi-masques blancs, qui consistent en des nez gigantesques, sont fort drôles, et donnent à cette scène d'épouvante un cachet des plus singuliers.

M. VILLA-AMIL a peint la *Salle du trône* à Madrid[3]. On dirait au premier abord que c'est fait avec une grande bonhomie; mais en regardant plus attentivement, on reconnaît une grande habileté dans l'ordonnance et la couleur générale de cette peinture décorative. C'est d'un ton moins fin peut-être, mais d'une couleur plus ferme que les tableaux du même genre qu'affectionne M. RO-BERTS[4]. Il y a cependant ce défaut que le plafond a moins l'air d'un plafond que d'un ciel véritable.

MM. WATTIER et PÉRÈSE[a5] traitent d'habitude des sujets presque semblables, de belles dames en costumes anciens dans des parcs, sous de vieux ombrages; mais M. Pérèse a cela pour lui qu'il peint avec beaucoup plus de bon-homie, et que son nom ne lui commande pas la singerie de Watteau. Malgré la finesse étudiée des figures de M. Wattier, M. Pérèse lui est supérieur par l'invention. Il y a du reste entre leurs compositions la même diffé-rence qu'entre la galanterie sucrée du temps de Louis XV et la galanterie loyale du siècle de Louis XIII.

L'école Couture, — puisqu'il faut l'appeler par son nom, — a beaucoup trop donné cette année.

M. DIAZ DE LA PEÑA[1], qui est en petit l'expression hyperbolique de cette petite école, part de ce principe qu'une palette est un tableau. Quant à l'harmonie générale, M. Diaz pense qu'on la rencontre toujours. Pour le dessin, — le dessin du mouvement, le dessin des coloristes, — il n'en est pas question; les membres de toutes ces petites figures se tiennent à peu près comme des paquets de chiffons ou comme des bras et des jambes dispersés par l'explosion d'une locomotive. — Je préfère le kaléidoscope, parce qu'il ne fait pas *Les Délaissées* ou *Le Jardin des Amours;* il fournit des dessins de châle ou de tapis, et son rôle est modeste. — M. DIAZ est coloriste, il est vrai; mais élargissez le cadre d'un pied, et les forces lui manquent, parce qu'il ne connaît pas la nécessité d'une couleur générale. C'est pourquoi ses tableaux ne laissent pas de souvenir.

Chacun a son rôle, dites-vous. La grande peinture n'est point faite pour tout le monde. Un beau dîner contient des pièces de résistance et des hors-d'œuvre. Oserez-vous être ingrat envers les saucissons d'Arles, les piments, les anchois, l'aïoli, etc.[2]? — Hors-d'œuvre appétissants, dites-vous? — Non pas, mais bonbons et sucreries écœurantes. — Qui voudrait se nourrir de dessert? C'est à peine si on l'effleure, quand on est content de son dîner.

M. CÉLESTIN NANTEUIL sait poser une touche, mais ne sait pas établir les proportions et l'harmonie d'un tableau[3].

M. VERDIER[4] peint raisonnablement, mais je le crois foncièrement ennemi de la pensée.

M. MÜLLER[a], l'homme aux *Sylphes*[5], le grand amateur des sujets poétiques, — des sujets ruisselants de poésie, — a fait un tableau qui s'appelle *Primavera.* Les gens qui ne savent pas l'italien croiront que cela veut dire *Dé améron*[6].

La couleur de M. FAUSTIN BESSON perd beaucoup à n'être plus troublée et miroitée par les vitres de la boutique Deforge[7].

Quant à M. FONTAINE[8], c'est évidemment un homme sérieux; il nous a fait M. de Béranger entouré de marmots des deux sexes, et initiant la jeunesse aux mystères de la peinture Couture.

Grands mystères, ma foi ! — Une lumière rose ou couleur de pêche et une ombre verte, c'est là que gît toute la difficulté. — Ce qu'il y a de terrible dans cette peinture, c'est qu'elle se fait voir; on l'aperçoit de très loin.

De tous ces messieurs, le plus malheureux sans doute est M. COUTURE[1], qui joue en tout ceci le rôle intéressant d'une victime. — Un imitateur est un indiscret qui vend une surprise.

Dans les différentes spécialités des sujets bas-bretons, catalans, suisses, normands, etc., MM. ARMAND et ADOLPHE LELEUX sont dépassés par M. GUILLEMIN, qui est inférieur à M. HÉDOUIN[2], qui lui-même le cède à M. HAFFNER.

J'ai entendu plusieurs fois faire à MM. Leleux ce singulier reproche[3], que, Suisses, Espagnols ou Bretons, tous leurs personnages avaient l'air breton.

M. Hédouin est certainement un peintre de mérite, qui possède une touche ferme et qui entend la couleur; il parviendra sans doute à se constituer une originalité particulière.

Quant à M. Haffner, je lui en veux d'avoir fait une fois un portrait dans une manière romantique et superbe[4], et de n'en avoir point fait d'autres; je croyais que c'était un grand artiste plein de poésie et surtout d'invention, un portraitiste de premier ordre, qui lâchait quelques *rapinades* à ses heures perdues; mais il paraît que ce n'est qu'un peintre.

VII

DE L'IDÉAL ET DU MODÈLE

La couleur étant la chose la plus naturelle et la plus visible, le parti des coloristes est le plus nombreux et le plus important. L'analyse, qui facilite les moyens d'exécution, a dédoublé la nature en couleur et ligne, et avant de procéder à l'examen des hommes qui composent le

second parti, je crois utile d'expliquer ici quelques-uns
des principes qui les dirigent, parfois même à leur insu.

Le titre de ce chapitre est une contradiction, ou plutôt
un accord de contraires ; car le dessin du grand dessinateur doit résumer l'idéal et le modèle.

La couleur est composée de masses colorées qui sont
faites d'une infinité de tons, dont l'harmonie fait l'unité :
ainsi la ligne, qui a ses masses et ses généralités, se sub-
divise en une foule de lignes particulières, dont chacune
est un caractère du modèle.

La circonférence, idéal de la ligne courbe, est comparable à une figure analogue composée d'une infinité de
lignes droites, qui doit se confondre avec elle, les angles
intérieurs s'obtusant[1] de plus en plus.

Mais comme il n'y a pas de circonférence parfaite,
l'idéal absolu est une bêtise. Le goût exclusif du simple
conduit l'artiste nigaud à l'imitation du même type. Les
poètes, les artistes et toute la race humaine seraient bien
malheureux, si l'idéal, cette absurdité, cette impossibilité,
était trouvé. Qu'est-ce que chacun ferait désormais de
son pauvre *moi*, — de sa ligne brisée ?

J'ai déjà remarqué que le souvenir était le grand criterium de l'art ; l'art est une mnémotechnie du beau :
or, l'imitation exacte gâte le souvenir. Il y a de ces
misérables peintres, pour qui la moindre verrue est une
bonne fortune ; non seulement ils n'ont garde de l'oublier, mais il est nécessaire qu'ils la fassent quatre fois
plus grosse : aussi font-ils le désespoir des amants, et
un peuple qui fait faire le portrait de son roi est un
amant.

Trop particulariser ou trop généraliser empêchent
également le souvenir ; à l'Apollon du Belvédère et au
Gladiateur je préfère l'Antinoüs, car l'Antinoüs est
l'idéal du charmant Antinoüs.

Quoique le principe universel soit un, la nature ne
donne rien d'absolu, ni même de complet* ; je ne vois
que des individus. Tout animal, dans une espèce semblable, diffère en quelque chose de son voisin, et parmi
les milliers de fruits que peut donner un même arbre,

---

* Rien d'absolu : — ainsi, l'idéal du compas est la pire des
sottises ; — ni de complet : — ainsi il faut tout compléter, et retrouver chaque idéal.

il est impossible d'en trouver deux identiques, car ils seraient le même; et la dualité, qui est la contradiction de l'unité, en est aussi la conséquence*. C'est surtout dans la race humaine que l'infini de la variété se manifeste d'une manière effrayante. Sans compter les grands types que la nature a distribués sous les différents climats, je vois chaque jour passer sous ma fenêtre un certain nombre de Kalmouks, d'Osages, d'Indiens, de Chinois et de Grecs antiques, tous plus ou moins parisianisés. Chaque individu est une harmonie; car il vous est maintes fois arrivé de vous retourner à un son de voix connu, et d'être frappé d'étonnement devant une créature inconnue, souvenir vivant d'une autre créature douée de gestes et d'une voix analogues. Cela est si vrai que Lavater a dressé une nomenclature des nez et des bouches qui jurent de *figurer* ensemble[2], et constaté plusieurs erreurs de ce genre dans les anciens artistes, qui ont revêtu quelquefois des personnages religieux ou historiques de formes contraires à leur caractère. Que Lavater se soit trompé dans le détail, c'est possible; mais il avait l'idée du principe. Telle main veut tel pied; chaque épiderme engendre son poil[3]. Chaque individu a donc son idéal.

Je n'affirme pas qu'il y ait autant d'idéals primitifs que d'individus, car un moule donne plusieurs épreuves; mais il y a dans l'âme du peintre autant d'idéals que d'individus, parce qu'un portrait est un modèle compliqué d'un artiste.

Ainsi l'idéal n'est pas cette chose vague, ce rêve ennuyeux et impalpable qui nage au plafond des académies; un idéal, c'est l'individu redressé par l'individu, reconstruit et rendu par le pinceau ou le ciseau à l'éclatante vérité de son harmonie native.

La première qualité d'un dessinateur est donc l'étude lente et sincère de son modèle. Il faut non seulement que l'artiste ait une intuition profonde du caractère du modèle, mais encore qu'il le généralise quelque peu, qu'il exagère volontairement quelques détails, pour augmenter la physionomie et rendre son expression plus claire.

---

* Je dis la contradiction, et non pas le contraire; car la contradiction est une invention humaine[1].

Il est curieux de remarquer que, guidé par ce principe, — que le sublime doit fuir les détails, — l'art pour se perfectionner revient vers son enfance. — Les premiers artistes aussi n'exprimaient pas les détails. Toute la différence, c'est qu'en faisant tout d'une venue les bras et les jambes de leurs figures, ce n'étaient pas eux qui fuyaient les détails, mais les détails qui les fuyaient; car pour choisir il faut posséder[1].

Le dessin est une lutte entre la nature et l'artiste, où l'artiste triomphera d'autant plus facilement qu'il comprendra mieux les intentions de la nature. Il ne s'agit pas pour lui de copier, mais d'interpréter dans une langue plus simple et plus lumineuse.

L'introduction du portrait, c'est-à-dire du modèle idéalisé, dans les sujets d'histoire, de religion, ou de fantaisie, nécessite d'abord un choix exquis du modèle, et peut certainement rajeunir et revivifier[a] la peinture moderne, trop encline, comme tous nos arts, à se contenter de l'imitation des anciens.

Tout ce que je pourrais dire de plus sur les idéals me paraît inclus dans un chapitre de Stendhal, dont le titre est aussi clair qu'insolent :

« COMMENT L'EMPORTER SUR RAPHAËL[2] ?

« Dans les scènes touchantes produites par les passions, le grand peintre des temps modernes, si jamais il paraît, donnera à chacune de ses personnes *la[b] beauté idéale tirée du tempérament[c]* fait pour sentir le plus vivement l'effet de cette passion.

« Werther ne sera pas indifféremment sanguin ou mélancolique; Lovelace, flegmatique ou bilieux. Le bon curé Primerose[3], l'aimable Cassio n'auront pas le tempérament bilieux; mais le juif Shylock, mais le sombre Iago, mais lady Macbeth, mais Richard III; l'aimable et pure Imogène sera un peu flegmatique.

« D'après ses premières observations, l'artiste a fait l'Apollon du Belvédère. Mais se réduira-t-il à donner froidement des copies de l'Apollon toutes les fois qu'il voudra présenter un dieu jeune et beau ? Non, il mettra un rapport entre l'action et le genre de beauté. Apollon,

délivrant la terre du serpent Python, sera plus fort ;
Apollon, cherchant à plaire à Daphné, aura des traits
plus délicats*. »

VIII

DE QUELQUES DESSINATEURS

Dans le chapitre précédent, je n'ai point parlé du
dessin imaginatif ou de création, parce qu'il est en général le privilège des coloristes. Michel-Ange, qui est à un
certain point de vue l'inventeur de l'idéal chez[a] les
modernes, seul a possédé au suprême degré l'imagination du dessin sans être coloriste. Les purs dessinateurs
sont des naturalistes doués d'un sens excellent ; mais ils
dessinent par raison, tandis que les coloristes, les grands
coloristes, dessinent par tempérament, presque à leur
insu. Leur méthode est analogue à la nature : ils dessinent
parce qu'ils colorent, et les purs dessinateurs, s'ils voulaient être logiques et fidèles à leur profession de foi,
se contenteraient du crayon noir. Néanmoins ils s'appliquent à la couleur avec une ardeur inconcevable, et ne
s'aperçoivent point de leurs contradictions. Ils commencent par délimiter les formes d'une manière cruelle et
absolue, et veulent ensuite remplir ces espaces. Cette
méthode double contrarie sans cesse leurs efforts, et
donne à toutes leurs productions je ne sais quoi d'amer,
de pénible et de contentieux. Elles sont un procès
éternel, une dualité fatigante. Un dessinateur est un
coloriste manqué.

Cela est si vrai, que M. Ingres, le représentant le plus
illustre de l'école naturaliste dans le dessin, est toujours
au pourchas de la couleur. Admirable et malheureuse
opiniâtreté ! C'est l'éternelle histoire des gens qui ven-
draient la réputation qu'ils méritent pour celle qu'ils

---

* *Histoire de la peinture en Italie,* chap. CI. Cela s'imprimait en
1817 !

ne peuvent obtenir. M. Ingres adore la couleur, comme
une marchande de modes. C'est peine et plaisir à la fois
que de contempler les efforts qu'il fait pour choisir et
accoupler ses tons. Le résultat, non pas toujours dis-
cordant, mais amer et violent, plaît souvent aux poètes
corrompus; encore quand leur esprit fatigué s'est longtemps réjoui dans ces luttes dangereuses, il veut absolument se reposer sur un Velasquez ou un Lawrence.

Si M. Ingres occupe après E. Delacroix la place la
plus importante, c'est à cause de ce dessin tout particulier, dont j'analysais tout à l'heure les mystères, et qui
résume le mieux jusqu'à présent l'idéal et le modèle.
M. Ingres dessine admirablement bien, et il dessine vite.
Dans ses croquis il fait naturellement de l'idéal; son
dessin, souvent peu chargé, ne contient pas beaucoup
de traits; mais chacun rend un contour important. Voyez
à côté les dessins de tous ces ouvriers en peinture, —
souvent ses élèves; — ils rendent d'abord les minuties,
et c'est pour cela qu'ils enchantent le vulgaire, dont
l'œil dans tous les genres ne s'ouvre que pour ce qui est
petit[1].

Dans un certain sens, M. Ingres dessine mieux que
Raphaël, le roi populaire des dessinateurs. Raphaël a
décoré des murs immenses; mais il n'eût pas fait si bien
que lui le portrait de votre mère, de votre ami, de votre
maîtresse. L'audace de celui-ci est toute particulière, et
combinée avec une telle ruse, qu'il ne recule devant
aucune laideur et aucune bizarrerie : il a fait la redingote
de M. Molé; il a fait le carrick de Cherubini; il a mis dans
le plafond d'Homère[2], — œuvre qui vise à l'idéal plus
qu'aucune autre, — un aveugle, un borgne, un manchot
et un bossu. La nature le récompense largement de cette
adoration païenne. Il pourrait faire de Mayeux[3] une chose
sublime.

La belle Muse de Cherubini est encore un portrait.
Il est juste de dire que si M. Ingres, privé de l'imagination du dessin, ne sait pas faire de tableaux, au moins
dans de grandes proportions, ses portraits sont presque
des tableaux, c'est-à-dire des poèmes intimes.

Talent avare, cruel, coléreux et souffrant, mélange
singulier de qualités contraires, toutes mises au profit de
la nature, et dont l'étrangeté n'est pas un des moindres
charmes; — flamand dans l'exécution, individualiste

et naturaliste dans le dessin, antique par ses sympathies et idéaliste par raison.

Accorder tant de contraires n'est pas une mince besogne : aussi n'est-ce pas sans raison qu'il a choisi pour étaler les mystères religieux de son dessin un jour artificiel et qui sert à rendre sa pensée plus claire, — semblable à ce crépuscule où la nature mal éveillée nous apparaît blafarde et crue, où la campagne se révèle sous un aspect fantastique et saisissant.

Un fait assez particulier et que je crois inobservé dans le talent de M. Ingres, c'est qu'il s'applique plus volontiers aux femmes; il les fait telles qu'il les voit, car on dirait qu'il les aime trop pour les vouloir changer; il s'attache à leurs moindres beautés avec une âpreté de chirurgien; il suit les plus légères ondulations de leurs lignes avec une servilité d'amoureux. L'*Angélique*[1], les deux *Odalisques*[2], le portrait de Mme d'Haussonville[3], sont des œuvres d'une volupté profonde. Mais toutes ces choses ne nous apparaissent que dans un jour presque effrayant; car ce n'est ni l'atmosphère dorée qui baigne les champs de l'idéal, ni la lumière tranquille et mesurée des régions sublunaires.

Les œuvres de M. Ingres, qui sont le résultat d'une attention excessive, veulent une attention égale pour être comprises. Filles de la douleur, elles engendrent la douleur. Cela tient, comme je l'ai expliqué plus haut, à ce que sa méthode n'est pas une et simple, mais bien plutôt l'emploi de méthodes successives.

Autour de M. Ingres, dont l'enseignement a je ne sais quelle austérité fanatisante, se sont groupés quelques hommes dont les plus connus sont MM. FLANDRIN, LEHMANN et AMAURY-DUVAL[4].

Mais quelle distance immense du maître aux élèves ! M. Ingres est encore seul de son école. Sa méthode est le résultat de sa nature, et, quelque bizarre et obstinée qu'elle soit, elle est franche et pour ainsi dire involontaire. Amoureux passionné de l'antique et du modèle, respectueux serviteur de la nature, il fait des portraits qui rivalisent avec les meilleures sculptures romaines. Ces messieurs ont traduit en système, froidement, de parti pris, pédantesquement, la partie déplaisante et impopulaire de son génie; car ce qui les distingue avant tout, c'est la pédanterie. Ce qu'ils ont vu et étudié dans le

maître, c'est la curiosité et l'érudition. De là, ces
recherches de maigreur, de pâleur et toutes ces conventions ridicules, adoptées sans examen et sans bonne foi.
Ils sont allés dans le passé, loin, bien loin, copier avec
une puérilité servile de déplorables erreurs, et se sont
volontairement privés de tous les moyens d'exécution
et de succès que leur avait préparés l'expérience des
siècles. On se rappelle encore *La Fille de Jephté pleurant
sa virginité*[a1] ; — ces longueurs excessives de mains et de
pieds, ces ovales de têtes exagérés, ces afféteries ridicules,
— conventions et habitudes du pinceau qui ressemblent
passablement à du chic, sont des défauts singuliers chez
un adorateur fervent de la forme. Depuis le portrait de
la princesse Belgiojoso[2], M. Lehmann ne fait plus que des
yeux trop grands, où la prunelle nage comme une huître
dans une soupière. — Cette année, il[3] a envoyé des portraits et des tableaux. Les tableaux sont *Les Océanides,
Hamlet* et *Ophélie. Les Océanides* sont une espèce de Flax-
man[4], dont l'aspect est si laid, qu'il ôte l'envie d'examiner
le dessin. Dans les portraits d'*Hamlet* et d'*Ophélie,* il y a
une prétention visible à la couleur, — le grand *dada* de
l'école ! Cette malheureuse imitation de la couleur
m'attriste et me désole comme un Véronèse ou un
Rubens copiés par un habitant de la lune. Quant à leur
tournure et à leur esprit, ces deux figures me rappellent
l'emphase des acteurs de l'ancien Bobino, du temps
qu'on y jouait des mélodrames[5]. Sans doute la main
d'Hamlet est belle; mais une main bien exécutée ne fait
pas un dessinateur, et c'est vraiment trop abuser du
morceau, même pour un ingriste.

Je crois que Mme CALAMATTA est aussi du parti des
ennemis du soleil; mais elle compose parfois ses tableaux
assez heureusement, et ils ont un peu de cet air magistral
que les femmes, même les plus littéraires et les plus
artistes, empruntent aux hommes moins facilement que
leurs ridicules.

M. JANMOT a fait une *Station,* — *Le Christ portant sa
croix,* — dont la composition a du caractère et du sérieux,
mais dont la couleur, non plus mystérieuse ou plutôt mystique, comme dans ses dernières œuvres, rappelle malheureusement la couleur de toutes les *stations* possibles.
On devine trop, en regardant ce tableau cru et luisant,
que M. Janmot est de Lyon. En effet, c'est bien là la

peinture qui convient à cette ville de comptoirs, ville
bigote et méticuleuse, où tout, jusqu'à la religion, doit
avoir la netteté calligraphique d'un registre[1].

L'esprit du public a déjà associé souvent les noms de
M. Curzon et de M. Brillouin : seulement, leurs débuts
promettaient plus d'originalité. Cette année, M. Brillouin, — *À quoi rêvent les jeunes filles,* — a été différent de
lui-même, et M. Curzon s'est contenté de faire des Brillouin. Leur façon rappelle l'école de Metz[2], école littéraire, mystique et allemande. M. Curzon, qui fait souvent de beaux paysages d'une généreuse couleur,
pourrait exprimer Hoffmann d'une manière moins érudite, — moins convenue. Bien qu'il soit évidemment
un homme d'esprit, — le choix de ses sujets suffit pour
le prouver, — on sent que le souffle hoffmannesque
n'a[a] point passé par là. L'ancienne façon des artistes
allemands ne ressemble nullement à la façon de ce grand
poète, dont les compositions ont un caractère bien plus
moderne et bien plus romantique. C'est en vain que l'artiste, pour obvier à ce défaut capital, a choisi parmi les
contes le moins fantastique de tous, *Maître Martin et
ses apprentis,* dont Hoffmann lui-même disait : « C'est le
plus médiocre de mes ouvrages ; il n'y a ni terrible ni
grotesque, qui sont les deux choses par où je vaux le
plus ! » Et malgré cela, jusque dans *Maître Martin,* les
lignes sont plus flottantes et l'atmosphère plus chargée
d'esprits que ne les a faites M. Curzon[3].

À proprement parler, la place de M. Vidal n'est point
ici, car ce n'est pas un vrai dessinateur. Cependant elle
n'est pas trop mal choisie, car il a quelques-uns des travers et des ridicules de MM. les ingristes, c'est-à-dire le
fanatisme du petit et du joli, et l'enthousiasme du beau
papier et des toiles fines. Ce n'est point là l'ordre qui règne
et circule autour d'un esprit fort et vigoureux, ni la propreté suffisante d'un homme de bon sens ; c'est la folie
de la propreté.

Le préjugé Vidal[4] a commencé, je crois, il y a trois ou
quatre ans. À cette époque toutefois ses dessins étaient
moins pédants et moins maniérés qu'aujourd'hui.

Je lisais ce matin un feuilleton de M. Théophile Gautier[5], où il fait à M. Vidal un grand éloge de savoir rendre
la beauté moderne. — Je ne sais pourquoi M. Théophile Gautier a endossé cette année le carrick et la pèle-

rine de l'*homme bienfaisant ;* car il a loué tout le monde[1], et
il n'est si malheureux barbouilleur dont il n'ait catalogué
les tableaux. Est-ce que par hasard l'heure de l'Académie,
heure solennelle et soporifique, aurait sonné pour lui,
qu'il est déjà si bon homme ? et la prospérité littéraire
a-t-elle de si funestes conséquences qu'elle contraigne le
public à nous rappeler à l'ordre et à nous remettre sous
les yeux nos anciens certificats de romantisme ? La nature
a doué M. Gautier d'un esprit excellent, large et poétique.
Tout le monde sait quelle sauvage admiration il a toujours témoignée pour les œuvres franches et abondantes.
Quel breuvage MM. les peintres ont-ils versé cette année
dans son vin, ou quelle lorgnette a-t-il choisie pour aller
à sa tâche ?

 M. Vidal connaît la beauté moderne[2] ! Allons donc !
Grâce à la nature, nos femmes n'ont pas tant d'esprit
et ne sont pas si précieuses; mais elles sont bien autrement romantiques. — Regardez la nature, monsieur;
ce n'est pas avec de l'esprit et des crayons minutieusement appointés[a3] qu'on fait de la peinture; car quelques-
uns vous rangent, je ne sais trop pourquoi, dans la noble
famille des peintres. Vous avez beau appeler vos femmes
Fatinitza, Stella, Vanessa, Saison des roses[4], — un tas de
noms de pommades ! — tout cela ne fait pas des femmes
poétiques. Une fois vous avez voulu faire *L'Amour de
soi-même,* — une grande et belle idée, une idée souverainement féminine, — vous n'avez pas su rendre cette
âpreté gourmande et ce magnifique égoïsme. Vous
n'avez été que puéril et obscur[5].

 Du reste, toutes ces afféteries passeront comme des
onguents rancis. Il suffit d'un rayon de soleil pour en
développer toute la puanteur. J'aime mieux laisser le
temps faire son affaire que de perdre le mien à vous
expliquer toutes les mesquineries de ce pauvre genre.

IX

DU PORTRAIT

Il y a deux manières de comprendre le portrait, —
l'histoire et le roman.

L'une est de rendre fidèlement, sévèrement, minutieusement, le contour et le modelé du modèle, ce qui
n'exclut pas l'idéalisation, qui consistera pour les naturalistes éclairés à choisir l'attitude la plus caractéristique,
celle qui exprime le mieux les habitudes de l'esprit; en
outre, de savoir donner à chaque détail important une
exagération raisonnable, de mettre en lumière tout ce
qui est naturellement saillant, accentué et principal,
et de négliger ou de fondre dans l'ensemble tout ce qui
est insignifiant, ou qui est l'effet*a* d'une dégradation
accidentelle.

Les chefs de l'école historique sont David et Ingres;
les meilleurs exemples sont les portraits de David qu'on
a pu voir à l'exposition Bonne-Nouvelle[1], et ceux de
M. Ingres, comme M. Bertin et Cherubini.

La seconde méthode, celle particulière aux coloristes,
est de faire du portrait un tableau, un poème avec ses
accessoires, plein d'espace et de rêverie. Ici l'art est plus
difficile, parce qu'il est plus ambitieux. Il faut savoir
baigner une tête dans les molles vapeurs d'une chaude
atmosphère, ou la faire sortir des profondeurs d'un crépuscule. Ici, l'imagination a une plus grande part, et
cependant, comme il arrive souvent que le roman est
plus vrai que l'histoire, il arrive aussi qu'un modèle
est plus clairement exprimé par le*b* pinceau abondant
et facile d'un coloriste que par le crayon d'un dessinateur.

Les chefs de l'école romantique sont Rembrandt,
Reynolds, Lawrence. Les exemples connus sont *La Dame
au chapeau de paille* et le jeune *Lambton*[2].

En général, MM. FLANDRIN, AMAURY-DUVAL et LEH-
MANN ont cette excellente qualité, que leur modelé est

vrai et fin. Le morceau y est bien conçu, exécuté facilement et tout d'une haleine; mais leurs portraits sont
souvent entachés d'une afféterie prétentieuse et maladroite. Leur goût immodéré pour la distinction leur
joue à chaque instant de mauvais tours. On sait avec
quelle admirable bonhomie ils recherchent les tons
distingués, c'est-à-dire des tons qui, s'ils étaient intenses,
hurleraient comme le diable et l'eau bénite, comme
le marbre et le vinaigre; mais comme ils sont excessivement pâlis et pris à une dose homéopathique, l'effet en
est plutôt surprenant que douloureux : c'est là le grand
triomphe !

La *distinction* dans le dessin consiste à partager les
préjugés de certaines mijaurées, frottées de littératures
malsaines, qui ont en horreur les petits yeux, les grands
pieds, les grandes mains, les petits fronts et les joues
allumées par la joie et la santé, — toutes choses qui
peuvent être fort belles.

Cette pédanterie dans la couleur et le dessin nuit toujours aux œuvres de ces messieurs, quelque recommandables qu'elles soient d'ailleurs. Ainsi, devant le portrait
bleu de M. Amaury-Duval[1] et bien d'autres portraits de
femmes ingristes ou ingrisées, j'ai senti passer dans mon
esprit, amenées par je ne sais quelle association d'idées,
ces sages paroles du chien Berganza[2], qui fuyait les bas-
bleus aussi ardemment que ces messieurs les recherchent :
« Corinne ne t'a-t-elle jamais paru insupportable ? . . .
À l'idée de la voir s'approcher de moi, animée d'une
vie véritable, je me sentais comme oppressé par une
sensation pénible, et incapable de conserver auprès
d'elle ma sérénité et ma liberté d'esprit. . . . .
. . . . .Quelque beaux que pussent être
son bras ou sa main, jamais je n'aurais pu supporter
ses caresses sans une certaine répugnance, un certain
frémissement intérieur qui m'ôte ordinairement l'appétit. — Je ne parle ici qu'en ma qualité de chien ! »

J'ai éprouvé la même sensation que le spirituel Berganza devant presque tous les portraits de femmes,
anciens ou présents, de MM. Flandrin, Lehmann et
Amaury-Duval, malgré les belles mains, réellement bien
peintes, qu'ils savent leur faire, et la galanterie de certains détails. Dulcinée de Toboso elle-même, en passant
par l'atelier de ces messieurs, en sortirait diaphane et

bégueule comme une élégie, et amaigrie par le thé et le beurre esthétiques.

Ce n'est pourtant pas ainsi, — il faut le répéter sans cesse, — que M. Ingres comprend les choses, le grand maître !

Dans le portrait compris suivant la seconde méthode, MM. DUBUFE père, WINTERHALTER[1], LÉPAULLE et Mme FRÉDÉRIQUE O'CONNELL[a], avec un goût plus sincère de la nature et une couleur plus sérieuse, auraient pu acquérir une gloire légitime.

M. Dubufe aura longtemps encore le privilège des portraits élégants; son goût naturel et quasi poétique sert à cacher ses innombrables défauts.

Il est à remarquer que les gens qui crient tant haro sur le *bourgeois,* à propos de M. Dubufe, sont les mêmes qui se sont laissé charmer par les têtes de bois de M. PÉRIGNON. Qu'on aurait pardonné de choses à M. Delaroche, si l'on avait pu prévoir la fabrique Pérignon !

M. Winterhalter est réellement en décadence. — M. Lépaulle est toujours le même, un excellent peintre parfois, toujours dénué de goût et de bon sens. — Des yeux et des bouches charmantes, des bras réussis, — avec des toilettes à faire fuir les honnêtes gens !

Mme O'Connell sait peindre librement et vivement; mais[b] sa couleur manque de consistance. C'est le malheureux défaut de la peinture anglaise[2], transparente à l'excès, et toujours douée d'une trop grande fluidité.

Un excellent exemple du genre de portraits dont je voulais tout à l'heure caractériser l'esprit est ce portrait de femme, par M. HAFFNER, — noyé dans le gris et resplendissant de mystère, — qui, au Salon dernier, avait fait concevoir de si hautes espérances à tous les connaisseurs. Mais M. Haffner n'était pas encore un peintre de genre, cherchant à réunir et à fondre Diaz, Decamps et Troyon.

On dirait que Mme E. GAUTIER cherche à amollir un peu sa manière. Elle a tort.

MM. TISSIER et J. GUIGNET ont conservé leur touche et leur couleur sûres et solides. En général, leurs portraits ont cela d'excellent qu'ils plaisent surtout par l'aspect, qui est la première impression et la plus importante.

M. VICTOR ROBERT, l'auteur d'une immense allégorie

de l'Europe[1], est certainement un bon peintre, doué d'une main ferme; mais l'artiste qui fait le portrait d'un homme célèbre ne doit pas se contenter d'une pâte heureuse et superficielle; car il fait aussi le portrait d'un esprit. M. Granier de Cassagnac est beaucoup plus laid, ou, si l'on veut, beaucoup plus beau. D'abord le nez est plus large, et la bouche, mobile et irritable, est d'une malice et d'une finesse que le peintre a oubliées. M. Granier de Cassagnac a l'air plus petit et plus athlétique, — jusque dans le front. Cette pose est plutôt emphatique que respirant la force véritable, qui est son caractère. Ce n'est point là cette tournure martiale et provocante avec laquelle il aborde la vie et toutes ses questions. Il suffit de l'avoir vu fulminer à la hâte ses colères, avec des soubresauts de plume et de chaise, ou simplement de les avoir lues, pour comprendre qu'il n'est pas là tout entier. *Le Globe,* qui fuit dans la demi-teinte, est un enfantillage, — ou bien il fallait qu'il fût en pleine lumière[2] !

J'ai toujours eu l'idée que M. L. Boulanger eût fait un excellent graveur; c'est un ouvrier naïf et dénué d'invention qui gagne beaucoup à travailler sur autrui. Ses tableaux romantiques sont mauvais, ses portraits sont bons, — clairs, solides, facilement et simplement peints; et, chose singulière, ils ont souvent l'aspect des bonnes gravures faites d'après les portraits de Van Dyck. Ils ont ces ombres denses et ces lumières blanches des eaux-fortes vigoureuses. Chaque fois que M. L. Boulanger a voulu s'élever plus haut, il a fait du pathos. Je crois que c'est une intelligence honnête, calme et ferme, que les louanges exagérés des poètes[3] ont seules pu égarer.

Que dirai-je de M. L. Cogniet, cet aimable éclectique, ce peintre de tant de bonne volonté et d'une intelligence si inquiète que, pour bien rendre le portrait de M. Granet[4], il a imaginé d'employer la couleur propre aux tableaux de M. Granet, — laquelle est généralement noire, comme chacun sait depuis longtemps.

Mme de Mirbel est le seul artiste qui sache se tirer d'affaire dans ce difficile problème du goût et de la vérité. C'est à cause de cette sincérité particulière, et aussi de leur aspect séduisant, que ses miniatures ont toute l'importance de la peinture.

X

DU CHIC ET DU PONCIF

Le *chic,* mot affreux et bizarre et de moderne fabrique,
dont j'ignore même l'orthographe*, mais que je suis
obligé d'employer, parce qu'il est consacré par les
artistes pour exprimer une monstruosité moderne,
signifie : absence de modèle et de nature. Le *chic* est l'abus
de la mémoire ; encore le *chic* est-il plutôt une mémoire
de la main qu'une mémoire du cerveau ; car il est des
artistes doués d'une mémoire profonde des caractères et
des formes, — Delacroix ou Daumier, — et qui n'ont
rien à démêler avec le *chic.*

Le *chic* peut se comparer au travail de ces maîtres
d'écriture, doués d'une belle main et d'une bonne
plume taillée pour l'anglaise ou la coulée, et qui savent
tracer hardiment, les yeux fermés, en manière de paraphe, une tête de Christ ou le chapeau de l'empereur.

La signification du mot *poncif* a beaucoup d'analogie
avec celle du mot *chic.* Néanmoins, il s'applique plus
particulièrement aux expressions de tête et aux attitudes.

Il y a des colères *poncif,* des étonnements *poncif,* par
exemple l'étonnement exprimé par un bras horizontal
avec le pouce écarquillé.

Il y a dans la vie et dans la nature des choses et des
êtres *poncif,* c'est-à-dire qui sont le résumé des idées
vulgaires et banales qu'on se fait de ces choses et de ces
êtres : aussi les grands artistes en ont horreur.

Tout ce qui est conventionnel et traditionnel relève
du *chic* et du *poncif.*

Quand un chanteur met la main sur son cœur, cela veut
dire d'ordinaire : je l'aimerai toujours ! — Serre-t-il les
poings en regardant le souffleur ou les planches, cela
signifie : il mourra, le traître ! — Voilà le *poncif.*

* H. de Balzac a écrit quelque part : *le chique*[1].

XI

DE M. HORACE VERNET

Tels sont les principes sévères qui conduisent dans la
recherche du beau cet artiste éminemment national,
dont les compositions décorent la chaumière du pauvre
villageois et la mansarde du joyeux étudiant, le salon des
maisons de tolérance les plus misérables et les palais
de nos rois. Je sais bien que cet homme est un Français,
et qu'un Français en France est une chose sainte et sacrée,
— et même à l'étranger, à ce qu'on dit; mais c'est pour
cela même que je le hais.

Dans le sens le plus généralement adopté, Français veut
dire vaudevilliste, et vaudevilliste un homme à qui
Michel-Ange donne le vertige et que Delacroix remplit
d'une stupeur bestiale, comme le tonnerre certains animaux. Tout ce qui est abîme, soit en haut, soit en bas, le
fait fuir prudemment. Le sublime lui fait toujours l'effet
d'une émeute, et il n'aborde même son Molière qu'en
tremblant et parce qu'on lui a persuadé que c'était un
auteur gai.

Aussi tous les honnêtes gens de France, excepté
M. HORACE VERNET, haïssent le Français. Ce ne sont pas
des idées qu'il faut à ce peuple remuant, mais des faits,
des récits historiques, des couplets et *Le Moniteur*[1] !
Voilà tout : jamais d'abstractions. Il a fait de grandes
choses, mais il n'y pensait pas. On les lui a fait faire.

M. Horace Vernet est un militaire qui fait de la peinture. — Je hais cet art improvisé au roulement du tambour, ces toiles badigeonnées au galop, cette peinture
fabriquée à coups de pistolet, comme je hais l'armée,
la force armée, et tout ce qui traîne des armes bruyantes
dans un lieu pacifique[2]. Cette immense popularité, qui
ne durera d'ailleurs pas plus longtemps que la guerre,
et qui diminuera à mesure que les peuples se feront
d'autres joies, — cette popularité, dis-je, cette *vox
populi, vox Dei,* est pour moi une oppression.

Je hais cet homme parce que ses tableaux ne sont point de la peinture, mais une masturbation agile et fréquente, une irritation de l'épiderme français; — comme je hais tel autre grand homme dont l'austère hypocrisie a rêvé le consulat et qui n'a récompensé le peuple de son amour que par de mauvais vers, — des vers qui ne sont pas de la poésie, des vers bistournés et mal construits, pleins de barbarismes et de solécismes, mais aussi de civisme et de patriotisme[1].

Je le hais parce qu'il est né *coiffé**, et que l'art est pour lui chose claire et facile. — Mais il vous raconte votre gloire, et c'est la grande affaire. — Eh ! qu'importe au voyageur[a] enthousiaste, à l'esprit cosmopolite qui préfère le beau[b] à la gloire ?

Pour définir M. Horace Vernet d'une manière claire, il est l'antithèse absolue de l'artiste; il substitue le *chic* au dessin, le charivari à la couleur et les épisodes à l'unité; il fait des Meissonier grands comme le monde.

Du reste, pour remplir sa mission officielle, M. Horace Vernet est doué de deux qualités éminentes, l'une en moins, l'autre en plus : nulle passion et une mémoire d'almanach** ! Qui sait mieux que lui combien il y a de boutons dans chaque uniforme, quelle tournure prend une guêtre ou une chaussure avachie par des étapes nombreuses; à quel endroit le buffleteries le cuivre des armes dépose son ton vert-de-gris ? Aussi, quel immense public et quelle joie ! Autant de publics qu'il faut de métiers différents pour fabriquer des habits, des shakos, des sabres, des fusils et des canons ! Et toutes ces corporations réunies devant un Horace Vernet par l'amour commun de la gloire ! Quel spectacle !

---

* Expression de M. Marc Fournier[2], qui peut s'appliquer à presque tous les romanciers et les historiens en vogue, qui ne sont guère que des feuilletonistes, comme M. Horace Vernet.
** La véritable mémoire, considérée sous un point de vue philosophique, ne consiste, je pense, que dans une imagination très vive facile à émouvoir, et par conséquent susceptible d'évoquer à l'appui de chaque sensation les scènes du passé, en les douant, comme par enchantement, de la vie et du caractère propres à chacune d'elles; du moins j'ai entendu soutenir cette thèse par l'un de mes anciens maîtres, qui avait une mémoire prodigieuse, quoiqu'il ne pût retenir une date, ni un nom propre. — Le maître avait raison, et il en est sans doute autrement des paroles et des discours qui ont pénétré profondément dans l'âme et dont on a pu saisir le sens intime et mystérieux, que de mots appris par cœur. — HOFFMANN[3].

Comme je reprochais un jour à quelques Allemands leur goût pour Scribe et Horace Vernet, ils me répondirent : « Nous admirons profondément Horace Vernet comme le représentant le plus complet de son siècle. » — À la bonne heure !

On dit qu'un jour M. Horace Vernet alla voir Pierre de Cornélius[1], et qu'il l'accabla de compliments. Mais il attendit longtemps la réciprocité; car Pierre de Cornélius ne le félicita qu'une seule fois pendant l'entrevue, — sur la quantité de champagne qu'il pouvait absorber sans en être incommodé. — Vraie ou fausse, l'histoire a toute la vraisemblance poétique.

Qu'on dise encore que les Allemands sont un peuple naïf !

Bien des gens, partisans de la ligne courbe en matière d'éreintage[2], et qui n'aiment pas mieux que moi M. Horace Vernet, me reprocheront d'être maladroit. Cependant il n'est pas imprudent d'être brutal et d'aller droit au fait, quand à chaque phrase le *je* couvre un *nous*, *nous* immense, *nous* silencieux et invisible, — *nous*, toute une génération nouvelle, ennemie de la guerre et des sottises nationales; une génération pleine de santé, parce qu'elle est jeune, et qui pousse déjà à la queue, coudoie et fait ses trous, — sérieuse, railleuse et menaçante* !

*

Deux autres faiseurs de vignettes et grands adorateurs du *chic* sont MM. GRANET et ALFRED DEDREUX; mais ils appliquent leur faculté d'improvisateur à des genres bien différents : M. Granet à la religion, M. Dedreux à la vie fashionable. L'un fait le moine, l'autre le cheval; mais l'un est noir, l'autre clair et brillant. M. Alfred Dedreux a cela pour lui qu'il sait peindre, et que ses peintures ont l'aspect vif et frais des décorations de théâtre. Il faut supposer qu'il s'occupe davantage de la nature dans les sujets qui font sa spécialité; car ses études de chiens courants sont plus réelles et plus solides.

* Ainsi l'on peut chanter devant toutes les toiles de M. Horace Vernet :

> Vous n'avez qu'un temps à vivre,
> Amis, passez-le gaiement[3].

Gaieté essentiellement française.

Quant à ses *Chasses,* elles ont cela de comique que les
chiens y jouent le grand rôle et pourraient manger
chacun quatre chevaux[1]. Ils rappellent les célèbres moutons dans *Les Vendeurs du Temple,* de Jouvenet[2], qui
absorbent Jésus-Christ.

XII

DE L'ÉCLECTISME ET DU DOUTE[a]

Nous sommes, comme on le voit, dans l'hôpital de
la peinture. Nous touchons aux plaies et aux maladies;
et celle-ci n'est pas une des moins étranges et des moins
contagieuses.

Dans le siècle présent comme dans les anciens, aujourd'hui comme autrefois, les hommes forts et bien
portants se partagent, chacun suivant son goût et son
tempérament, les divers territoires de l'art, et s'y exercent
en pleine liberté suivant la loi fatale du travail attrayant.
Les uns vendangent facilement et à pleines mains dans
les vignes dorées et automnales de la couleur; les autres
labourent avec patience et creusent péniblement le
sillon profond du dessin. Chacun de ces hommes a
compris que sa royauté était un sacrifice, et qu'à cette
condition seule il pouvait régner avec sécurité jusqu'aux
frontières qui la limitent. Chacun d'eux a une enseigne
à sa couronne; et les mots écrits sur l'enseigne sont
lisibles pour tout le monde. Nul d'entre eux ne doute[b]
de sa royauté, et c'est dans cette imperturbable conviction
qu'est leur gloire et leur sérénité.

M. Horace Vernet lui-même, cet odieux représentant du *chic,* a le mérite de n'être pas un douteur. C'est
un homme d'une humeur heureuse et folâtre, qui habite
un pays artificiel dont les acteurs et les coulisses sont
faits du même carton; mais il règne en maître dans son
royaume de parade et[c] de divertissements.

Le doute, qui est aujourd'hui dans le monde moral la

cause principale de toutes les affections morbides, et dont les ravages sont plus grands que jamais, dépend de causes majeures que j'analyserai dans l'avant-dernier chapitre, intitulé : *Des écoles et des ouvriers.* Le doute a engendré l'éclectisme, car les douteurs avaient la bonne volonté du salut.

L'éclectisme[1], aux différentes époques, s'est toujours cru plus grand que les doctrines anciennes, parce qu'arrivé le dernier il pouvait parcourir les horizons les plus reculés. Mais cette impartialité prouve l'impuissance des éclectiques. Des gens qui se donnent si largement le temps de la réflexion ne sont pas des hommes complets; il leur manque une passion.

Les éclectiques n'ont pas songé que l'attention humaine est d'autant plus intense qu'elle est bornée et qu'elle limite elle-même son champ d'observations. Qui trop embrasse mal étreint.

C'est surtout dans les arts que l'éclectisme a eu les conséquences les plus visibles et les plus palpables, parce que l'art, pour être profond, veut une idéalisation perpétuelle qui ne s'obtient qu'en vertu du sacrifice, — sacrifice involontaire.

Quelque habile que soit un éclectique, c'est un homme faible; car c'est un homme sans amour. Il n'a donc pas d'idéal, il n'a pas de parti pris; — ni étoile ni boussole.

Il mêle quatre procédés différents qui ne produisent qu'un effet noir, une négation.

Un éclectique est un navire qui voudrait marcher avec quatre vents.

Une œuvre faite à un point de vue exclusif, quelque grands que soient ses défauts, a toujours un grand charme pour les tempéraments analogues à celui de l'artiste.

L'œuvre d'un éclectique ne laisse pas de souvenir.

Un éclectique ignore que la première affaire d'un artiste est de substituer l'homme à la nature et de protester contre elle. Cette protestation ne se fait pas de parti pris, froidement, comme un code ou une rhétorique; elle est emportée et naïve, comme le vice, comme la passion, comme l'appétit. Un éclectique n'est donc pas un homme.

Le doute a conduit certains artistes à implorer le secours de tous les autres arts. Les essais de moyens contradictoires, l'empiétement d'un art sur un autre, l'importation de la poésie, de l'esprit et du sentiment dans la peinture, toutes ces misères modernes sont des vices particuliers aux éclectiques.

XIII

DE M. ARY SCHEFFER
ET DES SINGES DU SENTIMENT

Un exemple désastreux de cette méthode, si l'on peut appeler ainsi l'absence de méthode, est M. ARY SCHEFFER.

Après avoir imité Delacroix, après avoir singé les coloristes, les dessinateurs français et l'école néo-chrétienne d'Overbeck[a], M. Ary Scheffer s'est aperçu, — un peu tard sans doute, — qu'il n'était pas né peintre. Dès lors il fallut recourir à d'autres moyens; et il demanda aide et protection à la poésie.

Faute ridicule pour deux raisons : d'abord la poésie n'est pas le but immédiat du peintre; quand elle se trouve mêlée à la peinture, l'œuvre n'en vaut que mieux, mais elle ne peut pas en déguiser les faiblesses. Chercher la poésie de parti pris dans la conception d'un tableau est le plus sûr moyen de ne pas la trouver. Elle doit venir à l'insu de l'artiste. Elle est le résultat de la peinture elle-même; car elle gît dans l'âme du spectateur, et le génie consiste à l'y réveiller. La peinture n'est intéressante que par la couleur et par la forme; elle ne ressemble à la poésie qu'autant que celle-ci éveille dans le lecteur des idées de peinture.

En second lieu, et ceci est une conséquence de ces dernières lignes, il est à remarquer que les grands artistes, que leur instinct conduit toujours bien, n'ont pris dans les poètes que des sujets très colorés et très visibles. Ainsi ils préfèrent Shakespeare à Arioste.

Or, pour choisir un exemple éclatant de la sottise de M. Ary Scheffer, examinons le sujet du tableau intitulé *Saint Augustin et sainte Monique*[1]. Un brave peintre espagnol eût naïvement, avec la double piété de l'art et de la religion, peint de son mieux l'idée générale qu'il se faisait de saint Augustin et de sainte Monique. Mais il ne s'agit pas de cela; il faut surtout exprimer le passage suivant, — avec des pinceaux et de la couleur : — « Nous cherchions entre nous quelle sera cette vie éternelle *que l'œil n'a pas vue, que l'oreille n'a pas entendue, et où n'atteint pas le cœur de l'homme*[1] ! » C'est le comble de l'absurdité. Il me semble voir un danseur exécutant un pas de mathématiques !

Autrefois le public était bienveillant pour M. Ary Scheffer; il retrouvait devant ces tableaux *poétiques* les plus chers souvenirs des grands poètes, et cela lui suffisait. La vogue passagère de M. Ary Scheffer fut un hommage à la mémoire de Gœthe[2]. Mais les artistes, même ceux qui n'ont qu'une originalité médiocre, ont montré depuis longtemps au public de la vraie peinture, exécutée avec une main sûre et d'après les règles les plus simples de l'art : aussi s'est-il dégoûté peu à peu de la peinture invisible, et il est aujourd'hui, à l'endroit de M. Ary Scheffer, cruel et ingrat, comme tous les publics. Ma foi ! il fait bien.

Du reste, cette peinture est si malheureuse, si triste, si indécise et si sale, que beaucoup de gens ont pris les tableaux de M. Ary Scheffer pour ceux de M. Henry Scheffer, un autre Girondin[3] de l'art. Pour moi, ils me font l'effet de tableaux de M. Delaroche, lavés par les grandes pluies.

Une méthode simple pour connaître la portée d'un artiste est d'examiner son public. E. Delacroix a pour lui les peintres et les poètes; M. Decamps, les peintres; M. Horace Vernet, les garnisons, et M. Ary Scheffer, les femmes esthétiques[4] qui se vengent de leurs flueurs blanches en faisant de la musique religieuse*.

*

Les singes du sentiment sont, en général, de mauvais artistes. S'il en était autrement, ils feraient autre chose que du sentiment.

---

* Je recommande à ceux que mes pieuses colères ont dû parfois scandaliser la lecture des *Salons* de Diderot. Entre autres exemples de charité bien entendue, ils y verront que ce grand philosophe, à propos d'un peintre qu'on lui avait recommandé, parce qu'il avait du monde à nourrir, dit qu'il faut abolir les tableaux ou la famille[5].

Les plus forts d'entre eux sont ceux qui ne comprennent que le joli.

Comme le sentiment est une chose infiniment variable et multiple, comme la mode, il y a des singes de sentiment de différents ordres.

Le singe du sentiment compte surtout sur le livret. Il est à remarquer que le titre du tableau n'en dit jamais le sujet, surtout chez ceux qui, par un agréable mélange d'horreurs, mêlent le sentiment à l'esprit. On pourra ainsi, en élargissant la méthode, arriver au rébus sentimental[1].

Par exemple, vous trouvez dans le livret : *Pauvre fileuse*[2] ! Eh bien, il se peut que le tableau représente un ver à soie femelle ou une chenille écrasée par un enfant. Cet âge est sans pitié.

Aujourd'hui et demain[3]. — Qu'est-ce que cela ? Peut-être le drapeau blanc et le drapeau tricolore; peut-être aussi un député triomphant, et le même dégommé. Non, — c'est une jeune vierge promue à la dignité de lorette, jouant avec les bijoux et les roses, et maintenant, flétrie et creusée, subissant sur la paille les conséquences de sa légèreté.

L'Indiscret[4]. — Cherchez, je vous prie. — Cela représente un monsieur surprenant un album libertin dans les mains de deux jeunes filles rougissantes.

Celui-ci rentre dans la classe des tableaux de sentiment Louis XV, qui se sont, je crois, glissés au Salon à la suite de *La Permission de dix heures*[5]. C'est, comme on le voit, un tout autre ordre de sentiments : ceux-ci sont moins mystiques.

En général, les tableaux de sentiment sont tirés des dernières poésies d'un bas-bleu quelconque, genre mélancolique et voilé; ou bien ils sont une traduction picturale des criailleries du pauvre contre le riche, genre protestant; ou bien empruntés à la sagesse des nations, genre spirituel; quelquefois aux œuvres de M. Bouilly[6], ou de Bernardin de Saint-Pierre, genre moraliste.

Voici encore quelques exemples de tableaux de sentiment : *L'Amour à la campagne,* bonheur, calme, repos, et *L'Amour à la ville*[7], cris, désordre, chaises et livres renversés : c'est une métaphysique à la portée des simples.

La Vie d'une jeune fille en quatre compartiments[8]. — Avis à celles qui ont du penchant à la maternité.

L'Aumône d'une vierge folle[9]. — Elle donne un sou gagné

à la sueur de son front à l'éternel Savoyard[1] qui monte la
garde à la porte de Félix[2]. Au-dedans, les riches du jour
se gorgent de friandises. — Celui-là nous vient évidemment de la littérature *Marion de Lorme*[a3], qui consiste à
prêcher les vertus des assassins et des filles publiques.

Que les Français ont d'esprit et qu'ils se donnent de
mal pour se tromper ! Livres[b], tableaux, romances, rien
n'est inutile, aucun moyen n'est négligé par ce peuple
charmant, quand il s'agit pour lui de *se monter un coup*.

XIV

DE QUELQUES DOUTEURS

Le doute revêt une foule de formes; c'est un Protée
qui souvent s'ignore lui-même. Ainsi les douteurs varient
à l'infini, et je suis obligé de mettre en paquet plusieurs
individus qui n'ont de commun que l'absence d'une
individualité bien constituée.

Il y en a de sérieux et pleins d'une grande bonne
volonté; ceux-là, plaignons-les.

Ainsi M. Papety[4], que quelques-uns, ses amis surtout,
avaient pris pour un coloriste lors de son retour de Rome,
a fait un tableau d'un aspect affreusement désagréable,
— *Solon dictant ses lois ;* — et qui rappelle, — peut-être
parce qu'il est placé trop haut pour qu'on en puisse
étudier les détails, — la queue ridicule de l'école impériale.

Voilà deux ans de suite que M. Papety donne, dans le
même Salon, des tableaux d'un aspect tout différent.

M. Glaize compromet ses débuts par des œuvres d'un
style commun et d'une composition embrouillée. Toutes
les fois qu'il lui faut faire autre chose qu'une étude de
femme, il se perd. M. Glaize croit qu'on devient coloriste par le choix exclusif de certains tons. Les commis
étalagistes et les habilleurs de théâtre ont aussi le goût
des tons riches; mais cela ne fait pas le goût de l'harmonie.

Dans *Le Sang de Vénus*[1], la Vénus est jolie, délicate et dans un bon mouvement; mais la nymphe accroupie en face d'elle est d'un *poncif* affreux.

On peut faire à M. Matout les mêmes reproches à l'endroit de la couleur. De plus, un artiste qui s'est présenté autrefois[2] comme dessinateur, et dont l'esprit s'appliquait surtout à l'harmonie combinée des lignes, doit éviter de donner à une figure des mouvements de cou et de bras improbables. Si la nature le veut, l'artiste idéaliste, qui veut être fidèle à ses principes, n'y doit pas consentir.

M. Chenavard est un artiste éminemment savant et piocheur, dont on a remarqué, il y a quelques années, *Le Martyre de saint Polycarpe*[3], fait en collaboration avec M. Comairas[4]. Ce tableau dénotait une science réelle de composition, et une connaissance approfondie de tous les maîtres italiens. Cette année, M. Chenavard a encore fait preuve de goût dans le choix de son sujet et d'habileté dans son dessin[5]; mais quand on lutte contre Michel-Ange[6], ne serait-il pas convenable de l'emporter au moins par la couleur?

M. A. Guignet porte toujours deux hommes dans son cerveau, Salvator et M. Decamps. M. Salvator Guignet peint avec de la sépia. M. Guignet Decamps est une entité diminuée par la dualité. — *Les Condottières après un pillage* sont faits dans la première manière; *Xerxès* se rapproche de la seconde. — Du reste, ce tableau est assez bien composé, n'était le goût de l'érudition et de la curiosité, qui intrigue et amuse le spectateur et le détourne de la pensée principale; c'était aussi le défaut des *Pharaons*[7].

MM. Brune et Gigoux sont déjà de vieilles réputations. Même dans son bon temps, M. Gigoux n'a guère fait que de vastes vignettes. Après de nombreux échecs, il nous a montré enfin un tableau qui, s'il n'est pas très original, a du moins une assez belle tournure. *Le Mariage de la sainte Vierge* semble être l'œuvre d'un de ces maîtres nombreux de la décadence florentine, que la couleur aurait subitement préoccupé.

M. Brune rappelle les Carrache et les peintres éclectiques de la seconde époque[8] : manière solide, mais d'âme peu ou point; — nulle grande faute, mais nulle grande qualité.

S'il est des douteurs qui inspirent de l'intérêt, il en est de grotesques que le public revoit tous les ans avec cette joie méchante, particulière aux flâneurs ennuyés à qui la laideur excessive procure quelques instants de distraction.

M. BARD, l'homme aux folies froides, semble décidément succomber sous le fardeau qu'il s'était imposé. Il revient de temps à autre à sa manière naturelle, qui est celle de tout le monde. On m'a dit que l'auteur de *La Barque de Caron* était élève de M. Horace Vernet[1].

M. BIARD est un homme universel. Cela semblerait indiquer qu'il ne doute pas le moins du monde, et que nul plus que lui n'est sûr de son fait; mais remarquez bien que parmi cet effroyable bagage, — tableaux d'histoire, tableaux de voyages, tableaux de sentiment, tableaux spirituels, — il est un genre négligé. M. Biard a reculé devant le tableau de religion. Il n'est pas encore assez convaincu de son mérite.

XV

DU PAYSAGE

Dans le paysage, comme dans le portrait et le tableau d'histoire, on peut établir des classifications basées sur les méthodes différentes : ainsi il y a des paysagistes coloristes, des paysagistes dessinateurs et des imaginatifs; des naturalistes idéalisant à leur insu, et des sectaires du *poncif*, qui s'adonnent à un genre particulier et étrange, qui s'appelle le Paysage *historique*.

Lors de la révolution romantique, les paysagistes, à l'exemple des plus célèbres Flamands, s'adonnèrent exclusivement à l'étude de la nature; ce fut ce qui les sauva et donna un éclat particulier à l'école du paysage moderne. Leur talent consista surtout dans une adoration éternelle de l'œuvre visible, sous tous ses aspects et dans tous ses détails.

D'autres, plus philosophes et plus raisonneurs, s'occupèrent surtout du style, c'est-à-dire de l'harmonie des lignes principales, de l'architecture de la nature.

Quant au paysage de fantaisie, qui est l'expression de la rêverie humaine, l'égoïsme humain substitué à la nature, il fut peu cultivé. Ce genre singulier, dont Rembrandt, Rubens, Watteau, et quelques livres d'étrennes anglais[1] offrent les meilleurs exemples, et qui est en petit l'analogue des belles décorations de l'Opéra, représente le besoin naturel du merveilleux. C'est l'imagination du dessin importée dans le paysage : jardins fabuleux, horizons immenses, cours d'eau plus limpides qu'il n'est naturel, et coulant en dépit des lois de la topographie, rochers gigantesques construits dans des proportions idéales, brumes flottantes comme un rêve. Le paysage de fantaisie a eu chez nous peu d'enthousiastes, soit qu'il fût un fruit peu français, soit que l'école eût avant tout besoin de se retremper dans les sources purement naturelles.

Quant au paysage historique, dont je veux dire quelques mots en manière d'office pour les morts, il n'est ni la libre fantaisie, ni l'admirable servilisme des naturalistes : c'est la morale appliquée à la nature.

Quelle contradiction et quelle monstruosité ! La nature n'a d'autre morale que le fait, parce qu'elle est la morale elle-même; et néanmoins il s'agit de la reconstruire et de l'ordonner d'après des règles plus saines et plus pures, règles qui ne se trouvent pas dans le pur enthousiasme de l'idéal, mais dans des codes bizarres que les adeptes ne montrent à personne.

Ainsi la tragédie, — ce genre oublié des hommes, et dont on ne retrouve quelques échantillons qu'à la Comédie-Française, le théâtre le plus désert de l'univers[2], — la tragédie consiste à découper certains patrons éternels, qui sont l'amour, la haine, l'amour filial, l'ambition, etc., et, suspendus à des fils, à les[a] faire marcher, saluer, s'asseoir et parler d'après une étiquette mystérieuse et sacrée. Jamais, même à grand renfort de coins et de maillets, vous ne ferez entrer dans la cervelle d'un poète tragique l'idée de l'infinie variété, et même en le frappant ou en le tuant, vous ne lui persuaderez pas qu'il faut différentes morales. Avez-vous jamais vu boire et manger des personnes tragiques ? Il est évident que ces gens-là se sont fait la morale à l'endroit des besoins naturels et qu'ils ont créé leur tempérament, au lieu que la plupart des hommes subissent le leur. J'ai entendu dire à un poète ordinaire de la Comédie-Française que les romans de Balzac lui serraient le cœur et lui inspiraient du dégoût; que, pour son compte, il ne concevait pas que des amoureux vécussent d'autre chose que du parfum des fleurs et des pleurs de l'aurore. Il serait temps, ce me semble, que le gouvernement s'en mêlât; car si les hommes de lettres, qui ont chacun leur rêve et leur labeur, et pour qui le dimanche n'existe pas, échappent naturellement à la tragédie, il est un certain nombre de gens à qui l'on a persuadé que la Comédie-Française était le sanctuaire de l'art, et dont l'admirable bonne volonté est filoutée un jour sur sept. Est-il raisonnable de permettre à quelques citoyens de s'abrutir et de contracter des idées fausses? Mais il paraît que la tragédie et le paysage historique sont plus forts que les Dieux.

Vous comprenez maintenant ce que c'est qu'un bon paysage tragique. C'est un arrangement de patrons d'arbres, de fontaines, de tombeaux et d'urnes cinéraires. Les chiens sont taillés sur un certain patron de chien historique; un berger historique ne peut pas, sous peine du déshonneur, s'en permettre d'autres. Tout arbre immoral qui s'est permis de pousser tout seul et à sa manière est nécessairement abattu; toute mare à crapauds ou à têtards est impitoyablement enterrée. Les paysagistes historiques qui ont des remords par suite de quelques peccadilles naturelles, se figurent l'enfer sous l'aspect d'un vrai paysage, d'un ciel pur et d'une nature libre et riche : par exemple une savane ou une forêt vierge.

MM. Paul Flandrin, Desgoffe[a1], Chevandier[2] et Teytaud[3] sont les hommes qui se sont imposé la gloire de lutter contre le goût d'une nation[4].

J'ignore quelle est l'origine du paysage historique. À coup sûr, ce n'est pas dans Poussin qu'il a pris naissance; car auprès de ces messieurs, c'est un esprit perverti et débauché.

MM. Aligny[5], Corot et Cabat se préoccupent beaucoup du style. Mais ce qui, chez M. Aligny, est un parti pris violent et philosophique, est chez M. Corot une habitude naïve et une tournure d'esprit naturel. Il n'a malheureusement donné cette année qu'un seul paysage : ce sont des vaches qui viennent boire à une mare dans la forêt de Fontainebleau[1]. M. Corot est plutôt un harmoniste qu'un coloriste; et ses compositions, toujours dénuées de pédanterie, ont un aspect séduisant par la simplicité même de la couleur. Presque toutes ses œuvres ont le don particulier de l'unité, qui est un des besoins de la mémoire.

M. Aligny a fait à l'eau-forte de très belles vues de Corinthe et d'Athènes; elles expriment parfaitement bien l'idée préconçue de ces choses. Du reste, ces harmonieux poèmes de pierre allaient très bien au talent sérieux et idéaliste de M. Aligny, ainsi que la méthode employée pour les traduire.

M. Cabat a complètement abandonné la voie dans laquelle il s'était fait une si grande réputation. Sans être complice des fanfaronnades particulières à certains paysagistes naturalistes, il était autrefois bien plus brillant et bien plus naïf. Il a véritablement tort de ne plus se fier à la nature, comme jadis. C'est un homme d'un trop grand talent pour que toutes ses compositions n'aient pas un caractère spécial; mais ce jansénisme de nouvelle date, cette diminution de moyens, cette privation volontaire, ne peuvent pas ajouter à sa gloire.

En général, l'influence ingriste ne peut pas produire de résultats satisfaisants dans le paysage. La ligne et le style ne remplacent pas la lumière, l'ombre, les reflets et l'atmosphère colorante, — toutes choses qui jouent un trop grand rôle dans la poésie de la nature pour qu'elle se soumette à cette méthode.

Les partisans contraires, les naturalistes et les coloristes, sont bien plus populaires et ont jeté bien plus d'éclat. Une couleur riche et abondante, des ciels transparents et lumineux, une sincérité particulière qui leur fait accepter tout ce que donne la nature, sont leurs principales qualités : seulement, quelques-uns d'entre eux, comme M. Troyon, se réjouissent trop dans les jeux et les voltiges de leur pinceau. Ces moyens, sus d'avance, appris à grand-peine et monotonement triomphants, intéressent le spectateur quelquefois plus que le paysage lui-même. Il arrive même, en ces cas-là, qu'un élève inattendu, comme M. Charles Le Roux, pousse encore plus loin la sécurité et l'audace; car il n'est qu'une chose inimitable, qui est la bonhomie.

M. COIGNARD a fait un grand paysage d'une assez belle tournure, et qui a fort attiré les yeux du public; — au premier plan, des vaches nombreuses, et dans le fond, la lisière d'une forêt[1]. Les vaches sont belles et bien peintes, l'ensemble du tableau a un bon aspect; mais je ne crois pas que ces arbres soient assez vigoureux pour supporter un pareil ciel. Cela fait supposer que si on enlevait les vaches, le paysage deviendrait fort laid.

M. FRANÇAIS est un des paysagistes les plus distingués. Il sait étudier la nature et y mêler un parfum romantique de bon aloi. Son *Étude de Saint-Cloud* est une chose charmante et pleine de goût, sauf les puces de M. Meissonier[a] qui sont une faute de goût[2]. Elles attirent trop l'attention et elles amusent les nigauds. Du reste elles sont faites avec la perfection particulière que cet artiste met dans toutes ces petites choses*.

M. FLERS n'a malheureusement envoyé que des pastels. Le public et lui y perdent également[4].

M. HÉROULT est de ceux que préoccupent surtout la lumière et l'atmosphère. Il sait fort bien exprimer les ciels clairs et souriants et les brumes flottantes, traversées par un rayon de soleil. Il connaît toute cette poésie particulière aux pays du Nord. Mais sa couleur, un peu molle et fluide, sent les habitudes de l'aquarelle, et, s'il a su éviter les crâneries des autres paysagistes, il ne possède pas toujours une fermeté de touche suffisante[5].

MM. JOYANT, CHACATON, LOTTIER et BORGET vont, en général, chercher leurs sujets dans les pays lointains, et leurs tableaux ont le charme des lectures de voyages.

Je ne désapprouve pas les spécialités; mais je ne voudrais pourtant pas qu'on en abusât autant que M. Joyant,

---

* J'ai enfin trouvé un homme qui a su exprimer son admiration pour les Meissonier de la façon la plus judicieuse, et avec un enthousiasme qui ressemble tout à fait au mien. C'est M. Hippolyte Babou[3]. Je pense comme lui qu'il faudrait les pendre tous dans les frises du Gymnase. — « *Geneviève* ou *la Jalousie paternelle* est un ravissant petit Meissonier que M. Scribe a accroché dans les frises du Gymnase. » — *Courrier français*, feuilleton du 6 avril. — Cela m'a paru tellement sublime, que j'ai présumé que MM. Scribe, Meissonier et Babou ne pouvaient que gagner également à cette citation.

qui n'est jamais sorti de la place Saint-Marc et n'a jamais franchi le Lido. Si la spécialité de M. Joyant attire les yeux plus qu'une autre, c'est sans doute à cause de la perfection monotone qu'il y met, et qui est toujours due aux mêmes moyens. Il me semble que M. Joyant n'a jamais pu faire de progrès.

M. Borget a franchi les frontières de la Chine, et nous a montré des paysages mexicains, péruviens et indiens. Sans être un peintre de premier ordre, il a une couleur brillante et facile. Ses tons sont frais et purs. Avec moins d'art, en se préoccupant moins des paysages et en peignant plus en voyageur, M. Borget obtiendrait peut-être des résultats plus intéressants.

M. Chacaton, qui s'est voué exclusivement à l'Orient, est depuis longtemps un peintre des plus habiles; ses tableaux sont gais et souriants. Malheureusement on dirait presque toujours des Decamps et des Marilhat[1] diminués et pâlis.

M. Lottier, au lieu de chercher le gris et la brume des climats chauds, aime à en accuser la crudité et le papillotage ardent. Ces panoramas inondés de soleil sont d'une vérité merveilleusement cruelle. On les dirait faits avec le daguerréotype de la couleur[2].

Il est un homme qui, plus que tous ceux-là, et même que les plus célèbres absents, remplit, à mon sens, les conditions du beau dans le paysage, un homme peu connu de la foule, et que d'anciens échecs et de sourdes tracasseries ont éloigné du Salon[3]. Il serait temps, ce me semble, que M. ROUSSEAU, — on a déjà deviné que c'était de lui que je voulais parler, — se présentât de nouveau devant le public, que d'autres paysagistes ont habitué peu à peu à des aspects nouveaux.

Il est aussi difficile de faire comprendre avec des mots le talent de M. Rousseau que celui de Delacroix, avec lequel il a, du reste, quelques rapports. M. Rousseau est un paysagiste du Nord. Sa peinture respire une grande mélancolie. Il aime les natures bleuâtres, les crépuscules, les couchers de soleil singuliers et trempés d'eau, les gros ombrages où circulent les brises, les grands jeux d'ombres et de lumière. Sa couleur est magnifique, mais non pas éclatante. Ses ciels sont incomparables pour leur mollesse floconneuse. Qu'on se rappelle quelques paysages de Rubens et de Rembrandt, qu'on y mêle quelques

souvenirs de peinture anglaise, et qu'on suppose, dominant et réglant tout cela, un amour profond et sérieux de
la nature, on pourra peut-être se faire une idée de la magie
de ses tableaux. Il y mêle beaucoup de son âme, comme
Delacroix; c'est un naturaliste entraîné sans cesse vers
l'idéal.

*

M. Gudin[1] compromet de plus en plus sa réputation.
À mesure que le public voit de la bonne peinture, il se
détache des artistes les plus populaires, s'ils ne peuvent
plus lui donner la même quantité de plaisir. M. Gudin
rentre pour moi dans la classe des gens qui bouchent
leurs plaies avec une chair artificielle, des mauvais
chanteurs dont on dit qu'ils sont de grands acteurs, et
des peintres poétiques.

M. Jules Noël[2] a fait une fort belle marine, d'une
belle et claire couleur, rayonnante et gaie. Une grande
felouque, aux couleurs et aux formes singulières, se
repose dans un grand port, où circule et nage toute la
lumière de l'Orient. — Peut-être un peu trop de coloriage et pas assez d'unité. — Mais M. Jules Noël a certainement trop de talent pour n'en pas avoir davantage,
et il est sans doute de ceux qui s'imposent le progrès
journalier. — Du reste, le succès qu'obtient cette toile
prouve que, dans tous les genres, le public aujourd'hui
est prêt à faire un aimable accueil à tous les noms
nouveaux.

*

M. Kiorboë est un de ces anciens et fastueux peintres
qui savaient si bien décorer ces nobles salles à manger,
qu'on se figure pleines de chasseurs affamés et glorieux.
La peinture de M. Kiorboë est joyeuse et puissante, sa
couleur facile et harmonieuse. — Le drame du *Piège
à loup*[3] ne se comprend pas assez facilement, peut-être
parce que le piège n'est pas tout à fait dans la lumière.
Le derrière du chien qui recule en aboyant n'est pas
assez vigoureusement peint.

M. Saint-Jean, qui fait, dit-on, les délices et la gloire

de la ville de Lyon, n'obtiendra jamais qu'un médiocre succès dans un pays de peintres[1]. Cette minutie excessive est d'une pédanterie insupportable. — Toutes les fois qu'on vous parlera de la naïveté d'un peintre de Lyon, n'y croyez pas. — Depuis longtemps la couleur générale des tableaux de M. Saint-Jean est jaune et pisseuse. On dirait que M. Saint-Jean n'a jamais vu de fruits véritables, et qu'il ne s'en soucie pas, parce qu'il les fait très bien à la mécanique : non seulement les fruits de la nature ont un autre aspect, mais encore ils sont moins finis et moins travaillés que ceux-là.

Il n'en est pas de même de M. ARONDEL[2], dont le mérite principal est une bonhomie réelle. Aussi sa peinture contient-elle quelques défauts évidents; mais les parties heureuses sont tout à fait bien réussies; quelques autres sont trop noires, et l'on dirait que l'auteur ne se rend pas compte en peignant de tous les accidents nécessaires du Salon, de la peinture environnante, de l'éloignement du spectateur, et de la modification dans l'effet réciproque des tons causée par la distance. En outre, il ne suffit pas de bien peindre. Tous ces Flamands si célèbres savaient disposer le gibier et le tourmenter longtemps comme on tourmente un modèle; il fallait trouver des lignes heureuses et des harmonies de tons riches et claires.

M. P. ROUSSEAU, dont chacun a souvent remarqué les tableaux pleins de couleur et d'éclat, est dans un progrès sérieux. C'était un excellent peintre, il est vrai; mais maintenant il regarde la nature avec plus d'attention, et il s'applique à rendre les physionomies. J'ai vu dernièrement, chez Durand-Ruel, des canards de M. Rousseau qui étaient d'une beauté merveilleuse, et qui avaient bien les mœurs et les gestes des canards.

XVI

POURQUOI
LA SCULPTURE EST ENNUYEUSE

L'origine de la sculpture se perd dans la nuit des temps;
c'est donc un art de Caraïbes[1].

En effet, nous voyons tous les peuples tailler fort
adroitement des fétiches longtemps avant d'aborder la
peinture, qui est un art de raisonnement profond, et dont
la jouissance même demande une initiation particulière.

La sculpture se rapproche bien plus de la nature, et
c'est pourquoi nos paysans eux-mêmes, que réjouit la
vue d'un morceau de bois ou de pierre industrieusement
tourné, restent stupides à l'aspect de la plus belle peinture.
Il y a là un mystère singulier qui ne se touche pas avec les
doigts.

La sculpture a plusieurs inconvénients qui sont la
conséquence nécessaire de ses moyens. Brutale et positive
comme la nature, elle est en même temps vague et insaisissable, parce qu'elle[a] montre trop de faces à la fois. C'est
en vain que le sculpteur s'efforce de se mettre à un point
de vue unique; le spectateur, qui tourne autour de la
figure, peut choisir cent points de vue différents, excepté
le bon, et il arrive souvent, ce qui est humiliant pour l'artiste, qu'un hasard de lumière, un effet de lampe, dé-
couvrent une beauté qui n'est pas celle à laquelle il avait
songé. Un tableau n'est que ce qu'il veut; il n'y a pas
moyen de le regarder autrement que dans son jour. La
peinture n'a qu'un point de vue; elle est exclusive et despotique : aussi l'expression du peintre est-elle bien plus
forte.

C'est pourquoi il est aussi difficile de se connaître en
sculpture que d'en faire de mauvaise. J'ai entendu dire
au sculpteur PRÉAULT[a] : « Je me connais en Michel-Ange,
en Jean Goujon, en Germain Pilon; mais en sculpture
je ne m'y connais pas. » — Il est évident qu'il voulait

parler de la sculpture des *sculptiers,* autrement dite des[a]
Caraïbes.

Sortie de l'époque sauvage, la sculpture, dans son plus
magnifique développement, n'est autre chose qu'un art
complémentaire. Il ne s'agit plus de tailler industrieusement des figures portatives, mais de s'associer humblement à la peinture et à l'architecture, et de servir leurs
intentions. Les cathédrales montent vers le ciel, et
comblent les mille profondeurs de leurs abîmes avec des
sculptures qui ne font qu'une chair et qu'un corps avec
le monument; — sculptures peintes, — notez bien ceci,
— et dont les couleurs pures et simples, mais disposées
dans une gamme particulière, s'harmonisent avec le
reste et complètent l'effet poétique de la grande œuvre.
Versailles abrite son peuple de statues sous des ombrages
qui leur servent de fond, ou sous des bosquets d'eaux
vives qui déversent sur elles les mille diamants de la
lumière. À toutes les grandes époques, la sculpture est
un complément; au commencement et à la fin, c'est un
art isolé.

Sitôt que la sculpture consent à être vue de près, il n'est
pas de minuties et de puérilités que n'ose le sculpteur, et
qui dépassent victorieusement tous les calumets et les
fétiches. Quand elle est devenue un art de salon ou de
chambre à coucher, on voit apparaître les Caraïbes de la
dentelle, comme M. GAYRARD[1], et les Caraïbes de la ride,
du poil et de la verrue, comme M. DAVID[2].

Puis les Caraïbes du chenet, de la pendule, de l'écritoire, etc., comme M. CUMBERWORTH, dont la *Marie*[3] est
une femme *à tout faire,* au Louvre et chez Susse[4], statue
ou candélabre; — comme M. FEUCHÈRE, qui possède le
don d'une universalité désespérante : figures colossales,
porte-allumettes, motifs d'orfèvrerie, bustes et bas-
reliefs, il est capable de tout. — Le buste qu'il a fait cette
année d'après un comédien fort connu[5] n'est pas plus ressemblant que celui de l'an passé; ce ne sont jamais que
des à-peu-près. Celui-là ressemblait à Jésus-Christ, et
celui-ci, sec et mesquin, ne rend pas du tout la physionomie originale, anguleuse, moqueuse et flottante du
modèle. — Du reste, il ne faut pas croire que ces gens-là
manquent de science. Ils sont érudits comme des vaudevillistes et des académiciens; ils mettent à contribution
toutes les époques et tous les genres; ils ont approfondi

toutes les écoles. Ils transformeraient volontiers les tombeaux de Saint-Denis en boîtes à cigares ou à cachemires,
et tous les bronzes florentins en pièces de deux sous.
Pour avoir de plus amples renseignements sur les principes de cette école folâtre et papillonnante, il faudrait
s'adresser à M. KLAGMANN, qui est, je crois, le maître de
cet immense atelier[1].

Ce qui prouve bien l état pitoyable de la sculpture,
c'est que M. PRADIER en est le roi. Au moins celui-ci sait
faire de la chair, et il a des délicatesses particulières de
ciseau; mais il ne possède ni l'imagination nécessaire aux
grandes compositions, ni l'imagination du dessin. C'est
un talent froid et académique. Il a passé sa vie à engrais-
ser quelques torses antiques, et à ajuster sur leurs cous
des coiffures de filles entretenues. *La Poésie légère*[2] paraît
d'autant plus froide qu'elle est plus maniérée; l'exécution
n'en est pas aussi grasse que dans les anciennes œuvres de
M. Pradier, et, vue de dos, l'aspect en est affreux. Il a de
plus fait deux figures de bronze, — *Anacréon* et la *Sagesse,*
— qui sont des imitations impudentes de l'antique[3], et
qui prouvent bien que sans cette noble béquille M. Pradier chancellerait à chaque pas.

Le buste est un genre qui demande moins d'imagination et des facultés moins hautes que la grande sculpture,
mais non moins délicates. C'est un art plus intime et plus
resserré dont les succès sont moins publics. Il faut,
comme dans le portrait fait à la manière des naturalistes,
parfaitement bien comprendre le caractère principal du
modèle et en exprimer la poésie; car il est peu de modèles
complètement dénués de poésie. Presque tous les bustes
de M. DANTAN[4] sont faits selon les meilleures doctrines. Ils
ont tous un cachet particulier, et le détail n'en exclut pas
une exécution large et facile.

Le défaut principal de M. LENGLET, au contraire, est
une certaine timidité, puérilité, sincérité excessive dans le
travail, qui donne à son œuvre une apparence de sécheresse; mais, en revanche, il est impossible de donner un
caractère plus vrai et plus authentique à une figure humaine. Ce petit buste, ramassé, sérieux et froncé, a le magnifique caractère des bonnes œuvres romaines, qui est l'idéalisation trouvée dans la nature elle-même. Je remarque, en
outre, dans le buste de M. Lenglet un autre signe particulier aux figures antiques, qui est une attention profonde[5].

XVII

DES ÉCOLES ET DES OUVRIERS

Avez-vous éprouvé, vous tous que la curiosité du flâneur a souvent fourrés dans une émeute, la même joie que moi à voir un gardien du sommeil public, — sergent de ville ou municipal, la véritable armée, — crosser un républicain[1] ? Et comme moi, vous avez dit dans votre cœur : « Crosse, crosse un peu plus fort, crosse encore, municipal de mon cœur; car en ce crossement suprême, je t'adore, et te juge semblable à Jupiter, le grand justicier. L'homme que tu crosses est un ennemi des roses et des parfums, un fanatique des ustensiles; c'est un ennemi de Watteau, un ennemi de Raphaël, un ennemi acharné du luxe, des beaux-arts et des belles-lettres, iconoclaste juré, bourreau de Vénus et d'Apollon ! Il ne veut plus travailler, humble et anonyme ouvrier, aux roses et aux parfums publics; il veut être libre, l'ignorant, et il est incapable de fonder un atelier de fleurs et de parfumeries nouvelles. Crosse religieusement les omoplates de l'anarchiste* ! »

Ainsi, les philosophes et les critiques doivent-ils impitoyablement crosser les singes *artistiques*, ouvriers émancipés, qui haïssent la force et la souveraineté du génie.

Comparez l'époque présente aux époques passées; au sortir du salon ou d'une église nouvellement décorée, allez reposer vos yeux dans un musée ancien, et analysez les différences.

Dans l'un, turbulence, tohu-bohu de styles et de couleurs, cacophonie de tons, trivialités énormes, prosaïsme de gestes et d'attitudes, noblesse de convention, *poncifs*[a] de toutes sortes, et tout cela visible et clair, non seulement

---

* J'entends souvent les gens se plaindre du théâtre moderne; il manque d'originalité, dit-on, parce qu'il n'y a plus de types. Et le républicain ! qu'en faites-vous donc ? N'est-ce pas une chose nécessaire à toute comédie qui veut être gaie, et n'est-ce pas là un personnage passé à l'état de marquis ?

dans les tableaux juxtaposés, mais encore dans le même tableau : bref, — absence complète d'unité, dont le résultat est une fatigue effroyable pour l'esprit et pour les yeux.

Dans l'autre, ce respect qui fait ôter leurs chapeaux aux enfants, et vous saisit l'âme, comme la poussière des tombes et des caveaux saisit la gorge, est l'effet, non point du vernis jaune et de la crasse des temps, mais de l'unité, de l'unité profonde. Car une grande peinture vénitienne jure moins à côté d'un Jules Romain, que quelques-uns de nos tableaux, non pas des plus mauvais, à côté les uns des autres.

Cette magnificence de costumes, cette noblesse de mouvements, noblesse souvent maniérée, mais grande et hautaine, cette absence des petits moyens et des procédés contradictoires, sont des qualités toutes impliquées dans ce mot : la grande tradition.

Là des écoles, et ici des ouvriers émancipés.

Il y avait encore des écoles sous Louis XV, il y en avait une sous l'Empire, — une école, c'est-à-dire une foi, c'est-à-dire l'impossibilité du doute. Il y avait des élèves unis par des principes communs, obéissant à la règle d'un chef puissant, et l'aidant dans tous ses travaux.

Le doute, ou l'absence de foi et de naïveté, est un vice particulier à ce siècle, car personne n'obéit; et la naïveté, qui est la domination du tempérament dans la manière, est un privilège divin dont presque tous sont privés.

Peu d'hommes ont le droit de régner, car peu d'hommes ont une grande passion.

Et comme aujourd'hui chacun veut régner, personne ne sait se gouverner.

Un maître, aujourd'hui que chacun est abandonné à soi-même, a beaucoup d'élèves inconnus dont il n'est pas responsable, et sa domination, sourde et involontaire, s'étend bien au-delà de son atelier, jusqu'en des régions où sa pensée ne peut être comprise.

Ceux qui sont plus près de la parole et du verbe magistral gardent la pureté de la doctrine, et font, par obéissance et par tradition, ce que le maître fait par la fatalité de son organisation.

Mais, en dehors de ce cercle de famille, il est une vaste population de médiocrités, singes de races diverses et croisées, nation flottante de métis qui passent chaque jour d'un pays dans un autre, emportent de chacun les usages qui leur conviennent, et cherchent à se faire un caractère par un système d'emprunts contradictoires.

Il y a des gens qui voleront un morceau dans un tableau de Rembrandt, le mêleront à une œuvre composée dans un sens différent sans le modifier, sans le digérer et sans trouver la colle pour le coller.

Il y en a qui changent en un jour du blanc au noir : hier, coloristes de *chic,* coloristes sans amour ni originalité; demain, imitateurs sacrilèges de M. Ingres, sans y trouver plus de goût ni de foi.

Tel qui rentre aujourd'hui dans la classe des singes, même des plus habiles, n'est et ne sera jamais qu'un peintre médiocre; autrefois, il eût fait un excellent ouvrier. Il est donc perdu pour lui et pour tous.

C'est pourquoi il eût mieux valu dans l'intérêt de leur salut, et même de leur bonheur, que les tièdes eussent été soumis à la férule d'une foi vigoureuse; car les forts sont rares, et il faut être aujourd'hui Delacroix ou Ingres pour surnager et paraître dans le chaos d'une liberté épuisante et stérile[1].

Les singes sont les républicains de l'art, et l'état actuel de la peinture est le résultat d'une liberté anarchique qui glorifie l'individu, quelque faible qu'il soit, au détriment des associations, c'est-à-dire des écoles.

Dans les écoles, qui ne sont autre chose que la force d'invention organisée, les individus vraiment dignes de ce nom absorbent les faibles; et c'est justice, car une large production n'est qu'une pensée à mille bras.

Cette glorification de l'individu a nécessité la division infinie du territoire de l'art. La liberté absolue et divergente de chacun, la division des efforts et le fractionnement de la volonté humaine ont amené cette faiblesse, ce doute et cette pauvreté d'invention; quelques excentriques, sublimes et souffrants, compensent mal ce désordre fourmillant de médiocrités. L'individualité, — cette petite propriété, — a mangé l'originalité collective; et, comme il a été démontré dans un chapitre fameux d'un roman romantique[2], que le livre a tué le monument, on peut dire que pour le présent c'est le peintre qui a tué la peinture[3].

XVIII

DE L'HÉROÏSME DE LA VIE MODERNE

Beaucoup de gens attribueront la décadence de la peinture à la décadence des mœurs*. Ce préjugé d'atelier, qui a circulé dans le public, est une mauvaise excuse des artistes. Car ils étaient intéressés à représenter sans cesse le passé; la tâche est plus facile, et la paresse y trouvait son compte.

Il est vrai que la grande tradition s'est perdue, et que la nouvelle n'est pas faite.

Qu'était-ce que cette grande tradition, si ce n'est l'idéalisation ordinaire et accoutumée de la vie ancienne; vie robuste et guerrière, état de défensive de chaque individu qui lui donnait l'habitude des mouvements sérieux, des attitudes majestueuses ou violentes. Ajoutez à cela la pompe publique qui se réfléchissait dans la vie privée. La vie ancienne *représentait* beaucoup; elle était faite surtout pour le plaisir des yeux, et ce paganisme journalier a merveilleusement servi les arts.

Avant de rechercher quel peut être le côté épique de la vie moderne, et de prouver par des exemples que notre époque n'est pas moins féconde que les anciennes en motifs sublimes, on peut affirmer que puisque tous les siècles et tous les peuples ont eu leur beauté, nous avons inévitablement la nôtre. Cela est dans l'ordre.

Toutes les beautés contiennent, comme tous les phénomènes possibles, quelque chose d'éternel et quelque chose de transitoire, — d'absolu et de particulier[1]. La beauté absolue et éternelle n'existe pas, ou plutôt elle n'est qu'une abstraction écrémée à la surface générale des beautés diverses. L'élément particulier de chaque beauté vient des passions, et comme nous avons nos passions particulières, nous avons notre beauté.

---

* Il ne faut pas confondre cette décadence avec la précédente : l'une concerne le public et ses sentiments, et l'autre ne regarde que les ateliers.

Excepté Hercule au mont Œta, Caton d'Utique et Cléopâtre, dont les suicides ne sont pas des suicides *modernes**, quels suicides voyez-vous dans les tableaux anciens ? Dans toutes les existences païennes, vouées à l'appétit, vous ne trouverez pas le suicide de Jean-Jacques[1], ou même le suicide étrange et merveilleux de Raphaël de Valentin[a].

Quant à l'habit, la pelure du héros moderne, — bien que le temps soit passé où les rapins s'habillaient en mamamouchis et fumaient dans des canardières[2], — les ateliers et le monde sont encore pleins de gens qui voudraient poétiser Antony[3] avec un manteau grec ou un vêtement mi-parti.

Et cependant, n'a-t-il pas sa beauté et son charme indigène, cet habit tant victimé[4] ? N'est-il pas l'habit nécessaire de notre époque, souffrante et portant jusque sur ses épaules noires et maigres le symbole d'un deuil perpétuel[5] ? Remarquez bien que l'habit noir et la redingote ont non seulement leur beauté politique, qui est l'expression de l'égalité universelle, mais encore leur beauté poétique, qui est l'expression de l'âme publique; — une immense défilade de croque-morts, croque-morts politiques, croque-morts amoureux, croque-morts bourgeois. Nous célébrons tous quelque enterrement.

Une livrée uniforme de désolation témoigne de l'égalité; et quant aux excentriques que les couleurs tranchées et violentes dénonçaient facilement aux yeux, ils se contentent aujourd'hui des nuances dans le dessin, dans la coupe, plus encore que dans la couleur. Ces plis grimaçants, et jouant comme des serpents autour d'une chair mortifiée, n'ont-ils pas leur grâce mystérieuse ?

M. Eugène Lami et M. Gavarni, qui ne sont pourtant pas des génies supérieurs, l'ont bien compris : — celui-ci, le poète du dandysme officiel; celui-là, le poète du dandysme hasardeux et d'occasion[6] ! En relisant le livre *du Dandysme*, par M. Jules Barbey d'Aurevilly[7], le lecteur verra clairement que le dandysme est une chose moderne et qui tient à des causes tout à fait nouvelles.

---

* Celui-ci se tue parce que les brûlures de sa robe deviennent intolérables; celui-là parce qu'il ne peut plus rien faire pour la liberté, et cette reine voluptueuse parce qu'elle perd son trône et son amant; mais aucun ne se détruit pour changer de peau en vue de la métempsycose.

Que le peuple des coloristes ne se révolte pas trop; car, pour être plus difficile, la tâche n'en est que plus glorieuse. Les grands coloristes savent faire de la couleur avec un habit noir, une cravate blanche et un fond gris.

Pour rentrer dans la question principale et essentielle, qui est de savoir si nous possédons une beauté particulière, inhérente à des passions nouvelles, je remarque que la plupart des artistes qui ont abordé les sujets modernes se sont contentés des sujets publics et officiels, de nos victoires et de notre héroïsme politique. Encore les font-ils en rechignant, et parce qu'ils sont commandés par le gouvernement qui les paye. Cependant il y a des sujets privés, qui sont bien autrement héroïques.

Le spectacle de la vie élégante et des milliers d'existences flottantes qui circulent dans les souterrains d'une grande ville, — criminels et filles entretenues, — la *Gazette des tribunaux*[1] et le *Moniteur* nous prouvent que nous n'avons qu'à ouvrir les yeux pour connaître notre héroïsme.

Un ministre, harcelé par la curiosité impertinente de l'opposition, a-t-il, avec cette hautaine et souveraine éloquence qui lui est propre, témoigné, — une fois pour toutes, — de son mépris et de son dégoût pour toutes les oppositions ignorantes et tracassières, — vous entendez le soir, sur le boulevard des Italiens, circuler autour de vous ces paroles : « Étais-tu à la Chambre aujourd'hui ? as-tu vu le ministre ? N... de D... ! qu'il était beau ! je n'ai jamais rien vu de si fier ! »

Il y a donc une beauté et un héroïsme moderne[a] !

Et plus loin : « C'est K. — ou F. — qui est chargé de faire une médaille à ce sujet; mais il ne saura pas la faire; il ne peut pas comprendre ces choses-là ! »

Il y a donc des artistes plus ou moins propres à comprendre la beauté moderne.

Ou bien : « Le sublime B.....[2] ! Les pirates de Byron sont moins grands et moins dédaigneux. Croirais-tu qu'il a bousculé l'abbé Montès[3], et qu'il a couru sus à la guillotine en s'écriant : « Laissez-moi tout mon courage ! »

Cette phrase fait allusion à la funèbre fanfaronnade d'un criminel, d'un grand protestant, bien portant, bien organisé, et dont la féroce vaillance n'a pas baissé la tête devant la suprême machine !

Toutes ces paroles, qui échappent à votre langue,

témoignent que vous croyez à une beauté nouvelle et particulière, qui n'est celle, ni d'Achille, ni d'Agamemnon.

La vie parisienne est féconde en sujets poétiques et merveilleux. Le merveilleux nous enveloppe et nous abreuve comme l'atmosphère; mais nous ne le voyons pas.

Le *nu,* cette chose si chère aux artistes, cet élément nécessaire de succès, est aussi fréquent et aussi nécessaire que dans la vie ancienne : — au lit, au bain, à l'amphithéâtre. Les moyens et les motifs de la peinture sont également abondants et variés; mais il y a un élément nouveau, qui est la beauté moderne[1].

Car les héros de l'*Iliade* ne vont qu'à votre cheville, ô Vautrin, ô Rastignac, ô Birotteau, — et vous, ô Fontanarès[2], qui n'avez pas osé raconter au public vos douleurs sous le frac funèbre et convulsionné que nous endossons tous; — et vous, ô Honoré de Balzac, vous le plus héroïque, le plus singulier, le plus romantique et le plus poétique parmi tous les personnages que vous avez tirés de votre sein !

1846

LE
SALON CARICATURAL

CRITIQUE EN VERS ET CONTRE TOUS

ILLUSTRÉE

DE SOIXANTE CARICATURES DESSINÉES SUR BOIS

Première Année

PARIS
CHARPENTIER, LIBRAIRE
PALAIS-ROYAL, GALERIE D'ORLÉANS, 7

LE PROLOGUE.

C'est moi, messieurs, qui suis le terrible Prologue[1].

Cicérone effroyable, et taillé comme un ogre ;

Je porte à chaque main, grimaçants et tordus,

Des trousseaux gémissants de peintres suspendus.

A voir mes dents en scie et mes mâchoires larges,

Vous diriez que je dois, dans mes cruelles charges,

M'abreuver de leur sang, Polyphème nouveau,

[1] Prononcez prologre !

Et repaître ma faim du suc de leur cerveau.

Ma moustache et mon œil sont ceux d'un ogre! En somme,

Pour comprendre combien au fond je suis bon homme,

Il suffit de jeter un coup d'œil attentif

Sur l'aspect malheureux de mon pourpoint chétif.

Mon habit est connu dans les foires publiques;

Toutes mes armes sont des armes pacifiques,

Des plumes, des pinceaux, une palette; aussi

Je suis, messieurs, de ceux que le sort sans merci

Force de provoquer un éternel délire,

Et de faire aux passants partager leur fou rire.

J'ai l'orgueil, tant je suis innocent et naïf,

D'amuser ceux-là même à qui mon crayon vif

Infligea le tourment de la caricature;

Je veux que les pendards, pendus à ma ceinture,

Dénués de tout fiel comme de tout rancœur,

En rires éclatants désopilent leur cœur.

Oui, messieurs, suivez-moi sans nulle défiance,

Car je sais le moyen d'élargir votre panse,

Et crois que je ferai, je le dis entre nous,

Rire pour mille francs plutôt que pour vingt sous.

LE

SALON CARICATURAL

DE 1846.

L'ÉDITEUR REMERCIANT L'ACHETEUR.

UN DESSOUS DE PORTE.

Ce monsieur décoré vient d'acheter mon livre!
C'est un homme estimable ou bien son crâne ment.
Je suis son serviteur! pour le prix d'une livre
    Il va s'amuser crânement.

Complice du jury, ce superbe dauphin
Gambadait autrefois chez le sieur Séraphin.
Un rapin chevelu, formé chez monsieur Suisse,
Dit qu'on l'a fait venir d'Amiens pour être suisse.

LA PRESSE.

Sous l'aspect virginal de ce marmot d'un an,
La critique à grands cris demande du nanan.

LE PUBLIC DE TOUS LES JOURS.

Ce jeune abonné de l'*Époque*
Trouve le salon fort baroque,
Ricane et souffle comme un phoque,
Et se fait ce petit colloque :
« Je crois qu'Arnoux bat la breloque! »

UN MEMBRE DU JURY.

Ce juré n'est pas mort, comme on pourrait le croire,
Malgré son faux palais fait en or niellé,
Malgré son œil de verre et son orteil gelé,
Malgré son nex d'argent et sa fausse mâchoire,
Il juge encore en corps la peinture d'histoire,
Grâce au rouage à vis caché par Vaucanson
Dans son gilet de laine et dans son caleçon.

FOUCHTRA, PICTOR!

Granet fait au salon le beau temps et la pluie,
Le jury donna son appui
A ce tableau couleur de suie.
Charbonnier est maître chez lui.

LES EXPOSANTS.

Pla'gncz ceux qui vont voir ces tab'eaux dép'aisants.
Il s'expose en outre à voir les exosants.

LES EXPOSES.

Ces gens que vous voyez s'avancer en escadres,
Ce sont les exposés avec tous leurs plumets.
Ils viennent de quitter leurs cadres.
Puissent-ils n'y rentrer jamais !

LE PUBLIC DES JOURS RESERVÉS.

A Paris ces gens-là vivent gras et choyés ;
Pour leur laideur à Sparte on les eût tous noyés.

AU CHAT BOTTÉ.

Voulez-vous de Granet acquérir le talent ?
Un peu de cirage et de blanc,
Et vous ferez très-ressemblant.

UNE ILLUSTRE ÉPÉE.

Digne des époques anciennes,
Ce héros criblé de douleurs
A défendu les trois couleurs,
Nous ne défendrons pas les siennes.

SÉPARATION DE CORPS.

Je ne puis m'attendrir aux pleurs de Roméo,
 Sur son amante qui se vautre ;
Car ils ressemblent tant dans cet imbroglio
 A des singes de Bornéo,
Que chacun devrait être heureux de quitter l'autre.

PORTRAIT DE M. G.
(Ressemblance peu garantie.

De monsieur Grassouillet naguère
On vantait les membres dodus ;
Mais, hélas ! tout passe sur terre
Aussi l'an prochain, je l'espère,
Mons Grassouillet ne sera plus.

PORTRAIT DE M. DE L.

Ce serin qui va jusqu'à l'ut [1],
Est-ce un ténor à son début,
Ou bien un jeune substitut !
— C'est un membre de l'Institut
Qui donne le la sur son luth.

[1] *Prononcez utte, débutte, substitutte et luthe.*

PORTRAIT DE M. DE C.

Celui qui verra ce front en verrue,
Ces naseaux véreux et cet œil vairon,
Se dira : Pourquoi lâcher dans la rue
Ce vieux sanglier né dans l'Aveyron,
Qui va devant lui flairant la chair crue
Sans souffrir ainsi qu'il y badaudât,
On devrait manger sa chair incongrue
De verrat dodu chez Véro-Dodat.

CORPS ROYAL D'ETAT-MAJOR.

(Musique des hirondelles.)

F. DAVID.

Ta niche qui me garde,
Auprès de mon bocal,
Le soir monte la garde
Bravement, comme un garde
National. (*ter.*)

PORTRAIT D'UN PROFESSEUR.

Cet horrible baudet, dessiné non sans chic,
Jouit du noble privilége
De brouter, après l'heure où finit son collège,
Les chardons de l'*Esprit Public.*

UN MONSEIGNEUR.

Admirez ce pasteur au milieu de sa cour,
Et le flot de satin qui sur ses jambes court
Comme un paon orgueilleux qui court dans une cour.
Hélas ! ce grand prélat, — car tout bonheur est court,
— Mourut de désespoir d'être un homme de Cour.

SYMPTÔMES DE VENGEANCE.

PEINTURE OFFICIELLE.

C'est d'un Italien la mine meurtrière.
Il voudrait se venger; tremblons et filons doux :
Il peut nous assommer d'un seul coup, vertu choux !
  Avec ses pattes de derrière.

Admirez le début d'une brosse en bas âge !
Il n'avait pas cinq ans qu'au sortir de sevrage
Le jeune Raimon fils, épris de l'art nouveau,
Fit ce chef-d'œuvre épique, imité de *Nouveau*.

PEINTURE AQUATIQUE.

Ils ont l'air chagriné, dans cette nuit de Naple,
Comme s'ils entendaient le baryton Canaple.

GUDIN.

Les pingoins de Gudin étaient des galiotes ;
Mais le petit Gudin en a fait des cocottes.

PORTRAIT DE M. LE COMTE DE M.

Cet homme décoré, dont la cervelle est plate,
N'est pas un singe vert : c'est un grand diplomate.

ANNONCE-OMNIBUS.

Mademoiselle Ida.
12, — place Bréda.

MADAME LA COMTESSE DE L.

, Vieux appas, vieux galons '

Ce vieux morceau de parchemin,
Qui n'a plus rien de la nature,
Est bien l'exacte portraiture
Du noble faubourg Saint-Germain.

PIÈCES DE TOILE.

(Prise de la Smala.)

Pour produire par an mille pieds de chefs-d'œuvre,
Que faut-il? de l'aplomb et cinquante manœuvres.

TRIOMPHE DE LA MAISON CAZAL.

(Prise de la Smala.)

A l'ombre d'un riflard que le sommeil est doux!
Tous les Français sont morts : la victoire est à nous!

UN PROPAGATEUR DU VACCIN.

Ce gros monsieur grêlé pose comme Narcisse,
Et chacun de ses doigts a l'air d'une saucisse.

CHEVEUX ET FAVORIS.

Ce n'est pas un brigand pervers [1],
Ce n'est pas non plus monsieur Herz.

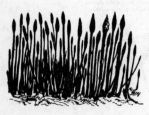

FORÊT VIERGE.

En peignant ces bouleaux pareils à des asperges,
L'auteur pour le fouetter nous a donné des verges.

LA NOTE DE BILBOQUET.

L'amour et la science, autour de nous tout change,
Tout change, et Chenavard succède à Michel-Ange
Et depuis quarante ans tout en France a changé,
Excepté le dessin de monsieur Bellangé.

[1] Prononcez *pervertz*.

PAUVRE FAMILLE !

La pauvre famille en prières
Pousse un triste miaulement.
A les voir, on ne sait vraiment
Si leurs devants sont des derrières.

UN PARFAIT GENTILHOMME.

C'est n'est pas un pantin,
C'est un gentilhomme en chambre,
Fort au pistolet, et membre
Du jockey-club de Pantin.

ENTREVUE D'HENRI VIII ET DE FRANÇOIS Ier.

L'ATELIER DE DECAMPS.

Ces princes sont ventrus comme Lepeintre jeune ;
On dirait, tant leur mine est exempte de jeûne,
Tant ils ont l'air repu des bourgeois d'Amsterdam,
Deux éléphants venus du pays de Siam.

Des briques, des cailloux, du plâtre, une truelle,
Une hache, une demoiselle,
Un marteau, des pavés, une pince, des clous,
Pour peindre l'Orient te's furent les joujoux
De ce peintre à l'âme cruelle !

PROFIL PERDU.

RETOUR DU BERGER.

En vain les chenavards s'acharnent sur Decamps ;
Il aura toujours, quoi qu'on fasse ,
Un mérite de plus que tous nos fabricants :
Ses tableaux se voient mieux de profil que de face.

Dans ce pays sauvage et sous ce ciel à franges,
Sans doute les esprits le soir dansent en rond.
Tandis que Delacroix fait des femmes oranges,
Faut-il donc que ton pâtre ô Decamps ! soit si tronc.

UNE FEMME FORTE.

Madame la baronne de K.)

Un peintre trop épris de la célèbre George
Peignit ce chryso-ca e et cet effet de gorge.

BUREAU DES CANNES

(Mademoiselle S. de L.)

Un canard fit ici le portrait de sa cane.
Cela coûte cinq francs : c'est le prix d'une canne.

LE REPOS DE LA SAINTE FAMILLE.

Pour le pauvre Dévéria,
Qu'un sort fatal avaria
Et que Gannal pétrifia,
Alleluia !

(Au désert enflammé, tête bêche et pieds nus,
Ils dorment dans les feux des sables inconnus.
On n'y rencontre, hélas ! ni savon ni cuvettes ;
Où laveront-ils leurs chaussettes !
SAADI. *Orientales.*)

PROJET D'UN MUSÉE

Ce palais et ces murs, d'ordonnance suspecte,
Ont hélas ! beaucoup moins d'aplomb que l'architecte.

LE MARDI-GRAS SUR LE BOULEVARD.

Pareil aux songes creux d'un phalanstérien,
Ce fouillis de chapeaux, de bonnets et de casques,
    De titis et de bergamasques,
Tout ce déguisement de mannequins fantasques
Est si bien déguisé que nous n'y voyons rien.

FI! DIAZ.

Le grand Diaz de la Pégna
Chez le soleil se renseigna ;
Puis il lui prit un grand rayon
Qui maintenant sert de crayon,
Au grand Diaz de la Pegna.

CHASSE A COURRE SOUS LOUIS XV.

BALLADE

Au fond du bois
Le ciel flamboie,
La meute aboie ;
Piqueurs, hautbois,
Cerf aux abo's,
Tout est en bois !

Ces juments rose-pâle, à peine dégrossies,
Sont d'Alfred (dit de Dreux), et non pas d'un rapin.
Pour la forme, ce sont des chiffons de vessies ;
Ce sont pour la couleur des joujoux de sapin !

Au fond du bois
Le ciel flamboie, etc.

UCERT. *Odes t ballades.*

PINTURA MORESCA.

SAINT AUGUSTIN ET SAINTE MONIQUE.

Ce cadre est en cheveux. Celui qui les peigna,
Un coloriste adroit, Diaz de la Peña,
Est Espagnol, j'en crois son accent circonflexe ;
Mais quant à son tableau, j'en ignore le sexe.

Ces saints, qui regardaient les cieux calmes et doux,
Ont laissé retomber leurs têtes engourdies.
Sans doute dans les airs quelque démon jaloux
Leur récitait des tragédies.

LES SAINTES FEMMES.

(Tableau-feuilleton.)

Ary Scheffer, cet artiste modeste,
N'expose ci-dessus que le quart d'un tableau.
Nous avons, achetant à grands frais tout le reste,
  Reconstruit son Christ au tombeau ;
  Mais, voyez la chance funeste !
  De ces pauvres estropiés
Nous n'avons jamais pu nous procurer les pieds

UN TABLEAU MAL ÉCLAIRÉ.

Sur cette toile en deuil, qu'on eut soin de vernir,
Ma chère Anne, ma sœur, ne vois-tu rien venir !

INVISIBLE A L'ŒIL NU.   OSTÉOLOGIE.

Nous avons entendu maint polisson nier
La présence au Salon du fin Meissonnier.
Il suffit, pour percer l'ombre qui l'enveloppe,
  De recourir au microscope.

En voyant s'écorner ces tessons attristants,
Le public dit en chœur : Dans cet amphithéâtre
Quel bonheur qu'on ait fait ce grand bonhomme en plâtre !
Sans cette circonstance il eût duré longtemps !

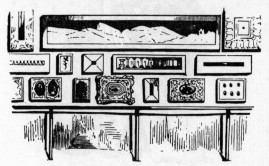

LA GALERIE D'APOLLON UN JOUR DE FOULE.

Cherchez dans ce désert un remède à vos maux ;
  On y rencontre des chameaux.

UN PEINTRE TRÈS-FORT.

Ce peintre n'a pas pu convaincre de sa force
Certain critique sourd, hurlant avec les loups ;
La tête la première, il l'entre dans un torse
Du barbouilleur voisin dont il était ja'oux,
Et fait, par ce moyen, d'une pierre deux coups.

LA GARDE MEURT !

Cambronne à l'ennemi poussa de telles bottes,
Qu'il ne reste de lui qu'un tricorne et des bottes.

VIVE LA LITHOGRAPHIE !

Alois, inventeur élégiaque et morne
De la lithographie et des boutons en corne.

TROIS COUPS POUR UN SOU !

C'est un petit bon Dieu de plâtre,
Dont la tête porte un emplâtre.

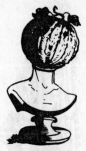

MONSIEUR Q.

(L'auteur consciencieux de cette bonne boule
Tient citrouilles, panais, carottes et ciboule.)

BOIS DONT ON FAIT LES VIERGES.

Pour nommer ceci bûche il suffit qu'on le voie ;
Cent comme celle-là font une demi-voie.

MONUMENT EXPIATOIRE.

A deux canards assassinés
Ces marbres blancs sont destinés.
Une nuit, aveugle par les dieux implacables,
Et par un billet de cinq cents,
Un sacrificateur pour des perdreaux coupables
Égorgea ces deux innocents.
Un ancien bas-relief, trouvé dans une armoire,
De ce forfait affreux nous garde la mémoire.

LA POÉSIE LÉGÈRE.

Cette lyre en Ruolz et ce marteau de porte
Pèsent de tout leur poids sur ce manteau léger,
Je ne veux pas de mal à celle qui le porte,
Mais je lui dirais zut s'il fallait m'en charger.

ÉPILOGUE.

À l'an prochain, messieurs!

                Je clos mon catalogue.

Vous m'avez déjà vu sous forme de prologue;

J'apparais maintenant en épilogue, et si

J'ai dans tous mes desseins pleinement réussi,

Souffrez que je vous quitte et que je me transporte

Vers le public nouveau qui se presse à la porte,

Et qui, se méfiant d'un livret erroné,

Va me choisir encor pour son cicéroné.

Dieu veuille qu'en un an je me perfectionne!

J'ai tenu mes serments; je n'ai mangé personne.

Or, ne me traitez pas de tigre ou de pourceau

Si j'ai par maladresse emporté le morceau.

Je me suis efforcé d'avoir, en quelques pages,

Plus d'esprit, de talent, plus de verve et d'images

Qu'il n'en faut pour toucher le plus rogue lecteur.

Adieu donc! pardonnez les fautes de l'auteur.

DE L'ESSENCE DU RIRE

ET GÉNÉRALEMENT

DU COMIQUE
DANS LES ARTS PLASTIQUES

I

Je ne veux pas écrire un traité de la caricature; je veux simplement faire part au lecteur de quelques réflexions qui me sont venues souvent au sujet de ce genre singulier. Ces réflexions étaient devenues pour moi une espèce d'obsession; j'ai voulu me soulager. J'ai fait, du reste, tous mes efforts pour y mettre un certain ordre et en rendre ainsi la digestion plus facile. Ceci est donc purement un article de philosophe et d'artiste. Sans doute une histoire générale de la caricature dans ses rapports avec tous les faits politiques et religieux, graves ou frivoles, relatifs à l'esprit national ou à la mode, qui ont agité l'humanité, est une œuvre glorieuse et importante. Le travail est encore à faire, car les essais publiés jusqu'à présent ne sont guère que matériaux[a]; mais j'ai pensé qu'il fallait diviser le travail[1]. Il est clair qu'un ouvrage sur la caricature, ainsi compris, est une histoire de faits, une immense galerie anecdotique. Dans la caricature, bien plus que dans les autres branches de l'art, il existe deux sortes d'œuvres précieuses et recommandables à des titres différents et presque contraires. Celles-ci ne valent que par le fait qu'elles représentent. Elles ont droit sans doute à l'attention de l'historien, de l'archéologue et même du philosophe; elles doivent prendre leur rang dans les archives nationales, dans les registres biographiques de la pensée humaine. Comme les feuilles volantes du journalisme, elles disparaissent emportées par le souffle incessant qui en amène de nouvelles; mais les autres, et ce sont celles dont je veux

spécialement m'occuper, contiennent un élément mystérieux, durable, éternel, qui les recommande à l'attention
des artistes. Chose curieuse et vraiment digne d'attention
que l'introduction de cet élément insaisissable du beau
jusque dans les œuvres destinées à représenter à l'homme
sa propre laideur morale et physique ! Et, chose non
moins mystérieuse, ce spectacle*a* lamentable excite en
lui une hilarité immortelle et incorrigible. Voilà donc
le véritable sujet de cet article.

Un scrupule me prend. Faut-il répondre par une
démonstration en règle à une espèce de question préa-
lable que voudraient sans doute malicieusement soulever
certains professeurs jurés de sérieux, charlatans de la
gravité, cadavres pédantesques sortis des froids hypogées
de l'Institut, et revenus sur la terre des vivants, comme
certains fantômes avares, pour arracher quelques sous
à de complaisants ministères ? D'abord, diraient-ils, la
caricature est-elle un genre ? Non, répondraient leurs
compères, la caricature n'est pas un genre. J'ai entendu
résonner à mes oreilles de pareilles hérésies dans des
dîners d'académiciens. Ces braves gens laissaient passer
à côté d'eux la comédie de Robert Macaire[1] sans y apercevoir de grands symptômes moraux et littéraires. Contemporains de Rabelais[2], ils l'eussent traité de vil et de grossier bouffon. En vérité, faut-il donc démontrer que rien
de ce qui sort de l'homme n'est frivole aux yeux du philosophe ? À coup sûr ce sera, moins que tout autre, cet
élément profond et mystérieux qu'aucune philosophie
n'a jusqu'ici analysé à fond.

Nous allons donc nous occuper de l'essence du rire
et des éléments constitutifs de la caricature. Plus tard,
nous examinerons peut-être quelques-unes des œuvres
les plus remarquables produites en ce genre.

II

Le Sage ne rit qu'en tremblant. De quelles lèvres pleines
d'autorité, de quelle plume parfaitement orthodoxe est
tombée cette étrange et saisissante maxime[3] ? Nous vient-
elle du roi philosophe de la Judée ? Faut-il l'attribuer à
Joseph de Maistre, ce soldat animé de l'Esprit-Saint ?

J'ai un vague souvenir de l'avoir lue dans un de ses livres, mais donnée comme citation, sans doute. Cette sévérité de pensée et de style va bien à la sainteté majestueuse de Bossuet; mais la tournure elliptique de la pensée et la finesse quintessenciée me porteraient plutôt à en attribuer l'honneur à Bourdaloue, l'impitoyable psychologue chrétien. Cette singulière maxime me revient sans cesse à l'esprit depuis que j'ai conçu le projet de cet article, et j'ai voulu m'en débarrasser tout d'abord.

Analysons, en effet, cette curieuse proposition :

Le Sage, c'est-à-dire celui qui est animé de l'esprit du Seigneur, celui qui possède la pratique du formulaire divin, ne rit, ne s'abandonne au rire qu'en tremblant. Le Sage tremble d'avoir ri; le Sage craint le rire, comme il craint les spectacles mondains, la concupiscence. Il s'arrête au bord du rire comme au bord de la tentation. Il y a donc, suivant le Sage, une certaine contradiction secrète entre son caractère de sage et le caractère primordial du rire. En effet, pour n'effleurer qu'en passant des souvenirs plus que solennels, je ferai remarquer, — ce qui corrobore parfaitement le caractère officiellement chrétien de cette maxime, — que le Sage par excellence, le Verbe Incarné, n'a jamais ri[1]. Aux yeux de Celui qui sait tout et qui peut tout, le comique n'est pas. Et pourtant le Verbe Incarné a connu la colère, il a même connu les pleurs.

Ainsi, notons bien ceci : en premier lieu, voici un auteur, — un chrétien, sans doute, — qui considère comme certain que le Sage y regarde de bien près avant de se permettre de rire, comme[a] s'il devait lui en rester je ne sais quel malaise et quelle inquiétude, et, en second lieu, le comique disparaît au point de vue de la science et de la puissance absolues. Or, en inversant les deux propositions, il en résulterait que le rire est généralement l'apanage des fous, et qu'il implique toujours plus ou moins d'ignorance et de faiblesse. Je ne veux point m'embarquer aventureusement sur une mer théologique, pour laquelle je ne serais sans doute pas muni de boussole ni de voiles suffisantes; je me contente d'indiquer au lecteur et de lui montrer du doigt ces singuliers horizons.

Il est certain, si l'on veut se mettre au point de vue de l'esprit orthodoxe, que le rire humain est intimement lié à l'accident d'une chute ancienne, d'une dégradation physique et morale. Le rire et la douleur s'expriment par les organes où réside le commandement et la science du bien ou du mal : les yeux et la bouche. Dans le paradis terrestre (qu'on le suppose passé ou à venir, souvenir ou prophétie, comme les théologiens ou comme les socialistes), dans le paradis terrestre, c'est-à-dire dans le milieu où il semblait à l'homme que toutes les choses créées étaient bonnes, la joie n'était pas dans le rire. Aucune peine ne l'affligeant, son visage était simple et uni, et le rire qui agite maintenant les nations ne déformait point les traits de sa face. Le rire et les larmes ne peuvent pas se faire voir dans le paradis de délices. Ils sont également les enfants de la peine, et ils sont venus parce que le corps de l'homme énervé manquait de force pour les contraindre*[1]. Au point de vue de mon philosophe chrétien, le rire de ses lèvres est signe d'une aussi grande misère que les larmes de ses yeux. L'Être qui voulut multiplier son image n'a point mis dans la bouche de l'homme les dents du lion, mais l'homme mord avec le rire; ni dans ses yeux[a] toute la ruse fascinatrice du serpent, mais il séduit avec les larmes. Et remarquez que c'est aussi avec les larmes que l'homme lave les peines de l'homme, que c'est avec le rire qu'il adoucit quelquefois son cœur et l'attire; car les phénomènes engendrés par la chute deviendront les moyens du rachat.

Qu'on me permette une supposition poétique qui me servira à vérifier la justesse de ces assertions, que beaucoup de personnes trouveront sans doute entachées de l'*a priori* du mysticisme. Essayons, puisque le comique est un élément damnable et d'origine diabolique, de mettre en face une âme absolument primitive et sortant, pour ainsi dire, des mains de la nature. Prenons pour exemple la grande et typique figure de Virginie, qui symbolise parfaitement la pureté et la naïveté absolues[2]. Virginie arrive à Paris encore toute trempée des brumes de la mer et dorée par le soleil des tropiques, les yeux pleins des grandes images primitives des vagues, des montagnes et des forêts. Elle tombe ici en pleine civilisation turbulente, débordante et méphitique, elle,

---

* Philippe de Chennevières.

tout imprégnée des pures et riches senteurs de l'Inde ; elle se rattache à l'humanité par la famille et par l'amour, par sa mère et par son amant, son Paul, angélique comme elle, et dont le sexe ne se distingue pour ainsi dire pas du sien dans les ardeurs inassouvies d'un amour qui s'ignore. Dieu, elle l'a connu dans l'église des Pample-mousses, une petite église toute modeste et toute ché-tive[1], et dans l'immensité de l'indescriptible azur tropical, et dans la musique immortelle des forêts et des torrents. Certes, Virginie est une grande intelligence ; mais peu d'images et peu de souvenirs lui suffisent, comme au Sage peu de livres. Or, un jour, Virginie rencontre par hasard, innocemment, au Palais-Royal[2], aux carreaux d'un vitrier, sur une table, dans un lieu public, une caricature ! une caricature bien appétissante pour nous, grosse de fiel et de rancune, comme sait les faire une civilisation perspicace et ennuyée. Supposons quelque bonne farce de boxeurs, quelque énormité britannique, pleine de sang caillé et assaisonnée de quelques mons-trueux *goddam ;* ou, si cela sourit davantage à votre ima-gination curieuse, supposons devant l'œil de notre vir-ginale Virginie quelque charmante et agaçante impureté, un Gavarni de ce temps-là, et des meilleurs, quelque satire insultante contre des folies royales, quelque diatribe plastique contre le Parc-aux-Cerfs, ou les pré-cédents fangeux d'une grande favorite, ou les escapades nocturnes de la proverbiale Autrichienne[3]. La[a] caricature est double : le dessin et l'idée : le dessin violent, l'idée mordante et voilée ; complication d'éléments pénibles pour un esprit naïf, accoutumé à comprendre d'intui-tion des choses simples comme lui. Virginie a vu ; main-tenant elle regarde. Pourquoi ? Elle regarde l'inconnu. Du reste, elle ne comprend guère ni ce que cela veut dire ni à quoi cela sert. Et pourtant, voyez-vous ce reploiement d'ailes subit, ce frémissement d'une âme qui se voile et veut se retirer ? L'ange a senti que le scandale était là. Et, en vérité, je vous le dis, qu'elle ait compris ou qu'elle n'ait pas compris, il lui restera de cette impression je ne sais quel malaise, quelque chose qui ressemble à la peur. Sans doute, que Virginie reste à Paris et que la science lui vienne, le rire lui viendra ; nous verrons pourquoi. Mais, pour le moment, nous, analyste et critique, qui n'oserions certes pas affirmer que notre intelligence est supérieure à celle de Virginie, constatons la crainte et la souffrance de l'ange immaculé devant la caricature.

III

Ce qui suffirait pour démontrer que le comique est un des plus clairs signes sataniques de l'homme et un des nombreux pépins contenus dans la pomme symbolique, est l'accord unanime des physiologistes du rire sur la raison première de ce monstrueux phénomène. Du reste, leur découverte n'est pas très profonde et ne va guère loin. Le rire, disent-ils, vient de la supériorité. Je ne serais pas étonné que devant cette découverte le physiologiste se fût mis à rire en pensant à sa propre supériorité. Aussi, il fallait dire : Le rire vient de l'idée de sa propre supériorité. Idée satanique s'il en fut jamais ! Orgueil et aberration ! Or, il est notoire que tous les fous des hôpitaux ont l'idée de leur propre supériorité développée outre mesure. Je ne connais guère de fous d'humilité. Remarquez que le rire est une des expressions les plus fréquentes et les plus nombreuses de la folie. Et voyez comme tout s'accorde : quand Virginie, déchue, aura baissé d'un degré en pureté, elle commencera à avoir l'idée de sa propre supériorité, elle sera plus savante au point de vue du monde, et elle rira.

J'ai dit qu'il y avait symptôme de faiblesse dans le rire; et, en effet, quel signe plus marquant de débilité qu'une convulsion nerveuse, un spasme involontaire comparable à l'éternuement, et causé par la vue du malheur d'autrui ? Ce malheur est presque toujours une faiblesse d'esprit. Est-il un phénomène plus déplorable que la faiblesse se réjouissant de la faiblesse ? Mais il y a pis. Ce malheur est quelquefois d'une espèce très inférieure, une infirmité dans l'ordre physique. Pour prendre un des exemples les plus vulgaires de la vie, qu'y a-t-il de si réjouissant dans le spectacle d'un homme qui tombe sur la glace ou sur le pavé, qui trébuche au bout d'un trottoir, pour que la face de son frère en Jésus-Christ se contracte d'une façon désordonnée, pour que les muscles de son visage se mettent à jouer subitement comme une horloge à midi ou un joujou à ressorts ? Ce pauvre diable s'est au moins défiguré, peut-être s'est-il fracturé un membre essentiel. Cependant, le rire est parti, irrésistible et subit. Il est certain que si l'on veut creuser cette situation, on trouvera au fond de la pensée du rieur un certain orgueil inconscient[a]. C'est là le point de départ : *moi, je ne tombe pas; moi*, je marche droit; *moi*, mon pied est ferme et assuré. Ce n'est pas *moi* qui commettrais la sottise de ne pas voir un trottoir interrompu ou un pavé qui barre le chemin.

L'école romantique, ou, pour mieux dire, une des subdivisions de l'école romantique, l'école satanique[1], a bien compris cette loi primordiale du rire; ou du moins, si tous ne l'ont pas comprise, tous, même dans leurs plus grossières extravagances et exagérations, l'ont sentie et appliquée juste. Tous les mécréants de mélodrame, maudits, damnés, fatalement marqués d'un rictus qui court jusqu'aux oreilles, sont dans l'orthodoxie pure du rire. Du reste, ils sont presque tous des petits-fils légitimes ou illégitimes du célèbre voyageur Melmoth, la grande création satanique du révérend Maturin[2]. Quoi de plus grand, quoi de plus puissant relativement à la pauvre humanité que ce pâle et ennuyé Melmoth ? Et pourtant, il y a en lui un côté faible, abject, antidivin et antilumineux. Aussi comme il rit, comme il rit, se comparant sans cesse aux chenilles humaines, lui si fort, si intelligent, lui pour qui une partie des lois conditionnelles de l'humanité, physiques et intellectuelles, n'existent plus ! Et ce rire est l'explosion perpétuelle de sa colère et de sa souffrance. Il est, qu'on me comprenne bien, la résultante nécessaire de sa double nature contradictoire, qui est infiniment grande relativement à l'homme, infiniment vile et basse relativement au Vrai et au Juste absolu. Melmoth est une contradiction vivante. Il est sorti des conditions fondamentales de la vie; ses organes ne supportent plus sa pensée. C'est pourquoi ce rire glace et tord les entrailles. C'est un rire qui ne dort jamais[b], comme une maladie qui va toujours son chemin et exécute un ordre providentiel. Et ainsi le[c] rire de Melmoth, qui est l'expression la plus haute de l'orgueil, accomplit perpétuellement sa fonction, en déchirant et en brûlant les lèvres du rieur irrémissible[3].

IV

Maintenant, résumons un peu, et établissons plus visiblement les propositions principales, qui sont comme une espèce de théorie du rire. Le rire est satanique, il est donc profondément humain. Il est dans l'homme la conséquence de l'idée de sa propre supériorité; et, en effet, comme le rire est essentiellement humain, il est essentiellement contradictoire, c'est-à-dire qu'il est à la fois signe d'une grandeur infinie et d'une misère infinie, misère infinie relativement à l'Être absolu dont il possède la conception, grandeur infinie relativement aux animaux. C'est du choc perpétuel de ces deux infinis que se dégage le rire. Le comique, la puissance du rire est dans le rieur et nullement dans l'objet du rire. Ce n'est point l'homme qui tombe qui rit de sa propre chute, à moins qu'il ne soit un philosophe, un homme qui ait acquis, par habitude, la force de se dédoubler rapidement et d'assister comme spectateur désintéressé aux phénomènes de son *moi*. Mais le cas est rare. Les animaux les plus comiques sont les plus sérieux; ainsi les singes et les perroquets. D'ailleurs, supposez l'homme ôté de la création, il n'y aura plus de comique, car les animaux ne se croient pas supérieurs aux végétaux, ni les végétaux aux minéraux. Signe de supériorité relativement aux bêtes, et je comprends sous cette dénomination les parias nombreux de l'intelligence, le rire est signe d'infériorité relativement aux sages, qui par l'innocence contemplative de leur esprit se rapprochent de l'enfance. Comparant, ainsi que nous en avons le droit, l'humanité à l'homme, nous voyons que les nations primitives, ainsi que Virginie, ne conçoivent pas la caricature et n'ont pas de comédies (les livres sacrés, à quelques nations qu'ils[a] appartiennent, ne rient jamais), et que, s'avançant peu à peu vers les pics nébuleux de l'intelligence, ou se penchant sur les fournaises ténébreuses de la métaphysique, les nations se mettent à rire diaboliquement du rire de Melmoth; et, enfin, que si dans ces mêmes nations ultracivilisées, une intelligence, poussée par une ambition supérieure, veut franchir les limites de l'orgueil mondain et s'élancer hardiment vers la poésie pure*[a]*, dans cette poésie, limpide et profonde comme la nature, le rire fera défaut comme dans l'âme du Sage.

Comme le comique est signe de supériorité ou de croyance à sa propre supériorité, il est naturel de croire qu'avant qu'elles aient atteint la purification absolue promise par certains prophètes mystiques, les nations verront s'augmenter en elles les motifs de comique à mesure que s'accroîtra leur supériorité. Mais aussi le comique change de nature. Ainsi l'élément angélique et l'élément diabolique fonctionnent parallèlement. L'humanité s'élève, et elle gagne pour le mal et l'intelligence du mal une force proportionnelle à celle qu'elle a gagnée pour le bien. C'est pourquoi je ne trouve pas étonnant que nous, enfants d'une loi meilleure que les lois religieuses antiques, nous, disciples favorisés de Jésus, nous possédions plus d'éléments comiques que la païenne antiquité. Cela même est une condition de notre force intellectuelle générale. Permis aux contradicteurs jurés de citer la classique historiette du philosophe qui mourut de rire en voyant un âne qui mangeait des figues*[b1]*, et même les comédies d'Aristophane et celles de Plaute. Je répondrai qu'outre que ces époques sont essentiellement civilisées, et que la croyance s'était déjà bien retirée, ce comique n'est pas tout à fait le nôtre. Il a même quelque chose de sauvage, et nous ne pouvons guère nous l'approprier que par un effort d'esprit à reculons, dont le résultat s'appelle pastiche. Quant aux figures grotesques que nous a laissées l'antiquité, les masques, les figurines de bronze, les Hercules tout en muscles, les petits Priapes à la langue recourbée en l'air, aux oreilles pointues, tout en cervelet et en phallus, — quant à ces phallus prodigieux sur lesquels les blanches filles de Romulus montent innocemment à cheval, ces monstrueux appareils de la génération armés de sonnettes et d'ailes, je crois*[c]* que toutes ces choses sont pleines de sérieux. Vénus, Pan, Hercule, n'étaient pas des personnages risibles. On en a ri après la venue de Jésus, Platon et Sénèque aidant. Je crois que l'antiquité était pleine de respect pour les tambours-majors et les faiseurs de tours de force en tout genre, et que tous les fétiches extravagants que je citais ne sont que des signes d'adoration, ou tout au plus des symboles de force, et nullement des émanations de l'esprit intentionnellement comiques. Les idoles indiennes et chinoises ignorent qu'elles sont ridicules; c'est en nous, chrétiens, qu'est le comique[1].

V

Il ne faut pas croire que nous soyons débarrassés de toute difficulté. L'esprit le moins accoutumé à ces subtilités esthétiques saurait bien vite m'opposer cette objection insidieuse : Le rire est divers. On ne se réjouit pas toujours d'un malheur, d'une faiblesse, d'une infériorité. Bien des spectacles qui excitent en nous le rire sont fort innocents, et non seulement les amusements de l'enfance, mais encore bien des choses qui servent au divertissement des artistes, n'ont rien à démêler avec l'esprit de Satan.

Il y a bien là quelque apparence de vérité. Mais il faut d'abord bien distinguer la joie d'avec le rire. La joie existe par elle-même, mais elle a des manifestations diverses. Quelquefois elle est presque invisible; d'autres fois, elle s'exprime par les pleurs. Le rire n'est qu'une expression, un symptôme, un diagnostic. Symptôme de quoi ? Voilà la question. La joie est *une*. Le rire est l'expression d'un sentiment double, ou contradictoire; et c'est pour cela qu'il y a convulsion. Aussi le rire des enfants, qu'on voudrait en vain m'objecter, est-il tout à fait différent, même comme expression physique, comme forme, du rire de l'homme qui assiste à une comédie, regarde une caricature, ou du rire terrible de Melmoth; de Melmoth, l'être déclassé, l'individu situé entre les dernières limites de la patrie humaine et les frontières de la vie supérieure; de Melmoth se croyant toujours près de se débarrasser de son pacte infernal, espérant sans cesse troquer ce pouvoir surhumain, qui fait son malheur, contre la conscience pure d'un ignorant qui lui fait envie. — Le rire des enfants est comme un épanouissement de fleur. C'est la joie de recevoir, la joie de respirer, la joie de s'ouvrir, la joie de contempler, de vivre, de grandir. C'est une joie de plante. Aussi, généralement, est-ce plutôt le sourire, quelque chose d'analogue au balancement de queue des chiens ou au ronron des chats. Et pourtant, remarquez bien que si le rire des enfants diffère encore des expressions du contentement animal, c'est que ce rire n'est pas tout à fait exempt d'ambition, ainsi qu'il convient à des bouts d'hommes, c'est-à-dire à des Satans en herbe.

Il y a un cas où la question est plus compliquée. C'est le rire de l'homme, mais rire vrai, rire violent, à l'aspect d'objets qui ne sont pas un signe de faiblesse ou de malheur chez ses semblables. Il est facile de deviner que je veux parler du rire causé par le grotesque. Les créations fabuleuses, les êtres dont la raison, la légitimation ne peut pas être tirée du code du sens commun, excitent souvent en nous une hilarité folle, excessive, et qui se traduit en des déchirements et des pâmoisons interminables. Il est évident qu'il faut distinguer, et qu'il y a là un degré de plus. Le comique est, au point de vue artistique, une imitation; le grotesque, une création. Le comique est une imitation mêlée d'une certaine faculté créatrice, c'est-à-dire d'une idéalité artistique. Or, l'orgueil humain, qui prend toujours le dessus, et qui est la cause naturelle du rire dans le cas du comique, devient aussi cause naturelle du rire dans le cas du grotesque[a], qui est une création mêlée d'une certaine faculté imitatrice d'éléments préexistants dans la nature. Je veux dire que dans ce cas-là le rire est l'expression de l'idée de supériorité, non plus de l'homme sur l'homme, mais de l'homme sur la nature. Il ne faut pas trouver cette idée trop subtile; ce ne serait pas une raison suffisante pour la repousser. Il s'agit de trouver une autre explication plausible. Si celle-ci paraît tirée de loin et quelque peu difficile à admettre, c'est que le rire causé par le grotesque a en soi quelque chose de profond, d'axiomatique et de primitif qui se rapproche beaucoup plus de la vie innocente et de la joie absolue que le rire causé par le comique de mœurs. Il y a entre ces deux rires, abstraction faite de la question d'utilité, la même différence qu'entre l'école littéraire intéressée et l'école de l'art pour l'art. Ainsi le grotesque domine le comique d'une hauteur proportionnelle.

J'appellerai désormais le grotesque comique absolu, comme antithèse au comique ordinaire, que j'appellerai comique significatif. Le comique significatif est un langage plus clair, plus facile à comprendre pour le vulgaire, et surtout plus facile à analyser, son élément étant visiblement double : l'art et l'idée morale; mais le comique absolu, se rapprochant beaucoup plus de la nature, se présente sous une espèce *une*, et qui veut être saisie par intuition. Il n'y a qu'une vérification du grotesque, c'est le rire, et le rire subit; en face du comique significatif, il n'est pas défendu de rire après coup; cela n'arguë pas contre sa valeur; c'est une question de rapidité d'analyse.

J'ai dit : comique absolu; il faut toutefois prendre garde. Au point de vue de l'absolu définitif, il n'y a plus que la joie. Le comique ne peut être absolu que relativement à l'humanité déchue, et c'est ainsi que je l'entends[1].

VI

L'essence très relevée du comique absolu en fait l'apanage des artistes supérieurs qui ont en eux la réceptibilité suffisante de toute idée absolue. Ainsi l'homme qui a jusqu'à présent le mieux senti ces idées, et qui en a mis en œuvre une partie dans des travaux de pure esthétique et aussi de création, est Théodore Hoffmann. Il a toujours bien distingué le comique ordinaire du comique qu'il appelle *comique innocent*. Il a cherché souvent à résoudre en œuvres artistiques les théories savantes qu'il avait émises didactiquement, ou jetées sous la forme de conversations inspirées et de dialogues critiques; et c'est dans ces mêmes œuvres que je puiserai tout à l'heure les exemples les plus éclatants, quand j'en viendrai à donner une série d'applications des principes ci-dessus énoncés et à coller un échantillon sous chaque titre de catégorie.

D'ailleurs, nous trouvons dans le comique absolu et le comique significatif des genres, des sous-genres et des familles. La division peut avoir lieu sur différentes bases. On peut la construire d'abord d'après une loi philosophique pure, ainsi que j'ai commencé à le faire, puis d'après la loi artistique de création. La première est créée par la séparation primitive du comique absolu d'avec le comique significatif; la seconde est basée sur le genre de facultés spéciales de chaque artiste. Et, enfin, on peut aussi établir une classification de comiques suivant les climats et les diverses aptitudes nationales. Il faut remarquer que chaque terme de chaque classification peut se compléter et se nuancer par l'adjonction d'un terme d'une autre, comme la loi grammaticale nous enseigne à modifier le substantif par l'adjectif. Ainsi, tel artiste allemand ou anglais est plus ou moins propre au comique absolu, et en même temps il est plus ou moins idéalisateur. Je vais essayer de donner des exemples choisis de comique absolu et significatif, et de caractériser brièvement l'esprit comique propre à quelques nations principalement artistes, avant d'arriver à la partie où je veux discuter et analyser plus longuement le talent des hommes qui en ont fait leur étude et leur existence.

En exagérant et poussant aux dernières limites les conséquences du comique significatif, on obtient le comique féroce, de même que l'expression synonymique du comique innocent, avec un degré de plus, est le comique absolu.

En France, pays de pensée et de démonstration claires, où l'art vise naturellement et directement à l'utilité, le comique est généralement significatif. Molière fut dans ce genre la meilleure expression française; mais comme le fond de notre caractère est un éloignement de toute chose extrême, comme un des diagnostics particuliers de toute passion française, de toute science, de tout art français est de fuir l'excessif, l'absolu et le profond, il y a conséquemment ici peu de comique féroce; de même notre grotesque s'élève rarement à l'absolu.

Rabelais, qui est le grand maître français en grotesque, garde au milieu de ses plus énormes fantaisies quelque chose d'utile et de raisonnable. Il est directement symbolique. Son comique a presque toujours la transparence d'un apologue. Dans la caricature française, dans l'expression plastique du comique, nous retrouverons cet esprit dominant. Il faut l'avouer, la prodigieuse bonne humeur poétique nécessaire au vrai grotesque se trouve rarement chez nous à une dose égale et continue. De loin en loin, on voit réapparaître le filon; mais il n'est pas essentiellement national. Il faut mentionner dans ce genre quelques intermèdes de Molière, malheureusement trop peu lus et trop peu joués, entre autres ceux du *Malade imaginaire* et du *Bourgeois gentilhomme,* et les figures carnavalesques de Callot. Quant au comique des *Contes* de Voltaire, essentiellement français, il tire toujours sa raison d'être de l'idée de supériorité; il est tout à fait significatif.

La rêveuse Germanie nous donnera d'excellents échantillons de comique absolu. Là tout est grave, profond, excessif. Pour trouver du comique féroce et très féroce, il faut passer la Manche et visiter les royaumes brumeux du spleen. La joyeuse, bruyante et oublieuse Italie abonde en comique innocent. C'est en pleine Italie, au cœur du carnaval méridional, au milieu du turbulent Corso, que Théodore Hoffmann a judicieusement placé le drame excentrique de *La Princesse Brambilla*. Les Espagnols sont très bien doués en fait de comique. Ils arrivent vite au cruel, et leurs fantaisies les plus grotesques contiennent souvent quelque chose de sombre.

Je garderai longtemps le souvenir de la première pantomime anglaise que j'aie vu jouer[a]. C'était au théâtre des Variétés, il y a quelques années[1]. Peu de gens s'en souviendront sans doute, car bien peu ont paru goûter ce genre de divertissement, et ces pauvres mimes anglais reçurent chez nous un triste accueil. Le public français n'aime guère être dépaysé. Il n'a pas le goût très cosmopolite, et les déplacements d'horizon lui troublent la vue. Pour mon compte, je fus excessivement frappé de cette manière de comprendre le comique. On disait, et c'étaient les indulgents, pour expliquer l'insuccès, que c'étaient des artistes vulgaires et médiocres, des doublures; mais ce n'était pas là la question. Ils étaient Anglais, c'est là l'important.

Il m'a semblé que le signe distinctif de ce genre de comique était la violence. Je vais en donner la preuve par quelques échantillons de mes souvenirs.

D'abord, le Pierrot[2] n'était pas ce personnage pâle comme la lune, mystérieux comme le silence, souple et muet comme le serpent, droit et long comme une potence, cet homme artificiel, mû par des ressorts singuliers, auquel nous avait accoutumés le regrettable Deburau[b3]. Le Pierrot anglais arrivait comme la tempête, tombait comme un ballot, et quand il riait, son rire faisait trembler la salle; ce rire ressemblait à un joyeux tonnerre. C'était un homme court et gros, ayant augmenté sa prestance par un costume chargé de rubans, qui faisaient autour de sa jubilante personne l'office des plumes et du duvet autour des oiseaux, ou de la fourrure autour des angoras. Par-dessus la farine de son visage, il avait collé crûment, sans gradation, sans transition, deux énormes plaques de rouge pur. La bouche était agrandie par une prolongation simulée des lèvres au moyen de deux bandes de carmin, de sorte que, quand il riait, la gueule avait l'air de courir jusqu'aux oreilles.

Quant au moral, le fond était le même que celui du Pierrot que tout le monde connaît : insouciance et neutralité, et partant accomplissement de toutes les fantaisies gourmandes et rapaces, au détriment, tantôt de Harlequin[1], tantôt de Cassandre ou de Léandre. Seulement, là où Deburau eût trempé le bout du doigt pour le lécher, il y plongeait les deux poings et les deux pieds.

Et toutes choses s'exprimaient ainsi dans cette singulière pièce, avec emportement; c'était le vertige de l'hyperbole.

Pierrot passe devant une femme qui lave le carreau de sa porte : après lui avoir dévalisé les poches, il veut faire passer dans les siennes l'éponge, le balai, le baquet et l'eau elle-même. — Quant à la manière dont il essayait de lui exprimer son amour, chacun peut se le figurer par les souvenirs qu'il a gardés de la contemplation des mœurs phanérogamiques des singes, dans la célèbre cage du Jardin des Plantes. Il faut ajouter que le rôle de la femme était rempli par un homme très long et très maigre, dont la pudeur violée jetait les hauts cris. C'était vraiment une ivresse de rire, quelque chose de terrible et d'irrésistible.

Pour je ne sais quel méfait, Pierrot devait être finalement guillotiné. Pourquoi la guillotine au lieu de la pendaison, en pays anglais ?... Je l'ignore; sans doute pour amener ce qu'on va voir. L'instrument funèbre était donc là dressé sur des planches françaises, fort étonnées de cette romantique nouveauté. Après avoir lutté et beuglé comme un bœuf qui flaire l'abattoir[a], Pierrot subissait enfin son destin. La tête se détachait du cou, une grosse tête blanche et rouge, et roulait avec bruit devant le trou du souffleur, montrant le disque saignant du cou, la vertèbre scindée, et tous les détails d'une viande de boucherie récemment taillée pour l'étalage. Mais voilà que, subitement, le torse raccourci, mû par la monomanie irrésistible du vol, se dressait, escamotait victorieusement sa propre tête comme un jambon ou une bouteille de vin, et, bien plus avisé que le grand saint Denis, la fourrait dans sa poche !

Avec une plume tout cela est pâle et glacé. Comment la plume pourrait-elle rivaliser avec la pantomime ? La pantomime est l'épuration de la comédie ; c'en est la quintessence ; c'est l'élément comique pur, dégagé et concentré. Aussi, avec le talent spécial des acteurs anglais pour l'hyperbole, toutes ces monstrueuses farces prenaient-elles une réalité singulièrement saisissante.

Une des choses les plus remarquables comme comique absolu, et, pour ainsi dire, comme métaphysique du comique absolu, était certainement le début de cette belle pièce, un prologue plein d'une haute esthétique. Les principaux personnages de la pièce, Pierrot, Cassandre, Harlequin, Colombine, Léandre, sont devant le public, bien doux et bien tranquilles. Ils sont à peu près raisonnables et ne diffèrent pas beaucoup des braves gens qui sont dans la salle. Le souffle merveilleux qui va les faire se mouvoir extraordinairement n'a pas encore soufflé sur leurs cervelles. Quelques jovialités de Pierrot ne peuvent donner qu'une pâle idée de ce qu'il fera tout à l'heure. La rivalité de Harlequin et de Léandre vient de se déclarer. Une fée s'intéresse à Harlequin : c'est l'éternelle protectrice des mortels amoureux et pauvres. Elle lui promet sa protection, et, pour lui en donner une preuve immédiate, elle promène avec un geste mystérieux et plein d'autorité sa baguette dans les airs.

Aussitôt le vertige est entré, le vertige circule dans l'air ; on respire le vertige ; c'est le vertige qui remplit les poumons et renouvelle le sang dans le ventricule.

Qu'est-ce que ce vertige ? C'est le comique absolu ; il s'est emparé de chaque être. Léandre, Pierrot, Cassandre, font des gestes extraordinaires, qui démontrent clairement qu'ils se sentent introduits de force dans une existence nouvelle. Ils n'en ont pas l'air fâché. Ils s'exercent aux grands désastres et à la destinée tumultueuse qui les attend, comme quelqu'un qui crache dans ses mains et les frotte l'une contre l'autre avant de faire une action d'éclat. Ils font le moulinet avec leurs bras, ils ressemblent à des moulins à vent tourmentés par la tempête. C'est sans doute pour assouplir leurs jointures, ils en auront besoin. Tout cela s'opère avec de gros éclats de rire, pleins d'un vaste contentement[a] ; puis ils sautent les uns par-dessus les autres, et leur agilité et leur aptitude étant bien dûment constatées, suit un éblouissant

bouquet de coups de pied, de coups de poing et de soufflets qui font le tapage et la lumière d'une artillerie; mais
tout cela est sans rancune. Tous leurs gestes, tous leurs
cris, toutes leurs mines disent : La fée l'a voulu, la destinée
nous précipite, je ne m'en afflige pas; allons ! courons !
élançons-nous ! Et ils s'élancent à travers l'œuvre fantastique, qui, à proprement parler, ne commence que là,
c'est-à-dire sur la frontière du merveilleux.

Harlequin[a] et Colombine, à la faveur de ce délire, se
sont enfuis en dansant, et d'un pied léger ils vont courir
les aventures.

Encore un exemple : celui-là est tiré d'un auteur singulier, esprit très général, quoi qu'on en dise, et qui unit
à la raillerie significative française la gaieté folle, mous-
seuse et légère des pays du soleil, en même temps que le
profond comique germanique. Je veux encore parler
d'Hoffmann.

Dans[b] le conte intitulé : *Daucus Carota, Le Roi des Carottes,* et par quelques traducteurs *La Fiancée du roi,* quand
la grande troupe des Carottes arrive dans la cour de la
ferme où demeure la fiancée, rien n'est plus beau à voir.
Tous ces petits personnages d'un rouge écarlate comme
un régiment anglais, avec un vaste plumet vert sur la tête
comme les chasseurs de carrosse, exécutent des cabrioles
et des voltiges merveilleuses sur de petits chevaux. Tout
cela se meut avec une agilité surprenante. Ils sont d'autant plus adroits et il leur est d'autant plus facile de retomber sur la tête, qu'elle[c] est plus grosse et plus lourde que
le reste du corps, comme les soldats en moelle de sureau
qui ont un peu de plomb dans leur shako.

La malheureuse jeune fille, entichée de rêves de grandeur, est fascinée par ce déploiement de forces militaires.
Mais qu'une armée à la parade est différente d'une armée
dans ses casernes, fourbissant ses armes, astiquant son
fourniment, ou, pis encore, ronflant ignoblement sur
ses lits de camp puants et sales ! Voilà le revers de la
médaille; car tout ceci n'était que sortilège, appareil de
séduction. Son père, homme prudent et bien instruit dans
la sorcellerie, veut lui montrer l'envers de toutes ces
splendeurs[a]. Ainsi, à l'heure où les légumes dorment d'un
sommeil brutal, ne soupçonnant pas qu'ils peuvent être
surpris par l'œil d'un espion, le père entrouvre une des
tentes de cette magnifique armée; et alors la pauvre

rêveuse voit cette masse de soldats rouges et verts dans leur épouvantable déshabillé, nageant et dormant dans la fange terreuse d'où elle est sortie. Toute cette splendeur militaire en bonnet de nuit n'est plus qu'un marécage infect.

Je pourrais tirer de l'admirable Hoffmann bien d'autres exemples de comique absolu. Si l'on veut bien comprendre mon idée, il faut lire avec soin *Daucus Carota, Peregrinus Tyss, Le Pot d'or,* et surtout, avant tout, *La Princesse Brambilla,* qui est comme un catéchisme de haute esthétique.

Ce qui distingue très particulièrement Hoffmann est le mélange involontaire, et quelquefois très volontaire, d'une certaine dose de comique significatif avec le comique le plus absolu. Ses conceptions comiques les plus supra-naturelles, les plus fugitives, et qui ressemblent souvent à des visions de l'ivresse, ont un sens moral très visible : c'est à croire qu'on a affaire à un physiologiste ou à un médecin de fous des plus profonds, et qui s'amuserait à revêtir cette profonde science de formes poétiques, comme un savant qui parlerait par apologues et paraboles.

Prenez, si vous voulez, pour exemple, le personnage de Giglio Fava, le comédien atteint de dualisme chronique, dans *La Princesse Brambilla.* Ce personnage *un* change de temps en temps de personnalité, et, sous le nom de Giglio Fava, il se déclare l'ennemi du prince assyrien Cornelio Chiapperi; et quand il est prince assyrien, il déverse le plus profond et le plus royal mépris sur son rival auprès de la princesse, sur un misérable histrion qui s'appelle, à ce qu'on dit, Giglio Fava.

Il faut ajouter qu'un des signes très particuliers du comique absolu est de s'ignorer lui-même. Cela est visible, non seulement dans certains animaux du comique desquels la gravité fait partie essentielle, comme les singes, et dans certaines caricatures sculpturales antiques dont j'ai déjà parlé, mais encore dans les monstruosités chinoises qui nous réjouissent si fort, et qui ont beaucoup moins d'intentions comiques qu'on le croit[a] généralement. Une idole chinoise, quoiqu'elle soit un objet de vénération, ne diffère guère d'un poussah ou d'un magot de cheminée.

Ainsi, pour en finir avec toutes ces subtilités et toutes

ces définitions, et pour conclure, je ferai remarquer une dernière fois qu'on retrouve l'idée dominante de supériorité dans le comique absolu comme dans le comique significatif, ainsi que je l'ai, trop longuement peut-être, expliqué; — que, pour qu'il y ait comique, c'est-à-dire émanation, explosion, dégagement de comique, il faut qu'il y ait deux êtres en présence; — que c'est spécialement dans le rieur, dans le spectateur, que gît le comique; — que cependant, relativement à cette loi d'ignorance, il faut faire une exception pour les hommes qui ont fait métier de développer en eux le sentiment du comique et de le tirer d'eux-mêmes pour le divertissement de leurs semblables, lequel phénomène rentre dans la classe de tous les phénomènes artistiques qui dénotent dans l'être humain l'existence[a] d'une dualité permanente, la puissance d'être à la fois soi et un autre.

Et pour en revenir à mes primitives définitions et m'exprimer plus clairement, je dis que quand Hoffmann engendre le comique absolu, il est bien vrai qu'il le sait; mais il sait aussi que l'essence de ce comique est de paraître s'ignorer lui-même et de développer chez le spectateur, ou plutôt chez le lecteur, la joie de sa propre supériorité et la joie de la supériorité de l'homme sur la nature. Les artistes créent le comique; ayant étudié et rassemblé les éléments du comique, ils savent que tel être est comique, et qu'il ne l'est qu'à la condition d'ignorer sa nature; de même que, par une loi inverse, l'artiste n'est artiste qu'à la condition d'être double et de n'ignorer aucun phénomène de sa double nature[1].

QUELQUES CARICATURISTES
FRANÇAIS

CARLE VERNET - PIGAL - CHARLET
DAUMIER - MONNIER - GRANDVILLE - GAVARNI
TRIMOLET - TRAVIÈS - JACQUE

Un homme étonnant fut ce Carle Vernet[1]. Son œuvre
est un monde, une petite *Comédie humaine ;* car les images
triviales, les croquis de la foule et de la rue, les caricatures, sont souvent le miroir le plus fidèle de la vie.
Souvent même les caricatures, comme les gravures de
modes, deviennent plus caricaturales à mesure qu'elles
sont plus démodées. Ainsi le roide[a], le dégingandé des
figures de ce temps-là nous surprend et nous blesse étrangement; cependant tout ce monde est beaucoup moins
volontairement étrange qu'on ne le croit d'ordinaire.
Telle[b] était la mode, tel était l'être humain : les hommes
ressemblaient aux peintures; le monde s'était moulé dans
l'art. Chacun était roide, droit, et avec son frac étriqué,
ses bottes à revers et ses cheveux pleurant sur[c] le front,
chaque citoyen avait l'air d'une *académie*[2] qui aurait passé
chez le fripier. Ce n'est pas seulement pour avoir gardé
profondément l'empreinte sculpturale et la prétention au
style de cette époque, ce n'est pas seulement, dis-je, au
point de vue historique que les caricatures de Carle Vernet ont une grande valeur, elles ont aussi un prix artistique certain. Les poses, les gestes ont un accent véri-
dique; les têtes et les physionomies sont d'un style que
beaucoup d'entre nous peuvent vérifier en pensant aux
gens qui fréquentaient le salon paternel aux années de
notre enfance. Ses caricatures de modes sont superbes.
Chacun se rappelle cette grande planche qui représente

une maison de jeu. Autour d'une vaste table ovale sont réunis des joueurs de différents caractères et de différents âges. Il n'y manque pas les filles indispensables, avides et épiant les chances, courtisanes éternelles des joueurs en veine. Il y a là des joies et des désespoirs violents ; de jeunes joueurs fougueux et brûlant la chance ; des joueurs froids, sérieux et tenaces ; des vieillards qui ont perdu leurs rares cheveux au vent furieux des anciens équinoxes[1]. Sans doute, cette composition, comme tout ce qui sort de Carle Vernet et de l'école, manque de liberté ; mais, en revanche, elle a beaucoup de sérieux, une dureté qui plaît, une sécheresse de manière qui convient assez bien au sujet, le jeu étant une passion à la fois violente et contenue.

Un de ceux qui, plus tard, marquèrent le plus, fut Pigal[2]. Les premières œuvres de Pigal remontent assez haut, et Carle Vernet vécut très longtemps. Mais l'on peut dire souvent que deux contemporains représentent deux époques distinctes, fussent-ils même assez rapprochés par l'âge. Cet amusant et doux caricaturiste n'envoie-t-il pas encore à nos expositions annuelles de petits tableaux d'un comique innocent que M. Biard[3] doit trouver bien faible ? C'est le caractère et non l'âge qui décide. Ainsi Pigal est-il tout autre chose que Carle Vernet. Sa manière sert de transition entre la caricature telle que la concevait celui-ci et la caricature plus moderne de Charlet, par exemple, dont j'aurai à parler tout à l'heure. Charlet, qui est de la même époque que Pigal, est l'objet d'une observation analogue : le mot moderne s'applique à la manière et non au temps. Les scènes populaires de Pigal sont bonnes. Ce n'est pas que l'originalité en soit très vive, ni même le dessin très comique. Pigal est un comique modéré, mais le sentiment de ses compositions est bon et juste. Ce sont des vérités vulgaires, mais des vérités. La plupart de ses tableaux ont été pris sur nature. Il s'est servi d'un procédé simple et modeste : il a regardé, il a écouté, puis il a raconté. Généralement il y a une grande bonhomie et une certaine innocence dans toutes ses compositions : presque toujours des hommes du peuple, des dictons populaires, des ivrognes, des scènes de ménage, et particulièrement une prédilection involontaire pour les types vieux. Aussi, ressemblant en cela à beaucoup d'autres caricaturistes, Pigal ne sait pas très

bien*a* exprimer la jeunesse; il arrive souvent que ses
jeunes gens*b* ont l'air grimé[1]. Le dessin, généralement
facile, est plus riche et plus *bonhomme* que celui de Carle
Vernet. Presque tout le mérite de Pigal se résume donc
dans une habitude d'observation sûre, une bonne
mémoire et une certitude suffisante d'exécution; peu ou
pas d'imagination, mais du bon sens. Ce n'est ni l'emportement carnavalesque de la gaieté italienne, ni l'âpreté
forcenée des Anglais. Pigal est un caricaturiste essentiellement raisonnable.

Je suis assez embarrassé pour exprimer d'une manière
convenable mon opinion sur Charlet. C'est une grande
réputation, une réputation essentiellement française, une
des gloires de la France. Il a réjoui, amusé, attendri aussi,
dit-on, toute une génération d'hommes vivant encore.
J'ai connu des gens qui s'indignaient de bonne foi de ne
pas voir Charlet à l'Institut. C'était pour eux un scandale
aussi grand que l'absence de Molière à l'Académie. Je
sais que c'est jouer un assez vilain rôle que de venir déclarer aux gens qu'ils ont eu tort de s'amuser ou de s'attendrir d'une certaine façon; il est bien douloureux d'avoir
maille à partir avec le suffrage universel. Cependant il
faut avoir le courage de dire que Charlet n'appartient
pas à la classe des hommes éternels et des génies cosmo-
polites. Ce n'est pas un caricaturiste citoyen de l'univers;
et, si l'on me répond qu'un caricaturiste ne peut jamais
être cela, je dirai qu'il peut l'être plus ou moins. C'est un
artiste de circonstance et un patriote exclusif, deux empê-
chements au génie. Il a cela de commun avec un autre
homme célèbre, que je ne veux pas nommer parce que
les temps ne sont pas encore mûrs*, qu'il a tiré sa gloire
exclusivement de la France et surtout de l'aristocratie du
soldat. Je dis que cela est mauvais et dénote un petit
esprit. Comme l'autre grand homme, il a beaucoup
insulté les calotins : cela est mauvais, dis-je, mauvais
symptôme; ces gens-là sont inintelligibles au-delà du
détroit, au-delà du Rhin et des Pyrénées. Tout à l'heure
nous parlerons de l'artiste, c'est-à-dire du talent, de l'exécution, du dessin, du style : nous viderons la question.
À présent je ne parle que de l'esprit.

---

* Ce fragment est tiré d'un livre resté inachevé et commencé il y
a plusieurs années[2]. M. de Béranger vivait encore[3].

Charlet a toujours fait sa cour au peuple. Ce n'est pas un homme libre, c'est un esclave : ne cherchez pas en lui un artiste désintéressé. Un dessin de Charlet est rarement une vérité; c'est presque toujours une câlinerie adressée à la caste préférée. Il n'y a de beau, de bon, de noble, d'aimable, de spirituel, que le soldat. Les quelques milliards d'animalcules qui broutent cette planète n'ont été créés par Dieu et doués d'organes et de sens, que pour contempler le soldat et les dessins de Charlet dans toute leur gloire. Charlet affirme que le tourlourou et le grenadier sont la cause finale de la création. À coup sûr, ce ne sont pas là des caricatures, mais des dithyrambes et des panégyriques, tant cet homme prenait singulièrement son métier à rebours. Les grossières naïvetés que Charlet prête à ses conscrits sont tournées avec une certaine gentillesse qui leur fait honneur et les rend intéressants. Cela sent les vaudevilles où les paysans font les *pataqu'est-ce*[a] les plus touchants et les plus spirituels. Ce sont des cœurs d'ange avec l'esprit d'une académie, sauf les liaisons. Montrer le paysan tel qu'il est, c'est une fantaisie inutile de Balzac[1]; peindre rigoureusement les abominations du cœur de l'homme, cela est bon pour Hogarth, esprit taquin et hypocondriaque; montrer au naturel les vices du soldat, ah ! quelle cruauté ! cela pourrait le décourager. C'est ainsi que le célèbre Charlet entend la caricature.

Relativement au *calotin*, c'est le même sentiment qui dirige notre partial artiste. Il ne s'agit pas de peindre, de dessiner d'une manière originale les laideurs morales de la sacristie; il faut plaire au soldat-laboureur : le soldat-laboureur mangeait du jésuite. Dans les arts, *il ne s'agit que de plaire,* comme disent les bourgeois.

Goya, lui aussi, s'est attaqué à la gent monastique. Je présume qu'il n'aimait pas les moines, car il les a faits bien laids; mais qu'ils sont beaux dans leur laideur et triomphants dans leur crasse et leur crapule monacales ! Ici l'art domine, l'art purificateur comme le feu; là, la servilité qui corrompt l'art. Comparez maintenant l'artiste avec le courtisan : ici de superbes dessins, là un prêche voltairien.

On a beaucoup parlé des gamins de Charlet, ces chers petits anges qui feront de si jolis soldats, qui aiment tant les vieux militaires, et qui jouent à la guerre avec des sabres de bois. Toujours ronds et frais comme des pommes d'api, le cœur sur la main, l'œil clair et souriant à la nature[1]. Mais les *enfants terribles,* mais le *pâle voyou* du grand poète[2], *à la voix rauque, au teint jaune comme un vieux sou,* Charlet a le cœur trop pur pour voir ces choses-là.

Il avait quelquefois, il faut l'avouer, de bonnes intentions. — Dans une forêt, des brigands et leurs femmes mangent et se reposent auprès d'un chêne, où un pendu, déjà long et maigre, prend le frais de haut et respire la rosée, le nez incliné vers la terre et les pointes des pieds correctement alignées comme celles d'un danseur. Un des brigands dit en le montrant du doigt : *Voilà peut-être comme nous serons dimanche*[3] !

Hélas ! il nous fournit peu de croquis de cette espèce. Encore si l'idée est bonne, le dessin[a] est insuffisant ; les têtes n'ont pas un caractère bien écrit. Cela pourrait être beaucoup plus beau, et, à coup sûr, ne vaut pas les vers de Villon soupant avec ses camarades sous le gibet, dans la plaine ténébreuse[4].

Le dessin de Charlet n'est guère que du chic, toujours des ronds et des ovales. Les sentiments, il les prenait tout faits dans les vaudevilles. C'est un homme très artificiel qui s'est mis à imiter les idées du temps. Il a décalqué l'opinion, il a découpé son intelligence sur la mode. Le public était vraiment son *patron.*

Il avait cependant fait une fois une assez bonne chose. C'est une galerie de costumes de la jeune et de la vieille garde[5], qu'il ne faut pas confondre avec une œuvre analogue publiée dans ces derniers temps, et qui, je crois, est même une œuvre posthume. Les personnages ont un caractère réel. Ils doivent être très ressemblants. L'allure, le geste, les airs de tête sont excellents. Alors Charlet était jeune, il ne se croyait pas un grand homme, et sa popularité ne le dispensait pas encore de dessiner ses figures correctement et de les poser d'aplomb. Il a toujours été se négligeant de plus en plus, et il a fini par faire et recommencer sans cesse un vulgaire crayonnage que ne voudrait pas avouer le plus jeune des rapins, s'il avait un peu d'orgueil. Il est bon de faire remarquer que l'œuvre dont je parle est d'un genre simple et sérieux, et qu'elle ne demande aucune des qualités qu'on a attribuées plus tard gratuitement à un artiste aussi incomplet dans le comique. Si j'avais suivi ma pensée droite, ayant à m'occuper des caricaturistes, je n'aurais pas introduit

Charlet dans le catalogue, non plus que Pinelli ; mais on m'aurait accusé de commettre des oublis graves.

En résumé : fabricant de niaiseries nationales, commerçant patenté de proverbes politiques, idole qui n'a pas, en somme, la vie plus dure que toute autre idole, il connaîtra prochainement la force de l'oubli, et il ira, avec le *grand* peintre et le *grand* poète[1], ses cousins germains en ignorance et en sottise, dormir dans le panier de l'indifférence, comme ce papier inutilement profané qui n'est plus bon qu'à faire du papier neuf[2].

Je veux parler maintenant de l'un des hommes les plus importants, je ne dirai pas seulement de la caricature, mais encore de l'art moderne, d'un homme qui, tous les matins, divertit la population parisienne, qui, chaque jour, satisfait aux besoins de la gaieté publique et lui donne sa pâture. Le bourgeois, l'homme d'affaires, le gamin, la femme, rient et passent souvent, les ingrats ! sans regarder le nom. Jusqu'à présent les artistes seuls ont compris tout ce qu'il y a de sérieux là-dedans, et que c'est vraiment matière à une étude. On devine qu'il s'agit de Daumier[3].

Les commencements d'Honoré Daumier ne furent pas très éclatants ; il dessina, parce qu'il avait besoin de dessiner, vocation inéluctable. Il mit d'abord quelques croquis dans un petit journal créé par William Duckett[4] ; puis Achille Ricourt[5], qui faisait alors le commerce des estampes, lui en acheta quelques autres. La révolution de 1830 causa, comme toutes les révolutions, une fièvre caricaturale. Ce fut vraiment pour les caricaturistes une belle époque. Dans cette guerre acharnée contre le gouvernement, et particulièrement contre le roi, on était tout cœur, tout feu. C'est véritablement une œuvre curieuse à contempler aujourd'hui que cette vaste série de bouffonneries historiques qu'on appelait la *Caricature,* grandes archives comiques, où tous les artistes de quelque valeur apportèrent leur contingent. C'est un tohu-bohu, un capharnaüm, une prodigieuse comédie satanique, tantôt bouffonne, tantôt sanglante, où défilent, affublées de costumes variés et grotesques, toutes les honorabilités politiques. Parmi tous ces grands hommes de la monarchie naissante, que de noms déjà oubliés ! Cette fantastique épopée est dominée, couronnée par la pyramidale et olympienne *Poire* de processive mémoire[6]. On se rappelle que Philipon[1], qui avait à chaque instant maille à partir avec la justice royale, voulant une fois prouver au tribunal que rien n'était plus innocent que cette irritante et malencontreuse poire, dessina à l'audience même une série de croquis dont le premier représentait exactement la figure royale, et dont chacun, s'éloignant de plus en plus du type primitif, se rapprochait davantage du terme fatal : la poire. « Voyez, disait-il, quel rapport trouvez-vous entre ce dernier croquis et le premier[2] ? » On a fait des expériences analogues sur la tête de Jésus et sur celle de l'Apollon, et je crois qu'on est parvenu à ramener l'une des deux à la ressemblance d'un crapaud. Cela ne prouvait absolument rien. Le symbole avait été trouvé par une analogie complaisante. Le symbole dès lors suffisait. Avec cette espèce d'argot plastique, on était le maître de dire et de faire comprendre au peuple tout ce qu'on voulait. Ce fut donc autour de cette poire tyrannique et maudite que se rassembla la grande bande des hurleurs patriotes. Le fait est qu'on y mettait un acharnement et un ensemble merveilleux, et avec quelque opiniâtreté que ripostât la justice, c'est aujourd'hui un sujet d'énorme étonnement, quand on feuillette ces bouffonnes archives, qu'une guerre si furieuse ait pu se continuer pendant des années.

Tout à l'heure, je crois, j'ai dit : bouffonnerie sanglante. En effet, ces dessins sont souvent pleins de sang et de fureur. Massacres[3], emprisonnements, arrestations, perquisitions, procès, assommades de la police, tous ces épisodes des premiers temps du gouvernement de 1830 reparaissent à chaque instant; qu'on en juge :

La Liberté, jeune et belle, assoupie dans un dangereux sommeil, coiffée de son bonnet phrygien, ne pense guère au danger qui la menace. *Un homme* s'avance vers elle avec précaution, plein d'un mauvais dessein. Il a l'encolure épaisse des hommes de la halle ou des gros propriétaires. Sa tête piriforme est surmontée d'un toupet très proéminent et flanquée de larges favoris. Le monstre est vu de dos, et le plaisir de deviner son nom n'ajoutait pas peu de prix à l'estampe. Il s'avance vers la jeune personne. Il s'apprête à la violer.

— *Avez-vous fait vos prières ce soir, Madame ?* — C'est Othello-Philippe qui étouffe l'innocente Liberté, malgré ses cris et sa résistance[4].

Le long d'une maison plus que suspecte passe une toute jeune fille, coiffée de son petit bonnet phrygien; elle le porte avec l'innocente coquetterie d'une grisette démocrate. MM. un tel et un tel (visages connus, — des ministres, à coup sûr, des plus honorables) font ici un singulier métier. Ils circonviennent la pauvre enfant, lui disent à l'oreille des câlineries ou des saletés, et la poussent doucement vers l'étroit corridor. Derrière une porte, l'*Homme* se devine. Son profil est perdu, mais c'est bien lui! Voilà le toupet et les favoris. Il attend, il est impatient[1]!

Voici la Liberté traînée devant une cour prévôtale ou tout autre tribunal gothique : grande galerie de portraits actuels avec costumes anciens[2].

Voici la Liberté amenée dans la chambre des tourmenteurs. On va lui broyer ses chevilles délicates, on va lui ballonner le ventre avec des torrents d'eau, ou accomplir sur elle toute autre abomination. Ces athlètes aux bras nus, aux formes robustes, affamés de tortures, sont faciles à reconnaître. C'est M. un tel, M. un tel et M. un tel, — les bêtes noires de l'opinion*[3].

Dans tous ces dessins, dont la plupart sont faits avec un sérieux et une conscience remarquables, le roi joue toujours un rôle d'ogre, d'assassin, de Gargantua inassouvi[4], pis encore quelquefois. Depuis la révolution de février, je n'ai vu qu'une seule caricature dont la férocité me rappelât le temps des grandes fureurs politiques; car tous les plaidoyers politiques étalés aux carreaux, lors de la grande élection présidentielle, n'offraient que des choses pâles au prix des produits de l'époque dont je viens de parler. C'était peu après les malheureux massacres de Rouen. — Sur le premier plan, un cadavre, troué de balles, couché sur une civière; derrière lui tous les gros bonnets de la ville, en uniforme, bien frisés, bien sanglés, bien attifés, les moustaches en croc et gonflés d'orgueil; il doit y avoir là-dedans des dandys bourgeois qui vont monter leur garde ou réprimer l'émeute avec un bouquet de violettes à la boutonnière de leur tunique; enfin, un idéal de *garde bourgeoise,* comme disait le plus célèbre de nos démagogues[5]. À genoux devant la civière,

* Je n'ai plus les pièces sous les yeux, il se pourrait que l'une de ces dernières fût de Traviès.

enveloppé dans sa robe de juge, la bouche ouverte et
montrant comme un requin la double rangée de ses dents
taillées en scie, F. C.[1] promène lentement sa griffe sur
la chair du cadavre qu'il égratigne avec délices. — Ah !
le Normand ! dit-il, il fait le mort pour ne pas répondre
à la Justice !

C'était avec cette même fureur que *La Caricature* faisait
la guerre au gouvernement. Daumier joua un rôle
important dans cette escarmouche permanente. On avait
inventé un moyen de subvenir aux amendes dont *Le Charivari* était accablé; c'était de publier dans *La Caricature*
des dessins supplémentaires dont la vente était affectée
au payement des amendes. À propos du lamentable
massacre de la rue Transnonain[2], Daumier se montra
vraiment grand artiste; le dessin est devenu assez rare,
car il fut saisi et détruit. Ce n'est pas précisément de la
caricature, c'est de l'histoire, de la triviale et terrible
réalité. — Dans une chambre pauvre et triste, la chambre
traditionnelle du prolétaire, aux meubles banals et indispensables, le corps d'un ouvrier nu, en chemise et en
bonnet de coton, gît sur le dos, tout de son long, les
jambes et les bras écartés. Il y a eu sans doute dans la
chambre une grande lutte et un grand tapage, car les
chaises sont renversées, ainsi que la table de nuit et le
pot de chambre. Sous le poids de son cadavre, le père
écrase entre son dos et le carreau le cadavre de son petit
enfant. Dans cette mansarde froide il n'y a rien que le
silence et la mort.

Ce fut aussi à cette époque que Daumier entreprit
une galerie satirique de portraits de personnages politiques. Il y en eut deux, l'une en pied, l'autre en buste.
Celle-ci, je crois, est postérieure[3] et ne contenait que des
pairs de France. L'artiste y révéla une intelligence merveilleuse du portrait; tout en chargeant et en exagérant
les traits originaux, il est si sincèrement resté dans la
nature, que ces morceaux peuvent servir de modèle à
tous les portraitistes. Toutes les pauvretés de l'esprit,
tous les ridicules, toutes les manies de l'intelligence,
tous les vices du cœur se lisent et se font voir clairement
sur ces visages animalisés; et en même temps, tout est
dessiné et accentué largement. Daumier fut à la fois
souple comme un artiste et exact comme Lavater. Du
reste, celles de ses œuvres datées de ce temps-là diffèrent

beaucoup de ce qu'il fait aujourd'hui. Ce n'est pas la
même facilité d'improvisation, le lâché et la légèreté de
crayon qu'il a acquis plus tard. C'est quelquefois un peu
lourd, rarement cependant, mais toujours très fini,
très consciencieux et très sévère.

Je me rappelle encore un fort beau dessin qui appartient à la même classe : *La Liberté de la presse*. Au milieu de ses instruments émancipateurs, de son matériel
d'imprimerie, un ouvrier typographe, coiffé sur l'oreille
du sacramentel bonnet de papier, les manches de chemise retroussées, carrément campé, établi solidement
sur ses grands pieds, ferme les deux poings et fronce
les sourcils. Tout cet homme est musclé et charpenté
comme les figures des grands maîtres. Dans le fond,
l'éternel *Philippe* et ses sergents de ville. Ils n'osent pas
venir s'y frotter[1].

Mais notre grand artiste a fait des choses bien diverses.
Je vais décrire quelques-unes des planches les plus frap-
pantes, empruntées à des genres différents. J'analyserai
ensuite la valeur philosophique et artistique de ce singulier homme, et à la fin, avant de me séparer de lui,
je donnerai la liste des différentes séries et catégories de
son œuvre ou du moins je ferai pour le mieux, car actuellement son œuvre est un labyrinthe, une forêt d'une
abondance inextricable.

Le Dernier Bain, caricature sérieuse et lamentable[2]. —
Sur le parapet d'un quai, debout et déjà penché, faisant
un angle aigu avec la base d'où il se détache comme
une statue qui perd son équilibre, un homme se laisse
tomber roide[a] dans la rivière. Il faut qu'il soit bien décidé; ses bras sont tranquillement croisés; un fort gros pavé
est attaché à son cou avec une corde. Il a bien juré de
n'en pas réchapper. Ce n'est pas un suicide de poète qui
veut être repêché et faire parler de lui. C'est la redingote
chétive et grimaçante qu'il faut voir, sous laquelle tous
les os font saillie ! Et la cravate maladive et tortillée
comme un serpent, et la pomme d'Adam, osseuse et
pointue ! Décidément, on n'a pas le courage d'en vouloir
à ce pauvre diable d'aller fuir sous l'eau le spectacle de
la civilisation. Dans le fond, de l'autre côté de la rivière,
un bourgeois contemplatif, au ventre rondelet, se livre
aux délices innocentes de la pêche.

Figurez-vous un coin très retiré d'une barrière inconnue et peu passante, accablée d'un soleil de plomb. Un homme d'une tournure assez funèbre, un croque-mort ou un médecin, trinque et boit chopine sous un bosquet sans feuilles, un treillis de lattes poussiéreuses, en tête à tête[a] avec un hideux squelette. À côté est posé le sablier et la faux. Je ne me rappelle pas le titre de cette planche. Ces deux vaniteux personnages font sans doute un pari homicide ou une savante dissertation sur la mortalité[1].

Daumier a éparpillé son talent en mille endroits différents. Chargé d'illustrer une assez mauvaise publication médico-poétique, la *Némésis médicale*[2], il fit des dessins merveilleux. L'un d'eux, qui a trait au choléra, représente une place publique inondée, criblée de lumière et de chaleur. Le ciel parisien, fidèle à son habitude ironique dans les grands fléaux et les grands remue-ménage politiques, le ciel est splendide; il est blanc, incandescent d'ardeur. Les ombres sont noires et nettes. Un cadavre est posé en travers d'une porte. Une femme rentre précipitamment en se bouchant le nez et la bouche. La place est déserte et brûlante, plus désolée qu'une place populeuse dont l'émeute a fait une solitude. Dans le fond, se profilent tristement deux ou trois petits corbillards attelés de haridelles comiques, et au milieu de ce forum de la désolation, un pauvre chien désorienté, sans but et sans pensée, maigre jusqu'aux os, flaire le pavé desséché, la queue serrée entre les jambes[b].

Voici maintenant le bagne. Un monsieur très docte, habit noir et cravate blanche, un philanthrope, un redresseur de torts, est assis extatiquement entre deux forçats d'une figure épouvantable, stupides comme des crétins, féroces comme des bouledogues, usés comme des loques. L'un d'eux lui raconte qu'il a assassiné son père, violé sa sœur, ou fait toute autre action d'éclat. — Ah ! mon ami, quelle riche organisation vous possédiez ! s'écrie le savant extasié[3].

Ces échantillons suffisent pour montrer combien sérieuse est souvent la pensée de Daumier, et comme il attaque vivement son sujet. Feuilletez son œuvre, et vous verrez défiler devant vos yeux, dans sa réalité fantastique et saisissante, tout ce qu'une grande ville contient de vivantes monstruosités. Tout ce qu'elle renferme de trésors effrayants, grotesques, sinistres et bouffons, Daumier le connaît. Le cadavre vivant et affamé, le cadavre gras et repu, les misères ridicules du ménage, toutes les sottises, tous les orgueils, tous les enthousiasmes, tous les désespoirs du bourgeois, rien n'y manque. Nul comme celui-là n'a connu et aimé (à la manière des artistes) le bourgeois, ce dernier vestige du Moyen Âge, cette ruine gothique qui a la vie si dure, ce type à la fois si banal et si excentrique. Daumier a vécu intimement avec lui, il l'a épié le jour et la nuit, il a appris les mystères de son alcôve, il s'est lié avec sa femme et ses enfants, il sait la forme de son nez et la construction de sa tête, il sait quel esprit fait vivre la maison du haut en bas.

Faire une analyse complète de l'œuvre de Daumier serait chose impossible; je vais donner les titres de ses principales séries, sans trop d'appréciations ni de commentaires. Il y a dans toutes des fragments merveilleux.

Robert Macaire, Mœurs conjugales, Types parisiens, Profils et silhouettes, Les Baigneurs, Les Baigneuses, Les Canotiers parisiens, Les Bas-bleus, Pastorales, Histoire ancienne, Les Bons Bourgeois, Les Gens de Justice, La Journée de M. Coquelet, Les Philanthropes du jour, Actualités, Tout ce qu'on voudra, Les Représentants représentés. Ajoutez à cela les deux galeries de portraits dont j'ai parlé*.

J'ai deux remarques importantes à faire à propos de deux de ces séries, *Robert Macaire* et l'*Histoire ancienne*. — *Robert Macaire* fut l'inauguration décisive de la caricature de mœurs[2]. La grande guerre politique s'était un peu calmée. L'opiniâtreté des poursuites, l'attitude du gouvernement qui s'était affermi, et une certaine lassitude naturelle à l'esprit humain avaient jeté beaucoup d'eau sur tout ce feu. Il fallait trouver du nouveau. Le pamphlet fit place à la comédie. La *Satire Ménippée* céda le terrain à Molière, et la grande épopée de Robert Macaire, racontée par Daumier d'une manière *flambante,* succéda aux colères révolutionnaires et aux dessins allusionnels. La caricature, dès lors, prit une allure nouvelle, elle ne fut plus spécialement politique. Elle fut la satire générale des citoyens. Elle entra dans le domaine du roman.

L'*Histoire ancienne*[3] me paraît une chose importante,

---

* Une production incessante et régulière a rendu cette liste plus qu'incomplète. Une fois j'ai voulu, avec Daumier, faire le catalogue complet de son œuvre. A nous deux, nous n'avons pu y réussir[1].

parce que c'est pour ainsi dire la meilleure paraphrase
du vers célèbre : *Qui nous délivrera des Grecs et des Ro-*
mains ? Daumier s'est abattu brutalement sur l'antiquité,
sur la fausse antiquité, — car nul ne sent mieux que lui
les grandeurs anciennes, — il a craché dessus ; et le bouil-
lant Achille, et le prudent Ulysse, et la sage Pénélope,
et Télémaque, ce grand dadais, et la belle Hélène qui
perdit Troie, et tous enfin nous apparaissent dans une
laideur bouffonne qui rappelle ces vieilles carcasses
d'acteurs tragiques prenant une prise de tabac dans les
coulisses. Ce fut un blasphème très amusant, et qui eut
son utilité. Je me rappelle qu'un poète lyrique et païen
de mes amis en était fort indigné. Il appelait cela une
impiété et parlait de la belle Hélène comme d'autres
parlent de la Vierge Marie. Mais ceux-là qui n'ont pas
un grand respect pour l'Olympe et pour la tragédie
furent naturellement portés à s'en réjouir.

Pour conclure, Daumier a poussé son art très loin,
il en a fait un art sérieux ; c'est un *grand* caricaturiste.
Pour l'apprécier dignement, il faut l'analyser au point
de vue de l'artiste et au point de vue moral. — Comme
artiste, ce qui distingue Daumier, c'est la certitude. Il
dessine comme les grands maîtres[1]. Son dessin est abondant, facile, c'est une improvisation suivie ; et pourtant
ce n'est jamais du *chic*. Il a une mémoire merveilleuse
et quasi divine qui lui tient lieu de modèle. Toutes ses
figures sont bien d'aplomb, toujours dans un mouvement
vrai. Il a un talent d'observation tellement sûr qu'on ne
trouve pas chez lui une seule tête qui jure avec le corps
qui la supporte. Tel[a] nez, tel front, tel œil, tel pied, telle
main[2]. C'est la logique du savant transportée dans un art
léger, fugace, qui a contre lui la mobilité même de la vie.

Quant au moral, Daumier a quelques rapports avec
Molière. Comme lui, il va droit au but. L'idée se dégage
d'emblée. On regarde, on a compris. Les légendes qu'on
écrit au bas de ses dessins ne servent pas à grand-chose,
car ils pourraient généralement s'en passer. Son comique
est, pour ainsi dire, involontaire. L'artiste ne cherche pas,
on dirait plutôt que l'idée lui échappe. Sa caricature est
formidable d'ampleur, mais sans rancune et sans fiel[2]. Il
y a dans toute son œuvre un fonds d'honnêteté et de
bonhomie. Il a, remarquez bien ce trait, souvent refusé
de traiter certains motifs satiriques très beaux et très

violents, parce que cela, disait-il, dépassait les limites
du comique et pouvait blesser la conscience du genre
humain. Aussi quand il est navrant ou terrible, c'est
presque sans l'avoir voulu. Il a dépeint ce qu'il a vu, et
le résultat s'est produit. Comme il aime très passionnément et très naturellement la nature, il s'élèverait difficilement au comique absolu[1]. Il évite même avec soin
tout ce qui ne serait pas pour un public français l'objet
d'une perception claire et immédiate.

Encore un mot. Ce qui complète le caractère remarquable de Daumier, et en fait un artiste spécial appartenant à l'illustre famille des maîtres, c'est que son dessin
est naturellement coloré. Ses lithographies et ses dessins
sur bois éveillent des idées de couleur. Son crayon
contient autre chose que du noir bon à délimiter des
contours. Il fait deviner la couleur comme la pensée;
or c'est le signe d'un art supérieur, et que tous les artistes
intelligents ont clairement vu dans ses ouvrages[2].

Henri Monnier a fait beaucoup de bruit il y a quelques
années; il a eu un grand succès dans le monde bourgeois
et dans le monde des ateliers, deux espèces de villages.
Deux raisons à cela. La première est qu'il remplissait
trois fonctions à la fois, comme Jules César : comédien,
écrivain, caricaturiste. La seconde est qu'il a un talent
essentiellement bourgeois. Comédien, il était exact et
froid; écrivain, vétilleux; artiste, il avait trouvé le moyen
de faire du chic d'après nature.

Il est juste la contrepartie de l'homme dont nous
venons de parler. Au lieu de saisir entièrement et d'emblée tout l'ensemble d'une figure ou d'un sujet, Henri
Monnier procédait par un lent et successif examen des
détails. Il n'a jamais connu le grand art. Ainsi Monsieur Prudhomme, ce type monstrueusement vrai,
Monsieur Prudhomme n'a pas été conçu en grand.
Henri Monnier l'a étudié, le Prudhomme vivant, réel; il
l'a étudié jour à jour, pendant un très long espace de
temps. Combien de tasses de café a dû avaler Henri Monnier, combien de parties de dominos, pour arriver à ce
prodigieux résultat, je l'ignore. Après l'avoir étudié, il
l'a traduit; je me trompe, il l'a décalqué. À première
vue, le produit apparaît comme extraordinaire; mais
quand tout Monsieur Prudhomme a été dit, Henri Monnier n'avait plus rien à dire. Plusieurs de ses *Scènes popu-*

laires sont certainement agréables; autrement il faudrait
nier le charme cruel et surprenant du daguerréotype;
mais Monnier ne sait rien créer, rien idéaliser, rien arranger. Pour en revenir à ses dessins, qui sont ici l'objet
important, ils sont généralement froids et durs, et, chose
singulière! il reſte une chose vague dans la pensée, malgré la précision pointue du crayon. Monnier a une
faculté étrange, mais il n'en a qu'une. C'eſt la froideur,
la limpidité du miroir, d'un miroir qui ne pense pas et
qui se contente de réfléchir les passants[1].

Quant à Grandville, c'eſt tout autre chose. Grandville eſt un esprit maladivement littéraire, toujours en
quête de moyens bâtards pour faire entrer sa pensée dans
le domaine des arts plaſtiques; aussi l'avons-nous vu
souvent user du vieux procédé qui consiſte à attacher aux
bouches de ses personnages des banderoles parlantes.
Un philosophe ou un médecin aurait à faire une bien belle
étude psychologique et physiologique sur Grandville.
Il a passé sa vie à chercher des idées, les trouvant quelquefois. Mais comme il était artiſte par métier et homme
de lettres par la tête, il n'a jamais pu les bien exprimer.
Il a touché naturellement à plusieurs grandes queſtions,
et il a fini par tomber dans le vide, n'étant tout à fait ni
philosophe ni artiſte. Grandville a roulé pendant une
grande partie de son exiſtence sur l'idée générale de
l'Analogie. C'eſt même par là qu'il a commencé : *Métamorphoses du jour*[2]. Mais il ne savait pas en tirer des conséquences juſtes; il cahotait comme une locomotive dérail-
lée. Cet homme, avec un courage surhumain, a passé
sa vie à refaire la création. Il la prenait dans ses mains,
la tordait, la rarrangeait, l'expliquait, la commentait;
et la nature se transformait en apocalypse. Il a mis le
monde sens dessus dessous. Au fait, n'a-t-il pas composé
un livre d'images qui s'appelle *Le Monde à l'envers*[3]? Il y a
des gens superficiels que Grandville divertit; quant à moi,
il m'effraye. Car c'eſt à l'artiſte malheureusement que
je m'intéresse et non à ses dessins. Quand j'entre dans
l'œuvre de Grandville, j'éprouve un certain malaise,
comme dans un appartement où le désordre serait systématiquement organisé, où des corniches saugrenues
s'appuieraient sur le plancher, où les tableaux se présen-
teraient déformés par des procédés d'opticien, où les
objets se blesseraient obliquement par les angles, où

les meubles se tiendraient les pieds en l'air, et où les tiroirs s'enfonceraient au lieu de sortir.

Sans doute Grandville a fait de belles et bonnes choses, ses habitudes têtues et minutieuses le servant beaucoup; mais il n'avait pas de souplesse, et aussi n'a-t-il jamais su[a] dessiner une femme. Or c'est par le côté fou de son talent que Grandville est important. Avant de mourir, il appliquait sa volonté, toujours opiniâtre, à noter sous une forme plastique la succession des rêves et des cauchemars, avec la précision d'un sténographe qui écrit le discours d'un orateur. L'artiste-Grandville voulait, oui, il voulait que le crayon expliquât la loi d'association des idées. Grandville est très comique; mais il est souvent un comique sans le savoir.

Voici maintenant un artiste, bizarre dans sa grâce, mais bien autrement important. Gavarni commença cependant par[b] faire des dessins de machines, puis des dessins de modes, et il me semble qu'il lui en est resté longtemps un stigmate; cependant il est juste de dire que Gavarni a toujours été en progrès. Il n'est pas tout à fait un caricaturiste, ni même uniquement un artiste, il est aussi un littérateur. Il effleure, il fait deviner. Le caractère particulier de son comique est une grande finesse d'observation, qui va quelquefois jusqu'à la ténuité. Il connaît, comme Marivaux, toute la puissance de la réticence, qui est à la fois une amorce et une flatterie à l'intelligence du public. Il fait lui-même les légendes de ses dessins, et quelquefois très entortillées. Beaucoup de gens préfèrent Gavarni à Daumier, et cela n'a rien d'étonnant. Comme Gavarni est moins artiste, il est plus facile à comprendre pour eux. Daumier est un génie franc et direct. Ôtez-lui la légende, le dessin reste une belle et claire chose. Il n'en est pas ainsi de Gavarni; celui-ci est double : il y a le dessin, plus la légende[1]. En second lieu, Gavarni n'est pas essentiellement satirique; il flatte souvent au lieu de mordre; il ne blâme pas, il encourage. Comme tous les hommes de lettres, homme de lettres lui-même, il est légèrement teinté de corruption. Grâce à l'hypocrisie charmante de sa pensée et à la puissante tactique des demi-mots, il ose tout. D'autres fois, quand sa pensée cynique se dévoile franchement, elle endosse un vêtement gracieux, elle caresse les préjugés et fait du monde son complice[c]. Que de raisons de popularité ! Un échantillon entre mille : vous rappelez-vous cette grande et belle fille qui regarde avec une moue dédaigneuse un jeune homme joignant devant elle les mains dans une attitude suppliante ? « Un petit baiser, ma bonne dame charitable, pour l'amour de Dieu ! s'il vous plaît. — Repassez ce soir, on a déjà donné à votre père ce matin[1]. » On dirait vraiment que la dame est un portrait. Ces coquins-là sont si jolis que la jeunesse aura fatalement envie de les imiter. Remarquez, en outre, que le plus beau est dans la légende, le dessin étant impuissant à dire tant de choses.

Gavarni a créé la Lorette. Elle existait bien un peu avant lui, mais il l'a complétée. Je crois même que c'est lui qui a inventé le mot[2]. La Lorette, on l'a déjà dit, n'est pas la fille entretenue, cette chose de l'Empire, condamnée à vivre en tête à tête funèbre avec le cadavre métallique dont elle vivait, général ou banquier. La Lorette est une personne libre. Elle va et elle vient. Elle tient maison ouverte. Elle n'a pas de maître; elle fréquente les artistes et les journalistes. Elle fait ce qu'elle peut pour avoir de l'esprit. J'ai dit que Gavarni l'avait complétée; et, en effet, entraîné par son imagination littéraire, il invente au moins autant qu'il voit, et, pour cette raison, il a beaucoup agi sur les mœurs. Paul de Kock[3] a créé la Grisette, et Gavarni la Lorette; et quelques-unes de ces filles se sont perfectionnées en se l'assimilant, comme la jeunesse du quartier Latin avait subi l'influence de ses *étudiants,* comme beaucoup de gens s'efforcent de ressembler aux gravures de mode.

Tel qu'il est, Gavarni est un artiste plus qu'intéressant, dont il restera beaucoup. Il faudra feuilleter ces œuvres-là pour comprendre l'histoire des dernières années de la monarchie. La république a un peu effacé Gavarni; loi cruelle, mais naturelle. Il était né avec l'apaisement, il s'éclipse avec la tempête. — La véritable gloire et la vraie mission de Gavarni et de Daumier ont été de compléter Balzac, qui d'ailleurs le savait bien, et les estimait comme des auxiliaires et des commentateurs[4].

Les principales créations de Gavarni sont : *La Boîte aux lettres, Les Étudiants, Les Lorettes, Les Actrices, Les Coulisses, Les Enfants terribles, Hommes et femmes de plume,* et une immense série de sujets détachés.

Il me reste à parler de Trimolet, de Traviès et de

Jacque. — Trimolet fut une destinée mélancolique; on ne se douterait guère, à voir la bouffonnerie gracieuse et enfantine qui souffle à travers ses compositions, que tant de douleurs graves et de chagrins cuisants aient assailli sa pauvre vie[1]. Il a gravé lui-même à l'eau-forte, pour la collection des *Chansons populaires de la France*[2] et pour les almanachs comiques d'Aubert[3], de fort beaux dessins, ou plutôt des croquis, où règne la plus folle et la plus innocente gaieté. Trimolet dessinait librement sur la planche, sans dessin préparatoire, des compositions très compliquées, procédé dont il résulte bien, il faut l'avouer, un peu de fouillis. Évidemment l'artiste avait été très frappé par les œuvres de Cruikshank[4]; mais, malgré tout, il garde son originalité; c'est un humoriste qui mérite une place à part; il y a là une saveur *sui generis,* un goût fin qui se distingue de tous autres pour les gens qui ont le palais fin.

Un jour, Trimolet fit un tableau[5]; c'était bien conçu et c'était une grande pensée : dans une nuit sombre et mouillée, un de ces vieux hommes qui ont l'air d'une ruine ambulante et d'un paquet de guenilles vivantes s'est étendu au pied d'un mur décrépi. Il lève ses yeux reconnaissants vers le ciel sans étoiles, et s'écrie : « Je vous bénis, mon Dieu, qui m'avez donné ce mur pour m'abriter et cette natte pour me couvrir ! » Comme tous les déshérités harcelés par la douleur, ce brave homme n'est pas difficile, et il fait volontiers crédit du reste au Tout-Puissant. Quoi qu'en dise la race des optimistes qui, selon Désaugiers[6], se laissent quelquefois choir après boire, au risque d'écraser *un pauvre homme qui n'a pas dîné,* il y a des génies qui ont passé de ces nuits-là ! Trimolet est mort; il est mort au moment où l'aurore éclaircissait son horizon, et où la fortune plus clémente avait envie de lui sourire. Son talent grandissait, sa machine intellectuelle était bonne et fonctionnait activement; mais sa machine physique était gravement avariée et endommagée par des tempêtes anciennes.

Traviès[7], lui aussi, fut une fortune malencontreuse. Selon moi, c'est un artiste éminent et qui ne fut pas dans son temps délicatement apprécié. Il a beaucoup produit, mais il manque de certitude. Il veut être plaisant, et il ne l'est pas, à coup sûr. D'autres fois, il trouve une belle chose et il l'ignore. Il s'amende, il se corrige sans cesse;

il se tourne, il se retourne et poursuit un idéal intangible.
Il est le prince du guignon. Sa muse est une nymphe de
faubourg, pâlotte et mélancolique. À travers toutes ses
tergiversations, on suit partout un filon souterrain aux
couleurs et au caractère assez notables. Traviès a un profond sentiment des joies et des douleurs du peuple; il
connaît la canaille à fond, et nous pouvons dire qu'il l'a
aimée avec une tendre charité. C'est la raison pour
laquelle ses *Scènes bachiques*[1] resteront une œuvre remarquable; ses chiffonniers d'ailleurs sont généralement
très ressemblants, et toutes ces guenilles ont l'ampleur
et la noblesse presque insaisissable du style tout fait, tel
que l'offre la nature dans ses caprices[2]. Il ne faut pas
oublier que Traviès est le créateur de *Mayeux*[3], ce type
excentrique et vrai qui a tant amusé Paris. Mayeux est à
lui comme *Robert Macaire* est à Daumier, comme *M. Prudhomme* est à Monnier. — En ce temps déjà lointain, il y
avait à Paris une espèce de bouffon physionomane,
nommé Léclaire[4], qui courait les guinguettes, les caveaux
et les petits théâtres. Il faisait des *têtes d'expression*, et
entre deux bougies il illuminait successivement sa figure
de toutes les passions. C'était le cahier des *Caractères des
passions de M. Lebrun, peintre du roi*[5]. Cet homme, accident
bouffon plus commun qu'on ne le suppose dans les castes
excentriques, était très mélancolique et possédé de la
rage de l'amitié. En dehors de ses études et de ses représentations grotesques, il passait son temps à chercher un
ami, et quand il avait bu, ses yeux pleuvaient[a] abondamment les larmes de la solitude. Cet infortuné possédait
une telle puissance objective et une si grande aptitude à
se grimer, qu'il imitait à s'y méprendre la bosse, le front
plissé d'un bossu, ses grandes pattes simiesques et son
parler criard et baveux. Traviès le vit; on était encore en
plein dans la grande ardeur patriotique de Juillet; une
idée lumineuse s'abattit dans son cerveau; Mayeux fut
créé, et pendant longtemps le turbulent Mayeux parla,
cria, pérora, gesticula dans la mémoire du peuple parisien.
Depuis lors on[b] a reconnu que Mayeux existait, et l'on a
cru que Traviès l'avait connu et copié. Il en a été ainsi
de plusieurs autres créations populaires.

Depuis quelque temps Traviès a disparu de la scène,
on ne sait trop pourquoi, car il y a aujourd'hui, comme
toujours, de solides entreprises d'albums et de journaux

comiques. C'est un malheur réel, car il est très observateur, et, malgré ses hésitations et ses défaillances, son
talent a quelque chose de sérieux et de tendre qui le rend
singulièrement attachant.

Il est bon d'avertir les collectionneurs que, dans les
caricatures relatives à Mayeux, les femmes qui, comme
on sait, ont joué un grand rôle dans l'épopée de ce Rago-
tin[1] galant et patriotique, ne sont pas de Traviès : elles
sont de Philipon[a], qui avait l'idée excessivement *comique*
et qui dessinait les femmes d'une manière séduisante, de
sorte qu'il se réservait le plaisir de faire les femmes dans
les *Mayeux* de Traviès, et qu'ainsi chaque dessin se trouvait doublé d'un style qui ne *doublait* vraiment pas
l'intention comique.

Jacque, l'excellent artiste, à l'intelligence multiple, a été
aussi occasionnellement un recommandable caricaturiste.
En dehors de ses peintures et de ses gravures à l'eau-
forte, où il s'est montré toujours grave et poétique, il a
fait de fort bons dessins grotesques, où l'idée d'ordinaire se projette bien et d'emblée. Voir *Militairiana* et
Malades et Médecins[2]. Il dessine richement et spirituellement, et sa caricature a, comme tout ce qu'il fait, le mor-
dant et la soudaineté du poète observateur[3].

QUELQUES CARICATURISTES
ÉTRANGERS

HOGARTH - CRUIKSHANK -
GOYA - PINELLI - BRUEGHEL

I

Un nom tout à fait populaire, non seulement chez les
artistes, mais aussi chez les gens du monde, un artiste
des plus éminents en matière de comique, et qui remplit la mémoire comme un proverbe, est Hogarth[1].
J'ai souvent entendu dire de Hogarth : « C'est l'enterrement du comique. » Je le veux bien; le mot peut être
pris pour spirituel, mais je désire qu'il soit entendu
comme éloge; je tire de cette formule malveillante le
symptôme, le diagnostic[a] d'un mérite tout particulier. En
effet, qu'on y fasse attention, le talent de Hogarth
comporte en soi quelque chose de froid, d'astringent, de
funèbre. Cela serre le cœur. Brutal et violent, mais toujours préoccupé du sens moral de ses compositions,
moraliste avant tout, il les charge, comme notre Grandville[2], de détails allégoriques et allusionnels, dont la fonction, selon lui, est de compléter et d'élucider sa pensée.
Pour le spectateur, j'allais, je crois, dire pour le lecteur,
il arrive quelquefois, au rebours de son désir, qu'elles
retardent l'intelligence et l'embrouillent.

D'ailleurs Hogarth a, comme tous les artistes très
chercheurs, des manières et des morceaux assez variés.
Son procédé n'est pas toujours aussi dur, aussi écrit,
aussi tatillon. Par exemple, que l'on compare les planches
du *Mariage à la mode* avec celles qui représentent *Les Dan-*

gers et les suites de l'incontinence, Le Palais du Gin, Le Sup-
plice du Musicien, Le Poète dans son ménage[1], on reconnaîtra
dans ces dernières beaucoup plus d'aisance et d'abandon.
Une des plus curieuses est certainement celle qui nous
montre un cadavre aplati, roide et allongé sur la table de
dissection. Sur une poulie ou toute autre mécanique
scellée au plafond se dévident les intestins du mort débauché. Ce mort est horrible, et rien ne peut faire un
contraste plus singulier avec ce cadavre, cadavérique
entre tous, que les hautes, longues, maigres ou rotondes
figures, grotesquement graves, de tous ces docteurs bri-
tanniques, chargées de monstrueuses perruques à rouleaux. Dans un coin, un chien plonge goulûment son
museau dans un seau et y pille quelques débris humains[2].
Hogarth, l'enterrement du comique ! j'aimerais mieux
dire que c'est le comique dans l'enterrement. Ce chien
anthropophage m'a toujours fait rêver au cochon historique qui se soûlait impudemment du sang[a] de l'infortuné Fualdès, pendant qu'un orgue de Barbarie exécu-
tait, pour ainsi dire, le service funèbre de l'agonisant[3].

J'affirmais tout à l'heure que le bon mot d'atelier devait
être pris comme un éloge. En effet, je retrouve bien dans
Hogarth ce je ne sais quoi de sinistre, de violent et de
résolu, qui respire dans presque toutes les œuvres du
pays du spleen. Dans *Le Palais du Gin,* à côté des mésaventures innombrables et des accidents grotesques dont est
semée la vie et la route des ivrognes, on trouve des cas
terribles qui sont peu comiques à notre point de vue français : presque toujours des cas de mort violente. Je ne
veux pas faire ici une analyse détaillée des œuvres de
Hogarth; de nombreuses appréciations ont déjà été
faites du singulier et minutieux moraliste, et je veux me
borner à constater le caractère général qui domine les
œuvres de chaque artiste important.

Il serait injuste, en parlant de l'Angleterre, de ne pas
mentionner Seymour[4], dont tout le monde a vu les admirables charges sur la pêche et la chasse, double épopée de
maniaques. C'est à lui que primitivement fut empruntée[5]
cette merveilleuse allégorie de l'araignée qui a filé sa
toile entre la ligne et le bras de ce pêcheur que l'impa-
tience ne fait jamais trembler[b].

Dans Seymour, comme dans les autres Anglais, violence et amour de l'excessif; manière simple, archibru-

tale et directe, de poser le sujet. En matière de caricature, les Anglais sont des ultra. — *Oh ! the deep, deep sea !* s'écrie dans une béate contemplation, tranquillement assis sur le banc d'un canot, un gros Londonien, à un quart de lieue du port. Je crois même qu'on aperçoit encore quelques toitures dans le fond. L'extase de cet imbécile est extrême ; aussi il ne voit pas les deux grosses jambes de sa chère épouse, qui dépassent l'eau et se tiennent droites, les pointes en l'air. Il paraît que cette grasse personne s'est laissée choir, la tête la première, dans le liquide élément dont l'aspect enthousiasme cet épais cerveau. De cette malheureuse créature les jambes sont tout ce qu'on voit. Tout à l'heure ce puissant amant de la nature cherchera flegmatiquement sa femme et ne la trouvera plus[1].

Le mérite spécial de George Cruikshank (je fais abstraction de tous ses autres mérites, finesse d'expression, intelligence du fantastique, etc.) est une abondance inépuisable dans le grotesque. Cette verve est inconcevable, et elle serait réputée impossible, si les preuves n'étaient pas là, sous forme d'une œuvre immense, collection innombrable de vignettes, longue série d'albums comiques, enfin d'une telle quantité de personnages, de situations, de physionomies, de tableaux grotesques, que la mémoire de l'observateur s'y perd ; le grotesque coule incessamment et inévitablement de la pointe de Cruikshank, comme les rimes riches de la plume des poètes naturels. Le[a] grotesque est son habitude.

Si l'on pouvait analyser sûrement une chose aussi fugitive et impalpable que le sentiment en art, ce je ne sais quoi qui distingue toujours un artiste d'un autre, quelque intime que soit en apparence leur parenté, je dirais que ce qui constitue surtout le grotesque de Cruikshank, c'est la violence extravagante du geste et du mouvement, et l'explosion dans l'expression. Tous ses petits personnages miment avec fureur et turbulence comme des acteurs de pantomime. Le seul défaut qu'on puisse lui reprocher est d'être souvent plus homme d'esprit, plus crayonneur qu'artiste, enfin de ne pas toujours dessiner[b] d'une manière assez consciencieuse. On dirait que, dans le plaisir qu'il éprouve à s'abandonner à sa prodigieuse verve, l'auteur oublie de douer ses personnages d'une vitalité suffisante. Il dessine un peu trop comme les hommes de lettres qui s'amusent à barbouiller des croquis*ᵃ*. Ces preſtigieuses petites créatures ne sont pas toujours nées viables. Tout ce monde minuscule se culbute, s'agite et se mêle avec une pétulance indicible, sans trop s'inquiéter si tous ses membres sont bien à leur place naturelle. Ce ne sont trop souvent que des hypothèses humaines qui se démènent comme elles peuvent. Enfin, tel qu'il eſt, Cruikshank eſt un artiſte doué de riches facultés comiques, et qui reſtera dans toutes les collections[1]. Mais que dire de ces plagiaires français modernes[2], impertinents jusqu'à prendre non seulement des sujets et des canevas, mais même la manière et le ſtyle ? Heureusement la naïveté ne se vole pas. Ils ont réussi à être de glace dans leur enfantillage affeſté, et ils dessinent d'une façon encore plus insuffisanteᵇ.

I I

En Espagne, un homme singulier a ouvert dans le comique de nouveaux horizons.

À propos de Goya[3], je dois d'abord renvoyer mes lecteurs à l'excellent article que Théophile Gautier a écrit sur lui dans *Le Cabinet de l'Amateur,* et qui fut depuis reproduit dans un volume de mélanges. Théophile Gautierᶜ[4] eſt parfaitement doué pour comprendre de semblables natures. D'ailleurs, relativement aux procédés de Goya, — aqua-tinte et eau-forte mêlées, avec retouches à la pointe sèche, — l'article en queſtion contient tout ce qu'il faut. Je veux seulement ajouter quelques mots sur l'élément très rare que Goya a introduit dans le comique : je veux parler du fantaſtique. Goya n'eſt précisément rien de spécial, de particulier, ni comique absolu, ni comique purement significatif, à la manière française. Sans doute il plonge souvent dans le comique féroce et s'élève jusqu'au comique absolu; mais l'aspeſt général sous lequel il voit les choses eſt surtout fantaſtique, ou plutôt le regard qu'il jette sur les choses eſt un traduſteur naturellement fantaſtique. *Los Caprichos* sont une œuvre merveilleuse, non seulement par l'originalité des conceptions, mais encore par l'exécution. J'imagine devant *Les Caprices* un homme, un curieux, un amateur, n'ayant

aucune notion des faits historiques auxquels plusieurs de
ces planches font allusion, un simple esprit d'artiste qui
ne sache ce que c'est ni que Godoï, ni le roi Charles, ni la
reine ; il éprouvera toutefois au fond de son cerveau une
commotion vive, à cause de la manière originale, de la
plénitude et de la certitude des moyens de l'artiste, et
aussi de cette atmosphère fantastique qui baigne tous ses
sujets. Du reste, il y a dans les œuvres issues des profondes individualités quelque chose qui ressemble à ces
rêves périodiques ou chroniques*a* qui assiègent régulièrement notre sommeil. C'est là ce qui marque le véritable artiste, toujours durable et vivace même dans ces
œuvres fugitives, pour ainsi dire suspendues aux événements, qu'on appelle *caricatures ;* c'est là, dis-je, ce qui
distingue les caricaturistes historiques d'avec les caricaturistes artistiques, le comique fugitif d'avec le comique
éternel.

Goya est toujours un grand artiste, souvent effrayant.
Il unit à la gaieté, à la jovialité, à la satire espagnole du
bon temps de Cervantes, un esprit beaucoup plus
moderne, ou du moins qui a été beaucoup plus cherché
dans les temps modernes, l'amour de l'insaisissable, le
sentiment des contrastes violents, des épouvantements
de la nature et des physionomies humaines étrangement
animalisées par les circonstances. C'est chose curieuse à
remarquer que cet esprit qui vient après le grand mouvement satirique et démolisseur du XVIIIe siècle, et
auquel Voltaire aurait su gré, pour l'idée seulement (car
le pauvre grand homme ne s'y connaissait guère quant
au reste[1]), de toutes ces caricatures monacales, — moines
bâillants, moines goinfrants, têtes carrées d'assassins se
préparant à matines, têtes rusées, hypocrites, fines et
méchantes comme des profils d'oiseaux de proie ; — il est
curieux, dis-je, que ce haïsseur de moines ait tant rêvé*b*
sorcières, sabbat, diableries, enfants qu'on fait cuire à la
broche, que sais-je ? toutes les débauches du rêve, toutes
les hyperboles de l'hallucination, et puis toutes ces
blanches*c* et sveltes Espagnoles que de vieilles sempiter-
nelles lavent et préparent soit pour le sabbat, soit pour la
prostitution du soir, sabbat de la civilisation[2] ! La lumière
et les ténèbres se jouent à travers toutes ces grotesques
horreurs. Quelle singulière jovialité ! Je me rappelle surtout deux planches extraordinaires : — l'une représente

un paysage fantastique, un mélange de nuées et de
rochers. Est-ce un coin de Sierra inconnue et infréquen-
tée ? un échantillon du chaos ? Là, au sein de ce théâtre
abominable, a lieu une bataille acharnée entre deux sorcières suspendues au milieu des airs. L'une est à cheval
sur l'autre ; elle la rosse, elle la dompte. Ces deux monstres roulent à travers l'air ténébreux. Toute la hideur,
toutes les saletés morales, tous les vices que l'esprit
humain peut concevoir sont écrits sur ces deux faces,
qui, suivant une habitude fréquente et un procédé inexplicable de l'artiste, tiennent le milieu entre l'homme et
la bête[1].

L'autre planche[2] représente un être, un malheureux,
une monade solitaire et désespérée, qui veut à toute force
sortir de son tombeau. Des démons[a] malfaisants, une
myriade de vilains gnomes lilliputiens pèsent de tous
leurs efforts réunis sur le couvercle de la tombe entrebâillée. Ces gardiens vigilants de la mort se sont coalisés
contre l'âme récalcitrante qui se consume dans une lutte
impossible. Ce cauchemar s'agite dans l'horreur du vague
et de l'indéfini.

À la fin de sa carrière, les yeux de Goya étaient affai-
blis au point qu'il fallait, dit-on, lui tailler ses crayons.
Pourtant il a, même à cette époque, fait de grandes lithographies[b] très importantes, entre autres des courses de
taureaux pleines de foule et de fourmillement[3], planches
admirables, vastes tableaux en miniature, — preuves
nouvelles à l'appui de cette loi singulière qui préside à la
destinée des grands artistes, et qui veut que, la vie se gou-
vernant à l'inverse de l'intelligence, ils gagnent d'un côté
ce qu'ils perdent de l'autre, et qu'ils aillent ainsi, suivant
une jeunesse progressive, se renforçant, se ragaillardis-
sant, et croissant en audace jusqu'au bord de la tombe.

Au premier plan d'une de ces images, où règnent un
tumulte et un tohu-bohu admirables, un taureau furieux,
un de ces rancuniers qui s'acharnent sur les morts, a décu-
lotté la partie postérieure d'un des combattants. Celui-ci,
qui n'est que blessé, se traîne lourdement sur les genoux.
La formidable bête a soulevé avec ses cornes la chemise
lacérée et mis à l'air les deux fesses du malheureux, et elle
abaisse de nouveau son mufle menaçant ; mais cette indé-
cence dans le carnage n'émeut guère l'assemblée[c].

Le grand mérite de Goya consiste à créer le mons-

trueux vraisemblable. Ses monſtres sont nés viables,
harmoniques. Nul n'a osé plus que lui dans le sens de
l'absurde possible. Toutes[a] ces contorsions, ces faces
beſtiales, ces grimaces diaboliques sont pénétrées d'*humanité*. Même[b] au point de vue particulier de l'hiſtoire
naturelle, il serait difficile de les condamner, tant il y a
analogie et harmonie dans toutes les parties de leur être;
en un mot, la ligne de suture, le point de jonction entre
le réel et le fantaſtique eſt impossible à saisir; c'eſt une
frontière vague que l'analyſte le plus subtil ne saurait pas
tracer, tant l'art eſt à la fois transcendant et naturel*.

III

Le climat de l'Italie[a], pour méridional qu'il soit, n'eſt
pas celui de l'Espagne, et la fermentation du comique n'y
donne pas les mêmes résultats. Le pédantisme italien (je
me sers de ce terme à défaut d'un terme absent) a trouvé
son expression dans les caricatures de Léonard de Vinci
et dans les scènes de mœurs de Pinelli. Tous les artiſtes
connaissent les caricatures de Léonard de Vinci[a], véritables portraits. Hideuses et froides, ces caricatures
ne manquent pas de cruauté, mais elles manquent de
comique; pas d'expansion, pas d'abandon; le grand artiſte
ne s'amusait pas en les dessinant, il les a faites en savant,
en géomètre, en professeur d'hiſtoire naturelle. Il n'a eu
garde d'omettre la moindre verrue, le plus petit poil.
Peut-être, en somme, n'avait-il pas la prétention de faire
des caricatures. Il a cherché autour de lui des types de
laideur excentriques, et il les a copiés.

Cependant, tel n'eſt pas, en général, le caractère italien.
La plaisanterie en eſt basse, mais elle eſt franche. Les
tableaux de Bassan qui représentent le carnaval de Venise[2]
nous en donnent une juſte idée. Cette gaieté regorge de
saucissons, de jambons et de macaroni. Une fois par an,
le comique italien fait explosion au Corso et il y atteint
les limites de la fureur. Tout le monde a de l'esprit,

---

* Nous possédions, il y a quelques années, plusieurs précieuses
peintures de Goya, reléguées malheureusement dans des coins
obscurs[c] de la galerie; elles ont disparu avec le Musée espagnol[1].

chacun devient artiste comique; Marseille et Bordeaux
pourraient peut-être nous donner des échantillons de ces
tempéraments[1]. — Il faut voir, dans *La Princesse Brambilla,* comme Hoffmann a bien compris le caractère italien[2], et comme les artistes allemands qui boivent au café
Greco[3] en parlent délicatement. Les[a] artistes italiens sont
plutôt bouffons que comiques. Ils manquent de profondeur, mais ils subissent tous la franche ivresse de la gaieté
nationale. Matérialiste, comme est généralement le Midi,
leur plaisanterie sent toujours la cuisine et le[b] mauvais
lieu. Au total, c'est un artiste français, c'est Callot[4], qui,
par la concentration d'esprit et la fermeté de volonté
propres à notre pays, a donné à ce genre de comique sa
plus belle expression. C'est un Français qui est resté le
meilleur bouffon italien.

J'ai parlé tout à l'heure de Pinelli, du classique Pinelli[5],
qui est maintenant une gloire bien diminuée. Nous ne
dirons pas de lui qu'il est précisément un caricaturiste;
c'est plutôt[c] un *croqueur* de scènes pittoresques. Je ne le
mentionne que parce que ma jeunesse a été fatiguée de
l'entendre louer comme le type du *caricaturiste noble*. En
vérité, le comique n'entre là-dedans que pour une quantité infinitésimale. Dans toutes les études de cet artiste
nous[d] trouvons une préoccupation constante de la ligne
et des compositions antiques, une aspiration systématique au style.

Mais Pinelli, — ce qui sans doute n'a pas peu contribué à sa réputation, — eut une existence beaucoup plus
romantique que son talent. Son originalité se manifesta
bien plus dans son caractère que dans ses ouvrages; car
il fut un des types les plus complets de l'*artiste,* tel que
se le figurent les bons bourgeois, c'est-à-dire du désordre
classique, de l'inspiration s'exprimant par l'inconduite et
les habitudes violentes[6]. Pinelli possédait tout le charlatanisme de certains artistes : ses[e] deux énormes chiens
qui le suivaient partout comme des confidents et des
camarades, son gros bâton noueux, ses cheveux en cade-
nette qui coulaient le long de ses joues, le[f] cabaret, la
mauvaise compagnie, le parti pris de détruire fastueusement les œuvres dont on ne lui offrait pas un prix satisfaisant, tout cela faisait partie de sa réputation. Le ménage
de Pinelli n'était guère mieux ordonné que la conduite
du chef de la maison. Quelquefois, en rentrant chez lui,

il trouvait sa femme et sa fille se prenant aux cheveux, les yeux hors de la tête, dans toute l'excitation et la furie italiennes. Pinelli trouvait cela superbe : « Arrêtez ! leur criait-il, — ne bougez pas, restez ainsi ! » Et le drame se métamorphosait en un dessin. On voit que Pinelli était de la race des artistes qui se promènent à travers la nature matérielle pour qu'elle vienne en aide à la paresse de leur esprit, toujours prêts *à saisir leurs pinceaux*. Il se rapproche ainsi par un côté du malheureux Léopold Robert[a1] qui prétendait, lui aussi, trouver dans la nature, et seulement dans la nature, de ces sujets tout faits, qui, pour des artistes plus imaginatifs, n'ont qu'une valeur de notes[b]. Encore ces sujets, même les plus nationalement comiques et pittoresques, sont-ils toujours par Pinelli, comme par Léopold Robert, passés au crible, au tamis implacable du goût.

Pinelli a-t-il été calomnié ? Je l'ignore, mais telle est sa légende. Or tout cela me paraît signe[c] de faiblesse. Je voudrais que l'on créât un néologisme, que l'on fabriquât un mot destiné à flétrir ce genre de poncif, le poncif dans l'allure et la conduite, qui s'introduit[d] dans la vie des artistes comme dans leurs œuvres. D'ailleurs, je remarque que le contraire se présente fréquemment dans l'histoire, et que les artistes les plus inventifs, les plus étonnants, les plus excentriques dans leurs conceptions, sont souvent des hommes dont la vie est calme et minutieusement rangée. Plusieurs d'entre ceux-là ont eu les vertus de ménage très développées. N'avez-vous pas remarqué souvent que rien ne ressemble plus[e] au parfait bourgeois que l'artiste de génie concentré[a] ?

IV

Les Flamands et les Hollandais ont, dès le principe, fait de très belles choses, d'un caractère vraiment spécial et indigène. Tout le monde connaît les anciennes et singulières productions de Brueghel le Drôle, qu'il ne faut pas confondre, ainsi que l'ont fait plusieurs écrivains, avec Brueghel d'Enfer[a]. Qu'il y ait là-dedans une certaine systématisation, un parti pris d'excentricité, une méthode dans le bizarre, cela n'est pas douteux. Mais il est bien certain aussi que cet étrange talent a une origine plus haute qu'une espèce de gageure artistique. Dans les tableaux fantastiques de Brueghel le Drôle se montre toute la puissance de l'hallucination. Quel artiste pourrait composer des œuvres aussi monstrueusement paradoxales, s'il n'y était poussé dès le principe par quelque force inconnue ? En art, c'est une chose qui n'est pas assez remarquée, la part laissée à la volonté de l'homme est bien moins grande qu'on ne le croit. Il y a dans l'idéal baroque[1] que Brueghel paraît avoir poursuivi, beaucoup de rapports avec celui de Grandville[2], surtout si l'on veut bien examiner les tendances que l'artiste français a manifestées dans les dernières années de sa vie : visions d'un cerveau malade, hallucinations de la fièvre, changements à vue du rêve, associations bizarres d'idées, combinaisons de formes fortuites et hétéroclites.

Les œuvres de Brueghel le Drôle peuvent se diviser en deux classes : l'une contient des allégories politiques presque indéchiffrables aujourd'hui; c'est dans cette série qu'on trouve des maisons dont les fenêtres sont des yeux, des moulins dont les ailes sont des bras, et mille compositions effrayantes où la nature est incessamment transformée en logogriphe. Encore, bien souvent, est-il impossible[a] de démêler si ce genre de composition appartient à la classe des dessins politiques et allégoriques, ou à la seconde classe, qui est évidemment la plus curieuse. Celle-ci, que notre siècle, pour qui rien n'est difficile à expliquer, grâce à son double caractère d'incrédulité et d'ignorance, qualifierait simplement de fantaisies et de caprices, contient, ce me semble, une[b] espèce de *mystère*. Les derniers travaux de quelques médecins, qui ont enfin entrevu la nécessité d'expliquer une foule de faits historiques et miraculeux autrement que par les moyens commodes de l'école voltairienne[c], laquelle ne voyait partout que l'habileté dans l'imposture, n'ont pas encore débrouillé tous les arcanes psychiques. Or, je défie qu'on explique le capharnaüm diabolique et drolatique de Brueghel le Drôle autrement que par une espèce de grâce spéciale et satanique[3]. Au mot grâce spéciale substituez, si vous voulez, le mot folie, ou hallucination; mais le mystère restera presque aussi noir[4]. La[d] collection de toutes ces pièces répand une contagion; les cocasseries de Brueghel le Drôle donnent le vertige. Comment une intelligence humaine a-t-elle pu contenir tant de diableries et de merveilles, engendrer et décrire tant[a] d'effrayantes absurdités ? Je ne puis le comprendre ni en déterminer positivement la raison; mais souvent nous trouvons dans l'histoire, et même dans plus d'une partie moderne de l'histoire, la preuve de l'immense puissance des contagions, de l'empoisonnement par l'atmosphère morale, et je ne puis m'empêcher de remarquer (mais sans affectation, sans pédantisme, sans visée positive, comme de prouver que Brueghel a pu voir le diable en personne) que cette prodigieuse floraison de monstruosités coïncide de la manière la plus singulière avec la fameuse et historique *épidémie des sorciers*[1].

EXPOSITION UNIVERSELLE
— 1855 —
BEAUX-ARTS

I

MÉTHODE DE CRITIQUE.
DE L'IDÉE MODERNE DU PROGRÈS
APPLIQUÉE AUX BEAUX-ARTS.
DÉPLACEMENT DE LA VITALITÉ

Il est peu d'occupations aussi intéressantes, aussi atta-
chantes, aussi pleines de surprises et de révélations
pour un critique, pour un rêveur dont l'esprit est tourné
à la généralisation aussi bien qu'à l'étude des détails, et,
pour mieux dire encore, à l'idée d'ordre et de hiérarchie
universelle, que la comparaison des nations et de leurs
produits respectifs[1]. Quand je dis hiérarchie, je ne veux
pas affirmer la suprématie de telle nation sur telle autre.
Quoiqu'il y ait dans la nature des plantes plus ou moins
saintes, des formes plus ou moins spirituelles, des animaux plus ou moins sacrés[2], et qu'il soit légitime de
conclure, d'après les instigations de l'immense analogie
universelle, que certaines nations — vastes animaux dont
l'organisme est adéquat à leur milieu, — aient été
préparées et éduquées par la Providence pour un but
déterminé, but plus ou moins élevé, plus ou moins rapproché du ciel, — je ne veux pas faire ici autre chose
qu'affirmer leur *égale* utilité aux yeux de CELUI qui est
indéfinissable, et le miraculeux secours qu'elles se prêtent
dans l'harmonie de l'univers[3].

Un[a] lecteur, quelque peu familiarisé par la solitude

(bien mieux que par les livres) à ces vastes contemplations,
peut déjà deviner où j'en veux venir; — et, pour trancher court aux ambages et aux hésitations du style par
une question presque équivalente à une formule, — je le
demande à tout homme de bonne foi, pourvu qu'il ait
un peu pensé et un peu voyagé, — que ferait, que dirait
un Winckelmann[1] moderne (nous en sommes pleins, la
nation en regorge, les paresseux en raffolent), que dirait-
il en face d'un produit chinois, produit étrange, bizarre,
contourné dans sa forme, intense par sa couleur, et quelquefois délicat jusqu'à l'évanouissement[2] ? Cependant
c'est[a] un échantillon de la beauté universelle[3]; mais il
faut, pour qu'il soit compris, que le critique, le spectateur
opère en lui-même une transformation qui tient du mystère, et que, par un phénomène de la volonté agissant sur
l'imagination, il apprenne de lui-même à participer au
milieu qui a donné naissance à cette floraison insolite.
Peu d'hommes ont, — au complet, — cette grâce divine
du cosmopolitisme; mais tous peuvent l'acquérir à des
degrés divers. Les mieux doués à cet égard sont ces
voyageurs solitaires qui ont vécu pendant des années au
fond des bois, au milieu des vertigineuses prairies, sans
autre compagnon que leur fusil, contemplant, disséquant,
écrivant. Aucun voile scolaire, aucun paradoxe universitaire, aucune utopie pédagogique, ne se sont interposés
entre eux et la complexe vérité. Ils savent l'admirable,
l'immortel, l'inévitable rapport entre la forme et la fonction. Ils ne critiquent pas, ceux-là : ils contemplent, ils
étudient.

Si, au lieu d'un pédagogue, je prends un homme du
monde[4], un intelligent, et si je le transporte dans une
contrée lointaine, je suis sûr que, si les étonnements du
débarquement sont grands, si l'accoutumance est plus
ou moins longue, plus ou moins laborieuse, la sympathie sera tôt ou tard si vive, si pénétrante, qu'elle créera
en lui un monde nouveau d'idées, monde qui fera partie
intégrante de lui-même, et qui l'accompagnera, sous la
forme de souvenirs, jusqu'à la mort. Ces formes de bâtiments, qui contrariaient d'abord son œil académique
(tout peuple est académique en jugeant les autres, tout
peuple est barbare quand il est jugé), ces végétaux inquiétants pour sa mémoire chargée des souvenirs natals, ces
femmes et ces hommes dont les muscles ne vibrent pas

suivant l'allure classique de son pays, dont la démarche n'est pas cadencée selon le rythme accoutumé, dont le regard n'est pas projeté avec le même magnétisme, ces odeurs qui ne sont plus celles du boudoir maternel, ces fleurs mystérieuses dont la couleur profonde entre dans l'œil despotiquement, pendant que leur forme taquine le regard, ces fruits dont le goût trompe et déplace les sens, et révèle au palais des idées qui appartiennent à l'odorat, tout ce monde d'harmonies nouvelles entrera lentement en lui, le pénétrera patiemment, comme la vapeur d'une étuve aromatisée; toute cette vitalité inconnue sera ajoutée à sa vitalité propre; quelques milliers d'idées et de sensations enrichiront son dictionnaire de mortel, et même il est possible que, dépassant la mesure et transformant la justice en révolte, il fasse comme le Sicambre converti, qu'il brûle ce qu'il avait adoré, et qu'il adore ce qu'il avait brûlé[1].

Que dirait, qu'écrirait, — je le répète, — en face[a] de phénomènes insolites, un de ces *modernes professeurs-jurés* d'esthétique[2], comme les appelle Henri Heine, ce charmant esprit, qui serait un génie s'il se tournait plus souvent vers le divin ? L'insensé doctrinaire du Beau[b] déraisonnerait, sans doute; enfermé dans l'aveuglante forteresse de son système, il blasphémerait la vie et la nature, et son fanatisme grec, italien ou parisien, lui persuaderait de défendre à ce peuple insolent de jouir, de rêver ou de penser par d'autres procédés que les siens propres; — science barbouillée d'encre, goût bâtard, plus barbares que les barbares[c], qui a oublié la couleur du ciel, la forme du végétal, le mouvement et l'odeur de l'animalité, et dont les doigts crispés, paralysés par la plume, ne peuvent plus courir avec agilité sur l'immense clavier des *correspondances !*

J'ai essayé plus d'une fois, comme tous mes amis, de m'enfermer dans un système pour y prêcher à mon aise. Mais un système est une espèce de damnation qui nous pousse à une abjuration perpétuelle; il en faut toujours inventer un autre, et cette fatigue est un cruel châtiment. Et toujours mon système était beau, vaste, spacieux, commode, propre et lisse surtout; du moins il me paraissait tel. Et toujours un produit spontané, inattendu, de la vitalité universelle venait donner un démenti à ma science enfantine et vieillotte, fille déplorable de l'utopie. J'avais beau déplacer ou étendre le criterium, il était toujours en retard sur l'homme universel, et courait sans cesse après le beau multiforme et versicolore, qui se meut dans les spirales infinies de la vie. Condamné sans cesse à l'humiliation d'une conversion nouvelle, j'ai pris un grand parti. Pour échapper à l'horreur de ces apostasies philosophiques, je me suis orgueilleusement résigné à la modestie : je me suis contenté de sentir; je suis revenu chercher un asile dans l'impeccable naïveté. J'en demande humblement pardon aux esprits académiques de tout genre qui habitent les différents ateliers de notre fabrique artistique. C'est là que ma conscience philosophique a trouvé le repos; et, au moins, je puis affirmer, autant qu'un homme peut répondre de ses vertus, que mon esprit jouit maintenant d'une plus abondante impartialité.

Tout le monde conçoit sans peine que, si les hommes chargés d'exprimer le beau se conformaient aux règles des professeurs-jurés, le beau lui-même disparaîtrait de la terre, puisque tous les types, toutes les idées, toutes les sensations se confondraient dans une vaste unité[1], monotone et impersonnelle, immense comme l'ennui et le néant. La variété, condition *sine qua non* de la vie, serait effacée de la vie. Tant il est vrai qu'il y a dans les productions multiples de l'art quelque chose de toujours nouveau qui échappera éternellement à la règle et aux analyses de l'école ! L'étonnement, qui est une des grandes jouissances causées par l'art et la littérature, tient à cette variété même des types et des sensations. — Le *professeur-juré*, espèce de tyran-mandarin, me fait toujours l'effet d'un impie qui se substitue à Dieu.

J'irai encore plus loin, n'en déplaise aux sophistes trop fiers qui ont pris leur science dans les livres, et, quelque délicate et difficile à exprimer que soit mon idée, je ne désespère pas d'y réussir. *Le beau est toujours bizarre*[2]. Je ne veux pas dire qu'il soit volontairement, froidement bizarre, car dans ce cas il serait un monstre sorti des rails de la vie. Je dis qu'il contient toujours un peu de bizarrerie, de bizarrerie naïve, non voulue, inconsciente, et que c'est cette bizarrerie qui le fait être particulièrement le Beau[a]. C'est son immatriculation, sa caractéristique. Renversez la proposition, et tâchez de concevoir un *beau banal* ! Or, comment cette bizarrerie, nécessaire, incompressible, variée à l'infini, dépendante des milieux, des climats, des mœurs, de la race, de la religion et du tempérament de l'artiste, pourra-t-elle jamais être gouvernée, amendée, redressée, par les règles utopiques conçues dans un petit temple scientifique quelconque de la planète, sans danger de mort pour l'art lui-même ? Cette dose de bizarrerie qui constitue et définit l'individualité, sans laquelle il n'y a pas de beau, joue dans l'art (que l'exactitude de cette comparaison en fasse pardonner la trivialité) le rôle du goût ou de l'assaisonnement dans les mets, les mets ne différant les uns des autres, abstraction faite de leur utilité ou de la quantité de substance nutritive qu'ils contiennent, que par l'*idée* qu'ils révèlent à la langue.

Je m'appliquerai donc, dans la glorieuse analyse de cette belle Exposition, si variée dans ses éléments, si inquiétante par sa variété, si déroutante pour la pédagogie[1], à me dégager de toute espèce de pédanterie. Assez d'autres parleront le jargon de l'atelier et se feront valoir au détriment des artistes. L'érudition me paraît dans beaucoup de cas puérile et peu démonstrative de sa nature. Il me serait trop facile de disserter subtilement sur la composition symétrique ou équilibrée, sur la pondération des tons, sur le ton chaud et le ton froid, etc... Ô vanité ! je préfère parler au nom du sentiment, de la morale et du plaisir. J'espère que quelques personnes, savantes sans pédantisme, trouveront mon *ignorance* de bon goût.

On raconte que Balzac (qui n'écouterait avec respect toutes les anecdotes, si petites qu'elles soient, qui se rapportent à ce grand génie ?), se trouvant un jour en face d'un beau tableau, un tableau d'hiver, tout mélancolique et chargé de frimas, clairsemé de cabanes et de paysans chétifs, — après avoir contemplé une maisonnette d'où montait une maigre fumée, s'écria : « Que c'est beau ! Mais que font-ils dans cette cabane ? à quoi pensent-ils, quels sont leurs chagrins ? les récoltes ont-elles été bonnes ? *ils ont sans doute des échéances à payer ?* »

Rira qui voudra de M. de Balzac. J'ignore quel est le peintre qui a eu l'honneur de faire vibrer, conjecturer et s'inquiéter l'âme du grand romancier, mais je pense qu'il nous a donné ainsi, avec son adorable naïveté, une excellente leçon de critique. Il m'arrivera souvent d'apprécier un tableau uniquement par la somme d'idées ou de rêveries qu'il apportera dans mon esprit.

La peinture est une évocation, une opération magique[1]
(si nous pouvions consulter là-dessus l'âme des enfants !),
et quand le personnage évoqué, quand l'idée ressuscitée,
se sont dressés et nous ont regardés face à face, nous
n'avons pas le droit, — du moins ce serait le comble de
la puérilité, — de discuter les formules évocatoires du
sorcier. Je ne connais pas de problème plus confondant
pour le pédantisme et le philosophisme, que de savoir en
vertu de quelle loi les artistes les plus opposés par leur
méthode évoquent les mêmes idées et agitent en nous des
sentiments analogues.

Il est encore une erreur fort à la mode, de laquelle je
veux me garder comme de l'enfer[a]. — Je veux parler de
l'idée du progrès[2]. Ce[b] fanal obscur, invention du philosophisme actuel, breveté sans garantie de la Nature ou de
la Divinité, cette lanterne moderne jette des ténèbres sur
tous les objets de la connaissance; la liberté s'évanouit, le
châtiment disparaît. Qui veut y voir clair dans l'histoire
doit avant tout éteindre ce fanal perfide. Cette idée grotesque, qui a fleuri sur le terrain pourri de la fatuité moderne, a déchargé chacun de son devoir, délivré toute
âme de sa responsabilité, dégagé la volonté de tous les
liens que lui imposait l'amour du beau : et les races
amoindries, si cette navrante folie dure longtemps, s'en-
dormiront sur l'oreiller de la fatalité dans le sommeil
radoteur de la décrépitude. Cette infatuation est le diagnostic d'une décadence déjà trop visible.

Demandez à tout bon Français qui lit tous les jours *son*
journal dans son estaminet, ce qu'il entend par progrès, il
répondra que c'est la vapeur, l'électricité et l'éclairage au
gaz, miracles inconnus aux Romains, et que ces découvertes témoignent pleinement de notre supériorité sur les
anciens; tant il s'est fait de ténèbres dans ce malheureux
cerveau et tant les choses de l'ordre matériel et de l'ordre
spirituel s'y sont si bizarrement confondues ! Le pauvre
homme est tellement américanisé par ses philosophes
zoocrates et industriels, qu'il a perdu la notion des différences qui caractérisent les phénomènes du monde physique et du monde moral, du naturel et du surnaturel.

Si une nation entend aujourd'hui la question morale
dans un sens plus délicat qu'on ne l'entendait dans le
siècle précédent, il y a progrès; cela est clair. Si un artiste
produit cette année une œuvre qui témoigne de plus de

savoir ou de force imaginative qu'il n'en a montré l'année dernière, il est certain qu'il a progressé. Si les denrées
sont aujourd'hui de meilleure qualité et à meilleur marché qu'elles n'étaient hier, c'est dans l'ordre matériel un
progrès incontestable. Mais où est, je vous prie, la garantie du progrès pour le lendemain ? Car les disciples des
philosophes de la vapeur et des allumettes chimiques
l'entendent ainsi : le progrès ne leur apparaît que sous la
forme d'une série indéfinie. Où est cette garantie ? Elle
n'existe, dis-je, que dans votre crédulité et votre fatuité.

Je laisse de côté la question de savoir si, délicatisant
l'humanité en proportion des jouissances nouvelles qu'il
lui apporte, le progrès indéfini ne serait pas sa plus ingénieuse et sa plus cruelle torture; si, procédant par une
opiniâtre négation de lui-même, il ne serait pas un mode
de suicide incessamment renouvelé, et si, enfermé dans le
cercle de feu de la logique divine, il ne ressemblerait pas
au scorpion qui se perce lui-même avec sa terrible queue,
cet éternel *desideratum* qui fait son éternel désespoir ?

Transportée[a] dans l'ordre de l'imagination, l'idée du
progrès (il y a eu des audacieux et des enragés de logique
qui ont tenté de le faire) se dresse avec une absurdité
gigantesque, une grotesquerie qui monte jusqu'à l'épouvantable. La thèse n'est plus soutenable. Les faits sont
trop palpables, trop connus. Ils se raillent du sophisme
et l'affrontent avec imperturbabilité. Dans l'ordre poétique et artistique, tout révélateur a rarement un précurseur. Toute floraison est spontanée, individuelle. Signorelli était-il vraiment le générateur de Michel-Ange ? Est-
ce que Pérugin contenait Raphaël ? L'artiste ne relève
que de lui-même. Il ne promet aux siècles à venir que ses
propres œuvres. Il ne cautionne que lui-même. Il meurt
sans enfants. Il a été *son roi, son prêtre et son Dieu*. C'est
dans de tels phénomènes que la célèbre et orageuse formule de Pierre Leroux trouve sa véritable application[b1].

Il en est de même des nations qui cultivent les arts de
l'imagination avec joie et succès. La prospérité actuelle
n'est garantie que pour un temps, hélas ! bien court. L'aurore fut jadis à l'orient, la lumière a marché vers le sud,
et maintenant elle jaillit de l'occident. La France, il est
vrai, par sa situation centrale dans le monde civilisé,
semble être appelée à recueillir toutes les notions et
toutes les poésies environnantes, et à les rendre aux

autres peuples merveilleusement ouvrées et façonnées[1]. Mais il ne faut jamais oublier que les nations, vastes êtres collectifs, sont soumises aux mêmes lois que les individus. Comme l'enfance, elles vagissent, balbutient, grossissent, grandissent. Comme la jeunesse et la maturité, elles produisent des œuvres sages et hardies. Comme la vieillesse, elles s'endorment sur une richesse acquise. Souvent il arrive que c'est le principe même qui a fait leur force et leur développement qui amène leur décadence[2], surtout quand ce principe, vivifié jadis par une ardeur conquérante, est devenu pour la majorité une espèce de routine. Alors, comme je le faisais entrevoir tout à l'heure, la vitalité se déplace, elle va visiter d'autres territoires et d'autres races; et il ne faut pas croire que les nouveaux venus héritent intégralement des anciens, et qu'ils reçoivent d'eux une doctrine toute faite. Il arrive souvent (cela est arrivé au Moyen Âge) que, tout étant perdu, tout est à refaire.

Celui qui visiterait l'Exposition universelle avec l'idée préconçue de trouver en Italie les enfants de Vinci, de Raphaël et de Michel-Ange, en Allemagne l'esprit d'Albert Dürer, en Espagne l'âme de Zurbaran et de Velasquez, se préparerait un inutile étonnement. Je n'ai ni le temps, ni la science suffisante peut-être, pour rechercher quelles sont les lois qui déplacent la vitalité artistique, et pourquoi Dieu dépouille les nations quelquefois pour un temps, quelquefois pour toujours; je me contente de constater un fait très fréquent dans l'histoire. Nous vivons dans un siècle où il faut répéter certaines banalités, dans un siècle orgueilleux qui se croit au-dessus des mésaventures de la Grèce et de Rome[a].

*

L'Exposition des peintres anglais est très belle, très singulièrement belle, et digne d'une longue et patiente étude. Je voulais commencer par la glorification de nos voisins, de ce peuple si admirablement riche en poètes et en romanciers, du peuple de[b] Shakespeare, de Crabbe[3] et de Byron, de Maturin et de Godwin[4]; des concitoyens de Reynolds, de Hogarth et de Gainsborough. Mais je veux les étudier encore; mon excuse est excellente; c'est par une politesse extrême que je renvoie cette besogne si agréable. Je retarde pour mieux faire[5].

Je commence donc par une tâche plus facile : je vais étudier rapidement les principaux maîtres de l'école française, et analyser les éléments de progrès ou les ferments de ruine qu'elle contient en elle.

II

INGRES

Cette Exposition française est à la fois si vaste et généralement composée de morceaux si connus, déjà suffisamment déflorés par la curiosité parisienne, que la critique doit chercher plutôt à pénétrer intimement le tempérament de chaque artiste et les mobiles qui le font agir qu'à analyser, à raconter chaque œuvre minutieusement.

Quand David, cet astre froid, et Guérin et Girodet[1], ses satellites historiques, espèces d'abstracteurs de quintessence dans leur genre, se levèrent sur l'horizon de l'art, il se fit une grande révolution. Sans analyser ici le but qu'ils poursuivirent, sans en vérifier la légitimité, sans examiner s'ils ne l'ont pas outrepassé, constatons simplement qu'ils avaient un but, un grand but de réaction contre de trop vives et de trop aimables frivolités que je ne veux pas non plus apprécier ni caractériser; — que ce but ils le visèrent avec persévérance, et qu'ils marchèrent à la lumière de leur soleil artificiel avec une franchise, une décision et un ensemble dignes de véritables hommes de parti. Quand l'âpre idée s'adoucit et se fit caressante sous le pinceau de Gros, elle était déjà perdue.

Je me rappelle fort distinctement le respect prodigieux qui environnait au temps de notre enfance toutes ces figures, fantastiques sans le vouloir, tous ces spectres académiques; et moi-même je ne pouvais contempler sans une espèce de terreur religieuse tous ces grands flandrins hétéroclites, tous ces *beaux hommes* minces et solennels, toutes ces femmes bégueulement chastes,

classiquement voluptueuses, les uns sauvant leur pudeur
sous des sabres antiques, les autres derrière des draperies pédantesquement transparentes. Tout ce monde,
véritablement hors nature, s'agitait, ou plutôt posait
sous une lumière verdâtre, traduction bizarre du vrai
soleil. Mais ces maîtres, trop célébrés jadis, trop méprisés
aujourd'hui, eurent le grand mérite, si l'on ne veut pas
trop se préoccuper de leurs procédés et de leurs systèmes
bizarres, de ramener le caractère français vers le goût de
l'héroïsme. Cette contemplation perpétuelle de l'histoire
grecque et romaine ne pouvait, après tout, qu'avoir une
influence stoïcienne salutaire; mais ils ne furent pas
toujours aussi Grecs et Romains qu'ils voulurent le
paraître. David, il est vrai, ne cessa jamais d'être l'héroïque, l'inflexible David, le révélateur despote. Quant
à Guérin et Girodet, il ne serait pas difficile de découvrir
en eux, d'ailleurs très préoccupés, comme le prophète,
de l'esprit de mélodrame, quelques légers grains corrup-
teurs, quelques sinistres et amusants symptômes du
futur Romantisme. Ne vous semble-t-il pas que cette
Didon[a1], avec sa toilette si précieuse et si théâtrale, lan-
goureusement étalée au soleil couchant, comme une
créole aux nerfs détendus, a plus de parenté avec les
premières visions de Chateaubriand qu'avec les conceptions de Virgile, et que son œil humide, noyé dans les
vapeurs du keepsake, annonce presque certaines Parisiennes de Balzac ? L'*Atala* de Girodet[a] est, quoi qu'en
pensent certains farceurs qui seront tout à l'heure bien
vieux, un drame de beaucoup supérieur à une foule de
fadaises modernes innommables.

Mais aujourd'hui nous sommes en face d'un homme
d'une immense, d'une incontestable renommée, et dont
l'œuvre est bien autrement difficile à comprendre et à
expliquer. J'ai osé tout à l'heure, à propos de ces malheureux peintres illustres, prononcer irrespectueusement le
mot : *hétéroclites*. On ne peut donc pas trouver mauvais
que, pour expliquer la sensation de certains tempéraments artistiques mis en contact avec les œuvres de
M. Ingres, je dise qu'ils se sentent en face d'un *hétéro-
clitisme* bien plus mystérieux et complexe que celui des
maîtres de l'école républicaine et impériale, où cependant
il a pris son point de départ.

Avant d'entrer plus décidément en matière, je tiens à

constater une impression première sentie par beaucoup
de personnes, et qu'elles se rappelleront inévitablement,
sitôt qu'elles seront entrées*a* dans le sanctuaire attribué
aux œuvres de M. Ingres. Cette impression, difficile à
caractériser, qui tient, dans des proportions inconnues, du
malaise, de l'ennui et de la peur, fait penser vaguement,
involontairement, aux défaillances causées par l'air
raréfié, par l'atmosphère d'un laboratoire de chimie,
ou par la conscience d'un milieu fantasmatique, je dirai
plutôt d'un milieu qui imite le fantasmatique; d'une
population automatique et qui troublerait nos sens par
sa trop visible et palpable extranéité. Ce n'est plus là ce
respect enfantin dont je parlais tout à l'heure, qui nous
saisit devant les *Sabines,* devant le *Marat* dans sa baignoire, devant *Le Déluge,* devant le mélodramatique *Brutus*[1]. C'est une sensation puissante, il est vrai, — pourquoi
nier la puissance de M. Ingres ? — mais d'un ordre inférieur, d'un ordre quasi maladif. C'est presque une sensation négative, si cela pouvait se dire. En effet, il faut
l'avouer tout de suite, le célèbre peintre, révolutionnaire
à sa manière, a des mérites, des charmes même tellement
incontestables et dont j'analyserai tout à l'heure la source,
qu'il serait puéril de ne pas constater ici une lacune, une
privation, un amoindrissement dans le jeu des facultés
spirituelles. L'imagination qui soutenait ces grands
maîtres, dévoyés dans leur gymnastique académique,
l'imagination, cette reine des facultés[2], a disparu.

Plus d'imagination, partant plus de mouvement. Je ne
pousserai pas l'irrévérence et la mauvaise volonté jusqu'à dire que c'est chez M. Ingres une résignation; je
devine assez son caractère pour croire plutôt que c'est
de sa part une immolation héroïque, un sacrifice sur
l'autel des facultés qu'il considère sincèrement comme
plus grandioses et plus importantes.

C'est en quoi il se rapproche, quelque énorme que
paraisse ce paradoxe, d'un jeune peintre dont les débuts
remarquables se sont produits récemment avec l'allure
d'une insurrection. M. Courbet[3], lui aussi, est un puissant
ouvrier, une sauvage et patiente volonté; et les résultats
qu'il a obtenus, résultats qui ont déjà pour quelques
esprits plus de charme que ceux du grand maître de la
tradition raphaélesque, à cause sans doute de leur solidité positive et de leur amoureux cynisme[4], ont, comme

ces derniers, ceci de singulier qu'ils manifestent un esprit
de sectaire, un massacreur de facultés. La politique, la
littérature produisent, elles aussi, de ces vigoureux
tempéraments, de ces protestants, de ces anti-surna-
turalistes, dont la seule légitimation est un esprit de
réaction quelquefois salutaire. La providence qui préside aux affaires de la peinture leur donne pour complices
tous ceux que l'idée adverse prédominante avait lassés
ou opprimés. Mais la différence est que le sacrifice
héroïque que M. Ingres fait en l'honneur de la tradition et de l'idée du beau raphaélesque, M. Courbet
l'accomplit au profit de la nature extérieure, positive,
immédiate. Dans leur guerre à l'imagination, ils obéissent
à des mobiles différents; et deux fanatismes inverses
les conduisent à la même immolation.

Maintenant, pour reprendre le cours régulier de notre
analyse, quel est le but de M. Ingres ? Ce n'est pas, à
coup sûr, la traduction des sentiments, des passions,
des variantes de ces passions et de ces sentiments; ce
n'est pas non plus la représentation de grandes scènes
historiques (malgré ses beautés italiennes, trop italiennes,
le tableau du *Saint Symphorien*[1], italianisé jusqu'à l'empile-
ment des figures, ne révèle certainement pas la sublimité
d'une victime chrétienne, ni la bestialité féroce et indifférente à la fois des païens conservateurs). Que cherche
donc, que rêve donc M. Ingres ? Qu'est-il venu dire en
ce monde ? Quel appendice nouveau apporte-t-il à
l'évangile de la peinture ?

Je croirais volontiers que son idéal est une espèce
d'idéal fait moitié de santé, moitié de calme, presque
d'indifférence, quelque chose d'analogue à l'idéal antique,
auquel il a ajouté les curiosités et les minuties de l'art
moderne. C'est cet accouplement qui donne souvent
à ses œuvres leur charme bizarre. Épris ainsi d'un idéal
qui mêle dans un adultère agaçant la solidité calme de
Raphaël avec les recherches de la petite-maîtresse,
M. Ingres devait surtout réussir dans les portraits; et
c'est en effet dans ce genre qu'il a trouvé ses plus grands,
ses plus légitimes succès. Mais il n'est point un de ces
peintres à l'heure, un de ces fabricants banals de portraits
auxquels un homme vulgaire peut aller, la bourse à la
main, demander la reproduction de sa malséante personne. M. Ingres choisit ses modèles, et il choisit, il faut

le reconnaître, avec un tact merveilleux, les modèles les plus propres à faire valoir son genre de talent. Les belles femmes, les natures riches, les santés calmes et florissantes, voilà son triomphe et sa joie !

Ici cependant se présente une question discutée cent fois, et sur laquelle il est toujours bon de revenir. Quelle est la qualité du dessin de M. Ingres ? Est-il d'une qualité supérieure ? Est-il absolument intelligent ? Je serai compris de tous les gens qui ont comparé entre elles les manières de dessiner des principaux maîtres en disant que le dessin de M. Ingres est le dessin d'un homme à système. Il croit que la nature doit être corrigée, amendée ; que la tricherie heureuse, agréable, faite en vue du plaisir des yeux, est non seulement un droit, mais un devoir. On avait dit jusqu'ici que la nature devait être interprétée, traduite dans son ensemble et avec toute sa logique ; mais dans les œuvres du maître en question il y a souvent dol, ruse, violence, quelquefois tricherie et croc-en-jambe. Voici une armée de doigts trop uniformément allongés en fuseaux et dont les extrémités étroites oppriment les ongles, que Lavater[1], à l'inspection de cette poitrine large, de cet avant-bras musculeux, de cet ensemble un peu viril, aurait jugés devoir être carrés, symptôme d'un esprit porté aux occupations masculines, à la symétrie et aux ordonnances de l'art. Voici des figures délicates et des épaules simplement élégantes associées à des bras trop robustes, trop pleins d'une succulence raphaélique. Mais Raphaël aimait les gros bras, il fallait avant tout obéir et plaire au maître. Ici nous trouverons un nombril qui s'égare vers les côtes, là un sein qui pointe trop vers l'aisselle ; ici, — chose moins excusable (car généralement ces différentes tricheries ont une excuse plus ou moins plausible et toujours facilement devinable dans le goût immodéré du *style*), — ici, dis-je, nous sommes tout à fait déconcertés par une jambe sans nom, toute maigre, sans muscles, sans formes, et sans pli au jarret *(Jupiter et Antiope*[2] *)*.

Remarquons aussi qu'emporté par cette préoccupation presque maladive du style, le peintre supprime souvent le modelé ou l'amoindrit jusqu'à l'invisible, espérant ainsi donner plus de valeur au contour, si bien que ses figures ont l'air de patrons d'une forme très correcte, gonflés d'une matière molle et non vivante, étrangère à l'orga-

nisme humain. Il arrive quelquefois que l'œil tombe sur
des morceaux charmants, irréprochablement vivants;
mais cette méchante pensée traverse alors l'esprit, que
ce n'est pas M. Ingres qui a cherché la nature, mais la
nature qui a violé le peintre, et que cette haute et puissante dame l'a dompté par son ascendant irrésistible.

D'après tout ce qui précède, on comprendra facilement que M. Ingres peut être considéré comme un
homme doué de hautes qualités, un amateur éloquent de
la beauté, mais dénué de ce tempérament énergique qui
fait la fatalité du génie. Ses préoccupations dominantes
sont le goût de l'antique et le respect de l'école. Il a, en
somme, l'admiration assez facile, le caractère assez
éclectique, comme tous les hommes qui manquent de
fatalité. Aussi le voyons-nous errer d'archaïsme en
archaïsme; Titien *(Pie VII tenant chapelle¹)*, les émailleurs
de la Renaissance *(Vénus Anadyomène²)*, Poussin et
Carrache *(Vénus et Antiope³)*, Raphaël *(Saint Sympho-*
rien), les primitifs Allemands (tous les petits tableaux
du genre imagier et anecdotique), les curiosités et le
bariolage persan et chinois (la petite *Odalisque⁴*), se dis-
putent ses préférences. L'amour et l'influence de l'antiquité se sentent partout; mais M. Ingres me paraît
souvent être à l'antiquité ce que le bon ton, dans ses
caprices transitoires, est aux bonnes manières naturelles
qui viennent de la dignité et de la charité de l'individu.

C'est surtout dans l'*Apothéose de l'Empereur Napo-*
léon Iᵉʳ, tableau venu de l'Hôtel de Ville, que M. Ingres
a laissé voir son goût pour les Étrusques. Cependant les
Étrusques, grands simplificateurs, n'ont pas poussé la
simplification jusqu'à ne pas atteler les chevaux aux cha-
riots. Ces chevaux surnaturels (en quoi sont-ils, ces chevaux qui semblent d'une matière polie, solide, comme
le cheval de bois qui prit la ville de Troie?) possèdent-
ils donc la force de l'aimant pour entraîner le char derrière eux sans traits et sans harnais? De l'empereur Napoléon j'aurais bien envie de dire que je n'ai point retrouvé
en lui cette beauté épique et destinale dont le dotent généralement ses contemporains et ses historiens; qu'il m'est
pénible de ne pas voir conserver le caractère extérieur et
légendaire des grands hommes, et que le peuple, d'accord avec moi en ceci, ne conçoit guère son héros de
prédilection que dans les costumes officiels des cérémo-

nies ou sous cette historique capote gris de fer, qui, n'en
déplaise aux amateurs forcenés du style, ne déparerait
nullement une apothéose moderne[1].

Mais on pourrait faire à cette œuvre un reproche plus
grave. Le caractère principal d'une apothéose doit être
le sentiment surnaturel, la puissance d'ascension vers
les régions supérieures, un entraînement, un vol irrésistible vers le ciel, but de toutes les aspirations humaines
et habitacle classique de tous les grands hommes. Or,
cette apothéose ou plutôt cet attelage tombe, tombe avec
une vitesse proportionnée à sa pesanteur. Les chevaux
entraînent le char vers la terre. Le tout, comme un ballon
sans gaz, qui aurait gardé tout son lest, va inévitablement se briser sur la surface de la planète.

Quant à la *Jeanne d'Arc*[2] qui se dénonce par une pédanterie outrée de moyens, je n'ose en parler. Quelque peu
de sympathie que j'aie montré pour M. Ingres au gré de
ses fanatiques, je préfère croire que le talent le plus
élevé conserve toujours des droits à l'erreur. Ici, comme
dans l'*Apothéose,* absence totale de sentiment et de surnaturalisme. Où donc est-elle, cette noble pucelle, qui, selon
la promesse de ce bon M. Delécluze[2], devait se venger
et nous venger des polissonneries de Voltaire ? Pour me
résumer, je crois qu'abstraction faite de son érudition,
de son goût intolérant et presque libertin de la beauté,
la faculté qui a fait de M. Ingres ce qu'il est, le puissant,
l'indiscutable, l'incontrôlable dominateur, c'est la volonté, ou plutôt un immense abus de la volonté. En
somme, ce qu'il est, il le fut dès le principe. Grâce à cette
énergie qui est en lui, il restera tel jusqu'à la fin. Comme
il n'a pas progressé, il ne vieillira pas. Ses admirateurs
trop passionnés seront toujours ce qu'ils furent, amoureux jusqu'à l'aveuglement; et rien ne sera changé en
France, pas même la manie de prendre à un grand artiste
des qualités bizarres qui ne peuvent être qu'à lui, et
d'imiter l'inimitable.

Mille circonstances, heureuses d'ailleurs, ont concouru
à la solidification de cette puissante renommée. Aux gens
du monde M. Ingres s'imposait par un emphatique
amour de l'antiquité et de la tradition. Aux excentriques,
aux blasés, à mille esprits délicats toujours en quête de
nouveautés, même de nouveautés amères, il plaisait par
la bizarrerie. Mais ce qui fut bon, ou tout au moins sédui-

sant, en lui eut un effet déplorable dans la foule des imitateurs; c'est ce que j'aurai plus d'une fois l'occasion de démontrer[1].

III

EUGÈNE DELACROIX

MM. Eugène Delacroix et Ingres se partagent la faveur et la haine publiques. Depuis[a] longtemps l'opinion a fait un cercle autour d'eux comme autour de deux lutteurs. Sans donner notre acquiescement à cet amour commun et puéril de l'antithèse, il nous faut commencer par l'examen de ces deux maîtres français, puisque autour d'eux, au-dessous d'eux, se sont groupées et échelonnées presque toutes les individualités qui composent notre personnel artistique.

En face des trente-cinq tableaux de M. Delacroix, la première idée qui s'empare du spectateur est l'idée d'une vie bien remplie, d'un amour opiniâtre, incessant de l'art. Quel est le meilleur tableau ? on ne saurait le trouver; le plus intéressant ? on hésite. On croit découvrir par-ci par-là des échantillons de progrès; mais si de certains tableaux plus récents témoignent que certaines importantes qualités ont été poussées à outrance, l'esprit impartial perçoit avec confusion que dès ses premières productions, dès sa jeunesse (*Dante et Virgile aux enfers* est de 1822), M. Delacroix fut grand. Quelquefois il a été plus délicat, quelquefois plus singulier, quelquefois plus peintre, mais toujours il a été grand.

Devant[b] une destinée si noblement, si heureusement remplie, une destinée bénie par la nature et menée à bonne fin par la plus admirable volonté, je sens flotter incessamment dans mon esprit les vers du grand poète :

> Il naît sous le soleil de nobles créatures
> Unissant ici-bas tout ce qu'on peut rêver :
> Corps de fer, cœurs de flamme; admirables natures !

Dieu semble les produire afin de se prouver ;
Il prend pour les pétrir une argile plus douce,
Et souvent passe un siècle à les parachever.

Il met, comme un sculpteur, l'empreinte de son pouce
Sur leurs fronts rayonnants de la gloire des cieux,
Et l'ardente auréole en gerbes d'or y pousse.

Ces hommes-là s'en vont, calmes et radieux,
Sans quitter un instant leur pose solennelle,
Avec l'œil immobile et le maintien des dieux.

. . . .

Ne leur donnez qu'un jour, ou donnez-leur cent ans,
L'orage ou le repos, la palette ou le glaive :
Ils mèneront à bout leurs dessins éclatants.

Leur existence étrange est le réel du rêve !
Ils exécuteront votre plan idéal,
Comme un maître savant le croquis d'un élève.

Vos désirs inconnus sous l'arceau triomphal,
Dont votre esprit en songe arrondissait la voûte,
Passent assis en croupe au dos de leur cheval.

. . . .

De ceux-là chaque peuple en compte cinq ou six,
Cinq ou six tout au plus, dans les siècles prospères,
Types toujours vivants dont on fait des récits.

Théophile Gautier appelle cela une *Compensation*[1].
M. Delacroix ne pouvait-il pas, à lui seul, combler les
vides d'un siècle ?

Jamais[a] artiste ne fut plus attaqué, plus ridiculisé, plus
entravé. Mais que nous font les hésitations des gouvernements (je parle d'autrefois), les criailleries de quelques
salons bourgeois, les dissertations haineuses de quelques
académies d'estaminet et le pédantisme des joueurs de
dominos[2] ? La[b] preuve est faite, la question est à jamais
vidée, le résultat est là, visible, immense, flamboyant.

M. Delacroix a traité tous les genres ; son imagination
et son savoir se sont promenés dans toutes les parties
du domaine pittoresque. Il[c] a fait (avec quel amour, avec
quelle délicatesse !) de charmants petits tableaux, pleins
d'intimité et de profondeur[3] ; il a *illustré* les murailles de

nos palais, il a rempli nos musées de vastes compositions.

Cette année, il a profité très légitimement de l'occasion de montrer une partie assez considérable du travail de sa vie, et de nous faire, pour ainsi dire, reviser les pièces du procès. Cette collection a été choisie avec beaucoup de tact, de manière à nous fournir des échantillons concluants et variés de son esprit et de son talent.

Voici *Dante et Virgile,* ce tableau d'un jeune homme, qui fut une révolution, et dont on a longtemps attribué faussement une figure à Géricault (le torse de l'homme renversé). Parmi les grands tableaux, il est permis d'hésiter entre *La Justice de Trajan*[1] et la *Prise de Constantinople par les Croisés*[2]. La *Justice de Trajan* est un tableau si prodigieusement lumineux, si aéré, si rempli de tumulte et de pompe ! L'empereur est si beau, la foule, tortillée autour des colonnes ou circulant avec le cortège, si tumultueuse, la veuve éplorée, si dramatique ! Ce tableau est celui qui fut *illustré* jadis par les petites plaisanteries de M. Karr, l'homme au bon sens de travers, sur[a] le cheval rose[3]; comme s'il n'existait pas des chevaux légèrement rosés, et comme si, en tout cas, le peintre n'avait pas le droit d'en faire.

Mais le tableau des *Croisés* est si profondément pénétrant, abstraction faite du sujet, par son harmonie orageuse et lugubre ! Quel ciel et quelle mer ! Tout y est tumultueux et tranquille, comme la suite d'un grand événement. La ville, échelonnée derrière les *Croisés* qui viennent de la traverser, s'allonge avec une prestigieuse vérité. Et toujours ces drapeaux miroitants, ondoyants, faisant se dérouler et claquer leurs plis lumineux dans l'atmosphère transparente ! Toujours la foule agissante, inquiète, le tumulte des armes, la pompe des vêtements, la vérité emphatique du geste dans les grandes circonstances de la vie ! Ces deux tableaux sont d'une beauté essentiellement shakespearienne. Car nul, après Shakespeare, n'excelle comme Delacroix à fondre dans une unité mystérieuse le drame et la rêverie.

Le public retrouvera tous ces tableaux d'orageuse mémoire qui furent des insurrections, des luttes et des triomphes : le *Doge Marino Faliero*[4] (Salon de 1827. — Il est curieux de remarquer que *Justinien composant ses lois*[5] et *Le Christ au jardin des Oliviers*[6] sont de la même année),

l'*Évêque de Liège*[1], cette admirable traduction de Walter
Scott, pleine de foule, d'agitation et de lumière, les *Massacres de Scio, Le Prisonnier de Chillon, Le Tasse en prison, La
Noce juive*, les *Convulsionnaires de Tanger*[2], etc., etc. Mais
comment définir cet ordre de tableaux charmants, tels
que *Hamlet*[3], dans la scène du crâne, et les *Adieux de
Roméo et Juliette*[4], si profondément pénétrants et attachants, que l'œil qui a trempé son regard dans leurs petits
mondes mélancoliques ne peut plus les fuir, que l'esprit
ne peut plus les éviter ?

> Et le tableau quitté *nous* tourmente et *nous* suit[5].

Ce n'est pas là le *Hamlet* tel que nous l'a fait voir
Rouvière[6], tout récemment encore et avec tant d'éclat,
âcre, malheureux et violent, poussant l'inquiétude jusqu'à la turbulence. C'est bien la bizarrerie romantique
du grand tragédien; mais Delacroix, plus fidèle peut-
être, nous a montré un *Hamlet* tout délicat et pâlot, aux
mains blanches et féminines, une nature exquise, mais
molle, légèrement indécise, avec un œil presque atone.
    Voici la fameuse tête de la *Madeleine* renversée[7], au
sourire bizarre et mystérieux, et si surnaturellement
belle qu'on ne sait si elle est auréolée par la mort, ou
embellie par les pâmoisons de l'amour divin.
    À propos des *Adieux de Roméo et Juliette,* j'ai une
remarque à faire que je crois fort importante. J'ai tant
entendu plaisanter de la laideur des femmes de Delacroix,
sans pouvoir comprendre ce genre de plaisanterie[a], que
je saisis l'occasion pour protester contre ce préjugé.
M. Victor Hugo le partageait, à ce qu'on m'a dit. Il
déplorait, — c'était dans les beaux temps du Romantisme,
— que celui à qui l'opinion publique faisait une gloire
parallèle à la sienne commît de si monstrueuses erreurs
à l'endroit de la beauté[8]. Il lui est arrivé d'appeler les
femmes de Delacroix des grenouilles. Mais M. Victor
Hugo est un grand poète sculptural qui a l'œil fermé
à la spiritualité.
    Je suis fâché que le *Sardanapale* n'ait pas reparu cette
année[9]. On y aurait vu de très belles femmes, claires,
lumineuses, roses, autant qu'il m'en souvient du moins.
Sardanapale lui-même était beau comme une femme.
Généralement les femmes de Delacroix peuvent se divi-

ser en deux classes : les unes, faciles à comprendre, souvent mythologiques, sont nécessairement belles (la Nymphe couchée et vue de dos, dans le plafond de la galerie d'Apollon). Elles sont riches, très fortes, plantureuses, abondantes, et jouissent d'une transparence de chair merveilleuse et de chevelures admirables.

Quant aux autres, quelquefois des femmes historiques[a] (la *Cléopâtre*[1] regardant l'aspic), plus souvent des femmes de caprice, de tableaux de genre, tantôt des Marguerite, tantôt des Ophélia, des Desdémone, des Sainte Vierge même, des Madeleine, je les appellerais volontiers des femmes d'intimité. On dirait qu'elles portent dans les yeux un secret douloureux[2], impossible à enfouir dans les profondeurs de la dissimulation. Leur pâleur est comme une révélation des batailles intérieures. Qu'elles se distinguent par le charme du crime ou par l'odeur de la sainteté, que leurs gestes soient alanguis ou violents, ces femmes malades du cœur ou de l'esprit ont dans les yeux le plombé de la fièvre ou la nitescence anormale et bizarre de leur mal, dans le regard, l'intensité du surnaturalisme[3].

Mais toujours, et quand même, ce sont des femmes *distinguées,* essentiellement *distinguées ;* et enfin, pour tout dire en un seul mot, M. Delacroix me paraît être l'artiste le mieux doué pour exprimer la femme moderne, surtout la femme moderne dans sa manifestation héroïque, dans le sens infernal ou divin. Ces femmes ont même la beauté physique moderne, l'air de rêverie, mais la gorge abondante, avec une poitrine un peu étroite, le bassin ample, et des bras et des jambes charmants.

Les tableaux nouveaux et inconnus du public sont *Les Deux Foscari,* la *Famille arabe,* la *Chasse aux lions,* une *Tête de vieille femme*[4] (un portrait par M. Delacroix est une rareté). Ces différentes peintures servent à constater la prodigieuse certitude à laquelle le maître est arrivé. La *Chasse aux lions* est une véritable explosion de couleur (que ce mot soit pris dans le bon sens). Jamais couleurs plus belles, plus intenses[b], ne pénétrèrent jusqu'à l'âme par le canal des yeux.

Par le premier et rapide coup d'œil jeté sur l'ensemble de ces tableaux, et par leur examen minutieux et attentif, sont constatées plusieurs vérités irréfutables. D'abord il faut remarquer, et c'est très important, que, vu à une

distance trop grande pour analyser ou même comprendre
le sujet, un tableau de Delacroix a déjà produit sur l'âme
une impression riche, heureuse ou mélancolique. On
dirait que cette peinture, comme les sorciers et les magné-
tiseurs, projette sa pensée à distance. Ce singulier phénomène tient à la puissance du coloriste, à l'accord parfait
des tons, et à l'harmonie (préétablie dans le cerveau du
peintre) entre la couleur et le sujet. Il semble que cette
couleur, qu'on me pardonne ces subterfuges de langage
pour exprimer des idées fort délicates, pense par elle-
même, indépendamment des objets qu'elle habille. Puis
ces admirables accords de sa couleur font souvent rêver
d'harmonie et de mélodie, et l'impression qu'on emporte
de ses tableaux est souvent quasi musicale. Un poète[1]
a essayé d'exprimer ces sensations subtiles dans des vers
dont la sincérité peut faire passer la bizarrerie :

> Delacroix, lac de sang, hanté des mauvais anges,
> Ombragé par un bois de sapins toujours vert,
> Où, sous un ciel chagrin, des fanfares étranges
> Passent comme un soupir étouffé de Weber[a].

Lac de sang : le rouge; — *hanté des mauvais anges* : surnaturalisme; — *un bois toujours vert* : le vert, complémentaire du rouge; — *un ciel chagrin* : les fonds tumultueux
et orageux de ses tableaux; — *les fanfares et Weber* : idées
de musique romantique que réveillent les harmonies de
sa couleur[2].

Du dessin[b] de Delacroix, si absurdement, si niaisement
critiqué, que faut-il dire, si ce n'est qu'il est des vérités
élémentaires complètement méconnues; qu'un bon dessin n'est pas une ligne dure, cruelle, despotique, immobile, enfermant une figure comme une camisole de force;
que le dessin doit être comme la nature, vivant et agité;
que la simplification dans le dessin est une monstruosité,
comme la tragédie dans le monde dramatique; que la
nature[c] nous présente une série infinie de lignes courbes,
fuyantes, brisées, suivant une loi de génération impeccable, où le parallélisme est toujours indécis et sinueux,
où les concavités et les convexités se correspondent et
se poursuivent; que M. Delacroix satisfait admirablement à toutes ces conditions et que, quand même son
dessin laisserait percer quelquefois des défaillances ou

des outrances, il a au moins cet immense mérite d'être
une protestation perpétuelle et efficace contre la barbare
invasion de la ligne droite, cette ligne tragique et systématique, dont actuellement les ravages sont déjà immenses dans la peinture et dans la sculpture ?

Une autre qualité, très grande, très vaste, du talent
de M. Delacroix, et qui fait de lui le peintre aimé des
poètes, c'est qu'il est essentiellement littéraire. Non
seulement sa peinture a parcouru, toujours avec succès,
le champ des hautes littératures, non seulement elle a
traduit, elle a fréquenté Arioste, Byron, Dante, Walter Scott, Shakespeare, mais elle sait révéler des idées
d'un ordre plus élevé, plus fines, plus profondes que la
plupart des peintures modernes. Et remarquez bien que
ce n'est jamais par la grimace, par la minutie, par la
tricherie de moyens, que M. Delacroix arrive à ce prodigieux résultat ; mais par l'ensemble, par l'accord profond, complet, entre sa couleur, son sujet, son dessin,
et par la dramatique gesticulation de ses figures.

Edgar Poe dit, je ne sais plus où[1], que le résultat de
l'opium pour les sens est de revêtir la nature entière
d'un intérêt surnaturel qui donne à chaque objet un sens
plus profond, plus volontaire, plus despotique. Sans
avoir recours à l'opium, qui n'a connu ces admirables
heures, véritables fêtes du cerveau, où les sens plus attentifs perçoivent des sensations plus retentissantes, où le
ciel d'un azur plus transparent s'enfonce comme un
abîme plus infini, où les sons tintent musicalement, où les
couleurs parlent, où les parfums racontent des mondes
d'idées ? Eh bien, la peinture de Delacroix me paraît la
traduction de ces beaux jours de l'esprit. Elle est revêtue
d'intensité et sa splendeur est privilégiée. Comme la
nature perçue par des nerfs ultra-sensibles, elle révèle le
surnaturalisme.

Que sera M. Delacroix pour la postérité[a] ? Que dira de
lui cette redresseuse de torts ? Il est déjà facile, au point
de sa carrière où il est parvenu, de l'affirmer sans trouver
trop de contradicteurs. Elle dira, comme nous, qu'il fut
un accord unique des facultés les plus étonnantes ; qu'il
eut comme Rembrandt le sens de l'intimité et la magie
profonde, l'esprit de combinaison et de décoration
comme Rubens et Lebrun, la couleur féerique comme
Véronèse, etc. ; mais qu'il eut aussi une qualité *sui generis,*

indéfinissable et définissant la partie mélancolique et ardente du siècle, quelque chose de tout à fait nouveau, qui a fait de lui un artiste unique, sans générateur, sans précédent, probablement sans successeur, un anneau si précieux qu'il n'en est point de rechange, et qu'en le supprimant, si une pareille chose était possible, on supprimerait un monde d'idées et de sensations, on ferait une lacune trop grande dans la chaîne historique.

L'ART PHILOSOPHIQUE

Qu'est-ce que l'art pur suivant la conception moderne ? C'est créer une magie suggestive contenant à la fois l'objet et le sujet, le monde extérieur à l'artiste et l'artiste lui-même[1].

Qu'est-ce que l'art philosophique suivant la conception de Chenavard et de l'école allemande ? C'est un art plastique qui a la prétention de remplacer le livre, c'est-à-dire de rivaliser avec l'imprimerie pour enseigner l'histoire, la morale et la philosophie.

Il y a en effet des époques de l'histoire où l'art plastique est destiné à peindre les archives historiques d'un peuple et ses croyances religieuses.

Mais, depuis plusieurs siècles, il s'est fait dans l'histoire de l'art comme une séparation de plus en plus marquée des pouvoirs, il y a des sujets qui appartiennent à la peinture, d'autres à la musique, d'autres à la littérature.

Est-ce par une fatalité des décadences[2] qu'aujourd'hui chaque art manifeste l'envie d'empiéter sur l'art voisin, et que les peintres introduisent des gammes musicales dans la peinture, les sculpteurs, de la couleur dans la sculpture, les littérateurs, des moyens plastiques dans la littérature, et d'autres artistes, ceux dont nous avons à nous occuper aujourd'hui, une sorte de philosophie encyclopédique dans l'art plastique lui-même ?

Toute bonne sculpture, toute bonne peinture, toute bonne musique, suggère les sentiments et les rêveries qu'elle veut suggérer.

Mais le raisonnement, la déduction, appartiennent au livre.

Ainsi l'art philosophique est un retour vers l'imagerie nécessaire à l'enfance des peuples, et s'il était rigoureusement fidèle à lui-même, il s'astreindrait à juxtaposer autant d'images successives qu'il en est contenu dans une phrase quelconque qu'il voudrait exprimer.

Encore avons-nous le droit de douter que la phrase hiéroglyphique fût plus claire que la phrase typographiée.

Nous étudierons donc l'art philosophique comme une monstruosité où se sont montrés de beaux talents.

Remarquons encore que l'art philosophique suppose une absurdité pour légitimer sa raison d'existence, à savoir l'intelligence du peuple relativement aux beaux-arts.

Plus l'art voudra être philosophiquement clair, plus il se dégradera et remontera vers l'hiéroglyphe enfantin; plus au contraire l'art se détachera de l'enseignement et plus il montera vers la beauté pure et désintéressée.

L'Allemagne, comme on le sait et comme il serait facile de le deviner si on ne le savait pas, est le pays qui a le plus donné dans l'erreur de l'art philosophique.

Nous laisserons de côté des sujets bien connus, et par exemple, Overbeck n'étudiant la beauté dans le passé que pour mieux enseigner la religion; Cornelius[a] et Kaulbach, pour enseigner l'histoire et la philosophie (encore remarquerons-nous que Kaulbach ayant à traiter un sujet purement pittoresque, la *Maison des fous*[1], n'a pas pu s'empêcher de le traiter par catégories et, pour ainsi dire, d'une manière aristotélique, tant est indestructible l'antinomie de l'esprit poétique pur et de l'esprit didactique).

Nous nous occuperons aujourd'hui, comme premier échantillon de l'art philosophique, d'un artiste allemand beaucoup moins connu, mais qui, selon nous, était infiniment mieux doué au point de vue de l'art pur, je veux parler de M. Alfred Rethel[b2], mort fou, il y a peu de temps[3], après avoir illustré une chapelle sur les bords du Rhin[4], et qui n'est connu à Paris que par huit estampes gravées sur bois dont les deux dernières ont paru à l'Exposition universelle[5].

Le premier de ses poèmes (nous sommes obligé de nous servir de cette expression en parlant d'une école qui assimile l'art plastique à la pensée écrite), le premier de ses poèmes date de 1848 et est intitulé *La Danse des morts en 1848*.

C'est un poème réactionnaire dont le sujet est l'usur-

pation de tous les pouvoirs et la séduction opérée sur
le peuple par la déesse fatale de la mort.

(Description minutieuse de chacune des six planches
qui composent le poème et la traduction exacte des
légendes en vers qui les accompagnent. — Analyse du
mérite artistique de M. Alfred Rethel, ce qu'il y a d'original en lui (génie de l'allégorie épique à la manière
allemande), ce qu'il y a de postiche en lui (imitations
des différents maîtres du passé, d'Albert Dürer, d'Holbein, et même de maîtres plus modernes) — de la valeur
morale du poème, caractère satanique et byronien[1], caractère de désolation.) Ce que je trouve de vraiment original dans le poème, c'est qu'il se produisit dans un
instant où presque toute l'humanité européenne s'était
engouée avec bonne foi des sottises de la révolution.

Deux planches se faisant antithèse[2]. La première :
Première invasion du choléra à Paris, au bal de l'Opéra. Les
masques roides, étendus par terre, caractère hideux d'une
pierrette dont les pointes sont en l'air et le masque
dénoué ; les musiciens qui se sauvent avec leurs instruments ; allégorie du fléau impassible sur son banc ; caractère généralement macabre de la composition. La seconde,
une espèce de *bonne mort* faisant contraste ; un homme
vertueux et paisible est surpris par la Mort dans son
sommeil ; il est situé dans un lieu haut, un lieu sans doute
où il a vécu de longues années ; c'est une chambre dans
un clocher d'où l'on aperçoit les champs et un vaste
horizon, un lieu fait pour pacifier l'esprit ; le vieux bonhomme est endormi dans un fauteuil grossier, la Mort
joue un air enchanteur sur le violon. Un grand soleil
coupé en deux par la ligne de l'horizon, darde en haut ses
rayons géométriques. — *C'est la fin d'un beau jour.*

Un petit oiseau s'est perché sur le bord de la fenêtre et
regarde dans la chambre ; vient-il écouter le violon de la
Mort, ou est-ce une allégorie de l'âme prête à s'envoler ?

Il faut, dans la traduction des œuvres d'art philosophiques, apporter une grande minutie et une grande
attention ; là les lieux, le décor, les meubles, les ustensiles
(voir Hogarth[3]), tout est allégorie, allusion, hiéroglyphes,
rébus.

M. Michelet a tenté d'interpréter minutieusement la
Melancholia d'Albert Dürer[4] ; son interprétation est suspecte, relativement à la seringue, particulièrement.

D'ailleurs, même à l'esprit d'un artiste philosophe, les accessoires s'offrent, non pas avec un caractère littéral et précis, mais avec un caractère poétique, vague et confus, et souvent c'est le traducteur qui invente *les intentions*.

*

L'art philosophique n'est pas aussi étranger à la nature française qu'on le croirait. La France aime le mythe, la morale, le rébus; ou, pour mieux dire, pays de raisonnement, elle aime l'effort de l'esprit[1].

C'est surtout l'école romantique qui a réagi contre ces tendances raisonnables et qui a fait prévaloir la gloire de l'art pur; et de certaines tendances, particulièrement celles de M. Chenavard, réhabilitation de l'art hiéroglyphique, sont une réaction contre l'école de l'art pour l'art.

Y a-t-il des climats philosophiques comme il y a des climats amoureux ? Venise a pratiqué l'amour de l'art pour l'art; Lyon est une ville philosophique. Il y a une philosophie lyonnaise, une école de poésie lyonnaise[2], une école de peinture lyonnaise, et enfin une école de peinture philosophique lyonnaise.

Ville singulière, bigote et marchande, catholique et protestante, pleine de brumes et de charbons, les idées s'y débrouillent difficilement. Tout ce qui vient de Lyon est minutieux, lentement élaboré et craintif; l'abbé Noirot[a3], Laprade, Soulary, Chenavard, Janmot. On dirait que les cerveaux y sont enchifrenés[b]. Même dans Soulary je trouve cet esprit de catégorie qui brille surtout dans les travaux de Chenavard et qui se manifeste aussi dans les chansons de Pierre Dupont[4].

Le cerveau de Chenavard ressemble à la ville de Lyon; il est brumeux, fuligineux, hérissé de pointes, comme la ville de clochers et de fourneaux[5]. Dans ce cerveau les choses ne se mirent pas clairement, elles ne se réfléchissent qu'à travers un milieu de vapeurs.

Chenavard n'est pas peintre; il méprise ce que nous entendons par peinture. Il serait injuste de lui appliquer la fable de La Fontaine (ils sont trop verts pour des goujats[6]); car je crois que, quand bien même Chenavard pourrait peindre avec autant de dextérité que qui que ce soit, il n'en mépriserait pas moins le ragoût et l'agrément de l'art.

Disons tout de suite que Chenavard a une énorme supériorité sur tous les artistes : s'il n'est pas assez animal, ils sont beaucoup trop peu spirituels.

Chenavard sait lire et raisonner, et il est devenu ainsi l'ami de tous les gens qui aiment le raisonnement; il est remarquablement instruit et possède la pratique de la méditation.

L'amour des bibliothèques s'est manifesté en lui dès sa jeunesse; accoutumé tout jeune à associer une idée à chaque forme plastique, il n'a jamais fouillé des cartons de gravures ou contemplé des musées de tableaux que comme des répertoires de la pensée humaine générale. Curieux de religions et doué d'un esprit encyclopédique, il devait naturellement aboutir à la conception impartiale d'un système syncrétique.

Quoique lourd et difficile à manœuvrer, son esprit a des séductions dont il sait tirer grand profit, et s'il a longtemps attendu avant de jouer un rôle, croyez bien que ses ambitions, malgré son apparente bonhomie, n'ont jamais été petites.

(Premiers tableaux de Chenavard : — _M. de Dreux-Brézé et Mirabeau._ — _La Convention votant la mort de Louis XVI_[1]. Chenavard a bien choisi son moment pour exhiber son système de philosophie historique, exprimé par le crayon.)

Divisons ici notre travail en deux parties, dans l'une nous analyserons le mérite intrinsèque de l'artiste doué d'une habileté étonnante de composition et bien plus grande qu'on ne le soupçonnerait, si l'on prenait trop au sérieux le dédain qu'il professe pour les ressources de son art — habileté à dessiner les femmes; — dans l'autre nous examinerons le mérite que j'appelle extrinsèque, c'est-à-dire le système philosophique.

Nous avons dit qu'il avait bien choisi son moment, c'est-à-dire le lendemain d'une révolution.

(M. Ledru-Rollin[2] — trouble général des esprits, et vive préoccupation publique relativement à la philosophie de l'histoire.)

L'humanité est analogue à l'homme.

Elle a ses âges et ses plaisirs, ses travaux, ses conceptions analogues à ses âges.

(Analyse du calendrier emblématique[1] de Chenavard.
— Que tel art appartient à tel âge de l'humanité comme
telle passion à tel âge de l'homme.

L'âge de l'homme se divise en *enfance,* laquelle correspond dans l'humanité à la période historique depuis
Adam jusqu'à Babel; en *virilité,* laquelle correspond à
la période depuis Babel jusqu'à Jésus-Christ, lequel
sera considéré comme le zénith de la vie humaine; en
âge moyen, qui correspond depuis Jésus-Christ jusqu'à
Napoléon; et enfin en *vieillesse,* qui correspond à la période dans laquelle nous entrerons prochainement et dont
le commencement est marqué par la suprématie de l'Amérique et de l'industrie.

L'âge total de l'humanité sera de huit mille quatre
cents ans.

De quelques opinions particulières de Chenavard[2].
De la supériorité absolue de Périclès.

Bassesse du paysage, — signe de décadence.

La suprématie simultanée de la musique et de l'industrie, — signe de décadence.

Analyse au point de vue de l'art pur de quelques-uns
de ses cartons exposés en 1855[3].)

Ce qui sert à parachever le caractère utopique et de
décadence de Chenavard lui-même, c'est qu'il voulait
embrigader sous sa direction les artistes comme des ouvriers pour exécuter en grand ses cartons et les colorier
d'une manière barbare.

Chenavard est un grand esprit de décadence et il
restera comme signe monstrueux du temps.

★

M. Janmot, lui aussi, est de Lyon.

C'est un esprit religieux et élégiaque, il a dû être marqué jeune par la bigoterie lyonnaise.

Les poèmes de Rethel sont bien charpentés comme
poèmes.

Le Calendrier historique de Chenavard est une fantaisie d'une symétrie irréfutable, mais l'*Histoire d'une âme*[4]
est trouble et confuse.

La religiosité qui y est empreinte avait donné à cette
série de compositions une grande valeur pour le journalisme clérical, alors qu'elles furent exposées au pas-

sage du Saumon[1]; plus tard nous les avons revues à
l'Exposition universelle, où elles furent l'objet d'un
auguste dédain[2].

Une explication en vers a été faite par l'artiste, qui
n'a servi qu'à mieux montrer l'indécision de sa conception et qu'à mieux embarrasser l'esprit des spectateurs
philosophes auxquels elle s'adressait.

Tout ce que j'ai compris, c'est que ces tableaux représentaient les états successifs de l'âme à différents âges;
cependant, comme il y avait toujours deux êtres en
scène, un garçon et une fille, mon esprit s'est fatigué à
chercher si la pensée intime du poème n'était pas l'histoire parallèle de deux jeunes âmes ou l'histoire du double
élément mâle et femelle d'une même âme.

Tous ces reproches mis de côté, qui prouvent simplement que M. Janmot n'est pas un cerveau philosophiquement solide, il faut reconnaître qu'au point de vue de
l'art pur il y avait dans la composition de ces scènes,
et même dans la couleur amère dont elles étaient revêtues, un charme infini et difficile à décrire, quelque chose
des douceurs de la solitude, de la sacristie, de l'église et
du cloître; une mysticité inconsciente et enfantine. J'ai
senti quelque chose d'analogue devant quelques tableaux de Lesueur et quelques toiles espagnoles.

(Analyse de quelques-uns des sujets, particulièrement
la *Mauvaise Instruction*, le *Cauchemar*, où brillait une remarquable entente du fantastique. Une espèce de *promenade
mystique* des deux jeunes gens sur la montagne[3], etc., etc.).

*

Tout esprit profondément sensible et bien doué pour
les arts (il ne faut pas confondre la sensibilité de l'imagination avec celle du cœur) sentira comme moi que
tout art doit se suffire à lui-même et en même temps
rester dans les limites providentielles; cependant l'homme
garde ce privilège de pouvoir toujours développer de
grands talents dans un genre faux ou en violant la constitution naturelle de l'art.

Quoique je considère les artistes philosophes comme
des hérétiques, je suis arrivé à admirer souvent leurs
efforts par un effet de ma raison propre.

Ce qui me paraît surtout constater leur caractère

d'hérétique, c'est leur inconséquence; car ils dessinent
très bien, très spirituellement, et s'ils étaient logiques
dans leur mise en œuvre de l'art assimilé à tout moyen
d'enseignement, ils devraient courageusement remonter
vers toutes les innombrables et barbares conventions
de l'art hiératique.

[NOTES DIVERSES
SUR *L'ART PHILOSOPHIQUE*]

Peinture didactique.

Note sur l'utopie de Chenavard.

Deux hommes dans Chenavard, *l'utopiste* et *l'artiste*. Il veut être loué pour ses utopies, et il est quelquefois artiste *malgré* ses utopies.

La peinture est née dans le Temple. Elle dérive de la Sainteté. Le Temple moderne, la Sainteté moderne, c'est la Révolution. Donc *faisons le Temple de la Révolution,* et la peinture de la Révolution. C'est-à-dire que le Panthéon moderne contiendra *l'histoire de l'humanité.*

Pan doit tuer Dieu. Pan, c'est le peuple.

Esthétique chimérique, c'est-à-dire *a posteriori*, individuelle, artificielle, substituée à l'esthétique involontaire, spontanée, fatale, vitale, du peuple.

Ainsi Wagner *refait* la Tragédie grecque qui fut créée spontanément par la Grèce[1].

La Révolution n'est pas une religion, puisqu'elle n'a ni prophètes, ni saints, ni miracles, et qu'elle a pour but de nier tout cela.

Il y a quelque chose de bon dans la thèse de Chenavard, c'est simplement le mépris de la babiole et la conviction que la grande peinture s'appuie sur les grandes idées.

Grande naïveté d'ailleurs, comme chez tous les utopistes. Il suppose chez tous les hommes un égal amour de la *Justice* (sainteté) et une égale humilité. Honnête homme, excellent homme !

———

Orgueilleux solitaire, étranger à la vie. —

[II]

Chenavard est une caricature de la Sagesse antique dessinée par la Fantaisie moderne[1].

Les peintres qui pensent[2].

Rhétorique[a] de la mer.

Fausse rhétorique.
Vraie rhétorique.

Le vertige senti dans les grandes villes[b] est analogue au vertige éprouvé au sein de la nature. — Délices du chaos et de l'immensité. — Sensations d'un homme sensible en visitant une grande ville inconnue.[3]

L'Homme au scorpion.

Supplice par la prestidigitation.

Le Paradoxe de l'aumône[4].

[III]

LYONNAIS[5]

Artistes :	*Littérateurs :*
Chenavard.	Laprade.
Janmot.	Ballanche (pour la fumée).
Révoil.	A. Pommier.
Bonnefond[c].	Soulary.
Orsel.	Blanc Saint-Bonnet.
Perin[d].	Noirot.
Compte-Calix.	Pierre Dupont.
Flandrin.	De Gérando.
Saint-Jean.	J.-B. Say.
Jacquand.	Terrasson.
Boissieu.	

Bureaucrates, professeurs d'écriture, Amédée Pommier délire artificiel et boutiquier. *Ah ! pourquoi suis-je né dans un siècle de prose !* Catalogue de produits. Carte de restaurant. Magister. Didactisme en poésie et en peinture.

Anecdote de *l'orgie* (Laprade à Paris).

SALON DE 1859

I

L'ARTISTE MODERNE

Mon cher M****[1], quand vous m'avez fait l'honneur de me demander l'analyse du *Salon,* vous m'avez dit : « Soyez bref; ne faites pas un catalogue, mais un aperçu général, quelque chose comme le récit d'une rapide promenade philosophique à travers les peintures. » Eh bien, vous serez servi à souhait; non pas parce que votre programme s'accorde (et il s'accorde en effet) avec ma manière de concevoir ce genre d'article si ennuyeux qu'on appelle le *Salon ;* non pas que cette méthode soit plus facile que l'autre, la brièveté réclamant toujours plus d'efforts que la prolixité; mais simplement parce que, surtout dans le cas présent, il n'y en a pas d'autre possible. Certes, mon embarras eût été plus grave si je m'étais trouvé perdu dans une forêt d'originalités, si le tempérament français moderne, soudainement modifié, purifié et rajeuni, avait donné des fleurs si vigoureuses et d'un parfum si varié qu'elles eussent créé des étonnements irrépressibles, provoqué des éloges abondants, une admiration bavarde, et nécessité dans la langue critique des catégories nouvelles. Mais rien de tout cela, heureusement (pour moi). Nulle explosion[a]; pas de génies inconnus. Les pensées suggérées par l'aspect de ce Salon sont d'un ordre si simple, si ancien, si classique, que peu de pages me suffiront sans doute pour les développer. Ne vous étonnez donc pas que la banalité dans

le peintre ait engendré le *lieu commun* dans l'écrivain.
D'ailleurs, vous n'y perdrez rien; car existe-t-il (je me
plais à constater que vous êtes en cela de mon avis)
quelque chose de plus charmant, de plus fertile et d'une
nature plus positivement *excitante* que le lieu commun?

Avant de commencer, permettez-moi d'exprimer un
regret, qui ne sera, je le crois, que rarement exprimé. On
nous avait annoncé que nous aurions des hôtes à recevoir,
non pas précisément des hôtes inconnus; car l'exposition
de l'avenue Montaigne[1] a déjà fait connaître au public
parisien quelques-uns de ces charmants artistes qu'il
avait trop longtemps ignorés. Je m'étais donc fait une
fête de renouer connaissance avec Leslie[2], ce riche, naïf
et noble *humourist*[3], expression des plus accentuées de
l'esprit britannique; avec les deux Hunt[4], l'un naturaliste
opiniâtre, l'autre ardent et volontaire créateur du pré-
raphaélisme; avec Maclise[5], l'audacieux compositeur,
aussi fougueux que sûr de lui-même; avec Millais[6], ce
poète si minutieux; avec J. Chalon[7], ce Claude mêlé de
Watteau, historien des belles fêtes d'après-midi dans les
grands parcs italiens; avec Grant[8], cet héritier naturel de
Reynolds; avec Hook, qui sait inonder d'une lumière
magique ses *Rêves vénitiens*[9] *;* avec cet étrange Paton[10], qui
ramène l'esprit vers Fuseli[11] et brode avec une patience
d'un autre âge de gracieux chaos panthéistiques; avec
Cattermole, l'aquarelliste *peintre d'histoire*[12], et avec cet
autre, si étonnant, dont le nom m'échappe[13], un architecte
songeur, qui bâtit sur le papier des villes dont les ponts
ont des éléphants pour piliers, et laissent passer entre
leurs nombreuses jambes de colosses, toutes voiles
dehors, des trois-mâts gigantesques! On avait même
préparé le logement pour ces amis de l'imagination et de
la couleur singulière, pour ces favoris de la muse bizarre;
mais, hélas! pour des raisons que j'ignore, et dont
l'exposé ne peut pas, je crois, prendre place dans votre
journal, mon espérance a été déçue. Ainsi, ardeurs tragiques, gesticulations à la Kean et à la Macready[14], intimes
gentillesses du *home,* splendeurs orientales réfléchies
dans le poétique miroir de l'esprit anglais, verdures
écossaises, fraîcheurs enchanteresses, profondeurs
fuyantes des aquarelles grandes comme des décors,
quoique si petites, nous ne vous contemplerons pas,
cette fois du moins. Représentants enthousiastes de

l'imagination et des facultés les plus précieuses de l'âme,
fûtes-vous donc si mal reçus la première fois, et nous
jugez-vous indignes de vous comprendre ?

Ainsi, mon cher M***, nous nous en tiendrons à la
France, forcément; et croyez que j'éprouverais une
immense jouissance à prendre le ton lyrique pour parler
des artistes de mon pays; mais malheureusement, dans
un esprit critique tant soit peu exercé, le patriotisme ne
joue pas un rôle absolument tyrannique, et nous avons
à faire quelques aveux humiliants. La première fois que
je mis les pieds au Salon, je fis, dans l'escalier même, la
rencontre d'un de nos critiques les plus subtils et les plus
estimés, et, à la première question, à la question naturelle
que je devais lui adresser, il répondit : « Plat, médiocre;
j'ai rarement vu un *Salon* aussi maussade. » Il avait à la
fois tort et raison. Une exposition qui possède de nombreux ouvrages de Delacroix, de Penguilly, de Fromentin, ne peut pas être maussade; mais, par un examen
général, je vis qu'il était dans le vrai. Que dans tous les
temps, la médiocrité ait dominé, cela est indubitable;
mais qu'elle règne plus que jamais, qu'elle devienne
absolument triomphante et encombrante, c'est ce qui
est aussi vrai qu'affligeant. Après avoir quelque temps
promené mes yeux sur tant de platitudes menées à bonne
fin, tant de niaiseries soigneusement léchées, tant de
bêtises ou de faussetés habilement construites[1], je fus
naturellement conduit par le cours de mes réflexions à
considérer l'artiste dans le passé, et à le mettre en regard
avec l'artiste dans le présent; et puis le terrible, l'éternel
pourquoi se dressa, comme d'habitude, inévitablement
au bout de ces décourageantes réflexions. On dirait que
la petitesse, la puérilité, l'incuriosité, le calme plat de la
fatuité ont succédé à l'ardeur, à la noblesse et à la turbulente ambition, aussi bien dans les beaux-arts que dans
la littérature; et que rien, pour le moment, ne nous donne
lieu d'espérer des floraisons spirituelles aussi abondantes
que celles de la Restauration. Et je ne suis pas le seul
qu'oppriment ces amères réflexions, croyez-le bien; et je
vous le prouverai tout à l'heure. Je me disais donc :
Jadis, qu'était l'artiste (Lebrun ou David, par exemple) ?
Lebrun, érudition, imagination, connaissance du passé,
amour du grand. David, ce colosse injurié par des mir-
midons, n'était-il pas aussi l'amour du passé, l'amour du

grand uni à l'érudition ? Et aujourd'hui, qu'est-il, l'artiste
ce frère antique du poète ? Pour bien répondre à cette
question, mon cher M***, il ne faut pas craindre d'être
trop dur. Un scandaleux favoritisme appelle quelquefois
une réaction équivalente. L'artiste, aujourd'hui et depuis
de nombreuses années, est, malgré son absence de mérite,
un simple *enfant gâté*. Que d'honneurs, que d'argent
prodigués à des hommes sans âme et sans instruction !
Certes, je ne suis pas partisan de l'introduction dans un
art de moyens qui lui sont étrangers; cependant, pour
citer un exemple, je ne puis pas m'empêcher d'éprouver
de la sympathie pour un artiste tel que Chenavard, toujours aimable, aimable comme les livres, et gracieux
jusque dans ses lourdeurs. Au moins avec celui-là (qu'il
soit la cible des plaisanteries du rapin, que m'importe ?)
je suis sûr de pouvoir causer de Virgile ou de Platon.
Préault a un don charmant, c'est un goût instinctif qui
le jette sur le beau comme l'animal chasseur sur sa proie
naturelle. Daumier est doué d'un bon sens lumineux qui
colore toute sa conversation. Ricard, malgré le papillotage et le bondissement de son discours, laisse voir à
chaque instant qu'il sait beaucoup et qu'il a beaucoup
comparé. Il est inutile, je pense, de parler de la conversation d'Eugène Delacroix, qui est un mélange admirable
de solidité philosophique, de légèreté spirituelle et
d'enthousiasme brûlant. Et après ceux-là, je ne me rappelle plus personne qui soit digne de converser avec
un philosophe ou un poète. En dehors, vous ne trouverez guère que l'*enfant gâté*. Je vous en supplie, je vous en
conjure, dites-moi dans quel salon, dans quel cabaret,
dans quelle réunion mondaine ou intime vous avez
entendu un mot spirituel prononcé par l'*enfant gâté*, un
mot profond, brillant, concentré, qui fasse penser ou
rêver, un mot suggestif enfin ! Si un tel mot a été lancé,
ce n'a peut-être pas été par un politique ou un philosophe, mais bien par quelque homme de profession
bizarre, un chasseur, un marin, un empailleur; par un
artiste, un *enfant gâté*, jamais.

L'*enfant gâté* a hérité du privilège, légitime alors, de
ses devanciers. L'enthousiasme qui a salué David, Guérin, Girodet, Gros, Delacroix, Bonington, illumine
encore d'une lumière charitable sa chétive personne; et,
pendant que de bons poètes, de vigoureux historiens

gagnent laborieusement leur vie, le financier abêti paye
magnifiquement les indécentes petites sottises de l'*enfant
gâté*. Remarquez bien que, si cette faveur s'appliquait à
des hommes méritants, je ne me plaindrais pas. Je ne suis
pas de ceux qui envient à une chanteuse ou à une dan-
seuse, parvenue au sommet de son art, une fortune
acquise par un labeur et un danger quotidiens[a]. Je craindrais de tomber dans le vice de feu Girardin, de sophis-
tique mémoire, qui reprochait un jour à Théophile
Gautier de faire payer son imagination beaucoup plus
cher que les services d'un sous-préfet. C'était, si vous
vous en souvenez bien, dans ces jours néfastes où le public épouvanté l'entendit parler latin[b]; *pecudesque locutæ*[1] !
Non, je ne suis pas injuste à ce point; mais il est bon de
hausser la voix et de crier haro sur la bêtise contemporaine, quand, à la même époque où un ravissant tableau
de Delacroix trouvait difficilement acheteur à mille francs,
les figures imperceptibles de Meissonier se faisaient
payer dix et vingt fois plus. Mais ces *beaux* temps sont
passés; nous sommes tombés plus bas, et M. Meissonier,
qui, malgré tous ses mérites, eut le malheur d'introduire et de populariser le goût du petit, est un véritable géant auprès des faiseurs de babioles actuelles.

Discrédit de l'imagination, mépris du grand, amour
(non, ce mot est trop beau), pratique exclusive du métier,
telles sont, je crois, quant à l'artiste, les raisons principales de son abaissement. Plus on possède d'imagination,
mieux il faut posséder le métier pour accompagner celle-
ci dans ses aventures et surmonter les difficultés qu'elle
recherche avidement. Et mieux on possède son métier,
moins il faut s'en prévaloir et le montrer, pour laisser
l'imagination briller de tout son éclat. Voilà ce que dit
la sagesse; et la sagesse dit encore : Celui qui ne possède
que de l'habileté est une bête, et l'imagination qui veut
s'en passer est une folle. Mais si simples que soient ces
choses, elles sont au-dessus ou au-dessous de l'artiste
moderne. Une fille de concierge se dit : « J'irai au Conservatoire, je débuterai à la Comédie-Française, et je réci-
terai les vers de Corneille jusqu'à ce que j'obtienne les
droits de ceux qui les ont récités très longtemps. » Et
elle le fait comme elle l'a dit. Elle est très classiquement
monotone et très classiquement ennuyeuse et ignorante;
mais elle a réussi à ce qui était très facile, c'est-à-dire à

obtenir par sa patience les privilèges de sociétaire. Et l'*enfant gâté*, le peintre moderne se dit : « Qu'est-ce que l'imagination ? Un danger et une fatigue. Qu'est-ce que la lecture et la contemplation du passé ? Du temps perdu. Je serai classique, non pas comme Bertin[1] (car le classique change de place et de nom), mais comme... Troyon, par exemple. » Et il le fait comme il l'a dit. Il peint, il peint ; et il bouche son âme, et il peint encore, jusqu'à ce qu'il ressemble enfin à l'artiste à la mode, et que par sa bêtise et son habileté il mérite le suffrage et l'argent du public. L'imitateur de l'imitateur trouve ses imitateurs, et chacun poursuit ainsi son rêve de grandeur, bouchant de mieux en mieux son âme, et surtout ne *lisant rien,* pas même *Le Parfait Cuisinier,* qui pourtant aurait pu lui ouvrir une carrière moins lucrative, mais plus glorieuse. Quand il possède bien l'art des sauces, des patines, des glacis, des frottis, des jus, des ragoûts (je parle peinture), l'*enfant gâté* prend de fières attitudes, et se répète avec plus de conviction que jamais que tout le reste est inutile.

Il y avait un paysan allemand qui vint trouver un peintre et qui lui dit : « — Monsieur le peintre, je veux que vous fassiez *mon portrait.* Vous me représenterez assis à l'entrée principale de ma ferme, dans le grand fauteuil qui me vient de mon père. À côté de moi, vous peindrez ma femme avec sa quenouille ; derrière nous, allant et venant, mes filles qui préparent notre souper de famille. Par la grande avenue à gauche débouchent ceux de mes fils qui reviennent des champs, après avoir ramené les bœufs à l'étable ; d'autres, avec mes petits-fils, font rentrer les charrettes remplies de foin. Pendant que je contemple ce spectacle, n'oubliez pas, je vous prie, les bouffées de ma pipe qui sont nuancées par le soleil couchant. Je veux aussi *qu'on entende* les sons de l'Angelus qui sonne au clocher voisin. C'est là que nous nous sommes tous mariés, les pères et les fils. Il est important que vous peigniez *l'air de satisfaction* dont je jouis à cet instant de la journée, en contemplant à la fois *ma famille et ma richesse augmentée du labeur d'une journée*[a] ! »

Vive ce paysan ! Sans s'en douter, il comprenait la peinture. L'amour de sa profession avait élevé son *imagination.* Quel est celui de nos artistes à la mode qui serait digne d'exécuter ce portrait, et dont l'imagination peut se dire au niveau de celle-là[a] ?

II

LE PUBLIC MODERNE ET LA PHOTOGRAPHIE

Mon cher M***, si j'avais le temps de vous égayer, j'y réussirais facilement en feuilletant le catalogue et en faisant un extrait de tous les titres ridicules et de tous les sujets cocasses qui ont l'ambition d'attirer les yeux. C'est là l'esprit français. Chercher à étonner par des moyens d'étonnement étrangers à l'art en question est la grande ressource des gens qui ne sont pas *naturellement* peintres. Quelquefois même, mais toujours en France, ce vice entre dans des hommes qui ne sont pas dénués de talent et qui le déshonorent ainsi par un mélange adultère. Je pourrais faire défiler sous vos yeux le titre comique à la manière des vaudevillistes, le titre sentimental auquel il ne manque que le point d'exclamation, le titre-calembour, le titre profond et philosophique, le titre trompeur, ou titre à piège, dans le genre de *Brutus, lâche César*[1] ! « Ô race incrédule et dépravée ! dit Notre-Seigneur, jusques à quand serai-je avec vous ? jusques à quand souffrirai-je[2] ? » Cette race, en effet, artistes et public, a si peu foi dans[a] la peinture, qu'elle cherche sans cesse à la déguiser et à l'envelopper comme une médecine désagréable dans des capsules de sucre; et quel sucre, grand Dieu ! Je vous signalerai deux titres de tableaux que d'ailleurs je n'ai pas vus : *Amour et Gibelotte*[3] ! Comme la curiosité se trouve tout de suite en *appétit*, n'est-ce pas ? Je cherche à combiner intimement ces deux idées, l'idée de l'amour et l'idée d'un lapin dépouillé et arrangé en ragoût. Je ne puis vraiment pas supposer que l'imagination du peintre soit allée jusqu'à adapter un carquois, des ailes et un bandeau sur le cadavre d'un animal domestique; l'allégorie serait vraiment trop obscure. Je crois plutôt que le titre a été composé suivant la recette de *Misanthropie et Repentir*[4]. Le vrai titre serait donc : *Personnes amoureuses mangeant une gibelotte*. Maintenant, sont-ils jeunes ou vieux, un ouvrier et une grisette, ou bien un invalide et une vaga-

bonde sous une tonnelle poudreuse ? Il faudrait avoir
vu le tableau. — *Monarchique, catholique et soldat*[1] ! Celui-ci
est dans le genre noble, le genre *paladin, Itinéraire de
Paris à Jérusalem* (Chateaubriand, pardon ! les choses les
plus nobles peuvent devenir des moyens de caricature, et
les paroles politiques d'un chef d'empire des pétards
de rapin). Ce tableau ne peut représenter qu'un personnage qui fait trois choses *à la fois,* se bat, communie et
assiste au petit lever de Louis XIV. Peut-être est-ce un
guerrier tatoué de fleurs de lys et d'images de dévotion.
Mais à quoi bon s'égarer ? Disons simplement que c'est
un moyen, perfide et stérile, d'étonnement. Ce qu'il y a
de plus déplorable, c'est que le tableau, si singulier que
cela puisse paraître, est peut-être bon. *Amour et Gibelotte*
aussi. N'ai-je pas remarqué un excellent petit groupe de
sculpture dont malheureusement je n'avais pas noté le
numéro, et quand j'ai voulu connaître le sujet, j'ai, à
quatre reprises et infructueusement, relu le catalogue.
Enfin vous m'avez charitablement instruit que cela
s'appelait *Toujours et Jamais*[2]. Je me suis senti sincèrement affligé de voir qu'un homme d'un vrai talent
cultivât inutilement le rébus.

Je vous demande pardon de m'être diverti quelques
instants à la manière des petits journaux. Mais, quelque
frivole que vous paraisse la matière, vous y trouverez
cependant, en l'examinant bien, un symptôme déplorable. Pour me résumer d'une manière paradoxale, je
vous demanderai, à vous et à ceux de mes amis qui sont
plus instruits que moi dans l'histoire de l'art, si le goût
du bête, le goût du spirituel (qui est la même chose) ont
existé de tout temps, si *Appartement à louer*[3] et autres
conceptions alambiquées ont paru dans tous les âges
pour soulever le même enthousiasme, si la Venise de
Véronèse et de Bassan a été affligée par ces logogriphes,
si les yeux de Jules Romain, de Michel-Ange, de Bandi-
nelli, ont été effarés par de semblables monstruosités;
je demande, en un mot, si M. Biard est éternel et omni-
présent, comme Dieu. Je ne le crois pas, et je considère
ces horreurs comme une grâce spéciale attribuée à la race
française. Que ses artistes lui en inoculent le goût, cela
est vrai; qu'elle exige d'eux qu'ils satisfassent à ce besoin,
cela est non moins vrai; car si l'artiste abêtit le public,
celui-ci le lui rend bien. Ils sont deux termes corrélatifs

qui agissent l'un sur l'autre avec une égale puissance.
Aussi admirons avec quelle rapidité nous nous enfonçons
dans la voie du progrès (j'entends par progrès la domination progressive de la matière[a1]), et quelle diffusion
merveilleuse se fait tous les jours de l'habileté commune,
de celle qui peut s'acquérir par la patience.

Chez nous le peintre naturel, comme le poète naturel,
est presque un monstre. Le goût exclusif du Vrai (si
noble quand il est limité à ses véritables applications)
opprime ici et étouffe le goût du Beau. Où il faudrait
ne voir que le Beau (je suppose une belle peinture, et
l'on peut aisément deviner celle que je me figure), notre
public ne cherche que le Vrai. Il n'est pas artiste, naturellement artiste; philosophe peut-être, moraliste, ingénieur,
amateur d'anecdotes instructives, tout ce qu'on voudra,
mais jamais spontanément artiste. Il sent ou plutôt il
juge successivement, analytiquement. D'autres peuples,
plus favorisés, sentent tout de suite, tout à la fois, syn-
thétiquement.

Je parlais tout à l'heure des artistes qui cherchent à
étonner le public. Le désir d'étonner et d'être étonné
est très légitime. *It is a happiness to wonder,* « c'est un bonheur d'être étonné »; mais aussi, *it is a happiness to dream,*
« c'est un bonheur de rêver »[2]. Toute la question, si vous
exigez que je vous confère le titre d'artiste ou d'amateur
des beaux-arts, est donc de savoir par quels procédés
vous voulez créer ou sentir l'étonnement. Parce que
le Beau est *toujours* étonnant[3], il serait absurde de supposer que ce qui est étonnant est *toujours* beau. Or notre
public, qui est singulièrement impuissant à sentir le
bonheur de la rêverie ou de l'admiration (signe des
petites âmes), veut être étonné par des moyens étrangers
à l'art, et ses artistes obéissants se conforment à son goût;
ils veulent le frapper, le surprendre, le stupéfier par des
stratagèmes indignes, parce qu'ils le savent incapable
de s'extasier devant la tactique naturelle de l'art véritable.

Dans ces jours déplorables, une industrie nouvelle se
produisit, qui ne contribua pas peu à confirmer la sottise
dans sa foi et à ruiner ce qui pouvait rester de divin dans
l'esprit français. Cette foule idolâtre postulait un idéal
digne d'elle et approprié à sa nature, cela est bien entendu.
En matière de peinture et de statuaire, le *Credo* actuel des
gens du monde, surtout en France (et je ne crois pas que

qui que ce soit ose affirmer le contraire), est celui-ci : « Je crois à la nature et je ne crois qu'à la nature (il y a de bonnes raisons pour cela[1]). Je crois que l'art est et ne peut être que la reproduction exacte de la nature (une secte timide et dissidente veut que les objets de nature répugnante soient écartés, ainsi un pot de chambre ou un squelette). Ainsi l'industrie qui nous donnerait un résultat identique à la nature serait l'art absolu. » Un Dieu vengeur a exaucé les vœux de cette multitude. Daguerre fut son messie. Et alors elle se dit : « Puisque la photographie nous donne toutes les garanties désirables d'exactitude (ils croient cela, les insensés !), l'art, c'est la photographie. » À partir de ce moment, la société immonde se rua, comme un seul Narcisse, pour contempler sa triviale image sur le métal. Une folie, un fanatisme extraordinaire s'empara de tous ces nouveaux adorateurs du soleil. D'étranges abominations se produisirent. En associant et en groupant des drôles et des drôlesses, attifés comme les bouchers et les blanchisseuses dans le carnaval, en priant ces *héros* de vouloir bien continuer, pour le temps nécessaire à l'opération, leur grimace de circonstance, on se flatta de rendre les scènes, tragiques ou gracieuses, de l'histoire ancienne. Quelque écrivain démocrate a dû voir là le moyen, à bon marché, de répandre dans le peuple le dégoût de[a] l'histoire et de la peinture, commettant ainsi un double sacrilège et insultant à la fois la divine peinture et l'art sublime du comédien. Peu de temps après, des milliers d'yeux avides se penchaient sur les trous du stéréoscope comme sur les lucarnes de l'infini. L'amour de l'obscénité, qui est aussi vivace dans le cœur naturel de l'homme que l'amour de soi-même, ne laissa pas échapper une si belle occasion de se satisfaire. Et qu'on ne dise pas que les enfants qui reviennent de l'école prenaient seuls plaisir à ces sottises ; elles furent l'engouement du monde. J'ai entendu une belle dame, une dame du beau monde, non pas du mien, répondre à ceux qui lui cachaient discrètement de pareilles images, se chargeant ainsi d'avoir de la pudeur pour elle : « Donnez toujours ; il n'y a rien de trop fort pour moi. » Je jure que j'ai entendu cela ; mais qui me croira ? « Vous voyez bien que ce sont de grandes dames ! » dit Alexandre Dumas. « Il y en a de plus grandes encore ! » dit Cazotte[2].

Comme l'industrie photographique était le refuge de
tous les peintres manqués, trop mal doués ou trop
paresseux pour achever leurs études, cet universel
engouement portait non seulement le caractère de
l'aveuglement et de l'imbécillité, mais avait aussi la
couleur d'une vengeance. Qu'une si stupide conspiration, dans laquelle on trouve, comme dans toutes les
autres, les méchants et les dupes, puisse réussir d'une
manière absolue, je ne le crois pas, ou du moins je ne
veux pas le croire; mais je suis convaincu que les progrès
mal appliqués de la photographie ont beaucoup contribué, comme d'ailleurs tous les progrès purement matériels, à l'appauvrissement du génie artistique français,
déjà si rare. La Fatuité moderne aura beau rugir, éructer
tous les borborygmes de sa ronde personnalité, vomir
tous les sophismes indigestes dont une philosophie
récente l'a bourrée à gueule-que-veux-tu[1], cela tombe
sous le sens que l'industrie, faisant irruption dans l'art,
en devient la plus mortelle ennemie, et que la confusion
des fonctions empêche qu'aucune soit bien remplie.
La poésie et le progrès sont deux ambitieux qui se
haïssent d'une haine instinctive, et, quand ils se rencontrent dans le même chemin, il faut que l'un des deux
serve l'autre. S'il est permis à la photographie de suppléer
l'art dans quelques-unes de ses fonctions, elle l'aura
bientôt supplanté ou corrompu tout à fait, grâce à
l'alliance naturelle qu'elle trouvera dans la sottise de la
multitude. Il faut donc qu'elle rentre dans son véritable
devoir, qui est d'être la servante des sciences et des arts,
mais la très humble servante, comme l'imprimerie et la
sténographie, qui n'ont ni créé ni suppléé la littérature.
Qu'elle enrichisse rapidement l'album du voyageur et
rende à ses yeux la précision qui manquerait à sa mémoire[2],
qu'elle orne la bibliothèque du naturaliste, exagère les
animaux microscopiques, fortifie même de quelques
renseignements les hypothèses de l'astronome; qu'elle
soit enfin le secrétaire et le garde-note de quiconque
a besoin dans sa profession d'une absolue exactitude
matérielle, jusque-là rien de mieux[3]. Qu'elle sauve de
l'oubli les ruines pendantes, les livres, les estampes et
les manuscrits que le temps dévore, les choses précieuses
dont la forme va disparaître et qui demandent une place
dans les archives de notre mémoire, elle sera remerciée et

applaudie. Mais s'il lui est permis d'empiéter sur le
domaine de l'impalpable et de l'imaginaire, sur tout ce
qui ne vaut que parce que l'homme y ajoute de son âme,
alors malheur à nous !

Je sais bien que plusieurs me diront : « La maladie
que vous venez d'expliquer est celle des imbéciles. Quel
homme, digne du nom d'artiste, et quel amateur véritable a jamais confondu l'art avec l'industrie ? » Je le
sais, et cependant je leur demanderai à mon tour s'ils
croient à la contagion du bien et du mal, à l'action des
foules sur les individus et à l'obéissance involontaire,
forcée, de l'individu à la foule. Que l'artiste agisse sur
le public, et que le public réagisse sur l'artiste, c'est une
loi incontestable et irrésistible; d'ailleurs les faits, terribles témoins, sont faciles à étudier; on peut constater
le désastre. De jour en jour l'art diminue le respect de
lui-même, se prosterne devant la réalité extérieure, et
le peintre devient de plus en plus enclin à peindre, non
pas ce qu'il rêve, mais ce qu'il voit. Cependant *c'est un
bonheur de rêver,* et c'était une gloire d'exprimer ce qu'on
rêvait; mais, que dis-je! connaît-il encore ce bonheur ?

L'observateur de bonne foi affirmera-t-il que l'invasion de la photographie et la grande folie industrielle sont
tout à fait étrangères à ce résultat déplorable ? Est-il
permis de supposer qu'un peuple dont les yeux s'accou-
tument à considérer les résultats d'une science matérielle
comme les produits du beau n'a pas singulièrement, au
bout d'un certain temps, diminué la faculté de juger et
de sentir, ce qu'il y a de plus éthéré et de plus immatériel[1] ?

III

LA REINE DES FACULTÉS

Dans ces derniers temps nous avons entendu dire de
mille manières différentes : « Copiez la nature; ne copiez
que la nature. Il n'y a pas de plus grande jouissance ni
de plus beau triomphe qu'une copie excellente de

la nature. » Et cette doctrine, ennemie de l'art, prétendait être appliquée non seulement à la peinture,
mais à tous les arts, même au roman, même à la poésie.
À ces doctrinaires si satisfaits de la nature un homme
imaginatif aurait certainement eu le droit de répondre :
« Je trouve inutile et fastidieux de représenter ce qui est,
parce que rien de ce qui est ne me satisfait. La nature est
laide, et je préfère les monstres de ma fantaisie à la trivialité positive. » Cependant il eût été plus philosophique de
demander aux doctrinaires en question, d'abord s'ils sont
bien certains de l'existence de la nature extérieure, ou, si
cette question eût paru trop bien faite pour réjouir leur
causticité, s'ils sont bien sûrs de connaître *toute la nature*,
tout ce qui est contenu dans la nature. Un oui eût été la
plus fanfaronne et la plus extravagante des réponses.
Autant que j'ai pu comprendre ces singulières et avilis-
santes divagations, la doctrine voulait dire, je lui fais
l'honneur de croire qu'elle voulait dire : L'artiste, le vrai
artiste, le vrai poète, ne doit peindre que selon qu'il voit
et qu'il sent. Il doit être *réellement* fidèle à sa propre nature.
Il doit éviter comme la mort d'emprunter les yeux et les
sentiments d'un autre homme, si grand qu'il soit; car
alors les productions qu'il nous donnerait seraient, relativement à lui, des mensonges, et non des *réalités*. Or, si
les pédants dont je parle (il y a de la pédanterie même
dans la bassesse), et qui ont des représentants partout,
cette théorie flattant également l'impuissance et la paresse,
ne voulaient pas que la chose fût entendue ainsi, croyons
simplement qu'ils voulaient dire : « Nous n'avons pas
d'imagination, et nous décrétons que personne n'en
aura. »

Mystérieuse faculté que cette reine des facultés[1] ! Elle
touche à toutes les autres; elle les excite, elle les envoie
au combat. Elle leur ressemble quelquefois au point de
se confondre avec elles, et cependant elle est toujours
bien elle-même, et les hommes qu'elle n'agite pas sont
facilement reconnaissables à je ne sais quelle malédic-
tion qui dessèche leurs productions comme le figuier de
l'Évangile.

Elle est l'analyse, elle est la synthèse; et cependant des
hommes habiles dans l'analyse et suffisamment aptes à
faire un résumé peuvent être privés d'imagination. Elle
est cela, et elle n'est pas tout à fait cela. Elle est la sensi-

bilité, et pourtant il y a des personnes très sensibles, trop sensibles peut-être, qui en sont privées. C'est l'imagination qui a enseigné à l'homme le sens moral de la couleur, du contour, du son et du parfum. Elle a créé, au commencement du monde, l'analogie et la métaphore. Elle décompose toute la création, et, avec les matériaux amassés et disposés suivant des règles dont on ne peut trouver l'origine que dans le plus profond de l'âme, elle crée un monde nouveau, elle produit la sensation du neuf. Comme elle a créé le monde (on peut bien dire cela, je crois, même dans un sens religieux), il est juste qu'elle le gouverne. Que dit-on d'un guerrier sans imagination ? Qu'il peut faire un excellent soldat, mais que, s'il commande des armées, il ne fera pas de conquêtes. Le cas peut se comparer à celui d'un poète ou d'un romancier qui enlèverait à l'imagination le commandement des facultés pour le donner, par exemple, à la connaissance de la langue ou à l'observation des faits. Que dit-on d'un diplomate sans imagination ? Qu'il peut très bien connaître l'histoire des traités et des alliances dans le passé, mais qu'il ne devinera pas les traités et les alliances contenus dans l'avenir. D'un savant sans imagination ? Qu'il a appris tout ce qui, ayant été enseigné, pouvait être appris, mais qu'il ne trouvera pas les lois non encore devinées. L'imagination est la reine du vrai, et le *possible* est une des provinces du vrai. Elle est positivement apparentée avec l'infini.

Sans elle, toutes les facultés, si solides ou si aiguisées qu'elles soient, sont comme si elles n'étaient pas, tandis que la faiblesse de quelques facultés secondaires, excitées par une imagination vigoureuse, est un malheur secondaire. Aucune ne peut se passer d'elle, et elle peut suppléer quelques-unes. Souvent ce que celles-ci cherchent et ne trouvent qu'après les essais successifs de plusieurs méthodes non adaptées à la nature des choses, fièrement et simplement elle le devine. Enfin elle joue un rôle puissant même dans la morale; car, permettez-moi d'aller jusque-là, qu'est-ce que la vertu sans imagination ? Autant dire la vertu sans la pitié, la vertu sans le ciel; quelque chose de dur, de cruel, de stérilisant, qui, dans certains pays, est devenu la bigoterie, et dans certains autres le protestantisme[1].

Malgré tous les magnifiques privilèges que j'attribue à

l'imagination, je ne ferai pas à vos lecteurs l'injure de
leur expliquer que mieux elle est secourue et plus elle est
puissante, et que ce qu'il y a de plus fort dans les batailles
avec l'idéal, c'est une belle imagination disposant d'un
immense magasin d'observations. Cependant, pour revenir à ce que je disais tout à l'heure relativement à cette
permission de suppléer que doit l'imagination à son origine divine, je veux vous citer un exemple, un tout petit
exemple, dont vous ne ferez pas mépris, je l'espère.
Croyez-vous que l'auteur d'*Antony,* du *Comte Hermann,*
de *Monte-Cristo,* soit un savant ? Non, n'est-ce pas ?
Croyez-vous qu'il soit versé dans la pratique des arts,
qu'il en ait fait une étude patiente ? Pas davantage. Cela
serait même, je crois, antipathique à sa nature. Eh bien,
il est un exemple qui prouve que l'imagination, quoique
non servie par la pratique et la connaissance des termes
techniques, ne peut pas proférer de sottises hérétiques en
une matière qui est, pour la plus grande partie, de son
ressort. Récemment je me trouvais dans un wagon[1], et
je rêvais à l'article que j'écris présentement ; je rêvais surtout à ce singulier renversement des choses qui a permis,
dans un siècle, il est vrai, où, pour le châtiment de
l'homme, tout lui a été permis, de mépriser la plus honorable et la plus utile des facultés morales, quand je vis,
traînant sur un coussin voisin, un numéro égaré de *L'Indépendance belge.* Alexandre Dumas s'était chargé d'y faire
le compte rendu des ouvrages du Salon[2]. La circonstance
me commandait la curiosité. Vous pouvez deviner quelle
fut ma joie quand je vis mes rêveries pleinement vérifiées
par un exemple que me fournissait le hasard. Que cet
homme, qui a l'air de représenter la vitalité universelle[3],
louât magnifiquement une époque qui fut pleine de vie,
que le créateur du drame romantique chantât, sur un
ton qui ne manquait pas de grandeur, je vous assure, le
temps heureux où, à côté de la nouvelle école littéraire,
florissait la nouvelle école de peinture : Delacroix, les
Devéria, Boulanger, Poterlet[4], Bonington, etc., le beau
sujet d'étonnement ! direz-vous. C'est bien là son affaire !
Laudator temporis acti ! Mais qu'il louât spirituellement
Delacroix, qu'il expliquât nettement le genre de folie de
ses adversaires, et qu'il allât plus loin même, jusqu'à
montrer en quoi péchaient les plus forts parmi les
peintres de plus récente célébrité ; que lui, Alexandre

Dumas, si abandonné, si coulant, montrât si bien, par exemple, que Troyon n'a pas de génie et ce qui lui manque même pour simuler le génie, dites-moi, mon cher ami, trouvez-vous cela aussi simple ? Tout cela, sans doute, était écrit avec ce *lâché* dramatique dont il a pris l'habitude en causant avec son innombrable auditoire; mais cependant que de grâce et de soudaineté dans l'expression du vrai ! Vous avez fait déjà ma conclusion : Si Alexandre Dumas, qui n'est pas un savant, ne possédait pas heureusement une riche imagination, il n'aurait dit que des sottises; il a dit des choses sensées et les a bien dites, parce que... (il faut bien achever) parce que l'imagination, grâce à sa nature suppléante, contient l'esprit critique.

Il reste, cependant, à mes contradicteurs une ressource, c'est d'affirmer qu'Alexandre Dumas n'est pas l'auteur de son *Salon*[1]. Mais cette insulte est si vieille et cette ressource si banale, qu'il faut l'abandonner aux amateurs de friperie, aux faiseurs de *courriers* et de *chroniques*. S'ils ne l'ont pas déjà ramassée, ils la ramasseront.

Nous allons entrer plus intimement dans l'examen des fonctions de cette faculté *cardinale* (sa richesse ne rappelle-t-elle pas des idées de pourpre ?). Je vous raconterai simplement ce que j'ai appris de la bouche d'un maître homme[2], et, de même qu'à cette époque je vérifiais, avec la joie d'un homme qui s'instruit, ses préceptes si simples sur toutes les peintures qui tombaient sous mon regard, nous pourrons les appliquer successivement, comme une pierre de touche, sur quelques-uns de nos peintres.

IV

LE GOUVERNEMENT DE L'IMAGINATION

Hier soir, après vous avoir envoyé les dernières pages de ma lettre, où j'avais écrit, mais non sans une certaine timidité : *Comme l'imagination a créé le monde, elle le gouverne*, je feuilletais *La Face nocturne de la Nature*[3] et je tombai sur ces lignes, que je cite uniquement parce qu'elles sont la paraphrase justificative de la ligne qui m'inquiétait : « *By imagination, I do not simply mean to convey the common notion implied by that much abused word, which is only fancy, but the* constructive *imagination, which is a much higher function, and which, in as much as man is made in the likeness of God, bears a distant relation to that sublime power by which the Creator projects, creates, and upholds his universe.* » — « Par imagination, je ne veux pas seulement exprimer l'idée commune impliquée dans ce mot dont on fait si grand abus, laquelle est simplement *fantaisie,* mais bien l'imagination *créatrice,* qui est une fonction beaucoup plus élevée, et qui, en tant que l'homme est fait à la ressemblance de Dieu, garde un rapport éloigné avec cette puissance sublime par laquelle le Créateur conçoit, crée et entretient son univers. » Je ne suis pas du tout honteux, mais au contraire très heureux de m'être rencontré avec cette excellente Mme Crowe, de qui j'ai toujours admiré et envié la faculté de croire, aussi développée en elle que chez d'autres la défiance.

Je disais que j'avais entendu, il y a longtemps déjà, un homme vraiment savant et profond dans son art[1] exprimer sur ce sujet les idées les plus vastes et cependant les plus simples. Quand je le vis pour la première fois, je n'avais pas d'autre expérience que celle que donne un amour excessif ni d'autre raisonnement que l'instinct. Il est vrai que cet amour et cet instinct étaient passablement vifs; car, très jeunes, mes yeux remplis d'images peintes ou gravées n'avaient jamais pu se rassasier, et je crois que les mondes pourraient finir, *impavidum ferient*[2], avant que je devienne iconoclaste[3]. Évidemment il voulut être plein d'indulgence et de complaisance; car nous causâmes tout d'abord de lieux communs, c'est-à-dire des questions les plus vastes et les plus profondes. Ainsi, de la nature, par exemple. « La nature n'est qu'un dictionnaire »[4], répétait-il fréquemment. Pour bien comprendre l'étendue du sens impliqué dans cette phrase, il faut se figurer les usages nombreux et ordinaires du dictionnaire. On y cherche le sens des mots, la génération des mots, l'étymologie des mots; enfin on en extrait tous les éléments qui composent une phrase et un récit; mais personne n'a jamais considéré le dictionnaire comme une composition dans le sens poétique du mot. Les peintres qui obéissent à l'imagination cherchent dans leur dictionnaire les éléments qui s'accordent à[a] leur conception; encore, en les ajustant avec un certain art, leur donnent-ils une physionomie toute nouvelle. Ceux qui n'ont pas d'imagination copient le dictionnaire. Il en résulte un très grand vice, le vice de la banalité, qui est plus particulièrement propre à ceux d'entre les peintres que leur spécialité rapproche davantage de la nature extérieure, par exemple les paysagistes, qui généralement considèrent comme un triomphe de ne pas montrer leur personnalité. À force de contempler, ils oublient de sentir et de penser.

Pour ce grand peintre, toutes les parties de l'art, dont l'un prend celle-ci et l'autre celle-là pour la principale, n'étaient, ne sont, veux-je dire, que les très humbles servantes d'une faculté unique et supérieure.

Si une exécution très nette est nécessaire, c'est pour que le langage du rêve soit très nettement traduit; qu'elle soit très rapide, c'est pour que rien ne se perde de l'impression extraordinaire qui accompagnait la conception; que l'attention de l'artiste se porte même sur la propreté matérielle des outils, cela se conçoit sans peine, toutes les précautions devant être prises pour rendre l'exécution agile et décisive.

Dans une pareille méthode, qui est essentiellement logique, tous les personnages, leur disposition relative, le paysage ou l'intérieur qui leur sert de fond ou d'horizon, leurs vêtements, tout enfin doit servir à illuminer l'idée génératrice et porter encore sa couleur originelle, sa livrée, pour ainsi dire. Comme un rêve est placé dans une atmosphère qui[b] lui est propre, de même une conception, devenue composition, a besoin de se mouvoir dans un milieu coloré qui lui soit particulier. Il y a évidemment un ton particulier attribué à une partie quelconque du tableau qui devient clef et qui gouverne les autres. Tout le monde sait que le jaune, l'orangé, le rouge, inspirent et représentent des idées de joie, de richesse, de gloire et d'amour; mais il y a des milliers d'atmosphères jaunes ou rouges, et toutes les autres couleurs seront affectées logiquement et dans une quantité proportionnelle par l'atmosphère dominante. L'art du coloriste tient évidemment par de certains côtés[c] aux mathématiques et à la musique[1]. Cependant ses opérations les plus déli-

cates se font par un sentiment auquel un long exercice
a donné une sûreté inqualifiable. On voit que cette grande
loi d'harmonie générale condamne bien des papillotages
et bien des crudités, même chez les peintres les plus
illustres. Il y a des tableaux de Rubens qui non seulement
font penser à un feu d'artifice coloré, mais même à plusieurs feux d'artifice tirés sur le même emplacement.
Plus un tableau est grand, plus la touche doit être large,
cela va sans dire; mais il est bon que les touches ne soient
pas matériellement fondues; elles se fondent naturellement à une distance voulue par la loi sympathique qui
les a associées. La couleur obtient ainsi plus d'énergie et
de fraîcheur.

Un bon tableau, fidèle et égal au rêve qui l'a enfanté,
doit être produit comme un monde. De même que la création, telle que nous la voyons, est le résultat de plusieurs
créations dont les précédentes sont toujours complétées par la suivante; ainsi un tableau conduit harmoniquement consiste en une série de tableaux superposés,
chaque nouvelle couche donnant au rêve plus de réalité
et le faisant monter d'un degré vers la perfection. Tout
au contraire, je me rappelle avoir vu dans les ateliers de
Paul Delaroche et d'Horace Vernet de vastes tableaux,
non pas ébauchés, mais commencés, c'est-à-dire absolument finis dans de certaines parties, pendant que certaines autres n'étaient encore indiquées que par un
contour noir ou blanc. On pourrait comparer ce genre
d'ouvrage à un travail purement manuel qui doit couvrir une certaine quantité d'espace en un temps déterminé,
ou à une longue route divisée en un grand nombre
d'étapes. Quand une étape est faite, elle n'est plus à faire,
et quand toute la route est parcourue, l'artiste est délivré
de son tableau.

Tous ces préceptes sont évidemment modifiés plus ou
moins par le tempérament varié des artistes. Cependant
je suis convaincu que c'est là la méthode la plus sûre
pour les imaginations riches. Conséquemment, de trop
grands écarts faits hors de la méthode en question
témoignent d'une importance anormale et injuste donnée à quelque partie secondaire de l'art.

Je ne crains pas qu'on dise qu'il y a absurdité à supposer une même éducation appliquée à une foule d'individus différents. Car il est évident que les rhétoriques et

les prosodies ne sont pas des tyrannies inventées arbitrairement, mais une collection de règles réclamées par l'organisation même de l'être spirituel. Et jamais les prosodies et les rhétoriques n'ont empêché l'originalité de se produire distinctement. Le contraire, à savoir qu'elles ont aidé l'éclosion de l'originalité, serait infiniment plus vrai[1].

Pour être bref, je suis obligé d'omettre une foule de corollaires résultant de la formule principale, où est, pour ainsi dire, contenu tout le formulaire de la véritable esthétique, et qui peut être exprimée ainsi : Tout l'univers visible n'est qu'un magasin d'images et de signes auxquels l'imagination donnera une place et une valeur relative; c'est une espèce de pâture que l'imagination doit digérer et transformer. Toutes les facultés de l'âme humaine doivent être subordonnées à l'imagination, qui les met en réquisition toutes à la fois. De même que bien connaître le dictionnaire n'implique pas nécessairement la connaissance de l'art de la composition, et que l'art de la composition lui-même n'implique pas l'imagination universelle, ainsi un bon peintre peut n'être pas un grand peintre. Mais un grand peintre est forcément un bon peintre, parce que l'imagination universelle renferme l'intelligence de tous les moyens et le désir de les acquérir.

Il est évident que, d'après les notions que je viens d'élucider tant bien que mal (il y aurait encore tant de choses à dire, particulièrement sur les parties concordantes de tous les arts et les ressemblances dans leurs méthodes !), l'immense classe des artistes, c'est-à-dire des hommes qui se sont voués à l'expression de l'art, peut se diviser en deux camps bien distincts : celui-ci, qui s'appelle lui-même *réaliste*, mot à double entente et dont le sens n'est pas bien déterminé, et que nous appellerons, pour mieux caractériser son erreur[2], un *positiviste*, dit : « Je veux représenter les choses telles qu'elles sont, ou bien qu'elles seraient[a], en supposant que je n'existe pas. » L'univers sans l'homme. Et celui-là, l'imaginatif, dit : « Je veux illuminer les choses avec mon esprit et en projeter le reflet sur les autres esprits. » Bien que ces deux méthodes absolument contraires puissent agrandir ou amoindrir tous les sujets, depuis la scène religieuse jusqu'au plus modeste paysage, toutefois l'homme d'imagination a dû généralement se produire dans la peinture religieuse et dans la fantaisie, tandis que la peinture dite de genre et le paysage devaient offrir en apparence de vastes ressources aux esprits paresseux et difficilement excitables.

Outre les imaginatifs et les soi-disant réalistes, il y a encore une classe d'hommes, timides et obéissants, qui mettent tout leur orgueil à obéir à un code de fausse dignité. Pendant que ceux-ci croient représenter la nature et que ceux-là veulent peindre leur âme, d'autres se conforment à des règles de pure convention, tout à fait arbitraires, non tirées de l'âme humaine, et simplement imposées par la routine d'un atelier célèbre. Dans cette classe très nombreuse, mais si peu intéressante, sont compris les faux amateurs de l'antique, les faux amateurs du style, et en un mot tous les hommes qui par leur impuissance[a] ont élevé le poncif aux honneurs du style.

V

RELIGION, HISTOIRE, FANTAISIE

À chaque nouvelle exposition, les critiques remarquent que les peintures religieuses font de plus en plus défaut. Je ne sais s'ils ont raison quant au nombre; mais certainement ils ne se trompent pas quant à la qualité. Plus d'un écrivain religieux, naturellement enclin, comme les écrivains démocrates, à suspendre le beau à la croyance, n'a pas manqué d'attribuer à l'absence de foi cette difficulté d'exprimer les choses de la foi. Erreur qui pourrait être philosophiquement démontrée, si les faits ne nous prouvaient pas suffisamment le contraire, et si l'histoire de la peinture ne nous offrait pas des artistes impies et athées produisant d'excellentes œuvres religieuses. Disons donc simplement que la religion étant la plus haute *fiction* de l'esprit humain (je parle exprès comme parlerait un athée professeur de beaux-arts, et rien n'en doit être conclu contre ma foi), elle réclame de ceux qui se vouent à l'expression de ses actes et de ses sentiments l'imagina-

tion la plus vigoureuse et les efforts les plus tendus. Ainsi
le personnage de Polyeucte exige du poète et du comédien une ascension spirituelle et un enthousiasme beaucoup plus vif que tel personnage vulgaire épris d'une
vulgaire créature de la terre, ou même qu'un héros purement politique. La seule concession qu'on puisse raisonnablement faire aux partisans de la théorie qui considère
la foi comme l'unique source d'inspiration religieuse, est
que le poète, le comédien et l'artiste, au moment où ils
exécutent l'ouvrage en question, croient à la réalité de ce
qu'ils représentent, échauffés qu'ils sont par la nécessité.
Ainsi l'art est le seul domaine spirituel où l'homme
puisse dire : « Je croirai si je veux, et si je ne veux pas,
je ne croirai pas. » La cruelle et humiliante maxime : *Spi-
ritus flat ubi vult,* perd ses droits en matière d'art.

J'ignore si MM. Legros et Amand Gautier possèdent
la foi comme l'entend l'Église, mais très certainement ils
ont eu, en composant chacun un excellent ouvrage de
piété, la foi suffisante pour l'objet en vue[1]. Ils ont prouvé
que, même au XIXe siècle, l'artiste peut produire un bon
tableau de religion, pourvu que son imagination soit
apte à s'élever jusque-là. Bien que les peintures plus importantes d'Eugène Delacroix nous attirent et nous
réclament, j'ai trouvé bon, mon cher M***, de citer
tout d'abord deux noms inconnus ou peu connus. La
fleur oubliée ou ignorée ajoute à son parfum naturel le
parfum paradoxal de son obscurité[2], et sa valeur positive
est augmentée par la joie de l'avoir découverte. J'ai peut-
être tort d'ignorer entièrement M. Legros, mais j'avouerai que je n'avais encore vu aucune production signée de
son nom. La première fois que j'aperçus son tableau,
j'étais avec notre ami commun, M. C...[3], dont j'attirai les
yeux sur cette production si humble et si pénétrante. Il
n'en pouvait pas nier les singuliers mérites; mais cet
aspect *villageois,* tout ce petit monde vêtu de velours, de
coton, d'indienne et de cotonnade que l'*Angelus* ras-
semble le soir sous la voûte de l'église de nos grandes
villes, avec ses sabots et ses parapluies, tout voûté par le
travail, tout ridé par l'âge, tout parcheminé par la brû-
lure du chagrin, troublait un peu ses yeux, amoureux,
comme ceux d'un bon connaisseur, des beautés élégantes
et mondaines. Il obéissait évidemment à cette humeur
française qui craint surtout d'être dupe, et qu'a si cruelle-

ment raillée l'écrivain français[1] qui en était le plus singulièrement obsédé. Cependant l'esprit du vrai critique, comme l'esprit du vrai poète, doit être ouvert à toutes les beautés ; avec la même facilité il jouit de la grandeur éblouissante de César triomphant et de la grandeur du pauvre habitant des faubourgs incliné sous le regard de son Dieu. Comme les voilà bien *revenues* et retrouvées les sensations de rafraîchissement qui habitent les voûtes de l'église catholique, et l'humilité qui jouit d'elle-même, et la confiance du pauvre dans le Dieu juste, et l'espérance du secours, si ce n'est l'oubli des infortunes présentes ! Ce qui prouve que M. Legros est un esprit vigoureux, c'est que l'accoutrement vulgaire de son sujet ne nuit pas du tout à la grandeur morale du même sujet, mais qu'au contraire la trivialité est ici comme un assaisonnement dans la charité et la tendresse. Par une association mystérieuse que les esprits délicats comprendront, l'enfant grotesquement habillé qui tortille avec gaucherie sa casquette dans le temple de Dieu, m'a fait penser à l'âne de Sterne et à ses macarons[2]. Que l'âne soit comique en mangeant un gâteau, cela ne diminue rien de la sensation d'attendrissement qu'on éprouve en voyant le misérable esclave de la ferme cueillir quelques douceurs dans la main d'un philosophe. Ainsi l'enfant du pauvre, tout embarrassé de sa contenance, goûte, en tremblant, aux confitures célestes. J'oubliais de dire que l'exécution de cette œuvre pieuse est d'une remarquable solidité ; la couleur un peu triste et la minutie des détails s'harmonisent avec le caractère éternellement *précieux* de la dévotion. M. C... me fit remarquer que les fonds ne fuyaient pas assez loin et que les personnages semblaient un peu plaqués sur la décoration qui les entoure. Mais ce défaut, je l'avoue, en me rappelant l'ardente naïveté des vieux tableaux, fut pour moi comme un charme de plus. Dans une œuvre moins intime et moins pénétrante, il n'eût pas été tolérable.

M. Amand Gautier est l'auteur d'un ouvrage qui avait déjà, il y a quelques années, frappé les yeux de la critique, ouvrage remarquable à bien des égards, refusé, je crois, par le jury, mais qu'on put étudier aux vitres d'un des principaux marchands du boulevard : je veux parler d'une cour d'un *Hôpital de folles* ; sujet qu'il avait traité, non pas selon la méthode philosophique et germanique, celle

de Kaulbach[1], par exemple, qui fait penser aux catégories
d'Aristote, mais avec le sentiment dramatique français,
uni à une observation fidèle et intelligente. Les amis de
l'auteur disent que *tout* dans l'ouvrage était minutieusement exact : têtes, gestes, physionomies, et copié d'après
la nature. Je ne le crois pas, d'abord parce que j'ai surpris dans l'arrangement du tableau des symptômes du
contraire, et ensuite parce que ce qui est positivement et
universellement exact n'est jamais admirable. Cette année-
ci, M. Amand Gautier a exposé un unique ouvrage qui
porte simplement pour titre les *Sœurs de charité*. Il faut une
véritable puissance pour dégager la poésie sensible contenue dans ces longs vêtements uniformes, dans ces coiffures rigides et dans ces attitudes modestes et sérieuses
comme la vie des personnes de religion. Tout dans le
tableau de M. Gautier concourt au développement de la
pensée principale : ces longs murs blancs, ces arbres correctement alignés, cette façade simple jusqu'à la pauvreté,
les attitudes droites et sans coquetterie féminine, tout ce
sexe réduit à la discipline comme le soldat, et dont le
visage brille tristement des pâleurs rosées de la virginité
consacrée, donnent la sensation de l'éternel, de l'invaria-
riable, du devoir agréable dans sa monotonie. J'ai
éprouvé, en étudiant cette toile peinte avec une touche
large et simple comme le sujet, ce je ne sais quoi que
jettent dans l'âme certains Lesueur et les meilleurs Philippe de Champagne, ceux qui expriment les habitudes
monastiques. Si, parmi les personnes qui me lisent,
quelques-unes voulaient chercher ces tableaux, je crois
bon de les avertir qu'elles les trouveront au bout de la
galerie, dans la partie gauche du bâtiment, au fond d'un
vaste salon carré où l'on a interné une multitude de toiles
innommables, soi-disant religieuses pour la plupart.
L'aspect de ce salon est si froid, que les promeneurs y sont
plus rares, comme dans un coin de jardin que le soleil
ne visite pas. C'est dans ce capharnaüm de faux *ex-voto,*
dans cette immense voie lactée de plâtreuses sottises,
qu'ont été reléguées ces deux modestes toiles.

L'imagination de Delacroix ! Celle-là n'a jamais craint
d'escalader les hauteurs difficiles de la religion; le ciel
lui appartient, comme l'enfer, comme la guerre, comme
l'Olympe, comme la volupté. Voilà bien le type du
peintre-poète ! Il est bien un des rares élus, et l'étendue

de son esprit comprend la religion dans son domaine.
Son imagination, ardente comme les chapelles ardentes,
brille de toutes les flammes et de toutes les pourpres.
Tout ce qu'il y a de douleur dans la *passion* le passionne;
tout ce qu'il y a de splendeur dans l'Église l'illumine. Il
verse tour à tour sur ses toiles inspirées le sang, la
lumière et les ténèbres. Je crois qu'il ajouterait volontiers, comme surcroît, son faste naturel aux majestés de
l'Évangile. J'ai vu une petite *Annonciation*[1], de Delacroix,
où l'ange visitant Marie n'était pas seul, mais conduit en
cérémonie par deux autres anges, et l'effet de cette cour
céleste était puissant et charmant. Un de ses tableaux de
jeunesse, le *Christ aux Oliviers*[2] (« Seigneur, détournez de
moi ce calice », à Saint-Paul, rue Saint-Antoine), ruisselle
de tendresse féminine et d'onction poétique. La douleur
et la pompe, qui éclatent si haut dans la religion, font
toujours écho dans son esprit.

Eh bien, mon cher ami, cet homme extraordinaire qui
a lutté avec Scott, Byron, Gœthe, Shakespeare, Arioste,
Tasse, Dante et l'Évangile, qui a illuminé l'histoire des
rayons de sa palette et versé sa fantaisie à flots dans nos
yeux éblouis, cet homme, avancé dans le nombre de ses
jours, mais marqué d'une opiniâtre jeunesse, qui depuis
l'adolescence a consacré tout son temps à exercer sa main,
sa mémoire et ses yeux pour préparer des armes plus
sûres à son imagination, ce génie a trouvé récemment un
professeur pour lui enseigner son art, dans un jeune
chroniqueur dont le sacerdoce s'était jusque-là borné à
rendre compte de la robe de madame une telle au dernier
bal de l'Hôtel de Ville. Ah ! les chevaux *roses,* ah ! les
paysans *lilas,* ah ! les fumées *rouges* (quelle audace, une
fumée rouge !), ont été traités d'une *verte* façon[3]. L'œuvre
de Delacroix a été mis en poudre et jeté aux quatre vents
du ciel. Ce genre d'articles, parlé d'ailleurs dans tous les
salons bourgeois, commence invariablement par ces
mots : « Je dois dire que je n'ai pas la prétention d'être
un connaisseur, les mystères de la peinture me sont lettre
close, *mais cependant,* etc... » (en ce cas, pourquoi en parler ?) et finit généralement par une phrase pleine d'ai-
greur qui équivaut à un regard d'envie jeté sur les bienheureux qui comprennent l'incompréhensible.

Qu'importe, me direz-vous, qu'importe la sottise si
le génie triomphe ? Mais, mon cher, il n'est pas superflu

de mesurer la force de résistance à laquelle se heurte le
génie, et toute l'importance de ce jeune chroniqueur se
réduit, mais c'est bien suffisant, à représenter l'esprit
moyen de la bourgeoisie. Songez donc que cette comédie
se joue contre Delacroix depuis 1822, et que depuis cette
époque, toujours exact au rendez-vous, notre peintre
nous a donné à chaque exposition plusieurs tableaux
parmi lesquels il y avait au moins un chef-d'œuvre, montrant infatigablement, pour me servir de l'expression
polie et indulgente de M. Thiers, « peu d'élan de la supériorité qui ranime les espérances un peu découragées *par
le mérite trop modéré de tout le reste* »[1]. Et il ajoutait plus
loin : « Je ne sais quel souvenir des grands artistes me
saisit à l'aspect de ce tableau *(Dante et Virgile)*. Je retrouve cette puissance sauvage, ardente, mais naturelle,
qui cède sans effort à son propre entraînement... Je ne
crois pas m'y tromper, M. Delacroix *a reçu le génie ;* qu'il
avance avec assurance, qu'il se livre aux *immenses* travaux,
condition *indispensable* du talent... » Je ne sais pas combien
de fois dans sa vie M. Thiers a été prophète, mais il le fut
ce jour-là. Delacroix s'est livré aux *immenses travaux,*
et il n'a pas désarmé l'opinion. À voir cet épanchement
majestueux, intarissable, de peinture, il serait facile de
deviner l'homme à qui j'entendais dire un soir : « Comme
tous ceux de mon âge, j'ai connu plusieurs passions ; mais
ce n'est que dans le travail que je me suis senti parfaitement heureux. » Pascal dit que les toges, la pourpre et
les panaches ont été très heureusement inventés pour
imposer au vulgaire, pour marquer d'une étiquette ce
qui est vraiment respectable ; et cependant les distinctions
officielles dont Delacroix a été l'objet n'ont pas fait taire
l'ignorance. Mais à bien regarder la chose, pour les gens
qui, comme moi, veulent que les affaires d'art ne se
traitent qu'entre aristocrates et qui croient que c'est la
rareté des élus qui fait le paradis, tout est ainsi pour le
mieux. Homme privilégié ! la Providence lui garde des
ennemis en réserve. Homme heureux parmi les heureux !
non seulement son talent triomphe des obstacles, mais
il en fait naître de nouveaux pour en triompher encore !
Il est aussi grand que les anciens, dans un siècle et dans
un pays où les anciens n'auraient pas pu vivre. Car,
lorsque j'entends porter jusqu'aux étoiles des hommes
comme Raphaël et Véronèse, avec une intention visible

de diminuer le mérite qui s'est produit après eux, tout en accordant mon enthousiasme à ces grandes ombres qui n'en ont pas besoin, je me demande si un mérite, qui est *au moins* l'égal du leur (admettons un instant, par pure complaisance, qu'il lui soit inférieur), n'est pas infiniment plus *méritant,* puisqu'il s'est victorieusement développé dans une atmosphère et un terroir hostiles ? Les nobles artistes de la Renaissance eussent été bien coupables de n'être pas grands, féconds et sublimes, encouragés et excités qu'ils étaient par une compagnie illustre de seigneurs et de prélats, que dis-je ? par la multitude elle-même qui était artiste en ces âges d'or ! Mais l'artiste moderne qui s'est élevé très haut *malgré* son siècle, qu'en dirons-nous, si ce n'est de certaines choses que ce siècle n'acceptera pas, et qu'il faut laisser dire aux âges futurs ?

Pour revenir aux peintures religieuses, dites-moi si vous vîtes jamais mieux exprimée la solennité nécessaire de la *Mise au tombeau.* Croyez-vous sincèrement que Titien eût inventé cela ? Il eût conçu, il a conçu la chose autrement; mais je préfère cette manière-ci. Le décor, c'est le caveau lui-même, emblème de la vie souterraine que doit mener longtemps la religion nouvelle ! Au dehors, l'air et la lumière qui glisse en[a] rampant dans la spirale. La *Mère* va s'évanouir, elle se soutient à peine ! Remarquons en passant qu'Eugène Delacroix, au lieu de faire de la très sainte Mère une femmelette d'album, lui donne toujours un geste et une ampleur tragiques qui conviennent parfaitement à cette reine des mères. Il est impossible qu'un amateur un peu poète ne sente pas son imagination frappée, non pas d'une impression historique, mais d'une impression poétique, religieuse, universelle, en contemplant ces quelques hommes qui descendent soigneusement le cadavre de leur Dieu au fond d'une crypte, dans ce sépulcre que le monde adorera, « le seul, dit superbement René, qui n'aura rien à rendre à la fin des siècles ! »

Le *Saint Sébastien* est une merveille non pas seulement comme peinture, c'est aussi un délice de tristesse. *La Montée au Calvaire* est une composition compliquée, ardente et savante. « *Elle devait,* nous dit l'artiste qui connaît son monde, *être exécutée dans de grandes proportions* à Saint-Sulpice, dans la chapelle des fonts baptismaux, dont la destination a été changée. » Bien qu'il eût pris

toutes ses précautions, disant clairement au public : « Je
veux vous montrer le projet, en petit, d'un très grand
travail qui m'avait été confié », les critiques n'ont pas
manqué, comme à l'ordinaire, pour lui reprocher de ne
savoir peindre que des esquisses[1] !

Le voilà couché sur des verdures sauvages, avec une
mollesse et une tristesse féminines, le poète illustre qui
enseigna l'*art d'aimer*[2]. Ses grands amis de Rome sauront-
ils vaincre la rancune impériale ? Retrouvera-t-il un jour
les somptueuses voluptés de la prodigieuse cité ? Non,
de ces pays sans gloire s'épanchera vainement le long et
mélancolique fleuve des *Tristes ;* ici il vivra, ici il mourra.
« Un jour, ayant passé l'Ister vers son embouchure et
étant un peu écarté de la troupe des chasseurs, je me
trouvai à la vue des flots du Pont-Euxin. Je découvris
un tombeau de pierre, sur lequel croissait un laurier.
J'arrachai les herbes qui couvraient quelques lettres
latines, et bientôt je parvins à lire ce premier vers des
élégies d'un poète infortuné :

"Mon livre, vous irez à Rome, et vous irez à Rome
sans moi[3]."

« Je ne saurais vous peindre ce que j'éprouvai en
retrouvant au fond de ce désert le tombeau d'Ovide.
Quelles tristes réflexions ne fis-je point sur les peines de
l'exil, qui étaient aussi les miennes, et sur l'inutilité des
talents pour le bonheur ! Rome, qui jouit aujourd'hui des
tableaux du plus ingénieux de ses poètes, Rome a vu couler vingt ans, d'un œil sec, les larmes d'Ovide. Ah ! moins
ingrats que les peuples d'Ausonie, les sauvages habitants
des bords de l'Ister se souviennent encore de l'Orphée
qui parut dans leurs forêts ! Ils viennent danser autour de
ses cendres; ils ont même retenu quelque chose de son
langage : tant leur est douce la mémoire de ce Romain
qui s'accusait d'être le barbare, parce qu'il n'était pas
entendu du Sarmate[4] ! »

Ce n'est pas sans motif que j'ai cité, à propos d'Ovide,
ces réflexions d'Eudore. Le ton mélancolique du poète
des *Martyrs* s'adapte à ce tableau, et la tristesse languissante du prisonnier chrétien s'y réfléchit heureusement.
Il y a là l'ampleur de touche et de sentiments qui caracté-
risait la plume qui a écrit *Les Natchez* ; et je reconnais,
dans la sauvage idylle d'Eugène Delacroix, une *histoire
parfaitement belle* parce qu'il y a mis la *fleur du désert, la*

*grâce de la cabane et une simplicité à conter la douleur que je ne
me flatte pas d'avoir conservées*[1]. Certes je n'essayerai pas de
traduire avec ma plume la volupté si triste qui s'exhale
de ce verdoyant *exil*. Le catalogue[2], parlant ici la langue
si nette et si brève des notices de Delacroix, nous dit simplement, et cela vaut mieux : « Les uns l'examinent avec
curiosité, les autres lui font accueil à leur manière, et lui
offrent des fruits sauvages et du lait de jument. » Si
triste qu'il soit, le poète des élégances n'est pas insensible
à cette grâce barbare, au charme de cette hospitalité rustique. Tout ce qu'il y a dans Ovide de délicatesse et de
fertilité a passé dans la peinture de Delacroix; et, comme
l'exil a donné au brillant poète la tristesse qui lui manquait, la mélancolie a revêtu de son vernis enchanteur le
plantureux paysage du peintre. Il m'est impossible de
dire : Tel tableau de Delacroix est le meilleur de ses tableaux; car c'est toujours le vin du même tonneau, capi-
teux, exquis, *sui generis ;* mais on peut dire qu'*Ovide chez
les Scythes* est une de ces étonnantes œuvres comme Delacroix seul sait les concevoir et les peindre. L'artiste qui
a produit cela peut se dire un homme heureux, et heureux
aussi se dira celui qui pourra tous les jours en rassasier
son regard. L'esprit s'y enfonce avec une lente et gourmande volupté, comme dans le ciel, dans l'horizon de la
mer, dans des yeux pleins de pensée, dans une tendance
féconde[a] et grosse de rêverie. Je suis convaincu que ce
tableau a un charme tout particulier pour les esprits délicats; je jurerais presque qu'il a dû plaire plus que d'autres,
peut-être, aux tempéraments nerveux et poétiques, à
M. Fromentin, par exemple, dont j'aurai le plaisir de
vous entretenir tout à l'heure.

Je tourmente mon esprit pour en arracher quelque
formule qui exprime bien la *spécialité*[3] d'Eugène Delacroix. Excellent dessinateur, prodigieux coloriste, compositeur ardent et fécond, tout cela est évident, tout cela a
été dit. Mais d'où vient qu'il produit la sensation de nouveauté ? Que nous donne-t-il de plus que le passé ? Aussi
grand que les grands, aussi habile que les habiles, pourquoi nous plaît-il davantage ? On pourrait dire que, doué
d'une plus riche imagination, il exprime surtout l'intime
du cerveau, l'aspect étonnant des choses, tant son
ouvrage garde fidèlement la marque et l'humeur de sa
conception. C'est l'infini dans le fini[4]. C'est le rêve ! et je

n'entends pas par ce mot les capharnaüms de la nuit, mais la vision produite par une intense méditation, ou, dans les cerveaux moins fertiles, par un excitant artificiel. En un mot, Eugène Delacroix peint surtout l'*âme* dans ses belles heures[1]. Ah ! mon cher ami, cet homme me donne quelquefois l'envie de durer autant qu'un patriarche, ou, malgré tout ce qu'il faudrait de courage à un mort pour consentir à revivre (« Rendez-moi aux enfers ! » disait l'infortuné ressuscité par la sorcière thessalienne[2]), d'être ranimé à temps pour assister aux enchantements et aux louanges qu'il excitera dans l'âge futur. Mais à quoi bon ? Et quand ce vœu puéril serait exaucé, de voir une prophétie réalisée, quel bénéfice en tirerai-je[a], si ce n'est la honte de reconnaître que j'étais une âme faible et possédée du besoin de voir approuver ses convictions[b] ?

L'esprit français épigrammatique, combiné avec un élément de pédanterie, destiné à relever d'un peu de sérieux sa légèreté naturelle, devait engendrer une école que Théophile Gautier, dans sa bénignité, appelle poliment l'école néo-grecque, et que je nommerai, si vous le voulez bien, l'école des *pointus*[4]. Ici l'érudition a pour but de déguiser l'absence d'imagination. La plupart du temps, il ne s'agit dès lors que de transporter la vie commune et vulgaire dans un cadre grec ou romain. Dezobry[c] et Barthélemy[5] seront ici d'un grand secours, et des pastiches des fresques d'Herculanum, avec leurs teintes pâles obtenues par des frottis impalpables, permettront au peintre d'esquiver toutes les difficultés d'une peinture riche et solide. Ainsi d'un côté le bric-à-brac (élément sérieux), de l'autre la transposition des vulgarités de la vie dans le régime antique (élément de surprise et de succès), suppléeront désormais à toutes les conditions requises pour la bonne peinture. Nous verrons donc des moutards antiques jouer à la balle antique et au cerceau antique, avec d'antiques poupées et d'antiques joujoux ; des bambins idylliques jouer à la madame et au monsieur *(Ma sœur n'y est pas[6])* ; des amours enfourchant des bêtes aquatiques *(Décoration pour une salle de bains[7])* et des *Marchandes d'amour* à foison[8], qui offriront leur marchandise suspendue par les ailes, comme un lapin par les oreilles, et qu'on devrait renvoyer à la place de la Morgue, qui est le lieu où se fait un abondant commerce d'oiseaux plus naturels. L'Amour, l'inévitable Amour, l'immortel Cupidon des confiseurs, joue dans cette école un rôle dominateur et universel[1]. Il est le président de cette république galante et minaudière. C'est un poisson qui s'accommode à toutes les sauces. Ne sommes-nous pas cependant bien las de voir la couleur et le marbre prodigués en faveur de ce vieux polisson, ailé comme un insecte, ou comme un canard, que Thomas Hood[2] nous montre accroupi, et, comme un impotent, écrasant de sa molle obésité le nuage qui lui sert de coussin ? De sa main gauche il tient en manière de sabre son arc appuyé contre sa cuisse ; de la droite il exécute avec sa flèche le commandement : Portez armes ! sa chevelure est frisée dru comme une perruque de cocher ; ses joues rebondissantes oppriment ses narines et ses yeux ; sa chair, ou plutôt sa viande, capitonnée, tubuleuse et soufflée, comme les graisses suspendues aux crochets des bouchers, est sans doute distendue par les soupirs de l'idylle universelle ; à son dos montagneux sont accrochées deux ailes de papillon.

« Est-ce bien là l'incube qui oppresse le sein des belles ?..... Ce personnage est-il le partenaire disproportionné pour lequel soupire Pastorella, dans la plus étroite des couchettes virginales ? La platonique Amanda (qui est tout âme), fait-elle donc, quand elle disserte sur l'Amour, allusion à cet être trop palpable, qui est tout corps ? Et Bélinda croit-elle, en vérité, que ce Sagittaire ultra-substantiel puisse être embusqué dans son dangereux œil bleu ?

« La légende raconte qu'une fille de Provence s'amouracha de la statue d'Apollon et en mourut. Mais demoiselle passionnée délira-t-elle jamais et se dessécha-t-elle devant le piédestal de cette monstrueuse figure ? ou plutôt ne serait-ce pas un emblème indécent qui servirait à expliquer la timidité et la résistance proverbiale des filles à l'approche de l'Amour ?

« Je crois facilement qu'il lui faut *tout un cœur* pour lui tout seul ; car il doit le bourrer jusqu'à la réplétion. Je crois à sa *confiance ;* car il a l'air sédentaire et peu propre à la marche. Qu'il soit prompt à *fondre,* cela tient à sa graisse, et s'il brûle avec *flamme,* il en est de même de tous les corps gras. Il a des *langueurs* comme tous les corps d'un pareil tonnage, et il est naturel qu'un si gros soufflet *soupire.*

« Je ne nie pas qu'il s'*agenouille* aux pieds des dames, puisque c'est la posture des éléphants; qu'il *jure* que cet hommage sera *éternel ;* certes il serait malaisé de concevoir qu'il en fût autrement. Qu'il *meure,* je n'en fais aucun doute, avec une pareille corpulence et un cou si court ! S'il est *aveugle,* c'est l'enflure de sa joue de cochon qui lui bouche la vue. Mais qu'il loge dans l'œil bleu de Bélinda, ah ! je me sens hérétique, je ne le croirai jamais; car elle n'a jamais eu une étable* dans l'œil ! »

Cela est doux à lire, n'est-ce pas ? et cela nous venge un peu de ce gros poupard troué de fossettes qui représente l'idée populaire de l'Amour. Pour moi, si j'étais invité à représenter l'Amour, il me semble que je le peindrais sous la forme d'un cheval enragé qui dévore son maître, ou bien d'un démon aux yeux cernés par la débauche et l'insomnie, traînant, comme un spectre ou un galérien, des chaînes bruyantes à ses chevilles, et secouant d'une main une fiole de poison, de l'autre le poignard sanglant du crime[2].

L'école en question, dont le principal caractère (à mes yeux) est un perpétuel agacement, touche à la fois au proverbe, au rébus et au vieux-neuf. Comme rébus, elle est, jusqu'à présent, restée inférieure à *L'Amour fait passer le Temps* et *Le Temps fait passer l'Amour*[3], qui ont le mérite d'un rébus sans pudeur, exact et irréprochable. Par sa manie d'habiller à l'antique la vie triviale moderne, elle commet sans cesse ce que j'appellerais volontiers une caricature à l'inverse. Je crois lui rendre un grand service en lui indiquant, si elle veut devenir plus agaçante encore, le petit livre de M. Édouard Fournier[4] comme une source inépuisable de sujets. Revêtir des costumes du passé toute l'histoire, toutes les professions et toutes les industries modernes, voilà, je pense, pour la peinture, un infaillible et infini moyen d'étonnement. L'honorable érudit y prendra lui-même quelque plaisir.

Il est impossible de méconnaître chez M. Gérome[5] de nobles qualités, dont les premières sont la recherche du

---

* Une étable contient *plusieurs* cochons, et, de plus, il y a calembour; on peut deviner quel est le sens du mot *sty* au figuré[1].

nouveau et le goût des grands sujets; mais son originalité (si toutefois il y a originalité) est souvent d'une nature laborieuse et à peine visible. Froidement il réchauffe les sujets par de petits ingrédients et par des expédients puérils. L'idée d'un combat de coqs[1] appelle naturellement le souvenir de Manille ou de l'Angleterre. M. Gérome essayera de surprendre notre curiosité en transportant ce jeu dans une espèce de pastorale antique. Malgré de grands et nobles efforts, *Le Siècle d'Auguste*[2], par exemple, — qui est encore une preuve de cette tendance française de M. Gérome à chercher le succès ailleurs que dans la seule peinture, — il n'a été jusqu'à présent, et ne sera, ou du moins cela est fort à craindre, que le premier des esprits pointus. Que ces jeux romains soient exactement représentés[3], que la couleur locale soit scrupuleusement observée, je n'en veux point douter; je n'élèverai pas à ce sujet le moindre soupçon (cependant, puisque voici le rétiaire, où est le mirmillon?); mais baser un succès sur de pareils éléments, n'est-ce pas jouer un jeu, sinon déloyal, au moins dangereux, et susciter une résistance méfiante chez beaucoup de gens qui s'en iront hochant la tête et se demandant s'il est bien certain que les choses se passassent absolument ainsi? En supposant même qu'une pareille critique soit injuste (car on reconnaît généralement chez M. Gérome un esprit curieux du passé et avide d'instruction), elle est la punition méritée d'un artiste qui substitue l'amusement d'une page érudite aux jouissances de la pure peinture. La facture de M. Gérome, il faut bien le dire, n'a jamais été forte ni originale. Indécise, au contraire, et faiblement caractérisée, elle a toujours oscillé entre Ingres et Delaroche. J'ai d'ailleurs à faire un reproche plus vif au tableau en question. Même pour montrer l'endurcissement dans le crime et dans la débauche, même pour nous faire soupçonner les bassesses secrètes de la goinfrerie, il n'est pas nécessaire de faire alliance avec la caricature, et je crois que l'habitude du commandement, surtout quand il s'agit de commander au monde, donne, à défaut de vertus, une certaine noblesse d'attitude dont s'éloigne beaucoup trop ce soi-disant César[4], ce boucher, ce marchand de vins obèse, qui tout au plus pourrait, comme le suggère sa pose satisfaite et provocante, aspirer au rôle de directeur du journal des *Ventrus* et des satisfaits[5].

Le Roi Candaule[1] est encore un piège et une distraction. Beaucoup de gens s'extasient devant le mobilier et la décoration du lit royal; voilà donc une chambre à coucher asiatique ! quel triomphe ! Mais est-il bien vrai que la terrible reine, si jalouse d'elle-même, qui se sentait autant souillée par le regard que par la main, ressemblât à cette plate marionnette ? Il y a, d'ailleurs, un grand danger dans un tel sujet, situé à égale distance du tragique et du comique. Si l'anecdote asiatique n'est pas traitée d'une manière asiatique, funeste, sanglante, elle suscitera toujours le comique; elle appellera invariablement dans l'esprit les polissonneries de Baudouin[2] et des Biard du XVIIIᵉ siècle, où une porte entrebâillée permet à deux yeux écarquillés de surveiller le jeu d'une seringue entre les appas exagérés d'une marquise.

Jules César ! quelle splendeur de soleil couché le nom de cet homme jette dans l'imagination ! Si jamais homme sur la terre a ressemblé à la Divinité, ce fut César. Puissant et séduisant ! brave, savant et généreux ! Toutes les forces, toutes les gloires et toutes les élégances ! Celui dont la grandeur dépassait toujours la victoire, et qui a grandi jusque dans la mort; celui dont la poitrine, traversée par le couteau, ne donnait passage qu'au cri de l'amour paternel, et qui trouvait la blessure du fer moins cruelle que la blessure de l'ingratitude ! Certainement, cette fois, l'imagination de M. Gérome a été enlevée; elle subissait une crise heureuse quand elle a conçu son César *seul*, étendu devant son trône culbuté, et ce cadavre de Romain qui fut pontife, guerrier, orateur, historien et maître du monde, remplissant une salle immense et déserte. On a critiqué cette manière de montrer le sujet; on ne saurait trop la louer. L'effet en est vraiment grand. Ce terrible résumé suffit. Nous savons tous assez l'histoire romaine pour nous figurer tout ce qui est sous-entendu, le désordre qui a précédé et le tumulte qui a suivi. Nous devinons Rome derrière cette muraille, et nous entendons les cris de ce peuple stupide et délivré, à la fois ingrat envers la victime et envers l'assassin : « Faisons Brutus César ! » Reste à expliquer, relativement à la peinture elle-même, quelque chose d'inexplicable. César ne peut pas être un maugrabin; il avait la peau très blanche; il n'est pas puéril, d'ailleurs,

de rappeler que le dictateur avait autant de soin de sa
personne qu'un dandy raffiné. Pourquoi donc cette
couleur terreuse dont la face et le bras sont revêtus ?
J'ai entendu alléguer le ton cadavéreux dont la mort
frappe les visages. Depuis combien de temps, en ce cas,
faut-il supposer que le vivant est devenu cadavre ? Les
promoteurs d'une pareille excuse doivent regretter la
putréfaction. D'autres se contentent de faire remarquer
que le bras et la tête sont enveloppés par l'ombre. Mais
cette excuse impliquerait que M. Gérome est incapable
de représenter une chair blanche dans une pénombre, et
cela n'est pas croyable. J'abandonne donc forcément la
recherche de ce mystère. Telle qu'elle est, et avec tous ses
défauts, cette toile est la meilleure et incontestablement
la plus frappante qu'il nous ait montrée depuis longtemps.

Les victoires françaises engendrent sans cesse un grand
nombre de peintures militaires. J'ignore ce que vous
pensez, mon cher M***, de la peinture militaire considérée comme métier et spécialité. Pour moi, je ne crois
pas que le patriotisme commande le goût du faux ou de
l'insignifiant. Ce genre de peinture, si l'on y veut bien
réfléchir, exige la fausseté ou la nullité. Une bataille *vraie*
n'est pas un tableau ; car, pour être intelligible et conséquemment intéressante comme *bataille,* elle ne peut être
représentée que par des lignes blanches, bleues ou noires,
simulant les bataillons en ligne. Le terrain devient,
dans une composition de ce genre comme dans la réalité,
plus important que les hommes. Mais, dans de pareilles
conditions, il n'y a plus de tableau, ou du moins il n'y
a qu'un tableau de tactique et de topographie. M. Horace Vernet crut une fois, plusieurs fois même, résoudre
la difficulté par une série d'épisodes accumulés et juxtaposés. Dès lors, le tableau, privé d'unité, ressemble à
ces mauvais drames où une surcharge d'incidents para-
sites empêche d'apercevoir l'idée mère, la conception
génératrice. Donc, en dehors du tableau fait pour les
tacticiens et les topographes, que nous devons exclure
de l'art pur, un tableau militaire n'est intelligible et intéressant qu'à la condition d'être *un simple épisode de la
vie militaire.* Ainsi l'a très bien compris M. Pils[1], par
exemple, dont nous avons souvent admiré les spirituelles et solides compositions ; ainsi, autrefois, Charlet

et Raffet[1]. Mais même dans le simple épisode, dans la simple représentation d'une mêlée d'hommes sur un petit espace déterminé, que de faussetés, que d'exagérations et quelle monotonie l'œil du spectateur a souvent à souffrir ! J'avoue que ce qui m'afflige le plus en ces sortes de spectacles, ce n'est pas cette abondance de blessures, cette prodigalité hideuse de membres écharpés, mais bien l'immobilité dans la violence et l'épouvantable et froide grimace d'une fureur stationnaire. Que de justes critiques ne pourrait-on pas faire encore ! D'abord ces longues bandes de troupes monochromes, telles que les habillent les gouvernements modernes, supportent difficilement le pittoresque, et les artistes, à leurs heures belliqueuses, cherchent plutôt dans le passé, comme l'a fait M. Penguilly dans le *Combat des Trente*[2], un prétexte plausible pour développer une belle variété d'armes et de costumes. Il y a ensuite dans le cœur de l'homme un certain amour de la victoire exagéré jusqu'au mensonge, qui donne souvent à ces toiles un faux air de plaidoiries. Cela n'est pas peu propre à refroidir, dans un esprit raisonnable, un enthousiasme d'ailleurs tout prêt à éclore. Alexandre Dumas, pour avoir à ce sujet rappelé récemment la fable : *Ah ! si les lions savaient peindre*[3] ! s'est attiré une verte remontrance d'un de ses confrères[4]. Il est juste de dire que le moment n'était pas très bien choisi[5], et qu'il aurait dû ajouter que tous les peuples étalent naïvement le même défaut sur leurs théâtres et dans leurs musées. Voyez, mon cher, jusqu'à quelle folie une passion exclusive et étrangère aux arts peut entraîner un écrivain patriote : je feuilletais un jour un recueil célèbre représentant les victoires françaises accompagnées d'un texte[6]. Une de ces estampes figurait la conclusion d'un traité de paix. Les personnages français, bottés, éperonnés, hautains, insultaient presque du regard des diplomates humbles et embarrassés; et le texte louait l'artiste d'avoir su exprimer chez les uns la vigueur morale par l'énergie des muscles, et chez les autres la lâcheté et la faiblesse par une rondeur de formes toute féminine ! Mais laissons de côté ces puérilités, dont l'analyse trop longue est un hors-d'œuvre, et n'en tirons que cette morale, à savoir, qu'on peut manquer de pudeur même dans l'expression des sentiments les plus nobles et les plus magnifiques.

Il y a un tableau militaire que nous devons louer, et
avec tout notre zèle ; mais ce n'est point une bataille ;
au contraire, c'est presque une pastorale. Vous avez déjà
deviné que je veux parler du tableau de M. Tabar. Le
livret dit simplement : *Guerre de Crimée, Fourrageurs*[1].
Que de verdure, et quelle belle verdure, doucement
ondulée suivant le mouvement des collines ! L'âme respire ici un parfum compliqué ; c'est la fraîcheur végétale,
c'est la beauté tranquille d'une nature qui fait rêver plutôt que penser, et en même temps c'est la contemplation
de cette vie ardente, aventureuse, où chaque journée
appelle un labeur différent. C'est une idylle traversée
par la guerre. Les gerbes sont empilées ; la moisson
nécessaire est faite et l'ouvrage est sans doute fini, car
le clairon jette au milieu des airs un rappel retentissant.
Les soldats reviennent par bandes, montant et descendant les ondulations du terrain avec une désinvolture
nonchalante et régulière. Il est difficile de tirer un meilleur
parti d'un sujet aussi simple ; tout y est poétique, la nature
et l'homme ; tout y est vrai et pittoresque, jusqu'à la
ficelle ou à la bretelle unique qui soutient çà et là le
pantalon rouge. L'uniforme égaye ici, avec l'ardeur du
coquelicot ou du pavot, un vaste océan de verdure. Le
sujet, d'ailleurs, est d'une nature suggestive ; et, bien que
la scène se passe en Crimée, avant d'avoir ouvert le
catalogue, ma pensée, devant cette armée de moissonneurs, se porta d'abord vers nos troupes d'Afrique, que
l'imagination se figure toujours si prêtes à tout, si indus-
trieuses, si véritablement *romaines*[2].

Ne vous étonnez pas de voir un désordre apparent
succéder pendant quelques pages à la méthodique allure
de mon compte rendu. J'ai dans le triple titre de ce chapitre adopté le mot *fantaisie* non sans quelque raison.
Peinture de genre implique un certain prosaïsme, et *peinture
romanesque,* qui remplissait un peu mieux mon idée, exclut
l'idée du fantastique. C'est dans ce genre surtout qu'il
faut choisir avec sévérité ; car la fantaisie est d'autant
plus dangereuse qu'elle est plus facile et plus ouverte ;
dangereuse comme la poésie en prose, comme le roman,
elle ressemble à l'amour qu'inspire une prostituée et qui
tombe bien vite dans la puérilité ou dans la bassesse ;
dangereuse comme toute liberté absolue. Mais la fantaisie
est vaste comme l'univers multiplié par tous les êtres pen-

sants qui l'habitent. Elle est la première chose venue
interprétée par le premier venu; et, si celui-là n'a pas
l'âme qui jette une lumière magique et surnaturelle sur
l'obscurité naturelle des choses, elle est une inutilité
horrible, elle est la première venue souillée par le premier
venu. Ici donc, plus d'analogie, sinon de hasard; mais
au contraire trouble et contraste, un champ bariolé par
l'absence d'une culture régulière.

En passant, nous pouvons jeter un regard d'admiration
et presque de regret sur les charmantes productions de
quelques hommes qui, dans l'époque de noble renaissance dont j'ai parlé au début de ce travail, représentaient le joli, le précieux, le délicieux, Eugène Lami[1] qui,
à travers ses paradoxaux petits personnages, nous fait
voir un monde et un goût disparus, et Wattier, ce savant
qui a tant aimé Watteau. Cette époque était si belle et si
féconde, que les artistes en ce temps-là n'oubliaient
aucun besoin de l'esprit. Pendant qu'Eugène Delacroix
et Devéria créaient le grand et le pittoresque, d'autres,
spirituels et nobles dans la petitesse, peintres du boudoir
et de la beauté légère, augmentaient incessamment
l'album actuel de l'élégance idéale. Cette renaissance
était grande en tout, dans l'héroïque et dans la vignette.
Dans de plus fortes proportions aujourd'hui, M. Chaplin[2], excellent peintre d'ailleurs, continue quelquefois,
mais avec un peu de lourdeur, ce culte du joli; cela sent
moins le monde et un peu plus l'atelier. M. Nanteuil est
un des plus nobles, des plus assidus producteurs qui
honorent la seconde phase de cette époque. Il a mis un doigt
d'eau dans son vin; mais il peint et il compose toujours avec énergie et imagination. Il y a une fatalité dans
les enfants de cette école victorieuse. Le romantisme
est une grâce, céleste ou infernale, à qui nous devons
des stigmates éternels. Je ne puis jamais contempler la
collection des ténébreuses et blanches vignettes dont
Nanteuil illustrait[a] les ouvrages des auteurs, ses amis,
sans sentir comme un petit vent frais qui fait se hérisser
le souvenir. Et M. Baron, n'est-ce pas là aussi un homme
curieusement doué, et, sans exagérer son mérite outre
mesure, n'est-il pas délicieux de voir tant de facultés
employées dans de capricieux et modestes ouvrages ?
Il compose admirablement, groupe avec esprit, colore
avec ardeur, et jette une flamme amusante dans tous ses

drames; drames, car il a la composition dramatique et
quelque chose qui ressemble au génie de l'opéra. Si
j'oubliais de le remercier, je serais bien ingrat; je lui dois
une sensation délicieuse. Quand, au sortir d'un taudis,
sale et mal éclairé, un homme se trouve tout d'un coup
transporté dans un appartement propre, orné de meubles
ingénieux et revêtu de couleurs caressantes, il sent son
esprit s'illuminer et ses fibres s'apprêter aux choses du
bonheur. Tel le plaisir physique que m'a causé l'*Hôtellerie
de Saint-Luc*. Je venais de considérer avec tristesse tout
un chaos, plâtreux et terreux, d'horreur et de vulgarité,
et, quand je m'approchai de cette riche et lumineuse peinture, je sentis mes entrailles crier : Enfin, nous voici dans
la belle société ! Comme elles sont fraîches, ces eaux qui
amènent par troupes*a* ces convives distingués sous ce
portique ruisselant de lierre et de roses ! Comme elles
sont splendides, toutes ces femmes avec leurs compagnons, ces maîtres peintres qui se connaissent en beauté,
s'engouffrant dans ce repaire de la joie pour célébrer leur
patron ! Cette composition, si riche, si gaie, et en même
temps si noble et si élégante d'attitude*b*, est un des meilleurs rêves de bonheur parmi ceux que la peinture a
jusqu'à présent essayé d'exprimer.

Par ses dimensions, l'*Ève* de M. Clésinger[1] fait une
antithèse naturelle avec toutes les charmantes et mi-
gnonnes créatures dont nous venons de parler. Avant
l'ouverture du Salon, j'avais entendu beaucoup jaser de
cette *Ève* prodigieuse, et, quand j'ai pu la voir, j'étais si
prévenu contre elle, que j'ai trouvé tout d'abord qu'on
en avait beaucoup trop ri. Réaction toute naturelle, mais
qui était, de plus, favorisée par mon amour incorrigible
du *grand*. Car il faut, mon cher, que je vous fasse un aveu
qui vous fera peut-être sourire : dans la nature et dans
l'art, je préfère, en supposant l'égalité de mérite, les
choses *grandes* à toutes les autres, les grands animaux,
les grands paysages, les grands navires, les grands
hommes, les grandes femmes[2], les grandes églises, et,
transformant, comme tant d'autres, mes goûts en principes, je crois que la dimension n'est pas une considération sans importance aux yeux de la Muse. D'ailleurs,
pour revenir à l'*Ève* de M. Clésinger, cette figure possède
d'autres mérites : un mouvement heureux, l'élégance
tourmentée du goût florentin, un modelé soigné, sur-

tout dans les parties inférieures du corps, les genoux, les cuisses et le ventre, tel enfin qu'on devait l'attendre d'un sculpteur, un fort bon ouvrage qui méritait mieux que ce qui en a été dit.

Vous rappelez-vous les débuts de M. Hébert[1], des débuts heureux et presque tapageurs ? Son second tableau[2] attira surtout les yeux ; c'était, si je ne me trompe, le portrait d'une femme onduleuse et plus qu'opaline, presque douée de transparence, et se tordant, maniérée, mais exquise, dans une atmosphère d'enchantement. Certainement le succès était mérité, et M. Hébert s'annonçait de manière à être toujours le bienvenu, comme un homme plein de diſtinction. Malheureusement ce qui fit sa juſte notoriété fera peut-être un jour sa décadence. Cette *diſtinction* se limite trop volontiers aux charmes de la morbidesse et aux langueurs monotones de l'album et du keepsake. Il eſt inconteſtable qu'il peint fort bien, mais non pas avec assez d'autorité et d'énergie pour cacher une faiblesse de conception. Je cherche à creuser sous tout ce que je vois d'aimable en lui, et j'y trouve je ne sais quelle ambition mondaine, le parti pris de plaire par des moyens acceptés d'avance par le public, et enfin un certain défaut, horriblement difficile à définir, que j'appellerai, faute de mieux, le défaut de tous les *littératisants*. Je désire qu'un artiſte soit lettré, mais je souffre quand je le vois cherchant à capter l'imagination par des ressources situées aux extrêmes limites, sinon même au-delà de son art.

M. Baudry[3], bien que sa peinture ne soit pas toujours suffisamment solide, eſt plus naturellement artiſte. Dans ses ouvrages on devine les bonnes et amoureuses études italiennes, et cette figure de petite fille, qui s'appelle, je crois, *Guillemette,* a eu l'honneur de faire penser plus d'un critique aux spirituels et vivants portraits de Velasquez. Mais enfin il eſt à craindre que M. Baudry ne reſte qu'un homme diſtingué. Sa *Madeleine pénitente* eſt bien un peu frivole et leſtement peinte, et, somme toute, à ses toiles de cette année je préfère son ambitieux, son compliqué et courageux tableau de la *Veſtale*[4].

M. Diaz eſt un exemple curieux d'une fortune facile obtenue par une faculté unique. Les temps ne sont pas encore loin de nous où il était un engouement. La gaieté de sa couleur, plutôt scintillante que riche, rappelait les heureux bariolages des étoffes orientales. Les yeux s'y amusaient si sincèrement, qu'ils oubliaient volontiers d'y chercher le contour et le modelé. Après avoir usé en vrai prodigue de cette faculté unique dont la nature l'avait prodigalement doué, M. Diaz a senti s'éveiller en lui une ambition plus difficile. Ces premières velléités s'exprimèrent par des tableaux d'une dimension plus grande que ceux où nous avions généralement pris tant de plaisir. Ambition qui fut sa perte. Tout le monde a remarqué l'époque où son esprit fut travaillé de jalousie à l'endroit de Corrège et de Prud'hon. Mais on eût dit que son œil, accoutumé à noter le scintillement d'un petit monde, ne voyait plus de couleurs vives dans un grand espace. Son coloris pétillant tournait au plâtre et à la craie; ou peut-être, ambitieux désormais de modeler avec soin, oubliait-il volontairement les qualités qui jusque-là avaient fait sa gloire. Il est difficile de déterminer les causes qui ont si rapidement diminué la vive personnalité de M. Diaz; mais il est permis de supposer que ces louables désirs[a] lui sont venus trop tard. Il y a de certaines réformes impossibles à un certain âge, et rien n'est plus dangereux, dans la pratique des arts, que de renvoyer toujours au lendemain les études[b] indispensables. Pendant de longues années on se fie à un instinct généralement heureux, et quand on veut enfin corriger une éducation de hasard et acquérir les principes négligés jusqu'alors, il n'est plus temps. Le cerveau a pris des habitudes incorrigibles, et la main, réfractaire et troublée, ne sait pas plus exprimer ce qu'elle exprimait si bien autrefois que les nouveautés dont maintenant on la charge[1]. Il est vraiment bien désagréable de dire de pareilles choses à propos d'un homme d'une aussi notoire valeur que M. Diaz. Mais je ne suis qu'un écho; tout haut ou tout bas, avec malice ou avec tristesse, chacun a déjà prononcé ce que j'écris aujourd'hui.

Tel n'est pas M. Bida : on dirait, au contraire, qu'il a stoïquement répudié la couleur et toutes ses pompes pour donner plus de valeur et de lumière aux caractères que son crayon se charge d'exprimer. Et il les exprime avec une intensité et une profondeur remarquables. Quelquefois une teinte légère et transparente appliquée dans une partie lumineuse, rehausse agréablement le dessin sans en rompre la sévère unité. Ce qui marque

surtout les ouvrages de M. Bida, c'est l'intime expression
des figures. Il est impossible de les attribuer indifféremment à telle ou telle race, ou de supposer que ces personnages sont d'une religion qui n'est pas la leur. À défaut des explications du livret *(Prédication maronite dans
le Liban, Corps de garde d'Arnautes au Caire[1])*, tout esprit
exercé devinerait aisément les différences.

M. Chifflart est un grand prix de Rome, et, miracle !
il a une originalité. Le séjour dans la ville éternelle n'a
pas éteint les forces de son esprit; ce qui, après tout, ne
prouve qu'une chose, c'est que ceux-là seuls y meurent
qui sont trop faibles pour y vivre, et que l'école n'hu-
milie que ceux qui sont voués à l'humilité. Tout le
monde, avec raison, reproche aux deux dessins de
M. Chifflart *(Faust au combat, Faust au sabbat)* trop de
noirceur et de ténèbres, surtout pour des dessins aussi
compliqués. Mais le style en est vraiment beau et grandiose. Quel rêve chaotique ! Méphisto et son ami Faust,
invincibles et invulnérables, traversent au galop, l'épée
haute, tout l'orage de la guerre. Ici la Marguerite, longue,
sinistre, inoubliable, est suspendue et se détache comme
un remords sur le disque de la lune, immense et pâle.
Je sais le plus grand gré à M. Chifflart d'avoir traité ces
poétiques sujets héroïquement et dramatiquement, et
d'avoir rejeté bien loin toutes les fadaises de la mélancolie
apprise. Le bon Ary Scheffer[2], qui refaisait sans cesse
un Christ semblable à son Faust et un Faust semblable
à son Christ, tous deux semblables à un pianiste prêt à
épancher sur les touches d'ivoire ses tristesses incom-
prises, aurait eu besoin de voir ces deux vigoureux dessins pour comprendre qu'il n'est permis de traduire les
poètes que quand on sent en soi une énergie égale à la
leur. Je ne crois pas que le solide crayon qui a dessiné
ce sabbat et cette tuerie s'abandonne jamais à la niaise
mélancolie des demoiselles.

Parmi les jeunes célébrités, l'une des plus solidement
établie[a] est celle de M. Fromentin[3]. Il n'est précisément ni
un paysagiste ni un peintre de genre. Ces deux terrains
sont trop restreints pour contenir sa large et souple
fantaisie. Si je disais de lui qu'il est un conteur de voyages,
je ne dirais pas assez; car il y a beaucoup de voyageurs
sans poésie et sans âme, et son âme est une des plus poétiques et des plus précieuses que je connaisse. Sa peinture

proprement dite, sage, puissante, bien gouvernée, procède évidemment d'Eugène Delacroix. Chez lui aussi on
retrouve cette savante et naturelle intelligence de la couleur, si rare parmi nous. Mais la lumière et la chaleur, qui
jettent dans quelques cerveaux une espèce de folie tropi-
cale, les agitent d'une fureur inapaisable et les poussent
à des danses inconnues, ne versent dans son âme qu'une
contemplation douce et reposée. C'est l'extase plutôt que
le fanatisme. Il est présumable que je suis moi-même
atteint quelque peu d'une nostalgie qui m'entraîne vers
le soleil; car de ces toiles lumineuses s'élève pour moi
une vapeur enivrante, qui se condense bientôt en désirs et
en regrets. Je me surprends à envier le sort de ces hommes
étendus sous ces ombres bleues, et dont les yeux, qui ne
sont ni éveillés ni endormis, n'expriment, si toutefois
ils expriment quelque chose, que l'amour du repos et le
sentiment du bonheur qu'inspire une immense lumière[1].
L'esprit de M. Fromentin tient un peu de la femme, juste
autant qu'il faut pour ajouter une grâce à la force. Mais
une faculté qui n'est certes pas féminine, et qu'il possède
à un degré éminent, est de saisir les parcelles du beau
égarées sur la terre, de suivre le beau à la piste partout
où il a pu se glisser à travers les trivialités de la nature
déchue. Aussi il n'est pas difficile de comprendre de quel
amour il aime les noblesses de la vie patriarcale, et avec
quel intérêt il contemple ces hommes en qui subsiste
encore quelque chose de l'antique héroïsme. Ce n'est pas
seulement des étoffes éclatantes et des armes curieusement ouvragées que ses yeux sont épris, mais surtout
de cette gravité et de ce dandysme patricien qui caractérisent les chefs des tribus puissantes. Tels nous appa-
rurent, il y a quatorze ans à peu près, ces sauvages du
Nord-Amérique, conduits par le peintre Catlin[2], qui,
même dans leur état de déchéance, nous faisaient rêver
à l'art de Phidias et aux grandeurs homériques. Mais à
quoi bon m'étendre sur ce sujet ? Pourquoi expliquer ce
que M. Fromentin a si bien expliqué lui-même dans ses
deux charmants livres : *Un été dans le Sahara* et le *Sahel*[3] ?
Tout le monde sait que M. Fromentin raconte ses voyages
d'une manière double, et qu'il les écrit aussi bien qu'il
les peint, avec un style qui n'est pas celui d'un autre.
Les peintres anciens aimaient aussi à avoir le pied dans
deux domaines et à se servir de deux outils pour expri-

mer leur pensée. M. Fromentin a réussi comme écrivain
et comme artiste, et ses œuvres écrites ou peintes sont
si charmantes, que s'il était permis d'abattre et de couper
l'une des tiges pour donner à l'autre plus de solidité,
plus de *robur*[1], il serait vraiment bien difficile de choisir.
Car pour gagner peut-être, il faudrait se résigner à
perdre beaucoup.

On se souvient d'avoir vu, à l'Exposition de 1855,
d'excellents petits tableaux, d'une couleur riche et intense,
mais d'un fini précieux, où dans les costumes et les figures
se reflétait un curieux amour du passé; ces charmantes
toiles étaient signées du nom de Liès[2]. Non loin d'eux,
des tableaux exquis, non moins précieusement travaillés,
marqués des mêmes qualités et de la même passion
rétrospective, portaient le nom de Leys[3]. Presque le
même peintre, presque le même nom. Cette lettre déplacée ressemble à un de ces jeux intelligents du hasard,
qui a quelquefois l'esprit pointu comme un homme.
L'un est élève de l'autre; on dit qu'une vive amitié les
unit. Mais MM. Leys et Liès sont-ils donc élevés à la
dignité de Dioscures ? Faut-il, pour jouir de l'un, que
nous soyons privés de l'autre ? M. Liès s'est présenté,
cette année, sans son Pollux; M. Leys nous refera-t-il
visite sans Castor ? Cette comparaison est d'autant plus
légitime, que M. Leys a été, je crois, le maître de son ami,
et que c'est aussi Pollux qui voulut céder à son frère la
moitié de son immortalité. *Les Maux de la guerre !* quel
titre ! Le prisonnier vaincu, lanciné par le brutal vainqueur qui le suit, les paquets de butin en désordre, les
filles insultées, tout un monde ensanglanté, malheureux
et abattu, le reître puissant, roux et velu, la gouge[4] qui,
je crois, n'est pas là, mais qui pouvait y être, cette *fille
peinte* du Moyen Âge, qui suivait les soldats avec l'auto-
risation du prince et de l'Église, comme la courtisane
du Canada accompagnait les guerriers au manteau de
castor, les charrettes qui cahotent durement les faibles,
les petits et les infirmes, tout cela devait nécessairement
produire un tableau saisissant, vraiment poétique. L'esprit se porte tout d'abord vers Callot[5]; mais je crois
n'avoir rien vu, dans la longue série de ses œuvres, qui
soit plus dramatiquement composé. J'ai cependant
deux reproches à faire à M. Liès : la lumière est trop
généralement répandue, ou plutôt éparpillée; la couleur,

monotonement claire, papillote. En second lieu, la première impression que l'œil reçoit fatalement en tombant
sur ce tableau est l'impression désagréable, inquiétante
d'un treillage. M. Liès a cerclé de noir, non seulement
le contour général de ses figures, mais encore toutes les
parties de leur accoutrement, si bien que chacun des
personnages apparaît comme un morceau de vitrail monté
sur une armature de plomb. Notez que cette apparence
contrariante est encore renforcée par la clarté générale
des tons.

M. Penguilly est aussi un amoureux du passé. Esprit
ingénieux, curieux, laborieux. Ajoutez, si vous voulez,
toutes les épithètes les plus honorables et les plus gracieuses qui peuvent s'appliquer à la poésie de second
ordre, à ce qui n'est pas absolument le grand, nu et
simple. Il a la minutie, la patience ardente et la propreté
d'un bibliomane. Ses ouvrages sont travaillés comme
les armes et les meubles des temps anciens. Sa peinture
a le poli du métal et le tranchant du rasoir. Pour son
imagination, je ne dirai pas qu'elle est positivement
grande, mais elle est singulièrement active, impression-
nable et curieuse. J'ai été ravi par cette *Petite Danse
macabre,* qui ressemble à une bande d'ivrognes attardés,
qui va moitié se traînant et moitié dansant et qu'entraîne
son capitaine décharné. Examinez, je vous prie, toutes
les petites grisailles qui servent de cadre et de commentaire à la composition principale. Il n'y en a pas une qui
ne soit un excellent petit tableau. Les artistes modernes
négligent beaucoup trop ces magnifiques allégories du
Moyen Âge, où l'immortel grotesque s'enlaçait en folâ-
trant, comme il fait encore, à l'immortel horrible. Peut-
être nos nerfs trop délicats ne peuvent-ils plus supporter
un symbole trop clairement redoutable. Peut-être aussi,
mais c'est bien douteux, est-ce la charité qui nous
conseille d'éviter tout ce qui peut affliger nos semblables.
Dans les derniers jours de l'an passé, un éditeur de la rue
Royale mit en vente un paroissien d'un style très recherché, et les annonces publiées par les journaux nous
instruisirent que toutes les vignettes qui encadraient
le texte avaient été copiées sur d'anciens ouvrages de
la même époque, de manière à donner à l'ensemble une
précieuse unité de style, mais qu'une exception unique
avait été faite relativement aux figures macabres, qu'on

avait soigneusement évité de reproduire, disait la note rédigée sans doute par l'éditeur, *comme n'étant plus du goût de ce siècle,* si éclairé, aurait-il dû ajouter, pour se conformer tout à fait au goût dudit siècle.

Le mauvais goût du siècle en cela me fait peur[1].

Il y a un brave journal où chacun sait tout et parle de tout, où chaque rédacteur, universel et encyclopédique comme les citoyens de la vieille Rome, peut enseigner tour à tour politique, religion, économie, beaux-arts, philosophie, littérature. Dans ce vaste monument de la niaiserie, penché vers l'avenir comme la tour de Pise, et où s'élabore le bonheur du genre humain, il y a un très honnête homme qui ne veut pas qu'on admire M. Penguilly. Mais la raison, mon cher M***, la raison ? — Parce qu'il y a dans son œuvre une *monotonie fatigante.* — Ce mot n'a sans doute pas trait à l'imagination de M. Penguilly, qui est excessivement pittoresque et variée. Ce penseur a voulu dire qu'il n'aimait pas un peintre qui traitait tous les sujets avec le même style. Parbleu ! c'est le *sien !* Vous voulez donc qu'il en change ?

Je ne veux pas quitter cet aimable artiste, dont tous les tableaux, cette année, sont également intéressants, sans vous faire remarquer plus particulièrement les *Petites Mouettes :* l'azur intense du ciel et de l'eau, deux quartiers de roche qui font une porte ouverte sur l'infini (vous savez que l'infini paraît plus profond quand il est plus resserré[2]), une nuée, une multitude, une avalanche, une *plaie*[3] d'oiseaux blancs, et la solitude ! Considérez cela, mon cher ami, et dites-moi ensuite si vous croyez que M. Penguilly soit dénué d'esprit poétique.

Avant de terminer ce chapitre j'attirerai aussi vos yeux sur le tableau de M. Leighton, le seul artiste anglais, je présume, qui ait été exact au rendez-vous[4] : *Le comte Pâris se rend à la maison des Capulets pour chercher sa fiancée Juliette, et la trouve inanimée*[5]. Peinture riche et minutieuse, avec des tons violents et un fini précieux, ouvrage plein d'opiniâtreté, mais dramatique, emphatique même ; car nos amis d'outre-Manche ne représentent pas les sujets tirés du théâtre comme des scènes *vraies,* mais comme des scènes *jouées* avec l'exagération nécessaire, et ce défaut,

si c'en est un, prête à ces ouvrages je ne sais quelle beauté
étrange et paradoxale.

Enfin, si vous avez le temps de retourner au Salon,
n'oubliez pas d'examiner les peintures sur émail de
M. Marc Baud[1]. Cet artiste, dans un genre ingrat et mal
apprécié, déploie des qualités surprenantes, celles d'un
vrai peintre. Pour tout dire, en un mot, il peint grasse-
ment là où tant d'autres étalent platement des couleurs
pauvres; il sait *faire grand* dans le petit[2].

VI

LE PORTRAIT

Je ne crois pas que les oiseaux du ciel se chargent
jamais de pourvoir aux frais de ma table, ni qu'un lion
me fasse l'honneur de me servir de fossoyeur et de croque-mort; cependant, dans la Thébaïde que mon cerveau
s'est faite, semblable aux solitaires agenouillés qui ergo-
taient contre cette incorrigible tête de mort encore farcie
de toutes les mauvaises raisons de la chair périssable et
mortelle, je dispute parfois avec des monstres grotesques,
des hantises du plein jour, des spectres de la rue, du
salon, de l'omnibus. En face de moi, je vois l'Âme de la
Bourgeoisie, et croyez bien que si je ne craignais pas
de maculer à jamais la tenture de ma cellule, je lui jette-
rais volontiers, et avec une vigueur qu'elle ne soup-
çonne pas, mon écritoire à la face. Voilà ce qu'elle me
dit aujourd'hui, cette vilaine Âme, qui n'est pas une
hallucination : « En vérité, les poètes sont de singuliers
fous de prétendre que l'imagination soit nécessaire
dans toutes les fonctions de l'art. Qu'est-il besoin d'imagination, par exemple, pour faire un portrait ? Pour
peindre mon âme, mon âme si visible, si claire, si
notoire ? Je pose, et en réalité c'est moi, le modèle, qui
consens à faire le gros de la besogne. Je suis le véritable
fournisseur de l'artiste. Je suis, à moi tout seul, toute la
matière. » Mais je lui réponds : « *Caput mortuum*[3], tais-

toi ! Brute hyperboréenne des anciens jours, éternel
Esquimau porte-lunettes, ou plutôt porte-écailles[1], que
toutes les visions de Damas, tous les tonnerres et les
éclairs ne sauraient éclairer ! plus la matière est, en apparence, positive et solide, et plus la besogne de l'imagination est subtile et laborieuse. Un portrait ! Quoi de plus
simple et de plus compliqué, de plus évident et de plus
profond ? Si La Bruyère[2] eût été privé d'imagination,
aurait-il pu composer ses *Caractères,* dont cependant la
matière, si évidente, s'offrait si complaisamment à lui ?
Et si restreint qu'on suppose un sujet historique quelconque, quel historien peut se flatter de le peindre et de
l'*illuminer* sans imagination ? »

Le portrait, ce genre en apparence si modeste, nécessite une immense intelligence. Il faut sans doute que
l'obéissance de l'artiste y soit grande, mais sa divination
doit être égale. Quand je vois un bon portrait, je devine
tous les efforts de l'artiste, qui a dû voir d'abord ce qui
se faisait voir, mais aussi deviner ce qui se cachait. Je
le comparais tout à l'heure à l'historien, je pourrais aussi
le comparer au comédien, qui par devoir adopte tous les
caractères et tous les costumes. Rien, si l'on veut bien
examiner la chose, n'est indifférent dans un portrait.
Le geste, la grimace, le vêtement, le décor même, tout
doit servir à représenter un *caractère.* De grands peintres,
et d'excellents peintres, David, quand il n'était qu'un
artiste du XVIII⁰ siècle et après qu'il fut devenu un
chef d'école, Holbein, dans tous ses portraits, ont visé
à exprimer avec sobriété mais avec intensité le caractère qu'ils se chargeaient de peindre. D'autres ont cherché à faire davantage ou à faire autrement. Reynolds et
Gérard ont ajouté l'élément romanesque, toujours en
accord avec le naturel du personnage; ainsi un ciel
orageux et tourmenté, des fonds légers et aériens, un
mobilier poétique, une attitude alanguie, une démarche
aventureuse, etc... C'est là un procédé dangereux, mais
non pas condamnable, qui malheureusement réclame
du génie. Enfin, quel que soit le moyen le plus visiblement employé par l'artiste, que cet artiste soit Holbein,
David, Vélasquez ou Lawrence, un bon portrait m'apparaît toujours comme une biographie dramatisée, ou
plutôt comme le drame naturel inhérent à tout homme.
D'autres ont voulu restreindre les moyens. Était-ce par

impuissance de les employer tous ? était-ce dans l'espérance d'obtenir une plus grande intensité d'expression ?
Je ne sais ; ou plutôt je serais incliné à croire qu'en ceci,
comme en bien d'autres choses humaines, les deux raisons sont également acceptables. Ici, mon cher ami, je
suis obligé, je le crains fort, de toucher à une de vos
admirations. Je veux parler de l'école d'Ingres en général,
et en particulier de sa méthode appliquée au portrait.
Tous les élèves n'ont pas strictement et humblement
suivi les préceptes du maître[1]. Tandis que M. Amaury-
Duval outrait courageusement l'ascétisme de l'école,
M. Lehmann[2] essayait quelquefois de faire pardonner la
genèse de ses tableaux par quelques mixtures adultères.
En somme on peut dire que l'enseignement a été despotique, et qu'il a laissé dans la peinture française une
trace douloureuse. Un homme plein d'entêtement, doué
de quelques facultés précieuses, mais décidé à nier
l'utilité de celles qu'il ne possède pas, s'est attribué cette
gloire extraordinaire, exceptionnelle, d'éteindre le soleil.
Quant à quelques tisons fumeux, encore égarés dans
l'espace, les disciples de l'homme se sont chargés de
piétiner dessus. Exprimée par ces simplificateurs, la
nature a paru plus intelligible ; cela est incontestable ;
mais combien elle est devenue moins belle et moins
excitante, cela est évident. Je suis obligé de confesser
que j'ai vu quelques portraits peints par MM. Flandrin et
Amaury-Duval, qui, sous l'apparence fallacieuse de
peinture, offraient d'admirables échantillons de modelé.
J'avouerai même que le caractère visible de ces portraits,
moins tout ce qui est relatif à la couleur et à la lumière,
était vigoureusement et soigneusement exprimé, d'une
manière pénétrante. Mais je demande s'il y a loyauté à
abréger les difficultés d'un art par la suppression de
quelques-unes de ses parties. Je trouve que M. Chenavard est plus courageux et plus franc[3]. Il a simplement
répudié la couleur comme une pompe dangereuse, comme
un élément passionnel et damnable, et s'est fié au simple
crayon pour exprimer toute la valeur de l'idée. M. Chenavard est incapable de nier tout le bénéfice que la paresse
tire du procédé qui consiste à exprimer la forme d'un
objet sans la lumière diversement colorée qui s'attache à
chacune de ses molécules ; seulement il prétend que ce
sacrifice est glorieux et utile, et que la forme et l'idée y

gagnent également. Mais les élèves de M. Ingres ont très inutilement conservé un semblant de couleur. Ils croient ou feignent de croire qu'ils font de la peinture.

Voici un autre reproche, un éloge peut-être aux yeux de quelques-uns, qui les atteint plus vivement : leurs portraits ne sont pas vraiment ressemblants. Parce que je réclame sans cesse l'application de l'imagination, l'introduction de la poésie dans toutes les fonctions de l'art, personne ne supposera que je désire, dans le portrait surtout, une altération consciencieuse du modèle. Holbein connaît Érasme[1] ; il l'a si bien connu et si bien étudié qu'il le crée de nouveau et qu'il l'évoque, visible, immortel, superlatif. M. Ingres trouve un modèle grand, pittoresque, séduisant. « Voilà sans doute, se dit-il, un curieux caractère ; beauté ou grandeur, j'exprimerai cela soigneusement ; je n'en omettrai rien, mais *j'y ajouterai quelque chose qui est indispensable :* le style. » Et nous savons ce qu'il entend par le style ; ce n'est pas la qualité naturellement poétique du sujet qu'il en faut extraire pour la rendre plus visible. C'est une poésie étrangère, empruntée généralement au passé. J'aurais le droit de conclure que si M. Ingres ajoute quelque chose à son modèle, c'est par impuissance de le faire à la fois grand et vrai. De quel droit ajouter ? N'empruntez à la tradition que l'art de peindre et non pas les moyens de sophistiquer. Cette dame parisienne, ravissant échantillon des grâces évaporées d'un salon français, il la dotera malgré elle d'une certaine lourdeur, d'une bonhomie romaine. Raphaël l'exige. Ces bras sont d'un galbe très pur et d'un contour bien séduisant, sans aucun doute ; mais, un peu graciles, il leur manque, pour arriver au style *préconçu,* une certaine dose d'embonpoint et de suc matronal. M. Ingres est victime d'une obsession qui le contraint sans cesse à déplacer, à transposer et à altérer le beau. Ainsi font tous ses élèves, dont chacun, en se mettant à l'ouvrage, se prépare toujours, selon son goût dominant, à *déformer* son modèle. Trouvez-vous que ce défaut soit léger et ce reproche immérité ?

Parmi les artistes qui se contentent du pittoresque naturel de l'original se font surtout remarquer M. Bonvin, qui donne à ses portraits une vigoureuse et surprenante vitalité, et M. Heim, dont quelques esprits superficiels se sont autrefois moqués, et qui cette année encore,

comme en 1855, nous a révélé, dans une procession
de croquis, une merveilleuse intelligence de la grimace
humaine[1]. On n'entendra pas, je présume, le mot dans
un sens désagréable. Je veux parler de la grimace naturelle et professionnelle qui appartient à chacun.

M. Chaplin[2] et M. Besson savent faire des portraits.
Le premier ne nous a rien montré en ce genre cette année ;
mais les amateurs qui suivent attentivement les expositions et qui savent à quelle œuvres antécédentes de
cet artiste je fais allusion, en ont comme moi éprouvé du
regret. Le second, qui est un fort bon peintre, a de plus
toutes les qualités littéraires et tout l'esprit nécessaire
pour représenter *dignement* des comédiennes[3]. Plus d'une
fois, en considérant les portraits vivants et lumineux de
M. Besson, je me suis pris à songer à toute la grâce
et à toute l'application que les artistes du XVIIIe siècle
mettaient dans les images qu'ils nous ont léguées de
leurs *étoiles*[4] préférées.

À différentes époques, divers portraitistes ont obtenu
la vogue, les uns par leurs qualités et d'autres par leurs
défauts. Le public, qui aime passionnément sa propre
image, n'aime pas à demi l'artiste auquel il donne plus
volontiers commission de la représenter. Parmi tous ceux
qui ont su arracher cette faveur, celui qui m'a paru la
mériter le mieux, parce qu'il est toujours resté un franc
et véritable artiste, est M. Ricard. On a vu quelquefois
dans sa peinture un manque de solidité ; on lui a reproché,
avec exagération, son goût pour Van Dyck, Rembrandt
et Titien, sa grâce quelquefois anglaise, quelquefois italienne. Il y a là tant soit peu d'injustice. Car l'imitation
est le vertige des esprits souples et brillants, et souvent
même une preuve de supériorité. À des instincts de
peintre tout à fait remarquables M. Ricard unit une
connaissance très vaste de l'histoire de son art, un esprit
critique plein de finesse, et il n'y a pas un seul ouvrage
de lui où toutes ces qualités ne se fassent deviner[5]. Autrefois il faisait peut-être ses modèles trop jolis ; encore
dois-je dire que dans les portraits dont je parle le défaut
en question a pu être *exigé* par le modèle ; mais la partie
virile et noble de son esprit a bien vite prévalu. Il a
vraiment une intelligence toujours apte à peindre l'*âme*
qui pose devant lui. Ainsi le portrait de cette vieille
dame, où l'âge n'est pas lâchement dissimulé, révèle

tout de suite un caractère reposé, une douceur et une charité qui appellent la confiance. La simplicité de regard et d'attitude s'accorde heureusement avec cette couleur chaude et mollement dorée qui me semble faite pour traduire les douces pensées du soir. Voulez-vous reconnaître l'énergie dans la jeunesse, la grâce dans la santé, la candeur dans une physionomie frémissante de vie, considérez le portrait de Mlle L. J. Voilà certes un vrai et grand portrait. Il est certain qu'un beau modèle, s'il ne donne pas du talent, ajoute du moins un charme au talent. Mais combien peu de peintres pourraient rendre, par une exécution mieux appropriée, la solidité d'une nature opulente et pure, et le ciel si profond de cet œil avec sa large étoile de velours ! Le contour du visage, les ondulations de ce large front adolescent casqué de lourds cheveux, la richesse des lèvres, le grain de cette peau éclatante, tout y est soigneusement exprimé, et surtout ce qui est le plus charmant et le plus difficile à peindre, je ne sais quoi de malicieux qui est toujours mêlé à l'innocence, et cet air noblement extatique et curieux qui, dans l'espèce humaine comme chez les animaux, donne aux jeunes physionomies une si mystérieuse gentillesse. Le nombre des portraits produits par M. Ricard est actuellement très considérable; mais celui-ci est un bon parmi les bons, et l'activité de ce remarquable esprit, toujours en éveil et en recherche, nous en promet bien d'autres.

D'une manière sommaire, mais suffisante, je crois avoir expliqué pourquoi le portrait, le vrai portrait, ce genre si modeste en apparence, est en fait si difficile à produire. Il est donc naturel que j'aie peu d'échantillons à citer. Bien d'autres artistes, Mme O'Connell par exemple, savent peindre une tête humaine; mais je serais obligé, à propos de telle qualité ou de tel défaut, de tomber dans des rabâchages, et nous sommes convenus, au commencement, que je me contenterais, autant que possible, d'expliquer, à propos de chaque genre, ce qui peut être considéré comme l'idéal.

VII

LE PAYSAGE

Si tel assemblage d'arbres, de montagnes, d'eaux et de maisons, que nous appelons un paysage, est beau, ce n'est pas par lui-même, mais par moi, par ma grâce propre, par l'idée ou le sentiment que j'y attache. C'est dire suffisamment, je pense, que tout paysagiste qui ne sait pas traduire un sentiment par un assemblage de matière végétale ou minérale n'est pas un artiste. Je sais bien que l'imagination humaine peut, par un effort singulier, concevoir un instant la nature sans l'homme, et toute la masse suggestive éparpillée dans l'espace, sans un contemplateur pour en extraire la comparaison, la métaphore et l'allégorie. Il est certain que tout cet ordre et toute cette harmonie n'en gardent pas moins la qualité inspiratrice qui y est providentiellement déposée; mais, dans ce cas, faute d'une intelligence qu'elle pût inspirer, cette qualité serait comme si elle n'était pas. Les artistes qui veulent exprimer la nature, moins les sentiments qu'elle inspire, se soumettent à une opération bizarre qui consiste à tuer en eux l'homme pensant et sentant, et malheureusement, croyez que, pour la plupart, cette opération n'a rien de bizarre ni de douloureux. Telle est l'école qui, aujourd'hui et depuis longtemps, a prévalu. J'avouerai, avec tout le monde, que l'école moderne des paysagistes est singulièrement forte et habile; mais dans ce triomphe et cette prédominance d'un genre inférieur, dans ce culte niais de la nature, non épurée, non expliquée par l'imagination, je vois un signe évident d'abaissement général. Nous saisirons sans doute quelques différences d'habileté pratique entre tel et tel[a] paysagiste; mais ces différences sont bien petites. Élèves de maîtres divers, ils peignent tous fort bien, et presque tous oublient qu'un site naturel n'a de valeur que le sentiment actuel que l'artiste y sait mettre. La plupart tombent dans le défaut que je signalais au commencement de cette étude[1] : ils prennent le dictionnaire de l'art pour l'art lui-même; ils copient un mot du dictionnaire, croyant copier un poème. Or un poème ne se copie jamais : il veut être composé. Ainsi ils ouvrent une fenêtre, et tout l'espace compris dans le carré de la fenêtre, arbres, ciel et maison, prend pour eux la valeur d'un poème tout fait. Quelques-uns vont plus loin encore. À leurs yeux, une étude est un tableau. M. Français nous montre un arbre, un arbre antique, énorme, il est vrai, et il nous dit : voilà un paysage. La supériorité de pratique que montrent MM. Anastasi, Leroux, Breton, Belly, Chintreuil[2], etc., ne sert qu'à rendre plus désolante et visible la lacune universelle. Je sais que M. Daubigny veut et sait faire davantage. Ses paysages ont une grâce et une fraîcheur qui fascinent tout d'abord. Ils transmettent tout de suite à l'âme du spectateur le sentiment originel dont ils sont pénétrés. Mais on dirait que cette qualité n'est obtenue par M. Daubigny qu'aux dépens du fini et de la perfection dans le détail. Mainte peinture de lui, spirituelle d'ailleurs et charmante, manque de solidité. Elle a la grâce, mais aussi la mollesse et l'inconsistance d'une improvisation. Avant tout, cependant, il faut rendre à M. Daubigny cette justice que ses œuvres sont généralement poétiques, et je les préfère avec leurs défauts à[a] beaucoup d'autres plus parfaites, mais privées de la qualité qui le distingue.

M. Millet[3] cherche particulièrement le style; il ne s'en cache pas, il en fait montre et gloire. Mais une partie du ridicule que j'attribuais aux élèves de M. Ingres s'attache à lui. Le style lui porte malheur. Ses paysans sont des pédants qui ont d'eux-mêmes une trop haute opinion. Ils étalent une manière d'abrutissement sombre et fatal qui me donne l'envie de les haïr. Qu'ils moissonnent, qu'ils sèment, qu'ils fassent paître des vaches, qu'ils tondent des animaux, ils ont toujours l'air de dire : « Pauvres déshérités de ce monde, c'est pourtant nous qui le fécondons ! Nous accomplissons une mission, nous exerçons un sacerdoce[4] ! » Au lieu d'extraire simplement la poésie naturelle de son sujet, M. Millet veut à tout prix y ajouter quelque chose. Dans leur monotone laideur, tous ces petits parias ont une prétention philosophique, mélancolique et raphaélesque. Ce malheur,

dans la peinture de M. Millet, gâte toutes les belles qualités qui attirent tout d'abord le regard vers lui.

M. Troyon[1] est le plus bel exemple de l'habileté sans
âme. Aussi quelle popularité ! Chez un public sans âme,
il la méritait. Tout jeune, M. Troyon a peint avec la
même certitude, la même habileté, la même insensibilité.
Il y a de longues années, il nous étonnait déjà par
l'aplomb de sa fabrication, par la *rondeur* de son jeu,
comme on dit au théâtre, par son mérite infaillible, modéré et continu. C'est une âme, je le veux bien, mais trop
à la portée de toutes les âmes. L'usurpation de ces talents
de second ordre ne peut pas avoir lieu sans créer des
injustices. Quand un autre animal que le lion se fait la
part du lion, il y a infailliblement de modestes créatures
dont la modeste part se trouve beaucoup trop diminuée.
Je veux dire que dans les talents de second ordre culti-
vant avec succès un genre inférieur, il y en a plusieurs qui
valent bien M. Troyon, et qui peuvent trouver singulier
de ne pas obtenir tout ce qui leur est dû, quand celui-ci
prend beaucoup plus que ce qui lui appartient. Je me
garderai bien de citer ces noms; la victime se sentirait
peut-être aussi offensée que l'usurpateur.

Les deux hommes que l'opinion publique a toujours
marqués comme les plus importants dans la spécialité
du paysage sont MM. Rousseau et Corot. Avec de pareils
artistes, il faut être plein de réserve et de respect. M. Rousseau a le travail compliqué, plein de ruses et de repen-
tirs. Peu d'hommes ont plus sincèrement aimé la lumière
et l'ont mieux rendue. Mais la silhouette générale des
formes est souvent difficile[a] à saisir. La vapeur lumineuse,
pétillante et ballottée, trouble la carcasse des êtres.
M. Rousseau m'a toujours ébloui; mais il m'a quelquefois
fatigué. Et puis il tombe dans le fameux défaut moderne,
qui naît d'un amour aveugle de la nature, de rien que la
nature; il prend une simple étude pour une composition.
Un marécage miroitant, fourmillant d'herbes humides
et marqueté de plaques lumineuses, un tronc d'arbre
rugueux, une chaumière à la toiture fleurie, un petit
bout de nature enfin, deviennent à ses yeux amoureux
un tableau suffisant et parfait. Tout le charme qu'il sait
mettre dans ce lambeau arraché à la planète ne suffit pas
toujours pour faire oublier l'absence de construction.

Si M. Rousseau, souvent incomplet, mais sans cesse

inquiet et palpitant, a l'air d'un homme qui, tourmenté de plusieurs diables, ne sait auquel entendre, M. Corot, qui est son antithèse absolue, n'a pas assez souvent le diable au corps. Si défectueuse et même injuste que soit cette expression, je la choisis comme rendant approximativement la raison qui empêche ce savant artiste d'éblouir et d'étonner. Il étonne lentement, je le veux bien, il enchante peu à peu; mais il faut savoir pénétrer dans sa science, car, chez lui, il n'y a pas de papillotage, mais partout une infaillible rigueur d'harmonie. De plus, il est un des rares, le seul peut-être, qui ait gardé un profond sentiment de la construction, qui observe la valeur proportionnelle de chaque détail dans l'ensemble, et, s'il est permis de comparer la composition d'un paysage à la structure humaine, qui sache toujours où placer les ossements et quelle dimension il leur faut donner. On sent, on devine que M. Corot dessine abréviativement et largement, ce qui est la seule méthode pour amasser avec célérité une grande quantité de matériaux précieux. Si un seul homme avait pu retenir l'école française moderne dans son amour impertinent et fastidieux du détail, certes c'était lui. Nous avons entendu reprocher à cet éminent artiste sa couleur un peu trop douce et sa lumière presque crépusculaire. On dirait que pour lui toute la lumière qui inonde le monde est partout baissée d'un ou de plusieurs tons. Son regard, fin et judicieux, comprend plutôt tout ce qui confirme l'harmonie que ce qui accuse le contraste. Mais, en supposant qu'il n'y ait pas trop d'injustice dans ce reproche, il faut remarquer que nos expositions de peinture ne sont pas propices à l'effet des bons tableaux, surtout de ceux qui sont conçus et exécutés avec sagesse et modération. Un son de voix clair, mais modeste et harmonieux, se perd dans une réunion de cris étourdissants ou ronflants, et les Véronèse les plus lumineux paraîtraient souvent gris et pâles s'ils étaient entourés de certaines peintures modernes plus criardes que des foulards de village.

Il ne faut pas oublier, parmi les mérites de M. Corot, son excellent enseignement, solide, lumineux, méthodique. Des nombreux élèves qu'il a formés, soutenus ou retenus loin des entraînements de l'époque, M. Lavieille est celui que j'ai le plus agréablement remarqué. Il y a de

lui un paysage fort simple[1] : une chaumière sur une lisière
de bois, avec une route qui s'y enfonce. La blancheur de
la neige fait un contraste agréable avec l'incendie du soir
qui s'éteint lentement derrière les innombrables mâ-
tures de la forêt sans feuilles. Depuis quelques années, les
paysagistes ont plus fréquemment appliqué leur esprit
aux beautés pittoresques de la saison triste. Mais personne, je crois, ne les sent mieux que M. Lavieille.
Quelques-uns des effets qu'il a souvent rendus me semblent des extraits du bonheur de l'hiver. Dans la tristesse
de ce paysage, qui porte la livrée obscurément blanche
et rose des beaux jours d'hiver à leur déclin, il y a une
volupté élégiaque irrésistible que connaissent tous les
amateurs de promenades solitaires.

Permettez-moi, mon cher, de revenir encore à ma
manie, je veux dire aux regrets que j'éprouve de voir la
part de l'imagination dans le paysage de plus en plus
réduite. Çà et là, de loin en loin, apparaît la trace d'une
protestation, un talent libre et grand qui n'est plus dans
le goût du siècle. M. Paul Huet, par exemple, *un vieux de
la vieille,* celui-là[2] ! (je puis appliquer aux débris d'une
grandeur militante comme le *Romantisme,* déjà si lointaine, cette expression familière et grandiose); M. Paul
Huet, reste fidèle aux goûts de sa jeunesse. Les huit peintures, maritimes ou rustiques, qui doivent servir à la
décoration d'un salon, sont de véritables poèmes pleins
de légèreté, de richesse et de fraîcheur. Il me paraît
superflu de détailler les talents d'un artiste aussi élevé et
qui a autant produit[a]; mais ce qui me paraît en lui de
plus louable et de plus remarquable[b], c'est que pendant
que le goût de la minutie va gagnant tous les esprits de
proche en proche, lui, constant dans son caractère et sa
méthode, il donne à toutes ses compositions un caractère
amoureusement poétique.

Cependant il m'est venu cette année un peu de consolation, par deux artistes de qui je ne l'aurais pas attendue.
M. Jadin[3], qui jusqu'ici avait trop modestement, cela est
évident maintenant, limité sa gloire au chenil et à l'écurie,
a envoyé une splendide vue de Rome prise de l'*Arco di
Parma.* Il y a là, d'abord les qualités habituelles de M. Jadin, l'énergie et la solidité, mais de plus une impression
poétique parfaitement bien saisie et rendue. C'est l'impression glorieuse et mélancolique du soir descendant

sur la cité sainte, un soir solennel, traversé de bandes
pourprées, pompeux et ardent comme la religion romaine. M. Clésinger, à qui la sculpture ne suffit plus,
ressemble à ces enfants d'un sang turbulent et d'une
ardeur capricante, qui veulent escalader toutes les hauteurs pour y inscrire leur nom. Ses deux paysages, *Isola
Farnese* et *Castel Fusana,* sont d'un aspect pénétrant, d'une
native et sévère mélancolie. Les eaux y sont plus lourdes
et plus solennelles qu'ailleurs, la solitude plus silencieuse,
les arbres eux-mêmes plus monumentaux. On a souvent
ri de l'emphase de M. Clésinger; mais ce n'est pas par la
petitesse qu'il prêtera jamais à rire. Vice pour vice, je
pense comme lui que l'excès en tout vaut mieux que la
mesquinerie.

Oui, l'imagination fait le paysage[a1]. Je comprends
qu'un esprit appliqué à prendre des notes ne puisse pas
s'abandonner aux prodigieuses rêveries contenues dans
les spectacles de la nature présente; mais pourquoi l'imagination fuit-elle l'atelier du paysagiste ? Peut-être les
artistes qui cultivent ce genre se défient-ils beaucoup trop
de leur mémoire et adoptent-ils une méthode de copie
immédiate, qui s'accommode parfaitement à la paresse[b]
de leur esprit. S'ils avaient vu comme j'ai vu récemment,
chez M. Boudin[2] qui, soit dit en passant, a exposé un
fort bon et fort sage tableau (le *Pardon de sainte Anne
Palud*), plusieurs centaines d'études au pastel improvisées
en face de la mer et du ciel, ils comprendraient ce qu'ils
n'ont pas l'air de comprendre, c'est-à-dire la différence
qui sépare une étude d'un tableau. Mais M. Boudin, qui
pourrait s'enorgueillir de son dévouement à son art,
montre très modestement sa curieuse collection. Il sait
bien qu'il faut que tout cela devienne tableau par le
moyen de l'impression poétique rappelée à volonté[3]; et
il n'a pas la prétention de donner ses notes pour des
tableaux. Plus tard, sans aucun doute, il nous étalera
dans des peintures achevées les prodigieuses magies de
l'air et de l'eau. Ces études[c] si rapidement et si fidèlement
croquées d'après ce qu'il y a de plus inconstant, de plus
insaisissable dans sa forme et dans sa couleur, d'après
des vagues et des nuages, portent toujours, écrits en
marge, la date, l'heure et le vent; ainsi, par exemple :
8 octobre, midi, vent de nord-ouest. Si vous avez eu quelquefois le loisir de faire connaissance avec ces beautés

météorologiques, vous pourriez vérifier par mémoire[a]
l'exactitude des observations de M. Boudin. La légende
cachée avec la main, vous devineriez la saison, l'heure et
le vent. Je n'exagère rien. J'ai vu. À la fin tous ces nuages
aux formes fantastiques et lumineuses, ces ténèbres chao-
tiques, ces immensités vertes et roses, suspendues et
ajoutées les unes aux autres, ces fournaises béantes, ces
firmaments de satin noir ou violet, fripé, roulé ou
déchiré, ces horizons en deuil ou ruisselants de métal
fondu, toutes ces profondeurs, toutes ces splendeurs,
me montèrent au cerveau comme une boisson capiteuse
ou comme l'éloquence de l'opium[1]. Chose assez curieuse,
il ne m'arriva pas une seule fois, devant ces magies
liquides ou aériennes, de me plaindre de l'absence de
l'homme. Mais je me garde bien de tirer de la plénitude
de ma jouissance un conseil pour qui que ce soit, non
plus que pour M. Boudin. Le conseil serait trop dangereux. Qu'il se rappelle que l'homme, comme dit Robes-
pierre, qui avait soigneusement fait ses *humanités,* ne voit
jamais l'homme sans plaisir[2]; et, s'il veut gagner un peu
de popularité, qu'il se garde bien de croire que le public
soit arrivé à un égal enthousiasme pour la solitude.

Ce[a] n'est pas seulement les peintures de marine qui font
défaut, un genre pourtant si poétique ! (je ne prends pas
pour marines des drames militaires qui se jouent sur
l'eau), mais aussi un genre que j'appellerais volontiers le
paysage des grandes villes, c'est-à-dire la collection des
grandeurs et des beautés qui résultent d'une puissante
agglomération d'hommes et de monuments, le charme
profond et compliqué d'une capitale âgée et vieillie dans
les gloires et les tribulations de la vie.

Il[b] y a quelques années, un homme puissant et singulier, un officier de marine, dit-on[4], avait commencé une
série d'études à l'eau-forte d'après les points de vue les
plus pittoresques de Paris[5]. Par l'âpreté, la finesse et la
certitude de son dessin, M. Méryon rappelait les vieux et
excellents aquafortistes. J'ai rarement vu représentée
avec plus de poésie la solennité naturelle d'une ville
immense. Les majestés de la pierre accumulée, les clochers *montrant du doigt le ciel*[6], les obélisques[c] de l'industrie
vomissant contre le firmament leurs coalitions de fumée,
les prodigieux échafaudages des monuments en réparation, appliquant sur le corps solide de l'architecture leur

architecture à jour d'une beauté si paradoxale, le ciel
tumultueux, chargé de colère et de rancune, la profondeur des perspectives augmentée par[a] la pensée de tous
les drames qui y sont contenus, aucun des éléments
complexes dont se compose le douloureux et glorieux
décor de[b] la civilisation n'était oublié. Si Victor Hugo a
vu ces excellentes estampes, il a dû être content; il a
retrouvé, dignement représentée, sa

> Morne Isis, couverte d'un voile !
> Araignée à l'immense toile,
> Où se prennent les nations !
> Fontaine d'urnes obsédée !
> Mamelle sans cesse inondée,
> Où, pour se nourrir de l'idée,
> Viennent les générations !
> . . . .
> Ville qu'un orage enveloppe[1] !

Mais un démon cruel a touché le cerveau de M. Méryon; un délire mystérieux a brouillé ces facultés qui
semblaient aussi solides que brillantes. Sa gloire naissante et ses travaux ont été soudainement interrompus.
Et depuis lors nous attendons toujours avec anxiété des
nouvelles consolantes de ce singulier officier, qui était
devenu en[c] un jour un puissant artiste, et qui avait dit
adieu aux solennelles aventures de l'Océan pour peindre
la noire majesté de la plus inquiétante des capitales[2].

Je regrette encore, et j'obéis peut-être à mon insu aux
accoutumances de ma jeunesse, le paysage romantique,
et même le paysage romanesque qui existait déjà au
XVIIIe siècle. Nos paysagistes sont des animaux beaucoup trop herbivores. Ils ne se nourrissent pas volontiers
des ruines, et, sauf un petit nombre d'hommes tels que
Fromentin, le ciel et le désert les épouvantent. Je regrette
ces grands lacs qui représentent l'immobilité dans le
désespoir[d], les immenses montagnes, escaliers de la planète vers le ciel, d'où tout ce qui paraissait grand paraît
petit, les châteaux forts (oui, mon cynisme ira jusque-là),
les abbayes crénelées qui se mirent dans les mornes
étangs, les[e] ponts gigantesques, les constructions nini-
vites, habitées par le vertige, et enfin tout ce qu'il faudrait inventer, si tout cela n'existait pas[f] !

Je dois confesser en passant que, bien qu'il ne soit pas

doué d'une originalité de manière bien décidée, M. Hildebrandt, par son énorme exposition d'aquarelles, m'a
causé un vif plaisir[1]. En parcourant ces amusants albums
de voyage, il me semble toujours que je *revois,* que je
reconnais ce que je n'ai jamais vu. Grâce à lui, mon imagination fouettée s'est promenée à travers trente-huit paysages romantiques, depuis les remparts sonores de la
Scandinavie jusqu'aux pays lumineux des ibis et des
cigognes, depuis le Fiord de Séraphîtus[2] jusqu'au pic de
Ténériffe[3]. La lune et le soleil ont tour à tour illuminé ces
décors, l'un versant sa tapageuse lumière, l'autre ses
patients enchantements.

Vous voyez, mon cher ami, que je ne puis jamais considérer le choix du sujet comme indifférent, et que, malgré
l'amour nécessaire qui doit féconder le plus humble
morceau, je crois que le sujet fait pour l'artiste une partie
du génie, et pour moi, barbare malgré tout, une partie du
plaisir. En[a] somme, je n'ai trouvé parmi les paysagistes
que des talents sages ou petits, avec une très grande
paresse d'imagination. Je n'ai pas vu chez eux, chez tous,
du moins, le charme naturel, si simplement exprimé, des
savanes et des prairies de Catlin (je parie qu'ils ne savent
même pas ce que c'est que Catlin[4]), non plus que la beauté
surnaturelle des paysages de Delacroix, non plus que la
magnifique imagination qui coule dans les dessins de
Victor Hugo, comme le mystère dans le ciel. Je parle de
ses dessins à l'encre de Chine, car il est trop évident qu'en
poésie notre poète est le roi des paysagistes[b5].

Je désire être ramené vers les dioramas dont la magie
brutale et énorme sait m'imposer une utile illusion. Je
préfère contempler quelques décors de théâtre, où je
trouve artistement exprimés et tragiquement concentrés
mes rêves les plus chers[6]. Ces choses, parce qu'elles sont
fausses, sont infiniment plus près du vrai; tandis que la
plupart de nos paysagistes sont des menteurs, justement
parce qu'ils ont négligé de mentir.

VIII

SCULPTURE

Au fond d'une bibliothèque antique, dans le demi-jour propice qui caresse et suggère les longues pensées, Harpocrate, debout et solennel, un doigt posé sur sa bouche, vous commande le silence, et, comme un péda-gogue pythagoricien, vous dit : Chut ! avec un geste plein d'autorité. Apollon et les Muses, fantômes impérieux, dont les formes divines éclatent dans la pénombre, sur-veillent vos pensées, assistent à vos travaux, et vous encouragent au sublime.

Au détour d'un bosquet, abritée sous de lourds om-brages, l'éternelle Mélancolie mire son visage auguste dans les eaux d'un bassin, immobiles comme elle. Et le rêveur qui passe, attristé et charmé, contemplant cette grande figure aux membres robustes, mais alanguis par une peine secrète, dit : Voilà ma sœur !

Avant de vous jeter dans le confessionnal, au fond de cette petite chapelle ébranlée par le trot des omnibus, vous êtes arrêté par[a] un fantôme décharné et magnifique, qui soulève discrètement l'énorme couvercle de son sépulcre pour vous supplier, créature passagère, de pen-ser à l'éternité[1] ! Et au coin de cette allée fleurie qui mène à la sépulture de ceux qui vous sont encore chers, la[b] figure prodigieuse du Deuil, prostrée, échevelée, noyée dans le ruisseau de ses larmes, écrasant de sa lourde déso-lation les restes poudreux d'un homme illustre, vous enseigne que richesse, gloire, patrie même, sont de pures frivolités, devant ce je ne sais quoi que personne n'a nommé ni défini[2], que l'homme n'exprime que par des adverbes mystérieux, tels que : peut-être, jamais, tou-jours ! et qui contient, quelques-uns l'espèrent, la béati-tude infinie, tant désirée, ou l'angoisse sans trêve dont la raison moderne repousse l'image avec le geste convul-sif de l'agonie.

L'esprit charmé par la musique des eaux jaillissantes,

plus douce que la voix des nourrices, vous tombez dans
un boudoir de verdure, où Vénus et Hébé, déesses
badines qui présidèrent quelquefois à votre vie, étalent
sous des alcôves de feuillage les rondeurs de leurs
membres charmants qui ont puisé dans la fournaise le
rose éclat de la vie. Mais ce n'est guère que dans les jardins du temps passé que vous trouverez ces délicieuses
surprises ; car des trois matières excellentes qui s'offrent
à l'imagination pour remplir le rêve sculptural, bronze,
terre cuite et marbre, la dernière seule, dans notre âge,
jouit fort injustement, selon nous, d'une popularité
presque exclusive.

Vous traversez une grande ville vieillie dans la civilisation, une de celles qui contiennent les archives les plus
importantes de la vie universelle, et vos yeux sont tirés
en haut, *sursum, ad sidera*[1] *;* car sur les places publiques,
aux angles des carrefours, des personnages immobiles,
plus grands que ceux qui passent à leurs pieds, vous
racontent dans un langage muet les pompeuses légendes
de la gloire, de la guerre, de la science et du martyre. Les
uns montrent le ciel, où ils ont sans cesse aspiré ; les
autres désignent le sol d'où ils se sont élancés. Ils agitent
ou contemplent ce qui fut la passion de leur vie et qui en
est devenu l'emblème : un outil, une épée, un livre, une
torche, *vitaï lampada*[2] ! Fussiez-vous le plus insouciant
des hommes, le plus malheureux ou le plus vil, mendiant
ou banquier, le fantôme de pierre s'empare de vous pendant quelques minutes, et vous commande, au nom
du passé, de penser aux choses qui ne sont pas de la
terre.

Tel est le rôle divin de la sculpture[3].

Qui peut douter qu'une puissante imagination ne soit
nécessaire pour remplir un si magnifique programme ?
Singulier art qui s'enfonce dans les ténèbres du temps, et
qui déjà, dans les âges primitifs, produisait des œuvres
dont s'étonne l'esprit civilisé ! Art, où ce qui doit être
compté comme qualité en peinture peut devenir vice ou
défaut, où la perfection est d'autant plus nécessaire que
le moyen, plus complet en apparence, mais plus barbare
et plus enfantin, donne toujours, même aux plus médiocres œuvres, un semblant de fini et de perfection.
Devant un objet tiré de la nature et représenté par la
sculpture, c'est-à-dire rond, fuyant, autour duquel[a] on

peut tourner librement, et, comme l'objet naturel lui-
même, environné d'atmosphère, le paysan, le sauvage,
l'homme primitif, n'éprouvent aucune indécision; tandis
qu'une peinture, par ses prétentions immenses, par sa
nature paradoxale et abstractive, les inquiète et les
trouble. Il nous faut remarquer ici que le bas-relief est
déjà un mensonge, c'est-à-dire un pas fait vers un art*
plus civilisé, s'éloignant d'autant de l'idée pure de sculpture. On se souvient que Catlin faillit être mêlé à une
querelle fort dangereuse entre des chefs sauvages, ceux-ci
plaisantant celui-là dont il avait peint le portrait de profil,
et lui reprochant de s'être laissé voler la* moitié de son
visage[1]. Le singe, quelquefois surpris par une magique
peinture de nature, tourne derrière l'image pour en
trouver l'envers. Il résulte des conditions barbares dans
lesquelles la sculpture est enfermée, qu'elle réclame, en
même temps qu'une exécution très parfaite, une spirit ua-
lité très élevée. Autrement elle ne produira que l'objet
étonnant dont peuvent s'ébahir le singe et le sauvage. Il
en résulte aussi que l'œil de l'amateur lui-même, quelquefois fatigué par la monotone blancheur de toutes ces
grandes poupées, exactes dans toutes leurs proportions
de longueur et d'épaisseur, abdique son autorité. Le
médiocre ne lui semble pas toujours méprisable, et, à
moins qu'une statue ne soit outrageusement détestable,
il peut la prendre pour bonne; mais une sublime pour
mauvaise, jamais ! Ici, plus qu'en toute autre matière,
le beau s'imprime dans la mémoire d'une manière indélé-
bile. Quelle force prodigieuse l'Égypte, la Grèce, Michel-
Ange, Coustou[2] et quelques autres ont mise dans ces
fantômes immobiles ! Quel regard dans ces yeux sans
prunelle ! De même que la poésie* lyrique ennoblit tout,
même la passion, la sculpture, la vraie, solennise tout,
même le mouvement; elle donne à tout ce qui est humain
quelque chose d'éternel et qui participe de la dureté de la
matière employée. La colère devient calme, la tendresse
sévère, le rêve ondoyant et brillanté de la peinture se
transforme en méditation solide et obstinée. Mais si l'on
veut songer combien de perfections il faut réunir pour
obtenir cet austère enchantement, on ne s'étonnera pas de
la fatigue et du découragement qui s'emparent souvent
de notre esprit en parcourant les galeries des sculptures
modernes, où le but divin est presque toujours méconnu,

et le joli, le minutieux, complaisamment substitués au grand.

Nous avons le goût de facile composition, et notre dilettantisme peut s'accommoder tour à tour de toutes les grandeurs et de toutes les coquetteries. Nous savons aimer l'art mystérieux et sacerdotal de l'Égypte et de Ninive, l'art de la Grèce, charmant et raisonnable à la fois, l'art de Michel-Ange, précis comme une science, prodigieux comme le rêve, l'habileté du xviiie siècle, qui est la fougue dans la vérité ; mais dans ces différents modes de la sculpture, il y a la puissance d'expression et la richesse de sentiment, résultat inévitable d'une imagination profonde qui chez nous maintenant fait trop souvent défaut. On ne trouvera donc pas surprenant que je sois bref dans l'examen des œuvres de cette année. Rien n'est plus doux que d'admirer, rien n'est plus désagréable que de critiquer. La grande faculté, la principale, ne brille que comme les images des patriotes romains, par son absence. C'est donc ici le cas de remercier M. Franceschi pour son *Andromède*[1]. Cette figure, généralement remarquée, a suscité quelques critiques selon nous trop faciles. Elle a cet immense mérite d'être poétique, excitante et noble. On a dit que c'était un plagiat, et que M. Franceschi avait simplement mis debout une figure couchée de Michel-Ange. Cela n'est pas vrai. La langueur de ces formes menues quoique grandes, l'élégance paradoxale de ces membres est bien le fait d'un auteur moderne. Mais quand même il aurait emprunté son inspiration au passé, j'y verrais un motif d'éloge plutôt que de critique ; il[a] n'est pas donné à tout le monde d'imiter ce qui est grand, et quand ces imitations sont le fait d'un jeune homme, qui a naturellement un grand espace de vie ouvert devant lui, c'est bien plutôt pour la critique une raison d'espérance que de défiance.

Quel diable d'homme que M. Clésinger ! Tout ce qu'on peut dire de plus beau sur son compte, c'est qu'à voir cette facile production d'œuvres si diverses, on devine une intelligence ou plutôt un tempérament toujours en éveil, un homme qui a l'amour de la sculpture dans le ventre. Vous admirez un morceau merveilleusement réussi ; mais tel autre morceau dépare complètement la statue. Voilà une figure d'un jet élancé et enthousiasmant ; mais voici des draperies qui, voulant paraître légères, sont tubulées et tortillées comme du macaroni. M. Clésinger attrape quelquefois le mouvement, il n'obtient jamais l'élégance complète. La beauté de style et de caractère qu'on a tant louée dans ses bustes de dames romaines n'est pas décidée ni parfaite[a]. On dirait que souvent, dans[b] son ardeur précipitée du travail, il oublie des muscles et néglige le mouvement si précieux du modelé. Je ne veux pas parler de ses malheureuses *Saphos*[1], je sais que maintes fois il a fait beaucoup mieux; mais même dans ses statues les mieux réussies, un œil exercé est affligé par cette méthode abréviative qui donne aux membres et au visage humain ce fini et ce poli banal de la cire coulée dans un moule. Si Canova fut quelquefois charmant, ce ne fut certes pas grâce à ce défaut. Tout le monde a loué fort justement son *Taureau romain* ; c'est vraiment un fort bel ouvrage; mais, si j'étais M. Clésinger, je n'aimerais pas être loué si magnifiquement pour avoir fait l'image d'une bête, si noble et superbe qu'elle fût. Un sculpteur tel que lui doit avoir d'autres ambitions et caresser d'autres images que celles des taureaux.

Il y a un *Saint Sébastien* d'un élève de Rude, M. Just Becquet[2], qui est une patiente et vigoureuse sculpture. Elle fait à la fois penser à la peinture de Ribera[c] et à l'âpre statuaire espagnole[3]. Mais si l'enseignement de M. Rude, qui eut une si grande action sur l'école de notre temps, a profité à quelques-uns, à ceux sans doute qui savaient commenter cet enseignement par leur esprit naturel, il a précipité les autres, trop dociles, dans les plus étonnantes erreurs. Voyez, par exemple, cette *Gaule*[4] ! La première forme que la Gaule revêt dans votre esprit est celle d'une personne de grande allure, libre, puissante, de forme robuste et dégagée, la fille bien découplée des forêts, la femme sauvage et guerrière, dont la voix était écoutée dans les conseils de la patrie. Or, dans la malheureuse figure dont je parle, tout ce qui constitue la force et la beauté est absent. Poitrine, hanches, cuisses, jambes, tout ce qui doit faire relief est creux. J'ai vu sur les tables de dissection de ces cadavres ravagés par la maladie et par une misère continue de quarante ans. L'auteur a-t-il voulu représenter l'affaiblissement, l'épuisement d'une femme qui n'a pas connu d'autre nourriture que le gland des chênes, et a-t-il pris l'antique et forte Gaule pour la femelle décrépite d'un Papou ? Cherchons une explication moins ambitieuse, et croyons simplement qu'ayant entendu répéter fréquemment qu'il fallait copier fidèlement le modèle, et n'étant pas doué de la clairvoyance nécessaire pour en choisir un beau, il a copié le plus laid de tous avec une parfaite dévotion. Cette statue a trouvé des éloges, sans doute pour son œil de Velléda d'album lancé à l'horizon. Cela ne m'étonne pas.

Voulez-vous contempler encore une fois, mais sous une autre forme, le contraire de la sculpture ? Regardez ces deux petits mondes dramatiques inventés par M. Butté et qui représentent, je crois, la *Tour de Babel* et le *Déluge*[1]. Mais le sujet importe peu, d'ailleurs, quand par sa nature ou par la manière dont il est traité, l'essence même de l'art se trouve détruite. Ce monde lilliputien, ces processions en miniature, ces petites foules serpentant dans des quartiers de roche, font penser à la fois aux plans en relief du musée de marine[2], aux pendules-tableaux à musique et aux paysages avec forteresse, pont-levis et garde montante, qui se font voir chez les pâtissiers et les marchands de joujoux. Il m'est extrêmement désagréable d'écrire de pareilles choses, surtout quand il s'agit d'œuvres où d'ailleurs on trouve de l'imagination et de l'ingéniosité, et si j'en parle, c'est parce qu'elles servent à constater, importantes en cela seulement, l'un des plus grands vices de l'esprit, qui est la désobéissance opiniâtre aux règles constitutives de l'art. Quelles sont les qualités, si belles qu'on les suppose, qui pourraient contre-balancer une si défectueuse énormité ? Quel cerveau bien portant peut concevoir sans horreur une peinture en relief, une sculpture agitée par la mécanique, une ode sans rimes, un roman versifié, etc. ? Quand le but naturel d'un art est méconnu, il est naturel d'appeler à son secours tous les moyens étrangers à cet art. Et à propos de M. Butté, qui a voulu représenter dans de petites proportions de vastes scènes exigeant une quantité innombrable de personnages, nous pouvons remarquer que les anciens reléguaient toujours ces tentatives dans le bas-relief, et que, parmi les modernes, de très grands et très habiles sculpteurs ne les ont jamais osées sans détriment et sans danger. Les deux conditions essentielles, l'unité d'impression et la totalité d'effet, se trouvent douloureusement offensées, et, si grand que soit le talent du *metteur en scène*, l'esprit inquiet se demande s'il n'a pas déjà senti une impression analogue chez Curtius[1]. Les vastes et magnifiques groupes qui ornent les jardins de Versailles ne sont pas une réfutation complète de mon opinion; car, outre qu'ils ne sont pas toujours également réussis, et que quelques-uns, par leur caractère de débandade, surtout parmi ceux où presque toutes les figures sont verticales, ne serviraient au contraire qu'à confirmer ladite opinion, je ferai de plus remarquer que c'est là une sculpture toute spéciale où les défauts, quelquefois très voulus, disparaissent sous un feu d'artifice liquide, sous une pluie lumineuse; enfin c'est un art complété par l'hydraulique, un art inférieur en somme. Cependant les plus parfaits parmi ces groupes ne sont tels que parce qu'ils se rapprochent davantage de la vraie sculpture et que, par leurs attitudes penchées et leurs entrelacements, les figures créent cette arabesque générale de la composition, immobile et fixe dans la peinture, mobile et variable dans la sculpture comme dans les pays de montagnes.

Nous avons déjà, mon cher M***, parlé des *esprits pointus,* et nous avons reconnu que parmi ces esprits pointus, tous plus ou moins entachés de désobéissance à l'idée de l'art pur, il y en avait cependant un ou deux intéressants. Dans la sculpture, nous retrouvons les mêmes malheurs. Certes M. Frémiet est un bon sculpteur[2]; il est habile, audacieux, subtil, cherchant l'effet étonnant, le trouvant quelquefois; mais, c'est là son malheur, le cherchant souvent à côté de la voie naturelle. L'*Orang-outang entraînant une femme au fond des bois* (ouvrage refusé, que naturellement je n'ai pas vu), est bien l'idée d'un esprit pointu. Pourquoi pas un crocodile, un tigre, ou toute autre bête susceptible de manger une femme ? Non pas ! songez bien qu'il ne s'agit pas de manger, mais de violer. Or le singe seul, le singe gigantesque, à la fois plus et moins qu'un homme, a manifesté quelquefois un appétit humain pour la femme. Voilà donc le moyen d'étonnement trouvé ! « *Il* l'entraîne; saura-t-*elle* résister ? » telle est la question que se fera tout le public féminin. Un sentiment bizarre, compliqué, fait en partie de terreur et en partie de curiosité priapique, enlèvera le succès. Cependant, comme M. Frémiet est un excellent ouvrier, l'animal et la femme seront également bien imités et modelés. En vérité, de tels sujets ne sont pas dignes d'un talent aussi mûr, et le jury s'est bien conduit en repoussant ce vilain drame.

Si M. Frémiet me dit que je n'ai pas le droit de scruter les intentions et de parler de ce que je n'ai pas vu, je me rabattrai humblement sur son *Cheval de saltimbanque*. Pris en lui-même, le petit cheval est charmant; son épaisse crinière, son mufle carré, son air spirituel, sa croupe avalée, ses petites jambes solides et grêles à la fois, tout le désigne comme un de ces humbles animaux qui ont de la race. Ce hibou, perché sur son dos, m'inquiète (car je suppose que je n'ai pas lu le livret[1]), et je me demande pourquoi l'oiseau de Minerve est posé sur la création de Neptune ? Mais j'aperçois les marionnettes accrochées à la selle : L'idée de sagesse représentée par le hibou m'entraîne à croire que les marionnettes figurent les frivolités du monde. Reste à expliquer l'utilité du cheval, qui, dans le langage apocalyptique, peut fort bien symboliser l'intelligence, la volonté, la vie. Enfin, j'ai positivement et patiemment découvert que l'ouvrage de M. Frémiet représente l'intelligence humaine portant partout avec elle l'idée de la sagesse et le goût de la folie. Voilà bien l'immortelle antithèse philosophique, la contradiction essentiellement humaine sur laquelle pivote depuis le commencement des âges toute philosophie et toute littérature, depuis les règnes tumultueux d'Ormuz et d'Ahrimane jusqu'au révérend Maturin, depuis Manès jusqu'à Shakespeare !..... Mais un voisin que j'irrite veut bien m'avertir que je cherche midi à quatorze heures, et que cela représente simplement le cheval d'un saltimbanque..... Ce hibou solennel, ces marionnettes mystérieuses n'ajoutaient donc aucun sens nouveau à l'idée *cheval* ? En tant que simple cheval, en quoi augmentent-elles son mérite ? Il fallait évidemment intituler cet ouvrage : *Cheval de saltimbanque, en l'absence du saltimbanque, qui est allé tirer les cartes et boire un coup dans un cabaret supposé du voisinage !* Voilà le vrai titre !

MM. Carrier, Oliva et Prouha sont plus modestes que M. Frémiet et moi; ils se contentent d'étonner par la souplesse et l'habileté de leur art. Tous les trois, avec des facultés plus ou moins tendues, ont une visible sympathie pour la sculpture vivante du XVIIIᵉ et du XVIIᵉ siècle. Ils ont aimé et étudié Caffieri, Puget, Coustou, Houdon, Pigalle, Francin[2]. Depuis longtemps les vrais amateurs ont admiré les bustes de M. Oliva, vigoureusement modelés, où la vie respire, où le regard même étincelle. Celui qui représente le *Général Bizot* est un des bustes les plus *militaires* que j'aie vus. *M. de Mercey* est un chef-d'œuvre de finesse[1]. Tout le monde a remarqué récemment dans la cour du Louvre une charmante figure de M. Prouha[2] qui rappelait les grâces nobles et mignardes de la Renaissance. M. Carrier peut se féliciter et se dire content de lui[3]. Comme les maîtres qu'il affectionne, il possède l'énergie et l'esprit. Un peu trop de décolleté et de débraillé dans le costume contraste peut-être malheureusement avec le fini vigoureux et patient des visages. Je ne trouve pas que ce soit un défaut de chiffonner une chemise ou une cravate et de tourmenter agréablement les revers d'un habit, je parle seulement d'un manque d'accord relativement à l'idée d'ensemble; et encore avouerai-je volontiers que je crains d'attribuer trop d'importance à cette observation, et les bustes de M. Carrier m'ont causé un assez vif plaisir pour me faire oublier cette petite impression toute fugitive.

Vous vous rappelez, mon cher, que nous avons déjà parlé de *Jamais et Toujours*[4]*;* je n'ai pas encore pu trouver l'explication de ce titre logographique. Peut-être est-ce un coup de désespoir, ou un caprice sans motif, comme *Rouge et Noir*[5]. Peut-être M. Hébert a-t-il cédé à ce goût de MM. Commerson et Paul de Kock[6], qui les pousse à voir une pensée dans le choc fortuit de toute antithèse. Quoi qu'il en soit, il a fait une charmante sculpture de chambre, dira-t-on[a] (quoiqu'il soit douteux que le bourgeois et la bourgeoise en veuillent décorer leur boudoir), espèce de vignette en sculpture, mais qui cependant pourrait peut-être, exécutée dans de plus grandes proportions, faire une excellente décoration funèbre dans un cimetière ou dans une chapelle. La jeune fille, d'une forme riche et souple, est enlevée et balancée avec une légèreté harmonieuse; et son corps, convulsé dans une extase ou dans une agonie, reçoit avec résignation le baiser de l'immense squelette. On croit généralement, peut-être parce que l'antiquité ne le connaissait pas ou le connaissait peu, que le squelette doit être exclu du domaine de la sculpture. C'est une grande erreur. Nous le voyons apparaître au Moyen Âge, se comportant et s'étalant avec toute la maladresse cynique et toute la superbe de l'idée sans art. Mais, depuis lors jusqu'au XVIIIᵉ siècle, climat historique de l'amour et des roses,

nous voyons le squelette fleurir avec bonheur dans tous
les sujets où il lui est permis de s'introduire. Le sculpteur
comprit bien vite tout ce qu'il y a de beauté mystérieuse
et abstraite dans cette maigre carcasse, à qui la chair sert
d'habit, et qui est comme le plan du poème humain. Et
cette grâce, caressante, mordante, presque scientifique,
se dresse à[a] son tour, claire et purifiée des souillures de
l'humus, parmi les grâces innombrables que l'Art avait
déjà extraites de l'ignorante Nature. Le squelette de
M. Hébert n'est pas, à proprement parler, un squelette.
Je ne crois pas cependant que l'artiste ait voulu esquiver,
comme on dit, la difficulté. Si ce puissant personnage
porte ici le caractère vague des fantômes, des larves et
des lamies, s'il est encore, en de certaines parties, revêtu
d'une peau parcheminée qui se colle aux jointures
comme les membranes d'un palmipède, s'il[b] s'enveloppe
et se drape à moitié d'un immense suaire soulevé çà et là
par les saillies des articulations, c'est que sans doute l'auteur voulait surtout exprimer l'idée vaste et flottante du
néant. Il a réussi, et son fantôme est *plein de vide*.

L'agréable occurrence de ce sujet macabre m'a fait
regretter que M. Christophe n'ait pas exposé deux morceaux de sa composition, l'un d'une nature tout à fait
analogue, l'autre plus gracieusement allégorique. Ce
dernier[1] représente une femme nue, d'une grande et
vigoureuse tournure florentine (car M. Christophe n'est
pas de ces artistes faibles, en qui l'enseignement positif
et minutieux de Rude a détruit l'imagination), et qui,
vue en face, présente au spectateur un visage souriant et
mignard, un visage de théâtre. Une légère draperie, habilement tortillée, sert de suture entre cette jolie tête de
convention et la robuste poitrine sur laquelle elle a l'air
de s'appuyer. Mais, en faisant un pas de plus à gauche
ou à droite, vous découvrez le secret de l'allégorie, la
morale de la fable, je veux dire la véritable tête révulsée,
se pâmant dans les larmes et l'agonie. Ce qui avait
d'abord enchanté vos yeux, c'était un masque, c'était le
masque universel, votre masque, mon masque, joli éventail dont une main habile se sert pour voiler aux yeux du
monde la douleur ou le remords. Dans cet ouvrage, tout
est charmant et robuste. Le caractère vigoureux du corps
fait un contraste pittoresque avec l'expression mystique
d'une idée toute mondaine, et la surprise n'y joue pas un

rôle plus important qu'il n'est permis. Si jamais l'auteur consent à jeter cette conception dans le commerce, sous la forme d'un bronze de petite dimension, je puis, sans imprudence, lui prédire un immense succès.

Quant à l'autre idée, si charmante qu'elle soit, ma foi, je n'en répondrais pas; d'autant moins que, pour être pleinement exprimée, elle a besoin de deux matières, l'une claire et terne pour exprimer le squelette, l'autre sombre et brillante pour rendre le vêtement, ce qui augmenterait naturellement l'horreur de l'idée et son impopularité. Hélas !

Les charmes de l'horreur n'enivrent que les forts[1] !

Figurez-vous un grand squelette féminin tout prêt à partir pour une fête. Avec sa face aplatie de négresse, son sourire sans lèvre et sans gencive, et son regard qui n'est qu'un trou plein d'ombre, l'horrible chose qui fut une belle femme a l'air de chercher vaguement dans l'espace l'heure délicieuse du rendez-vous ou l'heure solennelle du sabbat inscrite au cadran invisible des siècles. Son buste, disséqué par le temps, s'élance coquettement de son corsage, comme de son cornet un bouquet desséché, et toute cette pensée funèbre se dresse sur le piédestal d'une fastueuse crinoline. Qu'il me soit permis, pour abréger, de citer un lambeau rimé dans lequel j'ai essayé non pas d'*illustrer,* mais d'expliquer le plaisir subtil contenu dans cette figurine, à peu près comme un lecteur soigneux barbouille de crayon les marges de son livre :

Fière, autant qu'un vivant, de sa noble stature,
Avec son gros bouquet, son mouchoir et ses gants
Elle a la nonchalance et la désinvolture
D'une coquette maigre aux airs extravagants.

Vit-on jamais au bal une taille plus mince ?
Sa robe, exagérée en sa royale ampleur,
S'écroule abondamment sur un pied sec que pince
Un soulier pomponné joli comme une fleur.

La ruche qui se joue au bord des clavicules,
Comme un ruisseau lascif qui se frotte au rocher,
Défend pudiquement des lazzi ridicules
Les funèbres appas qu'elle tient à cacher.

Ses yeux profonds sont faits de vide et de ténèbres,
Et son crâne, de fleurs artistement coiffé,
Oscille mollement sur ses frêles vertèbres.
Ô charme du néant follement attifé !

Aucuns t'appelleront une caricature,
Qui ne comprennent pas, amants ivres de chair,
L'élégance sans nom de l'humaine armature !
Tu réponds, grand squelette, à mon goût le plus cher !

Viens-tu troubler, avec ta puissante grimace,
La fête de la vie . . . . ?

Je crois, mon cher, que nous pouvons nous arrêter ici ;
je citerais de nouveaux échantillons que je n'y pourrais
trouver que de nouvelles preuves superflues à l'appui
de l'idée principale qui a gouverné mon travail depuis
le commencement, à savoir que les talents les plus ingénieux et les plus patients ne sauraient suppléer le goût du
grand et la sainte fureur de l'imagination. On s'est amusé,
depuis quelques années, à critiquer, plus qu'il n'est permis, un de nos amis les plus chers ; eh bien ! je suis de
ceux qui confessent, et sans rougir, que, quelle que soit
l'habileté développée annuellement par nos sculpteurs,
je ne retrouve pas dans leurs œuvres (depuis la disparition
de David[1]) le plaisir immatériel que m'ont donné si souvent les rêves tumultueux, même incomplets, d'Auguste
Préault[2].

IX

ENVOI

Enfin, il m'est permis de proférer l'irrésistible *ouf !* que
lâche avec tant de bonheur tout simple mortel, non privé
de sa rate et condamné à une course forcée, quand il peut
se jeter dans l'oasis de repos tant espérée depuis longtemps. Dès le commencement, je l'avouerai volontiers,
les caractères béatifiques qui composent le mot FIN appa-
raissaient à mon cerveau, revêtus de leur peau noire,

comme de petits baladins éthiopiens qui exécuteraient la plus aimable des danses de *caractère*. MM. les artistes, je parle des vrais artistes, de ceux-là qui pensent comme moi que tout ce qui n'est pas la perfection devrait se cacher, et que tout ce qui n'est pas sublime est inutile et coupable, de ceux-là qui savent qu'il y a une épouvantable profondeur dans la première idée venue, et que, parmi les manières innombrables de l'exprimer, il n'y en a tout au plus que deux ou trois d'excellentes (je suis moins sévère que La Bruyère[1]); ces artistes-là, dis-je, toujours mécontents et non rassasiés, comme des âmes enfermées, ne prendront pas de travers certains badinages et certaines humeurs quinteuses dont ils souffrent aussi souvent que le critique. Eux aussi, ils savent que rien n'est plus fatigant que d'expliquer ce que tout le monde devrait savoir. Si l'ennui et le mépris peuvent être considérés comme des passions, pour eux aussi le mépris et l'ennui ont été les passions les plus difficilement rejetables, les plus fatales, les plus sous la main. Je m'impose à moi-même les dures conditions que je voudrais voir chacun s'imposer; je me dis sans cesse : *à quoi bon ?* et je me demande, en supposant que j'aie exposé quelques bonnes raisons : à qui et à quoi peuvent-elles servir ? Parmi les nombreuses omissions que j'ai commises, il y en a de volontaires; j'ai fait exprès de négliger une foule de talents évidents, trop reconnus pour être loués, pas assez singuliers, en bien ou en mal, pour servir de thème à la critique. Je m'étais imposé de chercher l'Imagination à travers le Salon, et, l'ayant rarement trouvée, je n'ai dû parler que d'un petit nombre d'hommes. Quant aux omissions ou erreurs involontaires que j'ai pu commettre, la Peinture me les pardonnera, comme à un homme qui, à défaut de connaissances étendues, a l'amour de la Peinture jusque dans les nerfs. D'ailleurs, ceux qui peuvent avoir quelque raison de se plaindre trouveront des vengeurs ou des consolateurs bien nombreux, sans compter celui de nos amis que vous chargerez de l'analyse de la prochaine exposition, et à qui vous donnerez les mêmes libertés que vous avez bien voulu m'accorder. Je souhaite de tout mon cœur qu'il rencontre plus de motifs d'étonnement ou d'éblouissement que je n'en ai consciencieusement trouvé. Les nobles et excellents artistes que j'invoquais tout à l'heure diront comme moi : en résumé, beaucoup de pratique et d'habileté, mais très peu de génie ! C'est ce que tout le monde dit. Hélas ! je suis d'accord avec tout le monde. Vous voyez, mon cher M***, qu'il était bien inutile d'expliquer ce que chacun d'eux pense comme nous. Ma seule consolation est d'avoir peut-être su plaire, dans l'étalage de ces lieux communs, à deux ou trois personnes qui me devinent quand je pense à elles, et au nombre desquelles je vous prie de vouloir bien vous compter.

Votre très dévoué collaborateur et ami[a].

LE PEINTRE DE LA VIE MODERNE

I

LE BEAU, LA MODE ET LE BONHEUR[1]

Il y a dans le monde, et même dans le monde des artistes, des gens qui vont au musée du Louvre, passent rapidement, et sans leur accorder un regard, devant une foule de tableaux très intéressants quoique de *second ordre,* et se plantent rêveurs devant un Titien ou un Raphaël, un de ceux que la gravure a le plus popularisés; puis sortent satisfaits, plus d'un se disant : « Je connais mon musée. » Il existe aussi des gens qui, ayant lu jadis Bossuet et Racine, croient posséder l'histoire de la littérature.

Par bonheur se présentent de temps en temps des redresseurs de torts, des critiques, des amateurs, des curieux qui affirment que tout n'est pas dans Raphaël, que tout n'est pas dans Racine, que les *poetae minores* ont du bon, du solide et du délicieux; et, enfin, que pour tant aimer la beauté générale, qui est exprimée par les poètes et les artistes classiques, on n'en a pas moins tort de négliger la beauté particulière, la beauté de circonstance et le trait de mœurs.

Je dois dire que le monde, depuis plusieurs années, s'est un peu corrigé. Le prix que les amateurs attachent aujourd'hui aux gentillesses gravées et coloriées du dernier siècle prouve qu'une réaction a eu lieu dans le sens où le public en avait besoin; Debucourt, les Saint-Aubin[2] et bien d'autres, sont entrés dans le dictionnaire des artistes dignes d'être étudiés. Mais ceux-là représentent le passé; or, c'est à la peinture des mœurs du présent que je veux m'attacher aujourd'hui. Le passé est intéressant non seulement par la beauté qu'ont su en extraire les artistes pour qui il était le présent, mais aussi comme passé, pour sa valeur historique. Il en est de même du présent. Le plaisir que nous retirons de la représentation du présent tient non seulement à la beauté dont il peut être revêtu, mais aussi à sa qualité essentielle de présent.

J'ai sous les yeux une série de gravures de modes commençant avec la Révolution et finissant à peu près au Consulat[1]. Ces costumes, qui font rire bien des gens irréfléchis, de ces gens graves sans vraie gravité, présentent un charme d'une nature double, artistique et historique. Ils sont très souvent beaux et spirituellement dessinés; mais ce qui m'importe au moins autant, et ce que je suis heureux de retrouver dans tous ou presque tous, c'est la morale et l'esthétique du temps. L'idée que l'homme se fait du beau s'imprime dans tout son ajustement, chiffonne ou raidit son[a] habit, arrondit ou aligne son geste, et même pénètre subtilement, à la longue, les traits de son visage. L'homme finit par ressembler à ce qu'il voudrait être. Ces gravures peuvent être traduites en beau et en laid; en laid, elles deviennent des caricatures; en beau, des statues antiques.

Les femmes qui étaient revêtues de ces costumes ressemblaient plus ou moins aux unes ou aux autres, selon le degré de poésie ou de vulgarité dont elles étaient marquées. La matière vivante rendait ondoyant ce qui nous semble trop rigide. L'imagination du spectateur peut encore aujourd'hui faire marcher et frémir cette *tunique* et ce *schall*[2]. Un de ces jours, peut-être, un drame[3] paraîtra sur un théâtre quelconque, où nous verrons la résurrection de ces costumes sous lesquels nos pères se trouvaient tout aussi enchanteurs que nous-mêmes dans nos pauvres vêtements (lesquels ont aussi leur grâce, il est vrai, mais d'une nature plutôt morale et spirituelle[4]), et s'ils sont portés et animés par des comédiennes et des comédiens intelligents, nous nous étonnerons d'en avoir pu rire si étourdiment. Le passé, tout en gardant le piquant du fantôme, reprendra la lumière et le mouvement de la vie, et se fera présent.

Si un homme impartial feuilletait une à une *toutes* les modes françaises depuis l'origine de la France jusqu'au jour présent, il n'y trouverait rien de choquant ni même de surprenant. Les transitions y seraient aussi abondamment ménagées que dans l'échelle du monde animal. Point de lacune, donc, point de surprise. Et s'il ajoutait à la vignette qui représente chaque époque la pensée philosophique dont celle-ci était le plus occupée ou agitée, pensée dont la vignette suggère inévitablement le souvenir, il verrait quelle profonde harmonie régit tous les membres de l'histoire, et que, même dans les siècles qui nous paraissent les plus monstrueux et les plus fous, l'immortel appétit du beau a toujours trouvé sa satisfaction.

C'est ici une belle occasion, en vérité, pour établir une théorie rationnelle et historique du beau, en opposition avec la théorie du beau unique et absolu; pour montrer que le beau est toujours, inévitablement, d'une composition double, bien que l'impression qu'il produit soit une; car la difficulté de discerner les éléments variables du beau dans l'unité de l'impression n'infirme en rien la nécessité de la variété dans sa composition. Le beau est fait d'un élément éternel, invariable, dont la quantité est excessivement difficile à déterminer, et d'un élément relatif, circonstanciel, qui sera, si l'on veut, tour à tour ou tout ensemble, l'époque, la mode, la morale, la passion. Sans ce second élément, qui est comme l'enveloppe amusante, titillante, apéritive, du divin gâteau, le premier élément serait indigestible, inappréciable, non adapté et non approprié à la nature humaine. Je défie qu'on découvre un échantillon quelconque de beauté qui ne contienne pas ces deux éléments[1].

Je choisis, si l'on veut, les deux échelons extrêmes de l'histoire. Dans l'art hiératique, la dualité se fait voir au premier coup d'œil; la partie de beauté éternelle ne se manifeste qu'avec la permission et sous la règle de la religion à laquelle appartient l'artiste. Dans l'œuvre la plus frivole d'un artiste raffiné appartenant à une de ces époques que nous qualifions trop vaniteusement de civilisées, la dualité se montre également; la portion éternelle de beauté sera en même temps voilée et exprimée, sinon par la mode, au moins par le tempérament particulier de l'auteur. La dualité de l'art est une conséquence fatale de la dualité de l'homme[1]. Considérez, si cela vous plaît, la partie éternellement subsistante comme l'âme de l'art, et l'élément variable comme son corps. C'est pourquoi Stendhal, esprit impertinent, taquin, répugnant même, mais dont les impertinences provoquent utilement la méditation, s'est rapproché de la vérité plus que beaucoup d'autres, en disant que *le Beau n'est que la promesse du bonheur*[2]. Sans doute cette définition dépasse le but; elle soumet beaucoup trop le beau à l'idéal infiniment variable du bonheur; elle dépouille trop lestement le beau de son caractère aristocratique; mais elle a le grand mérite de s'éloigner décidément de l'erreur des académiciens.

J'ai plus d'une fois déjà expliqué ces choses; ces lignes en disent assez pour ceux qui aiment ces jeux de la pensée abstraite; mais je sais que les lecteurs français, pour la plupart, ne s'y complaisent guère, et j'ai hâte moi-même d'entrer dans la partie positive et réelle de mon sujet.

II

LE CROQUIS DE MŒURS

Pour le croquis de mœurs, la représentation de la vie bourgeoise et les spectacles de la mode, le moyen le plus expéditif et le moins coûteux est évidemment le meilleur. Plus l'artiste y mettra de beauté, plus l'œuvre sera précieuse; mais il y a dans la vie triviale, dans la métamorphose journalière des choses extérieures, un mouvement rapide qui commande à l'artiste une égale vélocité d'exécution. Les gravures à plusieurs teintes du XVIIIe siècle ont obtenu de nouveau les faveurs de la mode, comme je le disais tout à l'heure; le pastel, l'eau-forte, l'aquatinte ont fourni tour à tour leurs contingents à cet immense dictionnaire de la vie moderne disséminé dans les bibliothèques, dans les cartons des amateurs et derrière les vitres des plus vulgaires boutiques. Dès que la lithographie parut[3], elle se montra tout de suite très apte à cette énorme tâche, si frivole en apparence. Nous avons dans ce genre de véritables monuments. On a justement appelé les œuvres de Gavarni et de Daumier des compléments de *La Comédie humaine*[1]. Balzac lui-même, j'en suis très convaincu, n'eût pas été éloigné d'adopter cette idée, laquelle est d'autant plus juste que le génie de l'artiste peintre de mœurs est un génie d'une nature mixte, c'est-à-dire où il entre une bonne partie d'esprit littéraire. Observateur, flâneur, philosophe, appelez-le comme vous voudrez; mais vous serez certainement amené, pour caractériser cet artiste, à le gratifier d'une épithète que vous ne sauriez appliquer au peintre des choses éternelles, ou du moins plus durables, des choses héroïques ou religieuses. Quelquefois il est poète; plus souvent il se rapproche du romancier ou du moraliste; il est le peintre de la circonstance et de tout ce qu'elle suggère d'éternel. Chaque pays, pour son plaisir et pour sa gloire, a possédé quelques-uns de ces hommes-là. Dans notre époque actuelle, à Daumier et à Gavarni, les premiers noms qui se présentent à la mémoire, on peut ajouter Devéria[2], Maurin, Numa[3], historiens des grâces interlopes de la Restauration, Wattier, Tassaert, Eugène Lami, celui-là presque Anglais à force d'amour pour les élégances aristocratiques[4], et même Trimolet et Traviès[5], ces chroniqueurs de la pauvreté et de la petite vie.

III

L'ARTISTE,
HOMME DU MONDE,
HOMME DES FOULES ET ENFANT

Je veux entretenir aujourd'hui le public d'un homme singulier, originalité si puissante et si décidée, qu'elle se suffit à elle-même et ne recherche même pas l'approbation. Aucun de ses dessins n'est signé, si l'on appelle signature ces quelques lettres, faciles à contrefaire, qui figurent un nom, et que tant d'autres apposent fastueuse-

ment au bas de leurs plus insouciants croquis. Mais tous
ses ouvrages sont signées de son âme éclatante, et les amateurs qui les ont vus et appréciés les reconnaîtront facilement à la description que j'en veux faire. Grand amoureux de la foule et de l'incognito, M. C. G. pousse
l'originalité jusqu'à la modestie. M. Thackeray, qui,
comme on sait, est très curieux des choses d'art, et qui
dessine lui-même les *illustrations* de ses romans, parla un
jour de M. G. dans un petit journal de Londres[1]. Celui-ci
s'en fâcha comme d'un outrage à sa pudeur. Récemment
encore, quand il apprit que je me proposais de faire une
appréciation de son esprit et de son talent, il me supplia,
d'une manière très impérieuse, de supprimer son nom et
de ne parler de ses ouvrages que comme des ouvrages
d'un anonyme. J'obéirai humblement à ce bizarre désir[2].
Nous feindrons de croire, le lecteur et moi, que M. G.
n'existe pas, et nous nous occuperons de ses dessins et de
ses aquarelles, pour lesquels il professe un dédain de
patricien, comme feraient des savants qui auraient à juger
de précieux documents historiques, fournis par le hasard,
et dont l'auteur doit rester éternellement inconnu. Et
même, pour rassurer complètement ma conscience, on
supposera que tout ce que j'ai à dire de sa nature, si
curieusement et si mystérieusement éclatante, est plus ou
moins justement suggéré par les œuvres en question;
pure hypothèse poétique, conjecture, travail d'imagination.

M. G. est vieux[3]. Jean-Jacques commença, dit-on, à
écrire à quarante-deux ans. Ce fut peut-être vers cet âge
que M. G., obsédé par toutes les images qui remplissaient
son cerveau, eut l'audace de jeter sur une feuille blanche
de l'encre et des couleurs. Pour dire la vérité, il dessinait
comme un barbare, comme un enfant, se fâchant contre
la maladresse de ses doigts et la désobéissance de son
outil. J'ai vu un grand nombre de ces barbouillages primitifs, et j'avoue que la plupart des gens qui s'y connaissent ou prétendent s'y connaître auraient pu, sans
déshonneur, ne pas deviner le génie latent qui habitait
dans ces ténébreuses ébauches. Aujourd'hui, M. G., qui
a trouvé, à lui tout seul, toutes les petites ruses du métier,
et qui a fait, sans conseils, sa propre éducation, est devenu
un puissant maître à sa manière, et n'a gardé de sa première ingénuité que ce qu'il en faut pour ajouter à ses

riches facultés un assaisonnement inattendu. Quand il rencontre un de ces essais de son *jeune âge,* il le déchire ou le brûle avec une honte des plus amusantes[a1].

Pendant dix ans, j'ai désiré faire la connaissance de M. G., qui est, par nature, très voyageur et très cosmopolite. Je savais qu'il avait été longtemps attaché à un journal anglais illustré[2], et qu'on y avait publié des gravures d'après ses croquis de voyage (Espagne, Turquie, Crimée). J'ai vu depuis lors une masse considérable de ces dessins improvisés sur les lieux mêmes, et j'ai pu *lire* ainsi un compte rendu minutieux et journalier de la campagne de Crimée, bien préférable à tout autre. Le même journal avait aussi publié, toujours sans signature, de nombreuses compositions du même auteur, d'après les ballets et les opéras nouveaux. Lorsque enfin je le trouvai, je vis tout d'abord que je n'avais pas affaire précisément à un *artiste,* mais plutôt à un *homme du monde.* Entendez ici, je vous prie, le mot *artiste* dans un sens très restreint, et le mot *homme du monde* dans un sens très étendu. *Homme du monde,* c'est-à-dire homme du monde entier, homme qui comprend le monde et les raisons mystérieuses et légitimes de tous ses usages; *artiste,* c'est-à-dire spécialiste, homme attaché à sa palette comme le serf à la glèbe. M. G. n'aime pas être appelé artiste. N'a-t-il pas un peu raison ? Il s'intéresse au monde entier; il veut savoir, comprendre, apprécier tout ce qui se passe à la surface de notre sphéroïde. L'artiste vit très peu, ou même pas du tout, dans le monde moral et politique. Celui qui habite dans le quartier Bréda ignore ce qui se passe dans le faubourg Saint-Germain. Sauf deux ou trois exceptions qu'il est inutile de nommer, la plupart des artistes sont, il faut bien le dire, des brutes très adroites, de purs manœuvres, des intelligences de village, des cervelles de hameau. Leur conversation, forcément bornée à un cercle très étroit, devient très vite insupportable à l'*homme du monde,* au citoyen spirituel de l'univers.

Ainsi, pour entrer dans la compréhension de M. G., prenez note tout de suite de ceci : c'est que la *curiosité* peut être considérée comme le point de départ de son génie.

Vous souvenez-vous d'un tableau (en vérité, c'est un tableau !) écrit par la plus puissante plume de cette époque, et qui a pour titre *L'Homme des foules*[3] ? Derrière la vitre d'un café, un convalescent, contemplant la foule avec jouissance, se mêle, par la pensée, à toutes les pensées qui s'agitent autour de lui. Revenu récemment des ombres de la mort, il aspire avec délices tous les germes et tous les effluves de la vie; comme il a été sur le point de tout oublier, il se souvient et veut avec ardeur se souvenir de tout. Finalement, il se précipite à travers cette foule à la recherche d'un inconnu dont la physionomie entrevue l'a, en un clin d'œil, fasciné. La curiosité est devenue une passion fatale, irrésistible !

Supposez un artiste qui serait toujours, spirituellement, à l'état du convalescent, et vous aurez la clef du caractère de M. G.

Or, la convalescence est comme un retour vers l'enfance. Le convalescent jouit au plus haut degré, comme l'enfant, de la faculté de s'intéresser vivement aux choses, même les plus triviales en apparence. Remontons, s'il se peut, par un effort rétrospectif de l'imagination, vers nos plus jeunes, nos plus matinales impressions, et nous reconnaîtrons qu'elles avaient une singulière parenté avec les impressions, si vivement colorées, que nous reçûmes plus tard à la suite d'une maladie physique, pourvu que cette maladie ait laissé pures et intactes nos facultés spirituelles. L'enfant voit tout en *nouveauté ;* il est toujours *ivre.* Rien ne ressemble plus à ce qu'on appelle l'inspiration, que la joie avec laquelle l'enfant absorbe la forme et la couleur. J'oserai pousser plus loin; j'affirme que l'inspiration a quelque rapport avec la *congestion,* et que toute pensée sublime est accompagnée d'une secousse nerveuse, plus ou moins forte, qui retentit jusque dans le cervelet. L'homme de génie a les nerfs solides; l'enfant les a faibles. Chez l'un, la raison a pris une place considérable; chez l'autre, la sensibilité occupe presque tout l'être. Mais le génie n'est que l'*enfance retrouvée* à volonté, l'enfance douée maintenant, pour s'exprimer, d'organes virils et de l'esprit analytique qui lui permet d'ordonner la somme de matériaux involontairement amassée. C'est à cette curiosité profonde et joyeuse qu'il faut attribuer l'œil fixe et animalement extatique des enfants devant le *nouveau,* quel qu'il soit, visage ou paysage, lumière, dorure, couleurs, étoffes chatoyantes, enchantement de la beauté embellie par la toilette. Un de mes amis me disait un jour qu'étant fort petit, il assistait à la toilette de son père, et qu'alors il contemplait, avec une stupeur mêlée de délices, les muscles des bras, les dégradations de couleurs de la peau nuancée de rose et de jaune, et le réseau bleuâtre des veines. Le tableau de la vie extérieure le pénétrait déjà de respect et s'emparait de son cerveau. Déjà la forme l'obsédait et le possédait. La prédestination montrait précocement le bout de son nez. La *damnation* était faite. Ai-je besoin de dire que cet enfant est aujourd'hui un peintre célèbre[1] ?

Je vous priais tout à l'heure de considérer M. G. comme un éternel convalescent; pour compléter votre conception, prenez-le aussi pour un homme-enfant, pour un homme possédant à chaque minute le génie de l'enfance, c'est-à-dire un génie pour lequel aucun aspect de la vie n'est *émoussé*.

Je vous ai dit que je répugnais à l'appeler un pur artiste, et qu'il se défendait lui-même de ce titre avec une modestie nuancée de pudeur aristocratique. Je le nommerais volontiers un *dandy*, et j'aurais pour cela quelques bonnes raisons; car le mot *dandy* implique une quintessence de caractère et une intelligence subtile de tout le mécanisme moral de ce monde; mais, d'un autre côté, le dandy aspire à l'insensibilité, et c'est par là que M. G., qui est dominé, lui, par une passion insatiable, celle de voir et de sentir, se détache violemment du dandysme. *Amabam amare,* disait saint Augustin. « J'aime passionnément la passion », dirait volontiers M. G. Le dandy est blasé, ou il feint de l'être, par politique et raison de caste. M. G. a horreur des gens blasés. Il possède l'art si difficile (les esprits raffinés me comprendront) d'être *sincère sans ridicule*. Je le décorerais bien du nom de philosophe, auquel il a droit à plus d'un titre, si son amour excessif des choses visibles, tangibles, condensées à l'état plastique, ne lui inspirait une certaine répugnance de celles qui forment le royaume impalpable du métaphysicien. Réduisons-le donc à la condition de pur moraliste pittoresque, comme La Bruyère.

La foule est son domaine, comme l'air est celui de l'oiseau, comme l'eau celui du poisson. Sa passion et sa profession, c'est d'*épouser la foule*. Pour le parfait flâneur, pour l'observateur passionné, c'est une immense jouissance que d'élire domicile dans le nombre, dans l'ondoyant, dans le mouvement, dans le fugitif et l'infini[2].

Être hors de chez soi, et pourtant se sentir partout chez
soi; voir le monde, être au centre du monde et rester
caché au monde, tels sont quelques-uns des moindres
plaisirs de ces esprits indépendants, passionnés, impartiaux, que la langue ne peut que maladroitement définir.
L'observateur est un *prince* qui jouit partout de son incognito. L'amateur de la vie fait du monde sa famille,
comme l'amateur du beau sexe compose sa famille de
toutes les beautés trouvées, trouvables et introuvables;
comme l'amateur de tableaux vit dans une société enchantée de rêves peints sur toile. Ainsi l'amoureux de la vie
universelle entre dans la foule comme dans un immense
réservoir d'électricité. On peut aussi le comparer, lui, à
un miroir aussi immense que cette foule; à un kaléidoscope doué de conscience, qui, à chacun de ses mouvements, représente la vie multiple et la grâce mouvante
de tous les éléments de la vie. C'est un *moi* insatiable du
non-moi, qui, à chaque instant, le rend et l'exprime en
images plus vivantes que la vie elle-même, toujours ins-
table et fugitive. « Tout homme, disait un jour M. G.
dans une de ces conversations qu'il illumine d'un regard
intense et d'un geste évocateur, tout homme qui n'est
pas accablé par un de ces chagrins d'une nature trop
positive pour ne pas absorber toutes les facultés, et *qui
s'ennuie au sein de la multitude,* est un sot ! un sot ! et je le
méprise ! »

Quand M. G., à son réveil, ouvre les yeux et qu'il voit
le soleil tapageur donnant l'assaut aux carreaux des
fenêtres, il se dit avec remords, avec regrets : « Quel
ordre impérieux ! quelle fanfare de lumière ! Depuis plusieurs heures déjà, de la lumière partout ! de la lumière
perdue par mon sommeil ! Que de choses *éclairées* j'aurais
pu voir et que je n'ai pas vues ! » Et il part ! et il regarde
couler le fleuve de la vitalité, si majestueux et si brillant. Il
admire l'éternelle beauté et l'étonnante harmonie de la
vie dans les capitales, harmonie si providentiellement
maintenue dans le tumulte de la liberté humaine. Il
contemple les paysages de la grande ville, paysages de
pierre caressés par la brume ou frappés par les soufflets
du soleil[1]. Il jouit des beaux équipages, des fiers chevaux,
de la propreté éclatante des grooms, de la dextérité des
valets, de la démarche des femmes onduleuses, des beaux
enfants, heureux de vivre et d'être bien habillés; en un

mot, de la vie universelle. Si une mode, une coupe de
vêtement a été légèrement transformée, si les nœuds de
rubans, les boucles ont été détrônés par les cocardes, si
le bavolet s'est élargi et si le chignon est descendu d'un
cran sur la nuque, si la ceinture a été exhaussée et la jupe
amplifiée, croyez qu'à une distance énorme *son œil d'aigle*
l'a déjà deviné. Un régiment passe, qui va peut-être au
bout du monde, jetant dans l'air des boulevards ses fanfares entraînantes et légères comme l'espérance[1]; et voilà
que l'œil de M. G. a déjà vu, inspecté, analysé les armes,
l'allure et la physionomie de cette troupe. Harnache-
ments, scintillements, musique, regards décidés, moustaches lourdes et sérieuses, tout cela entre pêle-mêle en
lui; et dans quelques minutes, le poème qui en résulte
sera virtuellement composé. Et voilà que son âme vit
avec l'âme de ce régiment qui marche comme un seul
animal, fière image de la joie dans l'obéissance !

Mais le soir est venu. C'est l'heure bizarre et douteuse
où les rideaux du ciel se ferment, où les cités s'allument[2].
Le gaz fait tache sur la pourpre du couchant. Honnêtes ou
déshonnêtes, raisonnables ou fous, les hommes se disent :
« Enfin la journée est finie ! » Les sages et les mauvais
sujets pensent au plaisir, et chacun court dans l'endroit
de son choix boire la coupe de l'oubli. M. G. restera le
dernier partout où peut resplendir la lumière, retentir la
poésie, fourmiller la vie, vibrer la musique; partout où
une passion peut *poser* pour son œil, partout où l'homme
naturel et l'homme de convention se montrent dans une
beauté bizarre, partout où le soleil éclaire les joies rapides
de l'*animal dépravé*[3] ! « Voilà, certes, une journée bien
employée », se dit certain lecteur que nous avons tous
connu[4], « chacun de nous a bien assez de génie pour la
remplir de la même façon. » Non ! peu d'hommes sont
doués de la faculté de voir; il y en a moins encore qui
possèdent la puissance d'exprimer. Maintenant, à l'heure
où les autres dorment, celui-ci est penché sur sa table,
dardant sur une feuille de papier le même regard qu'il
attachait tout à l'heure sur les choses, s'escrimant avec
son crayon, sa plume, son pinceau, faisant jaillir l'eau du
verre au plafond, essuyant sa plume sur sa chemise, pressé,
violent, actif, comme s'il craignait que les images ne lui
échappent, querelleur quoique seul, et se bousculant lui-
même. Et les choses renaissent sur le papier, naturelles

et plus que naturelles, belles et plus que belles, singulières et douées d'une vie enthousiaste comme l'âme de
l'auteur. La fantasmagorie a été extraite de la nature.
Tous les matériaux dont la mémoire s'est encombrée se
classent, se rangent, s'harmonisent et subissent cette idéalisation forcée qui est le résultat d'une perception *enfantine,* c'est-à-dire d'une perception aiguë, magique à force
d'ingénuité !

IV

LA MODERNITÉ

Ainsi il va, il court, il cherche. Que cherche-t-il ?
À coup sûr, cet homme, tel que je l'ai dépeint, ce solitaire
doué d'une imagination active, toujours voyageant à
travers *le grand désert d'hommes,* a un but plus élevé que
celui d'un pur flâneur, un but plus général, autre que le
plaisir fugitif de la circonstance. Il cherche ce quelque
chose qu'on nous permettra d'appeler la *modernité*[1] ; car
il ne se présente pas de meilleur mot pour exprimer l'idée
en question. Il s'agit, pour lui, de dégager de la mode ce
qu'elle peut contenir de poétique dans l'historique, de
tirer l'éternel du transitoire. Si nous jetons un coup d'œil
sur nos expositions de tableaux modernes, nous sommes
frappés de la tendance générale des artistes à habiller tous
les sujets de costumes anciens. Presque tous se servent
des modes et des meubles de la Renaissance, comme
David se servait des modes et des meubles romains. Il y
a cependant cette différence, que David, ayant choisi des
sujets particulièrement grecs ou romains, ne pouvait pas
faire autrement que de les habiller à l'antique, tandis que
les peintres actuels, choisissant des sujets d'une nature
générale applicable à toutes les époques, s'obstinent à les
affubler des costumes du Moyen Âge, de la Renaissance
ou de l'Orient. C'est évidemment le signe d'une grande
paresse ; car il est beaucoup plus commode de déclarer

que tout est absolument laid dans l'habit d'une époque,
que de s'appliquer à en extraire la beauté mystérieuse qui
y peut être contenue, si minime ou si légère qu'elle soit.
La modernité, c'est le transitoire, le fugitif, le contingent,
la moitié de l'art, dont l'autre moitié est l'éternel et l'immuable. Il y a eu une modernité pour chaque peintre
ancien; la plupart des beaux portraits qui nous restent
des temps antérieurs sont revêtus des costumes de leur
époque. Ils sont parfaitement harmonieux, parce que le
costume, la coiffure et même le geste, le regard et le sourire (chaque époque a son port, son regard et son sourire)
forment un tout d'une complète vitalité. Cet élément
transitoire, fugitif, dont les métamorphoses sont si fréquentes, vous n'avez pas le droit de le mépriser ou de
vous en passer. En le supprimant, vous tombez forcément dans le vide d'une beauté abstraite et indéfinissable,
comme celle de l'unique femme avant le premier péché.
Si au costume de l'époque, qui s'impose nécessairement,
vous en substituez un autre, vous faites un contresens qui
ne peut avoir d'excuse que dans le cas d'une mascarade
voulue par la mode. Ainsi, les déesses, les nymphes et les
sultanes du XVIIIe siècle sont des portraits *moralement*
ressemblants.

Il est sans doute excellent d'étudier les anciens maîtres
pour apprendre à peindre, mais cela ne peut être qu'un
exercice superflu si votre but est de comprendre le caractère de la beauté présente. Les draperies de Rubens ou de
Véronèse ne vous enseigneront pas à faire de la *moire
antique,* du *satin à la reine,* ou toute autre étoffe de nos
fabriques, soulevée, balancée par la crinoline ou les
jupons de mousseline empesée. Le tissu et le grain ne
sont pas les mêmes que dans les étoffes de l'ancienne
Venise ou dans celles portées à la cour de Catherine[1].
Ajoutons aussi que la coupe de la jupe et du corsage est
absolument différente, que les plis sont disposés dans un
système nouveau, et enfin que le geste et le port de la
femme actuelle donnent à sa robe une vie et une physionomie qui ne sont pas celles de la femme ancienne. En un
mot, pour que toute *modernité* soit digne de devenir antiquité, il faut que la beauté mystérieuse que la vie humaine y met involontairement en ait été extraite. C'est à
cette tâche que s'applique particulièrement M. G.

J'ai dit que chaque époque avait son port, son regard

et son geste. C'est surtout dans une vaste galerie de portraits (celle de Versailles, par exemple) que cette proposition devient facile à vérifier. Mais elle peut s'étendre plus
loin encore. Dans l'unité qui s'appelle nation, les professions, les castes, les siècles introduisent la variété, non
seulement dans les gestes et les manières, mais aussi dans
la forme positive du visage. Tel nez, telle bouche, tel
front remplissent l'intervalle d'une durée que je ne pré-
tends pas déterminer ici, mais qui certainement peut être
soumise à un calcul. De telles considérations ne sont pas
assez familières aux portraitistes; et le grand défaut de
M. Ingres, en particulier, est de vouloir imposer à chaque
type qui pose sous son œil un perfectionnement plus
ou moins complet, emprunté*a* au répertoire des idées
classiques[1].

En pareille matière*b*, il serait facile et même légitime
de raisonner *a priori*. La corrélation perpétuelle de ce
qu'on appelle *l'âme* avec ce qu'on appelle *le corps* explique
très bien comment tout ce qui est matériel ou effluve du
spirituel représente et représentera toujours le spirituel
d'où il dérive. Si un peintre patient et minutieux, mais
d'une imagination médiocre, ayant à peindre une courtisane du temps présent, *s'inspire* (c'est le mot consacré)
d'une courtisane de Titien ou de Raphaël, il est infiniment probable qu'il fera une œuvre fausse, ambiguë et
obscure. L'étude d'un chef-d'œuvre de ce temps et de ce
genre ne lui enseignera ni l'attitude, ni le regard, ni la
grimace, ni l'aspect vital d'une de ces créatures que le
dictionnaire de la mode a successivement classées sous
les titres grossiers ou badins d'*impures*, de *filles entretenues*,
de *lorettes* et de *biches*.

La même critique s'applique rigoureusement à l'étude
du militaire, du dandy, de l'animal même, chien ou cheval, et de tout ce qui compose la vie extérieure d'un siècle.
Malheur à celui qui étudie dans l'antique autre chose que
l'art pur, la logique, la méthode générale ! Pour s'y trop
plonger, il perd la mémoire du présent; il abdique la
valeur et les privilèges fournis par la circonstance; car
presque toute notre originalité vient de l'estampille que
le *temps* imprime à nos sensations. Le lecteur comprend
d'avance que je pourrais vérifier facilement mes assertions sur de nombreux objets autres que la femme. Que
diriez-vous, par exemple, d'un peintre de marines (je

pousse l'hypothèse à l'extrême) qui, ayant à reproduire
la *beauté* sobre et élégante du navire moderne, fatigue-
rait ses yeux à étudier les formes surchargées, contour-
nées, l'arrière monumental du navire ancien et les
voilures compliquées du xvi⁰ siècle ? Et que penseriez-
vous d'un artiste que vous auriez chargé de faire le
portrait d'un pur-sang, célèbre dans les solennités du
turf, s'il allait confiner ses contemplations dans les
musées, s'il se contentait d'observer le cheval dans les
galeries du passé, dans Van Dyck, Bourguignon ou Van
der Meulen ?

M. G., dirigé par la nature, tyrannisé par la circonstance, a suivi une voie toute différente. Il a commencé
par contempler la vie, et ne s'est ingénié que tard à
apprendre les moyens d'exprimer la vie. Il en est résulté
une originalité saisissante, dans laquelle ce qui peut rester de barbare et d'ingénu apparaît comme une preuve
nouvelle d'obéissance à l'impression, comme une flatterie
à la vérité. Pour la plupart d'entre nous, surtout pour les
gens d'affaires, aux yeux de qui la nature n'existe pas, si
ce n'est dans ses rapports d'utilité avec leurs affaires, le
fantastique réel de la vie est singulièrement émoussé.
M. G. l'absorbe sans cesse ; il en a la mémoire et les yeux
pleins[1].

V

L'ART MNÉMONIQUE

Ce mot *barbarie,* qui est venu peut-être trop souvent
sous ma plume, pourrait induire quelques personnes à
croire qu'il s'agit ici de quelques dessins[a] informes que
l'imagination seule du spectateur sait transformer en
choses parfaites. Ce serait mal me comprendre. Je veux
parler d'une barbarie inévitable, synthétique, enfantine,
qui reste souvent visible dans un art parfait (mexicaine,
égyptienne ou ninivite), et qui dérive du besoin de voir
les choses grandement, de les considérer surtout dans
l'effet de leur ensemble. Il n'est pas superflu d'observer

ici que beaucoup de gens ont accusé de barbarie tous
les peintres dont le regard est synthétique et abrévia-
teur, par exemple M. Corot, qui s'applique tout d'abord
à tracer les lignes principales d'un paysage, son ossature
et sa physionomie. Ainsi, M. G., traduisant fidèlement
ses propres impressions, marque avec une énergie instinctive les points culminants ou lumineux d'un objet (ils
peuvent être culminants ou lumineux au point de vue
dramatique), ou ses principales caractéristiques, quelquefois même avec une exagération utile pour la mémoire
humaine; et l'imagination du spectateur, subissant à
son tour cette mnémonique si despotique, voit avec
netteté l'impression produite par les choses sur l'esprit
de M. G. Le spectateur est ici le traducteur d'une traduction toujours claire et enivrante.

Il est une condition qui ajoute beaucoup à la force
vitale de cette traduction _légendaire_ de la vie extérieure.
Je veux parler de la méthode de dessiner de M. G. Il
dessine de mémoire, et non d'après le modèle, sauf dans
les cas (la guerre de Crimée, par exemple) où il y a nécessité urgente de prendre des notes immédiates, précipi-
tées, et d'arrêter les lignes principales d'un sujet. En fait,
tous les bons et vrais dessinateurs dessinent d'après
l'image écrite dans leur cerveau, et non d'après la nature.
Si l'on nous objecte les admirables croquis de Raphaël,
de Watteau et de beaucoup d'autres, nous dirons que
ce sont là des notes très minutieuses, il est vrai, mais de
pures notes. Quand un véritable artiste en est venu à
l'exécution définitive de son œuvre, le modèle lui serait
plutôt un _embarras_ qu'un secours. Il arrive même que
des hommes tels que Daumier et M. G., accoutumés
dès longtemps à exercer leur mémoire et à la remplir
d'images, trouvent devant le modèle et la multiplicité
de détails qu'il comporte leur faculté principale troublée et comme paralysée.

Il s'établit alors un duel entre la volonté de tout voir,
de ne rien oublier, et la faculté de la mémoire qui a pris
l'habitude d'absorber vivement la couleur générale et la
silhouette, l'arabesque du contour. Un artiste ayant le sentiment parfait de la forme, mais accoutumé à exercer surtout sa mémoire et son imagination, se trouve alors
comme assailli par une émeute de détails, qui tous demandent justice avec la furie d'une foule amoureuse d'éga-

lité absolue. Toute justice se trouve forcément violée;
toute harmonie détruite, sacrifiée; mainte trivialité devient énorme; mainte petitesse, usurpatrice. Plus l'artiste
se penche avec impartialité vers le détail, plus l'anarchie
augmente. Qu'il soit myope ou presbyte, toute hiérarchie et toute subordination disparaissent. C'est un accident qui se présente souvent dans les œuvres d'un de nos
peintres les plus en vogue, dont les défauts d'ailleurs
sont si bien appropriés aux défauts de la foule, qu'ils
ont singulièrement servi sa popularité. La même analogie
se fait deviner dans la pratique de l'art du comédien,
art si mystérieux, si profond, tombé aujourd'hui dans
la confusion des décadences. M. Frédérick Lemaître
compose un rôle avec l'ampleur et la largeur du génie.
Si étoilé que soit son jeu de détails lumineux, il reste
toujours synthétique et sculptural. M. Bouffé[1] compose
les siens avec une minutie de myope et de bureaucrate.
En lui tout éclate, mais rien ne se fait voir, rien ne veut
être gardé par la mémoire.

Ainsi, dans l'exécution de M. G. se montrent deux
choses : l'une, une contention de mémoire résurrection-
niste, évocatrice, une mémoire qui dit à chaque chose :
« Lazare, lève-toi ! »; l'autre, un feu, une ivresse de
crayon, de pinceau, ressemblant presque à une fureur.
C'est la peur de n'aller pas assez vite, de laisser échapper
le fantôme avant que la synthèse n'en soit extraite et saisie; c'est cette terrible peur qui possède tous les grands
artistes et qui leur fait désirer si ardemment de s'approprier tous les moyens d'expression, pour que jamais
les ordres de l'esprit ne soient altérés par les hésitations
de la main; pour que finalement l'exécution, l'exécution
idéale, devienne aussi inconsciente, aussi *coulante* que l'est
la digestion pour le cerveau de l'homme bien portant qui
a dîné. M. G. commence par de légères indications au
crayon, qui ne marquent guère que la place que les objets
doivent tenir dans l'espace. Les plans principaux sont
indiqués ensuite par des teintes au lavis, des masses
vaguement, légèrement colorées d'abord, mais reprises
plus tard et chargées successivement de couleurs plus
intenses. Au dernier moment, le contour des objets est
définitivement cerné par de l'encre. À moins de les avoir
vus, on ne se douterait pas des effets surprenants qu'il
peut obtenir par cette méthode si simple et presque élé-

mentaire. Elle a cet incomparable avantage, qu'à n'importe quel point de son progrès, chaque dessin a l'air suffisamment fini ; vous nommerez cela une ébauche si vous
voulez, mais ébauche parfaite. Toutes les valeurs y sont
en pleine harmonie, et s'il les veut pousser plus loin, elles
marcheront toujours de front vers le perfectionnement
désiré. Il prépare ainsi vingt dessins à la fois avec une
pétulance et une joie charmantes, amusantes même pour
lui ; les croquis s'empilent et se superposent par dizaines,
par centaines, par milliers. De temps à autre il les parcourt, les feuillette, les examine, et puis il en choisit
quelques-uns dont il augmente plus ou moins l'intensité,
dont il charge les ombres et allume progressivement les
lumières.

Il attache une immense importance aux fonds, qui,
vigoureux ou légers, sont toujours d'une qualité et
d'une nature appropriées aux figures. La gamme des
tons et l'harmonie générale sont strictement observées,
avec un génie qui dérive plutôt de l'instinct que de
l'étude. Car M. G. possède naturellement ce talent mystérieux du coloriste, véritable don que l'étude peut accroître,
mais qu'elle est, par elle-même, je crois, impuissante à
créer. Pour tout dire en un mot, notre singulier artiste
exprime à la fois le geste et l'attitude solennelle ou grotesque des êtres et leur explosion lumineuse dans l'espace.

VI

LES ANNALES DE LA GUERRE

La Bulgarie, la Turquie, la Crimée, l'Espagne ont été
de grandes fêtes pour les yeux de M. G., ou plutôt de
l'artiste imaginaire que nous sommes convenus d'appeler
M. G. ; car je me souviens de temps en temps que je me
suis promis, pour mieux rassurer sa modestie, de supposer qu'il n'existait pas. J'ai compulsé ces archives de la
guerre d'Orient (champs de bataille jonchés de débris
funèbres, charrois de matériaux, embarquements de

beſtiaux et de chevaux), tableaux vivants et surprenants, décalqués sur la vie elle-même, éléments d'un pittoresque précieux que beaucoup de peintres en renom, placés dans les mêmes circonſtances, auraient étourdiment négligés ; cependant, de ceux-là, j'excepterai volontiers M. Horace Vernet, véritable gazetier plutôt que peintre essentiel[1], avec lequel M. G., artiſte plus délicat, a des rapports visibles, si on veut ne le considérer que comme archiviſte de la vie. Je puis affirmer que nul journal, nul récit écrit, nul livre, n'exprime aussi bien, dans tous ses détails douloureux et dans sa siniſtre ampleur, cette grande épopée de la guerre de Crimée. L'œil se promène tour à tour aux bords du Danube, aux rives du Bosphore, au cap Kerson, dans la plaine de Balaklava, dans les champs d'Inkermann, dans les campements anglais, français, turcs et piémontais, dans les rues de Conſtantinople, dans les hôpitaux et dans toutes les solennités religieuses et militaires.

Une des compositions qui se sont le mieux gravées dans mon esprit eſt la *Conſécration d'un terrain funèbre à Scutari par l'évêque de Gibraltar*[2]. Le caraĉtère pittoresque de la scène, qui consiſte dans le contraſte de la nature orientale environnante avec les attitudes et les uniformes occidentaux des assiſtants, eſt rendu d'une manière saisissante, suggeſtive et grosse de rêveries. Les soldats et les officiers ont ces airs ineffaçables de *gentlemen,* résolus et discrets, qu'ils portent au bout du monde, jusque dans les garnisons de la colonie du Cap et les établissements de l'Inde : les prêtres anglais font vaguement songer à des huissiers ou à des agents de change qui seraient revêtus de toques et de rabats.

Ici nous sommes à Schumla, chez Omer-Pacha[3] : hospitalité turque, pipes et café ; tous les visiteurs sont rangés sur des divans, ajuſtant à leurs lèvres des pipes, longues comme des sarbacanes, dont le foyer repose à leurs pieds. Voici les *Kurdes à Scutari*[4], troupes étranges dont l'aspeĉt fait rêver à une invasion de hordes barbares ; voici les bachi-bouzoucks, non moins singuliers avec leurs officiers européens, hongrois ou polonais, dont la physionomie de dandies tranche bizarrement sur le caraĉtère baroquement oriental de leurs soldats.

Je rencontre un dessin magnifique où se dresse un seul personnage, gros, robuſte, l'air à la fois pensif, insou-

ciant et audacieux ; de grandes bottes lui montent au-delà
des genoux ; son habit militaire eſt caché par un lourd et
vaſte paletot ſtriɛtement boutonné ; à travers la fumée de
son cigare, il regarde l'horizon siniſtre et brumeux ; l'un de
ses bras bleſsé eſt appuyé sur une cravate en sautoir.
Au bas, je lis ces mots griffonnés au crayon : *Canrobert
on the battle field of Inkermann. Taken on the spot.*

Quel eſt ce cavalier, aux mouſtaches blanches, d'une
physionomie si vivement dessinée, qui, la tête relevée,
a l'air de humer la terrible poésie d'un champ de bataille,
pendant que son cheval, flairant la terre, cherche son chemin entre les cadavres amoncelés, pieds en l'air, faces
crispées, dans des attitudes étranges ? Au bas du dessin,
dans un coin, se font lire ces mots : *Myself at Inkermann.*

J'aperçois M. Baraguay-d'Hilliers, avec le Séraskier,
passant en revue l'artillerie à Béchichtashᵃ. J'ai rarement
vu un portrait militaire plus ressemblant, buriné d'une
main plus hardie et plus spirituelle.

Un nom, siniſtrement illuſtre depuis les désaſtres de
Syrie[1], s'offre à ma vue : *Achmet-Pacha, général en chef à
Kalafat, debout devant sa hutte avec son état-major, se fait
présenter deux officiers européens*[2]. Malgré l'ampleur de sa
bedaine turque, Achmet-Pacha a, dans l'attitude et le
visage, le grand air ariſtocratique qui appartient généralement aux races dominatrices.

La bataille de Balaklava se présente plusieurs fois dans
ce curieux recueil, et sous différents aſpeɛts[3]. Parmi les
plus frappants, voici l'hiſtorique charge de cavalerie
chantée par la trompette héroïque d'Alfred Tennyson,
poète de la reine[4] : une foule de cavaliers roulent avec une
vitesse prodigieuse jusqu'à l'horizon entre les lourds
nuages de l'artillerie. Au fond, le paysage eſt barré par
une ligne de collines verdoyantes.

De temps en temps, des tableaux religieux reposent
l'œil attriſté par tous ces chaos de poudre et ces turbulences meurtrières. Au milieu de soldats anglais de différentes armes, parmi lesquels éclate le pittoresque uniforme des Écossais enjuponnés, un prêtre anglican lit
l'office du dimanche ; trois tambours, dont le premier eſt
supporté par les deux autres, lui servent de pupitre[5].

En vérité, il eſt difficile à la simple plume de traduire
ce poème fait de mille croquis, si vaſte et si compliqué,
et d'exprimer l'ivresse qui se dégage de tout ce pitto-

resque, douloureux souvent, mais jamais larmoyant, amassé sur quelques centaines de pages, dont les maculatures et les déchirures disent, à leur manière, le trouble et le tumulte au milieu desquels l'artiste y déposait ses souvenirs de la journée. Vers le soir, le courrier emportait vers Londres les notes et les dessins de M. G., et souvent celui-ci confiait ainsi à la poste plus de dix croquis improvisés sur papier pelure, que les graveurs et les abonnés du journal attendaient impatiemment.

Tantôt apparaissent des ambulances où l'atmosphère elle-même semble malade, triste et lourde; chaque lit y contient une douleur; tantôt c'est l'hôpital de Péra, où je vois, causant avec deux sœurs de charité, longues, pâles et droites comme des figures de Lesueur, un visiteur au costume négligé, désigné par cette bizarre légende: *My humble self* [1]. Maintenant, sur des sentiers âpres et sinueux, jonchés de quelques débris d'un combat déjà ancien, cheminent lentement des animaux, mulets, ânes ou chevaux, qui portent sur leurs flancs, dans deux grossiers fauteuils, des blessés livides et inertes. Sur de vastes neiges, des chameaux au poitrail majestueux, la tête haute, conduits par des Tartares, traînent des provisions ou des munitions de toute sorte : c'est tout un monde guerrier, vivant, affairé et silencieux; c'est des campements, des bazars où s'étalent des échantillons de toutes les fournitures, espèces de villes barbares improvisées pour la circonstance. À travers ces baraques, sur ces routes pierreuses ou neigeuses, dans ces défilés, circulent des uniformes de plusieurs nations, plus ou moins endommagés par la guerre ou altérés par l'adjonction de grosses pelisses et de lourdes chaussures.

Il est malheureux que cet album, disséminé maintenant en plusieurs lieux, et dont les pages précieuses ont été retenues par les graveurs chargés de les traduire ou par les rédacteurs de l'*Illustrated London News,* n'ait pas passé sous les yeux de l'Empereur. J'imagine qu'il aurait complaisamment, et non sans attendrissement, examiné les faits et gestes de ses soldats, tous exprimés minutieusement, au jour le jour, depuis les actions les plus éclatantes jusqu'aux occupations les plus triviales de la vie, par cette main de soldat artiste, si ferme et si intelligente.

VII

POMPES ET SOLENNITÉS

La Turquie a fourni aussi à notre cher G. d'admirables
motifs de compositions : les fêtes du Baïram[1], splendeurs
profondes et ruisselantes, au fond desquelles apparaît,
comme un soleil pâle, l'ennui permanent du sultan défunt;
rangés à la gauche du souverain, tous les officiers de
l'ordre civil; à sa droite, tous ceux de l'ordre militaire,
dont le premier est Saïd-Pacha, sultan d'Égypte, alors
présent à Constantinople; des cortèges et des pompes
solennelles défilant vers la petite mosquée voisine du
palais[2], et, parmi ces foules, des fonctionnaires turcs,
véritables caricatures de décadence[a], écrasant leurs
magnifiques chevaux sous le poids d'une obésité fantastique; les lourdes voitures massives, espèces de car-
rosses à la Louis XIV, dorés et agrémentés par le caprice
oriental, d'où jaillissent quelquefois des regards curieusement féminins, dans le strict intervalle que laissent
aux yeux les bandes de mousseline collées sur le visage[3];
les danses frénétiques des baladins du *troisième sexe*
(jamais l'expression bouffonne de Balzac[4] ne fut plus
applicable que dans le cas présent, car, sous la palpita-
tion de ces lueurs tremblantes, sous l'agitation de ces
amples vêtements, sous cet ardent maquillage des joues,
des yeux et des sourcils, dans ces gestes hystériques et
convulsifs, dans ces longues chevelures flottant sur les
reins, il vous serait difficile, pour ne pas dire impossible,
de deviner la virilité); enfin, les femmes galantes (si
toutefois l'on peut prononcer le mot de galanterie à
propos de l'Orient), généralement composées de Hon-
groises, de Valaques, de Juives, de Polonaises, de
Grecques et d'Arméniennes; car, sous un gouvernement
despotique, ce sont les races opprimées, et, parmi elles,
celles surtout qui ont le plus à souffrir, qui fournissent
le plus de sujets à la prostitution. De ces femmes, les unes
ont conservé le costume national, les vestes brodées, à

manches courtes, l'écharpe tombante, les vastes panta-
lons, les babouches retroussées, les mousselines rayées
ou lamées et tout le clinquant du pays natal; les autres,
et ce sont les plus nombreuses, ont adopté le signe principal de la civilisation, qui, pour une femme, est invariablement la crinoline, en gardant toutefois, dans un
coin de leur ajustement, un léger souvenir caractéristique
de l'Orient, si bien qu'elles ont l'air de Parisiennes qui
auraient voulu se déguiser[1].

M. G. excelle à peindre le faste des scènes officielles, les
pompes et les solennités nationales, non pas froidement,
didactiquement, comme les peintres qui ne voient dans
ces ouvrages que des corvées lucratives, mais avec toute
l'ardeur d'un homme épris d'espace, de perspective, de
lumière faisant nappe ou explosion, et s'accrochant en
gouttes ou en étincelles aux aspérités des uniformes et
des toilettes de cour. *La fête commémorative de l'indépendance
dans la cathédrale d'Athènes*[2] fournit un curieux exemple de
ce talent. Tous ces petits personnages, dont chacun est
si bien à sa place, rendent plus profond l'espace qui les
contient. La cathédrale est immense et décorée de tentures solennelles. Le roi Othon et la reine, debout sur
une estrade, sont revêtus du costume traditionnel, qu'ils
portent avec une aisance merveilleuse, comme pour
témoigner de la sincérité de leur adoption et du patriotisme hellénique le plus raffiné. La taille du roi est sanglée
comme celle du plus coquet palikare, et sa jupe s'évase
avec toute l'exagération du dandysme national. En face
d'eux s'avance le patriarche, vieillard aux épaules voû-
tées, à la grande barbe blanche, dont les yeux sont
protégés par des lunettes vertes, et portant dans tout
son être les signes d'un flegme oriental consommé. Tous
les personnages qui peuplent cette composition sont des
portraits, et l'un des plus curieux, par la bizarrerie de sa
physionomie aussi peu hellénique que possible, est celui
d'une dame allemande, placée à côté de la reine et attachée à son service.

Dans les collections de M. G., on rencontre souvent
l'Empereur des Français, dont il a su réduire la figure,
sans nuire à la ressemblance, à un croquis infaillible, et
qu'il exécute avec la certitude d'un paraphe. Tantôt l'Empereur passe des revues, lancé au galop de son cheval et
accompagné d'officiers dont les traits sont facilement

reconnaissables[1], ou de princes étrangers, européens, asiatiques ou africains, à qui il fait, pour ainsi dire, les honneurs de Paris. Quelquefois il est immobile sur un cheval dont les pieds sont aussi assurés que les quatre pieds d'une table, ayant à sa gauche l'Impératrice en costume d'amazone, et, à sa droite, le petit Prince impérial, chargé d'un bonnet à poils et se tenant militairement sur un petit cheval hérissé comme les poneys que les artistes anglais lancent volontiers dans leurs paysages; quelquefois disparaissant au milieu d'un tourbillon de lumière et de poussière dans les allées du bois de Boulogne; d'autres fois se promenant lentement à travers les acclamations du faubourg Saint-Antoine. Une surtout de ces aquarelles m'a ébloui par son caractère magique. Sur le bord d'une loge d'une richesse lourde et princière, l'Impératrice apparaît dans une attitude tranquille et reposée; l'Empereur se penche légèrement comme pour mieux voir le théâtre; au-dessous, deux cent-gardes, debout, dans une immobilité militaire et presque hiératique, reçoivent sur leur brillant uniforme les éclaboussures de la rampe. Derrière la bande de feu, dans l'atmosphère idéale de la scène, les comédiens chantent, déclament, gesticulent harmonieusement; de l'autre côté s'étend un abîme de lumière vague, un espace circulaire encombré de figures humaines à tous les étages : c'est le lustre et le public[2].

Les mouvements populaires, les clubs et les solennités de 1848 avaient également fourni à M. G. une série de compositions pittoresques dont la plupart ont été gravées par l'*Illustrated[a] London News*. Il y a quelques années, après un séjour en Espagne, très fructueux pour son génie, il composa aussi un album de même nature, dont je n'ai vu que des lambeaux. L'insouciance avec laquelle il donne ou prête ses dessins l'expose souvent à des pertes irréparables.

VIII

LE MILITAIRE

Pour définir une fois de plus le genre de sujets préférés par l'artiste, nous dirons que c'est *la pompe de la vie,* telle qu'elle s'offre dans les capitales du monde civilisé, la pompe de la vie militaire, de la vie élégante, de la vie galante. Notre observateur est toujours exact à son poste, partout où coulent les désirs profonds et impétueux, les Orénoques du cœur humain, la guerre, l'amour, le jeu; partout où s'agitent les fêtes et les fictions qui représentent ces grands éléments de bonheur et d'infortune. Mais il montre une prédilection très marquée pour le militaire, pour le soldat, et je crois que cette affection dérive non seulement des vertus et des qualités qui passent forcément de l'âme du guerrier dans son attitude et sur son visage, mais aussi de la parure voyante dont sa profession le revêt. M. Paul de Molènes[1] a écrit quelques pages aussi charmantes que sensées, sur la coquetterie militaire et sur le sens moral de ces costumes étincelants dont tous les gouvernements se plaisent à habiller leurs troupes. M. G. signerait volontiers ces lignes-là.

Nous avons parlé déjà de l'idiotisme[2] de beauté particulier à chaque époque, et nous avons observé que chaque siècle avait, pour ainsi dire, sa grâce personnelle. La même remarque peut s'appliquer aux professions; chacune tire sa beauté extérieure des lois morales auxquelles elle est soumise. Dans les unes, cette beauté sera marquée d'énergie, et, dans les autres, elle portera les signes visibles de l'oisiveté. C'est comme l'emblème du caractère, c'est l'estampille de la fatalité. Le militaire, pris en général, a sa beauté, comme le dandy et la femme galante ont la leur, d'un goût essentiellement différent. On trouvera naturel que je néglige les professions où un exercice exclusif et violent déforme les muscles et marque le visage de servitude. Accoutumé aux surprises, le militaire est difficilement étonné. Le signe particulier de

la beauté sera donc, ici, une insouciance martiale, un
mélange singulier de placidité et d'audace; c'est une
beauté qui dérive de la nécessité d'être prêt à mourir à
chaque minute. Mais le visage du militaire idéal devra
être marqué d'une grande simplicité; car, vivant en
commun comme les moines et les écoliers, accoutumés
à se décharger des soucis journaliers de la vie sur une
paternité abstraite, les soldats sont, en beaucoup de
choses, aussi simples que les enfants; et, comme les
enfants, le devoir étant accompli, ils sont faciles à amuser
et portés aux divertissements violents. Je ne crois pas
exagérer en affirmant que toutes ces considérations
morales jaillissent naturellement des croquis et des
aquarelles de M. G. Aucun type militaire n'y manque,
et tous sont saisis avec une espèce de joie enthousiaste : le vieil officier d'infanterie, sérieux et triste,
affligeant son cheval de son obésité; le joli officier d'état-
major, pincé dans sa taille, se dandinant des épaules, se
penchant sans timidité sur le fauteuil des dames, et qui,
vu de dos, fait penser aux insectes les plus svelter et les
plus élégants; le zouave et le tirailleur, qui portent dans
leur allure un caractère excessif d'audace et d'indépendance, et comme un sentiment plus vif de responsabilité
personnelle; la désinvolture agile et gaie de la cavalerie
légère; la physionomie vaguement professorale et académique des corps spéciaux, comme l'artillerie et le génie,
souvent confirmée par l'appareil peu guerrier des lunettes :
aucun de ces modèles, aucune de ces nuances ne sont
négligés, et tous sont résumés, définis avec le même
amour et le même esprit[1].

J'ai actuellement sous les yeux une de ces compositions d'une physionomie générale vraiment héroïque,
qui représente une tête de colonne d'infanterie; peut-être
ces hommes reviennent-ils d'Italie et font-ils une halte
sur les boulevards devant l'enthousiasme de la multitude[2]; peut-être viennent-ils d'accomplir une longue
étape sur les routes de la Lombardie; je ne sais. Ce qui est
visible, pleinement intelligible, c'est le caractère ferme,
audacieux, même dans sa tranquillité, de tous ces visages
hâlés par le soleil, la pluie et le vent.

Voilà bien l'uniformité d'expression créée par l'obéissance et les douleurs supportées en commun, l'air résigné
du courage éprouvé par les longues fatigues. Les pan-

talons retroussés et emprisonnés dans les guêtres, les
capotes flétries par la poussière, vaguement décolorées,
tout l'équipement enfin a pris lui-même l'indestructible
physionomie des êtres qui reviennent de loin et qui ont
couru d'étranges aventures. On dirait que tous ces
hommes sont plus solidement appuyés sur leurs reins,
plus carrément installés sur leurs pieds, plus d'aplomb
que ne peuvent l'être les autres hommes. Si Charlet,
qui fut toujours à la recherche de ce genre de beauté et
qui l'a si souvent trouvé, avait vu ce dessin, il en eût été
singulièrement frappé[1].

IX

LE DANDY[2]

L'homme riche, oisif, et qui, même blasé, n'a pas
d'autre occupation que de courir à la piste du bonheur[3];
l'homme élevé dans le luxe et accoutumé dès sa jeunesse
à l'obéissance des autres hommes, celui enfin qui n'a
pas d'autre profession que l'élégance, jouira toujours,
dans tous les temps, d'une physionomie distincte, tout à
fait à part. Le dandysme est une institution vague,
aussi bizarre que le duel; très ancienne, puisque César,
Catilina[4], Alcibiade nous en fournissent des types éclatants; très générale, puisque Chateaubriand l'a trouvée
dans les forêts et au bord des lacs du Nouveau-Monde[5].
Le dandysme, qui est une institution en dehors des lois,
a des lois rigoureuses auxquelles sont strictement soumis
tous ses sujets, quelles que soient d'ailleurs la fougue et
l'indépendance de leur caractère.

Les[a] romanciers anglais ont, plus que les autres, cultivé le roman de *high life*, et les Français qui, comme
M. de Custine[6], ont voulu spécialement écrire des romans
d'amour, ont d'abord pris soin, et très judicieusement,
de doter leurs personnages de fortunes assez vastes
pour payer sans hésitation toutes leurs fantaisies; ensuite
ils les ont dispensés de toute profession. Ces êtres n'ont

pas d'autre état que de cultiver l'idée du beau dans leur personne, de satisfaire leurs passions, de sentir et de penser. Ils possèdent ainsi, à leur gré et dans une vaste mesure, le temps et l'argent, sans lesquels la fantaisie, réduite à l'état de rêverie passagère, ne peut guère se traduire en action. Il est malheureusement bien vrai que, sans le loisir et l'argent, l'amour ne peut être qu'une orgie de roturier ou l'accomplissement d'un devoir conjugal. Au lieu du caprice brûlant ou rêveur, il devient une répugnante *utilité*.

Si je parle de l'amour à propos du dandysme, c'est que l'amour est l'occupation naturelle des oisifs. Mais le dandy ne vise pas à l'amour comme à un but spécial. Si j'ai parlé d'argent, c'est parce que l'argent est indispensable aux gens qui se font un culte de leurs passions; mais le dandy n'aspire pas à l'argent comme à une chose essentielle; un crédit indéfini pourrait lui suffire; il abandonne cette grossière passion aux mortels vulgaires. Le dandysme n'est même pas, comme beaucoup de personnes peu réfléchies paraissent le croire, un goût immodéré de la toilette et de l'élégance matérielle. Ces choses ne sont pour le parfait dandy qu'un symbole de la supériorité aristocratique de son esprit. Aussi, à ses yeux, épris avant tout de *distinction*, la perfection de la toilette consiste-t-elle dans la simplicité absolue, qui est, en effet, la meilleure manière de se distinguer. Qu'est-ce donc que cette passion qui, devenue doctrine, a fait des adeptes dominateurs, cette institution non écrite qui a formé une caste si hautaine ? C'est avant tout le besoin ardent de se faire une originalité, contenu dans les limites extérieures des convenances. C'est une espèce de culte de soi-même, qui peut survivre à la recherche du bonheur à trouver dans autrui, dans la femme, par exemple; qui peut survivre même à tout ce qu'on appelle les illusions. C'est le plaisir d'étonner et la satisfaction orgueilleuse de ne jamais être étonné. Un dandy peut être un homme blasé, peut être un homme souffrant; mais, dans ce dernier cas, il sourira comme le Lacédémonien sous la morsure du renard.

On voit que, par de certains côtés[a], le dandysme confine au spiritualisme et au stoïcisme. Mais un dandy ne peut jamais être un homme vulgaire. S'il commettait un crime, il ne serait pas déchu peut-être; mais si ce

crime naissait d'une source triviale, le déshonneur serait
irréparable. Que le lecteur ne se scandalise pas de cette
gravité dans le frivole, et qu'il se souvienne qu'il y a une
grandeur dans toutes les folies, une force dans tous les
excès. Étrange spiritualisme ! Pour ceux qui en sont à la
fois les prêtres et les victimes, toutes les conditions
matérielles compliquées auxquelles ils se soumettent,
depuis la toilette irréprochable à toute heure du jour et
de la nuit jusqu'aux tours les plus périlleux du sport[a],
ne sont qu'une gymnastique propre à fortifier la volonté
et à discipliner l'âme. En vérité, je n'avais pas tout à
fait tort de considérer le dandysme comme une espèce de
religion. La règle monastique la plus rigoureuse, l'ordre
irrésistible du *Vieux de la Montagne*[1], qui commandait
le suicide à ses disciples enivrés, n'étaient pas plus despo-
tiques ni plus obéis que cette doctrine de l'élégance et de
l'originalité, qui impose, elle aussi, à ses ambitieux et
humbles sectaires, hommes souvent pleins de fougue,
de passion, de courage, d'énergie contenue, la terrible
formule : *Perinde ac cadaver*[2] !

Que ces hommes se fassent nommer raffinés, in-
croyables, beaux, lions ou dandys[b], tous sont issus d'une
même origine; tous participent du même caractère d'opposition et de révolte; tous sont des représentants de
ce qu'il y a de meilleur dans l'orgueil humain, de ce
besoin, trop rare chez ceux d'aujourd'hui, de combattre
et de détruire la trivialité. De là naît, chez les dandys,
cette attitude hautaine de caste provocante, même dans
sa froideur. Le dandysme apparaît surtout aux époques
transitoires où la démocratie n'est pas encore toute-
puissante, où l'aristocratie n'est que partiellement chan-
celante et avilie. Dans le trouble de ces époques quelques
hommes déclassés, dégoûtés, désœuvrés, mais tous
riches de force native, peuvent concevoir le projet de
fonder une espèce nouvelle d'aristocratie, d'autant plus
difficile à rompre qu'elle sera basée sur les facultés les
plus précieuses, les plus indestructibles, et sur les dons
célestes que le travail et l'argent ne peuvent conférer.
Le dandysme est le dernier éclat d'héroïsme dans les
décadences; et le type du dandy retrouvé par le voyageur
dans l'Amérique du Nord[3] n'infirme en aucune façon
cette idée : car rien n'empêche de supposer que les tribus
que nous nommons *sauvages* soient les débris de grandes

civilisations disparues. Le dandysme est un soleil couchant; comme l'astre qui décline, il est superbe, sans
chaleur et plein de mélancolie. Mais, hélas ! la marée
montante de la démocratie, qui envahit tout et qui nivelle
tout, noie jour à jour ces derniers représentants de l'orgueil humain et verse des flots d'oubli sur les traces de
ces prodigieux myrmidons. Les dandys se font chez
nous de plus en plus rares, tandis que chez nos voisins,
en Angleterre, l'état social et la constitution (la vraie
constitution, celle qui s'exprime par les mœurs) laisse-
ront longtemps encore une place aux héritiers de Sheridan, de Brummel et de Byron, si toutefois il s'en présente qui en soient dignes.

Ce qui a pu paraître au lecteur une digression n'en est
pas une, en vérité. Les considérations et les rêveries
morales qui surgissent des dessins d'un artiste sont,
dans beaucoup de cas, la meilleure traduction que le
critique en puisse faire; les suggestions font partie d'une
idée mère, et, en les montrant successivement, on peut
la faire deviner. Ai-je besoin de dire que M. G., quand il
crayonne un de ses dandys sur le papier, lui donne toujours son caractère historique, légendaire même, oserais-
je dire, s'il n'était pas question du temps présent et de
choses considérées généralement comme folâtres ? C'est
bien là cette légèreté d'allures, cette certitude de manières, cette simplicité dans l'air de domination, cette
façon de porter un habit et de diriger un cheval, ces attitudes toujours calmes mais révélant la force, qui nous
font penser, quand notre regard découvre un de ces êtres
privilégiés en qui le joli et le redoutable se confondent
si mystérieusement : « Voilà peut-être un homme riche,
mais plus certainement un Hercule sans emploi. »

Le caractère de beauté du dandy consiste surtout dans
l'air froid qui vient de l'inébranlable résolution de ne
pas être ému; on dirait un feu latent qui se fait deviner,
qui pourrait mais qui ne veut pas rayonner. C'est ce
qui est, dans ces images, parfaitement exprimé.

X

LA FEMME

L'être qui est, pour la plupart des hommes, la source des plus vives, et même, disons-le à la honte des voluptés philosophiques, des plus durables jouissances; l'être vers qui ou au profit de qui tendent tous leurs efforts; cet être terrible et incommunicable comme Dieu[1] (avec cette différence que l'infini ne se communique pas parce qu'il aveuglerait et écraserait le fini, tandis que l'être dont nous parlons n'est peut-être incompréhensible que parce qu'il n'a rien à communiquer); cet être en qui Joseph de Maistre voyait *un bel animal* dont les grâces égayaient et rendaient plus facile le jeu sérieux de la politique[2]; pour qui et par qui se font et défont les fortunes; pour qui, mais surtout *par qui* les artistes et les poètes composent leurs plus délicats bijoux; de qui dérivent les plaisirs les plus énervants et les douleurs les plus fécondantes, la femme, en un mot, n'est pas seulement pour l'artiste en général, et pour M. G. en particulier, la femelle de l'homme. C'est plutôt une divinité, un astre, qui préside à toutes les conceptions du cerveau mâle; c'est un miroitement de toutes les grâces de la nature condensées dans un seul être; c'est l'objet de l'admiration et de la curiosité la plus vive que le tableau de la vie puisse offrir au contemplateur. C'est une espèce d'idole, stupide peut-être, mais éblouissante, enchanteresse, qui tient les destinées et les volontés suspendues à ses regards. Ce n'est pas, dis-je, un animal dont les membres, correctement assemblés, fournissent un parfait exemple d'harmonie; ce n'est même pas le type de beauté pure, tel que peut le rêver le sculpteur dans ses plus sévères méditations; non, ce ne serait pas encore suffisant pour en expliquer le mystérieux et complexe enchantement. Nous n'avons que faire ici de Winckelmann[a] et de Raphaël; et je suis bien sûr que M. G., malgré toute l'étendue de son intelligence (cela soit dit

sans lui faire injure), négligerait un morceau de la statuaire antique, s'il lui fallait perdre ainsi l'occasion de
savourer un portrait de Reynolds ou de Lawrence. Tout
ce qui orne la femme, tout ce qui sert à illustrer sa beauté,
fait partie d'elle-même; et les artistes qui se sont particulièrement appliqués à l'étude de cet être énigmatique
raffolent autant de tout le *mundus muliebris*[1] que de la
femme elle-même. La femme est sans doute une lumière,
un regard, une invitation au bonheur, une parole quelquefois; mais elle est surtout une harmonie générale,
non seulement dans son allure et le mouvement de ses
membres, mais aussi dans les mousselines, les gazes,
les vastes et chatoyantes nuées d'étoffes dont elle s'enveloppe, et qui sont comme les attributs et le piédestal de
sa divinité; dans le métal et le minéral qui serpentent
autour de ses bras et de son cou, qui ajoutent leurs
étincelles au feu de ses regards, ou qui jasent doucement
à ses oreilles[2]. Quel poète oserait, dans la peinture du
plaisir causé par l'apparition d'une beauté, séparer la
femme de son costume ? Quel est l'homme qui, dans la
rue, au théâtre, au bois, n'a pas joui, de la manière la plus
désintéressée, d'une toilette savamment composée, et
n'en a pas emporté une image inséparable de la beauté
de celle à qui elle appartenait, faisant ainsi des deux, de
la femme et de la robe, une totalité indivisible ? C'est ici
le lieu, ce me semble, de revenir sur certaines questions
relatives à la mode et à la parure, que je n'ai fait qu'effleurer au commencement de cette étude, et de venger l'art
de la toilette des ineptes calomnies dont l'accablent
certains amants très équivoques de la nature[3].

XI

ÉLOGE DU MAQUILLAGE

Il est une chanson, tellement triviale et inepte qu'on
ne peut guère la citer dans un travail qui a quelques prétentions au sérieux, mais qui traduit fort bien, en style

de vaudevilliste, l'esthétique des gens qui ne pensent pas. *La nature embellit la beauté*[1] *!* Il est présumable que le *poète,* s'il avait pu parler en français, aurait dit : *La simplicité embellit la beauté !* ce qui équivaut à cette *vérité,* d'un genre tout à fait inattendu : Le *rien* embellit ce qui est.

La plupart des erreurs relatives au beau naissent de la fausse conception du XVIIIe siècle relative à la morale. La nature fut prise dans ce temps-là comme base, source et type de tout bien et de tout beau possibles. La négation du péché originel ne fut pas pour peu de chose dans l'aveuglement général de cette époque[2]. Si toutefois nous consentons à en référer simplement au fait visible, à l'expérience de tous les âges et à la *Gazette des tribunaux*[3], nous verrons que la nature n'enseigne rien, ou presque rien, c'est-à-dire qu'elle *contraint* l'homme à dormir, à boire, à manger, et à se garantir, tant bien que mal, contre les hostilités de l'atmosphère. C'est elle aussi qui pousse l'homme à tuer son semblable, à le manger, à le séquestrer, à le torturer ; car, sitôt que nous sortons de l'ordre des nécessités et des besoins pour entrer dans celui du luxe et des plaisirs, nous voyons que la nature ne peut conseiller que le crime. C'est cette infaillible nature qui a créé le parricide et l'anthropophagie, et mille autres abominations que la pudeur et la délicatesse nous empêchent de nommer. C'est la philosophie (je parle de la bonne), c'est la religion qui nous ordonne de nourrir des parents pauvres et infirmes. La nature (qui n'est pas autre chose que la voix de notre intérêt) nous commande de les assommer. Passez en revue, analysez tout ce qui est naturel, toutes les actions et les désirs du pur homme naturel, vous ne trouverez rien que d'affreux. Tout ce qui est beau et noble est le résultat de la raison et du calcul. Le crime, dont l'animal humain a puisé le goût dans le ventre de sa mère, est originellement naturel. La vertu, au contraire, est *artificielle,* surnaturelle, puisqu'il a fallu, dans tous les temps et chez toutes les nations, des dieux et des prophètes pour l'enseigner à l'humanité animalisée, et que l'homme, *seul,* eût été impuissant à la découvrir. Le mal se fait sans effort, *naturellement,* par fatalité ; le bien est toujours le produit d'un art. Tout ce que je dis de la nature comme mauvaise conseillère en matière de morale, et de la raison comme véritable rédemptrice et réformatrice, peut être transporté dans l'ordre du beau. Je suis ainsi conduit à regarder la parure comme un des signes de la noblesse primitive de l'âme humaine. Les races que notre civilisation, confuse et pervertie, traite volontiers de sauvages, avec un orgueil et une fatuité tout à fait risibles, comprennent, aussi bien que l'enfant, la haute spiritualité de la toilette. Le sauvage et le baby témoignent, par leur aspiration naïve vers le brillant, vers les plumages bariolés, les étoffes chatoyantes, vers la majesté superlative des formes artificielles, de leur dégoût pour le réel, et prouvent ainsi, à leur insu, l'immatérialité de leur âme. Malheur à celui qui, comme Louis XV (qui fut non le produit d'une vraie civilisation, mais d'une récurrence de barbarie), pousse la dépravation jusqu'à ne plus goûter que la *simple nature* !*

La mode doit donc être considérée comme un symptôme du goût de l'idéal surnageant dans le cerveau humain au-dessus de tout ce que la vie naturelle y accumule de grossier, de terrestre et d'immonde, comme une déformation sublime de la nature, ou plutôt comme un essai permanent et successif de réformation de la nature. Aussi a-t-on sensément fait observer (sans en découvrir la raison) que toutes les modes sont charmantes, c'est-à-dire relativement charmantes, chacune étant un effort nouveau, plus ou moins heureux, vers le beau, une approximation quelconque d'un idéal dont le désir titille sans cesse l'esprit humain non satisfait. Mais les modes ne doivent pas être, si l'on veut bien les goûter, considérées comme choses mortes; autant vaudrait admirer les défroques suspendues, lâches et inertes comme la peau de saint Barthélemy[1], dans l'armoire d'un fripier. Il faut se les figurer vitalisées, vivifiées par les belles femmes qui les portèrent. Seulement ainsi on en comprendra le sens et l'esprit. Si donc l'aphorisme : *Toutes les modes sont charmantes,* vous choque comme trop absolu, dites, et vous serez sûr de ne pas vous tromper : Toutes furent légitimement charmantes.

La femme est bien dans son droit, et même elle accom-

---

* On sait que Mme Dubarry, quand elle voulait éviter de recevoir le roi, avait soin de mettre du rouge. C'était un signe suffisant. Elle fermait ainsi sa porte. C'était en s'embellissant qu'elle faisait fuir ce royal disciple de la nature.

plit une espèce de devoir en s'appliquant à paraître
magique et surnaturelle; il faut qu'elle étonne, qu'elle
charme; idole, elle doit se dorer pour être adorée[1]. Elle
doit donc emprunter à tous les arts les moyens de s'élever
au-dessus de la nature pour mieux subjuguer les cœurs
et frapper les esprits. Il importe fort peu que la ruse et
l'artifice soient connus de tous, si le succès en est certain
et l'effet toujours irrésistible. C'est dans ces considérations que l'artiste philosophe trouvera facilement la
légitimation de toutes les pratiques employées dans tous
les temps par les femmes pour consolider et diviniser,
pour ainsi dire, leur fragile beauté. L'énumération en
serait innombrable; mais, pour nous restreindre à ce que
notre temps appelle vulgairement *maquillage,* qui ne voit
que l'usage de la poudre de riz, si niaisement anathéma-
tisé par les philosophes candides, a pour but et pour résultat de faire disparaître du teint toutes les taches que la
nature y a outrageusement semées, et de créer une unité
abstraite dans le grain et la couleur de la peau, laquelle
unité, comme celle produite par le maillot, rapproche
immédiatement l'être humain de la statue, c'est-à-dire
d'un être divin et supérieur ? Quant au noir artificiel qui
cerne l'œil et au rouge qui marque la partie supérieure de
la joue, bien que l'usage en soit tiré du même principe,
du besoin de surpasser la nature, le résultat est fait pour
satisfaire à un besoin tout opposé. Le rouge et le noir
représentent la vie, une vie surnaturelle et excessive; ce
cadre noir rend le regard plus profond et plus singulier,
donne à l'œil une apparence plus décidée de fenêtre
ouverte sur l'infini; le rouge, qui enflamme la pommette,
augmente encore la clarté de la prunelle et ajoute à un
beau visage féminin la passion mystérieuse de la prê-
tresse.

Ainsi, si je suis bien compris, la peinture du visage ne
doit pas être employée dans le but vulgaire, inavouable,
d'imiter la belle nature[a] et de rivaliser avec la jeunesse.
On a d'ailleurs observé que l'artifice n'embellissait pas
la laideur et ne pouvait servir que la beauté. Qui oserait
assigner à l'art la fonction stérile d'imiter la nature ? Le
maquillage n'a pas à se cacher, à éviter de se laisser deviner; il peut, au contraire, s'étaler, sinon avec affectation,
au moins avec une espèce de candeur.

Je permets volontiers à ceux-là que leur lourde gra-

vité empêche de chercher le beau jusque dans ses plus
minutieuses manifestations, de rire de mes réflexions et
d'en accuser la puérile solennité; leur jugement austère
n'a rien qui me touche; je me contenterai d'en appeler
auprès des véritables artistes, ainsi que des femmes qui
ont reçu en naissant une étincelle de ce feu sacré dont
elles voudraient s'illuminer tout entières[1].

XII

LES FEMMES ET LES FILLES

Ainsi M. G., s'étant imposé la tâche de chercher et
d'expliquer la beauté dans la *modernité,* représente volontiers des femmes très parées et embellies par toutes les
pompes artificielles, à quelque ordre de la société qu'elles
appartiennent. D'ailleurs, dans la collection de ses œuvres
comme dans le fourmillement de la vie humaine, les différences de caste et de race, sous quelque appareil de
luxe que les sujets se présentent, sautent immédiatement
à l'œil du spectateur.

Tantôt, frappées par la clarté diffuse d'une salle de
spectacle, recevant et renvoyant la lumière avec leurs
yeux, avec leurs bijoux, avec leurs épaules, apparaissent,
resplendissantes comme des portraits dans la loge qui
leur sert de cadre, des jeunes filles du meilleur monde.
Les unes, graves et sérieuses, les autres, blondes et
évaporées. Les unes étalent avec une insouciance aristocratique une gorge précoce, les autres montrent avec
candeur une poitrine garçonnière. Elles ont l'éventail
aux dents, l'œil vague ou fixe; elles sont théâtrales et
solennelles comme le drame ou l'opéra qu'elles font
semblant d'écouter.

Tantôt, nous voyons se promener nonchalamment
dans les allées des jardins publics, d'élégantes familles,
les femmes se traînant avec un air tranquille au bras de
leurs maris, dont l'air solide et satisfait révèle une fortune
faite et le contentement de soi-même[2]. Ici l'apparence

cossue remplace la distinction sublime. De petites filles
maigrelettes, avec d'amples jupons, et ressemblant par
leurs gestes et leur tournure à de petites femmes, sautent
à la corde, jouent au cerceau ou se rendent des visites en
plein air, répétant ainsi la comédie donnée à domicile
par leurs parents[1].

Émergeant d'un monde inférieur, fières d'apparaître
enfin au soleil de la rampe, des filles de petits théâtres,
minces, fragiles, adolescentes encore, secouent sur leurs
formes virginales et maladives des travestissements
absurdes, qui ne sont d'aucun temps et qui font leur joie.

À la porte d'un café[2], s'appuyant aux vitres illuminées
par-devant et par-derrière, s'étale un de ces imbéciles,
dont l'élégance est faite par son tailleur et la tête par son
coiffeur. À côté de lui, les pieds soutenus par l'indispensable tabouret, est assise sa maîtresse, grande drôlesse à
qui il ne manque presque rien (ce presque rien, c'est
presque tout, c'est la distinction) pour ressembler à une
grande dame. Comme son joli compagnon, elle a tout
l'orifice de sa petite bouche occupé par un cigare disproportionné. Ces deux êtres ne pensent pas. Est-il bien sûr
même qu'ils regardent ? à moins que, Narcisses de l'imbécillité, ils ne contemplent la foule comme un fleuve qui
leur rend leur image. En réalité, ils existent bien plutôt
pour le plaisir de l'observateur que pour leur plaisir
propre.

Voici, maintenant, ouvrant leurs galeries pleines de
lumière et de mouvement, ces Valentinos, ces Casinos,
ces Prados (autrefois des Tivolis, des Idalies, des Folies,
des Paphos[3]), ces capharnaüms où l'exubérance de la jeunesse fainéante se donne carrière. Des femmes qui ont
exagéré la mode jusqu'à en altérer la grâce et en détruire
l'intention, balayent fastueusement les parquets avec la
queue de leurs robes et la pointe de leurs châles; elles
vont, elles viennent, passent et repassent, ouvrant un œil
étonné comme celui des animaux, ayant l'air de ne rien
voir, mais examinant tout.

Sur un fond d'une lumière infernale ou sur un fond
d'aurore boréale, rouge, orangé, sulfureux, rose (le rose
révélant une idée d'extase dans la frivolité), quelquefois
violet (couleur affectionnée des chanoinesses[4], braise qui
s'éteint derrière un rideau d'azur), sur ces fonds magiques,
imitant diversement les feux de Bengale, s'enlève l'image

variée de la beauté interlope. Ici majestueuse, là légère,
tantôt svelte, grêle même, tantôt cyclopéenne; tantôt
petite et pétillante, tantôt lourde et monumentale. Elle
a inventé une élégance provocante[a] et barbare, ou bien
elle vise, avec plus ou moins de bonheur, à la simplicité
usitée dans un meilleur monde. Elle s'avance, glisse,
danse, roule avec son poids de jupons brodés qui lui
sert à la fois de piédestal et de balancier; elle darde son
regard sous son chapeau, comme un portrait dans son
cadre. Elle représente bien la sauvagerie dans la civilisation. Elle a sa beauté qui lui vient du Mal, toujours
dénuée de spiritualité, mais quelquefois teintée d'une
fatigue qui joue la mélancolie. Elle porte le regard à l'horizon, comme la bête de proie[1]; même égarement, même
distraction indolente, et aussi, parfois, même fixité d'attention. Type de bohème errant sur les confins d'une
société régulière, la trivialité de sa vie, qui est une vie de
ruse et de combat, se fait fatalement jour à travers son
enveloppe d'apparat[2]. On peut lui appliquer justement ces
paroles du maître inimitable, de La Bruyère : « Il y a dans
quelques femmes une grandeur artificielle attachée au
mouvement des yeux, à un air de tête, aux façons de marcher, et qui ne va pas plus loin[3]. »

Les considérations relatives à la courtisane peuvent,
jusqu'à un certain point, s'appliquer à la comédienne; car,
elle aussi, elle est une créature d'apparat, un objet de plaisir public. Mais ici la conquête, la proie, est d'une nature
plus noble, plus spirituelle. Il s'agit d'obtenir la faveur
générale, non pas seulement par la pure beauté physique,
mais aussi par des talents de l'ordre le plus rare. Si par
un côté la comédienne touche à la courtisane, par l'autre
elle confine au poète. N'oublions pas qu'en dehors de la
beauté naturelle, et même de l'artificielle, il y a dans tous
les êtres un idiotisme de métier, une caractéristique qui
peut se traduire physiquement en laideur, mais aussi en
une sorte de beauté professionnelle.

Dans cette galerie immense de la vie de Londres et de
la vie de Paris[4], nous rencontrons les différents types de la
femme errante, de la femme révoltée à tous les étages :
d'abord la femme galante, dans sa première fleur, visant
aux airs patriciens, fière à la fois de sa jeunesse et de son
luxe, où elle met tout son génie et toute son âme, retrous-
sant délicatement avec deux doigts un large pan du satin,

de la soie ou du velours qui flotte autour d'elle, et posant en avant son pied pointu dont la chaussure trop ornée suffirait à la dénoncer, à défaut de l'emphase un peu vive de toute sa toilette; en suivant l'échelle, nous descendons jusqu'à ces esclaves qui sont confinées dans ces bouges, souvent décorés comme des cafés; malheureuses placées sous la plus avare tutelle, et qui ne possèdent rien en propre, pas même l'excentrique parure qui sert de condiment à leur beauté.

Parmi celles-là, les unes, exemples d'une fatuité innocente et monstrueuse, portent dans leurs têtes et dans leurs regards, audacieusement levés, le bonheur évident d'exister (en vérité pourquoi ?). Parfois elles trouvent, sans les chercher, des poses d'une audace et d'une noblesse qui enchanteraient le statuaire le plus délicat, si le statuaire moderne avait le courage et l'esprit de ramasser la noblesse partout, même dans la fange; d'autres fois elles se montrent prostrées dans des attitudes désespérées d'ennui, dans des indolences d'estaminet, d'un cynisme masculin, fumant des cigarettes pour tuer le temps, avec la résignation du fatalisme oriental; étalées, vautrées sur des canapés, la jupe arrondie par-derrière et par-devant en un double éventail, ou accrochées en équilibre sur des tabourets et des chaises; lourdes, mornes, stupides, extravagantes, avec des yeux vernis par l'eau-de-vie et des fronts bombés par l'entêtement. Nous sommes descendus jusqu'au dernier degré de la spirale, jusqu'à la *fœmina simplex* du satirique latin[1]. Tantôt nous voyons se dessiner, sur le fond d'une atmosphère où l'alcool et le tabac ont mêlé leurs vapeurs, la maigreur enflammée de la phtisie ou les rondeurs de l'adiposité, cette hideuse santé de la fainéantise. Dans un chaos brumeux et doré, non soupçonné par les chastetés indigentes, s'agitent et se convulsent des nymphes macabres et des poupées vivantes dont l'œil enfantin laisse échapper une clarté sinistre; cependant que derrière un comptoir chargé de bouteilles de liqueurs se prélasse une grosse mégère dont la tête, serrée dans un sale foulard qui dessine sur le mur l'ombre de ses pointes sataniques, fait penser que tout ce qui est voué au Mal est condamné à porter des cornes.

En vérité, ce n'est pas plus pour complaire au lecteur que pour le scandaliser que j'ai étalé devant ses yeux de

pareilles images; dans l'un ou l'autre cas, c'eût été lui
manquer de respect. Ce qui les rend précieuses et les
consacre, c'est les innombrables pensées qu'elles font
naître, généralement sévères et noires. Mais si, par hasard, quelqu'un malavisé[a] cherchait dans ces compositions de M. G., disséminées un peu partout, l'occasion de
satisfaire une malsaine curiosité, je le préviens charitablement qu'il n'y trouvera rien de ce qui peut exciter une
imagination malade. Il ne rencontrera rien que le vice
inévitable, c'est-à-dire le regard du démon embusqué
dans les ténèbres, ou l'épaule de Messaline[1] miroitant sous
le gaz; rien que l'art pur, c'est-à-dire la beauté particulière
du mal, le beau dans l'horrible. Et même, pour le redire
en passant, la sensation générale qui émane de tout ce
capharnaüm contient plus de tristesse que de drôlerie.
Ce qui fait la beauté particulière de ces images, c'est leur
fécondité morale. Elles sont grosses de suggestions, mais
de suggestions cruelles, âpres, que ma plume, bien qu'accoutumée à lutter contre les représentations plastiques,
n'a peut-être traduites qu'insuffisamment.

XIII

LES VOITURES

Ainsi se continuent, coupées par d'innombrables
embranchements, ces longues galeries du *high life* et
du *low life*. Émigrons pour quelques instants vers un
monde, sinon pur, au moins plus raffiné; respirons des
parfums, non pas plus salutaires peut-être, mais plus
délicats. J'ai déjà dit que le pinceau de M. G., comme
celui d'Eugène Lami[2], était merveilleusement propre à
représenter les pompes du dandysme et l'élégance de la
lionnerie. Les attitudes du riche lui sont familières; il
sait, d'un trait de plume léger, avec une certitude qui n'est
jamais en défaut, représenter la certitude de regard, de
geste et de pose qui, chez les êtres privilégiés, est le résultat de la monotonie dans le bonheur. Dans cette série

particulière de dessins se reproduisent sous mille aspects les incidents du sport, des courses, des chasses, des promenades dans les bois, les *ladies* orgueilleuses, les frêles *misses,* conduisant d'une main sûre des coursiers d'une pureté de galbe admirable, coquets, brillants, capricieux eux-mêmes comme des femmes. Car M. G. connaît non seulement le cheval général, mais s'applique aussi heureusement à exprimer la beauté personnelle des chevaux. Tantôt ce sont des haltes et, pour ainsi dire, des campements de voitures nombreuses, d'où, hissés sur les coussins, sur les sièges, sur les impériales, des jeunes gens svel07es et des femmes accoutrées des costumes excentriques autorisés par la saison assistent à quelque solennité du turf qui file dans le lointain; tantôt un cavalier galope gracieusement à côté d'une calèche découverte, et son cheval a l'air, par ses courbettes, de saluer à sa manière. La voiture emporte au grand trot, dans une allée zébrée d'ombre et de lumière, les beautés couchées comme dans une nacelle, indolentes, écoutant vaguement les galanteries qui tombent dans leur oreille et se livrant avec paresse au vent de la promenade[1].

La fourrure ou la mousseline leur monte jusqu'au menton et déborde comme une vague par-dessus la portière. Les domestiques sont roides et perpendiculaires, inertes et se ressemblant tous; c'est toujours l'effigie monotone et sans relief de la servilité, ponctuelle, disciplinée; leur caractéristique est de n'en point avoir. Au fond, le bois verdoie ou roussit, poudroie ou s'assombrit, suivant l'heure et la saison. Ses retraites se remplissent de brumes automnales, d'ombres bleues, de rayons jaunes, d'effulgences[2] rosées, ou de minces éclairs qui hachent l'obscurité comme des coups de sabre.

Si les innombrables aquarelles relatives à la guerre d'Orient ne nous avaient pas montré la puissance de M. G. comme paysagiste, celles-ci suffiraient à coup sûr. Mais ici, il ne s'agit plus des terrains déchirés de Crimée, ni des rives théâtrales du Bosphore; nous retrouvons ces paysages familiers et intimes qui font la parure circulaire d'une grande ville, et où la lumière jette des effets qu'un artiste vraiment romantique ne peut pas dédaigner.

Un autre mérite qu'il n'est pas inutile d'observer en ce lieu, c'est la connaissance remarquable du harnais et de la carrosserie. M. G. dessine et peint une voiture, et toutes les espèces de voitures, avec le même soin et la même aisance qu'un peintre de marines consommé tous les genres de navires. Toute sa carrosserie est parfaitement orthodoxe; chaque partie est à sa place et rien n'est à reprendre. Dans quelque attitude qu'elle soit jetée, avec quelque allure qu'elle soit lancée, une voiture, comme un vaisseau, emprunte au mouvement une grâce mystérieuse et complexe très difficile à sténographier. Le plaisir que l'œil de l'artiste en reçoit est tiré, ce semble, de la série de figures géométriques que cet objet, déjà si compliqué, navire ou carrosse, engendre successivement et rapidement dans l'espace[1].

Nous pouvons parier à coup sûr que, dans peu d'années, les dessins de M. G. deviendront des archives précieuses de la vie civilisée. Ses œuvres seront recherchées par les curieux autant que celles des Debucourt, des Moreau, des Saint-Aubin, des Carle Vernet, des Lami, des Devéria, des Gavarni[2], et de tous ces artistes exquis qui, pour n'avoir peint que le familier et le joli, n'en sont pas moins, à leur manière, de sérieux historiens. Plusieurs d'entre eux ont même trop sacrifié au joli, et introduit quelquefois dans leurs compositions un *style* classique étranger au sujet; plusieurs ont arrondi volontairement des angles, aplani les rudesses de la vie, amorti ces fulgurants éclats. Moins adroit qu'eux, M. G. garde un mérite profond qui est bien à lui : il a rempli volontairement une fonction que d'autres artistes dédaignent et qu'il appartenait surtout à un homme du monde de remplir. Il a cherché partout la beauté passagère, fugace, de la vie présente, le caractère de ce que le lecteur nous a permis d'appeler la *modernité*. Souvent bizarre, violent, excessif, mais toujours poétique, il a su concentrer dans ses dessins la saveur amère ou capiteuse du vin de la Vie.

[NOTES SUR LE XVIIIe SIÈCLE]

UN SALON EN 1730

Panneaux de soie sur les murs.
Glace surmontée de sirènes.
Fauteuils lourds à pieds tordus[1].
(*L'Hiver* de Lancret, gravé par J.-P. Lebas[2].)

CHAMBRE À COUCHER

Une délassante = sopha, devant la toilette.
La toilette est une table surmontée d'une glace parée de dentelles et de mousselines, encombrée de fioles, de pots, de tresses et de rubans[3]. — Brochures çà et là[4].
(Voy. *Mercure de France*, 1722.)
Cartel en forme de lyre, — paravent.
Coffre aux robes.
(*La Toilette*, peinte par Baudouin, gravée par Ponce.
Le Lever, gravé par Massard[5].)

COSTUME DES SUIVANTES

Petit papillon de dentelles posé sur le haut de la tête. — Fichu des Indes glissant entre les deux seins. — Bras nus sortant des dentelles. — Jupe à falbalas retroussée. — Grand tablier de linge à bavette sur la poitrine.
(V. Freudeberg pour le *Monument du costume physique et moral du XVIIIe siècle*. — *La femme de chambre*, par Cochin, *la jolie femme de chambre*, publié chez Aveline[6].)

DÉCOUPAGE

On découpait surtout des estampes coloriées, puis on les collait sur des cartons, on les vernissait et on en faisait des meubles et des tentures, des espèces de tapisseries, des paravents, des écrans.

(*Lettres* de Mlle Aïssé[1].)

BALS

Grosses bougies de cire.

Dominos larges, avec des manches à gros nœuds. — Masques très lourds d'où pendent deux rubans noirs, avec des laizes [?] blanches.

(*Les Préparatifs du bal* par de Troy, gravé par Beauvarlet.) Usage des tabatières, v. les femmes[2].

LE ROUGE DE VISAGE

Très haut en couleur, très exagéré le jour de la Présentation à la Cour.

Voir les portraits de Nattier où il est éclatant et *Correspondance inédite* de Mme du Deffand.

(M. Lévy, 1859[3].)

Esprit général des modes sous la Régence[4].

Fêtes données par Mme de Tencin au Régent.

Allégories mythologiques. — Les couleurs que les femmes portent sont celles des Éléments, l'Eau, l'Air, la Terre, le Feu.

Nymphes, Dianes.

(*Figures françaises de modes,* dessinées par Octavien, Paris, 1725.)

Les Iris et les Philis de Troy ont un costume du matin garni de boutonnières en diamants — un bonnet de dentelles à barbes retroussées en triangle. Nœuds du ruban du corset en échelle[5].

LE PANIER

Importé en France par deux dames anglaises.

En 1714 s'exagère de plus en plus.

(Cabinet des Estampes, Histoire de France, vol. 53.)

Voyez *Marché aux paniers*, 1719.

Satyre sur les Cerceaux, Thiboust, 1727[6].

GALONS

Sous le système de Law, avec de l'or d'un seul côté qu'on appela *galon du système*.

Après le procès du P. Girard, 1731, *Rubans à la Cadière*[1].

COIFFURES ET VÊTEMENTS

Le Glorieux et *Le Philosophe marié* de Lancret, gravé par Dupuis.

Le corsage s'ouvre sur un corps garni d'une échelle de rubans. Au côté un « fagot de fleurs ». — Manchettes de dentelles à trois rangs. — Gants jusqu'au coude. — Étoffe de brocart très chamarrée. — Dans le « grand habit à la Française », la robe décolletée et basquée faisait paraître le corps de la femme isolé et comme au centre d'une vaste draperie représentée par la jupe. — La robe s'ouvrait en triangle sur une robe de dessous. — La femme était coiffée à « la physionomie élevée » avec quatre boucles détachées et le *confident* abattu sur l'oreille gauche. — Perles aux oreilles et un bandeau de perles sur les cheveux[2].

COSTUME DE MAISON POUR FEMMES

Bonnet rond, à rubans roses. — Sous son manteau de lit de la plus fine étoffe on aperçoit son corset garni sur le devant et sur toutes les coutures d'une dentelle frisée, mêlée çà et là de touffes de « soucis d'hanneton ».

La Fontange se retrouve partout, enrubanne tous les vêtements. Canne d'ébène à pomme d'ivoire[3].

COIFFURES

Basses à partir de 1714.

Les femmes frisées en grosses boucles à l'imitation des hommes. On jette sur les rouleaux une plume, un diamant, un petit bonnet à barbes pendantes[4].

COSTUME DU COIFFEUR

Veste rouge, culotte noire, bas de soie gris[5].

COSTUMES[1]

Hommes. — Habit long à taille longue.

Le gilet presque aussi long que l'habit descend jusqu'à moitié de la cuisse.

V. au Cabinet des Estampes.

1º dans l'œuvre de Watteau : *Watteau et Julienne*[2].

2º Lancret : *L'Adolescence.*

V. *id. Le Glorieux* dans l'œuvre de Lancret.

Très important.

Le Philosophe marié, du même[3].

V. *id.* dans la Collection de l'Histoire de France-Régence : *Ballet donné à Louis XV par le duc de Bourbon à Chantilly.*

Costumes militaires suisses pour le 3ᵉ acte. Voyez *Uniformes militaires* de Montigny, petit volume in-12.

Femmes. — Robe du matin.

Voyez *Les Deux Cousines*[4] et *L'Île enchantée* dans Watteau.

CHEVALIER DE MALTE

Doit porter, après sa profession,

Sur le côté gauche du manteau la *croix de toile blanche* à 8 pointes, qui est le véritable habit de l'ordre (la croix d'or n'étant qu'un ornement extérieur). — Lorsqu'ils vont à la guerre, ils portent une casaque rouge ornée par-devant et par-derrière d'une croix pleine.

Le manteau qui se donne à la profession, est à bec, de couleur noire, s'attache au cou avec un cordon de soie blanche et noire. Ce manteau a deux manches, longues d'environ une aune, larges par-devant d'un demi-pied environ, et se terminant en pointes.

Autrefois elles se rejetaient sur les épaules et se nouaient ensemble sur les reins.

(*Histoire générale des ordres religieux,*
de l'abbé Bonanni[5].)

PEINTURES MURALES
D'EUGÈNE DELACROIX
À SAINT-SULPICE

Le sujet de la peinture qui couvre la face gauche de la chapelle décorée par M. Delacroix est contenu dans ces versets de la Genèse :

« Après avoir fait passer tout ce qui était à lui,

« Il demeura seul en ce lieu-là. Et il parut en même temps un homme qui lutta contre lui jusqu'au matin.

« Cet homme, voyant qu'il ne pouvait le surmonter, lui toucha le nerf de la cuisse, qui se sécha aussitôt;

« Et il lui dit : Laissez-moi aller; car l'aurore commence déjà à paraître. Jacob lui répondit : Je ne vous laisserai point aller que vous ne m'ayez béni.

« Cet homme lui demanda : Comment vous appelez-vous ? Il lui répondit : Je m'appelle Jacob.

« Et le même ajouta : On ne vous nommera plus à l'avenir Jacob, mais Israël : car, si vous avez été fort contre Dieu, combien le serez-vous davantage contre les hommes ?

« Jacob lui fit ensuite cette demande : Dites-moi, je vous prie, comment vous vous appelez ? Il lui répondit : Pourquoi me demandez-vous mon nom ? Et il le bénit en ce même lieu.

« Jacob donna le nom de Phanuel à ce lieu-là en disant : J'ai vu Dieu face à face et mon âme a été sauvée.

« Aussitôt qu'il eut passé ce lieu qu'il venait de nommer Phanuel, il vit le soleil qui se levait; mais il se trouva boiteux d'une jambe.

« C'est pour cette raison que, jusqu'aujourd'hui, les enfants d'Israël ne mangent point du nerf des bêtes, se souvenant de celui qui fut touché en la cuisse de Jacob, et qui demeura sans mouvement[1]. »

De cette bizarre légende, que beaucoup de gens inter-

prêtent allégoriquement, et^a que ceux de la Kabbale[1] et
de la Nouvelle Jérusalem[2] traduisent sans doute dans des
sens différents, Delacroix, s'attachant au sens matériel,
comme il devait faire, a tiré tout le parti qu'un peintre
de son tempérament en pouvait tirer. La scène est au gué
de Jaboc[b] ; les lueurs riantes et dorées du matin traversent
la plus riche et la plus robuste végétation qui se puisse
imaginer, une végétation qu'on pourrait appeler patriarcale. À gauche, un ruisseau limpide s'échappe en cas-
cades ; à droite, dans le fond, s'éloignent les derniers
rangs de la caravane qui conduit vers Ésaü les riches
présents de Jacob : « deux cents chèvres, vingt boucs,
deux cents brebis et vingt béliers, trente femelles de
chameaux avec leurs petits, quarante vaches, vingt taureaux, vingt ânesses et vingt ânons. » Au premier plan,
gisent, sur le terrain, les vêtements et les armes dont
Jacob s'est débarrassé pour lutter corps à corps avec
l'*homme* mystérieux envoyé par le Seigneur. L'homme
naturel et l'homme surnaturel luttent chacun selon sa
nature, Jacob incliné en avant comme un bélier et ban-
dant toute sa musculature, l'ange se prêtant complaisamment au combat, calme, doux, comme un être qui
peut vaincre sans effort des muscles et ne permettant pas
à la colère d'altérer la forme divine de ses membres.

Le plafond est occupé par une peinture de forme circulaire représentant Lucifer terrassé sous les pieds de
l'archange Michel. C'est là un de ces sujets légendaires
qu'on trouve répercutés dans plusieurs religions et qui
occupent une place même dans la mémoire des enfants,
bien qu'il soit difficile d'en suivre les traces positives
dans les saintes Écritures. Je ne me souviens, pour le
présent, que d'un verset d'Isaïe, qui toutefois n'attribue
pas clairement au nom *Lucifer*[c] le sens légendaire ; d'un
verset de saint Jude, où il est simplement question d'une
contestation que l'archange Michel eut avec le Diable
touchant le corps de Moïse, et enfin de l'unique et
célèbre verset 7 du chapitre xii de l'Apocalypse. Quoi
qu'il en soit, la légende est indestructiblement établie ;
elle a fourni à Milton l'une de ses plus épiques descriptions ; elle s'étale dans tous les musées, célébrée par les
plus illustres pinceaux. Ici, elle se présente avec une
magnificence des plus dramatiques ; mais la lumière
frisante, dégorgée par la fenêtre qui occupe la partie

haute du mur extérieur, impose au spectateur un effort
pénible pour en jouir convenablement.

Le mur de droite présente la célèbre histoire d'Héliodore chassé du Temple par les Anges, alors qu'il vint
pour forcer la trésorerie. Tout le peuple était en prières;
les femmes se lamentaient; chacun croyait que tout
était perdu et que le trésor sacré allait être violé par le
ministre de Séleucus.

« L'esprit de Dieu tout-puissant se fit voir alors par des
marques bien sensibles, en sorte que tous ceux qui
avaient osé obéir à Héliodore, étant renversés par une
vertu divine, furent tout d'un coup frappés d'une frayeur
qui les mit tout hors d'eux-mêmes.

« Car ils virent paraître un cheval, sur lequel était
monté un homme terrible, habillé magnifiquement, et
qui, fondant avec impétuosité sur Héliodore, le frappa
en lui donnant plusieurs coups de pied de devant; et
celui qui était monté dessus semblait avoir des armes
d'or.

« Deux autres jeunes hommes parurent en même
temps, pleins de force et de beauté, brillants de gloire
et richement vêtus, qui, se tenant aux deux côtés d'Héliodore, le fouettaient chacun de son côté, et le frappaient
sans relâche[1]. »

Dans un temple magnifique, d'architecture poly-
chrome, sur les premières marches de l'escalier conduisant à la trésorerie, Héliodore est renversé sous un cheval
qui le maintient de son sabot divin pour le livrer plus
commodément aux verges des deux Anges; ceux-ci
le fouettent avec vigueur, mais aussi avec l'opiniâtre
tranquillité qui convient à des êtres investis d'une puissance céleste. Le cavalier, qui est vraiment d'une beauté
angélique, garde dans son attitude toute la solennité et
tout le calme des Cieux. Du haut de la rampe, à un étage
supérieur, plusieurs personnages contemplent avec
horreur et ravissement le travail des divins bourreaux[2].

[EXPOSITION MARTINET]

Le temps n'est pas éloigné où on déclarait impossibles les expositions permanentes de peinture. M. Martinet[1] a démontré que cet impossible était chose facile. Tous les jours l'exposition du boulevard des Italiens reçoit des visiteurs, artistes, littérateurs, gens du monde, dont le nombre va s'accroissant. Il est maintenant permis de prédire à cet établissement une sérieuse prospérité. Mais une des conditions indispensables de cette faveur publique était évidemment un choix très sévère des objets à exposer. Cette condition a été accomplie rigoureusement, et c'est à cette rigueur que le public doit le plaisir de promener ses yeux sur une série d'œuvres dont pas une seule, à quelque école qu'elle appartienne, ne peut être classée dans l'ordre du mauvais ou même du médiocre. Le comité qui préside au choix des tableaux a prouvé qu'on pouvait aimer tous les genres et ne prendre de chacun que la meilleure part; unir l'impartialité la plus large à la sévérité la plus minutieuse. Bonne leçon pour les jurys de nos grandes expositions qui ont toujours trouvé le moyen d'être à la fois scandaleusement indulgents et inutilement injustes.

*

Un excellent petit journal[2] est annexé à l'Exposition, qui rend compte du mouvement régulier des tableaux entrants et sortants, comme ces feuilles maritimes qui instruisent les intéressés de tout le mouvement quotidien d'un port de mer[3].

Dans cette gazette, où quelquefois des articles traitant de matières générales se rencontrent à côté des articles de circonstance, nous avons remarqué de curieuses pages signées de M. Saint-François[1], qui est aussi l'auteur de quelques dessins saisissants au crayon noir. M. Saint-François a un style embrouillé et compliqué comme celui d'un homme qui change son outil habituel contre un qui lui est moins familier; mais il a des idées, de vraies idées. Chose rare chez un artiste, il sait penser.

*

M. Legros, toujours épris des voluptés âpres de la religion, a fourni deux magnifiques tableaux, l'un, qu'on a pu admirer à l'Exposition dernière, aux Champs-Élysées (les *Femmes agenouillées* devant une croix dans un paysage concentré et lumineux[2]); l'autre, une production plus récente, représentant des moines d'âges différents, prosternés devant un livre saint dont ils s'appliquent humblement à interpréter certains passages[3]. Ces deux tableaux, dont le dernier fait penser aux plus solides compositions espagnoles[4], sont tout voisins d'une célèbre toile de Delacroix, et cependant, là-même, dans ce lieu dangereux, ils vivent de leur vie propre. C'est tout dire.

*

Nous avons également observé une *Inondation*, de M. Eugène Lavieille, qui témoigne, chez cet artiste, d'un progrès assidu, même après ses excellents paysages d'hiver. M. Lavieille a accompli une tâche fort difficile et qui effrayerait même un poète; il a su exprimer le charme infini, inconscient, et l'immortelle gaîté de la nature dans ses jeux les plus horribles[5]. Sous ce ciel plombé et gonflé d'eau comme un ventre de noyé[6], une lumière bizarre se joue avec délices, et les maisons, les fermes, les villas, enfoncées dans le lac jusqu'à moitié, ont l'air de se regarder complaisamment dans le miroir immobile qui les environne.

*

Mais la grande fête dont il faut, après M. Delacroix toutefois, remercier M. Martinet, c'est le *Sardanapale*. Bien des fois, mes rêves se sont remplis des formes

magnifiques qui s'agitent dans ce vaste tableau, merveilleux lui-même comme un rêve[1]. Le *Sardanapale* revu,
c'est la jeunesse retrouvée. À quelle distance en arrière
nous rejette la contemplation de cette toile ! Époque
merveilleuse où régnaient en commun des artistes tels
que Devéria, Gros, Delacroix, Boulanger, Bonington,
etc., la grande école romantique, le beau, le joli, le
charmant, le sublime[2] !

Une figure peinte donna-t-elle jamais une idée plus
vaste du despote asiatique que ce Sardanapale à la barbe
noire et tressée, qui meurt sur son bûcher, drapé dans
ses mousselines, avec une attitude de femme ? Et tout
ce harem de beautés si éclatantes, qui pourrait le peindre
aujourd'hui avec ce feu, avec cette fraîcheur, avec cet
enthousiasme poétique ? Et tout ce luxe *sardanapalesque*
qui scintille dans l'ameublement, dans le vêtement,
dans les harnais, dans la vaisselle et la bijouterie, qui ?
qui ?

L'EAU-FORTE EST À LA MODE

[PREMIÈRE VERSION DE « PEINTRES ET AQUAFORTISTES »]

Décidément, l'eau-forte devient à la mode. Certes nous n'espérons pas que ce genre obtienne autant de faveur qu'il en a obtenu à Londres il y a quelques années, quand un club fut fondé pour la glorification de l'eau-forte et quand les femmes du monde elles-mêmes faisaient vanité de dessiner avec la pointe sur le vernis. En vérité, ce serait trop d'engouement.

Tout récemment, un jeune artiste américain, M. Whistler, exposait à la galerie Martinet une série d'eaux-fortes, subtiles, éveillées comme l'improvisation et l'inspiration, représentant les bords de la Tamise; merveilleux fouillis d'agrès, de vergues, de cordages; chaos de brumes, de fourneaux et de fumées tirebouchonnées; poésie profonde et compliquée d'une vaste capitale.

Il y a peu de temps, deux fois de suite, à peu de jours de distance, la collection de M. Méryon se vendait en vente publique trois fois le prix de sa valeur primitive.

Il y a évidemment dans ces faits un symptôme de valeur croissante. Mais nous ne voudrions pas affirmer toutefois que l'eau-forte soit destinée prochainement à une totale popularité. C'est un genre trop personnel, et conséquemment trop aristocratique, pour enchanter d'autres personnes que les hommes de lettres et les artistes, gens très amoureux de toute personnalité vive. Non seulement l'eau-forte est faite pour glorifier l'individualité de l'artiste, mais il est même impossible à l'artiste de ne pas inscrire sur la planche son individualité la plus intime. Aussi peut-on affirmer que, depuis la découverte de ce genre de gravure, il y a eu autant de manières de le cultiver qu'il y a eu d'artistes *aquafortistes*. Il n'en est pas de même du burin, ou du moins la propor-

tion dans l'expression de la personnalité est-elle infiniment moindre.

On connaît les audacieuses et vastes eaux-fortes de
M. Legros : cérémonies de l'Église, processions, offices
nocturnes, grandeurs sacerdotales, austérités du cloître,
etc., etc.

M. Bonvin, il y a peu de temps, mettait en vente, chez
M. Cadart (l'éditeur des œuvres de Bracquemond,
de Flameng, de Chifflart), un cahier d'eaux-fortes, laborieuses, fermes et minutieuses comme sa peinture.

C'est chez le même éditeur que M. Jongkind[a], le
charmant et candide peintre hollandais, a déposé quelques planches auxquelles il a confié le secret de ses
rêveries, singulières abréviations de sa peinture, croquis
que sauront lire tous les amateurs habitués à déchiffrer
l'âme d'un peintre dans ses plus rapides gribouillages
(*gribouillage* est le terme dont [se[b]] servait, un peu légèrement, le brave Diderot pour caractériser les eaux-
fortes de Rembrandt).

MM. André Jeanron, Ribot[1], Manet viennent de faire
aussi quelques essais d'eau-forte, auxquels M. Cadart
a donné l'hospitalité de sa devanture de la rue Richelieu.

Enfin nous apprenons que M. John-Lewis Brown
veut aussi *entrer en danse*. M. Brown, notre compatriote
malgré son origine anglaise, en qui tous les connaisseurs
devinent déjà un successeur, plus audacieux et plus fin,
d'Alfred de Dreux, et peut-être un rival d'Eugène Lami,
saura évidemment jeter dans les ténèbres de la planche
toutes les lumières et toutes les élégances de sa peinture
anglo-française.

Parmi les différentes expressions de l'art plastique,
l'eau-forte est celle qui se rapproche le plus de l'expression littéraire et qui est le mieux faite pour trahir l'homme
spontané. Donc, vive l'eau-forte !

PEINTRES ET AQUAFORTISTES

Depuis l'époque climatérique où les arts et la littérature ont fait en France une explosion simultanée, le sens du beau, du fort et même du pittoresque a toujours été diminuant et se dégradant. Toute la gloire de l'École française, pendant plusieurs années, a paru se concentrer dans un seul homme (ce n'est certes pas de M. Ingres que je veux parler) dont la fécondité et l'énergie, si grandes qu'elles soient, ne suffisaient pas à nous consoler de la pauvreté du reste[1]. Il y a peu de temps encore, on peut s'en souvenir, régnaient sans contestation la peinture proprette, le joli, le niais, l'entortillé, et aussi les prétentieuses rapinades, qui, pour représenter un excès contraire, n'en sont pas moins odieuses pour l'œil d'un vrai amateur. Cette pauvreté d'idées, ce tatillonnage dans l'expression, et enfin tous les ridicules connus de la peinture française, suffisent à expliquer l'immense succès des tableaux de Courbet dès leur première apparition. Cette réaction, faite avec les turbulences fanfaronnes de toute réaction, était positivement nécessaire. Il faut rendre à Courbet cette justice, qu'il n'a pas peu contribué à rétablir le goût de la simplicité et de la franchise, et l'amour désintéressé, absolu, de la peinture.

Plus récemment encore, deux autres artistes, jeunes encore, se sont manifestés avec une vigueur peu commune. Je veux parler de M. Legros et de M. Manet. On se souvient des vigoureuses productions de M. Legros, *L'Angélus* (1859), qui exprimait si bien la dévotion triste et résignée des paroisses pauvres; *L'Ex-voto,* qu'on a admiré dans un Salon plus récent et dans la galerie Martinet[2], et dont M. de Balleroy[3] a fait l'acquisition; un tableau de moines agenouillés devant un livre saint comme s'ils en discutaient humblement et pieusement l'interprétation, une assemblée de professeurs, vêtus de leur costume officiel, se livrant à une discussion scientifique, et qu'on peut admirer maintenant chez M. Ricord[1].

M. Manet est l'auteur du *Guitariste*[2], qui a produit une vive sensation au Salon dernier. On verra au prochain Salon plusieurs tableaux de lui empreints de la saveur espagnole la plus forte, et qui donnent à croire que le génie espagnol s'est réfugié en France. MM. Manet et Legros unissent à un goût décidé pour la réalité, la réalité moderne, — ce qui est déjà un bon symptôme, — cette imagination vive et ample, sensible, audacieuse, sans laquelle, il faut bien le dire, toutes les meilleures facultés ne sont que des serviteurs sans maîtres, des agents sans gouvernement.

Il était naturel que, dans ce mouvement actif de rénovation, une part fût faite à la gravure. Dans quel discrédit et dans quelle indifférence est tombé ce noble art de la gravure, hélas ! on ne le voit que trop bien. Autrefois, quand était annoncée une planche reproduisant un tableau célèbre, les amateurs venaient s'inscrire à l'avance pour obtenir les premières épreuves. Ce n'est qu'en feuilletant les œuvres du passé que nous pouvons comprendre les splendeurs du burin. Mais il était un genre plus mort encore que le burin ; je veux parler de l'eauforte. Pour dire vrai, ce genre, si subtil et si superbe, si naïf et si profond, si gai et si sévère, qui peut réunir paradoxalement les qualités les plus diverses, et qui exprime si bien le caractère personnel de l'artiste, n'a jamais joui d'une bien grande popularité parmi le vulgaire. Sauf les estampes de Rembrandt, qui s'imposent avec une autorité classique même aux ignorants, et qui sont chose indiscutable, qui se soucie réellement de l'eau-forte ? qui connaît, excepté les collectionneurs, les différentes formes de perfection dans ce genre que nous ont laissées les âges précédents ? Le XVIIIe siècle abonde en charmantes eaux-fortes; on les trouve pour dix sous[a] dans des cartons poudreux, où souvent elles attendent bien longtemps une main familière. Existe-t-il aujourd'hui, même parmi les artistes, beaucoup de personnes qui connaissent les si spirituelles, si légères et si mordantes planches dont Trimolet, de mélancolique mémoire, dotait, il y a quelques années, les almanachs comiques d'Aubert[3] ?

On dirait cependant qu'il va se faire un retour vers l'eau-forte, ou, du moins, des efforts se font voir qui nous permettent de l'espérer. Les jeunes artistes dont je parlais tout à l'heure, ceux-là et plusieurs autres, se sont groupés autour d'un éditeur actif, M. Cadart, et ont appelé à leur tour leurs confrères, pour fonder une publication régulière d'eaux-fortes originales, — dont la première livraison, d'ailleurs, a déjà paru.

Il était naturel que ces artistes se tournassent surtout vers un genre et une méthode d'expression qui sont, dans leur pleine réussite, la traduction la plus nette possible du caractère de l'artiste, — une méthode expéditive, d'ailleurs, et peu coûteuse; chose importante dans un temps où chacun considère le bon marché comme la qualité dominante, et ne voudrait pas payer à leur prix les lentes opérations du burin. Seulement, il y a un danger dans lequel tombera plus d'un; je veux dire : le lâché, l'incorrection, l'indécision, l'exécution insuffisante. C'est si commode de promener une aiguille sur cette planche noire qui reproduira trop fidèlement toutes les arabesques de la fantaisie, toutes les hachures du caprice ! Plusieurs même, je le devine, tireront vanité de leur audace (est-ce bien le mot ?), comme les gens débraillés qui croient faire preuve d'indépendance. Que des hommes d'un talent mûr et profond (M. Legros, M. Manet, M. Jongkind[a], par exemple), fassent au public confidence de leurs esquisses et de leurs croquis gravés, c'est fort bien, ils en ont le droit. Mais la foule des imitateurs peut devenir trop nombreuse, et il faut craindre d'exciter les dédains, légitimes alors, du public pour un genre si charmant, qui a déjà le tort d'être loin de sa portée. En somme, il ne faut pas oublier que l'eau-forte est un art profond et dangereux, plein de traîtrises, et qui dévoile les défauts d'un esprit aussi clairement que ses qualités. Et, comme tout grand art, très compliqué sous sa simplicité apparente, il a besoin d'un long dévouement pour être mené à perfection.

Nous désirons croire que, grâce aux efforts d'artistes aussi intelligents que MM. Seymour-Haden, Manet, Legros, Bracquemond, Jongkind, Méryon, Millet, Daubigny, Saint-Marcel, Jacquemart, et d'autres dont je n'ai pas la liste sous les yeux, l'eau-forte retrouvera sa vitalité ancienne; mais n'espérons pas, quoi qu'on en dise, qu'elle obtienne autant de faveur qu'à Londres, aux beaux temps de l'*Etching-Club*[1], quand les ladies elles-mêmes faisaient vanité de promener une pointe inexpérimentée sur le vernis. Engouement britannique, fureur passagère, qui serait plutôt de mauvais augure.

Tout récemment, un jeune artiste américain, M. Whistler, exposait à la galerie Martinet une série d'eaux-fortes, subtiles, éveillées comme l'improvisation et l'inspiration, représentant les bords de la Tamise; merveilleux fouillis d'agrès, de vergues, de cordages; chaos de brumes, de fourneaux et de fumées tirebouchonnées; poésie profonde et compliquée d'une vaste capitale.

On connaît les audacieuses et vastes eaux-fortes de M. Legros, qu'il vient de rassembler en un album : cérémonies de l'Église, magnifiques comme des rêves ou plutôt comme la réalité; processions, offices nocturnes, grandeurs sacerdotales, austérités du cloître; et ces quelques pages où Edgar Poe se trouve traduit avec une âpre et simple majesté[1].

C'est chez M. Cadart que M. Bonvin mettait récemment en vente un cahier d'eaux-fortes, laborieuses, fermes et minutieuses comme sa peinture.

Chez le même éditeur, M. Jongkind, le charmant et candide peintre hollandais, a déposé quelques planches auxquelles il a confié le secret de ses souvenirs et de ses rêveries, calmes comme les berges des grands fleuves et les horizons de sa noble patrie, — singulières abréviations de sa peinture, croquis que sauront lire tous les amateurs habitués à déchiffrer l'âme d'un artiste dans ses plus rapides *gribouillages*. Gribouillages est le terme dont se servait un peu légèrement le brave Diderot pour caractériser les eaux-fortes de Rembrandt[2], légèreté digne d'un moraliste qui veut disserter d'une chose tout autre que la morale.

M. Méryon, le vrai type de l'aquafortiste achevé, ne pouvait manquer[a] à l'appel. Il donnera prochainement des œuvres nouvelles. M. Cadart possède encore quelques-unes des anciennes[4]. Elles se font rares; car, dans une crise de mauvaise humeur, bien légitime d'ailleurs, M. Méryon a récemment détruit les planches de son album *Paris*. Et tout de suite, à peu de distance[b], deux fois de suite, la collection Méryon se vendait en vente publique quatre et cinq fois plus cher que sa valeur primitive.

Par l'âpreté, la finesse et la certitude de son dessin, M. Méryon rappelle ce qu'il y a de meilleur dans les anciens aquafortistes. Nous avons rarement vu, représentée avec plus de poésie, la solennité naturelle d'une grande capitale. Les majestés de la pierre accumulée, les *clochers montrant du doigt le ciel,* les obélisques de l'industrie vomissant contre le firmament leurs coalitions de fumées, les prodigieux échafaudages des monuments en réparation, appliquant sur le corps solide de l'architecture leur architecture à jour d'une beauté arachnéenne et paradoxale, le ciel brumeux, chargé de colère et de rancune, la profondeur des perspectives augmentée par la pensée des drames qui y sont contenus, aucun des éléments complexes dont se compose le douloureux et glorieux décor de la civilisation n'y est oublié[1].

Nous avons vu aussi chez le même éditeur la fameuse perspective de San Francisco, que M. Méryon peut, à bon droit, appeler son dessin de maîtrise. M. Niel[2], propriétaire de la planche, ferait vraiment acte de charité en en faisant tirer de temps en temps quelques épreuves. Le placement en est sûr.

Je reconnais bien dans tous ces faits un symptôme heureux. Mais je ne voudrais pas affirmer toutefois que l'eau-forte soit destinée prochainement à une totale popularité. Pensons-y : un peu d'impopularité, c'est consécration. C'est vraiment un genre trop *personnel,* et conséquemment trop *aristocratique,* pour enchanter d'autres personnes que celles qui sont naturellement artistes, très amoureuses dès lors de toute personnalité vive. Non seulement l'eau-forte sert à glorifier l'individualité de l'artiste, mais il serait même difficile à l'artiste de ne pas décrire sur la planche sa personnalité la plus intime. Aussi peut-on affirmer que, depuis la découverte de ce genre de gravure, il y a eu autant de manières de le cultiver qu'il y a eu d'aquafortistes. Il n'en est pas de même du burin, ou du moins la proportion dans l'expression de la personnalité est-elle infiniment moindre.

Somme toute, nous serions enchanté d'être mauvais prophète, et un grand public mordrait au même fruit que nous que cela ne nous en dégoûterait pas. Nous souhaitons à ces messieurs et à leur publication un bon et solide avenir.

L'ŒUVRE ET LA VIE
D'EUGÈNE DELACROIX

AU RÉDACTEUR DE « L'OPINION NATIONALE »

Monsieur,

Je voudrais, une fois encore, une fois suprême, rendre hommage au génie d'Eugène Delacroix, et je vous prie de vouloir bien accueillir dans votre journal ces quelques pages où j'essaierai d'enfermer, aussi brièvement que possible, l'histoire de son talent, la raison de sa supériorité, qui n'est pas encore, selon moi, suffisamment reconnue, et enfin quelques anecdotes et quelques observations sur sa vie et son caractère.

J'ai eu le bonheur d'être lié très jeune (dès 1845, autant que je peux me souvenir[1]) avec l'illustre défunt, et dans cette liaison, d'où le respect de ma part et l'indulgence de la sienne n'excluaient pas la confiance et la familiarité réciproques, j'ai pu à loisir puiser les notions les plus exactes, non seulement sur sa méthode, mais aussi sur les qualités les plus intimes de sa grande âme.

Vous n'attendez pas, monsieur, que je fasse ici une analyse détaillée des œuvres de Delacroix. Outre que chacun de nous l'a faite, selon ses forces et au fur et à mesure que le grand peintre montrait au public les travaux successifs de sa pensée, le compte en est si long, qu'en accordant seulement quelques lignes à chacun de ses principaux ouvrages, une pareille analyse remplirait presque un volume. Qu'il nous suffise d'en exposer ici un vif résumé.

Ses peintures monumentales s'étalent dans le *Salon du Roi* à la Chambre des députés, à la bibliothèque de la Chambre des députés, à la bibliothèque du palais du Luxembourg, à la galerie d'Apollon au Louvre, et au

Salon de la Paix à l'Hôtel de Ville[1]. Ces décorations
comprennent une masse énorme de sujets allégoriques,
religieux et historiques, appartenant tous au domaine
le plus noble de l'intelligence. Quant à ses tableaux dits
de chevalet, ses esquisses, ses grisailles, ses aquarelles,
etc., le compte monte à un chiffre approximatif de
deux cent trente-six.

Les grands sujets exposés à divers *Salons* sont au
nombre de soixante-dix-sept. Je tire ces notes du catalogue que M. Théophile Silvestre a placé à la suite de
son excellente notice sur Eugène Delacroix, dans son
livre intitulé : *Histoire des peintres vivants*[2].

J'ai essayé plus d'une fois, moi-même, de dresser cet
énorme catalogue; mais ma patience a été brisée par
cette incroyable fécondité, et, de guerre lasse, j'y ai
renoncé[3]. Si M. Théophile Silvestre s'est trompé, il n'a
pu se tromper qu'en moins.

Je crois, monsieur, que l'important ici est simplement
de chercher la qualité caractéristique du génie de Delacroix et d'essayer de la définir; de chercher en quoi il
diffère de ses plus illustres devanciers, tout en les égalant;
de montrer enfin, autant que la parole écrite le permet,
l'art magique grâce auquel il a pu traduire la *parole* par
des images plastiques plus vives et plus approximantes[4]
que[a] celles d'aucun créateur de même profession, — en
un mot, de quelle *spécialité*[5] la Providence avait chargé
Eugène Delacroix dans le développement historique
de la Peinture.

I

Qu'est-ce que Delacroix ? Quels furent son rôle et son
devoir en ce monde, telle est la première question à
examiner. Je serai bref et j'aspire à des conclusions
immédiates. La Flandre a Rubens; l'Italie a Raphaël et
Véronèse; la France a Lebrun, David et Delacroix[6].

Un esprit superficiel pourra être choqué, au premier
aspect, par l'accouplement de ces noms, qui représentent
des qualités et des méthodes si différentes. Mais un œil
spirituel plus attentif verra tout de suite qu'il y a entre
tous une parenté commune, une espèce de fraternité
ou de cousinage dérivant de leur amour du grand, du

national, de l'immense et de l'universel, amour qui s'est
toujours exprimé dans la peinture dite décorative ou
dans les grandes *machines*.

Beaucoup d'autres, sans doute, ont fait de grandes
machines, mais ceux-là que j'ai nommés les ont faites de
la manière la plus propre à laisser une trace éternelle dans
la mémoire humaine. Quel est le plus grand de ces grands
hommes si divers ? Chacun peut décider la chose à son
gré, suivant que son tempérament le pousse à préférer
l'abondance prolifique, rayonnante, joviale presque, de
Rubens, la douce majesté et l'ordre eurythmique de
Raphaël, la couleur paradisiaque et comme d'après-midi
de Véronèse, la sévérité austère et tendue de David, ou
la faconde dramatique et quasi littéraire de Lebrun.

Aucun de ces hommes ne peut être remplacé; visant
tous à un but semblable, ils ont employé des moyens
différents tirés de leur nature personnelle. Delacroix, le
dernier venu, a exprimé avec une véhémence et une fer-
veur admirables, ce que les autres n'avaient traduit que
d'une manière forcément incomplète[a]. Au détriment de
quelque autre chose peut-être, comme eux-mêmes avaient
fait d'ailleurs ? C'est possible; mais ce n'est pas la
question à examiner[1].

Bien d'autres que moi ont pris soin de s'appesantir
sur les conséquences fatales d'un génie essentiellement
personnel; et il serait bien possible aussi, après tout,
que les plus belles expressions du génie, ailleurs que dans
le ciel pur, c'est-à-dire sur cette pauvre terre, où la perfection elle-même est imparfaite, ne pussent être obtenues
qu'au prix d'un inévitable sacrifice.

Mais enfin, monsieur, direz-vous sans doute, quel est
donc ce je ne sais quoi de mystérieux que Delacroix,
pour la gloire de notre siècle, a mieux traduit qu'aucun
autre ? C'est l'invisible, c'est[b] l'impalpable, c'est le rêve,
c'est les nerfs, c'est l'âme ; et il a fait cela, — observez-le
bien, — monsieur, sans autres moyens que le contour
et la couleur; il l'a fait mieux que pas un; il l'a fait avec
la perfection d'un peintre consommé, avec la rigueur
d'un littérateur subtil, avec l'éloquence d'un musicien
passionné. C'est, du reste, un des diagnostics de l'état
spirituel de notre siècle que les arts aspirent, sinon à se
suppléer l'un l'autre, du moins à se prêter réciproquement des forces nouvelles.

Delacroix est le plus *suggestif* de tous les peintres, celui
dont les œuvres, choisies même parmi les secondaires
et les inférieures, font le plus penser, et rappellent à la
mémoire le plus de sentiments et de pensées poétiques
déjà connus, mais qu'on croyait enfouis pour toujours
dans la nuit du passé.

L'œuvre de Delacroix m'apparaît quelquefois comme
une espèce de mnémotechnie[1] de la grandeur et de la
passion native de l'homme universel. Ce mérite très
particulier et tout nouveau de M. Delacroix, qui lui a
permis d'exprimer, simplement avec le contour, le geste
de l'homme, si violent qu'il soit, et avec la couleur ce
qu'on pourrait appeler l'atmosphère du drame humain,
ou l'état de l'âme du créateur, — ce mérite tout original
a toujours rallié autour de lui les sympathies des poètes;
et[a] si, d'une pure manifestation matérielle il était permis
de tirer une vérification philosophique, je vous prierais
d'observer, monsieur, que, parmi la foule accourue
pour lui rendre les suprêmes honneurs, on pouvait
compter beaucoup plus de littérateurs que de peintres.
Pour dire la vérité crue, ces derniers ne l'ont jamais
parfaitement compris.

II

Et en cela, quoi de bien étonnant, après tout ? Ne
savons-nous pas que la saison des Michel-Ange, des
Raphaël, des Léonard de Vinci, disons même des Reynolds, est depuis longtemps passée, et que le niveau
intellectuel général des artistes a singulièrement baissé ?
Il serait sans doute injuste de chercher parmi les artistes
du jour des philosophes, des poètes et des savants; mais
il serait légitime d'exiger d'eux qu'ils s'intéressassent,
un peu plus qu'ils ne font, à la religion, à la poésie et à
la science.

Hors de leurs ateliers que savent-ils ? qu'aiment-ils ?
qu'expriment-ils ? Or, Eugène Delacroix était, en même
temps qu'un peintre épris de son métier, un homme
d'éducation générale, au contraire des autres artistes
modernes qui, pour la plupart, ne sont guère que d'illustres ou d'obscurs rapins, de tristes spécialistes, vieux

ou jeunes; de purs ouvriers, les uns sachant fabriquer des figures académiques, les autres des fruits, les autres des bestiaux.

Eugène Delacroix aimait tout, savait tout peindre, et savait goûter tous les genres de talents. C'était l'esprit le plus ouvert à toutes les notions et à toutes les impressions, le jouisseur le plus éclectique et le plus impartial.

Grand liseur, cela va sans dire. La lecture des poètes laissait en lui des images grandioses et rapidement définies, des tableaux tout faits, pour ainsi dire. Quelque différent qu'il soit de son maître Guérin par la méthode et la couleur, il a hérité de la grande école républicaine et impériale l'amour des poètes et je ne sais quel esprit endiablé de rivalité avec la parole écrite. David, Guérin et Girodet[1] enflammaient leur esprit au contact d'Homère, de Virgile, de Racine et d'Ossian. Delacroix fut le traducteur émouvant de Shakespeare, de Dante, de Byron et d'Arioste. Ressemblance importante et différence légère.

Mais entrons un peu plus avant, je vous prie, dans ce qu'on pourrait appeler l'enseignement du maître, enseignement qui, pour moi, résulte non seulement de la contemplation successive de toutes ses œuvres et de la contemplation simultanée de quelques-unes, comme vous avez pu en jouir à l'Exposition universelle de 1855[2], mais aussi de maintes conversations que j'ai eues avec lui[3].

III

Delacroix était passionnément amoureux de la passion, et froidement déterminé à chercher les moyens d'exprimer la passion de la manière la plus visible. Dans ce double caractère, nous trouvons, disons-le en passant, les deux signes qui marquent les plus solides génies, génies extrêmes qui ne sont guère faits pour plaire aux âmes timorées, faciles à satisfaire, et qui trouvent une nourriture suffisante dans les œuvres lâches, molles, imparfaites. Une passion immense, doublée d'une volonté formidable, tel était l'homme.

Or, il disait sans cesse :

« Puisque je considère l'impression transmise à l'artiste

par la nature comme la chose la plus importante à traduire, n'est-il pas nécessaire que celui-ci soit armé à l'avance de tous les moyens de traduction les plus rapides ? »

Il est évident qu'à ses yeux l'imagination était le don le plus précieux, la faculté la plus importante, mais que cette faculté restait impuissante et stérile, si elle n'avait pas à son service une habileté rapide, qui pût suivre la grande faculté despotique dans ses caprices impatients. Il n'avait pas besoin, certes, d'activer le feu de son imagination, toujours incandescente; mais il trouvait toujours la journée trop courte pour étudier les moyens d'expression.

C'est à cette préoccupation incessante qu'il faut attribuer ses recherches perpétuelles relatives à la couleur, à la qualité des couleurs, sa curiosité des choses de chimie[a] et ses conversations avec les fabricants de couleurs. Par là il se rapproche de Léonard de Vinci, qui, lui aussi, fut envahi par les mêmes obsessions.

Jamais Eugène Delacroix, malgré son admiration pour les phénomènes ardents de la vie, ne sera confondu parmi cette tourbe d'artistes et de littérateurs vulgaires dont l'intelligence myope s'abrite derrière le mot vague et obscur de *réalisme*. La première fois que je vis M. Delacroix, en 1845, je crois (comme les années s'écoulent, rapides et voraces !), nous causâmes beaucoup de lieux communs, c'est-à-dire des questions les plus vastes et cependant les plus simples : ainsi, de la nature, par exemple. Ici, monsieur, je vous demanderai la permission de me citer moi-même, car une paraphrase ne vaudrait pas les mots que j'ai écrits autrefois, presque sous la dictée du maître :

« La nature n'est qu'un dictionnaire, répétait-il fréquemment[1]. Pour bien comprendre l'étendue du sens impliqué dans cette phrase, il faut se figurer les usages ordinaires et nombreux du dictionnaire. On y cherche le sens des mots, la génération des mots, l'étymologie des mots; enfin on en extrait tous les éléments qui composent une phrase ou un récit; mais personne n'a jamais considéré le dictionnaire comme une *composition,* dans le sens poétique du mot. Les peintres qui obéissent à l'imagination cherchent dans leur dictionnaire les éléments qui s'accommodent à leur conception; encore, en les ajustant avec un certain art, leur donnent-ils une physionomie toute nouvelle. Ceux qui n'ont pas d'imagination copient le dictionnaire. Il en résulte un très grand vice, le vice de la banalité, qui est plus particulièrement propre à ceux d'entre les peintres que leur spécialité rapproche davantage de la nature dite inanimée, par exemple les paysagistes, qui considèrent généralement comme un triomphe de ne pas montrer leur personnalité. À force de contempler et de copier, ils oublient de sentir et de penser.

« Pour ce grand peintre, toutes les parties de l'art, dont l'un prend celle-ci, et l'autre celle-là pour la principale, n'étaient, ne sont, veux-je dire, que les très humbles servantes d'une faculté unique et supérieure. Si une exécution très nette est nécessaire, c'est pour que le rêve soit très nettement traduit; qu'elle soit très rapide, c'est pour que rien ne se perde de l'impression extraordinaire qui accompagnait la conception; que l'attention de l'artiste se porte même sur la propreté matérielle[a] des outils, cela se conçoit sans peine, toutes les précautions devant être prises pour rendre l'exécution agile et décisive. »

Pour le dire en passant, je n'ai jamais vu de palette aussi minutieusement et aussi délicatement préparée que celle de Delacroix. Cela ressemblait à un bouquet de fleurs, savamment assorties.

« Dans une pareille méthode[1], qui est essentiellement logique, tous les personnages, leur disposition relative, le paysage ou l'intérieur qui leur sert de fond ou d'horizon, leurs vêtements, tout enfin doit servir à illuminer l'idée générale et porter sa couleur originelle, sa livrée, pour ainsi dire. Comme un rêve est placé dans une atmosphère colorée qui lui est propre, de même une conception, devenue composition, a besoin de se mouvoir dans un milieu coloré qui lui soit particulier. Il y a évidemment un ton particulier attribué à une partie quelconque du tableau qui devient clef et qui gouverne les autres. Tout le monde sait que le jaune, l'orangé, le rouge, inspirent et représentent des idées de joie, de richesse, de gloire et d'amour; mais il y a des milliers d'atmosphères jaunes ou rouges, et toutes les autres couleurs seront affectées logiquement dans une quantité proportionnelle par l'atmosphère dominante. L'art du coloriste tient évidemment par certains côtés[b] aux mathématiques et à la musique.

« Cependant ses opérations les plus délicates se font par un sentiment auquel un long exercice a donné une

sûreté inqualifiable. On voit que cette grande loi d'harmonie générale condamne bien des papillotages et bien
des crudités, même chez les peintres les plus illustres. Il y
a des tableaux de Rubens qui non seulement font penser à
un feu d'artifice coloré, mais même à plusieurs feux d'artifice tirés sur le même emplacement. Plus un tableau est
grand, plus la touche doit être large, cela va sans dire;
mais il est bon que les touches ne soient pas matériellement fondues; elles se fondent naturellement à une distance voulue par la loi sympathique qui les a associées.
La couleur obtient ainsi plus d'énergie et de fraîcheur.

« Un bon tableau, fidèle et égal au rêve qui l'a enfanté,
doit être produit comme un monde. De même que la
création, telle que nous la voyons, est le résultat de plusieurs créations dont les précédentes sont toujours
complétées par la suivante, ainsi un tableau, conduit
harmoniquement, consiste en une série de tableaux
superposés, chaque nouvelle couche donnant au rêve
plus de réalité et le faisant monter d'un degré vers la
perfection. Tout au contraire, je me rappelle avoir vu
dans les ateliers de Paul Delaroche et d'Horace Vernet de
vastes tableaux, non pas ébauchés, mais commencés,
c'est-à-dire absolument finis dans de certaines parties,
pendant que certaines autres n'étaient encore indiquées
que par un contour noir ou blanc. On pourrait comparer
ce genre d'ouvrage à un travail purement manuel qui
doit couvrir une certaine quantité d'espace en un temps
déterminé, ou à une longue route divisée en un grand
nombre d'étapes. Quand une étape est faite, elle n'est
plus à faire; et quand toute la route est parcourue,
l'artiste est délivré de son tableau.

« Tous ces préceptes sont évidemment modifiés plus
ou moins par le tempérament varié des artistes. Cependant
je suis convaincu que c'est là la méthode la plus sûre pour
les imaginations riches. Conséquemment, de trop grands
écarts faits hors la méthode en question témoignent d'une
importance anormale et injuste donnée à quelque partie
secondaire de l'art.

« Je ne crains pas qu'on dise qu'il y a absurdité à supposer une même méthode appliquée par une foule d'individus différents. Car il est évident que les rhétoriques et
les prosodies ne sont pas des tyrannies inventées arbitrairement, mais une collection de règles réclamées par l'orga-

nisation même de l'être spirituel ; et jamais les prosodies et les rhétoriques n'ont empêché l'originalité de se produire distinctement. Le contraire, à savoir qu'elles ont aidé l'éclosion de l'originalité, serait infiniment plus vrai.

« Pour être bref, je suis obligé d'omettre une foule de corollaires résultant de la formule principale, où est, pour ainsi dire, contenu tout le formulaire de la véritable esthétique, et qui peut être exprimée ainsi : Tout l'univers visible n'est qu'un magasin d'images et de signes auxquels l'imagination donnera une place et une valeur relative ; c'est une espèce de pâture que l'imagination doit digérer et transformer. Toutes les facultés de l'âme humaine doivent être subordonnées à l'imagination qui les met en réquisition toutes à la fois. De même que bien connaître le dictionnaire n'implique pas nécessairement la connaissance de l'art de la composition, et que l'art de la composition lui-même n'implique pas l'imagination universelle, ainsi un *bon* peintre peut n'être pas *grand* peintre. Mais un ᵃ grand peintre est forcément un bon peintre, parce que l'imagination universelle renferme l'intelligence de tous les moyens et le désir de les acquérir.

« Il est évident que, d'après les notions que je viens d'élucider tant bien que mal (il y aurait encore tant de choses à dire, particulièrement sur les parties concordantes de tous les arts et les ressemblances dans leurs méthodes !), l'immense classe des artistes, c'est-à-dire des hommes qui sont voués à l'expression du beau, peut se diviser en deux camps bien distincts. Celui-ci qui s'appelle lui-même *réaliste,* mot à double entente et dont le sens n'est pas bien déterminé, et que nous appellerons, pour mieux caractériser son erreur, un *positiviste,* dit : « Je veux représenter les choses telles qu'elles sont, ou telles qu'elle seraient, en supposant que je n'existe pas. » L'univers sans l'homme. Et celui-là, l'imaginatif, dit : « Je veux illuminer les choses avec mon esprit et en projeter le reflet sur les autres esprits. » Bien que ces deux méthodes absolument contraires puissent agrandir ou amoindrir tous les sujets, depuis la scène religieuse jusqu'au plus modeste paysage, toutefois l'homme d'imagination a dû généralement se produire dans la peinture religieuse et dans la fantaisie, tandis que la peinture dite de genre et le paysage devaient offrir en apparence de vastes ressources aux esprits paresseux et difficilement excitables . . . . . .

« L'imagination de Delacroix ! Celle-là n'a jamais craint d'escalader les hauteurs difficiles de la religion; le ciel lui appartient, comme l'enfer, comme la guerre, comme l'Olympe, comme la volupté. Voilà bien le type du peintre-poète ! Il est bien un des rares élus, et l'étendue de son esprit comprend la religion dans son domaine. Son imagination, ardente comme les chapelles ardentes, brille de toutes les flammes et de toutes les pourpres. Tout ce qu'il y a de douleur dans la passion le passionne; tout ce qu'il y a de splendeur dans l'Église l'illumine. Il verse tour à tour sur ses toiles inspirées le sang, la lumière et les ténèbres. Je crois qu'il ajouterait volontiers, comme surcroît, son faste naturel aux majestés de l'Évangile.

« J'ai vu une petite *Annonciation,* de Delacroix, où l'ange visitant Marie n'était pas seul, mais conduit en cérémonie par deux autres anges, et l'effet de cette cour céleste était puissant et charmant. Un de ses tableaux de jeunesse, le *Christ aux Oliviers* (« Seigneur, détournez de moi ce calice »), ruisselle de tendresse féminine et d'onction poétique. La douleur et la pompe, qui éclatent si haut dans la religion, font toujours écho dans son esprit. »

Et plus récemment encore, à propos de cette chapelle des Saints-Anges, à Saint-Sulpice *(Héliodore chassé du Temple* et *La Lutte de Jacob avec l'Ange),* son dernier grand travail, si niaisement critiqué, je disais[1] :

« Jamais, même dans la *Clémence de Trajan*[2], même dans l'*Entrée des Croisés à Constantinople,* Delacroix n'a étalé un coloris plus splendidement et plus savamment surnaturel; jamais un dessin plus *volontairement* épique. Je sais bien que quelques personnes, des maçons sans doute, des architectes peut-être, ont, à propos de cette dernière œuvre, prononcé le mot *décadence.* C'est ici le lieu de rappeler que les grands maîtres, poètes ou peintres, Hugo ou Delacroix, sont toujours en avance de plusieurs années sur leurs timides admirateurs.

« Le[b] public est, relativement au génie, une horloge qui retarde. Qui, parmi les gens clairvoyants, ne comprend que le premier tableau du maître contenait tous les autres en germe ? Mais qu'il perfectionne sans cesse ses dons naturels, qu'il les aiguise avec soin, qu'il en tire des effets nouveaux, qu'il pousse lui-même sa nature à outrance, cela est inévitable, fatal et louable. Ce qui est justement la marque principale du génie de Delacroix, c'est qu'il ne connaît pas la décadence; il ne montre que le progrès. Seulement ses qualités primitives étaient si véhémentes et si riches, et elles ont si vigoureusement frappé les esprits, même les plus vulgaires, que le progrès journalier est pour eux insensible; les raisonneurs seuls le perçoivent clairement.

« Je parlais tout à l'heure des propos de quelques *maçons*. Je veux caractériser par ce mot cette classe d'esprits grossiers et matériels (le nombre en est infiniment grand), qui n'apprécient les objets que par le contour, ou, pis encore, par leurs trois dimensions : largeur, longueur et profondeur, exactement comme les sauvages et les paysans. J'ai souvent entendu des personnes de cette espèce établir une hiérarchie des qualités, absolument inintelligible pour moi; affirmer, par exemple, que la faculté qui permet à celui-ci de créer un contour exact, ou à celui-là un contour d'une beauté surnaturelle, est supérieure à la faculté qui sait assembler les couleurs d'une[a] manière enchanteresse. Selon ces gens-là, la couleur ne rêve pas, ne pense pas, ne parle pas. Il paraîtrait que, quand je contemple les œuvres d'un de ces hommes appelés spécialement coloristes, je me livre à un plaisir qui n'est pas d'une nature noble; volontiers m'appelleraient-ils matérialiste, réservant pour eux-mêmes l'aristocratique épithète de spiritualistes.

« Ces esprits superficiels ne songent pas que les deux facultés ne peuvent jamais être tout à fait séparées, et qu'elles sont toutes deux le résultat d'un germe primitif soigneusement cultivé. La nature extérieure ne fournit à l'artiste qu'une occasion sans cesse renaissante de cultiver ce germe; elle n'est qu'un amas incohérent de matériaux que l'artiste est invité à associer et à mettre en ordre, un *incitamentum,* un réveil pour les facultés sommeillantes. Pour parler exactement, il n'y a dans la nature ni ligne ni couleur. C'est l'homme qui crée la ligne et la couleur. Ce sont deux abstractions qui tirent leur égale noblesse d'une même origine.

« Un dessinateur-né[b] (je le suppose enfant) observe dans la nature immobile ou mouvante de certaines sinuosités, d'où il tire une certaine volupté, et qu'il s'amuse à fixer par des lignes sur le papier, exagérant ou diminuant à plaisir leurs inflexions; il apprend ainsi à créer le galbe, l'élégance, le caractère dans le dessin. Supposons un enfant destiné à perfectionner la partie de l'art qui s'appelle couleur : c'est du choc ou de l'accord heureux de deux tons et du plaisir qui en résulte pour lui, qu'il tirera la science infinie des combinaisons de tons. La nature a été, dans les deux cas, une pure excitation.

« La ligne et la couleur font penser et rêver toutes les deux ; les plaisirs qui en dérivent sont d'une nature différente, mais parfaitement égale et absolument indépendante du sujet du tableau.

« Un*a* tableau de Delacroix, placé à une trop grande distance pour que vous puissiez juger de l'agrément des contours ou de la qualité plus ou moins dramatique du sujet, vous pénètre déjà d'une volupté surnaturelle. Il vous semble qu'une atmosphère magique a marché vers vous et vous enveloppe. Sombre, délicieuse pourtant, lumineuse[1], mais tranquille, cette impression, qui prend pour toujours sa place dans votre mémoire, prouve le vrai, le parfait coloriste. Et l'analyse du sujet, quand vous vous approchez, n'enlèvera rien et n'ajoutera rien à ce plaisir primitif, dont la source est ailleurs et loin de toute pensée concrète*b*.

« Je puis inverser l'exemple. Une figure bien dessinée vous pénètre d'un plaisir tout à fait étranger au sujet. Voluptueuse ou terrible, cette figure ne doit son charme qu'à l'arabesque qu'elle découpe dans l'espace. Les membres d'un martyr qu'on écorche, le corps d'une nymphe pâmée, s'ils sont savamment dessinés, comportent un genre de plaisir dans les éléments duquel le sujet n'entre pour rien ; si pour vous il en est autrement, je serai forcé de croire que vous êtes un bourreau ou un libertin.

« Mais, hélas ! à quoi bon, à quoi bon toujours répéter ces inutiles vérités ? »

Mais peut-être, monsieur, vos lecteurs priseront-ils beaucoup moins toute cette rhétorique*c* que les détails que je suis impatient moi-même de leur donner sur la personne et sur les mœurs de notre regrettable grand peintre[2].

IV

C'est surtout dans les écrits d'Eugène Delacroix qu'apparaît cette dualité de nature dont j'ai parlé. Beaucoup de gens, vous le savez, monsieur, s'étonnaient de la sagesse

de ses opinions écrites et de la modération de son style;
les uns regrettant, les autres approuvant. *Les Variations
du beau,* les études sur *Poussin, Prud'hon, Charlet*[1], et les
autres morceaux publiés soit dans *L'Artiste,* dont le propriétaire était alors M. Ricourt, soit dans la *Revue des Deux
Mondes,* ne font que confirmer ce caractère double des
grands artistes, qui les pousse, comme critiques, à louer et
à analyser plus voluptueusement les qualités dont ils ont
le plus besoin, en tant que créateurs, et qui font antithèse
à celles qu'ils possèdent surabondamment. Si Eugène
Delacroix avait loué, préconisé ce que nous admirons
surtout en lui, la violence, la soudaineté dans le geste,
la turbulence de la composition, la magie de la couleur,
en vérité, c'eût été le cas de s'étonner. Pourquoi chercher
ce qu'on possède en quantité presque superflue, et comment ne pas vanter ce qui nous semble plus rare et plus
difficile à acquérir ? Nous verrons toujours, monsieur, le
même phénomène se produire chez les créateurs de génie,
peintres ou littérateurs, toutes les fois qu'ils appliqueront
leurs facultés à la critique. À l'époque de la grande lutte
des deux écoles, la classique et la romantique, les esprits
simples s'ébahissaient d'entendre Eugène Delacroix vanter sans cesse Racine, La Fontaine et Boileau. Je connais
un poète[2], d'une nature toujours orageuse et vibrante,
qu'un vers de Malherbe, symétrique et carré de mélodie,
jette dans de longues extases.

D'ailleurs, si sages, si sensés et si nets de tour et d'intention que nous apparaissent les fragments littéraires du
grand peintre, il serait absurde de croire qu'ils furent écrits
facilement et avec la certitude d'allure de son pinceau.
Autant il était sûr d'*écrire* ce qu'il pensait sur une toile,
autant il était préoccupé de ne pouvoir *peindre* sa pensée
sur le papier. « La plume, — disait-il souvent, — n'est pas
mon *outil ;* je sens que je pense juste, mais le besoin de
l'ordre, auquel je suis contraint d'obéir, m'effraye. Croi-
riez-vous que la nécessité d'écrire une page me donne la
migraine ? » C'est par cette gêne, résultat du manque
d'habitude, que peuvent être expliquées certaines locu-
tions un peu usées, un peu *poncif, empire* même, qui échappent trop souvent à cette plume naturellement distinguée.

Ce qui marque le plus visiblement le style de Delacroix,
c'est la concision et une espèce d'intensité sans ostenta-
tion, résultat habituel de la concentration de toutes les

forces spirituelles vers un point donné. « *The hero is he who is immovably centred* », dit le moraliste d'outre-mer Emerson[1], qui, bien qu'il passe pour le chef de l'ennuyeuse école bostonienne, n'en a pas moins une certaine pointe à la Sénèque, propre à aiguillonner la méditation. « *Le héros est celui-là qui est immuablement concentré.* » — La maxime que le chef du *Transcendantalisme* américain applique à la conduite de la vie et au domaine des affaires peut également s'appliquer au domaine de la poésie et de l'art. On pourrait dire aussi bien : « Le héros littéraire, c'est-à-dire le véritable écrivain, est celui qui est immuablement concentré. » Il ne vous paraîtra donc pas surprenant, monsieur, que Delacroix eût une sympathie très prononcée pour les écrivains concis et concentrés, ceux dont la prose peu chargée d'ornements a l'air d'imiter les mouvements rapides de la pensée, et dont la phrase ressemble à un geste, Montesquieu[2], par exemple. Je puis vous fournir un curieux exemple de cette brièveté féconde et poétique. Vous avez comme moi, sans doute, lu ces jours derniers, dans *La Presse,* une très curieuse et très belle étude de M. Paul de Saint-Victor sur le plafond de la galerie d'Apollon[3]. Les diverses conceptions du déluge, la manière dont les légendes relatives au déluge doivent être interprétées, le sens moral des épisodes et des actions qui composent l'ensemble de ce merveilleux tableau, rien n'est oublié; et le tableau lui-même est minutieusement décrit avec ce style charmant, aussi spirituel que coloré, dont l'auteur nous a montré tant d'exemples. Cependant le tout ne laissera dans la mémoire qu'un spectre diffus, quelque chose comme la très vague lumière d'une amplification. Comparez ce vaste morceau aux quelques lignes suivantes, bien plus énergiques, selon moi, et bien plus aptes à *faire tableau,* en supposant même que le tableau qu'elles résument n'existe pas. Je copie simplement le programme distribué par M. Delacroix à ses amis, quand il les invita à visiter l'œuvre en question[4] :

APOLLON VAINQUEUR DU SERPENT PYTHON

« Le dieu, monté sur son char, a déjà lancé une partie de ses traits; Diane sa sœur, volant à sa suite, lui présente son carquois. Déjà percé par les flèches du dieu de la cha-

leur et de la vie, le monstre sanglant se tord en exhalant
dans une vapeur enflammée les restes de sa vie et de sa
rage impuissante. Les eaux du déluge commencent à
tarir, et déposent sur les sommets des montagnes ou
entraînent avec elles les cadavres des hommes et des animaux. Les dieux se sont indignés de voir la terre aban-
donnée à des monstres difformes, produits impurs du
limon. Ils se sont armés comme Apollon : Minerve,
Mercure s'élancent pour les exterminer en attendant que
la Sagesse éternelle repeuple la solitude de l'univers.
Hercule les écrase de sa massue; Vulcain, le dieu du feu,
chasse devant lui la nuit et les vapeurs impures, tandis que
Borée et les Zéphyrs sèchent les eaux de leur souffle et
achèvent de dissiper les nuages. Les nymphes des fleuves
et des rivières ont retrouvé leur lit de roseaux et leur urne
encore souillée par la fange et par les débris. Des divinités
plus timides contemplent à l'écart ce combat des dieux et
des éléments. Cependant du haut des cieux la Victoire
descend pour couronner Apollon vainqueur, et Iris, la
messagère des dieux, déploie dans les airs son écharpe,
symbole du triomphe de la lumière sur les ténèbres et sur
la révolte des eaux. »

Je sais que le lecteur sera obligé de deviner beaucoup,
de collaborer, pour ainsi dire, avec le rédacteur de la
note; mais croyez-vous réellement, monsieur, que l'admiration pour le peintre me rende visionnaire en ce cas,
et que je me trompe absolument en prétendant découvrir
ici la trace des habitudes aristocratiques prises dans les
bonnes lectures, et de cette rectitude de pensée qui a permis à des hommes du monde, à des militaires, à des aven-
turiers, ou même à de simples courtisans, d'écrire, quelquefois à la diable, de fort beaux livres que nous autres,
gens du métier, nous sommes contraints d'admirer ?

v

Eugène Delacroix était un curieux mélange de scepti-
cisme, de politesse, de dandysme, de volonté ardente,
de ruse, de despotisme, et enfin d'une espèce de bonté
particulière et de tendresse modérée qui accompagne
toujours le génie. Son père[1] appartenait à cette race

d'hommes forts dont nous avons connu les derniers dans notre enfance; les uns fervents apôtres de Jean-Jacques, les autres disciples déterminés de Voltaire, qui ont tous collaboré, avec une égale obstination, à la Révolution française, et dont les survivants, jacobins ou cordeliers, se sont ralliés avec une parfaite bonne foi (c'est important à noter) aux intentions de Bonaparte.

Eugène Delacroix a toujours gardé les traces de cette origine révolutionnaire. On peut dire de lui, comme de Stendhal, qu'il avait grande frayeur d'être dupe. Sceptique et aristocrate, il ne connaissait la passion et le surnaturel que par sa fréquentation forcée avec le rêve. Haïsseur des multitudes, il ne les considérait guère que comme des briseuses d'images, et les violences commises en 1848 sur quelques-uns de ses ouvrages[1] n'étaient pas faites pour le convertir au sentimentalisme politique de nos temps. Il y avait même en lui quelque chose, comme style, manières et opinions, de Victor Jacquemont[2]. Je sais que la comparaison est quelque peu injurieuse; aussi je désire qu'elle ne soit entendue qu'avec une extrême modération. Il y a dans Jacquemont du bel esprit bourgeois révolté et une gouaillerie aussi encline à mystifier les ministres de Brahma que ceux de Jésus-Christ. Delacroix, averti par le goût toujours inhérent au génie, ne pouvait jamais tomber dans ces vilenies. Ma comparaison n'a donc trait qu'à l'esprit de prudence et à la sobriété dont ils sont tous deux marqués. De même, les signes héréditaires que le xviiie siècle avait laissés sur sa nature avaient l'air empruntés surtout à cette classe aussi éloignée des utopistes que des furibonds, à la classe des sceptiques polis, les vainqueurs et les survivants, qui, généralement, relevaient plus de Voltaire que de Jean-Jacques. Aussi, au premier coup d'œil, Eugène Delacroix apparaissait simplement comme un homme *éclairé*, dans le sens honorable du mot, comme un parfait *gentleman* sans préjugés et sans passions. Ce n'était que par une fréquentation plus assidue qu'on pouvait pénétrer sous le vernis et deviner les parties abstruses de son âme. Un homme à qui on pourrait plus légitimement le comparer pour la tenue extérieure et pour les manières serait M. Mérimée[3]. C'était la même froideur apparente, légèrement affectée, le même manteau de glace recouvrant une pudique sensibilité et une ardente passion pour le bien et pour le beau; c'était, sous la même hypocrisie d'égoïsme, le même dévouement aux amis secrets et aux idées de prédilection.

Il y avait dans Eugène Delacroix beaucoup du *sauvage ;* c'était là la plus précieuse partie de son âme, la partie vouée tout entière à la peinture de ses rêves et au culte de son art. Il y avait en lui beaucoup de l'homme du monde; cette partie-là était destinée à voiler la première et à la faire pardonner. Ça a été, je crois, une des grandes préoccupations de sa vie de dissimuler les colères de son cœur et de n'avoir pas l'air d'un homme de génie. Son esprit de domination, esprit bien légitime, fatal d'ailleurs, avait presque entièrement disparu sous mille gentillesses. On eût dit un cratère de volcan artistement caché par des bouquets de fleurs.

Un autre trait de ressemblance avec Stendhal était sa propension aux formules simples, aux maximes brèves, pour la bonne conduite de la vie[1]. Comme tous les gens d'autant plus épris de méthode que leur tempérament ardent et sensible semble les en détourner davantage, Delacroix aimait façonner[a] de ces petits catéchismes de morale pratique que les étourdis et les fainéants qui ne pratiquent rien attribueraient dédaigneusement à M. de la Palisse, mais que le génie ne méprise pas, parce qu'il est apparenté avec la simplicité; maximes saines, fortes, simples et dures, qui servent de cuirasse et de bouclier à celui que la fatalité de son génie jette dans une bataille perpétuelle.

Ai-je besoin de vous dire que le même esprit de sagesse ferme et méprisante inspirait les opinions d'É. Delacroix[b] en matière politique ? Il croyait que rien ne change, bien que tout ait l'air de changer, et que certaines époques climatériques, dans l'histoire des peuples, ramènent invariablement des phénomènes analogues. En somme, sa pensée, en ces sortes de choses, approximait beaucoup, surtout par ses côtés de froide et désolante résignation, la pensée d'un historien dont je fais pour ma part un cas tout particulier, et que vous-même, monsieur, si parfaitement rompu à ces thèses[2], et qui savez estimer le talent, même quand il vous contredit, vous avez été, j'en suis sûr, contraint d'admirer plus d'une fois. Je veux parler de M. Ferrari, le subtil et savant auteur de l'*Histoire de la raison d'État*[3]. Aussi, le causeur

qui, devant M. Delacroix, s'abandonnait aux enthousiasmes enfantins de l'utopie, avait bientôt à subir l'effet
de son rire amer, imprégné d'une pitié sarcastique, et si,
imprudemment, on lançait devant lui la grande chimère
des temps modernes, le ballon-monstre de la perfectibi-
lité et du progrès indéfinis[1], volontiers il vous demandait :
« Où sont donc vos Phidias ? où sont vos Raphaël ?»

Croyez bien cependant que ce dur bon sens n'enlevait
aucune grâce à M. Delacroix. Cette verve d'incrédulité
et ce refus d'être dupe assaisonnaient, comme un sel
byronien, sa conversation si poétique et si colorée. Il
tirait aussi de lui-même, bien plus qu'il ne les empruntait à sa longue fréquentation du monde, — de lui-même,
c'est-à-dire de son génie et de la conscience de son génie,
une certitude, une aisance de manières merveilleuse[a],
avec une politesse qui admettait, comme un prisme,
toutes les nuances, depuis la bonhomie la plus cordiale
jusqu'à l'impertinence la plus irréprochable. Il possédait
bien vingt manières différentes de prononcer *« mon cher
monsieur »*, qui représentaient, pour une oreille exercée,
une curieuse gamme de sentiments[2]. Car enfin, il faut bien
que je le dise, puisque je trouve en ceci un nouveau
motif d'éloge, E. Delacroix, quoiqu'il fût un homme de
génie, ou parce qu'il était un homme de génie complet,
participait beaucoup du dandy. Lui-même avouait que
dans sa jeunesse il s'était livré avec plaisir aux vanités les
plus matérielles du dandysme et racontait en riant, mais
non sans une certaine gloriole, qu'il avait, avec le concours
de son ami Bonington[b], fortement travaillé à introduire
parmi la jeunesse élégante le goût des coupes anglaises
dans la chaussure et dans le vêtement. Ce détail, je présume, ne vous paraîtra pas inutile; car il n'y a pas de souvenir superflu quand on a à peindre la nature de certains hommes.

Je vous ai dit que c'était surtout la partie naturelle de
l'âme de Delacroix qui, malgré le voile amortissant d'une
civilisation raffinée, frappait l'observateur attentif. Tout
en lui était énergie, mais énergie dérivant des nerfs et de
la volonté; car, physiquement, il était frêle et délicat. Le
tigre, attentif à sa proie, a moins de lumière dans les yeux
et de frémissements impatients dans les muscles que n'en
laissait voir notre grand peintre, quand toute son âme
était dardée sur une idée ou voulait s'emparer d'un rêve.

Le caractère physique même de sa physionomie, son teint de Péruvien ou de Malais, ses yeux grands et noirs, mais rapetissés par les clignotements de l'attention, et qui semblaient déguster la lumière, ses cheveux abondants et lustrés, son front entêté, ses lèvres serrées, auxquelles une tension perpétuelle de volonté communiquait une expression cruelle, toute sa personne enfin suggérait l'idée d'une origine exotique. Il m'est arrivé plus d'une fois, en le regardant, de rêver des anciens souverains du Mexique, de ce Moctézuma[a1] dont la main habile aux sacrifices pouvait immoler en un seul jour trois mille créatures humaines sur l'autel pyramidal du Soleil, ou bien de quelqu'un de ces princes hindous qui, dans les splendeurs des plus glorieuses fêtes, portent au fond de leurs yeux une sorte d'avidité insatisfaite et une nostalgie inexplicable, quelque chose comme le souvenir et le regret de choses non connues. Observez, je vous prie, que la couleur générale des tableaux de Delacroix participe aussi de la couleur propre aux paysages et aux intérieurs orientaux, et qu'elle produit une impression analogue à celle ressentie dans ces pays intertropicaux, où une immense diffusion de lumière crée pour un œil sensible, malgré l'intensité des tons locaux, un résultat général quasi crépusculaire. La moralité de ses œuvres, si toutefois il est permis de parler de la morale en peinture, porte aussi un caractère molochiste visible. Tout, dans son œuvre, n'est que désolation, massacres, incendies; tout porte témoignage contre l'éternelle et incorrigible barbarie de l'homme. Les villes incendiées et fumantes, les victimes égorgées, les femmes violées, les enfants eux-mêmes jetés sous les pieds des chevaux ou sous le poignard des mères délirantes; tout cet œuvre, dis-je, ressemble à un hymne terrible composé en l'honneur de la fatalité et de l'irrémédiable douleur. Il a pu quelquefois, car il ne manquait certes pas de tendresse, consacrer son pinceau à l'expression de sentiments tendres et voluptueux; mais là encore l'inguérissable amertume était répandue à forte dose, et l'insouciance et la joie (qui sont les compagnes ordinaires de la volupté naïve) en étaient absentes. Une seule fois, je crois, il a fait une tentative dans le drôle et le bouffon, et comme s'il avait deviné que cela était au-delà ou au-dessous[b] de sa nature[2], il n'y est plus revenu[3].

VI

Je connais plusieurs personnes qui ont le droit de dire : « *Odi profanum vulgus* »[1] ; mais laquelle peut ajouter victorieusement : « *et arceo* » ? La poignée de main trop fréquente avilit le caractère. Si jamais homme eut une *tour d'ivoire*[2] bien défendue par les barreaux et les serrures, ce fut Eugène Delacroix. Qui a plus aimé sa *tour d'ivoire*, c'est-à-dire le secret ? Il l'eût, je crois, volontiers armée de canons et transportée dans une forêt ou sur un roc inaccessible. Qui a plus aimé le *home*, sanctuaire et tanière ? Comme d'autres cherchent le secret pour la débauche, il cherche le secret pour l'inspiration, et il s'y livrait à de véritables ribotes de travail. « *The one prudence in life is concentration ; the one evil is dissipation* », dit le philosophe américain que nous avons déjà cité[3].

M. Delacroix aurait pu écrire cette maxime ; mais, certes, il l'a austèrement pratiquée. Il était trop *homme du monde* pour ne pas mépriser le monde ; et les efforts qu'il y dépensait pour n'être pas trop visiblement *lui-même* le poussaient naturellement à préférer notre société. *Notre* ne veut pas seulement impliquer l'humble auteur qui écrit ces lignes, mais aussi quelques autres, jeunes ou vieux, journalistes, poètes, musiciens, auprès desquels il pouvait librement se détendre et s'abandonner.

Dans sa délicieuse étude sur Chopin[4], Liszt met Delacroix au nombre des plus assidus visiteurs du musicien-poète, et dit qu'il aimait à tomber en profonde rêverie aux sons de cette musique légère et passionnée qui ressemble à un brillant oiseau voltigeant sur les horreurs d'un gouffre.

C'est ainsi que, grâce à la sincérité de notre admiration, nous pûmes, quoique très jeune alors, pénétrer dans cet atelier si bien gardé, où régnait, en dépit de notre rigide climat, une température équatoriale, et où l'œil était tout d'abord frappé par une solennité sobre et par l'austérité particulière de la vieille école. Tels, dans notre enfance, nous avions vu les ateliers des anciens rivaux de David[5], héros touchants depuis longtemps disparus. On sentait bien que cette retraite ne pouvait pas être habitée par un esprit frivole, titillé par mille caprices incohérents.

Là, pas de panoplies rouillées, pas de kriss malais, pas

de vieilles ferrailles gothiques, pas de bijouterie, pas de friperie, pas de bric-à-brac, rien de ce qui accuse dans le propriétaire le goût de l'amusette et le vagabondage rhapsodique d'une rêverie enfantine. Un merveilleux portrait par Jordaens, qu'il avait déniché je ne sais où, quelques études et quelques copies faites par le maître lui-même, suffisaient à la décoration de ce vaste atelier, dont une lumière adoucie et apaisée éclairait le recueillement.

On verra probablement ces copies à la vente des dessins et des tableaux de Delacroix qui est, m'a-t-on dit, fixée au mois de janvier prochain[1]. Il avait deux manières très distinctes de copier. L'une, libre et large, faite moitié de fidélité, moitié de trahison, et où il mettait beaucoup de lui-même. De cette méthode résultait un composé bâtard et charmant, jetant l'esprit dans une incertitude agréable. C'est sous cet aspect paradoxal que m'apparut une grande copie des *Miracles de saint Benoît,* de Rubens. Dans l'autre manière, Delacroix se faisait l'esclave[a] le plus obéissant et le plus humble de son modèle, et il arrivait à une exactitude d'imitation dont peuvent douter ceux qui n'ont pas vu ces miracles. Telles, par exemple, sont celles faites d'après deux têtes de Raphaël qui sont au Louvre, et où l'expression, le style et la manière sont imités avec une si parfaite naïveté, qu'on pourrait prendre alternativement et réciproquement les originaux pour les traductions.

Après un déjeuner plus léger que celui d'un Arabe, et sa palette minutieusement composée avec le soin d'une bouquetière ou d'un étalagiste d'étoffes, Delacroix cherchait à aborder l'idée interrompue; mais avant de se lancer dans son travail orageux, il éprouvait souvent de ces langueurs, de ces peurs, de ces énervements qui font penser à la pythonisse fuyant le dieu, ou qui rappellent Jean-Jacques Rousseau baguenaudant, paperassant et remuant ses livres pendant une heure avant d'attaquer le papier avec la plume[2]. Mais une fois la fascination de l'artiste opérée, il ne s'arrêtait plus que vaincu par la fatigue physique.

Un jour, comme nous causions de cette question toujours si intéressante pour les artistes et les écrivains, à savoir, de l'hygiène du travail et de la conduite de la vie[3], il me dit :

« Autrefois, dans ma jeunesse, je ne pouvais me mettre au travail que quand j'avais la promesse d'un plaisir pour

le soir, musique, bal, ou n'importe quel autre divertissement. Mais aujourd'hui, je ne suis plus semblable aux
écoliers, je puis travailler sans cesse et sans aucun espoir
de récompense. Et puis, — ajoutait-il, — si vous saviez
comme un travail assidu rend indulgent et peu difficile en
matière de plaisirs ! L'homme qui a bien rempli sa journée[1] sera disposé à trouver suffisamment d'esprit au
commissionnaire du coin et à jouer aux cartes avec lui. »

Ce propos me faisait penser à Machiavel[2] jouant aux
dés avec les paysans. Or, un jour, un dimanche, j'ai
aperçu Delacroix au Louvre, en compagnie de sa vieille
servante[3], celle qui l'a si dévotement soigné et servi pendant trente ans, et lui, l'élégant, le raffiné, l'érudit, ne
dédaignait pas de montrer et d'expliquer les mystères de
la sculpture assyrienne à cette excellente femme, qui
l'écoutait d'ailleurs avec une naïve application. Le souvenir de Machiavel et de notre ancienne conversation
rentra immédiatement dans mon esprit.

La vérité est que, dans les dernières années de sa vie,
tout ce qu'on appelle plaisir en avait disparu, un seul,
âpre, exigeant, terrible, les ayant tous remplacés, le travail, qui alors n'était plus seulement une passion, mais
aurait pu s'appeler une fureur.

Delacroix, après avoir consacré les heures de la journée
à peindre, soit dans son atelier, soit sur les échafaudages
où l'appelaient ses grands travaux décoratifs, trouvait
encore des forces dans son amour de l'art, et il aurait jugé
cette journée mal remplie si les heures du soir n'avaient
pas été employées au coin du feu, à la clarté de la lampe,
à dessiner, à couvrir le papier de rêves, de projets, de
figures entrevues dans les hasards de la vie, quelquefois
à copier des dessins d'autres artistes dont le tempérament
était le plus éloigné du sien; car il avait la passion des
notes, des croquis, et il s'y livrait en quelque lieu qu'il
fût. Pendant un assez long temps, il eut pour habitude
de dessiner chez les amis auprès desquels il allait passer
ses soirées. C'est ainsi que M. Villot[4] possède une
quantité considérable d'excellents dessins de cette
plume féconde.

Il disait une fois à un jeune homme de ma connaissance : « Si vous n'êtes pas assez habile pour faire le croquis d'un homme qui se jette par la fenêtre, pendant le
temps qu'il met à tomber du quatrième étage sur le sol,

vous ne pourrez jamais produire de grandes machines. »
Je retrouve dans cette énorme hyperbole la préoccupation de toute sa vie, qui était, comme on le sait, d'exécuter assez vite et avec assez de certitude pour ne rien
laisser s'évaporer de l'intensité de l'action ou de l'idée.

Delacroix était, comme beaucoup d'autres ont pu
l'observer, un homme de conversation. Mais le plaisant
est qu'il avait peur de la conversation comme d'une débauche, d'une dissipation où il risquait de perdre ses forces. Il commençait par vous dire, quand vous entriez chez
lui :

« Nous ne causerons pas ce matin, n'est-ce pas ? ou
que très peu, très peu. »

Et puis il bavardait pendant trois heures. Sa causerie
était brillante, subtile, mais pleine de faits, de souvenirs
et d'anecdotes; en somme, une parole nourrissante.

Quand il était excité par la contradiction, il se repliait
momentanément, et au lieu de se jeter sur son adversaire de front, ce qui a le danger d'introduire les bruta-
lités de la tribune dans les escarmouches de salon, il
jouait pendant quelque temps avec son adversaire, puis
revenait à l'attaque avec des arguments ou des faits impré-
vus. C'était bien la conversation d'un homme amoureux
de luttes, mais esclave de la courtoisie, retorse, fléchis-
sante à dessein, pleine de fuites et d'attaques soudaines.

Dans l'intimité de l'atelier, il s'abandonnait volontiers
jusqu'à livrer son opinion sur les peintres ses contemporains, et c'est dans ces occasions-là que nous eûmes
souvent à admirer cette indulgence du génie qui dérive
peut-être d'une sorte particulière de naïveté ou de facilité à la jouissance.

Il avait des faiblesses étonnantes pour Decamps,
aujourd'hui bien tombé, mais qui, sans doute, régnait
encore dans son esprit par la puissance du souvenir[1]. De
même pour Charlet. Il m'a fait venir une fois chez lui,
exprès pour me *tancer,* d'une façon véhémente, à propos
d'un article irrespectueux que j'avais commis à l'endroit
de cet enfant gâté du chauvinisme[2]. En vain essayai-je
de lui expliquer que ce n'était pas le Charlet des premiers
temps que je blâmais, mais le Charlet de la décadence;
non pas le noble historien des grognards, mais le bel esprit de l'estaminet. Je n'ai jamais pu me faire pardonner.

Il admirait Ingres en de certaines parties, et certes il lui

fallait une grande force critique[a] pour admirer par raison
ce qu'il devait repousser par tempérament. Il a même copié soigneusement des photographies faites d'après
quelques-uns de ces minutieux portraits à la mine de
plomb, où se fait le mieux apprécier le dur et pénétrant
talent de M. Ingres, d'autant plus agile qu'il est plus
à l'étroit.

La détestable couleur d'Horace Vernet ne l'empêchait
pas de sentir la virtualité personnelle qui anime la plupart
de ses tableaux, et il trouvait des expressions étonnantes
pour louer ce pétillement et cette infatigable ardeur. Son
admiration pour Meissonier allait un peu trop loin. Il
s'était approprié, presque par violence, les dessins qui
avaient servi à préparer la composition de *La Barricade*[1],
le meilleur tableau de M. Meissonier, dont le talent, d'ailleurs, s'exprime bien plus énergiquement par le simple
crayon que par le pinceau. De celui-ci il disait souvent,
comme rêvant avec inquiétude de l'avenir : « Après tout,
de nous tous, c'est lui qui est le plus sûr de vivre ! » N'est-
il pas curieux de voir l'auteur de si grandes choses jalouser presque celui qui n'excelle que dans les petites ?

Le seul homme dont le nom eût puissance pour arracher quelques gros mots à cette bouche aristocratique
était Paul Delaroche. Dans les œuvres de celui-là il ne
trouvait sans doute aucune excuse, et il gardait indélé-
bile le souvenir des souffrances que lui avait causées cette
peinture sale et amère, faite avec de l'encre comme a dit,
je crois, Théophile Gautier, dans une crise d'indépendance[2].

Mais[b] celui qu'il choisissait plus volontiers pour s'ex-
patrier dans d'immenses causeries était l'homme qui lui
ressemblait le moins par le talent comme par les idées, son
véritable antipode, un homme à qui on n'a pas encore
rendu toute la justice qui lui est due, et dont le cerveau,
quoique embrumé comme le ciel charbonné de sa ville
natale[3], contient une foule d'admirables choses. J'ai
nommé M. Paul Chenavard.

Les théories abstruses du peintre philosophe lyonnais
faisaient sourire Delacroix, et le pédagogue abstracteur
considérait les voluptés de la pure peinture comme
choses frivoles, sinon coupables. Mais si éloignés qu'ils
fussent l'un de l'autre, et à cause même de cet éloignement, ils aimaient à se rapprocher, et comme deux navires

attachés par les grappins d'abordage, ils ne pouvaient
plus se quitter. Tous deux, d'ailleurs, étant fort lettrés
et doués d'un remarquable esprit de sociabilité, ils se
rencontraient sur le terrain commun de l'érudition. On
sait qu'en général ce n'est pas la qualité par laquelle
brillent les artistes.

Chenavard était donc pour Delacroix une rare ressource. C'était vraiment plaisir de les voir s'agiter dans
une lutte innocente, la parole de l'un marchant pesamment comme un éléphant en grand appareil de guerre, la
parole de l'autre vibrant comme un fleuret, également
aiguë et flexible. Dans les dernières heures de sa vie,
notre grand peintre témoigna le désir de serrer la main
de son amical contradicteur. Mais celui-ci était alors loin
de Paris[1].

VII

Les femmes sentimentales et précieuses seront peut-
être choquées d'apprendre que, semblable à Michel-Ange
(souvenez-vous [de] la[a] fin d'un de ses sonnets : « Sculpture ! divine Sculpture, tu es ma seule amante[2] ! »),
Delacroix avait fait de la Peinture son unique muse, son
unique maîtresse, sa seule et suffisante volupté.

Sans doute il avait beaucoup aimé la femme aux heures
agitées de sa jeunesse. Qui n'a pas trop sacrifié à cette
idole redoutable ? Et qui ne sait que ce sont justement
ceux qui l'ont le mieux servie qui s'en plaignent le plus ?
Mais longtemps déjà avant sa fin, il avait exclu la femme
de sa vie. Musulman, il ne l'eût peut-être pas chassée de
sa mosquée, mais il se fût étonné de l'y voir entrer, ne
comprenant pas bien quelle sorte de conversation elle
peut tenir avec Allah[3].

En cette question, comme en beaucoup d'autres, l'idée
orientale prenait en lui vivement et despotiquement le
dessus. Il considérait la femme comme un objet d'art,
délicieux et propre à exciter l'esprit, mais un objet d'art
désobéissant et troublant, si on lui livre le seuil du cœur,
et dévorant gloutonnement le temps et les forces[4].

Je me souviens qu'une fois, dans un lieu public, comme
je lui montrais le visage d'une femme d'une originale

beauté et d'un caractère mélancolique, il voulut bien
en goûter la beauté, mais me dit, avec son petit rire,
pour répondre au reste : « Comment voulez-vous qu'une
femme puisse être mélancolique ? » insinuant sans doute
par là que, pour connaître le sentiment de la mélancolie,
il manque à la femme une *certaine chose*[a] essentielle.

C'est là, malheureusement, une théorie bien injurieuse, et je ne voudrais pas préconiser des opinions
diffamatoires sur un sexe qui a si souvent montré d'ardentes vertus. Mais on m'accordera bien que c'est une
théorie de prudence ; que le talent ne saurait trop s'armer
de prudence dans un monde plein d'embûches, et que
l'homme de génie possède le privilège de certaines
doctrines (pourvu qu'elles ne troublent pas l'ordre)
qui nous scandaliseraient justement chez le pur citoyen
ou le simple père de famille.

Je dois ajouter, au risque de jeter une ombre sur sa
mémoire, au jugement des âmes élégiaques, qu'il ne
montrait pas non plus de tendres faiblesses pour l'enfance[1]. L'enfance n'apparaissait à son esprit que les mains
barbouillées de confitures (ce qui salit la toile et le papier),
ou battant le tambour (ce qui trouble la méditation), ou
incendiaire et animalement dangereuse comme le singe.

« Je me souviens fort bien, — disait-il parfois, — que
quand j'étais enfant, *j'étais un monstre*. La connaissance
du devoir ne s'acquiert que très lentement, et ce n'est
que par la douleur, le châtiment, et par l'exercice pro-
gressif de la raison que l'homme diminue peu à peu sa
méchanceté naturelle. »

Ainsi, par le simple bon sens, il faisait un retour vers
l'idée catholique. Car on peut dire que l'enfant, en général, est, relativement à l'homme, en général, beaucoup
plus rapproché du péché originel.

VIII

On eût dit que Delacroix avait réservé toute sa sensibilité, qui était virile et profonde, pour l'austère sentiment de l'amitié. Il y a des gens qui s'éprennent facilement du premier venu ; d'autres réservent l'usage de la

faculté divine pour les grandes occasions. L'homme célèbre, dont je vous entretiens avec tant de plaisir, s'il n'aimait pas qu'on le dérangeât pour de petites choses, savait devenir serviable, courageux, ardent, s'il s'agissait des importantes[a]. Ceux qui l'ont bien connu ont pu apprécier, en maintes occasions, sa fidélité, son exactitude et sa solidité tout anglaises dans les rapports sociaux. S'il était exigeant pour les autres, il n'était pas moins sévère pour lui-même.

Ce n'est qu'avec tristesse et mauvaise humeur que je veux dire quelques mots de certaines accusations portées contre Eugène Delacroix. J'ai entendu des gens le taxer d'égoïsme et même d'avarice[1]. Observez, monsieur, que ce reproche est toujours adressé par l'innombrable classe des âmes banales à celles qui s'appliquent à placer leur générosité aussi bien que leur amitié.

Delacroix était fort économe; c'était pour lui le seul moyen d'être, à l'occasion, fort généreux; je pourrais le prouver par quelques exemples, mais je craindrais de le faire sans y avoir été autorisé par lui, non plus que par ceux qui ont eu à se louer de lui.

Observez aussi que pendant de nombreuses années ses peintures se sont vendues fort mal, et que ses travaux de décoration absorbaient presque la totalité de son salaire, quand il n'y mettait pas de sa bourse. Il a prouvé un grand nombre de fois son mépris de l'argent, quand des artistes pauvres laissaient voir le désir de posséder quelqu'une de ses œuvres. Alors, semblable aux médecins d'un esprit libéral et généreux, qui tantôt font payer leurs soins et tantôt les donnent, il donnait ses tableaux ou les cédait à n'importe quel prix.

Enfin, monsieur, notons bien que l'homme supérieur est obligé, plus que tout autre, de veiller à sa défense personnelle. On peut dire que toute la société est en guerre contre lui. Nous avons pu vérifier le cas plus d'une fois. Sa politesse, on l'appelle froideur; son ironie, si mitigée qu'elle soit, méchanceté; son économie, avarice. Mais si, au contraire, le malheureux se montre imprévoyant, bien loin de le plaindre, la société dira : « C'est bien fait; sa pénurie est la punition de sa prodigalité. »

Je puis affirmer que Delacroix, en matière d'argent et d'économie, partageait complètement l'opinion de Stendhal, opinion qui concilie la grandeur et la prudence.

« L'homme d'esprit, disait ce dernier, doit s'appliquer à acquérir ce qui lui est strictement nécessaire pour ne dépendre de personne (du temps de Stendhal, c'était 6 000 francs de revenu[1]); mais si, cette sûreté obtenue, il perd son temps à augmenter sa fortune, c'est un misérable. »

Recherche du nécessaire, et mépris du superflu, c'est une conduite d'homme sage et de stoïcien.

Une des grandes préoccupations de notre peintre dans ses dernières années, était le jugement de la postérité et la solidité incertaine de ses œuvres. Tantôt son imagination si sensible s'enflammait à l'idée d'une gloire immortelle, tantôt il parlait amèrement de la fragilité des toiles et des couleurs. D'autres fois il citait avec envie les anciens maîtres, qui ont eu presque tous le bonheur d'être traduits par des graveurs habiles, dont la pointe ou le burin a su s'adapter à la nature de leur talent, et il regrettait ardemment de n'avoir pas trouvé son traducteur. Cette friabilité de l'œuvre peinte, comparée avec la solidité de l'œuvre imprimée, était un de ses thèmes habituels de conversation.

Quand cet homme si frêle et si opiniâtre, si nerveux et si vaillant, cet homme unique dans l'histoire de l'art européen, l'artiste maladif et frileux, qui rêvait sans cesse de couvrir des murailles de ses grandioses conceptions, a été emporté par une de ces fluxions de poitrine dont il avait, ce semble, le convulsif pressentiment, nous avons tous senti quelque chose d'analogue à cette dépression d'âme, à cette sensation de solitude croissante que nous avaient fait déjà connaître la mort de Chateaubriand et celle de Balzac, sensation renouvelée tout récemment par la disparition d'Alfred de Vigny. Il y a dans un grand deuil national un affaissement de vitalité générale, un obscurcissement de l'intellect qui ressemble à une éclipse solaire, imitation momentanée de la fin du monde.

Je crois cependant que cette impression affecte surtout ces hautains solitaires qui ne peuvent se faire une famille que par les relations intellectuelles. Quant aux autres citoyens, pour la plupart, ils n'apprennent que peu à peu à connaître tout ce qu'a perdu la patrie en perdant le grand homme, et quel vide il fait en la quittant. Encore faut-il les avertir.

Je vous remercie de tout mon cœur, monsieur, d'avoir bien voulu me laisser dire librement tout ce que me suggérait le souvenir d'un des rares génies de notre malheureux siècle, — si pauvre et si riche à la fois, tantôt trop exigeant, tantôt trop indulgent, et trop souvent injuste.

VENTE DE LA COLLECTION
DE M. EUGÈNE PIOT

Il m'a toujours été difficile de comprendre que les collectionneurs pussent se séparer de leurs collections autrement que par la mort. Je ne parle pas, bien entendu, de ces spéculateurs-amateurs dont le goût ostentatoire recouvre simplement la passion du lucre. Je parle de ceux qui, lentement, passionnément, ont amassé des objets d'art bien appropriés à leur nature personnelle. À chacun de ceux-là, sa collection doit apparaître comme une famille et une famille de son choix. Mais il y a malheureusement en ce monde d'autres nécessités que la mort, presque aussi exigeantes qu'elle, et qui seules peuvent expliquer la tragédie de la séparation et des adieux éternels. Cependant il faut ajouter que qui a bien vu, bien regardé, bien analysé pendant plusieurs années les objets de beauté ou de curiosité, en conserve dans sa mémoire une espèce d'image consolatrice.

C'est samedi 23 avril, et dimanche 24[1], qu'a lieu l'exposition de la collection de M. Eugène Piot, fondateur du journal *Le Cabinet de l'amateur*. Les collections très bien faites, portant un caractère de sérieux et de sincérité, sont rares. Celle-ci, bien connue de tous les vrais amateurs, est le résultat de l'écrémage, le résidu suprême de plusieurs collections formées déjà par M. Piot lui-même. J'ai rarement vu un choix de bronzes aussi intéressant au double point de vue de l'art et de l'histoire. Bronzes italiens de la Renaissance; sculptures en terre cuite; terres émaillées; Michel-Ange, Donatello, Jean de Bologne, Luca della Robbia; faïences de différentes fabriques, toutes de premier ordre, particulièrement les hispano-arabes; vases orientaux de bronze, ciselés, gravés et repoussés; tapis et étoffes de style asiatique; quelques tableaux, parmi

lesquels une tête de sainte Élisabeth, par Raphaël, peinte
sur toile à la détrempe; deux délicieux portraits par
Rosalba[1]; un dessin de Michel-Ange, et de curieux dessins de M. Meissonier[a], d'après les plus précieuses
armures du Musée d'artillerie; miniatures vénitiennes,
miniatures de manuscrits; marbres antiques, marbres
grecs, marbres de la Renaissance, poterie et verrerie
antiques; enfin, trois cent soixante médailles de la
Renaissance, de différents pays, formant tout un dictionn-
naire historique en bronze; tel est, à peu près, le sommaire de ce merveilleux catalogue; telles étaient les
richesses analysées ou plutôt empilées modestement,
comme les trésors de feu Sauvageot[2], dans quatre ou
cinq mansardes, et qui vont être livrées dans deux jours
à l'avidité de[b] ceux qui ont la noble passion de l'antiquité. Mais ce qu'il y a certainement de plus beau et de
plus curieux dans cette collection, c'est les trois bronzes
de Michel-Ange. M. Piot, dans la notice consacrée à ces
bronzes, a, avec une discrétion plus que rare chez les
amateurs, évité de se prononcer d'une manière absolument affirmative, voulant probablement laisser aux
connaisseurs le mérite d'y reconnaître la visible et
incontestable griffe du maître. Et parmi ces trois bronzes,
également beaux, celui qui laisse le souvenir le plus vif
est le masque de Michel-Ange lui-même, où est si
profondément exprimée la tristesse de ce glorieux génie.

SUR EUGÈNE DELACROIX

SON ŒUVRE, SES IDÉES, SES MŒURS

Messieurs, il y a longtemps que j'aspirais à venir parmi vous et à faire votre connaissance. Je sentais instinctivement que je serais bien reçu. Pardonnez-moi cette fatuité. Vous l'avez presque encouragée à votre insu.

Il y a quelques jours, un de mes amis, un de vos compatriotes, me disait : *c'est singulier ! Vous avez l'air heureux ! Serait-ce donc de n'être plus à Paris ?*

En effet, Messieurs, je subissais déjà cette sensation de bien-être dont m'ont parlé quelques-uns des Français qui sont venus causer avec vous. Je fais allusion à[a] cette santé intellectuelle, à cette espèce de béatitude, nourrie par une atmosphère de liberté et de bonhomie, à laquelle nous autres Français, nous sommes peu accoutumés, ceux-là surtout, tels que moi, que la France n'a jamais traités en enfants gâtés.

Je viens, aujourd'hui, vous parler d'Eugène Delacroix. La patrie de Rubens, une des terres classiques de la peinture, accueillera, ce me semble, avec plaisir, le résultat de quelques méditations sur le Rubens français ; le grand maître d'Anvers peut, *sans déroger*, tendre une main fraternelle à notre étonnant Delacroix[1].

Il y a quelques mois, quand M. Delacroix mourut, ce fut pour[b] chacun une catastrophe inopinée ; aucun de ses plus vieux amis n'avait été averti que sa santé était en grand danger depuis trois ou quatre mois. Eugène Delacroix a voulu ne scandaliser personne par le spectacle répugnant d'une agonie. Si une comparaison triviale m'est permise à propos de ce grand homme, je dirai qu'il est mort à la manière des chats ou des bêtes sauvages qui cherchent une tanière secrète pour abriter les dernières convulsions de leur vie[a].

Vous savez, Messieurs, qu'un coup subit, une balle, un coup de feu, un coup de poignard, une cheminée qui tombe, une chute de cheval, ne cause pas tout d'abord au blessé une grande douleur. La ſtupéfaction ne laisse pas de place à la douleur. Mais quelques minutes après, la victime comprend toute la gravité de sa blessure. Ainsi, Messieurs, quand j'appris la mort de M. Delacroix, je reſtai ſtupide; et deux heures[b] après seulement, je me sentis envahi par une désolation que je n'essaierai pas de vous peindre, et qui peut se résumer ainsi : *Je ne le verrai plus jamais, jamais, jamais, celui que j'ai tant aimé, celui qui a daigné m'aimer et qui m'a tant appris.* Alors, je courus vers la maison du grand défunt, et je reſtai deux heures à parler de lui avec la vieille Jenny, une de ces servantes des anciens âges, qui se font une noblesse personnelle[c] par leur adoration pour d'illuſtres maîtres[1]. Pendant deux heures, nous sommes reſtés, causant et pleurant, devant cette boîte funèbre, éclairée de petites bougies, et sur laquelle reposait un misérable crucifix de cuivre. Car je n'ai pas eu le bonheur d'arriver à temps pour contempler, une dernière fois, le visage du grand peintre-poète. Laissons ces détails; il y a beaucoup de choses que je ne pourrais pas révéler sans une explosion de haine[d] et de colère.

Vous avez entendu parler, Messieurs, de la vente des tableaux et des dessins d'Eug[ène] Delacroix, vous savez que le succès a dépassé toutes les prévisions[2]. De vulgaires études d'atelier, auxquelles le maître n'attachait aucune importance, ont été vendues vingt fois plus cher qu'il ne vendait, lui vivant, ses meilleures œuvres, les plus délicieusement finies. M. Alfred Stevens[3] me disait, au milieu des scandales de cette vente funèbre : *Si Eugène Delacroix peut, d'un lieu extranaturel, assiſter à cette réhabilitation de son génie, il doit être consolé de quarante ans d'injuſtice[e].*

Vous savez, Messieurs, qu'en 1848, les républicains qu'on appelait républicains de la veille furent passablement scandalisés et dépassés par le zèle des républicains du lendemain, ceux-là[f] d'autant plus enragés qu'ils craignaient[g] de n'avoir pas l'air assez sincères.

Alors, je répondis à M. Alfred Stevens : *il eſt possible*

que l'ombre de Delacroix soit, pendant quelques minutes, cha-
touillée dans son orgueil[a] trop longtemps privé de compliments;
mais je ne vois dans toute cette furie de bourgeois[b] entichés de la
mode qu'un nouveau motif pour le grand homme mort[c] de
s'obstiner[d] dans son mépris de la nature humaine.

Quelques jours[e] après, j'ai composé ceci[1], moins pour
vous faire approuver mes idées que pour amuser ma
douleur.

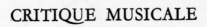

CRITIQUE MUSICALE

RICHARD WAGNER
ET *TANNHÄUSER* À PARIS

I

Remontons, s'il vous plaît, à treize mois en arrière[1], au commencement de la question, et qu'il me soit permis, dans cette appréciation, de parler souvent en mon nom personnel. Ce *Je,* accusé justement d'impertinence dans beaucoup de cas, implique cependant une grande modestie; il enferme l'écrivain dans les limites les plus strictes de la sincérité. En réduisant sa tâche, il la rend plus facile. Enfin, il n'est pas nécessaire d'être un probabiliste bien consommé pour acquérir la certitude que cette sincérité trouvera des amis parmi les lecteurs impartiaux; il y a évidemment quelques chances pour que le critique ingénu, en ne racontant que ses propres impressions, raconte aussi celles de quelques partisans inconnus.

Donc, il y a treize mois, ce fut une grande rumeur dans Paris. Un compositeur allemand, qui avait vécu longtemps chez nous, à notre insu, pauvre, inconnu, par de misérables besognes, mais que, depuis quinze ans déjà, le public allemand célébrait comme un homme de génie, revenait dans la ville, jadis témoin de ses jeunes misères[2], soumettre ses œuvres à notre jugement. Paris avait jusque-là peu entendu parler de Wagner; on savait vaguement qu'au-delà du Rhin s'agitait la question d'une réforme dans le drame lyrique, et que Liszt avait adopté avec ardeur les opinions du réformateur. M. Fétis avait lancé contre lui une espèce de réquisitoire, et les personnes curieuses de feuilleter les numéros de la *Revue et Gazette musicale de Paris*[3] pourront vérifier une fois de plus que les écrivains qui se vantent de professer les opinions les plus sages, les plus classiques, ne se piquent guère de sagesse ni de mesure, ni même de vulgaire politesse, dans la critique des opinions qui leur sont contraires. Les articles de M. Fétis ne sont guère qu'une diatribe affligeante; mais l'exaspération du vieux dilettantiste[1] servait seulement à prouver l'importance des œuvres qu'il vouait à l'anathème et au ridicule. D'ailleurs, depuis treize mois, pendant lesquels la curiosité publique ne s'est pas ralentie, Richard Wagner a essuyé bien d'autres injures. Il y a quelques années, au retour d'un voyage en Allemagne, Théophile Gautier, très ému par une représentation de *Tannhäuser,* avait cependant, dans le *Moniteur*[2], traduit ses impressions avec cette certitude plastique qui donne un charme irrésistible à tous ses écrits. Mais ces documents divers, tombant à de lointains intervalles, avaient glissé sur l'esprit de la foule.

Aussitôt que les affiches annoncèrent que Richard Wagner ferait entendre dans la salle des Italiens des fragments de ses compositions, un fait amusant se produisit, que nous avons déjà vu, et qui prouve le besoin instinctif, précipité, des Français, de prendre sur toute chose leur parti avant d'avoir délibéré ou examiné. Les uns annoncèrent des merveilles, et les autres se mirent à dénigrer à outrance des œuvres qu'ils n'avaient pas encore entendues. Encore aujourd'hui dure cette situation[a] bouffonne, et l'on peut dire que jamais sujet inconnu ne fut tant discuté. Bref, les concerts de Wagner s'annonçaient comme une véritable bataille de doctrines, comme une de ces solennelles crises de l'art, une de ces mêlées où critiques, artistes et public ont coutume de jeter confusément toutes leurs passions; crises heureuses qui dénotent la santé et la richesse dans la vie intellectuelle d'une nation, et que nous avions, pour ainsi dire, désapprises depuis les grands jours de Victor Hugo. J'emprunte les lignes suivantes au feuilleton de M. Berlioz (9 février 1860[3]) : « Le foyer du Théâtre-Italien était curieux à observer le soir du premier concert. C'étaient des fureurs, des cris, des discussions qui semblaient toujours sur le point de dégénérer en voies de fait. » Sans la présence du souverain, le même scandale aurait pu se produire, il y a quelques jours, à l'Opéra[4], surtout avec un public *plus vrai*. Je me souviens d'avoir vu, à la fin d'une des répétitions générales, un des critiques parisiens accrédités, planté prétentieusement devant le bureau du contrôle, faisant face à la foule au point d'en gêner l'issue, et s'exerçant à rire comme un maniaque, comme un de ces infortunés qui, dans les maisons de santé, sont appelés des *agités*. Ce pauvre homme, croyant son visage connu de toute la foule, avait l'air de dire : « Voyez comme je ris, moi, le célèbre S...¹ ! Ainsi ayez soin de conformer votre jugement au mien. » Dans le feuilleton auquel je faisais tout à l'heure allusion, M. Berlioz, qui montra cependant beaucoup moins de chaleur qu'on aurait pu en attendre de sa part, ajoutait : « Ce qui se débite alors de non-sens, d'absurdités et même de mensonges eſt vraiment prodigieux, et prouve avec évidence que, chez nous au moins, lorsqu'il s'agit d'apprécier une musique différente de celle qui court les rues, la passion, le parti-pris prennent seuls la parole et empêchent le bon sens et le bon goût de parler. »

Wagner avait été audacieux : le programme de son concert ne comprenait ni solos d'inſtruments, ni chansons, ni aucune des exhibitions si chères à un public amoureux des virtuoses et de leurs tours de force. Rien que des morceaux d'ensemble, chœurs ou symphonies. La lutte fut violente, il eſt vrai; mais le public, étant abandonné à lui-même, prit feu à quelques-uns de ces irréſiſtibles morceaux dont la pensée était pour lui plus nettement exprimée, et la musique de Wagner triompha par sa propre force. L'ouverture de *Tannhäuser,* la marche pompeuse du deuxième aſte, l'ouverture de *Lohengrin* particulièrement, la *musique de noces* et l'*épithalame* furent magnifiquement acclamés. Beaucoup de choses reſtaient obscures sans doute, mais les esprits impartiaux se disaient : « Puisque ces compositions sont faites pour la scène, il faut attendre; les choses non suffisamment définies seront expliquées par la plaſtique. » En attendant, il reſtait avéré que, comme symphoniſte, comme artiſte traduisant par les mille combinaisons du son les tumultes de l'âme humaine, Richard Wagner était à la hauteur de ce qu'il y a de plus élevé, aussi grand, certes, que les plus grands.

J'ai souvent entendu dire que la musique ne pouvait pas se vanter de traduire quoi que ce soit avec certitude, comme fait la parole ou la peinture. Cela eſt vrai dans une certaine proportion, mais n'eſt pas tout à fait vrai. Elle traduit à sa manière, et par les moyens qui lui sont propres. Dans la musique, comme dans la peinture et même dans la parole écrite, qui est cependant le plus positif des arts, il y a toujours une lacune complétée par l'imagination de l'auditeur.

Ce sont sans doute ces considérations qui ont poussé Wagner à considérer l'art dramatique, c'est-à-dire la réunion, la *coïncidence* de plusieurs arts, comme l'art par excellence, le plus synthétique et le plus parfait. Or, si nous écartons un instant le secours de la plastique, du décor, de l'incorporation des types rêvés dans des comédiens vivants et même de la parole chantée, il reste encore incontestable que plus la musique est éloquente, plus la suggestion est rapide et juste, et plus il y a de chances pour que les hommes sensibles conçoivent des idées en rapport avec celles qui inspiraient l'artiste. Je prends tout de suite un exemple, la fameuse ouverture de *Lohengrin,* dont M. Berlioz a écrit un magnifique éloge en style technique; mais je veux me contenter ici d'en vérifier la valeur par les suggestions qu'elle procure.

Je lis dans le programme distribué à cette époque au Théâtre-Italien[1] : « Dès les premières mesures, l'âme du pieux solitaire qui attend le vase sacré *plonge dans les espaces infinis.* Il voit se former peu à peu une apparition étrange qui prend un corps, une figure. Cette apparition se précise davantage, et *la troupe miraculeuse des anges,* portant au milieu d'eux la coupe sacrée, passe devant lui. Le saint cortège approche; le cœur de l'élu de Dieu s'exalte peu à peu; il s'élargit, il se dilate; d'ineffables aspirations s'éveillent en lui; *il cède à une béatitude croissante,* en se trouvant toujours rapproché de *la lumineuse apparition,* et quand enfin le Saint-Graal lui-même apparaît au milieu du cortège sacré, *il s'abîme dans une adoration extatique, comme si le monde entier eût soudainement disparu.*

« Cependant le Saint-Graal répand ses bénédictions sur le saint en prière et le consacre son chevalier. Puis *les flammes brûlantes adoucissent progressivement leur éclat ;* dans sa sainte allégresse, la troupe des anges, souriant à la terre qu'elle abandonne, regagne les célestes hauteurs. Elle a laissé le Saint-Graal à la garde des hommes purs, *dans le cœur desquels la divine liqueur s'est répandue,* et l'auguste troupe s'évanouit *dans les profondeurs de l'espace,* de la même manière qu'elle en était sortie. »

Le lecteur comprendra tout à l'heure pourquoi je souligne ces passages. Je prends maintenant le livre de Liszt[2] et je l'ouvre à la page où l'imagination de l'illustre pianiste (qui est un artiste et un philosophe) traduit à sa manière le même morceau :

« Cette introduction renferme et révèle *l'élément mystique,* toujours présent et toujours caché dans la pièce... Pour nous apprendre l'inénarrable puissance de ce secret, Wagner nous montre d'abord *la beauté ineffable du sanctuaire,* habité par un Dieu qui venge les opprimés et ne demande qu'*amour et foi* à ses fidèles. Il nous initie au Saint-Graal; il fait miroiter à nos yeux le temple de bois incorruptible, aux murs odorants, aux portes d'*or,* aux solives d'*asbeste,* aux colonnes d'*opale,* aux parois de *cymophane*[1], dont les splendides portiques ne sont approchés que de ceux qui ont le cœur élevé et les mains pures. Il ne nous le fait point apercevoir dans son imposante et réelle structure, mais, comme ménageant nos faibles sens, il nous le montre d'abord reflété dans *quelque onde azurée* ou reproduit *par quelque nuage irisé.*

« C'est au commencement une *large nappe dormante* de mélodie, *un éther vaporeux qui s'étend,* pour que le tableau sacré s'y dessine à nos yeux profanes; effet exclusivement confié aux violons, divisés en huit pupitres différents, qui, après plusieurs mesures de sons harmoniques, continuent dans les plus hautes notes de leurs registres. Le motif est ensuite repris par les instruments à vent les plus doux; les cors et les bassons, en s'y joignant, préparent l'entrée des trompettes et des trombones, qui répètent la mélodie pour la quatrième fois, *avec un éclat éblouissant de coloris,* comme si dans cet instant unique l'édifice saint *avait brillé* devant *nos regards aveuglés, dans toute sa magnificence lumineuse et radiante.* Mais *le vif étincellement,* amené par degrés à *cette intensité de rayonnement solaire,* s'éteint avec rapidité, comme une *lueur céleste.* La *transparente vapeur* des nuées se referme, la vision disparaît peu à peu dans le même encens *diapré* au milieu duquel elle est apparue, et le morceau se termine par les premières six mesures, devenues *plus éthérées encore.* Son caractère d'*idéale mysticité* est surtout rendu sensible par le *pianissimo* toujours conservé dans l'orchestre, et qu'interrompt à peine le court moment où les *cuivres* font *resplendir* les merveilleuses lignes du seul motif de cette introduction. Telle est l'image qui, à l'audition de ce sublime *adagio,* se présente d'abord à nos sens émus. »

M'est-il permis à moi-même de raconter, de rendre avec des paroles la traduction inévitable que[a] mon imagination fit du même morceau, lorsque je l'entendis pour la première fois, les yeux fermés, et que je me sentis pour ainsi dire enlevé de terre ? Je n'oserais certes pas parler avec complaisance de mes *rêveries*, s'il n'était pas utile de les joindre ici aux *rêveries* précédentes. Le lecteur sait quel but nous poursuivons : démontrer que la véritable musique suggère des idées analogues dans des cerveaux différents. D'ailleurs, il ne serait pas ridicule ici de raisonner *a priori,* sans analyse et sans comparaisons; car ce qui serait vraiment surprenant, c'est que le son *ne pût pas* suggérer la couleur, que les couleurs *ne pussent pas* donner l'idée d'une mélodie, et que le son et la couleur fussent impropres à traduire des idées; les choses s'étant toujours exprimées par une analogie réciproque, depuis le jour où Dieu a proféré le monde comme une complexe et indivisible totalité.

> La nature est un temple où de vivants piliers
> Laissent parfois sortir de confuses paroles;
> L'homme y passe à travers des forêts de symboles
> Qui l'observent avec des regards familiers.
>
> Comme de longs échos qui de loin se confondent
> Dans une ténébreuse et profonde unité,
> Vaste comme la nuit et comme la clarté,
> Les parfums, les couleurs et les sons se répondent[1].

Je poursuis donc. Je me souviens que, dès les premières mesures, je subis une de ces impressions heureuses que presque tous les hommes imaginatifs ont connues, par le rêve, dans le sommeil. Je me sentis délivré *des liens de la pesanteur,* et je retrouvai par le souvenir l'extraordinaire *volupté* qui circule dans *les lieux hauts* (notons en passant que je ne connaissais pas le programme cité tout à l'heure). Ensuite je me peignis involontairement l'état délicieux d'un homme en proie à une grande rêverie dans une solitude absolue, mais une solitude avec *un immense horizon* et une *large lumière diffuse ; l'immensité* sans autre décor qu'elle-même. Bientôt j'éprouvai la sensation d'une *clarté* plus vive, *d'une intensité de lumière* croissant avec une telle rapidité, que les nuances fournies par le dictionnaire ne suffiraient pas à exprimer *ce surcroît toujours renaissant d'ardeur et de blancheur.* Alors je conçus pleinement l'idée d'une âme se mouvant dans un milieu lumineux, d'une extase *faite de volupté et de connaissance,* et planant au-dessus et bien loin du monde naturel[1].

De ces trois traductions, vous pourriez noter facilement les différences. Wagner indique *une troupe d'anges qui apportent un^a vase sacré ;* Liszt voit *un monument miraculeusement beau,* qui se reflète dans un mirage vaporeux. Ma rêverie est beaucoup moins illustrée d'objets matériels : elle est plus vague et plus abstraite. Mais l'important est ici de s'attacher aux ressemblances. Peu nombreuses, elles constitueraient encore une preuve suffisante; mais, par bonheur, elles sont nombreuses et saisissantes jusqu'au superflu. Dans les trois traductions nous trouvons la sensation de la *béatitude spirituelle et physique ;* de *l'isolement ;* de la contemplation de *quelque chose infiniment grand et infiniment beau ;* d'*une lumière intense* qui réjouit *les yeux et l'âme jusqu'à la pâmoison ;* et enfin la sensation de *l'espace étendu jusqu'aux dernières limites concevables.*

Aucun musicien n'excelle, comme Wagner, à *peindre* l'espace et la profondeur, matériels et spirituels. C'est une remarque que plusieurs esprits, et des meilleurs, n'ont pu s'empêcher de faire en plusieurs occasions. Il possède l'art de traduire, par des gradations subtiles, tout ce qu'il y a d'excessif, d'immense, d'ambitieux, dans l'homme spirituel et naturel[2]. Il semble parfois, en écoutant cette musique ardente et despotique, qu'on retrouve peintes sur le fond des ténèbres[3], déchiré par la rêverie, les vertigineuses conceptions de l'opium[4].

À partir de ce moment, c'est-à-dire du premier concert, je fus possédé du désir d'entrer plus avant dans l'intelligence de ces œuvres singulières. J'avais subi (du moins cela m'apparaissait ainsi) une opération spirituelle, une révélation. Ma volupté avait été si forte et si terrible, que je ne pouvais m'empêcher d'y vouloir retourner sans cesse. Dans ce que j'avais éprouvé, il entrait sans doute beaucoup de ce que Weber et Beethoven m'avaient déjà fait connaître[5], mais aussi quelque chose de nouveau que j'étais impuissant à définir, et cette impuissance me causait une colère et une curiosité mêlées d'un bizarre délice. Pendant plusieurs jours, pendant longtemps, je me dis : « Où pourrai-je bien entendre ce soir de la musique de

Wagner ? » Ceux de mes amis qui possédaient un piano
furent plus d'une fois mes martyrs. Bientôt, comme il
en est de toute nouveauté, des morceaux symphoniques
de Wagner retentirent dans les casinos ouverts tous les
soirs à une foule amoureuse de voluptés triviales[1]. La
majesté fulgurante de cette musique tombait là comme
le tonnerre dans un mauvais lieu. Le bruit s'en répandit vite, et nous eûmes souvent le spectacle comique
d'hommes graves et délicats subissant le contact des
cohues malsaines, pour jouir, en attendant mieux, de la
marche solennelle des *Invités au Wartburg* ou des majestueuses noces de *Lohengrin*.

Cependant, des répétitions fréquentes des mêmes
phrases mélodiques, dans des morceaux tirés du même
opéra, impliquaient des intentions mystérieuses et une
méthode qui m'étaient inconnues. Je résolus de m'infor-
mer du pourquoi, et de transformer ma volupté en
connaissance avant qu'une représentation scénique vînt
me fournir une élucidation parfaite. J'interrogeai les
amis et les ennemis. Je mâchai l'indigeste et abominable
pamphlet de M. Fétis[2]. Je lus le livre de Liszt, et enfin
je me procurai, à défaut de *L'Art et la Révolution* et de
L'Œuvre d'art de l'avenir, ouvrages non traduits, celui
intitulé : *Opéra et Drame,* traduit en anglais[3].

II

Les plaisanteries françaises allaient toujours leur train,
et le journalisme vulgaire opérait sans trêve ses gami-
neries professionnelles. Comme Wagner n'avait jamais
cessé de répéter que la musique (dramatique) devait *parler* le sentiment, s'adapter au sentiment avec la même
exactitude que la parole, mais évidemment d'une autre
manière, c'est-à-dire exprimer la partie indéfinie du sentiment que la parole, trop positive, ne peut pas rendre (en
quoi il ne disait rien qui ne fût accepté par tous les esprits
sensés), une foule de gens, persuadés par les plaisants
du feuilleton, s'imaginèrent que le maître attribuait à la
musique la puissance d'exprimer la forme positive des
choses, c'est-à-dire qu'il intervertissait les rôles et les
fonctions. Il serait aussi inutile qu'ennuyeux de dénom-

brer tous les quolibets fondés sur cette fausseté, qui
venant, tantôt de la malveillance, tantôt de l'ignorance,
avaient pour résultat d'égarer à l'avance l'opinion du
public. Mais, à Paris plus qu'ailleurs, il est impossible
d'arrêter une plume qui se croit amusante. La curiosité
générale étant attirée vers Wagner, engendra des articles
et des brochures qui nous initièrent à sa vie, à ses longs
efforts et à tous ses tourments. Parmi ces documents fort
connus aujourd'hui, je ne veux extraire que ceux qui me
paraissent plus propres à éclairer et à définir la nature et
le caractère du maître. Celui qui a écrit que *l'homme qui
n'a pas été, dès son berceau, doté par une fée de l'esprit de mécontentement de tout ce qui existe, n'arrivera jamais à la découverte du nouveau*[1], devait indubitablement trouver dans les
conflits de la vie plus de douleurs que tout autre. C'est
de cette facilité à souffrir, commune à tous les artistes et
d'autant plus grande que leur instinct du juste et du beau
est plus prononcé, que je tire l'explication des opinions
révolutionnaires de Wagner. Aigri par tant de mé-
comptes, déçu par tant de rêves, il dut, à un certain
moment, par suite d'une erreur excusable dans un esprit
sensible et nerveux à l'excès, établir une complicité idéale
entre la mauvaise musique et les mauvais gouvernements. Possédé du désir suprême de voir l'idéal dans
l'art dominer définitivement la routine, il a pu (c'est une
illusion essentiellement humaine) espérer que des révolutions dans l'ordre politique favoriseraient la cause de
la révolution dans l'art. Le succès de Wagner lui-même
a donné tort à ses prévisions et à ses espérances; car il a
fallu en France l'ordre d'un *despote* pour[a] faire exécuter
l'œuvre d'un révolutionnaire. Ainsi nous avons déjà vu
à Paris l'évolution romantique favorisée par la monarchie, pendant que les libéraux et les républicains restaient
opiniâtrement attachés aux routines de la littérature dite
classique[2].

Je vois, par les notes que lui-même il a fournies sur
sa jeunesse, que, tout enfant, il vivait au sein du théâtre,
fréquentait les coulisses et composait des comédies[3]. La
musique de Weber et, plus tard, celle de Beethoven, agi-
rent sur son esprit avec une force irrésistible, et bientôt,
les années et les études s'accumulant, il lui fut impossible
de ne pas penser d'une manière double, poétiquement et
musicalement, de ne pas entrevoir toute idée sous deux

formes simultanées, l'un des deux arts commençant sa fonction là où s'arrêtent les limites de l'autre. L'instinct dramatique, qui occupait une si grande place dans ses facultés, devait le pousser à se révolter contre toutes les frivolités, les platitudes et les absurdités des pièces faites pour la musique. Ainsi la Providence, qui préside aux révolutions de l'art, mûrissait dans un jeune cerveau allemand le problème qui avait tant agité le XVIIIᵉ siècle. Quiconque a lu avec attention la *Lettre sur la musique,* qui sert de préface à *Quatre poèmes d'opéra traduits en prose française,* ne peut conserver à cet égard aucun doute. Les noms de Gluck et de Méhul y sont cités souvent avec une sympathie passionnée. N'en déplaise à M. Fétis, qui veut absolument établir pour l'éternité la prédominance de la musique dans le drame lyrique, l'opinion d'esprits tels que Gluck, Diderot, Voltaire et Gœthe n'est pas à dédaigner. Si ces deux derniers ont démenti plus tard leurs théories de prédilection, ce n'a été chez eux qu'un acte de découragement et de désespoir[1]. En feuilletant la *Lettre sur la musique,* je sentais revivre dans mon esprit, comme par un phénomène d'écho mnémonique, différents passages de Diderot qui affirment que la vraie musique dramatique ne peut pas être autre chose que le cri ou le soupir de la passion noté et rythmé[2]. Les mêmes problèmes scientifiques, poétiques, artistiques, se reproduisent sans cesse à travers les âges, et Wagner ne se donne pas pour un inventeur, mais simplement pour le confirmateur d'une ancienne idée qui sera sans doute, plus d'une fois encore, alternativement vaincue et victorieuse. Toutes ces questions sont en vérité extrêmement simples, et il n'est pas peu surprenant de voir se révolter contre les théories de *la musique de l'avenir*[3] (pour me servir d'une locution aussi inexacte qu'accréditée) ceux-là mêmes que nous avons entendus si souvent se plaindre des tortures infligées à tout esprit raisonnable par la routine du livret ordinaire d'opéra.

Dans cette même *Lettre sur la musique,* où l'auteur donne une analyse très brève et très limpide de ses trois anciens ouvrages, *L'Art et la Révolution, L'Œuvre d'art de l'avenir* et *Opéra et Drame,* nous trouvons une préoccupation très vive du théâtre grec, tout à fait naturelle, inévitable même chez un dramaturge musicien qui devait chercher dans le passé la légitimation de son dégoût du présent et des conseils secourables pour l'établissement des conditions nouvelles du drame lyrique. Dans sa lettre à Berlioz[1], il disait déjà, il y a plus d'un an : « Je me demandai quelles devaient être les conditions de l'art pour qu'il pût inspirer au public un inviolable respect, et, afin de ne point m'aventurer trop dans l'examen de cette question, je fus chercher mon point de départ dans la Grèce ancienne. J'y rencontrai tout d'abord l'œuvre artistique par excellence, le *drame,* dans lequel l'idée, quelque profonde qu'elle soit, peut se manifester avec le plus de clarté et de la manière la plus universellement intelligible. Nous nous étonnons à bon droit aujourd'hui que trente mille Grecs aient pu suivre avec un intérêt soutenu la représentation des tragédies d'Eschyle; mais si nous recherchons le moyen par lequel on obtenait de pareils résultats, nous trouvons que c'est par l'alliance de tous les arts concourant ensemble au même but, c'est-à-dire à la production de l'œuvre artistique la plus parfaite et la seule vraie. Ceci me conduisit à étudier les rapports des diverses branches de l'art entre elles, et, après avoir saisi la relation qui existe entre la *plastique* et la *mimique,* j'examinai celle qui se trouve entre la musique et la poésie : de cet examen jaillirent soudain des clartés qui dissipèrent complètement l'obscurité qui m'avait jusqu'alors inquiété.

« Je reconnus, en effet, que précisément là où l'un de ces arts atteignait à des limites infranchissables commençait aussitôt, avec la plus rigoureuse exactitude, la sphère d'action de l'autre; que, conséquemment, par l'union intime de ces deux arts, on exprimerait avec la clarté la plus satisfaisante ce que ne pouvait exprimer chacun d'eux isolément; que, par contraire, toute tentative de rendre avec les moyens de l'un d'eux ce qui ne saurait être rendu que par les deux ensemble, devait fatalement conduire à l'obscurité, à la confusion d'abord, et ensuite à la dégénérescence et à la corruption de chaque art en particulier. »

Et dans la préface de son dernier livre, il revient en ces termes sur le même sujet : « J'avais trouvé dans quelques rares créations d'artistes une base réelle où asseoir mon idéal dramatique et musical; maintenant l'histoire m'offrait à son tour le modèle et le type des relations idéales du théâtre et de la vie publique telles que je les concevais. Je le trouvais, ce modèle, dans le théâtre de l'ancienne Athènes : là, le théâtre n'ouvrait son enceinte qu'à de certaines solennités où s'accomplissait une fête religieuse qu'accompagnaient les jouissances de l'art. Les hommes les plus distingués de l'État prenaient à ces solennités une part directe comme poètes ou directeurs; ils paraissaient comme les prêtres aux yeux de la population assemblée de la cité et du pays, et cette population était remplie d'une si haute attente de la sublimité des œuvres qui allaient être représentées devant elle, que les poèmes les plus profonds, ceux d'un Eschyle et d'un Sophocle, pouvaient être proposés au peuple et assurés d'être parfaitement entendus. »

Ce goût absolu, despotique, d'un idéal dramatique, où tout, depuis une déclamation notée et soulignée par la musique avec tant de soin qu'il est impossible au chanteur de s'en écarter en aucune syllabe, véritable arabesque de sons dessinée par la passion, jusqu'aux soins les plus minutieux relatifs aux décors et à la mise en scène, où tous les détails, dis-je, doivent sans cesse concourir à une totalité d'effet, a fait la destinée de Wagner. C'était en lui comme une postulation perpétuelle. Depuis le jour où il s'est dégagé des vieilles routines du livret et où il a courageusement renié son *Rienzi,* opéra de jeunesse qui avait été honoré d'un grand succès, il a marché, sans dévier d'une ligne, vers cet impérieux idéal. C'est donc sans étonnement que j'ai trouvé dans ceux de ses ouvrages qui sont traduits, particulièrement dans *Tannhäuser, Lohengrin* et *Le Vaisseau fantôme,* une méthode de construction excellente, un esprit d'ordre et de division qui rappelle l'architecture des tragédies antiques. Mais les phénomènes et les idées qui se produisent périodiquement à travers les âges empruntent toujours à chaque résurrection le caractère complémentaire de la variante et de la circonstance. La radieuse Vénus antique, l'Aphrodite née de la blanche écume, n'a pas impunément traversé les horrifiques ténèbres du Moyen Âge. Elle n'habite plus l'Olympe ni les rives d'un archipel parfumé. Elle est retirée au fond d'une caverne magnifique, il est vrai, mais illuminée par des feux qui ne sont pas ceux du bienveillant Phœbus. En descendant sous terre, Vénus s'est rapprochée de l'enfer, et elle va sans doute, à de certaines solennités abominables, rendre régulièrement hommage à l'Archidémon, prince de la chair et seigneur du péché. De même, les poèmes de Wagner, bien qu'ils révèlent un goût sincère et une parfaite intelligence de la beauté classique, participent aussi, dans une forte dose, de l'esprit romantique. S'ils font rêver à la majesté de Sophocle et d'Eschyle, ils contraignent en même temps l'esprit à se souvenir des *Mystères* de l'époque la plus plastiquement catholique. Ils ressemblent à ces grandes visions que le Moyen Âge étalait[1] sur les murs de ses églises ou tissait dans ses magnifiques tapisseries. Ils ont un aspect général décidément légendaire : le *Tannhäuser*, légende; le *Lohengrin*, légende; légende, *Le Vaisseau fantôme*. Et ce n'est pas seulement une propension naturelle à tout esprit poétique qui a conduit Wagner vers cette apparente spécialité; c'est un parti pris formel puisé dans l'étude des conditions les plus favorables du drame lyrique.

Lui-même, il a pris soin d'élucider la question dans ses livres. Tous les sujets, en effet, ne sont pas également propres à fournir un vaste drame doué d'un caractère d'universalité. Il y aurait évidemment un immense danger à traduire en fresque le délicieux et le plus parfait tableau de genre. C'est surtout dans le cœur universel de l'homme et dans l'histoire de ce cœur que le poète dramatique trouvera des tableaux universellement intelligibles. Pour construire en pleine liberté le drame idéal, il sera prudent d'éliminer toutes les difficultés qui pourraient naître de détails techniques, politiques ou même trop positivement historiques. Je laisse la parole au maître lui-même : « Le seul tableau de la vie humaine qui soit appelé poétique est celui où les motifs qui n'ont de sens que pour l'intelligence abstraite font place aux mobiles purement humains qui gouvernent le cœur. Cette tendance (celle relative à l'invention du sujet poétique) est la loi souveraine qui préside à la forme et à la représentation poétique[2]... L'arrangement rythmique et l'ornement (presque musical) de la rime sont pour le poète des moyens d'assurer au vers, à la phrase, une puissance qui captive comme par un charme et gouverne à son gré le sentiment. Essentielle au poète, cette tendance le conduit jusqu'à la limite de son art, limite que touche immédiatement la musique, et, par conséquent, l'œuvre la plus complète du poète devrait être celle qui, dans son dernier achèvement, serait une parfaite musique.

« De là, je me voyais nécessairement amené à désigner

le *mythe* comme matière idéale du poète. Le mythe est le poème primitif et anonyme du peuple, et nous le retrouvons[1] à toutes les époques repris, remanié sans cesse à nouveau par les grands poètes des périodes cultivées. Dans le mythe, en effet, les relations humaines dépouillent presque complètement leur forme conventionnelle et intelligible seulement à la raison abstraite ; elles montrent ce que la vie a de vraiment humain, d'éternellement compréhensible, et le montrent sous cette forme concrète, exclusive de toute imitation, laquelle donne à tous les vrais mythes leur caractère individuel que vous reconnaissez au premier coup d'œil. »

Et ailleurs[2], reprenant le même thème, il dit : « Je quittai une fois pour toutes le terrain de l'histoire et m'établis sur celui de la légende... Tout le détail nécessaire pour décrire et représenter le fait historique et ses accidents, tout le détail qu'exige, pour être parfaitement comprise, une époque spéciale et reculée de l'histoire, et que les auteurs contemporains de drames et de romans historiques déduisent, par cette raison, d'une manière si circonstanciée, je pouvais le laisser de côté... La légende, à quelque époque et à quelque nation qu'elle appartienne, a l'avantage de comprendre exclusivement ce que cette époque et cette nation ont de purement humain, et de le présenter sous une forme originale très saillante, et dès lors intelligible au premier coup d'œil. Une ballade, un refrain populaire, suffisent pour vous représenter en un instant ce caractère sous les traits les plus arrêtés et les plus frappants... Le caractère de la scène et le ton de la légende contribuent ensemble à jeter l'esprit dans cet état de *rêve*[3] qui le porte bientôt jusqu'à la pleine *clairvoyance,* et l'esprit découvre alors un nouvel enchaînement des phénomènes du monde, que ses yeux ne pouvaient apercevoir dans l'état de veille ordinaire... »

Comment Wagner ne comprendrait-il pas admirablement le caractère sacré, divin du mythe, lui qui est à la fois poète et critique ? J'ai entendu beaucoup de personnes tirer de l'étendue même de ses facultés et de sa haute intelligence critique une raison de défiance relativement à son génie musical, et je crois que l'occasion est ici propice pour réfuter une erreur très commune, dont la principale racine est peut-être le plus laid des sentiments humains, l'envie. « Un homme qui raisonne tant

de son art ne peut pas produire naturellement de belles
œuvres », disent quelques-uns qui dépouillent ainsi le
génie de sa rationalité, et lui assignent une fonction purement instinctive et pour ainsi dire végétale. D'autres
veulent considérer Wagner comme un théoricien qui
n'aurait produit des opéras que pour vérifier *a posteriori*
la valeur de ses propres théories. Non seulement ceci est
parfaitement faux, puisque le maître a commencé tout
jeune, comme on le sait[1], par produire des essais poétiques et musicaux d'une nature variée, et qu'il n'est
arrivé que progressivement à se faire un idéal de drame
lyrique[a], mais c'est même une chose absolument impossible. Ce serait un événement tout nouveau dans l'histoire des arts qu'un critique se faisant poète, un renversement de toutes les lois psychiques, une monstruosité;
au contraire, tous les grands poètes deviennent naturellement, fatalement, critiques[2]. Je plains les poètes que
guide le seul instinct; je les crois incomplets. Dans la vie
spirituelle des premiers, une crise se fait infailliblement,
où ils veulent raisonner leur art, découvrir les lois obscures en vertu desquelles ils ont produit, et tirer de cette
étude une série de préceptes dont le but divin est l'infail-
libilité dans la production poétique[3]. Il serait prodigieux
qu'un critique devînt poète, et il est impossible qu'un
poète ne contienne pas un critique. Le lecteur ne sera
donc pas étonné que je considère le poète comme le
meilleur de tous les critiques. Les gens qui reprochent
au musicien Wagner d'avoir écrit des livres sur la philosophie de son art et qui en tirent le soupçon que sa
musique n'est pas un produit naturel, spontané, devraient
nier également que Vinci, Hogarth, Reynolds, aient pu
faire de bonnes peintures, simplement parce qu'ils ont
déduit et analysé les principes de leur art. Qui parle
mieux de la peinture que notre grand Delacroix ? Diderot, Gœthe, Shakespeare, autant de producteurs, autant
d'admirables critiques. La poésie a existé, s'est affirmée
la première, et elle a engendré l'étude des règles. Telle est
l'histoire incontestée du travail humain. Or, comme chacun est le diminutif de tout le monde, comme l'histoire
d'un cerveau individuel représente en petit l'histoire du
cerveau universel[4], il serait juste et naturel de supposer (à
défaut des preuves qui existent) que l'élaboration des pensées de Wagner a été analogue au travail de l'humanité.

III

Tannhäuser représente la lutte des deux principes qui
ont choisi le cœur humain pour principal champ de
bataille, c'est-à-dire de la chair avec l'esprit, de l'enfer
avec le ciel, de Satan avec Dieu[1]. Et cette dualité est
représentée tout de suite, par l'ouverture, avec une incomparable habileté. Que n'a-t-on pas déjà écrit[a] sur ce morceau ? Cependant il est présumable qu'il fournira encore
matière à bien des thèses et des commentaires éloquents ;
car c'est le propre des œuvres vraiment artistiques d'être
une source inépuisable de suggestions. L'ouverture, dis-
je, résume donc la pensée du drame par deux chants, le
chant religieux et le chant voluptueux, qui, pour me servir de l'expression de Liszt[2], « sont ici posés comme deux
termes, et qui, dans le finale, trouvent leur équation ». Le
Chant des pèlerins apparaît le premier, avec l'autorité de
la loi suprême, comme marquant tout de suite le véritable
sens de la vie, le but de l'universel pèlerinage, c'est-à-
dire Dieu. Mais comme le sens intime de Dieu est bientôt
noyé dans toute conscience par les concupiscences de la
chair, le chant représentatif de la sainteté est peu à peu
submergé par les soupirs de la volupté. La vraie, la terrible, l'universelle Vénus se dresse déjà dans toutes les
imaginations. Et que celui qui n'a pas encore entendu la
merveilleuse ouverture de *Tannhäuser* ne se figure pas ici
un chant d'amoureux vulgaires, essayant de tuer le temps
sous les tonnelles, les accents d'une troupe enivrée jetant
à Dieu son défi dans la langue d'Horace. Il s'agit d'autre
chose, à la fois plus vrai et plus sinistre. Langueurs,
délices mêlées de fièvre et coupées d'angoisses, retours
incessants vers une volupté qui promet d'éteindre, mais
n'éteint jamais la soif ; palpitations furieuses du cœur et
des sens, ordres impérieux de la chair, tout le dictionnaire des onomatopées de l'amour se fait entendre ici.
Enfin le thème religieux reprend peu à peu son empire,
lentement, par gradations, et absorbe l'autre dans une
victoire paisible, glorieuse comme celle de l'être irrésistible sur l'être maladif et désordonné, de saint Michel
sur Lucifer.

Au commencement de cette étude, j'ai noté la puissance avec laquelle Wagner, dans l'ouverture de *Lohengrin,* avait exprimé les ardeurs de la mysticité, les appétitions de l'esprit vers le Dieu incommunicable. Dans l'ouverture de *Tannhäuser,* dans la lutte des deux principes contraires, il ne s'est pas montré moins subtil ni moins puissant. Où donc le maître a-t-il puisé ce chant furieux de la chair, cette connaissance absolue de la partie diabolique de l'homme ? Dès les premières mesures, les nerfs vivent à l'unisson*a* de la mélodie; toute chair qui se souvient se met à trembler. Tout cerveau bien conformé porte en lui deux infinis, le ciel et l'enfer, et dans toute image de l'un de ces infinis il reconnaît subitement la moitié de lui-même. Aux titillations sataniques d'un vague amour succèdent bientôt des entraînements, des éblouissements, des cris de victoire, des gémissements de gratitude, et puis des hurlements de férocité, des reproches de victimes et des hosanna impies de sacrificateurs, comme si la barbarie devait toujours prendre sa place dans le drame de l'amour, et la jouissance charnelle conduire, par une logique satanique inéluctable, aux délices du crime. Quand le thème religieux, faisant invasion à travers le mal déchaîné, vient peu à peu rétablir l'ordre et reprendre l'ascendant, quand il se dresse de nouveau, avec toute sa solide beauté, au-dessus de ce chaos de voluptés agonisantes, toute l'âme éprouve comme un rafraîchissement, une béatitude de rédemption; sentiment ineffable qui se reproduira au commencement du deuxième tableau, quand Tannhäuser, échappé de la grotte de Vénus, se retrouvera dans la vie véritable, entre le son religieux des cloches natales, la chanson naïve du pâtre, l'hymne des pèlerins et la croix plantée sur la route, emblème de toutes ces croix qu'il faut traîner sur toutes les routes. Dans ce dernier cas, il y a une puissance de contraste qui agit irrésistiblement sur l'esprit et qui fait penser à la manière large et aisée de Shakespeare. Tout à l'heure nous étions dans les profondeurs de la terre (Vénus, comme nous l'avons dit, habite auprès de l'enfer), respirant une atmosphère parfumée, mais étouffante, éclairée par une lumière rose qui ne venait pas du soleil; nous étions semblables au chevalier Tannhäuser lui-même, qui, saturé de délices énervantes, *aspire à la douleur !* cri sublime que tous les critiques jurés[1] admireraient dans Corneille, mais qu'aucun ne voudra peut-être voir dans Wagner. Enfin nous sommes replacés sur la terre; nous en aspirons l'air frais, nous en acceptons les joies avec reconnaissance, les douleurs avec humilité. La pauvre humanité est rendue à sa patrie.

Tout à l'heure, en essayant de décrire la partie voluptueuse de l'ouverture, je priais le lecteur de détourner sa pensée des hymnes vulgaires de l'amour, tels que les peut concevoir un galant en belle humeur; en effet, il n'y a ici rien de trivial; c'est plutôt le débordement d'une nature énergique, qui verse dans le mal toutes les forces dues à la culture du bien; c'est l'amour effréné, immense, chaotique, élevé jusqu'à la hauteur d'une contre-religion, d'une religion satanique. Ainsi, le compositeur, dans la traduction musicale, a échappé à cette vulgarité qui accompagne trop souvent la peinture du sentiment le plus *populaire*, — j'allais dire populacier, — et pour cela il lui a suffi de peindre l'excès dans le désir et dans l'énergie, l'ambition indomptable, immodérée, d'une âme sensible qui s'est trompée de voie. De même dans la représentation plastique de l'idée, il s'est dégagé heureusement de la fastidieuse foule des victimes, des Elvires innombrables. L'idée pure, incarnée dans l'unique Vénus, parle bien plus haut et avec bien plus d'éloquence. Nous ne voyons pas ici un libertin ordinaire, *voltigeant de belle en belle*, mais l'homme général, universel, vivant morganatiquement avec l'idéal absolu de la volupté, avec la reine de toutes les diablesses, de toutes les faunesses et de toutes les satyresses[1], reléguées sous terre depuis la mort du grand Pan, c'est-à-dire avec l'indestructible et irrésistible Vénus.

Une main mieux exercée que la mienne dans l'analyse des ouvrages lyriques présentera, ici même, au lecteur, un compte rendu technique et complet de cet étrange et méconnu *Tannhäuser** ; je dois donc me borner à des vues générales qui, pour rapides qu'elles soient, n'en sont pas moins utiles. D'ailleurs, n'est-il pas plus commode, pour certains esprits, de juger de la beauté d'un paysage en se plaçant sur une hauteur, qu'en parcourant successivement tous les sentiers qui le sillonnent ?

---

* La première partie de cette étude a paru à la *Revue européenne*, où M. Perrin, ancien directeur de l'Opéra-Comique, dont les sympathies pour Wagner sont bien connues, est chargé de la critique musicale[a2].

Je tiens seulement à faire observer, à la grande louange
de Wagner, que, malgré l'importance très juste qu'il
donne au poème dramatique, l'ouverture de *Tannhäuser,*
comme celle de *Lohengrin,* est parfaitement intelligible,
même à celui qui ne connaîtrait pas le livret; et ensuite,
que cette ouverture contient non seulement l'idée mère,
la dualité psychique constituant le drame, mais encore
les formules principales, nettement accentuées, destinées
à peindre les sentiments généraux exprimés dans la suite
de l'œuvre, ainsi que le démontrent les retours forcés de
la mélodie diaboliquement voluptueuse et du motif religieux ou *Chant des pèlerins,* toutes les fois que l'action le
demande. Quant à la grande marche du second acte, elle
a conquis depuis longtemps le suffrage des esprits les plus
rebelles, et l'on peut lui appliquer le même éloge qu'aux
deux ouvertures dont j'ai parlé, à savoir d'exprimer de la
manière la plus visible, la plus colorée, la plus représentative, ce qu'elle veut exprimer. Qui donc, en entendant ces
accents si riches et si fiers, ce rythme pompeux élégamment cadencé[a], ces fanfares royales, pourrait se figurer
autre chose qu'une pompe féodale, une défilade d'hommes
héroïques, dans des vêtements éclatants, tous de haute
stature, tous de grande volonté et de foi naïve, aussi
magnifiques dans leurs plaisirs que terribles dans leurs
guerres ?

Que dirons-nous du récit de Tannhäuser, de son
voyage à Rome, où la beauté littéraire est si admirablement complétée et soutenue par la mélopée, que les
deux éléments ne font plus qu'un inséparable tout ? On
craignait la longueur de ce morceau, et cependant le
récit contient, comme on l'a vu, une puissance dramatique invincible. La tristesse, l'accablement du pécheur
pendant son rude voyage, son allégresse en voyant le
suprême pontife qui délie les péchés, son désespoir quand
celui-ci lui montre le caractère irréparable de son crime,
et enfin le sentiment presque ineffable, tant il est terrible,
de la joie dans la damnation; tout est dit, exprimé, traduit, par la parole et la musique, d'une manière si positive, qu'il est presque impossible de concevoir une autre
manière de le dire. On comprend bien alors qu'un pareil
malheur ne puisse être réparé que par un miracle, et on
excuse l'infortuné chevalier de chercher encore le sentier
mystérieux qui conduit à la grotte, pour retrouver au

moins les grâces de l'enfer auprès de sa diabolique
épouse.

Le drame de *Lohengrin* porte, comme celui de *Tannhäuser,* le caractère sacré, mystérieux et pourtant universellement intelligible de la légende. Une jeune princesse,
accusée d'un crime abominable, du meurtre de son frère,
ne possède aucun moyen de prouver son innocence. Sa
cause sera jugée par le jugement de Dieu. Aucun chevalier présent ne descend pour elle sur le terrain; mais
elle a confiance dans une vision singulière; un guerrier
inconnu est venu la visiter en rêve. C'est ce chevalier-là
qui prendra sa défense. En effet, au moment suprême et
comme chacun la juge coupable, une nacelle approche
du rivage, tirée par un cygne attelé d'une chaîne d'or.
Lohengrin, chevalier du Saint-Graal, protecteur des innocents, défenseur des faibles, a entendu l'invocation du
fond de la retraite merveilleuse où est précieusement
conservée cette coupe divine, deux fois consacrée par
la sainte Cène et par le sang de Notre-Seigneur, que
Joseph d'Arimathie y recueillit tout ruisselant de sa plaie.
Lohengrin, fils de Parcival, descend de la nacelle, revêtu
d'une armure d'argent, le casque en tête, le bouclier sur
l'épaule, une petite trompe d'or au côté, appuyé sur son
épée. « Si je remporte pour toi la victoire, dit Lohengrin
à Elsa, veux-tu que je sois ton époux ?... Elsa, si tu veux
que je m'appelle ton époux..., il faut que tu me fasses une
promesse : jamais tu ne m'interrogeras, jamais tu ne cher-
cheras à savoir ni de quelles contrées j'arrive, ni quel est
mon nom et ma nature. » Et Elsa : « Jamais, seigneur, tu
n'entendras de moi cette question. » Et, comme Lohengrin répète solennellement la formule de la promesse,
Elsa répond : « Mon bouclier, mon ange, mon sauveur !
toi qui crois fermement à mon innocence, pourrait-il y
avoir un doute plus criminel que de n'avoir pas foi en
toi ? Comme tu me défends dans ma détresse, de même
je garderai fidèlement la loi que tu m'imposes. » Et
Lohengrin, la serrant dans ses bras, s'écrie : « Elsa, je
t'aime ! » Il y a là une beauté de dialogue comme il s'en
trouve fréquemment dans les drames de Wagner, toute
trempée de magie primitive, toute grandie par le sentiment idéal, et dont la solennité ne diminue en rien la
grâce naturelle[1].

L'innocence d'Elsa est proclamée par la victoire de

Lohengrin; la magicienne Ortrude et Frédéric, deux
méchants intéressés à la condamnation d'Elsa, parvien-
nent à exciter en elle la curiosité féminine, à flétrir sa
joie par le doute, et l'obsèdent maintenant jusqu'à ce
qu'elle viole son serment et exige de son époux l'aveu de
son origine. Le doute a tué la foi et la foi disparue emporte
avec elle le bonheur. Lohengrin punit par la mort Frédéric d'un guet-apens que celui-ci lui a tendu, et devant
le roi, les guerriers et le peuple assemblés, déclare enfin
sa véritable origine : « ... Quiconque est choisi pour servir
le Graal est aussitôt revêtu d'une puissance surnaturelle;
même celui qui est envoyé par lui dans une terre lointaine, chargé de la mission de défendre le droit de la
vertu, n'est pas dépouillé de sa force sacrée autant que
reste inconnue sa qualité de chevalier du Graal; mais telle
est la nature de cette vertu du Saint-Graal, que, dévoilée,
elle fuit aussitôt les regards profanes; c'est pourquoi vous
ne devez concevoir nul doute sur son chevalier; s'il est
reconnu par vous, il lui faut vous quitter sur-le-champ.
Écoutez maintenant comment il récompense la question
interdite ! Je vous ai été envoyé par le Graal; mon père,
Parcival, porte sa couronne; moi, son chevalier, j'ai
nom Lohengrin[1]. » Le cygne reparaît sur la rive pour
remmener le chevalier vers sa miraculeuse patrie. La
magicienne, dans l'infatuation de sa haine, dévoile que
le cygne n'est autre que le frère d'Elsa, emprisonné par
elle dans un enchantement. Lohengrin monte dans la
nacelle après avoir adressé au Saint-Graal une fervente
prière. Une colombe prend la place du cygne, et Gode-
froi, duc de Brabant, reparaît. Le chevalier est retourné
vers le mont Salvat. Elsa qui a douté, Elsa qui a voulu
savoir, examiner, contrôler, Elsa a perdu son bonheur.
L'idéal s'est envolé.

Le lecteur a sans doute remarqué dans cette légende
une frappante analogie avec le mythe de la Psyché antique, qui, elle aussi, fut victime de la démoniaque curiosité, et, ne voulant pas respecter l'incognito de son divin
époux, perdit, en pénétrant le mystère, toute sa félicité.
Elsa prête l'oreille à Ortrude, comme Ève au serpent.
L'Ève éternelle tombe dans l'éternel piège. Les nations
et les races se transmettent-elles des fables, comme les
hommes se lèguent des héritages, des patrimoines ou des
secrets scientifiques ? On serait tenté de le croire, tant

est frappante l'analogie morale qui marque les mythes et
les légendes éclos dans différentes contrées. Mais cette
explication est trop simple pour séduire longtemps un
esprit philosophique. L'allégorie créée par le peuple ne
peut pas être comparée à ces semences qu'un cultivateur
communique fraternellement à un autre qui les veut accli-
mater dans son pays. Rien de ce qui est éternel et universel n'a besoin d'être acclimaté. Cette analogie morale
dont je parlais est comme l'estampille divine de toutes les
fables populaires. Ce sera bien, si l'on veut, le signe d'une
origine unique, la preuve d'une parenté irréfragable,
mais à la condition que l'on ne cherche cette origine que
dans le principe absolu et l'origine commune de tous les
êtres. Tel mythe peut être considéré comme frère d'un
autre, de la même façon que le nègre est dit le frère du
blanc. Je ne nie pas, en de certains cas, la fraternité ni
la filiation ; je crois seulement que dans beaucoup d'autres
l'esprit pourrait être induit en erreur par la ressemblance
des surfaces ou même par l'analogie morale et, que, pour
reprendre notre métaphore végétale, le mythe est un
arbre qui croît partout, en tout climat, sous tout soleil,
spontanément et sans boutures. Les religions et les poésies des quatre parties du monde nous fournissent sur
ce sujet*a* des preuves surabondantes. Comme le péché
est partout, la rédemption est partout, le mythe partout.
Rien de plus cosmopolite que l'Éternel*b*. Qu'on veuille
bien me pardonner cette digression qui s'est ouverte
devant moi avec une attraction irrésistible[1]. Je reviens à
l'auteur de *Lohengrin.*

On dirait que Wagner aime d'un amour de prédilection les pompes féodales, les assemblées homériques où
gît une accumulation de force vitale, les foules enthou-
siasmées, réservoir d'électricité humaine*s*, d'où le style
héroïque jaillit avec une impétuosité naturelle. La musique de noces et l'épithalame de *Lohengrin* font un digne
pendant à l'introduction des invités au Wartburg dans
Tannhäuser, plus majestueux encore peut-être et plus
véhément. Cependant le maître, toujours plein de goût et
attentif aux nuances, n'a pas représenté ici la turbulence
qu'en pareil cas manifesterait une foule roturière. Même
à l'apogée de son plus violent tumulte, la musique n'exprime qu'un délire de gens accoutumés aux règles de
l'étiquette ; c'est une cour qui s'amuse, et son ivresse

la plus vive garde encore le rythme de la décence. La joie clapoteuse de la foule alterne avec l'épithalame, doux, tendre et solennel; la tourmente de l'allégresse publique contraste à plusieurs reprises avec l'hymne discret et attendri qui célèbre l'union d'Elsa et de Lohengrin.

J'ai déjà parlé de certaines phrases mélodiques dont le retour assidu, dans différents morceaux tirés de la même œuvre, avait vivement intrigué mon oreille, lors du premier concert offert par Wagner dans la salle des Italiens. Nous avons observé que[a] dans *Tannhäuser* la récurrence des deux thèmes principaux, le motif religieux et le chant de volupté, servait à réveiller l'attention du public et à le replacer dans un état analogue à la situation actuelle. Dans *Lohengrin,* ce système mnémonique est appliqué beaucoup plus minutieusement. Chaque personnage est, pour ainsi dire, blasonné par la mélodie qui représente son caractère moral et le rôle qu'il est appelé à jouer dans la fable. Ici je laisse humblement la parole à Liszt, dont, par occasion, je recommande le livre *(Lohengrin et Tannhäuser)* à tous les amateurs de l'art profond et raffiné, et qui sait, malgré cette langue un peu bizarre qu'il affecte[1], espèce d'idiome composé d'extraits de plusieurs langues, traduire avec un charme infini toute la rhétorique du maître :

« Le spectateur, préparé et résigné à ne chercher *aucun de ces morceaux détachés qui, engrenés l'un après l'autre sur le fil de quelque intrigue, composent la substance de nos opéras habituels,* pourra trouver un singulier intérêt à suivre durant trois actes[2] la combinaison profondément réfléchie, étonnamment habile et poétiquement intelligente, avec laquelle Wagner, *au moyen de plusieurs phrases principales,* a serré *un nœud mélodique* qui constitue tout son drame. Les replis que font ces phrases, en se liant et s'entrelaçant autour des paroles du poème, sont d'un effet émouvant au dernier point. Mais si, après en avoir été frappé et impressionné à la représentation, on veut encore se rendre mieux compte de ce qui a si vivement affecté, et étudier la partition de cette œuvre d'un genre si neuf, on reste étonné de toutes les intentions et nuances qu'elle renferme et qu'on ne saurait immédiatement saisir. Quels sont les drames et les épopées[3] de grands poètes qu'il ne faille pas longtemps étudier pour se rendre maître de toute leur signification ?

« Wagner, par un procédé qu'il applique d'une manière tout à fait imprévue, réussit à étendre l'empire et les prétentions de la musique. Peu content du pouvoir[1] qu'elle exerce sur les cœurs en y réveillant toute la gamme des sentiments humains, il lui rend possible d'inciter nos idées, de s'adresser à notre pensée, de faire appel à notre réflexion, et la dote d'un sens moral et intellectuel... Il dessine mélodiquement le caractère[a] de ses personnages et de leurs passions principales, et ces mélodies se font jour, *dans le chant ou dans l'accompagnement,* chaque fois que les passions et les sentiments qu'elles expriment sont mis en jeu. Cette persistance systématique est jointe à un art de distribution qui offrirait, par la finesse des aperçus psychologiques, poétiques et philosophiques dont il fait preuve, un intérêt de haute curiosité à ceux aussi pour qui les croches et doubles croches sont lettres mortes et purs hiéroglyphes. Wagner, forçant notre méditation et notre mémoire à un si constant exercice, arrache, par cela seul, l'action de la musique au domaine des vagues attendrissements et ajoute à ses charmes[a] quelques-uns des plaisirs de l'esprit. Par cette méthode qui complique les faciles jouissances procurées par *une série de chants rarement apparentés entre eux,* il demande une singulière attention du public; mais en même temps il prépare de plus parfaites émotions à ceux qui savent les goûter. Ses mélodies sont en quelque sorte *des personnifications d'idées ;* leur retour annonce celui des sentiments que les paroles qu'on prononce n'indiquent point explicitement; c'est à elles que Wagner confie de nous révéler tous les secrets des cœurs. Il est des phrases, celle, par exemple, de la première scène du second acte, qui traversent l'opéra comme un serpent venimeux, s'enroulant autour des victimes et fuyant devant leurs saints défenseurs; il en est, comme celle de l'introduction, qui ne reviennent que rarement, avec les suprêmes et divines révélations. Les situations ou les personnages de quelque importance sont tous musicalement exprimés par une mélodie qui en devient le constant symbole. Or, comme ces mélodies sont d'une rare beauté, nous dirons à ceux qui, dans l'examen d'une partition, se bornent à juger des rapports de croches et doubles croches entre elles, que même si la musique de cet opéra devait être privée de son beau texte, elle serait encore une production de premier ordre. »

En effet, sans poésie, la musique de Wagner serait encore une œuvre poétique, étant douée de toutes les qualités qui constituent une poésie bien faite; explicative par elle-même, tant toutes choses y sont bien unies, conjointes, réciproquement adaptées, et, s'il est permis de faire un barbarisme pour exprimer le superlatif d'une qualité, prudemment *concaténées*.

Le Vaisseau fantôme, ou *Le Hollandais volant,* est l'histoire si populaire de ce Juif errant de l'Océan, pour qui cependant une condition de rédemption a été obtenue par un ange secourable : *Si le capitaine qui mettra pied à terre tous les sept ans y rencontre[a] une femme fidèle, il sera sauvé*[1]. L'infortuné, repoussé par la tempête à chaque fois qu'il voulait doubler un cap dangereux, s'était écrié une fois : « Je passerai cette infranchissable barrière, dussé-je lutter toute l'éternité[2] ! » Et l'éternité avait accepté le défi de l'audacieux navigateur. Depuis lors, le fatal navire s'était montré çà et là, dans différentes plages, courant[b] sus à la tempête avec le désespoir d'un guerrier qui cherche la mort; mais toujours la tempête l'épargnait, et le pirate lui-même se sauvait devant lui en faisant le signe de la croix. Les premières paroles du Hollandais, après que son vaisseau est arrivé au mouillage, sont sinistres et solennelles : « Le terme est passé; il s'est encore écoulé sept années ! La mer me jette à terre avec dégoût... Ah ! orgueilleux Océan ! dans peu de jours il te faudra me porter encore !... Nulle part une tombe ! nulle part la mort ! telle est ma terrible sentence de damnation... Jour du jugement, jour suprême, quand luiras-tu dans ma nuit ?... » À côté du terrible vaisseau un navire norvégien[c] a jeté l'ancre; les deux capitaines lient connaissance, et le Hollandais demande au Norvégien « de lui accorder pour quelques jours l'abri de sa maison... de lui donner une nouvelle patrie[3] ». Il lui offre des richesses énormes dont celui-ci s'éblouit, et enfin lui dit brusquement : « As-tu une fille ?... Qu'elle soit ma femme ! Jamais je n'atteindrai ma patrie. À quoi me sert donc d'amasser[d] des richesses ? Laisse-toi convaincre, consens à cette alliance et prends tous mes trésors. » — « J'ai une fille, belle, pleine de fidélité, de tendresse, de dévouement pour moi. » — « Qu'elle conserve toujours à son père cette tendresse filiale, qu'elle lui soit fidèle; elle sera aussi fidèle à son époux. » — « Tu me donnes des joyaux, des

perles inestimables; mais le joyau le plus précieux, c'est
une femme fidèle. » — « C'est toi qui me le donnes ?...
Verrai-je ta fille dès aujourd'hui ? »

Dans la chambre du Norvégien, plusieurs jeunes filles
s'entretiennent du *Hollandais volant,* et Senta, possédée
d'une idée fixe, les yeux toujours tendus vers un portrait
mystérieux, chante la ballade qui retrace la damnation du
navigateur : « Avez-vous rencontré en mer le navire à
la voile rouge de sang, au mât noir ? À bord, l'homme
pâle, le maître du vaisseau, veille sans relâche. Il vole[1] et
fuit, sans terme, sans relâche, sans repos. Un jour pourtant l'homme peut rencontrer la délivrance, s'il trouve
sur terre une femme qui lui soit fidèle jusque dans la
mort... Priez le ciel que bientôt une femme lui garde sa
foi ! — Par un vent contraire, dans une tempête furieuse,
il voulut autrefois doubler un cap; il blasphéma dans sa
folle audace : Je n'y renoncerais pas de l'éternité ! Satan
l'a entendu, il l'a pris au mot ! Et[2] maintenant son arrêt
est d'errer à travers la mer, sans relâche, sans repos !...
Mais pour que l'infortuné puisse rencontrer encore la
délivrance sur terre, un ange de Dieu lui annonce d'où
peut lui venir le salut. Ah ! puisses-tu le trouver, pâle
navigateur ! Priez le ciel que bientôt une femme lui garde
cette foi ! — Tous les sept ans, il jette l'ancre, et, pour
chercher une femme, il descend à terre. Il a courtisé tous
les sept ans, et jamais encore il n'a trouvé une femme
fidèle... Les voiles au vent ! levez l'ancre ! Faux amour,
faux serments ! Alerte ! en mer ! sans relâche, sans
repos[3] ! » Et tout d'un coup, sortant d'un abîme de
rêverie, Senta inspirée s'écrie : « Que je sois celle qui te
délivrera par sa fidélité ! Puisse l'ange de Dieu me montrer à toi ! C'est par moi que tu obtiendras ton salut[4] ! »
L'esprit de la jeune fille est attiré magnétiquement par
le malheur; son vrai fiancé, c'est le capitaine damné que
l'amour seul peut racheter.

Enfin le Hollandais paraît, présenté par le père de
Senta; il est bien l'homme du portrait, la figure légendaire suspendue au mur. Quand le Hollandais, semblable
au terrible Melmoth[5] qu'attendrit la destinée d'Immalée,
sa victime, veut la détourner d'un dévouement trop périlleux, quand le damné plein de pitié repousse l'instrument
du salut, quand, remontant en toute hâte sur son navire,
il la veut laisser au bonheur de la famille et de l'amour

vulgaire, celle-ci résiste et s'obstine à le suivre : « Je te connais bien ! je connais ta destinée ! Je te connaissais lorsque je t'ai vu pour la première fois ! » Et lui, espérant l'épouvanter : « Interroge les mers de toutes les zones, interroge le navigateur qui a sillonné l'Océan dans tous les sens; il connaît ce vaisseau, l'effroi des hommes pieux : on me nomme le *Hollandais volant !* » Elle répond, poursuivant de son dévouement et de ses cris le navire qui s'éloigne : « Gloire à ton ange libérateur ! gloire à sa loi ! Regarde et vois si je te suis fidèle jusqu'à la mort[1] ! » Et elle se précipite à la mer. Le navire s'engloutit. Deux formes aériennes s'élèvent au-dessus des flots : c'est le Hollandais et Senta transfigurés.

Aimer le malheureux pour son malheur est une idée trop grande pour tomber ailleurs que dans un cœur ingénu, et c'est certainement une très belle pensée que d'avoir suspendu le rachat d'un maudit à l'imagination passionnée d'une jeune fille. Tout le drame est traité d'une main sûre, avec une manière directe; chaque situation, abordée franchement; et le type de Senta porte en lui une grandeur surnaturelle et romanesque qui enchante et fait peur. La simplicité extrême du poème augmente l'intensité de l'effet. Chaque chose est à sa place, tout est bien ordonné et de juste dimension. L'ouverture, que nous avons entendue au concert du Théâtre-Italien, est lugubre et profonde comme l'Océan, le vent et les ténèbres.

Je suis contraint de resserrer les bornes de cette étude, et je crois que j'en ai dit assez (aujourd'hui du moins) pour faire comprendre à un lecteur non prévenu les tendances et la forme dramatique de Wagner. Outre *Rienzi, Le Hollandais volant, Tannhäuser* et *Lohengrin*, il a composé *Tristan et Isolde,* et quatre autres opéras formant une tétralogie, dont le sujet est tiré des *Nibelungen*[2], sans compter ses nombreuses œuvres critiques. Tels sont les travaux de cet homme dont la personne et les ambitions idéales ont défrayé si longtemps la badauderie parisienne et dont la plaisanterie facile a fait journellement sa proie pendant plus d'un an.

IV

On peut toujours faire momentanément abstraction de la partie systématique que tout grand artiste volontaire introduit fatalement dans toutes ses œuvres; il reste, dans ce cas, à chercher et à vérifier par quelle qualité propre, personnelle, il se distingue des autres. Un artiste, un homme vraiment digne de ce grand nom, doit posséder quelque chose d'essentiellement *sui generis,* par la grâce de quoi il est *lui* et non un autre. À ce point de vue, les artistes peuvent être comparés à des saveurs variées, et le répertoire des métaphores humaines n'est peut-être pas assez vaste pour fournir la définition approximative de tous les artistes connus et de tous les artistes *possibles*. Nous avons déjà, je crois, noté deux hommes dans Richard Wagner, l'homme d'ordre et l'homme passionné. C'est de l'homme passionné, de l'homme de sentiment qu'il est ici question. Dans le moindre de ses morceaux il inscrit si ardemment sa personnalité, que cette recherche de sa qualité principale ne sera pas très difficile à faire. Dès le principe, une considération m'avait vivement frappé : c'est que dans la partie voluptueuse et orgiaque de l'ouverture de *Tannhäuser,* l'artiste avait mis autant de force, développé autant d'énergie que dans la peinture de la mysticité qui caractérise l'ouverture de *Lohengrin*. Même ambition dans l'une que dans l'autre, même escalade titanique et aussi mêmes raffinements et même subtilité. Ce qui me paraît donc avant tout marquer d'une manière inoubliable la musique de ce maître, c'est l'intensité nerveuse, la violence dans la passion et dans la volonté. Cette musique-là exprime avec la voix la plus suave ou la plus stridente tout ce qu'il y a de plus caché dans le cœur de l'homme. Une ambition idéale préside, il est vrai, à toutes ses compositions; mais si, par le choix de ses sujets et sa méthode dramatique, Wagner se rapproche de l'antiquité, par l'énergie passionnée de son expression il est actuellement le représentant le plus vrai de la nature moderne. Et toute la science, tous les efforts, toutes les combinaisons de ce riche esprit ne sont, à vrai dire, que les serviteurs très humbles et très zélés de cette irrésistible passion. Il en résulte, dans quelque sujet qu'il

traite, une solennité d'accent superlative. Par cette passion il ajoute à chaque chose je ne sais quoi de surhumain; par cette passion il comprend tout et fait tout
comprendre. Tout ce qu'impliquent les mots : *volonté,
désir, concentration, intensité nerveuse, explosion,* se sent et
se fait deviner dans ses œuvres. Je ne crois pas me faire
illusion ni tromper personne en affirmant que je vois là
les principales caractéristiques du phénomène que nous
appelons *génie ;* ou du moins, que dans l'analyse de tout
ce que nous avons jusqu'ici légitimement appelé *génie,*
on retrouve lesdites caractéristiques. En matière d'art,
j'avoue que je ne hais pas l'outrance; la modération ne
m'a jamais semblé le signe d'une nature artistique vigoureuse. J'aime ces excès de santé, ces débordements de
volonté qui s'inscrivent dans les œuvres comme le bitume
enflammé dans le sol d'un volcan, et qui, dans la vie
ordinaire, marquent souvent la phase, pleine de délices,
succédant à une grande crise morale ou physique.

Quant à la réforme que le maître veut introduire dans
l'application de la musique au drame, qu'en arrivera-t-il ?
Là-dessus, il est impossible de rien prophétiser de précis.
D'une manière vague et générale, on peut dire, avec le
Psalmiste, que, tôt ou tard, ceux qui ont été abaissés
seront élevés, que ceux qui ont été élevés seront humiliés,
mais rien de plus que ce qui est également applicable au
train connu de toutes les affaires humaines. Nous avons
vu bien des choses déclarées jadis absurdes, qui sont
devenues plus tard des modèles adoptés par la foule.
Tout le public actuel se souvient de l'énergique résistance
où se heurtèrent, dans le commencement, les drames de
Victor Hugo et les peintures d'Eugène Delacroix. D'ailleurs nous avons déjà fait observer que la querelle qui
divise maintenant le public était une querelle oubliée et
soudainement ravivée, et que Wagner lui-même avait
trouvé dans le passé les premiers éléments de *la base pour
asseoir son idéal.* Ce qui est bien certain, c'est que sa doctrine est faite pour rallier tous les gens d'esprit fatigués
depuis longtemps des erreurs de l'Opéra, et il n'est pas
étonnant que les hommes de lettres, en particulier, se
soient montrés sympathiques pour un musicien qui se
fait gloire d'être poète et dramaturge. De même les écrivains du xviiie siècle avaient acclamé les ouvrages de
Gluck, et je ne puis m'empêcher de voir que les per-

sonnes qui manifestent le plus de répulsion pour les
ouvrages de Wagner montrent aussi une antipathie décidée à l'égard de son précurseur.

Enfin le succès ou l'insuccès de *Tannhäuser* ne peut
absolument rien prouver, ni même déterminer une quantité quelconque de chances favorables ou défavorables
dans l'avenir. *Tannhäuser,* en supposant qu'il fût un
ouvrage détestable, aurait pu *monter aux nues*. En le supposant parfait, il pourrait révolter. La question, dans le
fait, la question de la réformation de l'opéra n'est pas
vidée, et la bataille continuera; apaisée, elle recommen-
cera. J'entendais dire récemment que si Wagner obtenait
par son drame un éclatant succès, ce serait un accident
purement individuel, et que sa méthode n'aurait aucune
influence ultérieure sur les destinées et les transformations du drame lyrique. Je me crois autorisé, par l'étude
du passé, c'est-à-dire de l'éternel, à préjuger l'absolu
contraire, à savoir qu'un échec complet ne détruit en
aucune façon la possibilité de tentatives nouvelles dans
le même sens, et que dans un avenir très rapproché on
pourrait bien voir non pas seulement des auteurs nouveaux, mais même des hommes anciennement accrédités,
profiter, dans une mesure quelconque, des idées émises
par Wagner, et passer heureusement à travers la brèche
ouverte par lui. Dans quelle histoire a-t-on jamais lu que
les grandes causes se perdaient en une seule partie[1] ?

18 mars 1861.

ENCORE QUELQUES MOTS

« L'épreuve est faite ! La *musique de l'avenir* est enterrée ! » s'écrient avec joie tous les siffleurs et cabaleurs.
« L'épreuve est faite ! » répètent tous les niais du feuilleton. Et tous les badauds leur répondent en chœur, et
très innocemment : « L'épreuve est faite ! »

En effet, une épreuve a été faite, qui se renouvellera
encore bien des milliers de fois avant la fin du monde;
c'est que, d'abord, toute œuvre grande et sérieuse ne

peut pas se loger dans la mémoire humaine ni prendre sa place dans l'histoire sans de vives contestations ; ensuite, que dix personnes opiniâtres peuvent, à l'aide de sifflets aigus, dérouter des comédiens, vaincre la bienveillance du public, et pénétrer même de leurs protestations discordantes la voix immense d'un orchestre, cette voix fût-elle égale en puissance à celle de l'Océan. Enfin, un inconvénient des plus intéressants a été vérifié, c'est qu'un système de location qui permet de s'abonner à l'année crée une sorte d'aristocratie, laquelle peut, à un moment donné, pour un motif ou un intérêt quelconque, exclure le vaste public de toute participation au jugement d'une œuvre. Qu'on adopte dans d'autres théâtres, à la Comédie-Française, par exemple, ce même système de location, et nous verrons bientôt, là aussi, se produire les mêmes dangers et les mêmes scandales. Une société restreinte pourra enlever au public immense de Paris le droit d'apprécier un ouvrage dont le jugement appartient à tous.

Les gens qui se croient débarrassés de Wagner se sont réjouis beaucoup trop vite ; nous pouvons le leur affirmer. Je les engage vivement à célébrer moins haut un triomphe qui n'est pas des plus honorables d'ailleurs, et même à se munir de[a] résignation pour l'avenir. En vérité, ils ne comprennent guère le jeu de bascule des affaires humaines, le flux et le reflux des passions. Ils ignorent aussi de quelle patience et de quelle opiniâtreté la Providence a toujours doué ceux qu'elle investit d'une fonction. Aujourd'hui la réaction est commencée ; elle a pris naissance le jour même où la malveillance, la sottise, la routine et l'envie coalisées ont essayé d'enterrer l'ouvrage. L'immensité de l'injustice a engendré mille sympathies, qui maintenant se montrent de tous côtés.

*

Aux personnes éloignées de Paris, que fascine et intimide cet amas monstrueux d'hommes et de pierres, l'aventure inattendue du drame de *Tannhäuser* doit apparaître comme une énigme. Il serait facile de l'expliquer par la coïncidence malheureuse de plusieurs causes, dont quelques-unes sont étrangères à l'art. Avouons tout de suite la raison principale, dominante : l'opéra de Wagner *est un ouvrage sérieux,* demandant une attention soutenue ;

on conçoit tout ce que cette condition implique de
chances défavorables dans un pays où l'ancienne tragédie
réussissait surtout par les facilités qu'elle offrait à la distraction. En Italie, on prend des sorbets et l'on fait des
cancans dans les intervalles du drame où la mode ne commande pas les applaudissements; en France, on joue aux
cartes. « Vous êtes un impertinent, vous qui voulez me
contraindre à prêter à votre œuvre une attention continue, s'écrie l'abonné récalcitrant, je veux que vous me
fournissiez un plaisir digestif plutôt qu'une occasion
d'exercer mon intelligence. » À cette cause principale,
il faut en ajouter d'autres qui sont aujourd'hui connues
de tout le monde, à Paris du moins. L'ordre impérial, qui
fait tant d'honneur au prince¹, et dont on peut le remercier sincèrement, je crois, sans être accusé de courtisa-
nerie, a ameuté contre l'artiste beaucoup d'envieux et
beaucoup de ces badauds qui croient toujours faire acte
d'indépendance en aboyant à l'unisson. Le décret qui
venait de rendre quelques libertés au journal et à la
parole² ouvrait carrière à une turbulence naturelle, longtemps comprimée, qui s'est jetée, comme un animal fou,
sur le premier passant venu. Ce passant, c'était le *Tannhäuser,* autorisé par le chef de l'État et protégé ouvertement par la femme d'un ambassadeur étranger³. Quelle
admirable occasion ! Toute une salle française s'est amu-
sée pendant plusieurs heures de la douleur de cette
femme, et, chose moins connue, Mme Wagner elle-
même a été insultée pendant une des représentations.
Prodigieux triomphe !

Une mise en scène plus qu'insuffisante, faite par un
ancien vaudevilliste⁴ (vous figurez-vous *Les Burgraves*
mis en scène par M. Clairville⁵ ?); une exécution molle
et incorrecte de la part de l'orchestre⁶; un ténor allemand,
sur qui on fondait les principales espérances, et qui se
met à chanter faux avec une assiduité déplorable; une
Vénus endormie, habillée d'un paquet de chiffons blancs,
et qui n'avait pas plus l'air de descendre de l'Olympe que
d'être née de l'imagination chatoyante d'un artiste du
Moyen Âge; toutes les places livrées, pour deux représentations, à une foule de personnes hostiles ou, du
moins, indifférentes à toute aspiration idéale, toutes ces
choses doivent être également prises en considération.
Seuls (et l'occasion naturelle s'offre ici de les remercier),

Mlle Sax et Morelli ont fait tête à l'orage. Il ne serait pas convenable de ne louer que leur talent; il faut aussi vanter leur bravoure. Ils ont résisté à la déroute; ils sont restés, sans broncher un instant, fidèles au compositeur. Morelli, avec l'admirable souplesse italienne, s'est conformé humblement au style et au goût de l'auteur, et les personnes qui ont eu souvent le loisir de l'étudier disent que cette docilité lui a profité, et qu'il n'a jamais paru dans un aussi beau jour que sous le personnage de Wolfram. Mais que dirons-nous de M. Niemann, de ses faiblesses, de ses pâmoisons, de ses mauvaises humeurs d'enfant gâté, nous qui avons assisté à des tempêtes théâtrales où des hommes tels que Frédérick[1] et Rouvière, et Bignon lui-même[2], quoique moins autorisé par la célébrité, bravaient ouvertement l'erreur du public, jouaient avec d'autant plus de zèle qu'il se montrait plus injuste, et faisaient constamment cause commune avec l'auteur ? — Enfin, la question du ballet, élevée à la hauteur d'une question vitale et agitée pendant plusieurs mois, n'a pas peu contribué à l'émeute[3]. « Un opéra sans ballet ! qu'est-ce que cela ? » disait la routine. « Qu'est-ce que cela ? » disaient les entreteneurs de filles. « Prenez garde ! » disait lui-même à l'auteur le ministre alarmé. On a fait manœuvrer sur la scène, en manière de consolation, des régiments prussiens en jupes courtes, avec les gestes mécaniques d'une école militaire; et une partie du public disait, voyant toutes ces jambes et illusionné par une mauvaise mise en scène : « Voilà un mauvais ballet et une musique qui n'est pas faite pour la danse. » Le bon sens répondait : « Ce n'est pas un ballet; mais ce devrait être une bacchanale, une orgie, comme l'indique la musique, et comme ont su quelquefois en représenter la Porte-Saint-Martin, l'Ambigu, l'Odéon, et même des théâtres inférieurs, mais comme n'en peut pas figurer l'Opéra, qui ne sait rien faire du tout. » Ainsi, ce n'est pas une raison littéraire, mais simplement l'inhabileté des machinistes, qui a nécessité la suppression de tout un tableau (la nouvelle apparition de Vénus).

Que les hommes qui peuvent se donner le luxe d'une maîtresse parmi les danseuses de l'Opéra désirent qu'on mette le plus souvent possible en lumière les talents et les beautés de leur emplette, c'est là certes un sentiment presque paternel[4] que tout le monde comprend et excuse facilement; mais que ces mêmes hommes, sans se soucier de la curiosité publique et des plaisirs d'autrui, rendent impossible l'exécution d'un ouvrage qui leur déplaît parce qu'il ne satisfait pas aux exigences de leur protectorat, voilà ce qui est intolérable. Gardez votre harem et conservez-en religieusement les traditions; mais faites-nous donner un théâtre où ceux qui ne pensent pas comme vous pourront trouver d'autres plaisirs mieux accommodés à leur goût. Ainsi nous serons débarrassés de vous et vous de nous, et chacun sera content.

*

On espérait arracher à ces enragés leur victime en la présentant au public un dimanche, c'est-à-dire un jour où les abonnés et le Jockey-Club abandonnent volontiers la salle à une foule qui profite de la place libre et du loisir. Mais ils avaient fait ce raisonnement assez juste : « Si nous permettons que le succès ait lieu aujourd'hui, l'administration en tirera un prétexte suffisant pour nous imposer l'ouvrage pendant trente jours. » Et ils sont revenus à la charge, armés de toutes pièces, c'est-à-dire des instruments homicides confectionnés à l'avance. Le public, le public entier, a lutté pendant deux actes, et dans sa bienveillance, doublée par l'indignation, il applaudissait non seulement les beautés irrésistibles, mais même les passages qui l'étonnaient et le déroutaient, soit qu'ils fussent obscurcis par une exécution trouble, soit qu'ils eussent besoin, pour être appréciés, d'un impossible recueillement. Mais ces tempêtes de colère ou d'enthousiasme amenaient immédiatement une réaction non moins violente et beaucoup moins fatigante pour les opposants. Alors ce même public, espérant que l'émeute lui saurait gré de sa mansuétude, se taisait, voulant avant toute chose connaître et juger. Mais les *quelques* sifflets ont *courageusement* persisté, *sans motif et sans interruption ;* l'admirable récit du voyage à Rome n'a pas été entendu (chanté même ? je n'en sais rien) et tout le troisième acte a été submergé dans le tumulte.

Dans la presse, aucune résistance, aucune protestation, excepté celle de M. Franck Marie, dans *La Patrie*. M. Berlioz a évité de dire son avis[1]; courage négatif. Remercions-le de n'avoir pas ajouté à l'injure universelle. Et puis alors, un immense tourbillon d'imitation a entraîné toutes les plumes, a fait délirer toutes les langues, semblable à ce singulier esprit qui fait dans les foules des miracles alternatifs de bravoure et de couardise; le courage collectif et la lâcheté collective; l'enthousiasme français et la panique gauloise[1].

Le *Tannhäuser* n'avait même pas été entendu.

*

Aussi, de tous côtés, abondent maintenant les plaintes; chacun voudrait voir l'ouvrage de Wagner, et chacun crie à la tyrannie. Mais l'administration a baissé la tête devant quelques conspirateurs, et on rend l'argent déjà déposé pour les représentations suivantes. Ainsi, spectacle inouï, s'il en peut exister toutefois de plus scandaleux que celui auquel nous avons assisté, nous voyons aujourd'hui une direction vaincue, qui, malgré les encouragements du public, renonce à continuer des représentations des plus fructueuses.

Il paraît d'ailleurs que l'accident se propage, et que le public n'est plus considéré comme le juge suprême en fait de représentations scéniques. Au moment même où j'écris ces lignes, j'apprends qu'un beau drame[2], admirablement construit et écrit dans un excellent style, va disparaître, au bout de quelques jours, d'une autre scène où il s'était produit avec éclat et malgré les efforts d'une certaine caste impuissante qui s'appelait jadis la classe lettrée, et qui est aujourd'hui inférieure en esprit et en délicatesse à un public de port de mer. En vérité, l'auteur est bien fou qui a pu croire que ces gens prendraient feu pour une chose aussi impalpable, aussi gazéiforme que l'*honneur*. Tout au plus sont-ils bons à l'*enterrer*.

Quelles sont les raisons mystérieuses de cette expulsion ? Le succès gênerait-il les opérations futures du directeur ? D'inintelligibles considérations officielles auraient-elles forcé sa bonne volonté, violenté ses intérêts ? Ou bien faut-il supposer quelque chose de monstrueux, c'est-à-dire qu'un directeur peut feindre, pour se faire valoir, de désirer de bons drames, et, ayant enfin atteint son but, retourne bien vite à son véritable goût, qui est celui des imbéciles, évidemment le plus productif ? Ce qui est encore plus inexplicable, c'est la faiblesse des critiques (dont quelques-uns sont poètes), qui caressent leur principal ennemi, et qui, si parfois, dans un accès de bravoure passagère, ils blâment son mercantilisme, n'en persistent pas moins, en une foule de cas, à encourager son commerce par toutes les complaisances.

*

Pendant tout ce tumulte et devant les déplorables facéties du feuilleton, dont je rougissais, comme un homme délicat d'une saleté commise devant lui, une idée cruelle m'obsédait. Je me souviens que, malgré que j'aie toujours soigneusement étouffé dans mon cœur ce patriotisme exagéré dont les fumées peuvent obscurcir le cerveau, il m'est arrivé, sur des plages lointaines, à des tables d'hôte composées des éléments humains les plus divers, de souffrir horriblement quand j'entendais des voix (équitables ou injustes, qu'importe ?) ridiculiser la France. Tout le sentiment filial, philosophiquement comprimé, faisait alors explosion. Quand un déplorable académicien[1] s'est avisé d'introduire, il y a quelques années, dans son discours de réception, une appréciation du génie de Shakespeare, qu'il appelait familièrement le vieux *Williams,* ou le bon *Williams,* — appréciation digne en vérité d'un concierge de la Comédie-Française, — j'ai senti en frissonnant le dommage que ce pédant sans orthographe allait faire à mon pays. En effet, pendant plusieurs jours, tous les journaux anglais se sont amusés de nous, et de la manière la plus navrante. Les littérateurs français, à les entendre, ne savaient pas même l'orthographe du nom de Shakespeare[2]; ils ne comprenaient rien à son génie, et la France abêtie ne connaissait que deux auteurs, Ponsard et Alexandre Dumas fils, *les poètes favoris du nouvel Empire,* ajoutait l'*Illustrated London News*[3]. Notez que la haine politique combinait son élément avec le patriotisme littéraire outragé.

Or, pendant les scandales soulevés par l'ouvrage de Wagner, je me disais : « Qu'est-ce que l'Europe va penser de nous, et en Allemagne que dira-t-on de Paris ? Voilà une poignée de tapageurs qui nous déshonorent collectivement ! » Mais non, cela ne sera pas. Je crois, je sais, je jure que parmi les littérateurs, les artistes et même parmi

les gens du monde, il y a encore bon nombre de personnes bien élevées, douées de justice, et dont l'esprit
est toujours libéralement ouvert aux nouveautés qui leur
sont offertes. L'Allemagne aurait tort de croire que Paris
n'est peuplé que de polissons qui se mouchent avec les
doigts, à cette fin de les essuyer sur le dos d'un grand
homme qui passe. Une pareille supposition ne serait pas
d'une totale impartialité. De tous les côtés, comme je l'ai
dit, la réaction s'éveille ; des témoignages de sympathie
des plus inattendus sont venus encourager l'auteur à
persister dans sa destinée. Si les choses continuent ainsi,
il est présumable que beaucoup de regrets pourront être
prochainement consolés, et que *Tannhäuser* reparaîtra,
mais dans un lieu où les abonnés de l'Opéra ne seront
pas intéressés à le poursuivre.

*

Enfin l'idée est lancée, la trouée est faite, c'est l'important. Plus d'un compositeur français voudra profiter des
idées salutaires émises par Wagner. Si peu de temps que
l'ouvrage ait paru devant le public, l'ordre de l'Empereur, auquel nous devons de l'avoir entendu, a apporté
un grand secours à l'esprit français, esprit logique, amoureux d'ordre, qui reprendra facilement la suite de ses
évolutions. Sous la République et le premier Empire, la
musique s'était élevée à une hauteur qui en fit, à défaut
de la littérature découragée, une des gloires de ces temps.
Le chef du second Empire n'a-t-il été que curieux d'entendre l'œuvre d'un homme dont on parlait chez nos
voisins, ou une pensée plus patriotique et plus compré-
hensive l'excitait-elle ? En tout cas, sa simple curiosité
nous aura été profitable à tous.

8 avril 1861[1].

NOTICES,
NOTES ET VARIANTES

La table des sigles utilisés dans les références bibliographiques des notes figure en page 699.

CRITIQUE D'ART

NOTICE

Le *Salon*, illustré par Diderot, dont la critique d'art inédite fut révélée entre les dernières années du XVIIIe siècle et 1857[1], est devenu au XIXe siècle un genre littéraire bien attesté, qui occupe chaque printemps les colonnes ou les feuilletons des journaux et se présente sous la forme de brochures aux montres des libraires. Des critiques professionnels qui ont parfois été des praticiens (Delécluze, Gautier), des écrivains (Musset, Heine), à l'occasion un homme politique (M. Thiers; voir p. 87) donnent leur avis sur les centaines de tableaux, les sculptures, les gravures qui sont chaque année exposés. Le plus souvent en une forme qui reflète la disposition, l'accrochage ou la situation des œuvres, selon l'itinéraire que suit le visiteur. L'exposition annuelle est, en effet, une manifestation sociale qui fonde, autour d'un art de la représentation, une communauté. Certes, les artistes n'ont que sarcasmes pour les bourgeois, les philistins, les épiciers qui rendent en mépris aux rapins leurs insolences. Mais les artistes peignent et les bourgeois achètent (l'État aussi). Les auteurs, les faiseurs de *Salons* ont pour tâche d'aider ceux-ci à se promener dans l'exposition, à éclairer leur goût. Même si Compte-Calix a plus de chalands que Delacroix, il n'est pas exclu nécessairement que Delacroix vende une partie de sa production de l'année. Le divorce n'est pas encore prononcé. Il ne le sera que dans les années soixante. Au reste, le jury fait assez bonne garde : il écarte impitoyablement les innovations dangereuses.

Le *Salon* est donc, souvent, un genre éminemment pratique. Il oriente la consommation. D'où sa composition en chapitres, par genres : portraits, paysages historiques, tableaux de genre, etc. Dans son premier *Salon* Baudelaire reste fidèle à cette formule. On peut douter que, s'il avait continué dans cette voie, sa critique, si passionnée qu'elle fût, eût obtenu la place d'honneur qui est maintenant la sienne. À partir de 1846, Baudelaire procède autrement : il dramatise ses *Salons*, autour de la notion de modernité en 1846, autour de l'idée d'imagination en 1859, ou, à l'occasion de l'Expo-

---

1. J. Pommier (*Dans les chemins de Baudelaire*, 250) indique qu'étaient publiés, au printemps de 1845, les *Salons* de 1759, 1761, 1765 et 1767; le *Salon* de 1769 avait été publié partiellement (les cinq dernières Lettres). Les *Salons* de 1763, 1769 (complet), 1771, 1775 et 1781 ne seront publiés qu'en 1857. Le *Salon de 1759* avait été inséré dans *L'Artiste* du 9 mars 1845, juste avant l'ouverture du Salon de cette année-là. Baudelaire fut impressionné par cette lecture.

sition universelle de 1855, en faisant s'affronter les deux géants du
XIXᵉ siècle en deux conceptions rivales de la peinture occidentale.
Cette dramatisation constitue ces écrits en œuvres littéraires qui, à
la rigueur, peuvent être lues avec le simple souvenir de quelques
tableaux.

La critique d'art de Baudelaire reçut une promotion de la publication du livre de Jean Prévost, écrit par celui-ci lorsqu'il combat-
tait dans les rangs de la Résistance : *Baudelaire. Essai sur l'inspiration
et la création poétiques* (Mercure de France, 1953). Prévost y insistait
sur les liens profonds qui unissent la poésie de Baudelaire et sa
réflexion critique sur l'art; il montrait le poème sortant de la
méditation devant le tableau, la sculpture, la gravure. Cette idée,
déjà exprimée par K. R. Gallas, dans une revue néerlandaise, *Neo-
philologus*, en 1943, fut appliquée dans l'exposition qu'en 1957
la Bibliothèque nationale consacra au poète des *Fleurs du mal*, en
qui elle chercha à ne pas négliger le critique d'art. De son côté,
Jonathan Mayne, conservateur au Victoria and Albert Museum,
dans ses traductions parues, sous une première forme, dans la
« Phaidon Pocket Series » en 1955 : *The Mirror of Art*, illustrait les
Salons, ce qui est la meilleure manière de les commenter. Mais il
convient de souligner le caractère ardu de la recherche : à côté des
œuvres qui ont trouvé place dans la partie visible des musées —
le haut de l'iceberg —, combien sont enfouies dans les caves, à
Paris et en province, combien ont été dispersées, sans compter
celles qui ont été détruites pendant les deux guerres mondiales!
L'effort de Jonathan Mayne a été prolongé par ceux de Maurice
Sérullaz, conservateur en chef du Cabinet des dessins au Louvre, et
de l'équipe qu'il avait constituée pour préparer l'exposition qui, à
l'instigation d'André Malraux, s'est tenue en 1968-1969 au Petit-
Palais à l'occasion, un peu dépassée, du centenaire de la mort de
Baudelaire. Des œuvres nombreuses furent retrouvées et présentées
avec beaucoup de goût : on pouvait se croire dans un Salon du
milieu du XIXᵉ siècle. Ce fut pour les visiteurs une découverte qui
ne profita pas seulement à Baudelaire, mais encore aux peintres
dont il avait cité les noms, analysé les toiles, jugé les sculptures :
qui, avant 1968, à l'exception des spécialistes, pouvait se flatter de
connaître Haussoullier, Catlin (en France, du moins) Lassalle-
Bordes, Papety, Penguilly-l'Haridon, bien d'autres? On en oublia
même un peu que Baudelaire était ou avait été avant tout le poète
des *Fleurs du mal*, du *Spleen de Paris*, l'admirable traducteur de Poe
et l'adaptateur si discret et si personnel de Thomas De Quincey.
L'accent s'était déplacé. Baudelaire était devenu le grand prêtre de
la critique d'art.

Malgré lui, il rejetait dans l'obscurité ceux-là mêmes pour qui il
professait de l'estime : l'honnête Delécluze dont il ne partage « pas
toujours les opinions » (p. 11), mais « qui a toujours su sauvegarder ses franchises, et qui sans fanfares ni emphase a eu souvent
le mérite de dénicher les talents jeunes et inconnus », le vigoureux

Gustave Planche, « un paysan de Danube dont l'éloquence impérative et savante s'est tue au grand regret des sains esprits » (p. 11), l'indépendant Thoré-Bürger, l'« inventeur » de Vermeer, dont il lisait « très assidûment » les articles (*CPl*, II, 386), Théophile Silvestre, que Delacroix lui préférait, Champfleury, le champion de Courbet et des frères Le Nain.

Le poète qui n'a pas dédaigné d'offrir le bouquet des *Fleurs du mal* à Théophile Gautier se fâcherait certainement d'être pris pour le seul soleil de la critique d'art.

Bien entendu, il était infaillible. Le fut-il vraiment, devait-il l'être, lui qui a toujours eu le sens du risque, du pari et donc de l'échec? Delacroix, Courbet, Manet ont-ils été appréciés par lui à leur juste, à leur exacte valeur, s'il est possible de déterminer une telle valeur?

Un père, peintre amateur, des visites, très jeune, aux ateliers des amis de François Baudelaire, les Naigeon, Ramey et autres, un don graphique qu'attestent la plupart des dessins qu'on a conservés, de l'intérêt pour la peinture, très tôt visible, même s'il se trompe partiellement en visitant les galeries installées à Versailles sur ordre de Louis-Philippe (*CPl*, I, 58, juillet 1838), admirant déjà Delacroix, mais aussi les Scheffer et Horace Vernet : l'art était pour Baudelaire un destin. Et Delacroix, le peintre contemporain qu'il lui fallait approcher. Comme, à la même époque, il essaie d'approcher Hugo et Sainte-Beuve (*CPl*, I, 81-82 et 116-118), jeune encore il force les portes de l'atelier de Delacroix : de leur gloire, de leur réputation, même contestée, il attend pour lui quelques rayons. Dans le *Salon de 1845*, il assène au peintre cet éloge : « M. Delacroix est décidément le peintre le plus original des temps anciens et des temps modernes » (p. 13). Semblables éloges à la fin du *Musée classique du Bazar Bonne-Nouvelle* (p. 73-74). Ce sont bonnes cartes de visite pour se faire bien venir. Armand Moss (*Baudelaire et Delacroix*, 61) a certainement raison de placer la première visite entre la publication de cet article et celle des *Conseils aux jeunes littérateurs*, où on lit : « E. Delacroix me disait un jour... » (p. 17), donc entre le 21 janvier et le 15 avril 1846.

Les motifs de la défense et illustration de Delacroix pourront, de 1845 à 1863[1] ou plutôt à 1862 (article anonyme sur l'exposition Martinet), être modifiés, relativement peu. Le ton des hommages restera à la hauteur de 1845. Cela, malgré la réticence du dieu, bien perceptible dans les lettres par lesquelles celui-ci remercie le critique. Le grand peintre romantique est de goûts littéraires plutôt classiques, et il affecte des mœurs bourgeoises, jusqu'à recevoir ou à rechercher des hochets — décorations, consécration par l'Académie des Beaux-Arts. Cet acte d'allégeance envers la société ne

---

1. Lu avec un peu de malveillance lucide, l'article nécrologique de 1863 apparaît teinté d'amertume (A. Moss, *Baudelaire et Delacroix*, 205-211).

l'empêche pas d'être l'homme le plus secret de son temps : il « se cloître avec une précaution jalouse et déteste les visiteurs », — ainsi le décrit Théophile Silvestre dans *Les Artistes français* (1861). Il « se fortifie par la solitude et le recueillement; il est à son chevalet, mystérieux et incessant, comme l'alchimiste à ses fourneaux. Bien des gens n'ont trouvé que hauteur et misanthropie dans la retraite un peu farouche qu'il s'est imposée; [...]. L'homme studieux — conclut Silvestre en des formules que Baudelaire pourrait lui envier — l'homme studieux qui connaît le monde ne s'ennuie jamais, l'isolement est un droit pour son égoïsme, un devoir pour son intelligence. [...]. Celui qui connaît le prix de son âme et des vérités éternelles appartient à la solitude ».

Peu satisfait du hourvari que provoque son œuvre, il n'aime point que les louanges lui viennent de la bohème ou de ce qu'il croit être la bohème; il est encore moins disposé à estimer un poète qui traite des sujets scabreux et qui, pour cette raison, est traîné sur les bancs de la correctionnelle.

En 1857, Delacroix ne reçoit plus Baudelaire. Il l'a reçu plusieurs fois en 1846 et jusqu'au printemps de 1847[1], très rarement ensuite, malgré ce que Baudelaire a voulu donner à croire. Une froide courtoisie répond à la plus vive admiration, à la plus chaleureuse gratitude.

Gratitude, en effet : Baudelaire a fait de Delacroix son héros. Il a voulu être en poésie ce que Delacroix a été en peinture : celui qui présente de son temps l'expression adéquate. Sa théorie, mieux, son sentiment de la modernité, le poète croit les devoir au peintre. En fait, il les doit autant, sinon plus, à Balzac, qui a exercé sur sa jeunesse une influence profonde. C'est même un peu en disciple de Balzac qu'il va écrire sa nouvelle « contemporaine », *La Fanfarlo*. C'est en pensant à Balzac et à Delacroix qu'il conclut son *Salon de 1845* par ces lignes essentielles : « l'héroïsme *de la vie moderne* nous entoure et nous presse. — Nos sentiments vrais nous étouffent assez pour que nous les connaissions. — Ce ne sont ni les sujets ni les couleurs qui manquent aux épopées. Celui-là sera le *peintre*, le vrai peintre, qui saura arracher à la vie actuelle son côté épique, et nous faire voir et comprendre, avec de la couleur et du dessin, combien nous sommes grands et poétiques dans nos cravates et nos bottes vernies » (p. 67). Mais Baudelaire ajoute : « Puissent les vrais chercheurs nous donner l'année prochaine cette joie singulière de célébrer l'avènement du *neuf*! »

Il ne semble donc pas qu'en 1845, malgré l'éloge considérable qu'il fait de Delacroix, Baudelaire ait reconnu en lui le peintre de la vie moderne. L'interprétation doit se heurter à une difficulté qui n'a peut-être pas été suffisamment remarquée. Baudelaire, ici,

---

1. Nous nous rallions à l'hypothèse de Lloyd James Austin (*Actes du colloque Baudelaire de Nice*, 1967) et d'Armand Moss (*Baudelaire et Delacroix*, 30-32) : le Dufays du *Journal* de Delacroix est bien Baudelaire, non Gabriel-Alexandre Dufaï.

penserait-il trop à Balzac et se persuaderait-il que peindre la vie
moderne, c'est représenter des personnages en costume contemporain, arborant des cravates et chaussés de bottes vernies? Or
Delacroix expose en 1845 *La Madeleine dans le désert, Dernières
paroles de Marc-Aurèle, Une sibylle qui montre le rameau d'or* et *Le
Sultan de Maroc entouré de sa garde et de ses officiers.* Le seul sujet
moderne est exotique; il ne répond donc pas au vœu de Baudelaire.
Celui-ci se laisserait-il prendre à l'apparence? serait-il victime d'un
réalisme extérieur? Décrivant ces toiles, il en loue la couleur,
l'harmonie, même le dessin; il ne dit mot des sentiments
qu'exprime Delacroix, du rapport qui unit ces sentiments à la
magie suggestive d'une couleur tumultueuse.

La récente étude de Jean Ziegler sur Deroy[1], avec qui Baudelaire
fut intimement lié de 1842 au 10 mai 1846, date de la mort du
peintre, peut expliquer cette apparente contradiction : Deroy,
grand admirateur des coloristes, de Rubens, des Anglais et de
Delacroix, oriente Baudelaire vers la couleur, tandis que celui-ci
tient de Balzac la conviction que l'art doit être moderne. La synthèse s'opère difficilement, d'autant qu'une autre influence s'exerce
sur le jeune critique, celle de Gautier.

L'année suivante, il prouve qu'il a compris la modernité de
Delacroix, — la modernité, c'est-à-dire le romantisme, c'est-à-dire
encore « l'expression la plus récente, la plus actuelle du beau ».
« Le romantisme — peut-il écrire dans le *Salon de 1846* (p. 80) —
n'est précisément ni dans le choix des sujets ni dans la vérité
exacte, mais dans la manière de sentir. » Le vrai romantisme saura
nous rendre « nos sentiments et nos rêves les plus chers » (fût-ce
sous des apparences grecques ou romaines). Tel « le chef de l'école
moderne » (p. 87. Aussi, louant à nouveau Delacroix, énumérant ses
qualités, en vient-il à la dernière, à « la plus remarquable de toutes,
et qui fait de lui le vrai peintre du XIXᵉ siècle », à la « mélancolie
singulière et opiniâtre qui s'exhale de toutes ses œuvres, et qui
s'exprime et par le choix des sujets, et par l'expression des figures,
et par le geste, et par le style de la couleur » (p. 100). Une explication stylistique ferait apparaître le caractère indissociable des termes
de cette merveilleuse définition. Conjonction particulièrement
visible en de certaines figures qui appartiennent aux grands
tableaux : « Dans plusieurs on trouve, par je ne sais quel constant
hasard, une figure plus désolée, plus affaissée que les autres, en qui
se résument toutes les douleurs environnantes; ainsi la femme agenouillée, à la chevelure pendante, sur le premier plan des *Croisés à
Constantinople*; la vieille, si morne et si ridée, dans *Le Massacre de
Scio* » (p. 100). Mélancolie, douleur; et majesté; sadisme, enfin,
non avoué par Baudelaire, mais *tacet cui prodest*...; qualités qui
seront louées dans le compte rendu de l'Exposition universelle de

---

1. « Émile Deroy (1820-1846) et l'esthétique de Baudelaire », *Gazette des
Beaux-Arts*, mai-juin 1976. Voir p. 495.

1855 et qui permettront au critique-poète de déterminer la « beauté essentiellement shakespearienne » de l'œuvre de Delacroix : « Car nul, après Shakespeare, n'excelle comme Delacroix à fondre dans une unité mystérieuse le drame et la rêverie » (p. 252). Le drame : l'attitude et la couleur; la rêverie : la mélancolie, la spiritualité, l'aspiration vers l'infini. Leur fusion : le romantisme.

On remarquera que la mélancolie baudelairienne définie devant les toiles de Delacroix n'est pas seulement passive. Elle contient aussi un élément actif. Double aspect de la *Sehnsucht*, qui souligne l'affinité de Baudelaire avec les vrais romantiques, allemands et anglais; simple affinité, au reste, mais autrement révélatrice qu'une influence.

Cette mélancolie, cette *Sehnsucht* n'est pas même absente du « tableau le plus coquet et le plus fleuri » de Delacroix : *Femmes d'Alger*. « Ce petit poème d'intérieur, plein de repos et de silence, encombré de riches étoffes et de brimborions de toilette, exhale je ne sais quel haut parfum de la tristesse qui nous guide assez vite vers les limbes insondés de la tristesse » (p. 101). Limbes qui sont ceux où Baudelaire déjà voit pousser les fleurs du Mal. Et voici que, dans ce *Salon de 1846* encore, se prépare le célèbre quatrain des *Phares*, dont la composition est pourtant postérieure d'une dizaine d'années. « Cette haute et sérieuse mélancolie brille d'un éclat morne, même dans sa couleur, large, simple, abondante en masses harmoniques, comme celle de tous les grands coloristes, mais plaintive et profonde comme une mélodie de Weber » (p. 100). Rapproché du maître de la musique romantique, Delacroix est également rattaché à la grande tradition de la peinture. En lui, l'héritage classique continue à fructifier, sous l'effet de la sève romantique. « Héritier de la grande tradition, c'est-à-dire de l'ampleur, de la noblesse et de la pompe dans la composition, et digne successeur des vieux maîtres, il a plus qu'eux la maîtrise de la douleur, la passion, le geste! » (p. 101). Comme Baudelaire lui-même, ce « Boileau hystérique[1] ».

Dès 1846, il cristallise donc son esthétique autour de celle de Delacroix; ou, pour employer une image baudelairienne, les volutes de sa pensée forment avec l'art de Delacroix un thyrse dans lequel on ne distingue plus l'axe de ses pampres.

Que s'est-il donc passé entre les printemps, entre les Salons de 1845 et de 1846? En 1845, Baudelaire admirait Delacroix, mais il ne jugeait pas que celui-ci fût à part entière le peintre de la modernité; il appelait de ses vœux ce peintre-là. En 1846, l'admiration ne s'accroît pas — ce serait impossible —, elle devient plus consciente. Le souhait exprimé l'année précédente semble accompli. Pourtant, comme en 1845, Delacroix n'expose que des toiles à sujets bibliques ou moyenâgeux; le Salon de 1846 offre aux visiteurs : l'*Enlèvement de Rebecca* (épisode d'*Ivanhoé*), les *Adieux de Roméo et de Juliette, Marguerite à l'église*, un *Lion* (aquarelle). Nous voilà loin de l'habit

1. Voir *Pl*, I, p. xix, n. 3 et p. 804.

noir. C'est que Baudelaire a pris conscience de son originalité romantique, proprement de son *surnaturalisme* — qualité dont l'œuvre de Delacroix lui offre la définition : « intimité, spiritualité, couleur, aspiration vers l'infini », et qu'il refuse à Victor Hugo, promis par sa dextérité aux fringales, seulement, des « lions verts de l'Institut » (p. 91). Le romantisme est moins dans l'objet que dans le sujet, moins dans le motif que dans la vision.

Toutefois, en 1846, Baudelaire n'a pas renoncé à son vœu : voir l'homme moderne peint dans son habit moderne, l'habit noir, caractéristique de « notre époque souffrante », « symbole d'un deuil perpétuel », — cet habit qui donne aux hommes du xixᵉ siècle l'allure de croque-morts, cet habit dont Balzac a osé revêtir les héros de nombreux romans : l'invocation finale du deuxième *Salon* prouve bien qu'aux yeux de Baudelaire, Balzac est le grand poète romantique.

Invocation à Balzac. Invitation déguisée à Delacroix de traiter ces motifs modernes, et non plus seulement des motifs anciens ou exotiques. Puisque Delacroix éprouve avec intensité le sentiment moderne, — qu'il aille donc jusqu'à l'achèvement de son modernisme.

Chose curieuse, Baudelaire ne semble pas connaître les portraits modernes peints par Delacroix (ceux de Villot, de Chopin, l'auto-portrait du Louvre). Il notera, entre parenthèses, dans le compte rendu de l'Exposition universelle de 1855 : « un portrait par M. Delacroix est une rareté » (p. 254). Autre preuve qu'il était moins reçu chez le maître qu'il ne le donnait à entendre. Et la possibilité d'embrasser l'ensemble de l'œuvre de quelques regards lui était refusée, alors que les musées et les albums de reproductions nous offrent chaque jour cette faveur.

Thoré-Bürger, qui a révélé aux Français beaucoup de maîtres et de petits-maîtres hollandais[1], a aimé chez ces peintres de la réalité familière et civique le propre reflet de la nature, un art pour l'homme, non plus un art pour les dieux ou pour les seigneurs, comme l'avaient pratiqué les Italiens, Rubens et les Français. Foin de ces « mythologiades » ! Thoré, créateur de cette dédaigneuse expression, recommande instamment à ses compatriotes de méditer l'exemple des Hollandais : « l'homme pour l'homme n'a presque jamais été traité dans sa proportion et selon son mérite, excepté par ce fils de meunier hollandais [Rembrandt], par les quelques *réalistes* que nous avons cités précédemment [Van Eyck, Memling] et par quelques excentriques de notre époque[2] ».

Au nombre de ces excentriques, Courbet, bien entendu, et au

---

1. Voir *Musées de la Hollande — Amsterdam et La Haye. Études sur l'école hollandaise*, Paris, Vve Jules Renouard, Bruxelles, Ferdinand Claassen, 1858.

2. *Salons de T. Thoré, 1844, 1845, 1846, 1847, 1848 avec une préface par W. Bürger*, Paris, Librairie internationale, Bruxelles, Leipzig et Livourne, Lacroix et Verboeckhoven, 1868, p. xxxv.

premier rang. Car cette citation est extraite d'un article rédigé
après l'Exposition universelle de 1855. Courbet est d'ailleurs cité
plus loin, avec Delacroix et Decamps : « Mettons qu'Eugène Delacroix et Decamps appartiennent jusqu'à un certain point et par certaines tendances irrésistibles, à cet art nouveau dont le romantisme
fut le précurseur, et que Courbet, presque seul encore, exprime
tant qu'il peut[1]. » Mais il ne faut pas s'y tromper : Thoré a soutenu
Delacroix de toutes ses forces, alors que, la citation précédente
exceptée, il n'a guère eu — de 1844 à 1848 — l'occasion de louer
Courbet.

Baudelaire aurait trouvé cette occasion, lui qui avait à peine
visité le Salon de 1859 et qui profita de cette liberté pour écrire un
catéchisme de haute esthétique, où il ne se condamnait pas à
recenser les toiles exposées. Or Courbet a représenté l'homme
moderne — et Baudelaire lui-même. Pourtant, malgré leur amitié,
malgré la possible influence exercée par le poète sur le peintre,
celui-ci ne reçut pas l'hommage d'admiration qu'il était en droit
d'attendre. Un paragraphe dans l'étude de 1855 (p. 245-246),
quelques lignes dans l'article de 1862 sur les *Peintres et aquafortistes*
(p. 397), où l'admiration se fait jour, mais contrainte, rechignante,
au reste balancée par le projet de *Puisque réalisme il y a* (*Pl*, II, p. 57)
et par une note de *Pauvre Belgique!* (*Pl*, II, p. 933). C'est peu, très
peu, en regard du portrait de Montpellier, de la place faite à Baudelaire dans *L'Atelier*, de la dédicace du *Bouquet* (Musée des Beaux-
Arts de Bâle, 1859).

Il en ira presque de même pour le peintre du *Déjeuner sur l'herbe*,
envers qui, cependant, Baudelaire se montrera plus généreux,
complétant l'eau-forte *Lola de Valence* d'un quatrain, félicitant
Manet en compagnie de Legros d'unir « à un goût décidé pour la
réalité, la réalité moderne, — ce qui est déjà un bon symptôme,
— cette imagination vive et ample, sensible, audacieuse, sans
laquelle, il faut bien le dire, toutes les meilleures facultés ne sont
que des serviteurs sans maître, des agents sans gouvernement »
(p. 398), rappelant Thoré à une vue juste des choses en le priant de
réduire l'influence des Espagnols sur la formation de l'artiste et lui
déclarant : « Toutes les fois que vous chercherez à rendre service à
Manet, je vous remercierai » (*CPl*, II, 387). Il n'empêche que
l'auteur de *La Musique aux Tuileries*, qui a représenté Baudelaire en
habit noir et en haut-de-forme, vraisemblablement à la suggestion
de celui-ci, s'attira en 1865 cette cinglante apostrophe : *« vous n'êtes
que le premier dans la décrépitude de votre art »* (*CPl*, II, 497).

Laudator temporis acti, Baudelaire! Le poète qui déplore en 1862
Le Coucher du soleil romantique, le critique qui, cette même année,
revoyant *La Mort de Sardanapale*, se souvient et s'écrie : « c'est la
jeunesse retrouvée » (p. 394). Son romantisme s'étant fixé sur celui
de Delacroix, il se méprend sur la place à accorder aux successeurs

1. *Ibid.*, p. XXXVII.

de son héros, bien que Courbet et Manet revêtent l'homme et la
femme du costume moderne, parce que ces peintres ne satisfont pas
aux impératifs de l'imagination romantique : peindre ce qu'on voit
ne peut plus convenir à celui qui postule une autre réalité, trans-
cendantale celle-là, d'origine divine ou infernale. Surtout, Baudelaire n'a pu découvrir Courbet et Manet pendant sa fervente jeunesse, alors que s'élaborait sa philosophie de l'art et de la poésie.
Cette cause a le caractère nécessaire d'un *non possumus*. D'autres s'y
sont ajoutées, d'une nature plus ou moins accidentelle : la divergence des opinions politiques de Courbet et de Baudelaire, quand
le poète adhère au système providentialiste de Joseph de Maistre; la
crainte de passer pour réaliste, quand ce mot sonne comme une
injure et conduit au ban de la société par le banc de la
correctionnelle : il est bien compromettant après 1856 d'afficher de
l'admiration pour Courbet. Manet, lui, diffère trop, par sa technique naturaliste ou pré-impressionniste, de Delacroix, pour que le
critique ne se sente pas ici en pays étranger. Mais les pays étrangers
ne laissent pas d'exercer quelque attrait : Baudelaire confessait
qu'il éprouvait le « charme » de l'œuvre de Manet, et Nadar, à la
maison de santé de Chaillot, entendit son ami prononcer difficilement les deux syllabes du nom du peintre. Si la mort l'avait
épargné, si la santé lui avait été rendue, Baudelaire eût-il donc
salué le génie de Manet? Il est loisible de poser une telle question,
puisqu'elle n'attend pas de réponse[1]. Donnons cependant la
réponse d'Apollinaire, qui saluait ainsi Manet dans *L'Intransigeant*
du 15 juin 1910 : « celui qui, rompant avec le vieux préjugé du
clair-obscur, est responsable de toutes les nouveautés de la peinture
contemporaine »

Entre le surnaturalisme de Delacroix et l'anti-surnaturalisme de
Courbet et de Manet, Baudelaire avait trouvé le peintre de la vie
moderne — et c'est une raison encore pour qu'il n'ait pu le reconnaître ni en Courbet ni en Manet. Le moindre étonnement n'est
pas dicté par cette vive admiration pour Constantin Guys, le
premier surpris de l'étude que le critique composa en 1859-1860 et
qu'il publia dans le *Figaro* en novembre-décembre 1863. Certes, il
ne convient pas de nier l'importance de l'œuvre de Guys, le génie
avec lequel il tire parti de la « circonstance », de sous-estimer son
rôle d'intercesseur dans l'évolution de l'art français : sans lui, probablement, nous n'aurions eu ni Degas, ni Toulouse-Lautrec. Mais
Guys n'est-il pas surtout et seulement le peintre de la mode et de
certaines classes de la société — la crème ou l'écume : dandies,
fringants officiers, dames du monde, du demi-monde et du quart
de monde? Si Guys a comblé le vœu de Baudelaire, peut-être n'y

---

1. Henri Lecaye a cependant répondu (*Preuves*, n° 209-210, août-septembre
1968, p. 138-142). De tous ses arguments un seul est à retenir : quand Baudelaire
est près de sombrer dans la paralysie, Manet n'en est qu'au numéro 68 de son
œuvre picturale, qui en comptera presque sept cents. Mais voir surtout la subtile mise au point de Pierre Georgel dans la *Revue de l'art*, n° 27, 1975, p. 68-69.

a-t-il pas à regretter que Delacroix n'ait point répondu à son entière attente.

Inversement, un bon connaisseur d'Ingres, et son meilleur historien, reproche aussi à Baudelaire d'avoir des opinions partisanes :

« Il apparaît clairement que Baudelaire s'intéresse plus à l'expression, à l'âme de l'artiste, qu'aux qualités formelles de sa peinture. Sa critique reste assez littéraire. Si intuitive, si géniale qu'elle soit, elle n'est pas infaillible comme on a trop tendance à le croire.

« Il a d'étranges indulgences pour des peintres littéraires, des peintres à idées, qui ne sont nullement des hommes méprisables mais dont les intentions sont incomplètement réalisées et dont l'imagination n'est pas d'ordre plastique.

« Il condamne avec mépris le métier, confondant le vrai métier avec les pratiques du dix-neuvième siècle qui ne sont que l'ignorance du métier, et justifiant ainsi par avance toutes les facilités de notre époque.

« Il n'apprécie pas les " déformations " ni les recherches de stylisation d'Ingres et de ses élèves, qui nous attirent précisément aujourd'hui et dont les artistes contemporains se réclament volontiers.

« Il ne s'intéresse pas à l'archaïsme ni au primitivisme quand ils ne s'accompagnent pas de " naïveté ".

« D'une façon générale il ne prévoit nullement les développements intellectualistes ni les recherches formelles de l'art moderne, de Gauguin, du cubisme, ni la lointaine postérité de l'ingrisme. »

Daniel Ternois conclut ainsi son réquisitoire :

« Les *Curiosités esthétiques* nous aident à mieux comprendre Baudelaire ; il n'est pas sûr qu'elles nous aident à mieux connaître la peinture française du dix-neuvième siècle[1]. »

Propos d'historien, dira-t-on. Mais André Masson, dans un colloque organisé en 1968 sur Baudelaire et la découverte du présent, reprochait à l'admirateur de Delacroix d'avoir injustement réduit l'importance d'Ingres, de joindre « ses sarcasmes à ceux de l'ineffable critique académique qui reprocha à Ingres d'avoir donné quatre vertèbres de trop à sa *Grande Odalisque*. Ce qui nous enchante — l'invention plastique, l'arabesque imaginative d'Ingres — sont pour lui des " déformations ". Déformations ? Non ; pour nous, créations géniales comme celle de l'interminable *Thétis* du Musée d'Aix. Et lorsque, pour en finir, il le déclare par trop " bizarre ", nous tournons cette invective en compliment[2] ».

C'était un compliment. *« Le beau est toujours bizarre »* (p. 238). Dans le même texte de 1855, Baudelaire est tout près de féliciter Ingres d'avoir pris pour idéal l'idéal antique et d'y avoir ajouté

1. « Baudelaire et l'ingrisme », *French 19th Century Painting and Literature*, edited by Ulrich Finke, Manchester University Press, [1972], p. 36-37.

2. *Preuves*, nº 207, mai 1968, p. 23.

« les curiosités et les minuties de l'art moderne ». De cet accouplement naît le « charme bizarre » de ses œuvres (p. 246). On dirait
qu'il admire Ingres malgré lui, qu'il se refuse le droit de l'admirer,
comme si cette admiration eût été de nature à peiner Delacroix.

Baudelaire répondrait que la bizarrerie n'est un condiment de la
beauté que si elle est associée à la naïveté (p. 238). Notion essentielle et permanente que celle de naïveté, notion qu'on suit dans
son œuvre du *Salon de 1845* aux notes qu'il prend dans la collection
Crabbe en 1864[1] et qui lui vient certainement de Diderot, lequel
confesse avoir étendu le sens du mot *naïf*[2]. Notion fondamentale,
qu'il s'applique à lui-même : après s'être intéressé aux systèmes, les
avoir trouvés confortables, il est toujours « revenu chercher un
asile dans l'impeccable naïveté », qui est pour lui la forme de l'originalité réelle, de l'authenticité gidienne ou de la bonne foi sar-
trienne. La naïveté naïve, car il y a une naïveté affectée comme peut
l'être la bizarrerie. C'est la naïveté qui lui fait admirer en 1845
aussi bien *La Fontaine de Jouvence* d'Haussoullier (p. 20) que les
œuvres de Corot (p. 49) et le *Yucca gloriosa* de Chazal (p. 57); en
1846, les toiles de Catlin (p. 106). En 1846 aussi, elle est associée à
la définition du romantisme (p. 79) et elle permet d'expliquer le
génie de Delacroix (p. 91). Sous la forme un peu inférieure et
ambiguë de la bonhomie elle renforce en 1846 l'éloge d'une aquarelle de Delacroix (p. 100) et sauve une toile d'Arondel (p. 146). À
peu près au même moment, elle autorise un classement : le dessin
de Pigal « est plus riche et plus *bonhomme* que celui de Carle
Vernet » (p. 206). En 1864 elle rend Baudelaire favorable à une
toile de Rosa Bonheur (*Pl.*, II, p. 963). Cette notion est applicable à
la littérature : si Victor Hugo est inférieur à Delacroix, c'est qu'il
manque de naïveté, qu'il est avant tout « un ouvrier beaucoup plus
adroit qu'inventif » (p. 91). On ne s'étonnera pas que Balzac soit
révéré pour son « adorable naïveté » (p. 239).

Cette préférence donnée à la naïveté se prolonge par un art de
l'esquisse, de la suggestivité et de la magie, autre mot clé que Baudelaire doit à Diderot[2]. Elle nie l'académisme, la peinture bien
léchée, la « peinture *crâne* » (p. 107) des virtuoses de l'art. La
notion d'esquisse est liée dès 1845 à celle de naïveté, à propos de
Corot (p. 50), à qui les braves gens reprochent de pécher par
l'exécution : « il y a — leur rétorque Baudelaire — une grande

---

1. C'est à Yoshio Abé (*Revue de l'art*, nº 4, 1969, p. 85-89), puis à Wolfgang Drost (« Kriterien der Kunstkritik Baudelaires. Versuch einer
Analyse, » dans *Beiträge zur Theorie der Künste in 19. Jahrhundert*, Francfort-sur-
le-Main, t. I, 1971) qu'il revient d'avoir mis en lumière cette notion. Un
Japonais et un Allemand : faut-il croire que la critique française de la critique
d'art de Baudelaire est encore trop imprégnée d'académisme?

2. *Pensées détachées sur la peinture*, édition Brière, t. X, p. 228; cité par Gita
May, *Diderot et Baudelaire*, 19. Voir aussi l'article de G. May, « Diderot
devant la magie de Rembrandt », *PMLA*, septembre 1959, p. 395.

3. Voir le livre et l'article de G. May cités dans la note précédente.

différence entre un morceau *fait* et un morceau *fini* » ; « en général ce qui est *fait* n'est pas *fini* », « une chose très *finie* peut n'être pas *faible du tout* ». Conception d'un art ouvert opposée à celle d'un art clos sur lui-même.

Diderot demandait déjà au spectateur de collaborer avec l'imagination du peintre : « De grâce — dit-il à Boucher —, laissez quelque chose à suppléer par mon imagination » (*Salon de 1763*). Ce n'est pas un hasard si cette suggestivité du contenu est exigée par l'auteur du *Peintre de la vie moderne*, essai qui est aussi une esthétique de l'esquisse : « Ce qui fait la beauté particulière de ces images, c'est leur fécondité morale. Elles sont grosses de suggestions, [...] » (p. 382). Ces suggestions tiennent au contenu, au sujet, parfois bien plus qu'au jeu des couleurs et des formes. On a voulu tirer parti d'une phrase de 1855 : « Il semble que cette couleur [...] pense par elle-même, indépendamment des objets qu'elle habille » (p. 255). Ce n'est qu'un semblant, où l'on aurait tort de voir préfigurée la peinture non figurative. Le *Salon de 1859* précise : « je ne puis jamais considérer le choix du sujet comme indifférent » (p. 328). De fait, Baudelaire, provoqué par cette suggestivité du motif, collabore ardemment, de toute sa puissante imagination, à l'œuvre du peintre, au point de la transformer parfois. Wolfgang Drost[1] remarque que dans *Le Supplice des crochets* Baudelaire voit des « oiseaux de proie » (p. 110) là où Decamps s'était contenté de cigognes. Les vieilles femmes de *L'Angelus* de Legros n'ont pas les sabots que leur prête Baudelaire (p. 289) ; du moins ne les voit-on pas sous leurs robes de dévotes agenouillées. Il arrive qu'il soit conscient du travail qu'accomplit son imagination : décrivant *Les Maux de la guerre* de Liès (p. 311), à côté du prisonnier et du reître il *voit* presque la gouge à laquelle *Danse macabre* (Pl, I, p. 98) accorde une place, — « à la gouge qui, je crois, n'est pas là [dans le tableau], mais qui pouvait y être ».

Cette rêverie féconde qui prend essor devant les toiles que Baudelaire admire ou dont il se souvient est pour nous l'un des éléments essentiels dont il faut tenir compte pour apprécier cette section. Après tout, « le meilleur compte rendu d'un tableau pourra être un sonnet ou une élégie » (p. 78).

On retiendra aussi que cette critique d'art est, comme sa critique littéraire, une critique de tempérament. Refusant de s'enfermer dans un système, Baudelaire nous enjoint d'exercer notre libre jugement, fût-ce à son égard.

Enfin, pour apprécier à sa valeur historique cette critique, on ne la comparera pas à celle qu'autorisent actuellement voyages, expositions, reproductions de toute nature. Au début de *La Métamorphose des dieux*, Malraux est injuste de comparer Baudelaire à un quidam de notre société de consommation. Baudelaire ne pouvait pas avoir de l'art mondial la connaissance que nous en avons. Mais

1. Article cité *supra*.

il avait de l'art de la Renaissance et du Classicisme une connaissance profonde. Elle affleure en de discrètes et de multiples allusions; Raphaël, Michel-Ange, Signorelli, le Pérugin, Lesueur, pour qui il éprouve une prédilection, Philippe de Champaigne, bien d'autres sont souvent nommés au fil de ces pages. Si Baudelaire n'a jamais traité de la peinture antérieure à la fin du XVIIIe siècle, c'est peut-être en raison d'une mésaventure de jeunesse[1]. À un lecteur attentif son sentiment vrai des grandes époques ne peut échapper. L'accueil qu'il réserve à ce « produit chinois, [...] étrange, bizarre, contourné dans sa forme, intense par sa couleur, et quelquefois délicat jusqu'à l'évanouissement », à cet « échantillon de la beauté universelle » (p. 236) prouve qu'André Malraux doit reconnaître en Charles Baudelaire un de ses authentiques précurseurs[2].

En plus des ouvrages généraux sur Baudelaire cités dans la Bibliographie, p. 732, il convient d'indiquer les études suivantes :

I. GÉNÉRALITÉS SUR L'ART ET LA CRITIQUE D'ART AU XIXe SIÈCLE

CASTEX (Pierre-Georges) : *La Critique d'art en France au XIXe siècle*, Centre de Documentation universitaire, 2 fascicules polycopiés, 1958 (I : Baudelaire; II : Taine, Fromentin, les Goncourt).

CLARK (Timothy J.) : *The Absolute Bourgeois. Artists and Politics in France 1848-1851*, Greenwich (Connecticut), New York Graphic Society, [1973].

CLARK (Timothy J.) : *Image of the People. Gustave Courbet and the Second French Republic 1848-1851*, Greenwich (Connecticut), New York Graphic Society, [1973].

French 19th Century Painting and Literature with Special Reference to the Relevance of Literary Subject-Matter to French Painting, edited by Ulrich, Finke, Manchester University Press, [1972]. Voir en particulier les études de Daniel Ternois, « Baudelaire et l'ingrisme », et d'Alison Fairlie, « Aspects of Expression in Baudelaire's Art Criticism ».

HAUTECŒUR (Louis) : *Littérature et peinture en France du XVIIe au XXe siècle*, Armand Colin, 1963.

Le Musée du Luxembourg en 1874, exposition organisée au Grand Palais, mai-novembre 1974, catalogue rédigé par Geneviève Lacambre avec la collaboration de Jacqueline de Rohan-Chabot.

NOCHLIN (Linda) : *Realism*, Penguin Books, [1971]; coll. « Style and Civilization ».

1. Voir mon étude sur « Baudelaire jeune collectionneur », dans *Humanisme actif. Mélanges d'art et de littérature offerts à Julien Cain*, Hermann, 1968, t. I, p. 207-211.

2. Voir p. 236, n. 2.

ROSENTHAL (Léon) : *Du romantisme au réalisme. Essai sur l'évolution de la peinture en France de 1839 à 1848*, H. Laurens, 1914.

SLOANE (J. C.) : *French Painting between the Past and the Present. Artists Critics, and Traditions, from 1848 to 1870*, Princeton University Press, 1951.

TABARANT (A.) : *La Vie artistique au temps de Baudelaire*, Mercure de France, 1932, 2ᵉ éd., [1963].

II. ÉTUDES CONSACRÉES À BAUDELAIRE ET L'ART

ADHÉMAR (Jean) : « Baudelaire critique d'art », *Revue des sciences humaines*, janvier-mars 1958, p. 111-119.

ABÉ (Yoshio) : « *Un Enterrement à Ornans* et l'*habit noir* baudelairien. Sur les rapports de Baudelaire et de Courbet », *Études de langue et littérature françaises, Bulletin de la Société japonaise de langue et littérature françaises*, nᵒ 1, 1962, p. 29-41.

BERNAND (Émile) : *Charles Baudelaire critique d'art*, suivi de *Le Symbolisme pictural...*, Bruxelles, éditions de la Nouvelle Revue Belgique, collection « Les Essais » (I, 4), s.d. [pendant la Seconde Guerre mondiale]. Émile Bernard (1868-1941) fut l'ami de Cézanne et de Gauguin. Il avait dans le *Mercure de France* du 16 octobre 1919 consacré à la critique d'art de Baudelaire l'une des premières études, sinon la première.

BONNEFOY (Yves) : « Baudelaire et Ruben », *L'Éphémère*, nᵒ 9, printemps 1969, p. 72-112.

BOWIE (Theodore) : *Baudelaire and the Graphic Arts*, Bloomington, Indiana University, 1957 (traductions de quelques textes de Baudelaire accompagnés d'illustrations).

CALVET-SÉRULLAZ (Arlette) : « À propos de l'Exposition Baudelaire [de 1968] : l'Exposition du Bazar Bonne-Nouvelle de 1846 et le Salon de 1859 », *Bulletin de la Société de l'histoire de l'art français*, année 1969, F. de Nobele, 1971, p. 123-134. Sigle : *BSHAF*, 1969.

CASTEX (Pierre-Georges) : *Baudelaire critique d'art*. Étude et album. Ouvrage illustré de cinquante-deux photographies. Société d'enseignement supérieur, [1969]. Sigle : Castex.

CHAMPFLEURY : *Le Réalisme*. Textes choisis et présentés par Geneviève et Jean Lacambre. Hermann, collection « Savoir », [1973]. Cette réunion de textes porte un titre fort malheureux : ces textes ne sont pas ceux que Champfleury a publiés sous le même titre en 1857 chez Michel Lévy.

DROST (Wolfgang) : « Baudelaire et le baroque belge », *Revue d'esthétique*, t. XII, juillet-décembre 1959, p. 33-60.

DROST (Wolfgang) : « Baudelaire et le néo-baroque », *Gazette des beaux-arts*, juillet-septembre 1959, p. 116-136.

DROST (Wolfgang) : « Kriterien der Kunstkritik Baudelaires. Versuch einer Analyse », *Beiträge zur Theorie der Künste in 19. Jahrhundert*, Francfort-sur-le-Main, Vittorio Klostermann, t. I, 1971.

FERRAN (André) : *Le Salon de 1845 de Charles Baudelaire*, Toulouse. Aux Éditions de l'Archer, 1933. Sigle : Ferran.

GEORGEL (Pierre) : « Le Romantisme des années 1860. Correspondance Victor Hugo-Philippe Burty », *Revue de l'art*, n° 20, 1973.

GHEERBRANT (Bernard) : *Baudelaire critique d'art. Curiosités esthétiques, poèmes, œuvres diverses, lettres*. Textes et documents présentés et rassemblés par —. Club des Libraires de France, [1956].

HORNER (Lucie) : *Baudelaire critique de Delacroix*, Genève, Droz 1956.

KELLEY (David J.) : édition du *Salon de 1846*, Oxford, At the Clarendon Press, 1975.

LACAMBRE (Geneviève et Jean) : « À propos de l'Exposition Baudelaire [de 1968] : les Salons de 1845 et 1846 », *Bulletin de la Société de l'histoire de l'art français*, année 1969, F. de Nobele, 1971, p. 107-121. Sigle : *BSHAF*, 1969.

LACAMBRE (G. et J.). Voir CHAMPFLEURY.

MAY (Gita) : *Diderot et Baudelaire critiques d'art*, Genève, Droz; Paris, Minard, 1957.

MAYNE (Jonathan) : *Art in Paris 1845-1862. Salons and Other Exhibitions Reviewed by Charles Baudelaire*. Translated and edited by —. Londres, Phaidon Press, [1965]. Cette traduction commentée et illustrée avait été publiée sous une première forme : *The Mirror of Art. Critical Studies by Charles Baudelaire*, « Phaidon Pocket Series », [1955].

MAYNE (Jonathan) : *The Painter of Modern Life and Other Essays by Charles Baudelaire*. Translated and edited by —. Londres, Phaindon Press, [1964].

MOSS (Armand) : *Baudelaire et Delacroix*, Nizet, [1973].

Preuves, n° 207, mai 1968, « Baudelaire et la critique d'art ». Communications de Pierre Schneider, Octavio Paz, Jean Starobinski, Gaëtan Picon, André Fermigier, Kostas Papaioannou, Werner Hofmann, Barnett Newman, Marcel Raymond.

REBEYROL (Philippe) : « Baudelaire et Manet », *Les Temps modernes*, octobre 1949, p. 707-725. Ce réquisitoire excessivement brillant ne tenait pas compte de la totalité des documents maintenant connus, relatifs aux relations du peintre et du poète.

NOTES ET VARIANTES

Page 11.

SALON DE 1845

Baudelaire Dufaÿs, *Salon de 1845*, Jules Labitte, éditeur, 3, quai Voltaire, 1845 *(1845)*.

Curiosités esthétiques, Michel Lévy frères, 1868 *(CE)*.

Texte retenu : celui de 1868. Celui de 1845 contient des fautes d'impression. On constate aussi quelques légères modifications.

Éditeurs des *Œuvres complètes*, Asselineau et Banville disposaient-ils d'un exemplaire non pas remanié (voir *infra*), mais montrant quelques corrections autres que typographiques ?

Édition commentée par André Ferran, *Le Salon de 1845 de Charles Baudelaire*, Toulouse, Aux Éditions de l'Archer, 1933. Elle offre, en particulier, de nombreuses comparaisons et confrontations avec les autres *Salons* publiés la même année et les situe dans l'évolution de la critique d'art. (Sigle : Ferran.)

Cette plaquette est le premier écrit de Baudelaire signé de son nom et publié sous la forme d'un livre. Le Salon annuel s'ouvrit au Louvre le 15 mars 1845. L'imprimeur Dondey-Dupré — dont la veuve imprimera en 1857 les *Articles justificatifs* et à qui est apparenté le Jeune-France Philothée O'Neddy (pseudonyme de Théophile Dondey) — déclare le volume le 9 mai 1845 ; tirage : 500 exemplaires (Archives nationales, F¹⁸* II 32, n° 2939). La préface est datée du 8 mai. La *Bibliographie de la France* enregistrera la plaquette le 24 mai. Il y a lieu de croire que celle-ci a paru vers le 15 mai.

Le second plat de la couverture annonce : sous presse, *De la peinture moderne* ; pour paraître prochainement : *De la caricature* et *David, Guérin et Girodet*. Aucun de ces ouvrages ne devait paraître, mais on en retrouvera des éléments dans, respectivement, le *Salon de 1846*, l'essai sur le rire et les caricaturistes, le *Musée classique du Bazar Bonne-Nouvelle*.

Au moment de la publication Baudelaire écrit à Champfleury :

« Si vous voulez me faire un article de *blague*, faites-le, pourvu que cela ne me fasse pas trop de mal.

« Mais, *si vous voulez me faire plaisir*, faites quelques lignes sérieuses, et PARLEZ des *Salons de Diderot*[1].

« Il vaudrait *peut-être mieux* LES DEUX CHOSES à la fois. »

(*CPl*, I, 123.)

Baudelaire dut être heureux de lire sous la plume de Champfleury (qui ne signe pas), dans *Le Corsaire-Satan* du 27 mai : « M. Baudelaire-Dufaÿs est hardi comme Diderot, moins le paradoxe », et de se voir aussi rapprocher de Stendhal.

Malgré ce témoignage et une note anonyme favorable dans la *Revue de Paris* du 15 mai, Baudelaire ne s'estima pas satisfait de son *Salon*. Champfleury (*Souvenirs et portraits de jeunesse*, Dentu, 1872, p. 137) rapporte que, « sans doute par crainte de certains rapports d'idées avec Heine et Stendhal, [Baudelaire] détruisit tous les exemplaires » qui en subsistaient. J. Crépet fait état d'un témoi-

1. Le *Salon de 1759* venait tout juste d'être publié par *L'Artiste* (9 mars) quand s'ouvrit le Salon de 1845. Il semble que la lecture de l'œuvre de Diderot ait exercé une influence déterminante sur l'esprit de Baudelaire qui décide alors d'écrire son premier *Salon* (voir Gita May, *Diderot et Baudelaire critiques d'art*, p. 13-14).

gnage de Monselet (consigné par F. Drujon dans son *Essai biblio-graphique sur la destruction volontaire des livres*) qui va dans le même sens et qui, curieusement, s'étend aussi au *Salon de 1846*. Lloyd James Austin (Baudelaire, *Œuvres complètes*, Club du Meilleur Livre, 1955, t. I, p. 44) a cru voir dans l'échec de ce *Salon* une cause possible de la tentative (ou du simulacre?) de suicide; l'hypo-thèse est peut-être aventurée.

Si Baudelaire mentionne le *Salon de 1845* dans quatre notes bio-bibliographiques (*Pl*, I, p. 783-785), s'il prévoit en avril 1857 qu'il ne pourra le recueillir dans les *Curiosités esthétiques* qu'après l'avoir remanié (*CPl*, I, 396-397) — intention qui ne sera pas suivie d'effet —, on constate que, finalement, il ne l'inscrit pas dans les tables des matières qui doivent constituer ses œuvres complètes — tables qu'il adresse à Julien Lemer, le 3 février 1865, et à Ancelle pour Hippo-lyte Garnier, le 6 février 1866 (p. xii-xiii et *CPl*, II, 444 et 591).

Certes, l'œuvre est encore une œuvre de jeunesse, et Baudelaire pouvait considérer comme des articles de complaisance amicale ce qu'il lisait sous les plumes de Champfleury (*supra*), de Le Vavasseur (*Journal d'Abbeville et de l'arrondissement*, 1er juillet 1845, sous le pseudonyme de « Civilis », d'Auguste Vitu (*La Silhouette*, 20 juillet 1845). Mais Asselineau avait raison de voir déjà dans cette bro-chure les qualités que Baudelaire « manifesta toute sa vie, de péné-tration et d'exposition; l'horreur des transactions et des ménage-ments, le ton autoritaire et dogmatique. Delacroix n'est pas discuté; il est affirmé. Nul appel au sentiment, nul appareil de phrases poétiques ni d'éloquence conciliante : une démonstration rigoureuse d'un style net et ferme, une logique allant droit à son but, sans souci des objections, ni des tempéraments » (*Baudelaire et Asselineau*, 73).

Asselineau pouvait juger sur pièce, puisqu'il avait lui-même publié dans le *Journal des théâtres* (19 mars, 9 et 23 avril, 14 mai, 14 juin 1845) un *Salon de 1845*, découvert par Jean Ziegler (voir p. 483). On y trouve comme l'écho des conversations entre trois amis : Asselineau, Baudelaire, Deroy. Les *Salons* d'Asselineau et de Baudelaire expriment la même admiration pour Delacroix, Decamps, Corot, Théodore Rousseau, Haussoullier (si peu remarqué par la critique); la même défiance à l'égard d'Horace Vernet, de Schnetz et d'autres peintres académiques. Voici donc les deux jeunes écrivains parcourant les salles du Louvre, guidés par Deroy. Mais dès cette rencontre, dont Asselineau (*Baudelaire et Asselineau*, 69) consignera le souvenir dans sa biographie de Baude-laire, celui-ci subjugue celui-là, qui annonce modestement (9 avril) qu'on retrouvera ses idées sur Delacroix « plus librement et plus savamment développées dans la revue du salon qu'un de nos amis, M. Ch. Baudelaire, s'apprête à publier, ainsi que dans l'*Histoire de la peinture moderne* [voir. p. 494] qu'il achève en ce moment. » Il faut imaginer un garçon modeste et intelligent visitant le Salon des Indépendants ou quelque galerie d'avant-garde, un peu après 1920, sous le regard inquisiteur de Malraux. Asselineau est si impressionné par son Malraux que, n'osant trouver des défauts à Chassériau et osant découvrir quelques qualités à Horace Vernet, il se risque, le 14 mai, jusqu'à l'affirmation : « Il est enfin temps de le dire, M. Corot est le plus grand paysagiste des temps modernes. » N'est-ce pas pour avoir lu (ici, p. 13 : « M. Delacroix est décidément le peintre le plus original des temps anciens et des temps modernes »?

I. QUELQUES MOTS D'INTRODUCTION

1. Faut-il penser à Fortuné Mesuré que Baudelaire avait rencontré dans le milieu des *Mystères galants?* Dans son *Rivarol de 1842, Dictionnaire satirique des célébrités contemporaines,* publié sous le pseudonyme de Fortunatus, il se vantait d'une semblable hardiesse. Mais « bien connu »? L'expression ne s'appliquerait à lui que par ironie.

2. Gustave Planche tenait le magistère de la critique d'art dans la *Revue des Deux Mondes,* de la manière que caractérise Baudelaire. Il traversa une crise et partit pour l'Italie, où il séjourna longtemps; il s'y trouvait quand Baudelaire écrivait son *Salon.* Sur Planche voir les deux thèses de Maurice Regard, *L'Adversaire des romantiques, Gustave Planche, 1808-1857* et *Gustave Planche, Correspondance, bibliographie, iconographie* (Nouvelles Éditions latines, 1956).

3. Étienne-Jean Delécluze (1781-1863), qui avait été l'élève de David et l'ami de Stendhal, fit la critique d'art dans le *Journal des Débats* de 1823 à 1863. L'année précédente (15 mars), il s'y était lamenté sur la médiocrité des envois. En 1845, il attaque Delacroix au nom des principes de l'École davidienne, hors de laquelle il ne voit pas de salut. Robert Baschet a consacré sa thèse à *E.-J. Delécluze témoin de son temps* (Boivin, 1942). Il a édité le *Journal de Delécluze, 1824-1828,* Bernard Grasset, [1948].

4. Sur le bourgeois voir l'introduction du *Salon de 1846* (p. 415).

5. Voir *Pl,* I, p. 551 et n. 3.

Page 12.

a. de toute opposition et criailleries systématiques *1845*
b. le musée de Versailles, et celui de Marine *1845*

1. Ce sont là des accroissements du Louvre.

2. Le musée Espagnol était constitué des toiles qui étaient la propriété personnelle de Louis-Philippe. Lord Standish avait légué sa collection à Louis-Philippe. Ces deux collections, exposées au Louvre, étaient riches en toiles espagnoles, dont le Musée royal était pauvre. Elles seront rendues à la famille d'Orléans après 1848. Le jeune Baudelaire, qui aimait ces « peintures féroces », entrait volontiers au Louvre pour les admirer (témoignage de Prarond, dans *BET,* 21). Il ne se consolera pas de leur disparition et projettera d'écrire un article sur les « Musées disparus » et les « Musées à

créer » (*CPl*, I, 449), comptant le musée Espagnol parmi les premiers. Il eut une légère consolation quand le Louvre acquit des héritiers du maréchal Soult des toiles d'Herrera le Vieux, de Zurbaran et de Murillo : il eut alors le projet d'écrire un article sur les « emplettes espagnoles » (*CPl*, I, 530, 552, 619, 626). Sur « Baudelaire, le musée Espagnol et Goya » voir l'article de Paul Guinard, *R.H.L.F.*, numéro spécial *Baudelaire*, 1967. Sur le goût des Français pour la peinture espagnole voir Ilse Hempel Lipschutz, *Spanish Painting and the French Romantics* (Harvard University Press, 1972), livre dans lequel est reproduite en appendice la *Notice des tableaux de la Galerie espagnole exposés dans les salles du Musée royal du Louvre* (Crapelet, 1838) — plus de quatre cents numéros! — et qui contient une bibliographie des articles relatifs à cette Galerie.

3. On se rappellera qu'en juillet 1838 Baudelaire avait été invité, avec les autres élèves de Louis-le-Grand, à visiter les galeries du musée installé dans le palais de Versailles sur l'ordre de Louis-Philippe (*CPl*, I, 58).

4. Le musée de la Marine avait été fondé en 1828, sous l'appellation de musée Dauphin, par Amédé Zédé (1791-1863), ingénieur de la marine, qui fut membre du conseil de famille de Charles Baudelaire (*CPl*, I, LXXXI-LXXXII).

Page 13.

II. TABLEAUX D'HISTOIRE
DELACROIX

a. signes *[pluriel]* *1845*

1. Asselineau (voir *supra*, p. 1266) a fait remarquer le ton péremptoire de cette affirmation.

2. Delacroix n'entrera à l'Académie des beaux-arts qu'en 1857, après avoir essuyé plusieurs échecs.

Page 14.

1. Delacroix avait envoyé cinq tableaux : *L'Éducation de la Vierge* fut refusé par le jury.

2. Les *Dernières paroles de l'empereur Marc-Aurèle* : ce tableau est maintenant au musée de Lyon.

3. Ce « littérateur républicain » a été identifié par Lucie Horner (*Baudelaire critique de Delacroix*, Genève, Droz, 1956, p. 58 et 66) : c'est Théophile Thoré, le futur découvreur de Vermeer (voir *CPl*, Index).

Page 15.

1. Pour ces considérations sur la couleur, voir le *Salon de 1846*, p. 82 et n. 1.

2. Voici ce qu'avait écrit Gautier dans *La Presse* du 28 mars 1844 :

« Nous n'acceptons pas absolument cette division reçue des peintres en dessinateurs et en coloristes. Les dessinateurs ont très souvent des morceaux d'une couleur très fine, et les coloristes des morceaux d'un dessin excellent. L'erreur vient de ce que le public et même beaucoup d'artistes ont le préjugé de croire que le dessin consiste à cerner les formes d'un trait sans bavochure et proprement ébarbé. Rien n'est plus faux. L'on dessine par les milieux autant que par les bords, par le modelé autant que par les lignes. Ceux qu'on nomme coloristes ont une tendance à tirer des objets un relief, et les dessinateurs une silhouette. »

Page 16.

1. Rappelons que le second plat de la couverture de ce *Salon* annonce « pour paraître prochainement » : *De la caricature.* Et voir p. 209.

2. Le rapprochement Daumier-Ingres est d'une rare hardiesse.

3. On remarque le procédé, utilisé encore plus loin. Il souligne un peu trop visiblement la réticence ou l'admiration.

4. Baudelaire pense à la série des lithographies sur Hamlet plutôt qu'à des dessins.

Page 17.

a. LE SULTAN DE MAROC 1845. *C'est aussi* DE *qu'on lit, conformément à l'usage de l'époque, dans le livret du Salon.*

1. Ce tableau fut acheté en 1845 pour le musée de Toulouse. Titre exact : *Muley-Abd-err-Rahmann, sultan de Maroc, sortant de son palais de Méquinez, entouré de sa garde et de ses principaux officiers.*

2. La fameuse *Prise de la smalah d'Abd-el-Kader à Taguin*, commandée pour le musée du palais de Versailles. L'événement avait eu lieu le 16 mai 1843.

Page 18.

a. aller toujours s'élargissant, car 1845

1. Baudelaire a vu les toiles de ces peintres qui sont au Louvre.

2. Sur la signification de cet « éloge violent », voir p. 489. *La Fontaine de Jouvence* fut exposée à la « Crystal Palace Picture Gallery » et donna lieu à un article signé A. A. P., intitulé « The French Pre-Raphaelites » et accompagné d'une reproduction, que publia l'*Illustrated London News* du 20 septembre 1856 (James K. Wallace, *Buba*, VIII, 2 ; 9 avril 1973). Puis, la toile disparut pendant un siècle. Acquise peu avant la Seconde Guerre mondiale par Graham Reynolds (Londres), elle a été reproduite pour la première fois au XXe siècle, dans la traduction, par Jonathan Mayne, des critiques d'art de Baudelaire : *The Mirror of Art* (Londres, Phaidon Press, [1955]). Elle a été montrée pour la première fois à

l'Exposition Baudelaire de 1968 (n° 146; reproduction en noir et blanc en regard de la notice). Seul l'original ou une reproduction en couleur peut donner une idée de cette toile qui justifie l'admiration de Baudelaire, dont l'expression est confirmée au début du *Salon de 1846* (p. 79). Baudelaire a-t-il contemplé d'autres toiles d'Haussoullier? Celles que nous avons vues chez les descendants du peintre nous donnent à penser qu'indépendamment de tout système esthétique il avait raison de voir en Haussoullier un vrai peintre.

Il n'était pas le seul à l'admirer. Banville publiera en 1846 dans *Les Stalactites* un poème intitulé du titre même de la toile d'Haussoullier. Le rapprochement a été fait par Y.-G. Le Dantec. Voici les vers de Banville; on trouvera en italique les analogies entre ces vers et la prose de Baudelaire.

> « *Une verse du vin dans le verre sculpté*
> *D'un jeune cavalier debout à son côté.*
>
> Plus loin, *deux rajeunis*, sur la mousse des plaines,
> Mêlent dans un baiser les fleurs de leurs haleines;
> Une vierge au sein nu, digne de Phidias,
> Tord ses cheveux défaits qui pleurent sur ses bras.
>
> Dans l'humide *vapeur de sa métamorphose*,
> Blanche encore à demi comme une jeune rose,
> Une autre naît au monde, et ses beaux yeux voilés
> Argentent l'eau d'azur de rayons étoilés.
> [. . . . .]
> Et tous ces nouveau-nés de qui l'âme ravie
> *Connaît le prix* des biens qui font aimer la vie,
> Sans trouble et sans froideur cèdent à leurs désirs,
> Et vident lentement la coupe des plaisirs. »

Ces strophes sont datées par Banville de mai 1844. Banville, si la date donnée est exacte, a donc vu la toile (qui est datée de 1843) dans l'atelier d'Haussoullier.

J. Crépet a publié dans *Le Figaro* du 15 novembre 1924 la reproduction d'un dessin en forme d'éventail — plume et aquarelle représentant le même sujet que le tableau; il a été exposé en 1968 (n° 147). Est-ce une esquisse du tableau? Plutôt l'utilisation *a posteriori* de celui-ci à des fins décoratives.

3. *Le Martyre de saint Symphorien* d'Ingres, exposé au Salon de 1834, fut « le sujet d'inépuisables controverses » (G. Planche, *Études sur l'École française*, I, 234; cité par Ferran, 212).

4. Sur cette toile de Delacroix voir le *Salon de 1846* (p. 87).

Page 19.

a. qui acquièrent *1845*

1. C'est-à-dire s'aiment sentimentalement. Sur cette expression voir Cl. Pichois, *L'Image de Jean-Paul Richter dans les lettres françaises* (José Corti, 1963), p. 232-234.

2. Adjectif que Baudelaire emprunte aux poètes de la Pléiade.

3. Allusion au théâtre de Séraphin; voir *Le Poème du hachisch* (*Pl*, I, p. 408).

Page 20.

1. Anglicisme pour « exposition », dans ce sens.

2. Baudelaire utilise la forme francisée du nom de Giovanni Bellini.

Page 21.

a. de dire que, pour [...] d'exagéré, que *1868 ; faute corrigée dans notre texte, conformément à la leçon de 1845.*

1. *La Défaite des Cimbres* et *Le Supplice des crochets.*

2. Voir p. 47.

Page 23.

a. On respecte la division en prénom et nom, mais Robert-Fleury les liait d'un trait d'union; voir p. 71.

1. La toile de Delacroix, *Le Doge Marino Faliero condamné à mort*, avait été exposée au Salon de 1827.

Page 24.

a. Voici un beau nom, voilà *1845*

Page 25.

1. Selon J. Crépet, il pourrait y avoir ici une pointe contre Gautier qui, dans *La Presse* du 28 mars 1844, avait accordé de grandes louanges à la *Naissance de Henri IV* pour mieux mettre en relief la médiocrité de la *Résurrection du Christ*, la plus récente œuvre d'Eugène Devéria. Le premier tableau avait été exposé au Salon de 1827, où il avait excité l'admiration de la jeune génération.

2. Jules David avait publié en 1837 *Vice et Vertu, album moral représentant en action les suites inévitables de la bonne et de la mauvaise conduite*, ensemble de douze lithographies qui avait obtenu le prix de 2 000 francs proposé par Benjamin Delessert, président de la Caisse d'Épargne de Paris. C'était là — remarque Ferran (p. 217) — de quoi justifier l'emploi d'« âneries » et de « niaiseries vertueuses » par un Baudelaire déjà hostile à toute ingérence de la morale dans l'art. Les aquarelles exposées en 1845 par J. David étaient de la même veine appauvrie : *Une sortie de l'Opéra (1750)*, *L'Enfant malade, Chien et chat*. — Sur Vidal voir p. 60.

Page 26.

1. Louis Boulanger a été le peintre de Victor Hugo. Le poète a dédié à son peintre des poésies des *Odes et Ballades*, des *Voix intérieures*, des *Rayons et les Ombres*, des *Feuilles d'automne* et des *Chants du crépuscule*. Baudelaire qui est en 1845-1846 franchement hostile

à Hugo ne manque pas ici « l'*alter* Hugo », comme l'appelait le sculpteur Préault. *Le Supplice de Mazeppa* (musée de Rouen) avait été exposé au Salon de 1827 et avait alors attiré l'attention sur Boulanger.

2. Baudelaire a vu ce tableau — sur lequel on ne possède pas d'autre renseignement — dans l'appartement de Boissard : ils habitaient tous deux l'hôtel Pimodan.

Page 27.

a. La stricte syntaxe voudrait : que Schnetz *n'*en

1. Jean-Victor Schnetz (Versailles, 1787; Paris, 1870) avait été élu à l'Académie des beaux-arts en 1837 contre Delacroix : il fut par deux fois nommé directeur de l'Académie de France à Rome. En 1845 il envoie de Rome *Épisode du sac de la ville d'Aquilée par Attila* (musée d'Amiens); *Une messe* (acquis par Louis-Philippe, détruit en 1871 au château de Saint-Cloud); *Une jeune femme pleurant près de son mari mort; Deux jeunes filles se rhabillant après le bain au bord du lac; Paysan en repos écoutant un jeune pifferaro; Don Barthélemy des Martyrs*. Élève de David (et aussi de Regnault, Gros et Gérard), Schnetz est, bien entendu, loué par Delécluze dans les *Débats* (9 avril, 12-13 mai 1845), au moment où le dénigre Baudelaire, qui ne le mentionnera plus jamais. Schnetz n'expose d'ailleurs pas en 1859. Voir *Le Musée du Luxembourg en 1874*, n°s 213 et 214.

2. Reproduction dans Castex, p. 93. La toile est au musée du palais de Versailles.

3. Baudelaire fait allusion à *Othello, quinze esquisses à l'eau-forte dessinées et gravées* par Théodore Chassériau, publication du *Cabinet de l'amateur et de l'antiquaire*, août 1844. On peut penser que Baudelaire est ici égaré par son admiration pour Delacroix. Il est permis de préférer cette suite à celle de Delacroix sur *Hamlet*.

Page 28.

1. C'est le titre du tableau. L'expression en italique qui suit est extraite de la notice, fournie par le peintre, qui figure dans le livret du Salon. Gautier (*La Presse*, 19 mars 1845) déclara qu'à cet « immense tableau humanitaire et palingénésique » il préférait un *Singe faisant la cuisine* de Decamps ou un *Homme fumant sa pipe* de Meissonier.

2. Un de ces néologismes comme on en a déjà trouvé au début du *salon : artistique, arriériste, étudieur* (p. 11, 13, 21), mais ceux-ci étaient en italique.

Page 29.

a. En 1845, par deux fois, Baudelaire laisse imprimer Glaise.

1. Baudelaire était bien jeune pour voir *L'Apocalypse de saint Jean* au Salon de 1838 et *L'Envie* au Salon de 1839.

2. Voir le Répertoire des artistes.

Page 30.

1. Émile-Édouard Mouchy (Paris, 1802; Paris, vers 1870), élève de Guérin, expose depuis 1822 des sujets religieux et des animaux.

2. Encore un néologisme; entendre : un peintre qui donne la priorité à la facture du tableau.

3. Malgré de patientes enquêtes A. Ferran n'avait pu déterminer dans quelle église parisienne se trouve ce tableau.

4. Eugène Appert (Anvers, 1814; Cannes, 1867), élève d'Ingres, a obtenu en 1844 une médaille de 3ᵉ classe pour la *Vision de saint Orens*. Il expose jusqu'en 1865 des tableaux religieux et des scènes d'animaux (Ferran, 228). Baudelaire ne le mentionnera plus. *L'Assomption de la Vierge* est dans l'église Notre-Dame de Beaupréau, Maine-et-Loire (*BSHAF*, 1969, p. 109; reproduction, p. 111).

5. Le livret du Salon reproduit le récit de la mort de Néron traduit de Suétone par Baudouin (1688). Auguste Bigand, que Baudelaire ne citera plus, naquit à Champlan (Seine-et-Oise) en 1803, fut l'élève d'Hersent et exposa, de 1834 à 1868, des sujets historiques et religieux (Ferran, 228).

Page 31.

1. *Vision de sainte Thérèse brûlée d'une douleur spirituelle* : la toile, qui appartient à une collection particulière, a été reproduite par A. Ferran (en regard de la p. 163) et par J. Mayne (*Art in Paris*, pl. 6). Louis de Planet (Toulouse, 1814; Paris, 1875) eut pour maître Joseph Roques, de qui Ingres fut lui-même l'élève. Il se rendit à Paris en 1836 et s'inscrivit en 1838 à l'atelier qu'ouvrait Delacroix, collaborant de 1841 à 1844 aux travaux de celui-ci. Les *Souvenirs* de Planet ont été publiés par André Joubin (A. Colin, 1929).

2. La seule critique que cite A. Ferran (p. 230-231) est celle, anonyme, de *L'Artiste* du 30 mars 1845 : « La sainte Thérèse de M. de Planet a des airs trop galants, et Léda frémissant sous les baisers du cygne n'entrouvrirait pas autrement sa lèvre amoureuse. » Ce qui prouve que l'auteur de ces lignes ignorait tout de la mystique.

3. Ces lignes en italique sont empruntées à la *Vie de sainte Thérèse*, traduite par Arnaud d'Andilly, dont un passage était cité dans le livret du Salon.

Page 32.

1. Charles Dugasseau, élève d'Ingres, expose depuis 1835; le livret du Salon de cette année-là indique qu'il est né à Fresnay-sur-Sarthe (Sarthe) et qu'il habite Le Mans.

2. Voir le Répertoire à LEHMANN (Henri).

3. *Le Soir (le poète assis sur la rive regarde s'éloigner la barque chargée de ses espérances)* avait été exposé au Salon de 1843; il est au Louvre où il est connu sous le titre : *Les Illusions perdues*. A. Ferran (p. 232)

note qu'on « s'accordait à reconnaître dans cette composition le sentiment de la mélancolie moderne »; voir la notice de G. Lacambre, *Le Musée du Luxembourg en 1874* (Grand Palais, 1974, n° 106). Charles Gleyre (Chevilly, canton de Vaud, 1806; Paris, 1874) fut élève de Bonnefond à Lyon, d'Hersent et de Bonington à Paris. Il succéda à Delaroche comme professeur à l'École des beaux-arts. Whistler, Renoir, Monet passèrent par son atelier. Voir le catalogue de l'exposition *Charles Gleyre ou les illusions perdues*, qui s'est tenue en Suisse en 1974-1975.

4. Titre : *Le Départ des apôtres allant prêcher l'Évangile*. Ce tableau de Gleyre obtint une médaille de 1re classe; il est maintenant à l'église de Montargis (*BSHAF*, 1969, p. 112). Reproduction dans Castex, p. 89.

5. Jacques Pilliard (Vienne (Isère), 1811; Rome, 1898), élève d'Orsel et de Bonnefond, de l'École de Lyon, a longtemps résidé à Rome. Il débuta au Salon de 1841 par l'*Éducation de la Vierge*. 1842 : *Mort de Rachel*. 1843 : *Évanouissement de la Vierge*. 1844 : *Jésus-Christ chez Marthe et Marie*. 1845 : *Une peste* (musée de Grenoble; reproduction dans *BSHAF*, 1969, p. 114). Il revient ensuite aux sujets religieux. Baudelaire ne le mentionnera plus. Voir J. Bouvier et abbé Cl. Bouvier, *Le Peintre Jacques Pilliard*, Vienne, 1898.

Page 33.

a. ponsifs *1845 et 1868; c'était la graphie de Baudelaire. On la rencontre assez souvent à l'époque sous la plume d'autres auteurs.*

1. Le livret explique : « La Vierge à la vue de son fils qui va disparaître dans le sépulcre, vaincue par la douleur, tombe évanouie dans les bras de Marie-Madeleine et de l'autre Marie. » La toile fut acquise par Louis-Philippe. Elle fut exposée au Luxembourg, puis à l'Élysée à partir d'avril 1875. Son emplacement actuel est inconnu (*BSHAF*, 1969, p. 112). Auguste Hesse (Paris, 1795; Paris, 1869), élève de Gros; premier grand prix de Rome en 1818, il se spécialisa dans la peinture historique et religieuse. Il exposera en 1859 une *Descente de croix* et *Clytie* (Ovide, *Métamorphoses*, liv. IV) : Baudelaire ne le mentionnera pas. Hesse sera à l'Académie des beaux-arts le successeur de Delacroix.

2. Le peintre allemand Joseph Fay (Cologne, 1813; Düsseldorf, 1875) a séjourné à Paris en 1845-1846. Baudelaire ne le mentionnera plus. Au deuxième paragraphe, il recopie le livret du Salon. Cette frise a été détruite en 1868. Les cartons furent encore exposés en 1861 à Cologne, au musée Wallraf-Richartz; ils ont disparu depuis (*BSHAF*, 1969, p. 115).

Page 34.

a. Pierre Cornélius. *1845; sic pour 1845 et 1868. Ce peintre allemand a nom Peter Cornelius.*

1. Voir *L'Art philosophique* (p. 259).

2. Pierre-*Jules* Jollivet (Paris, 27 juin 1803; Paris, 7 septembre 1871), élève de Gros et de Dejuinne, expose en 1845, outre le *Massacre des Innocents* (musée de Rouen), *Bohémiennes espagnoles au bain*.

3. *Gabriel*-Joseph-Hippolyte Laviron, né à Besançon en 1806, tué à Rome en 1849 dans les troupes de Garibaldi, expose depuis 1834 des portraits, des paysages, des sujets religieux. Le tableau que Baudelaire est l'un des seuls à remarquer se trouvait dans l'église de Meyrueis (Lozère) où il a été détruit en 1938 (Ferran, 234; *BSHAF*, 1969, p. 113). Ainsi que l'ont signalé G. et J. Lacambre (*BSHAF*, 1969, p. 108, n. 9), le reproche adressé à Laviron, « trop penser » — qui fait déjà pressentir *Les Peintres qui pensent*, autre titre de *L'Art philosophique* —, s'explique parfaitement si l'on sait que Laviron était aussi un confrère de Baudelaire : il a collaboré à *L'Artiste*, publié deux études sur l'architecture, des *Salons* de 1833 (en collaboration avec B. Galbacio), de 1834 et de 1841.

Page 35.

a. faite, il en reste toujours   *1845*

1. En 1845 et 1868 « et » est en romain, ce qui donne à croire qu'il y a deux tableaux. En fait, il s'agit bien de *Daphnis et Naïs*, les deux autres « sujets antiques » exposés par Matout étant *Pan et Silène*.

2. *Fleur des champs* (musée de Lyon). Voir le Répertoire des artistes.

Page 36.

1. Baudelaire, qui n'a pu trouver le tableau, se contente de recopier la notice du livret. Le tableau est au musée d'Art et d'Industrie de Saint-Étienne. Il a été exposé en 1968 (n° 149).

2. Sur le sculpteur voir p. 64. Étex exposait une peinture allégorique, *La Délivrance*, qui est au musée des Beaux-Arts de Lyon (*BSHAF*, 1969, p. 112).

3. Baudelaire cite de mémoire un hémistiche du sonnet d'Auguste Barbier, *Michel-Ange* :

> Que ton visage est triste et ton front amaigri!
> Sublime Michel-Ange, ô vieux tailleur de pierre,
> Nulle larme jamais n'a baigné ta paupière,
> Comme Dante, on dirait que tu n'as jamais ri.

Ce sonnet appartient à *Il Pianto* (première édition en volume, 1833), recueil dans lequel Baudelaire déclarera (*Pl*, II, p. 144) avoir trouvé « des accents sublimes ».

III. PORTRAITS

a. 1845 et 1868 : ici et plus bas : Coignet

1. Le *Portrait de Mme L[utteroth]*. Cogniet avait dirigé les classes de dessin de Louis-le-Grand (*CPl*, I, 713).

Page 37.

   a. Chrysade [*sic*] *1845 et CE*

   1. Pour l'emploi de cet adjectif imprimé en italique voir *Pl*, I,
p. 551, n. 3.

   2. Mlle Gautier avait envoyé au Salon de 1844 le portrait d'une
dame et celui d'une demoiselle (non dénommées). Elle exposait en
1845 le portrait d'une autre demoiselle.

   3. Jean-Hilaire Belloc (1785-1866), élève de Regnault et de
Gros, expose depuis 1810. Il a envoyé en 1845 le *Portrait équestre de
feu le lieutenant général baron Hervert d'Avallon*, le *Portrait de
M. André Koundouriotis* et le portrait de Michelet. Ce dernier est
maintenant à la Bibliothèque historique de la Ville de Paris. Thoré
juge qu'il est manqué : « M. Michelet a simplement l'air d'un honnête homme un peu blafard » (Ferran, 239).

   4. L'incertitude contenue dans « à ce que nous croyons » est
difficile à interpréter. Comme il est de fait qu'Eugénie Gautier avait
été l'élève de Belloc, porte-t-elle sur l'adjectif « remarquable »?

   5. Voir, p. 68 l'article que Baudelaire publie en janvier 1846.

Page 38.

   1. Ernest Dupont, né en 1825, élève de Delaroche, expose pour
la première fois en 1845 : un *Portrait d'homme* et le *Portrait de
Mlle Cécile S...* que Baudelaire a remarqué (Ferran, 240). Il ne sera
plus mentionné.

   2. Haffner n'a commencé à exposer qu'en 1844. Sur lui voir dans
le tome I des *Œuvres complètes* en Pléiade, le Répertoire du *Carnet*.

Page 39.

   1. Thoré est lui aussi très élogieux : « Un talent plein d'avenir
c'est celui de M. Haffner qui a réussi dans deux genres bien différents, le paysage et le portrait. Qui croirait que le peintre de ces
Marais des Landes, où les taureaux enfoncent jusqu'au poitrail, est
l'auteur d'un excellent portrait de femme, en buste, à demi couchée
sur un divan? Elle a de beaux cheveux noirs, une tête énergique et
une physionomie pleine de passions » (cité par Ferran, p. 240).

   2. Pérignon était le portraitiste à la mode (*L'Illustration*, 31 mai
1845; cité par Ferran, p. 241). Les critiques le jugent en décadence.

   3. Un musée de figures de cire, comparable au musée Grévin.

   4. Ferran (p. 242) suggère que Baudelaire pense au *Portrait de
Mme...* exposé en 1841. Pour Jonathan Mayne il s'agirait du portrait de Mme Oudiné exposé au Salon de 1840 et reproduit, en face
de la page 166, dans l'ouvrage de Louis Flandrin : *Hippolyte Flandrin, sa vie et son œuvre* (1902).

   5. Louis-Adolphe Chaix d'Est-Ange (1800-1876), avocat célèbre
sous la Restauration et la monarchie de Juillet; rallié à l'Empire
malgré ses opinions libérales. En novembre 1857, il sera nommé

procureur général près la Cour de Paris. Au mois d'août précédent Baudelaire avait eu pour avocat le fils de celui-ci.

Page 40.

1. Le portrait de la princesse Belgiojoso par Henri Lehmann avait été exposé au Salon de 1844 où il fut fort remarqué. La princesse a joué un rôle dans l'émigration italienne à Paris. Elle fut la maîtresse d'Alfred de Musset à qui elle inspira les strophes vengeresses d'*À une morte*.

2. Charles-Jean Richardot a peu exposé. Il débuta au Salon de 1844 et exposa en 1845 un *Portrait en pied de Mlle ...* et un *Portrait en pied de Mme ...*. Ferran (p. 243) indique que la critique fit le silence sur ces envois.

3. Que Baudelaire pouvait voir au Louvre dans le musée Espagnol et dans la collection Standish (voir p. 12).

4. Dans le rôle de Rosine. Mlle Garrique avait appartenu à la Comédie-Française.

5. Baudelaire pense au parti que les caricaturistes ont tiré de cette tête (voir p. 209-210).

Page 41.

1. Augustine Brohan, sociétaire de la Comédie-Française; elle jouait avec brio les soubrettes de Molière.

2. Hippolyte Ravergie (né à Paris en 1815), élève d'Ingres et de Paul Delaroche, avait exposé en 1844 le *Portrait de Mme Guyon*, actrice qui s'illustra à la Comédie-Française et surtout à l'Ambigu et à la Porte-Saint-Martin. Il n'expose pas en 1845. Baudelaire ne le mentionnera plus.

3. A. Ferran (p. 244) cite *L'Illustration* du 31 mai 1845 : ces portraits sont dans la carrière de Diaz une diversion à ses tableaux d'Orient, à ses « décamérons », à ses « allégories ». Thoré est fort élogieux : il les trouve « d'une distinction charmante ».

IV. TABLEAUX DE GENRE

a. du père Philippe, 1845

Page 42.

a. théâtre de boulevard *1845*

1. Camille Roqueplan, à qui une autre allusion est faite p. 44.

2. Clément Boulanger (Paris, 1805; Magnésie, Asie Mineure, 1842), à ne pas confondre avec Louis Boulanger, le peintre de Victor Hugo.

3. Eugène Isabey (Paris, 1803; Paris, 1886) exposait aussi le *Départ de la reine d'Angleterre le 7 septembre 1843, huit heures du matin*, un grand tableau commandé par le roi Louis-Philippe; il a été exposé en 1968 (n° 148). Le silence de Baudelaire est révélateur. Thoré écrit : « C'est l'*Alchimiste* de M. Isabey qui fera oublier,

Dieu merci, la marine intitulée : *Départ de la reine d'Angleterre.* » *Un intérieur d'alchimiste* fut acquis par Louis-Philippe et par lui donné au duc de Montpensier; on en ignore actuellement la localisation (*BSHAF*, 1969, p. 112-113).

4. Jacques-Joseph Lécurieux, né à Dijon en 1800, élève de Devosge et de Guillon Lethière, obtint en 1844 une médaille de troisième classe. Baudelaire ne le mentionne plus, bien que Lécurieux continue à exposer, notamment en 1859.

5. Salomon de Caus est le premier à avoir prévu l'utilisation de la vapeur. Le livret reproduit une lettre de Marion Delorme dans laquelle est rapporté l'emprisonnement du savant à l'asile des fous de Bicêtre.

Page 43.

1. Mme Pensotti, née Céleste Martin, élève de Decaisne, expose depuis 1837 et semble spécialisée dans le portrait depuis 1840. En 1845 elle expose, outre le tableau loué par Baudelaire, le *Portrait de Mme P. C...* (Ferran, 247). Sans la citer Baudelaire, dans le *Salon de 1846*, fait une allusion à un de ses tableaux dont le titre l'irrite (p. 136 et n. 3)

2. En 1844 Tassaert avait exposé *Le Doute et la Foi* et *L'Ange déchu.* Voir l'éloge que Baudelaire fait de ce peintre dans le *Salon de 1846* (p. 103).

Page 44.

a. LEPOITEVIN *1845 et* CE

b. MULLER *1845 et* CE. *Sans Umlaut non plus dans les répertoires biographiques non dans le livret du Salon. Mais l'Umlaut est bien visible dans le fac-similé de la signature que donne Bénézit.*

c. DUVAL LECAMUS *1845 et* CE, *ici et au-dessous.*

1. Henri Berthoud, élève de Henri Scheffer, Corot et Le Poitevin, exposait en 1845 une *Nature morte dans une cave.* Eugène Le Poittevin (1806-1870) avait présenté, cette année-là, des sujets tout aussi anecdotiques comme un *Déjeuner au mont d'Orléans dans la forêt d'Eu* (musée du palais de Versailles; reproduction, *BSHAF*, 1969, p. 114) et *Backhuysen se faisant raconter des faits de piraterie par les pêcheurs de Schweningen.*

2. Voici la légende qui provoque l'ironie de Baudelaire. Ces vers sont extraits d'un poème d'Augustin Challamel, *Le Dernier Blanc,* qui donne son titre à la peinture de Guillemin :

> *L'enfant ne pleurait pas, sa douleur était sourde :*
> *Seulement il baissait sa tête ardente et lourde*
> *Sans comprendre son sort.*
> *Assis auprès du corps du dernier blanc, son père,*
> *Il entendait deux voix, l'une disait : le père* [sic]
> *Et l'autre, il est bien mort.*

À l'avant-dernier vers, lire « espère » au lieu de « le père », coquille du livret.

3. Le livret accompagne les mentions du *Sylphe endormi* et du *Lutin Puck* de citations de Hugo et de Shakespeare.

4. Boileau, *Œuvres complètes*, Bibl. de la Pléiade, *Art poétique*, chant I, v. 75-76, p. 158-159.

5. Camille Roqueplan avait exposé en 1833 un *Épisode de la vie de Jean-Jacques Rousseau* et en 1836 *Jean-Jacques Rousseau cueillant des cerises et les jetant à Mlles Graffenried et Galley*. Le tableau de Duval-Lecamus fils avait pour titre : *Un des jours heureux de Jean-Jacques Rousseau*.

Page 45.

a. de l'an passé. 1845

1. C'est le titre d'une des deux toiles qu'expose Gigoux. Reproduction d'une lithographie d'après ce tableau dans Ferran, entre les pages 178 et 179.

2. *Le Comte de Comminges reconnu par sa maîtresse* avait été exposé au Salon de 1833 et les *Derniers moments de Léonard de Vinci*, au Salon de 1835. Baudelaire a-t-il vu plus tard ces deux tableaux? Gigoux avait illustré de vignettes le *Gil Blas* de Lesage publié chez Paulin en 1835.

3. Baudelaire contamine la forme allemande : Rudolf, et la forme française : Rodolphe.

4. Amable de La Foulhouze, de Clermont-Ferrand (selon le livret), expose en 1845 *Le Parc*. « La critique, note A. Ferran (p. 252), est muette à l'égard de cet artiste qu'ignore le *Dictionnaire des peintres* de Bellier de La Chavignerie et Louis Auvray. » L'indépendance de Baudelaire se montre bien ici.

Page 46.

a. PERESE *1845* : PERESSE *CE. Nous avons adopté la graphie des répertoires biographiques. Au livret du Salon, cependant :* PERÈSE

1. Thoré écrit de *La Châtelaine* que c'est « un tour de force » de représenter une femme « vêtue de blanc sur un cheval blanc, avec des lévriers blancs, le tout en pleine lumière » (cité par Ferran, p. 253).

2. C'est « une jeune Grecque d'Asie Mineure au temps de Périclès » (*L'Illustration*, 26 avril 1845; cité par Ferran, p. 253).

Page 47.

a. d'un aspect fort différent, *1845. La correction est inattendue : il y a* tout *deux lignes plus haut.*

1. Baudelaire fait allusion à *Rêve de bonheur* exposé au Salon de 1843 (actuellement au musée Vivenel de Compiègne).

2. *Memphis*, tableau appartenant alors au duc de Montpensier, est, selon Désiré Laverdant (cité par Exp. 1968, n° 150), une « originale et éclatante fantaisie » qui « respire la chaleur des amours païennes ». *Un assaut* (Versailles, Musée national; exposé

en 1968, n° 150; reproduction) a pour titre exact : *Guillaume de Clermont défendant Ptolémaïs.*

3. En 1844, Guignet avait exposé *Salvator Rosa chez les brigands* et *Une mêlée,* tableau que Gautier avait comparé à *La Défaite des Cimbres* de Decamps. Le tableau qu'il expose en 1845 est intitulé, non *Les Pharaons,* mais *Joseph expliquant les songes du Pharaon* (musée de Rouen; Exp. 1968, n° 145).

4. Voir *Du vin et du hachisch* (*Pl,* I, p. 383). À la note 1 de cette page 383 ajoutons le jugement porté par Champfleury sur l'*Intérieur de cuisine* de Drolling (*L'Artiste,* 1ᵉʳ décembre 1844) : « Essayez d'insinuer que c'est un bête trompe-l'œil, sans art, sans couleur, et tous vos raisonnements tomberont devant cette phrase : Ah! monsieur, comme c'est bien *imité!* »

Page 48.

1. Jean-Alphonse Roehn (1799-1864), élève de Regnault (ami du père de Baudelaire) et de Gros; peintre d'anecdotes. Il expose en 1845 : *La Prière; La Sortie de l'église; La Lecture interrompue; Scènes familières, costumes hollandais du temps de Louis XIII; Le Premier Rendez-vous.* Baudelaire ne le mentionnera plus.

2. Jean-Charles-Joseph Rémond (Paris, 1795; Paris, 1875), élève de Regnault (d'où le rapprochement avec Roehn) et de Berlin, obtint en 1821 le premier grand prix de peinture historique avec son *Enlèvement de Proserpine par Pluton.* En 1845 il expose un *Hippolyte* qui n'émeut pas la critique (Ferran, 256).

3. *Charlotte Corday protégée par les membres de la section contre la fureur du peuple,* tableau exposé en 1831 (musée de Grenoble).

4. Joseph Hornung (Genève, 1792; Genève, 1870) expose en 1845 un petit tableau de genre : *Le plus têtu des trois n'est pas celui qu'on pense,* qui représente un garçon monté sur un âne avec une fille en croupe (*Le Moniteur,* 21 avril 1845, cité par Ferran, p. 257). Baudelaire utilise le titre pour ironiser sur ses trois dernières victimes. Sur Hornung voir un article que *L'Union des arts,* dans sa livraison du 19 mars 1864, reproduit de *La Suisse.*

Page 49.

1. Edmond Geffroy (1804-1895) expose en 1845 *Ariane et Thésée.* Seul Gautier (*La Presse,* 15 avril 1845) semble avoir parlé de l'œuvre.

V. PAYSAGES

Page 50.

a. ce qui est bien *fait* 1845
b. charmes [*pluriel*] 1845

1. Corot a exposé au Salon de 1844 le *Paysage avec figures* qu'il devait reprendre et transformer douze ans plus tard, pour le Salon de 1857, en lui donnant pour titre *Le Concert.* En fait, la femme

joue du violoncelle. Mais c'est le violon qui fait rêver Baudelaire et qui trouve son écho dans *Mæsta et errabunda* (*Pl*, I, p. 64).

2. « Les contemporains se montrèrent sévères pour l'œuvre. Delécluze, Thoré l'accablèrent. On sent que seule l'amitié retint Théophile Gautier de se livrer à la même diatribe. Baudelaire, au contraire, trouva des mots qui devancent le jugement de notre temps » (catalogue de l'*Hommage à Corot*, Orangerie des Tuileries, 1975, n° 71).

3. C'est au *Bélisaire* de David (musée de Lille) que Baudelaire fait allusion. En réalité, indiquent les rédacteurs du catalogue de l'*Hommage à Corot* (voir la note précédente), c'est de l'*Orphée* de Poussin (*Orphée et Eurydice*) que Corot s'inspira.

Page 52.

   a. horizon à qui les *1845*
   b. WICKEMBERG *1845 et CE*

1. Chanson si célèbre qu'on a oublié qu'elle était de Frédéric Bérat.

2. Pierre Wickenberg, né à Malmö en 1812, expose en 1845 un *Effet d'hiver* que la critique n'a guère remarqué (Ferran, p. 262). Baudelaire ne le mentionnera plus : Wickenberg est mort à Pau le 19 décembre 1846.

Page 53.

   a. d'une belle et ferme exécution! *1845*

1. Alexandre Calame (1810-1864) et François Diday (1802-1877), son maître, appartiennent à l'école genevoise. Ils peignent la haute montagne, les avalanches et les orages. Le premier exposait *Un orage* et le second *La Suite d'un orage dans les Alpes*. Baudelaire ne les mentionnera plus.

2. Adrien Dauzats (1804-1868) s'est fait connaître comme peintre de l'Orient. Avec Nodier, le baron Taylor et A. de Cailleux il a collaboré aux *Voyages romantiques et pittoresques de l'ancienne France*, un des plus beaux livres illustrés du début de la monarchie de Juillet. Dauzats avait accompagné le baron Taylor en Égypte en 1830. Il l'accompagnera en Espagne de novembre 1835 à avril 1837 avec mission de réunir une collection d'œuvres espagnoles. C'est cette collection qui sera installée dans le musée Espagnol. Sur cet aspect de l'activité du peintre voir l'ouvrage de Paul Guinard, *Dauzats et Blanchard, peintres de l'Espagne romantique*, Bordeaux, « Bibliothèque de l'École des Hautes Études hispaniques », t. XXX (Paris, P.U.F., 1967). En 1845, il exposait *Le Couvent de Sainte-Catherine au Mont-Sinaï* (musée du Louvre; montré en 1968, n° 129; reproduction), *Les Ruines de Djimiah* (*Algérie, province de Constantine*), *La Rue des degrés à Séville*, la *Cathédrale de Reims*. Baudelaire ne le mentionnera plus.

3. Théodore-Charles Frère (1814-1888), élève de Camille Roqueplan et de Léon Cogniet. En 1845, il expose *Un café de la rue de la Casbah à Alger, Marabout Sidi-Sadé à Alger* et *Vue prise aux environs d'Alger*. Baudelaire ne le mentionnera plus.

4. Émile Loubon (1809-1863), élève de Granet, peintre d'histoire, de genre, de paysages et aquafortiste. Il expose en 1845 : *Ruine d'un temple de Diane au Vernègues, Provence; Berger des Landes; Pâturage en Camargue; Le Petit Musicien* et *Le Parc*.

Page 54.

1. Hippolyte Garnerey (1787-1858) a fait, sous la Restauration et la monarchie de Juillet, de nombreuses lithographies et gravures sur cuivre dont beaucoup étaient des illustrations de livres et d'albums. Il expose en 1845 *Vue de la cathédrale d'Évreux* et *Vue du beffroi de Comines*. A. Ferran (p. 265) note qu'il avait exposé en 1837 des vues de la *Cathédrale de Louviers* et en 1840 une *Baraque près de la cathédrale d'Angers*.

2. A. Ferran note (p. 188) que c'est depuis 1836 que Borget expose des vues indiennes ou chinoises.

3. Ces « galeries de Bois » étaient à l'intérieur du Palais-Royal, à l'emplacement de l'actuelle galerie d'Orléans. Édifiées pendant la Révolution, elles étaient constituées de hangars de planches formant trois rangées de boutiques et deux galeries couvertes : cette installation provisoire dura quarante ans — jusqu'en 1829 — et fut le quartier général de la prostitution. Quand écrit Baudelaire, le boulevard du Temple, lui, subsistait.

4. *De l'Allemagne*, Renduel, 1835, t. II, V^e partie.

Page 55.

1. Théophile-Clément Blanchard (1812-1849) — qu'il ne faut pas confondre avec Pharamond Blanchard (1805-1873), élève de Gros, qui accompagna Dauzats en Espagne (p. 53, n. 2) — avait obtenu en 1841 le second prix de Rome de paysage historique. En 1845 il expose : *Vue prise à Saint-Rambert dans le Bugey, effet du soir; Souvenirs de Normandie* (deux toiles); *Vue prise sur les bords de la Seine; Vue prise sur les bords de la Saône*. Baudelaire ne le mentionne pas en 1846.

2. Émile Lapierre (1818-1886) expose en 1845 deux *Paysages* ainsi que *Daphnis et Chloé*. Baudelaire ne le mentionnera plus.

3. Jacques-Raymond Brascassat (1804-1867), élève de Th. Richard et de Hersent, avait obtenu le second prix de Rome en 1825. Après avoir pratiqué le paysage historique, il se spécialisa dès le Salon de 1831 dans les représentations d'animaux. Il sera élu à l'Académie des beaux-arts en 1846. Il expose en 1846. Il expose en 1845 *Vache attaquée par des loups et défendue par des taureaux*, trois toiles de *Paysages et animaux* dont une, qui appartient au musée du Louvre, a été exposée en 1968 (cat., n° 124) et *Vue des côtes de Naples*. La critique a été généralement favorable, à l'exception de

Thoré et de Gautier. Brascassat n'exposera de nouveau qu'en 1855. Baudelaire ne le mentionnera plus.

4. Lyon fut aussi le bagne scolaire de Baudelaire, de qui l'animosité peut ainsi s'expliquer.

Page 56.

a. 1845 et CE oublient le second tréma.

1. Charles Béranger (1816-1853) expose depuis 1837. Il envoie en 1845 *Un intérieur*, deux *Natures mortes* et *Portrait de M. le baron C...* Baudelaire ne le mentionnera plus.

Page 57.

a. sans aucune préoccupation d'école 1845

1. Arondel, dont le livret donne l'adresse à l'hôtel Pimodan, n'était pas seulement le marchand de curiosités qui avait vendu de faux tableaux à Baudelaire, lequel s'endetta ainsi pour la vie : il doublait ses méfaits en commettant des peintures. Par cet éloge du *Gibier* qu'expose Arondel, éloge assez mitigé pour n'être pas ridicule et de pure complaisance, sans doute Baudelaire se proposait-il d'amadouer ce redoutable créancier (qu'il avait moqué en 1844 dans les *Mystères galants des théâtres de Paris*). Il procédera de même en 1846 (p. 146).

2. Antoine Chazal (1793-1854) expose depuis 1822 des fleurs, des portraits, des animaux; il illustre des flores et des traités médicaux. Le parc de Neuilly est celui du château du roi. Ce tableau avait été commandé à Chazal par la Maison du roi. Il fut « détruit au château de Saint-Cloud pendant l'invasion de 1871 » (G. et J. Lacambre, *BSHAF*, 1969, p. 110). Baudelaire ne mentionnera plus Chazal.

3. Le *Sic* est de Baudelaire.

Page 58.

VI. DESSINS — GRAVURES

a. M. Lehmud *1845* : M. de Lehmud *CE*

1. Baudelaire, à l'hôtel Pimodan, dans un cabinet attenant à sa chambre, possédait « diverses lithographies encadrées en noir, entre autres le *Hoffmann* de Lemud » (notes d'Asselineau; *Baudelaire et Asselineau*, 170). Cette lithographie (d'après un portrait peint en 1839) que *L'Artiste* avait publiée en 1839 est ainsi décrite par Aglaüs Bouvenne qui a dressé le *Catalogue de l'Œuvre lithographié et gravé par A. de Lemud* (Baur, 1881, p. 26) :

« Hoffmann est vu de face, dans un grand fauteuil, le menton dans la main droite fermée, dont le coude est appuyé sur le genou; de la main gauche il tient sa pipe. Il paraît en proie à ses rêveries. À sa gauche, une table chargée de papiers est éclairée par la lumière d'une lampe qu'on ne voit pas. Derrière lui, sa femme (?), les deux mains appuyées sur le dossier de son fauteuil, regarde le papier témoin de ses veilles ; derrière, une fenêtre grande ouverte fait penser que la scène se passe vers la fin d'une soirée d'été. »

A. Bouvenne apprécie comme suit cette lithographie : « c'est vraiment le meilleur portrait d'Hoffmann, le plus personnel, celui qui donne le mieux l'idée de cette étrange organisation » (p. 11-12). Champfleury, dans sa traduction des *Contes posthumes d'Hoffmann* (Michel Lévy, 1856, p. 84-85), ne la juge qu'« assez intéressante » ; il est vrai que l'évocation a moins de prix pour lui que la ressemblance.

Page 59.

1. Louis-Henri de Rudder (1807-1876), élève de Gros et de Charlet, expose depuis 1834. En 1845, deux dessins à la sanguine : *Tête de Christ* et *Le Berger et l'Enfant* (le livret ajoute au titre ce vers d'André Chénier : « Toujours ce souvenir m'attendrit et me touche... »). Baudelaire ne le mentionnera plus. Voir *Le Musée du Luxembourg en 1874,* n° 211.

2. Laurent-Charles Maréchal, né à Metz en 1801, mort en 1887, élève de Regnault. En 1845 il expose *Hérodiade,* peinture sur verre, *Figurine d'une des verrières de l'église de Saint-Vinvent-de-Paul,* dessin, et *La Grappe, scène calabraise,* pastel. Baudelaire ne le mentionnera plus.

3. L'École de Metz, formée des peintres (Lemud, Penguilly-l'Haridon, Eugène Tourneux) qui composaient la « Société des Amis des Arts » de cette ville, fondée en 1834, avait de grandes ambitions, mais excellait surtout dans le rendu et le soin apporté aux détails. L'attention avait été attirée sur ce groupe par un article d'Albert de La Fizelière dans *L'Artiste* du 27 novembre 1842. Voir A. Eiselé, *Metz et son école de peintres, 1825-1870* (Metz, 1959), qui montre qu'à l'époque de nombreuses personnalités, comme Sainte-Beuve et Charles Blanc, s'intéressèrent aux artistes groupés autour de Maréchal.

4. Eugène Tourneux (1809-1867), peintre et poète, élève de Maréchal, expose en 1845 quatre pastels : *Le Départ des rois mages, Les Harmonies de l'automne, Rosina, étude de femme,* et *Un bourgmestre.* Baudelaire ne le mentionnera plus.

5. Victor Pollet (1811-1882), élève, notamment, de Paul Delaroche, expose en 1845 quatre aquarelles : les *Portraits de M. R...* et de *M. G...,* une *Vénus d'après le Titien* et *L'Amour sacré et l'amour profane,* d'après Titien également. Baudelaire ne le mentionnera plus.

6. Pierre-Adrien Chabal-Dussurgey, né en 1815, appartient à l'École de Lyon. Il expose en 1845 deux gouaches : des *Fleurs* (c'est sa spécialité). Baudelaire ne le mentionnera plus.

Page 60.

1. Alphone-Charles Masson (1814-1898), élève de Decamps et d'Ingres, expose en 1845 cinq portraits au pastel de personnes dont les noms sont réduits aux initiales. Baudelaire ne le mentionnera plus.

2. Antonin Moine, élève de Girodet et de Gros, est surtout connu comme sculpteur de l'époque romantique. Depuis le Salon de 1843 il expose aussi des pastels; en 1845 : *Fantaisie* et *Portrait de Mme A. M...* Né en 1796, il se donnera la mort en 1849. Baudelaire ne le mentionne pas dans le *Salon de 1846.*

3. Il s'agit de l'élève de Paul Delaroche, Pierre-*Vincent* Vidal, né à Carcassonne en 1811, à qui les livrets des Salons de 1841 et de 1845 ont attribué le prénom de *Victor*, à la suite d'une erreur d'enregistrement, commise en 1841, lors du premier envoi d'une planche de deux pastels. A. Ferran et David Kelley (édition critique du *Salon de 1846,* p. 215) ont relevé cette confusion qu'avaient d'ailleurs signalée Thieme et Becker en 1940 (Archives du Louvre. Enregistrement des notices et des ouvrages). Baudelaire s'élèvera de nouveau contre « le préjugé Vidal » dans le *Salon de 1846* (p. 122). Gautier, dans *La Presse* du 16 avril 1845, loue les dessins de Vidal, de « vraies merveilles de suavité, de coquetterie et de finesse qui rappellent Watteau et Chardin ». Même éloge sous la plume de Thoré, qui lui aussi prend Watteau, avec Boucher et Fragonard, comme terme de référence. Le « critique » que blâme Baudelaire est-il donc Gautier ou Thoré? Plutôt le premier si l'on se rapporte à la page 25, n. 1.

4. Cf. p. 50, lignes 9-11.

5. Sur Jules David, voir p. 25, n. 2.

Page 62.

VII. SCULPTURES

a. que nous avons approché la   *1845. En 1868 le pluriel du participe n'est guère justifiable.*

1. Lorenzo Bartolini, né à Vernio (Toscane) en 1777, mort à Florence en 1850, avait été l'élève de Canova. De *La Nymphe au scorpion* a été exposée en 1968 (n° 122 *bis*) une étude en plâtre pour le marbre, laquelle est au palais Pitti de Florence (reproduction dans Castex, p. 97). Baudelaire ne mentionnera plus Bartolini dans ses œuvres. Ingres a peint le portrait de Bartolini (voir *CPl*, II, 450).

2. Baudelaire est le seul critique — indique A. Ferran (p. 278) — à décerner à l'œuvre de Bartolini un éloge sans restriction. On peut se demander s'il ne se trompe pas.

3. Néologisme dépréciatif, emprunté à Diderot, comme l'a, le premier, signalé J. Crépet : « En sculpture, point de milieu, sublime ou plat; ou, comme disait au Salon un homme du peuple, tout ce qui n'est pas de la sculpture est de la *sculpterie* » (*Salon de 1767*).

4. Par cette formule où la modestie s'allie à l'orgueil et à la complicité, Baudelaire désigne certainement Delacroix, dont il a avec véhémence affirmé le génie au début de ce même *Salon*. Dans les bureaux du *Corsaire-Satan* Baudelaire aimait à se prévaloir de ses relations avec le peintre (voir *Bdsc*, 83).

Page 63.

1. *L'Enfant à la grappe* (musée du Louvre depuis 1896) a été reproduit par *L'Illustration* du 10 mai 1845 en une gravure sur bois (ellemême reproduite par A. Ferran, en face de la page 196) et a été exposé en 1968 (n° 130). Photographie dans J. Mayne, pl. 7. « Au cours d'une promenade, Robert, le jeune fils du sculpteur, voulut cueillir une grappe de raisin; tout occupé à son plaisir, l'enfant allait être piqué au talon par une vipère si le père, bouleversé, n'était intervenu. Aussitôt l'artiste se mit au travail, et sculpta cette statue, symbole, pour lui, de l'avenir menaçant que l'enfance ignore » (notice du catalogue Exp. 1968). Elle inspira à Sainte-Beuve une poésie dont les mètres sont empruntés aux poètes de la Pléiade : *À David, statuaire. Sur une statue d'enfant*, et qui prendra place dans les *Pensées d'Août*.

2. François-Joseph, baron Bosio, membre de l'Institut depuis 1816, expose depuis 1810. Il exécuta les bas-reliefs de la colonne Vendôme et le quadrige en bronze de l'arc de triomphe du Carrousel. En 1845, il expose un marbre : *Jeune Indienne ajustant à l'une de ses jambes une bandelette ornée de coquillages*, qui est maintenant au musée Calvet d'Avignon. L'œuvre a été exposée en 1968 (n° 123; reproduction). Bosio, né en 1768, mourra le 28 juillet 1845. Baudelaire ne le mentionnera plus.

3. *Hyacinthe* ou plutôt *La Nymphe Salmacis*, qui eut un grand succès au Salon de 1837.

Page 64.

a. les draperies de sculpteurs 1845

1. Une *Phryné*. L'original a été brisé au cours d'un transport. On a exposé en 1968 (n° 151) un plâtre qui appartient au musée des Beaux-Arts de Troyes. Une réplique en marbre existe à Grenoble. De la statue exposée en 1845 *L'Illustration* du 10 mai a donné une gravure sur bois (reproduite dans Ferran en face de la page 197).

2. Feuchère expose en 1845 un marbre : *Jeanne d'Arc sur le bûcher* (Hôtel de Ville de Rouen; G. et J. Lacambre, *BSHAF*, 1969, p. 115). Baudelaire connaissait cet artiste à l'époque où il écrivait le *Salon de 1845*. Il avait à l'hôtel Pimodan sur une cheminée une terre cuite de Feuchère représentant un groupe de deux femmes nues : *La Nymphe Callisto dans les bras de Zeus qui a emprunté la figure d'Artémis*, sculpture dédiée à Baudelaire (Banville, « Mes amis, I, Charles Baudelaire », *La Renaissance*, 27 avril 1872) : elle n'a pas été retrouvée, mais on notera le caractère possiblement lesbien de ce groupe. Gautier, dans la notice qui sert de préface aux *Fleurs du mal* dans l'édition Michel Lévy (1868, p. 7-8), mentionne Feuchère parmi les personnes qu'il rencontrait à Pimodan chez Boissard (voir p. 26). On comprend ainsi que Baudelaire puisse faire allusion au plâtre de la *Jeanne d'Arc* : il l'avait vu dans l'atelier

du sculpteur. En 1846 (p. 148), il l'attaquera, lui reprochant d'avoir commercialisé son talent. Cela ne nuisit pas à leurs relations : voir le billet du 14 février 1851 à Champfleury (*CPl*, I, 169). Plus tard Baudelaire voudra utiliser une aventure survenue à Feuchère pour en faire le sujet soit d'un poème en prose, soit d'une nouvelle (*Pl*, I, p. 369, 589 et 590).

3. Louis-Joseph Daumas (1810-1867), élève de David d'Angers, expose en 1845 un *Génie de la navigation*, plâtre pour un hommage rendu « à la mémoire des grands marins »; « le bronze ne fut livré au ministère de l'Intérieur qu'en 1846 [...] et était destiné à la Place carrée du port de Toulon » (*BSHAF*, 1969, p. 115).

4. Antoine Étex (1808-1888), sculpteur et peintre (voir p. 36). Il avait été l'élève de Dupaty, de Pradier, d'Ingres et de Duban et avait obtenu en 1829 le second prix de Rome. Outre *Héro et Léandre* (groupe qui en 1957 se trouvait en Angleterre; G. et J. Lacambre, *BSHAF*, 1969, p. 115), il expose en 1845 les bustes du général Pajol (que connaissait Aupick) et du vicomte d'Ablancourt. La critique fut plutôt rigoureuse (Ferran, 282). Étex était des relations de Delacroix. Baudelaire ne le mentionnera plus.

Page 65.

   a. d'Héro et de Léandre *1845*
   b. DEBAY *1845 et* CE, *ici et plus bas.*

1. Joseph Garraud, élève de l'École de Dijon, où il est né en 1807, et de Rude, expose en 1845 *La Première Famille sur la terre* Jardin du Luxembourg) que Thoré commente ainsi : « L'homme, la femme et l'enfant, Adam, Ève et Abel sont unis en faisceau, Abel reposant sur les genoux de sa mère qui enlace Adam de ses bras comme le lierre avec sa fleur accroché au chêne. Le jeune Caïn, un peu isolé du groupe, en complète la symétrie. Les types pourraient être plus élégamment choisis; mais il y a de bons morceaux d'exécution. M. Garraud est de force à tailler en marbre ou en pierre des compositions monumentales » (cité par Ferran, p. 283). C'est en 1841 que Garraud avait exposé *Bacchante faisant l'éducation d'un jeune satyre*; Baudelaire avait-il pu voir ce groupe en plâtre avant de s'embarquer à destination de Calcutta? Il ne mentionnera plus Garraud.

2. Auguste-Hyacinthe De Bay (Nantes, 1804; Paris, 1865), élève de son père et de Gros, avait obtenu en 1823 un second prix de Rome de peinture. Il se tourna ensuite vers la sculpture. *Le Berceau primitif* avait été exécuté en marbre pour le palais du prince Demidoff à Florence; il est maintenant conservé au musée des Beaux-Arts de Bruxelles. On a exposé en 1968 (n° 131; reproduction) un plâtre du musée d'Angers, modèle du marbre; reproduction dans Castex, p. 99. Baudelaire ne mentionnera plus De Bay.

3. Le livret accompagne le titre du plâtre d'extraits traduits de la troisième *Élégie* de Catulle (*Sur la mort du passereau de Lesbie*).

Page 66.

1. Pierre-Charles Simart (1806-1857), élève de Dupaty, de Pradier et d'Ingres, avait obtenu en 1833 le premier grand prix de sculpture. En 1852, il succédera à Pradier à l'Académie des beaux-arts. En 1845, il exposait une *Vierge*, groupe en marbre pour la cathédrale de Troyes (où il est conservé) et *La Poésie épique*, statue en marbre pour la bibliothèque de la Chambre des pairs (conservée dans la bibliothèque du Sénat). Baudelaire ne le mentionnera plus.

2. Gédéon-Adolphe-Casimir de Forceville-Duvette (Saint-Malvis (Somme), 1799; Amiens, 1886) envoie d'Amiens au Salon de 1845 le buste de l'astronome Delambre (actuellement à la bibliothèque municipale d'Amiens; exposé en 1968, n° 142) et une *Vénus céleste* : c'est cette statue que Baudelaire juge trop étroitement imitée de *Polymnie*, statue antique du Louvre.

3. Aimé Millet (1819-1891), élève de son père Frédéric Millet (portraitiste; sans relation de parenté évidente avec Jean-François Millet), de David d'Angers et de Viollet-le-Duc, expose une *Bacchante*, plâtre. A. Ferran (p. 285) explique le reproche adressé par Baudelaire à Millet en citant le groupe de Pradier, *Un satyre et une bacchante*, qui eut un grand succès au Salon de 1834.

4. Dantan jeune (Jean-Pierre); voir le Répertoire des artistes.

Page 67.

1. Hubert-Noël Camagni (1804-1849), élève de l'École de Dijon, sa ville natale. Voici la citation dont le livret accompagne le titre du buste en marbre : « Belle Cordelia, toi qui n'en es que plus riche parce que tu es devenue pauvre, plus précieuse parce qu'on t'a délaissée, plus aimée parce qu'on te méprise, je m'empare de toi et de tes vertus; que le droit ne m'en soit pas refusé, je prends ce qu'on rejette » (*Le Roi Lear*, traduction de Guizot). Baudelaire ne le mentionnera plus.

2. Cette page est étonnante. Baudelaire a vingt-quatre ans tout juste quand il l'écrit, et c'est son premier *Salon*. Il en reprendra et en développera le thème en 1846. Mais qu'il l'ait écrite alors et qu'elle n'ait pas été remarquée — voilà qui confirme ce que nous savons de la nouveauté vraie. Le premier écrit de Baudelaire se termine sur le mot qui ferme *Le Voyage* : *du neuf!* du *nouveau!*

Page 68.

LE MUSÉE CLASSIQUE
DU BAZAR BONNE-NOUVELLE

Le Corsaire-Satan, 21 janvier 1846, en feuilleton, signé : Baudelaire-Dufays *(1846)*.

Curiosités esthétiques, Michel Lévy frères, 1868 *(CE)*.

Texte retenu : celui de 1868, qui ne diffère qu'insensiblement de celui de 1846.

Dans le plan de ses œuvres complètes établi pour Julien Lemer au début de février 1865 (*CPl*, II, 444) Baudelaire manifeste le désir de recueillir cet article sous la forme suivante : « David au Bazar Bonne-Nouvelle ». La liste établie pour Hippolyte Garnier (*CPl*, II, 591) ne mentionne pas ces pages, mais elle est plus sommaire.

Le Bazar Bonne-Nouvelle était situé sur le boulevard du même nom, près de la porte Saint-Denis. Il accueillait — comme le font de nos jours les grands magasins — des expositions commerciales ou des expositions artistiques. Les artistes dont les œuvres avaient été refusées par le jury du Salon y exposaient, défendus par Albert de La Fizelière dans un *Bulletin de l'ami des arts*, publié par le libraire Techener, auquel Baudelaire voulut collaborer en 1843 (voir *CPl*, I, 102). Le 11 janvier 1846 s'ouvrit au Bazar une exposition organisée au profit de la Caisse de secours et pensions de la Société des artistes peintres, sculpteurs, graveurs, architectes et dessinateurs, fondée par le baron Taylor; elle resta ouverte jusqu'en avril. Soixante et onze tableaux furent exposés, dont onze peintures de David et treize de M. Ingres. Baudelaire — remarque Arlette Calvet-Sérullaz (*BSHAF*, 1969, p. 123) — n'en cite que dix-huit, mais chacun d'eux fait l'objet de remarques pertinentes où apparaît l'indépendance de son jugement.

Baudelaire utilise ici des éléments de l'étude annoncée au second plat de la couverture du *Salon de 1845* : *David, Guérin et Girodet*.

a. David et d'onze d'Ingres. *1846*

1. Le jugement de Baudelaire sur André Chénier va changer; voir *Pl*, II, p. 239.

2. Mot ancien (mendiant à l'apparence malingre) repris par Victor Hugo dans *Notre-Dame de Paris* (I, 2) où il est probable que Baudelaire l'aura trouvé.

Page 69.

a. La ponctuation de 1846 paraît ici préférable : Miracles! — Nous

1. Néologisme à l'époque.

2. Nom argotique donné autrefois à des mendiants qui contrefaisaient les épileptiques.

3. Voir la définition du romantisme donnée dans le *Salon de 1846* (p. 81).

4. *Marat* fait partie des collections des musées royaux des Beaux-Arts de Bruxelles (exposé en 1968, nº 157). *La Mort de Socrate* est au Metropolitan Museum de New York (exposé en 1968, nº 156). *Bonaparte au mont Saint-Bernard* appartient au musée de la Malmaison. Une réplique appartenant au musée de l'Armée, Paris, a été exposée en 1968 (nº 155). *Télémaque et Eucharis* est à Paris dans une collection particulière.

Page 70.

a. il y a de quoi *1846*

b. pour pendant la Convention *[sic]* la Mort de Lepelletier-Saint-Fargeau *[romains, ainsi que les autres titres de tableaux] 1846 :* pour pendant à la Convention, *la Mort de Lepelletier-Saint-Fargeau CE*

1. Baudelaire est assez bien informé. Par qui ? J. Crépet, utilisant l'ouvrage de J.-L. David, petit-fils du peintre : *Louis David, souvenirs et documents inédits* (Victor Havard, 1880), rapporte que ce tableau rendu à son auteur en 1795 fut acheté 100 000 francs à la succession de David par la fille de Le Peletier qui en fit enlever les attributs, notamment l'épée dont la lame portait le nom de Pâris (garde du corps qui assassina le conventionnel, la veille de l'exécution du roi) et qui traversait un papier où on lisait ces mots : *Je vote la mort du tyran.* L'épée ne menaçait pas la tête ; elle était dirigée contre le flanc de la victime, ouvert par une blessure (J. Mayne). La toile n'a pas été retrouvée. (A-t-elle été détruite ?) Elle n'est connue que par un dessin d'Anatole Devosge (musée de Dijon), fait d'après l'original, et par une estampe déchirée (Bibliothèque nationale), elle-même exécutée en 1793 par Tardieu d'après le dessin précédent. Les descendants de Le Peletier auraient fait systématiquement anéantir toutes les reproductions en gravure.

On remarquera que l'éloge, direct ou indirect, des deux révolutionnaires paraît le jour anniversaire de la mort de Louis XVI.

2 Musée du Louvre.

3. David, *Hélène et Pâris,* musée du Louvre.

Page 71.

a. c'est une belle imagination. *1846*

1. La *Mort de Priam* est au musée Turpin de Crissé, à Angers ; elle a été exposée en 1968 (n° 165) ; reproduction dans *BSHAF,* 1969, en face de la page 124. *Phèdre accusant Hippolyte devant Thésée* (1802) est au musée du Louvre.

2. *Énéide,* II, v. 506 sq.

3. La toile, peinte à Rome en 1792, se trouve encore à la Faculté de médecine. Elle a été exposée en 1968 (n° 161) ; reproduction dans Castex, p. 103. *Artaxerce* est la forme classique d'*Artaxerxès.*

4. Robert-Fleury a été l'élève de Girodet.

5. Le *Sommeil d'Endymion* (Salon de 1792) et *Les Funérailles d'Atala* (1808) sont au Louvre. De la première toile on trouve un écho dans *La Lune offensée* (*Pl,* I, p. 142). Girodet a traduit Anacréon au sens propre et au sens figuré. En 1825 fut publié à Paris chez Chaillou-Potrelle : *Anacréon. Recueil de compositions, dessinées par Girodet et gravées par M. Chatillon, son élève, avec la traduction des odes de ce poète faite également par Girodet.*

6. On remarquera que Géricault est placé par Baudelaire au second rang. Est-ce son admiration pour Delacroix qui l'empêche de voir l'importance de l'œuvre de Géricault ?

7. Elle n'a pas été retrouvée. De Gros figuraient également

au Bazar Bonne-Nouvelle le *Portrait de M. A. de La Rivalière*
(Louvre), peint en 1816, et une esquisse (The Detroit Institute of
Arts) de la *Bataille d'Aboukir*, tableau exposé au Salon de 1806 et
conservé au musée du palais de Versailles : portrait et esquisse ont
été exposés en 1968 (n°s 163 et 164); le catalogue observe qu'il est
curieux que Baudelaire ne leur accorde aucune mention.

Page 72.

a. individus! Seulement *1846*

1. Paris, collection particulière (*BSHAF*, 1969, p. 124). D'après
J. Mayne il s'agit d'une étude, le tableau se trouvant à Londres
dans la Wallace Collection.

2. On peut comprendre l'allusion en se reportant au *Salon de
1845* (p. 41).

3. Une gravure sur bois publiée dans *L'Illustration* du 14 février
1846 montre la présentation des œuvres d'Ingres dans une salle
particulière (gravure reproduite par J. Mayne, *Art in Paris*, pl. II;
photographie exposée en 1968, n° 166). On reconnaît le portrait de
Bertin l'aîné, *Œdipe et le Sphinx*, le portrait de Molé, la *Grande Odalisque, Le Dauphin entrant dans Paris* et le portrait de la comtesse
d'Haussonville.

4. *Stratonice, ou la Maladie d'Antiochus*, est au musée Condé de
Chantilly. La *Grande Odalisque*, au Louvre. La *Petite Odalisque*, c'est-
à-dire l'*Odalisque à l'esclave*, au Fogg Art Museum de l'Université
Harvard. Les deux *Odalisques* se retrouveront en 1855 à l'Exposition universelle. Un collaborateur de *L'Artiste* (1855, t. II, p. 57)
déclarera en rejoignant l'opinion de Baudelaire que la *Grande*
« était une Italienne déguisée » et la *Petite*, « une véritable
Sultane » (cité par Jean Alazard, *L'Orient et la peinture française au
XIXe siècle, d'Eugène Delacroix à Auguste Renoir*, Plon, 1930, p. 90).

5. Respectivement au Louvre, dans une collection particulière de
Paris et à la Frick Collection de New York.

6. Ingres exposait aussi *Francesca da Rimini et Paolo Malatesta*
(1819), montré en 1968 (n° 169) : le catalogue y voit la justification
de cette protestation de Baudelaire.

Page 73.

1. *Judas et Thamar*, Londres, Wallace Collection. Reproduction
dans l'article d'Arlette Calvet-Sérullaz, *BSHAF*, 1969, pl. 4.

2. Voir, dans *Les Fleurs du mal*, « *J'aime le souvenir de ces époques
nues,...* » (*Pl*, I, p. II) dont la composition est à peu près contemporaine de cette page.

3. Baudelaire parle d'expérience. On pensera à l'anatomie de
Jeanne telle que la montrent les dessins faits par son amant. Mais il
parle probablement ici de la *Grande Odalisque*, alors qu'à lire la
mention de la page précédente, relative à la *Petite Odalisque*, on
aurait pu penser que celle-ci était plutôt de nature à appeler la
comparaison.

4. *Richelieu remontant le Rhône, traînant derrière sa barque Cinq-Mars et de Thou* et *Le Cardinal de Mazarin mourant* sont à la Wallace Collection; reproductions dans l'article d'Arlette Calvet-Sérullaz, *BSHAF*, 1969, pl. 1 et 2. L'*Assassinat du duc de Guise* est aussi à la Wallace Collection. On peut penser que Baudelaire est indulgent.

5. *Le Tintoret peignant sa fille morte*, Bordeaux, musée des Beaux-Arts. Reproduit dans J. Mayne, *Art in Paris*, pl. 13, et dans cat. Exp. 1968, p. 35 (n° 154).

Page 74.

    a. mainte [*singulier*] fois   *1846*
    b. de la sphère,   *1846*

1. Cogniet et Delacroix avaient été élèves de Guérin. L'absence de Delacroix, imputée à Cogniet, est sans doute la raison qui explique la mention ironique du *Tintoret* (suggestion du catalogue de 1968, p. 34).

2. Dubufe père, sans doute; voir p. 37.

3. Optimisme qui s'exprimait déjà dans le *Salon de 1845* et qui s'exprimera encore mieux dans la dédicace aux bourgeois du *Salon de 1846*.

Page 75.

SALON DE 1846

Baudelaire Dufaÿs, *Salon de 1846*, Michel Lévy frères, libraires éditeurs des œuvres d'Alexandre Dumas, format in-18 anglais, rue Vivienne, 1. 1846. Un cartouche reproduit les titres des chapitres (*1846*).

Curiosités esthétiques, Michel Lévy frères, 1868 (*CE*).

Texte retenu : celui de 1868, purgé de quelques coquilles.

La plaquette montre des erreurs plus graves que Baudelaire avait corrigées inégalement sur l'exemplaire de Champfleury, qui appartient au Centre d'études baudelairiennes de l'Université Vanderbilt (*WTB*), sur l'exemplaire de Servais (Bibliothèque de Rouen; voir *CPl*, II, 1034) [*S*] et sur l'exemplaire de Poulet Malassis (*PM*), lequel communiqua les quatre corrections à Ch. Asselineau lorsque celui-ci préparait l'édition de *Curiosités esthétiques* (voir la publication de Jules Marsan, « L'Éditeur des *Fleurs du mal* en Belgique. Lettres inédites d'Auguste Poulet-Malassis à Charles Asselineau », *L'Archer*, Toulouse, septembre-octobre 1936, p. 251-252). Cet exemplaire fait partie de la collection du Grolier Club de New York.

Édition critique et commentée par David Kelley, qui reproduit le texte de 1846 : BAUDELAIRE, *Salon de 1846*, Oxford, At the Clarendon Press, 1975. L'introduction est une remarquable étude sur la pensée de Baudelaire. Une étude de D. J. Kelley avait paru en octobre 1969 dans *Forum for Modern Language Studies* (t. V, nº 4), p. 331-346 : « Deux aspects du *Salon de 1846* de Baudelaire : la dédicace Aux Bourgeois et la Couleur. »

Le second plat de la couverture de la plaquette de 1846 annonce *Les Stalactites* et « *pour paraître prochainement : Les Lesbiennes*, poésies par Baudelaire Dufays » et « *Le Catéchisme de la femme aimée*, par le même »; voir *Pl*, I, p. 792 et 547.

La plaquette, enregistrée à la *Bibliographie de la France* le 23 mai 1846, parut au début du mois. Elle fut saluée de quelques comptes rendus, moins nombreux qu'on ne s'y attendrait. Le Salon s'était ouvert au Louvre le 16 mars 1846 : *La Silhouette* du 22 mars rapporte qu'on a vu Baudelaire lors de l'inauguration. Dès le 15 mars, dans *La Silhouette*, à la rédaction de laquelle il prend une part active, Auguste Vitu rappelle son compte rendu du *Salon de 1845* et annonce le *Salon de 1846* qui, selon lui, paraîtra dès la fin de la semaine suivante : la composition de l'œuvre prit plus de temps que prévu (voir *CPl*, I, 137). Le 7 mai, dans *La Démocratie pacifique*, Ch. Brunier reproche à Baudelaire la « crudité du style » : « Il est des expressions qu'on blâme même chez Diderot »; le reproche dut être doux. Le 30 mai, dans *Le Moniteur de la mode*, Henri Murger met l'œuvre de Baudelaire au niveau de la critique qui a été tuée par les journaux, « la critique qu'on ne retrouve que dans les œuvres de Diderot, d'Hoffmann, de Stendhall *[sic]*, d'Henri Heine » : à croire que c'est Baudelaire même qui lui a soufflé ces noms. Marc Fournier, dans *L'Artiste* du 31 mai 1846, souligne le « sentiment original et altier dans lequel ce petit livre est conçu ». Mais *Le Tintamarre* n'est pas de cet avis; il délègue un pseudonyme, Léonidas Prudhomme, au soin d'éreinter Baudelaire : « L'auteur est probablement un rapin incompris » (numéro du 24 au 30 mai 1846). Du baume, en juin : le 9, P. H. V. dans le *Journal d'Abbeville* fait un compte rendu favorable, et, le 21, *Le Portefeuille*, dirigé par Loys L'Herminier, recommande à ses lecteurs le « charmant ouvrage de M. Baudelaire-Dufays qui, [...], résume les idées générales les plus neuves sur la peinture moderne. Ce livre n'est pas seulement une œuvre de circonstance ni un traité spécial, c'est encore une œuvre essentiellement élégante et littéraire. Quant aux opinions un peu excentriques de l'auteur, ce sera un agrément de plus pour cette classe de lecteurs qui osent tout aborder et sont à la piste de toutes les originalités ». Élégant, L'Herminier, qui n'affiche pas son amitié pour l'auteur (voir le Répertoire du *Carnet*, *Pl*, I, 1567).

L'Écho, Littérature, Beaux-Arts, Théâtres, Musique et Modes — rédacteur en chef : Auguste Vitu — qui en août reproduira *Comment on paie ses dettes quand on a du génie* et en septembre les *Conseils aux jeunes littérateurs*, reproduit dans ses numéros des 19, 20, 21 et 22 juillet le chapitre sur Delacroix du *Salon de 1846* (jusqu'à « … niaiseries de rhétoricien. », p. 91, lignes 3-4), comme pour relancer la plaquette. Le passage y est précédé de ces lignes :

« M. Baudelaire Dufaÿs a publié sous le titre trop modeste de *Salon de 1846*, un livre d'art très remarquable où les plus graves questions d'esthétique sont soulevées avec la sagacité d'un critique exercé, et résolues avec la hardiesse d'un poète. L'obligeance de l'auteur nous autorise à reproduire les lignes suivantes qui sont une biographie presque complète du plus grand des peintres modernes. »

Les numéros des 22 et 23 novembre reproduiront une partie du chapitre XV sur le paysage (depuis le début jusqu'à : « par exemple une savane ou une forêt vierge. » — fin de la page 141). Cet extrait est accompagné de lignes qu'on peut, comme celles du « chapeau » paru en août, attribuer à Vitu :

« Ces lignes charmantes sont extraites du *Salon de 1846*, publié chez Michel Lévy, par M. Baudelaire Dufaÿs et qui a survécu comme livre d'art à son actualité de critique. »

Ce rappel tend à prouver que la plaquette ne s'était pas trop bien vendue.

Baudelaire, malgré le *Salon de 1845* et quelques articles, n'avait pas alors de nom. Mais le rédacteur de *L'Écho* avait bien raison de trouver « trop modeste » le titre de la plaquette, d'y voir un livre d'esthétique, un « livre de haute esthétique », écrira Charles Asselineau dans la biographie de son ami (*Baudelaire et Asselineau*, 76), en précisant que cette brochure établit la réputation de Baudelaire dans un cercle d'amis (*ibid.*, 79). C'est en effet le *Salon de 1846* qui va faire de Beaudelaire, jusqu'en 1855, le mystérieux auteur de deux *Salons* et de quelques poésies étranges qu'on récite dans les cénacles de la bohème.

Baudelaire ne renia jamais cette œuvre. Il la comprend, au début de février 1865, dans le plan de ses œuvres complètes qu'il adresse à Julien Lemer (*CPl*, II, 444). Des éléments en apparaissent aussi dans la note pour Hippolyte Garnier qu'il envoie à Ancelle le 6 février 1866 (*CPl*, II, 591).

1. Cette dédicace a laissé sceptiques des lecteurs qui craignaient d'être victimes d'une « charge » d'artiste. Il revient à David Kelley d'en avoir explicité les intentions.

En fait, Baudelaire, sans se rattacher expressément à aucune école socialiste, est animé par le vif désir de retrouver l'unité perdue, éclatée en dualité : matière et esprit, liberté et fatalité, — de concilier les contraires en une harmonie et de définir le dessein synthétique de la Nature. Il en arrive à concevoir un univers dont la foi fondamentale serait celle des contrastes complémentaires — « la loi des contrastes — écrit-il dans les *Conseils aux jeunes littérateurs (Pl*, II, p. 19) —, qui gouverne l'ordre moral et l'ordre physique ». L'unité n'est pas située dans une transcendance : elle résulte de la variété inhérente à la vie faite de matière et d'esprit, de liberté et de fatalité, d'individualité et de collectivité, de bourgeois et d'artistes, opposés les uns aux autres, nécessaires pourtant les uns aux autres.

Opposition, aussi, et toutefois accord requis de la ligne et de la couleur. Car c'est l'« analyse » qui « a dédoublé la nature en couleur et ligne » (p. 114). La nature, elle, ne connaît pas cette distinction; pour elle, « couleur et forme sont un ». Ce qui n'empêche d'ailleurs pas Baudelaire de privilégier la couleur. La ligne lui apparaît comme une abstraction qui veut « choisir, arranger, corriger, deviner, gourmander la nature »; celle-ci, en revanche, retrouve sa vie et son unité grâce au jeu de la lumière et de la couleur. Et c'est en des termes qui peuvent s'appliquer aux relations entre l'individu et la société que Baudelaire décrit un « bel espace de nature » : « À mesure que l'astre du jour se dérange, les tons changent de valeur, mais, respectant toujours leurs sympathies et leurs haines naturelles, continuent à vivre en harmonie par des concessions réciproques » (p. 83).

L'artiste dans la société bourgeoise, la ligne dans la couleur sont dans un rapport proportionnel. Préoccupations esthétiques et préoccupations sociales se retrouvent dans une conception de l'harmonie intégrale, placée comme un rêve à l'horizon de l'avenir.

2. Cf. les *Conseils aux jeunes littérateurs* (*Pl*, II, p. 19).

Page 76.

a. CE présente ici un texte fautif : comme les lois et les affaires. *On a adopté le texte de 1846.*

Page 77.

1. Voir p. 12 en n. 2.

1. À QUOI BON LA CRITIQUE ?

Page 78.

1. Sur lui voir p. 219. J. Crépet a repéré la lithographie : c'est le numéro 4 de la série *Leçons et conseils* (*Le Charivari*, 27 novembre 1839), et J. Mayne l'a reproduite (*Art in Paris*, pl. 2).

2. Même conception de la critique littéraire dans les *Conseils aux jeunes littérateurs* (*Pl*, II, p. 16), qui sont contemporains. Au reste, Baudelaire n'entendra jamais autrement la critique.

Page 79.

1. Voir p. 18.
2. Voir p. 150.
3. Dans l'*Histoire de la peinture en Italie*, chap. CLVI, en note : « Si je parlais à des géomètres, j'oserais dire ma pensée telle qu'elle se présente : la peinture n'est que de la morale construite. »

Page 80.

II. QU'EST-CE QUE LE ROMANTISME?

1. Ceux qui ont suivi la chute des *Burgraves* et le triomphe de *Lucrèce* de Ponsard, deux événements de l'année 1843.

2. Archéologue, Raoul Rochette (1789-1854) a été souvent moqué, et sa science a été contestée.

3. Sans doute Baudelaire cite-t-il encore, de mémoire, l'*Histoire de la peinture en Italie*. On lit à la fin du cinquième livre, au chapitre cx, en note : « La beauté est l'expression d'une certaine manière habituelle de chercher le bonheur; les passions sont la manière accidentelle. » Mais *De l'amour*, chap. xvii, contient une semblable formule. Cf. le *Choix de maximes consolantes sur l'amour*, *Pl*, I, p. 548, et le fragment daté du 26 août 1851 (*Pl*, II, p. 37).

Page 81.

a. les situations de l'âme, que *1846*

1. Au fond, tous les éléments de cette définition peuvent provenir d'une analyse de la peinture de Delacroix et aussi d'une conversation avec celui-ci.

2. La distinction entre le Nord (Allemagne, Angleterre) et le Midi (Italie et Espagne) est traditionnelle depuis qu'en 1800 Mme de Staël l'a proposée et imposée dans *De la littérature*. — Sur Baudelaire et le Midi (de la France), voir le *Choix de maximes consolantes sur l'amour* et *La Fanfarlo* (*Pl*, I, p. 547 et 573).

Page 82.

III. DE LA COULEUR

1. À ces considérations, ici plus poussées, Baudelaire avait préludé dans le *Salon de 1845* (p. 15). André Ferran (*L'Esthétique de Baudelaire*, p. 141-142) a indiqué que Beaudelaire s'inspirait sans doute des recherches du grand chimiste Ernest Chevreul (1786-1889), qui avait publié en 1839 chez Pitois-Levrault *De la loi du contraste simultané des couleurs et de l'assortiment des objets colorés considérés d'après cette loi dans ses rapports avec la peinture, les tapisseries...* *L'Artiste* a rendu compte de ces recherches en 1842 sous la signature du Dr E. V. (3ᵉ série, t. I, p. 148 sq.). David Kelley (p. 28 de son Introduction) ajoute une référence : Clerget, *Lettres sur la théorie des couleurs*, dans le *Bulletin de l'ami des arts*, 1844; on sait que Baudelaire voulait collaborer à ce périodique; voir sa lettre à Mme Aupick du 16 novembre 1843 (*CPl*, I, 102). Ainsi, les découvertes de Chevreul avaient atteint le public cultivé.

2. « Terme de physique. Principe de la chaleur, c'est-à-dire propriété de la matière qui, consistant en une modification moléculaire particulière et indéterminée, est communicable par contiguïté et se

fait sentir à distance » (*Littré*). « Lors de la réforme de la nomenclature chimique vers la fin du xviiie siècle, le nom de calorique fut
donné à l'agent insaisissable qu'on supposait être la cause des sensations de froid et de chaud » (*Grand Dictionnaire universel du
xixe siècle* de Pierre Larousse).

Page 83.

a. et presque vineuses, *1846*

Page 84.

a. de ses tons; *1846*

Page 85.

1. Voir p. 106.

Page 86.

1. Ce texte a été repéré par Jean Pommier (*Dans les chemins de Baudelaire*, p. 304); il est extrait du tome XIX des *Contes et fantaisies* de
E. T. A. Hoffmann traduits par Loève-Veimars, Renduel, 1832,
p. 45-46; quelques différences de ponctuation. Ce passage est le
troisième de la série de fragments intitulée *Höchst zerstreute Gedanken*.

Page 87.

IV. EUGÈNE DELACROIX

a. l'horrible teinte des *1846;* on lit aussi teinte dans « *Le
Constitutionnel* » et dans la plaquette de *1822* (voir n. *1*).
b. condamnés à désirer éternellement la rive *Const.* et *T* (voir
n. *1*).

1. M. Thiers fait le Salon de 1822 dans *Le Constitutionnel* d'avril,
mai et juin (neuf articles). Ces articles ont été recueillis, avec des
modifications, en volume, la même année, chez Maradan. L'article
qui a trait à Delacroix parut le 11 mai; il est partiellement reproduit aux pages 56-57 de la brochure.
On relève dans les variantes suivantes les divergences significatives entre le texte du *Constitutionnel* (*Const.*), celui de la brochure
de Thiers (*T*) et les textes de Baudelaire. En 1846, celui-ci reproduit la graphie fautive (et fréquente à l'époque) du *Constitutionnel* :
de Lacroix pour Delacroix. Autres divergences significatives entre
Const. et *T* : voir les var. *a* et *f.* Surtout la var. *i.* C'est donc bien le
texte du *Constitutionnel* que recopie Baudelaire, et non pas celui de
la brochure, pourtant plus facilement accessible. Peut-être a-t-il
préféré recourir au journal pour avoir la conclusion, écartée de la
brochure. Il faut imaginer qu'un conseil lui aura été donné.
Les notes de David Kelley sont à cet égard insuffisantes. Celui-ci
n'a pas eu connaissance du *Salon de mil huit cent vingt-deux, ou collection des articles insérés au Constitutionnel, sur l'exposition de cette année;*

par M. A. Thiers. Nous utilisons l'exemplaire de W. T. Bandy Center for Baudelaire Studies (Université Vanderbilt).

Page 88.

  a. Il y a là l'égoïsme et le désespoir de l'enfer.   *T*
  b. Dans ce sujet   *Const. et T*
  c. L'italique est de Baudelaire.
  d. qu'on pourrait en quelque sorte appeler l'imagination   *Const. et T.*
  e. les groupe, les plie   *Const. et T*
  f. tableau. J'y retrouve   *Const.* : tableau; j'y retrouve   *T*
  g. Cette ligne de points indique une coupure; voir la note 1.
  b. CE présente ici une mauvaise leçon : qu'il avance cette assurance. *On a adopté la leçon de 1846, presque conforme au texte du « Constitutionnel », qui place un point-virgule après* assurance
  i. Ce dernier paragraphe ne figure pas dans T.

  1. Le passage supprimé et remplacé par une ligne de points correspond à une phrase dans laquelle Thiers rapproche Delacroix de Drolling, Dubufe et Cogniet, « nouvelle génération » qui soutient « l'honneur de notre école et marche avec le siècle vers le but que l'avenir lui présente ». La suppression a été dictée à Baudelaire par son animosité justifiée contre ces trois peintres qu'on ne saurait, en effet, placer en la glorieuse compagnie de Delacroix.
  2. Guérin, comme tendraient à le prouver les lignes suivantes? Mais Théophile Silvestre (*Histoire des artistes vivants*, 1856, p. 62), cité par J. Mayne (*Art in Paris*, p. 53), prétend que Thiers désignait ainsi le baron Gérard.

Page 89.

  a. Il n'était pas   *1846*

  1. Musée du Louvre. Salon de 1827.
  2. Baudelaire avait déjà cité ce mot dans son article sur *Le Musée classique du Bazar Bonne-Nouvelle* (p. 71).
  3. *La Grèce expirant sur les ruines de Missolonghi*, peint en 1827, est au musée de Bordeaux. *La Mort de Sardanapale* (1827) et *La Liberté sur les barricades* (1830) sont au Louvre.

Page 90.

  1. En 1824.
  2. Sur l'emploi de ce nom de pays voir p. 17, var. *a.*
  3. Voir « *J'aime le souvenir de ces époques nues...* » (*Pl*, I, p. 11).
  4. *Femmes d'Alger* (Louvre) a été peint en 1834. Baudelaire en avait à l'hôtel Pimodan une copie par Émile Deroy (*Baudelaire et Asselineau*, p. 68). « égarée ou perdue », selon le témoignage d'Asselineau.
  5. Cf. p. 81.

Page 91.

1. Contre Hugo voir le *Salon de 1845* (p. 26).

Page 92.

1. Baudelaire cite un passage du *Salon de 1831*, texte inclus dans *De la France* (Renduel, 1833, p. 309). Quelques variantes d'italique et de ponctuation. Ce passage est relatif à Decamps.

2. Dans le texte français de Heine le mot est en italique. Sur l'importance de ce mot voir l'étude de Cl. Pichois : *Surnaturalisme français et romantisme allemand*, dans les *Mélanges offerts à la mémoire de Jean-Marie Carré*, Didier, 1964, p. 387.

Page 93.

1. Carl Friedrich von Rumohr (1785-1843). Ses *Italienische Forschungen* avaient été publiés en trois volumes de 1827 à 1831 (J. Mayne, *Art in Paris*, p. 58, n. 1).

2. Voir p. 18.

3. Image que Baudelaire tient de Delacroix et qu'il emploiera de nouveau, en la développant, dans le *Salon de 1859* (p. 284-285). Gautier, autre ami de Delacroix, avait écrit dans *La Presse*, le 26 mars 1844, que, pour le vrai peintre, « la nature n'est que le dictionnaire où il cherche les mots dont il n'est pas sûr ».

Page 95.

a. insignes de luxe *CE; on a corrigé conformément à 1846.*

1. La *Pietà* (peinte en 1843-1844) est à l'église Saint-Denis-du-Saint-Sacrement, non à l'église Saint-Paul-Saint-Louis où se trouve le *Christ aux oliviers* exposé en 1827 (voir *BET*, 27).

2. Une difficulté d'interprétation : « les figures les plus lamentables de l'*Hamlet* » ne peuvent guère se rapporter à un seul tableau, le *Hamlet* de 1839 (Louvre). Baudelaire fait-il allusion à la série des toiles que la pièce de Shakespeare a inspirée à Delacroix? On n'oubliera pas qu'il avait à Pimodan la série des lithographies faites par Delacroix sur le même sujet.

Page 96.

1. Exposé au Salon de 1836; actuellement à l'église de Nantua.

2. Boissard (voir le Répertoire des artistes), qui sera cité p. 107 parmi les coloristes?

3. Cf. *La Fanfarlo* (*Pl*, I, p. 575).

4. Peint de 1838 à 1841 par Paul Delaroche, qui a représenté les artistes les plus célèbres de tous les pays jusqu'à la fin du XVIIᵉ siècle.

5. C'est-à-dire l'*Apothéose d'Homère* peinte par Ingres en 1827 pour l'une des galeries du Louvre. Présentée au palais des Beaux-Arts en 1855 lors de l'Exposition universelle. Maintenant exposée

au Louvre comme un tableau. Une copie a remplacé l'œuvre au plafond auquel elle était destinée.

Page 97.

1. Ces peintures allégoriques, commencées en 1838, ne seront achevées qu'en 1847. Elles se voient dans le Salon du roi et dans la bibliothèque.

2. L'actuel Sénat. Ces décorations étaient près d'être achevées.

Page 98.

a. Fiorentino, la seule bonne pour les poètes et les littérateurs qui ne savent pas l'italien. *1846; voir n. 1.*

1. Fiorentino collaborait ainsi que Baudelaire au *Corsaire-Satan* (*La Silhouette*, 24 mai 1846, citée dans *Bdsc*, 84). Ils assisteront tous deux en septembre 1846 à la première représentation de *Pierrot valet de la mort*, pantomime de Champfleury. Ils resteront en relation; voir *CPl*, Index. — Si la fin de la note a été supprimée en 1868 (par Baudelaire ou par Asselineau et Banville?), c'est que plusieurs traductions de *La Divine Comédie* avaient paru depuis celle de Fiorentino (1840), qui connut elle-même une sixième édition en 1858 : successivement, Auguste Brizeux, Arnoux, Lamennais, Louis Ratisbonne s'étaient mesurés avec Dante.

2. J. Mayne remarque que l'expression en italique est extraite du premier livre de *Télémaque* : elle appartient à la description fameuse de l'île de Calypso.

Page 99.

a. Bonnington   *1846 et CE*

Page 100.

1. Voir p. 89. Les autres tableaux ont été, eux aussi, déjà cités.

2. *Médée*, exposée au Salon de 1838, fut acquise par l'État pour le musée de Lille.

3. *Les Naufragés*, c'est-à-dire *Le Naufrage de Don Juan*, exposés au Salon de 1840, sont maintenant au Louvre. Voir *Don Juan aux Enfers* (*Pl*, I, p. 19).

4. Ici, c'est bien le *Hamlet* de 1839 que Baudelaire désigne : *Hamlet, Horatio et le fossoyeur;* cf. p. 95.

5. Tableau commandé par Louis-Philippe pour le musée du palais de Versailles et exposé au Salon de 1841. Actuellement au Louvre.

6. C'est le poète des *Limbes* qui s'exprime dans cette phrase; voir *Pl*, I, p. 795.

7. Cf. le quatrain des *Phares* dévolu à Delacroix (*Pl*, I, p. 14) et son commentaire dans le compte rendu des beaux-arts à l'Exposition universelle de 1855 (p. 225).

Page 101.

1. Sur Frédérick Lemaître, voir *De l'essence du rire* (p. 186, n. 1).
À William Charles Macready (1793-1873), le grand tragédien
anglais, Baudelaire fera allusion dans le *Salon de 1859* (p. 269).
Après une tournée aux États-Unis, Macready vint avec Hélène
Faucit jouer à Paris, salle Ventadour, en décembre 1844 et janvier
1845 (il avait déjà joué à Paris en 1828 avec Harriet Smithson) :
Othello, Hamlet, Macbeth, Werner de Byron, *Virginius* de Sheridan
Knowles sont à l'affiche. La troupe anglaise joue *Hamlet* devant
Louis-Philippe et la Cour. Des comptes rendus paraissent dans
plusieurs journaux : ceux de *La Presse* sont dus à Gautier, ceux de
L'Artiste et de *La France musicale* à Nerval. Macready pendant son
séjour rencontre Vigny, Hugo, Eugène Sue, Alexandre Dumas et
George Sand. Cette série de représentations prend date peu de
temps après la chute des *Burgraves* et le succès de la *Lucrèce* de Ponsard. Ainsi s'expliquent peut-être la présence au répertoire de la
troupe anglaise d'une pièce néo-classique (*Virginius*), certainement
l'accueil mêlé, mitigé, que reçurent Macready et ses camarades
(qui, de plus, jouaient en anglais) de la part du public, alors que les
critiques furent en général favorables ou même enthousiastes (voir
B. Juden et J. Richer, « [...], Macready et *Hamlet* à Paris en 1844
[...] », *La Revue des lettres modernes*, n°s 74-75, 1962-1963).

Page 102.

a. LASSALE-BORDES *1846 et CE*

1. Voir p. 31
2. D. Kelley indique que les deux tableaux envoyés par Riesener
au Salon; *La Naissance de la Vierge* et *La Naissance de Jésus-Christ*,
avaient été refusés par le jury.
3. Léger Chérelle (quelquefois graphié Léger-Chérelle), né à
Versailles en 1816, élève, sans éclat, de Delacroix. Le livret
indique le sujet, tiré des *Vies des saints* : « Cette vierge ayant caché
des livres saints, contre les ordres de l'empereur Dioclétien, fut
mise en prison et percée d'une flèche. » Chérelle expose de plus en
1846 : *Fruits et nature morte; Groupe de fruits sur une table; Fruits dans
une niche.* Baudelaire ne le mentionnera plus. Il est vrai qu'en 1859
Chérelle n'expose qu'un pastel : *Un coq heureux.*
4. Gustave Lassalle-Bordes (Auch, 1814; Auch, 1848) fut le
massier de l'atelier de Delacroix de 1838 à 1846 et assista son
maître dans la décoration de la Chambre des députés et du Palais
du Luxembourg. Puis, le disciple rompit avec le maître, le premier
déclarant qu'il était responsable de la plus grande partie de ces
œuvres. *La Mort de Cléopâtre* fut acquise par l'État et déposée au
musée Rolin d'Autun. Elle est reproduite par J. Mayne, *Art in
Paris* (pl. 16), par Castex (p. 121) et par D. Kelley (pl. 4). Elle a été
exposée en 1968 (n° 195) et fut alors appréciée des connaisseurs.
Baudelaire ne mentionne pas ailleurs ce peintre.

Page 103.

V. DES SUJETS AMOUREUX ET DE M. TASSAERT

  1. Voir une présentation analogue dans *De l'essence du rire* (p. 189). C'est alors Virginie qui est placée en face de ces estampes.

  2. L'évocation de la sainte est-elle causée par le souvenir du *Salon de 1845* exprimé un peu plus haut (p. 102)?

  3. C'est-à-dire l'*Embarquement pour Cythère* de Watteau.

Page 104.

  1. Voir *Un fantôme*, 111, *Le Cadre* (*Pl*, I, p. 39-40).

  2. Elles étaient citées dans l'article sur *Le Musée classique du Bazar Bonne-Nouvelle* (p. 72).

  3. François-Louis-Joseph Watteau (Valencienne, 1758-Lille, 1823), fils du peintre Louis-Joseph Watteau (Valenciennes 1737-Lille 1798), tous deux dits Watteau de Lille, et respectivement petit-neveu et neveu d'Antoine Watteau (1684-1721).

  4. Elle est précisément de Tassaert. J. Crépet l'avait retrouvée. J. Mayne l'a reproduite (*Art in Paris*, pl. 17). Elle est intitulée *Ne fais donc pas la cruelle!* et fait partie de la série *Les Amants et les époux* (1832).

  5. Le *Meursius*, ainsi qu'on l'appelle souvent, est un ouvrage de l'enfer des bibliothèques : *Aloisiæ Sigææ, Toletanæ, satyra sotadica de arcanis Amoris et Veneris*, dû à notre compatriote Nicolas Chorier (1612-1692), avocat au Parlement de Grenoble, et présenté par lui comme une version latine, faite par l'érudit hollandais Joannes Meursius (qui n'en peut mais!) d'un dialogue espagnol de Louise Sigea de Tolède. Voici la traduction que donne Alcide Bonneau du passage cité par Baudelaire, lequel, indique D. Kelley, est conforme à celui de l'édition d'Amsterdam publiée en 1678 :

  « Sous l'écriteau et sous la lampe, dans les lupanars se tenaient assis des garçons et des filles, ceux-là ornés sous la stola d'ajustements féminins, celles-ci habillées en homme sous la tunique, et la chevelure arrangée à la mode des garçons. Sous l'apparence d'un sexe on trouvait l'autre. Toute chair avait corrompu sa voie » (*Les Dialogues de Luisa Sigea sur les arcanes de l'Amour et de Vénus ou satire sotadique de Nicolas Chorier prétendue écrite en espagnol par Luisa Sigea et traduite en latin par Jean Meursius. Texte latin revu sur les premières éditions et traduction littérale, la seule complète, par le traducteur des Dialogues de Pietro Aretino*, Paris, imprimé à cent exemplaires pour Liseux et ses amis, 1882). *Venibat = veniebat.* On a reconnu la dernière phrase, en italique : elle vient de saint Paul. Diderot, dans *La Promenade du sceptique*, décrivant la bibliothèque de « L'Allée des Fleurs » place sur ses rayons le buste de Meursius à côté des œuvres de Marivaux (*Mémoires, correspondance et ouvrages inédits de Diderot*, Paulin, t. IV, 1831, p. 345). Serait-ce lui, qui règne assez souverainement alors sur l'esprit de Baudelaire, qui engagea celui-ci à lire cet étonnant pot-pourri des fastes de la perversion? Mais : « Le sieur Baudelaire a assez de génie pour étudier le crime dans son propre cœur » (à Poulet-Malassis, 1ᵉʳ octobre 1865; *CPl*, II, 532). — Sur « Baudelaire et Aloisia Sigaea », voir l'article d'Otto Görner dans la *Zeitschrift für französische Sprache und Literatur* (t. VI, 1932, p. 330-332).

Page 105.

1. D. Kelley a retrouvé (pl. 5) un *Bacchus et Érigone* sans être sûr que ce soit la planche qui fut exposée, les deux tableaux que mentionne Baudelaire représentant des sujets traités souvent par Tassaert. Il cite Champfleury, qui écrit à propos des mêmes œuvres : « Un presque inconnu d'un grand talent, M. Tassaert, s'est révélé complètement. Son *Marché d'esclaves* est l'œuvre d'un vrai coloriste. M. Tassaert aborde franchement la sensualité, un des côtés les plus difficiles de la peinture, à cause qu'il faut prendre garde de tomber dans l'ordurier, et qu'un grand talent peut seul servir de voile aux nudités. L'*Érigone*, peinte dans ce sentiment, est magnifique. »

2. Voir p. 43.

3. Cf., par oposition, p. 90.

Page 106.

VI. DE QUELQUES COLORISTES

1. La visite des Indiens de Catlin en 1845 fit sensation ainsi que les peintures de leur cornac, peintures dont fut publié en français le *Catalogue raisonné* (signalé par J. Richer, voir *infra*). Le 21 avril, les Indiens furent présentés au roi et dansèrent devant lui dans la galerie de la Paix, au palais des Tuileries (d'où une toile de Karl Girardet, commandée par la Maison du roi et exposée au Salon de 1846). Après quoi, ils allèrent s'installer à la salle Valentino où ils reçurent beaucoup de visites (Alfred Delvau, *Les Lions du jour*, Dentu, 1867, p. 155-161). Gautier consacre son feuilleton du 19 mai, dans *La Presse*, à Catlin et à sa troupe. Dans *La Presse* encore, le 25 août, Nerval publie un article sur « Les Indiens O-Jib-Be-Was » (mieux : Ojibbeways), recueilli par Jean Richer dans les *Œuvres complémentaires, II, La Vie du théâtre* (Minard, 1961, p. 665-668). Delacroix admire la peinture de Catlin. George Sand, dans une lettre du 31 mai 1845 à Alexandre Vattemare, qui s'était fait le « manager » des Indiens, demande par quel moyen elle pourrait être utile à Catlin « dont l'œuvre [lui] paraît, du moins au point de vue de l'art, beaucoup plus importante que le public ne l'apprécie ». Elle écrira de fait deux articles qui paraîtront dans *Le Diable à Paris* (t. II, p. 186-212; ce tome est sans doute publié en juin 1845) : voir la *Correspondance*, éditée par Georges Lubin, « Classiques Garnier », t. VI, p. 875-876. Voir aussi l'article de

Robert N. Beetem, « George Catlin in France : his Relationship to Delacroix and Baudelaire », dans *The Art Quarterly*, été 1961, p. 129-144, et l'intéressant catalogue de l'exposition *George Catlin 1796-1872* au Centre culturel américain de Paris, 8 novembre-18 décembre 1963, auquel a collaboré le même R. N. Beetem.

Catlin expose au Salon de 1846 : *Shon-ta-y-e-ga (petit loup), guerrier Ioway, peau rouge de l'Amérique du Nord*, et *Stumich-a-Sucks (la graisse du dos de buffle), chef suprême de la tribu des pieds noirs, peau rouge de l'Amérique du Nord*, tribu, précise le livret, qui se compose de cinquante mille individus. Ces deux toiles sont à la Smithsonian Institution de Washington. Elles ont été exposées à Paris en 1968 (n°s 177 et 178). La seconde est reproduite dans le catalogue (p. 41). La première par Castex, p. 119. Baudelaire ne reverra pas d'œuvres de Catlin, mais le souvenir de celles qu'il avait vues en 1846 fut durable, comme le prouvent les trois mentions du *Salon de 1859* (p. 310, 328, 331); Jean Giraud (*Mercure de France*, 16 février 1914) a même prétendu que l'influence de Catlin expliquerait la composition du *Calumet de paix* (*Pl*, I, p. 243), ce qui est oublier l'aspect « besogne » de cette traduction. En 1841, Catlin avait publié à Londres, en deux volumes, illustrés de nombreuses gravures d'après ses œuvres, des *Letters and Notes on the Manners, Customs, and Condition of the North American Indians*, écrites pendant ses huit voyages parmi les tribus indiennes de 1832 à 1839. En 1848 à Londres parurent les *Catlin's Notes of Eight Years' Travels and Residence in Europe, with the North American Indian Collection*, où l'artiste raconte ses séjours en Angleterre, en France et en Belgique.

Page 107.

1. Les frères Achille et Eugène Devéria. Voir le Répertoire des artistes.

2. Voir le *Salon caricatural* (p. 565).

3. Voir aussi le *Salon caricatural* (p. 172, n. 1, à la p. 565). Reproduction par D. Kelley, pl. 10, d'une gravure du tableau publiée par *L'Illustration*.

4. Louis-Jean-Noël Duveau (1818-1867), élève de Cogniet, débuta au Salon de 1842. Le tableau, indique D. Kelley, était mal exposé; il n'a pas été retrouvé. Les critiques, en général, sont favorables. Reproduction d'une gravure, publiée par *L'Illustration*, dans D. Kelley, pl. 11.

Page 108.

1. Alexandre Laemlein (Hohenfeld [Allemagne], 1813; Pontlevoy [Loir-et-Cher], 1871), élève de J.-L. Regnault et de Picot, débuta au Salon de 1836 et subit l'influence de l'École de Düsseldorf. Son tableau se trouve à la Préfecture de la Dordogne; il est reproduit par A. Calvet-Sérullaz, *BSHAF*, 1969, p. 117, et par D. Kelley, pl. 12. Laemlein exposait aussi un *Portrait de M. Gay*.

Page 109.

    1. Cf. *La Fanfarlo* (*Pl*, I, p. 575).

    2. C'était, en fait, Abel de Pujol.

Page 110.

    a. vive et allumée. Les *1846*

    1. Voir le *Salon de 1845* (p. 21). D. Kelley n'a pas retrouvé le tableau au rat.

    2. Voir *L'Atelier de Decamps* dans le *Salon caricatural* (p. 172).

    3. Baudelaire fait allusion aux neuf dessins de l'*Histoire de Samson* (voir p. 21-22).

    4. Baudelaire traitera plus loin de ces peintres, faisant d'eux des doublures de Decamps : voir p. 138-144.

Page 111.

    1. *Retour du berger : effet de pluie* (un *effet de pluie* impriment *1846* et *CE*); reproduction dans D. Kelley, pl. 14. Les critiques, note D. Kelley, s'accordent généralement pour reprocher à Decamps, peintre du soleil, de ne pas savoir peindre la pluie. Ils pensent presque tous que celui-ci est en décadence.

    2. *École de jeunes enfants ou salle d'asile* (*Asie Mineure*); ce tableau est au Stedelijk Museum d'Amsterdam. Exposé en 1968 (n° 187), il est reproduit p. 44 du catalogue et par D. Kelley, pl. 13.

    3. C'est-à-dire *Punch*, qui avait pour sous-titre : *The London Charivari*.

    4. On rapprochera ce passage de *De l'essence du rire*, dont la première version est contemporaine du *Salon de 1846* et de *La Fanfarlo* (*Pl*, I, p. 573). C'est l'époque où l'on voit Baudelaire au théâtre des Funambules.

Page 112.

    a. Perèse *1846 et CE, ici et plus bas; voir la variante* a *de la page 46.*

    1. Il est probable que c'est Goya qui est responsable de l'intérêt porté par Baudelaire à Ignazio Manzoni (1799-1888), qui, né à Milan, ira se fixer à Buenos Aires. Cependant, remarque D. Kelley, si les critiques sont assez sévères, Champfleury parle de Manzoni avec un enthousiasme analogue à celui de Baudelaire, comparant *L'Assassinat nocturne* aux « vignettes d'assassinat » publiées par Chassaignon, « le seul éditeur de *canards* autorisé par la police ».

    2. Voir le *Salon caricatural* (p. 167 et n. 1).

    3. Jenaro Pérez Villaamil (Le Ferrol, 1807; Madrid, 1854), peintre de paysages et de marines, est aussi le directeur artistique de *L'Espagne artistique et monumentale, vues et descriptions des sites et des monuments artistiques les plus notables de l'Espagne*, publiée à Paris de 1842 à 1845. Il expose *La Salle du trône, salon des embajadores, au palais royal de Madrid*. Ce titre correspond à celui

d'une planche de *L'Espagne artistique*, reproduite par D. Kelley (pl. 17).

4. Quel Roberts? se demande D. Kelley. James Roberts (on ignore ses dates) qui avait débuté en 1824 avec une *Vue de Rouen avant l'incendie* et qui était représenté au Salon de 1846 (le dernier Salon auquel il expose) par une aquarelle : *Le Cabinet de S. A. R. Madame la Princesse Adélaïde à Neuilly*, ou David Roberts (1796-1864), qui n'exposait pas en 1846, mais qui avait publié à Londres en 1835-1836 un album de *Picturesque Sketches in Spain*. De celui-ci Baudelaire aurait pu voir les tableaux dans la collection Standish (p. 12 et n. 2). C'est sans doute à lui que pensent Baudelaire et le critique de *L'Artiste* (2ᵉ série, t. II, p. 18) qui écrit : « Pour la plupart ce sont [les œuvres de Villaamil] des vues de monuments et de sites les plus pittoresques de l'Espagne, dans le genre du peintre anglais Roberts. »

5. Ils étaient de même associés en 1845 (p. 46).

Page 113.

a. Muller   *1846 et CE; voir la variante* b *de la page 44.*

1. En fait, Diaz est l'élève de Cabanel qui l'initia à la peinture dans sa fabrique de porcelaine. — Diaz est moqué dans le *Salon caricatural* (p. 174).

2. Voir p. 109 le passage sur les mets relevés.

3. La plupart des critiques sont séduits par le charme et la grâce du tableau de Nanteuil : *Dans les vignes*. Mais Champfleury : « Sa peinture ressemble trop aux jambes ivres de ses faunes : elle manque de solidité. » Et Delécluze regrette cette renaissance fâcheuse du goût du XVIIIᵉ siècle (D. Kelley, qui reproduit, pl. 20, l'œuvre).

4. Nanteuil a été l'élève de Ch. Langlois et de M. Ingres; Verdier, de M. Ingres. Cependant, dans leur compte rendu du Salon Houssaye et un autre critique indiquent tous deux une ressemblance entre la manière de Verdier et celle de Couture.

5. Müller a été le contemporain de Couture dans l'atelier de Gros. *Les Sylphes* avaient été exposés en 1845 (p. 44).

6. Le livret accompagne le titre du tableau de Müller de cette citation : « Printemps, jeunesse de l'année; / Jeunesse, printemps de la vie » (traduction de Métastase). » Pour comprendre cette phrase, il faut savoir que *Décaméron* constitue une allusion, non directement à l'œuvre de Boccace, mais au titre d'une toile de Winterhalter exposée au Salon de 1837 et conservée au musée de Winterthur. D. Kelley — qui reproduit (pl. 21) une lithographie d'après le tableau — indique aussi que D. Laverdant a fait le même rapprochement.

7. Deforge, marchand de couleurs et curiosités, 8, boulevard Montmartre.

8. Alexandre-Victor Fontaine, né en 1815 à Paris, élève de Le Roux et de Guillemin, a exposé au Salon entre 1844 et 1855. Il

présente en 1846 *L'Orage*, inspiré par Béranger; *Jeunes filles dans un bois, Les Billets doux* et *Retour de noces*. Champfleury lui reproche de copier Diaz (D. Kelley).

Page 114.

1. En fait, comme on vient de le voir, il y a peu de rapports directs — Müller excepté — entre les peintres qui ont été cités sous l'étiquette de l'École Couture et Thomas Couture lui-même. Mais ils ont tous en commun l'académisme.

2. Pierre-Édouard-Alexandre Hédouin (Boulogne-sur-Mer, 1820; Paris, 1889), fut attiré vers la peinture par C. Nanteuil, entra dans l'atelier de P. Delaroche et débuta au Salon de 1842. La même année, il fit un voyage dans les Pyrénées avec Adolphe Leleux et fut rapidement associé à l'école « réaliste » celui-ci (D. Kelley). En 1846 il exposait *Une halte (Basses-Pyrénées)*. Baudelaire ne le mentionnera plus.

3. D. Kelley (p. 209) a, en effet, retrouvé ce reproche dans deux comptes rendus du Salon.

4. Félix Haffner a exposé un portrait de femme en 1845 (voir p. 38 et 51). Il va se consacrer de plus en plus aux sujets de genre tirés de la vie alsacienne (D. Kelley). Mais il est possible que Baudelaire n'en soit pas moins resté son ami (voir le Répertoire du *Carnet, Pl.*, I, p. 1562).

Page 115.

VII. DE L'IDÉAL ET DU MODÈLE

1. Néologisme.

Page 116.

1. La contradiction est humaine; les contraires sont dans la nature, ainsi que le déclare Baudelaire dans un texte exactement contemporain, les *Conseils aux jeunes littérateurs* (*Pl.*, II, p. 18), où est évoquée (*Pl*, II, p. 19) la « loi des contrastes »; voir p. 523.

Daniel Vouga (*Baudelaire et Joseph de Maistre*, José Corti, 1957, p. 174) commente : « si la dualité était le contraire de l'unité, le Mal existerait éternellement face au Bien, Satan face à Dieu », « mais ce manichéisme trop simple est mensonger, puisque la dualité est seulement la contradiction de l'unité, ce qui s'y oppose, ce qui n'est pas, ce qui dit le contraire : la multiplicité des créatures. Baudelaire, il est vrai, parle de dualité, et non de multiplicité, et on a pu en conclure à une adhésion au manichéisme ». À tort, car ce qui précède met bien en cause la multiplicité : « je ne vois que des individus ». Le mot « dualité » est amené par l'impossibilité de trouver deux fruits identiques parmi les milliers.

2. J. Pommier (*La Mystique de Baudelaire*, 52) a repéré le passage auquel pense Baudelaire. Dans *L'Art de connaître les hommes par la*

physionomie (nouvelle édition, Depélafol, 1820, 10 vol., t. VIII, p. 69) Lavater reproche aux plus grands peintres des fautes choquantes; d'un portrait de Winckelmann il écrit : « Ce nez fortement prononcé n'est point en harmonie avec la délicatesse et la mollesse de la bouche et du menton [... Les] contours [...] offrent les disconvenances les plus choquantes. »

3. J. Crépet cite à ce propos l'*Essai sur la peinture* de Diderot : « Un bossu est bossu de la tête aux pieds. »

Page 117.

a. révivifier *CE*
b. à chacun de ses personnages la *St. (voir la note 2).*
c. *C'est Baudelaire qui souligne.*

1. Baudelaire emprunte ces réflexions à l'*Histoire de la peinture en Italie*; on a vu qu'il avait déjà fait deux emprunts à cet ouvrage. C'est J. Pommier qui a signalé celui-ci (*Dans les chemins de Baudelaire*, 290-291). On lit au chapitre cix, à propos de la sculpture :
« L'artiste sublime doit fuir les détails; mais voilà l'art qui, pour se perfectionner, revient à son enfance. Les premiers sculpteurs aussi n'exprimaient pas les détails. Toute la différence, c'est qu'en faisant *tout d'une venue* les bras et les jambes de leurs figures, ce n'étaient pas eux qui fuyaient les détails, c'étaient les détails qui les fuyaient. — Remarquez que pour choisir il faut posséder; l'auteur d'*Antinoüs* a développé davantage les détails qu'il a gardés. Il a surtout augmenté leur physionomie, et rendu leur expression plus claire. »
On remarquera que l'*Antinoüs* est cité un peu plus haut dans le même chapitre.

2. C'est le titre même du chapitre de Stendhal. Les variantes relèvent les divergences significatives entre le texte de Stendhal (*St.*) et la citation qu'en fait Baudelaire.

3. Personnage du *Vicaire de Wakefield* de Goldsmith. Ce digne pasteur, dessiné avec humour, endure avec une résignation toute chrétienne les malheurs que lui inflige un sort cruel.

Page 118.

VIII. DE QUELQUES DESSINATEURS

a. qui est à un certain point de vue de l'idéal l'inventeur chez *CE*; *l'interversion est malheureuse. On a adopté la leçon de 1846.*

Page 119.

1. Stendhal est encore ici mis à contribution. J. Pommier (*Dans les chemins de Baudelaire*, 290-291) cite le chapitre cix de l'*Histoire de la peinture en Italie* : « Voyez, [dit Stendhal à un inconnu qui se trouve en même temps que lui au Louvre devant la statue d'Apollon], les grands artistes en faisant un dessin peu chargé font

presque de l'idéal. Ce dessin n'a pas quatre traits, mais chacun rend un contour essentiel. Voyez à côté les dessins de ces ouvriers en peinture. Ils rendent d'abord les minuties ; c'est pour cela qu'ils enchantent le vulgaire, dont l'œil dans tous les genres ne s'ouvre que pour ce qui est petit. »

2. Toutes ces œuvres d'Ingres sont antérieures au Salon de 1846, quelques-unes de nombreuses années (Ingres n'expose plus depuis 1835). On les a trouvées, on les retrouvera en partie dans l'article sur *Le Musée classique du Bazar Bonne-Nouvelle* et dans le chapitre sur Ingres des Beaux-Arts à l'Exposition universelle de 1855 (p. 72 et p. 243 sq.). Le portrait de Molé (1832) est dans une collection particulière. *La Muse de Cherubini* (1842) est au Louvre. Sur l'*Apothéose d'Homère* voir *supra*, p. 96 et n. 5.

3. Voir *Quelques caricaturistes français* (p. 222).

Page 120.

1. *Roger et Angélique*, acquis par l'État au Salon de 1819, est au Louvre.

2. Voir p. 72 et 104, note **.

3. Le *Portrait de Mme d'Haussonville*, exécuté en 1845, venait d'être exposé au Bazar Bonne-Nouvelle (p. 72).

4. Pour Flandrin et Amaury-Duval, voir p. 125.

Page 121.

a. encore *Jephté pleurant sa virginité :* 1846

1. *La Fille de Jephté* avait été exposée au Salon de 1836.

2. Voir p. 40.

3. Baudelaire s'occupe ici de Henri Lehmann.

4. Ce sculpteur anglais (1755-1826), assez bien connu en France par des articles, apparaissait avec Thorvaldsen comme l'un des représentants majeurs du néo-classicisme. C'est plutôt à l'illustrateur d'Homère, Eschyle et Dante que Baudelaire pense ici.

5. Donnant à l'origine des spectacles forains (évolutions de funambules, combats au sabre et pantomimes), la troupe de Saix, dit Bobino, installée au théâtre du Luxembourg, rue Madame, représenta après 1830 des vaudevilles et des mélodrames. C'est à cette époque de l'histoire de Bobino que pense Baudelaire.

Page 122.

a. le souffle hoffmannique n'a *1846; cf. Pl, I, p. 546.*

1. Baudelaire a conservé de son séjour à Lyon un souvenir sinistre qui attriste son appréciation de l'École de Lyon.

2. Voir p. 59, n. 3.

3. Alfred de Curzon expose cinq dessins dont les sujets sont tirés de *Maître Martin*. Ces dessins, conservés au musée de Poitiers, ont été exposés en 1968 (nos 182-186) ; le catalogue reproduit le

nº 186 (p. 43) et transcrit les légendes imprimées dans le livret. D. Kelley (p. 214) transcrit, lui aussi, les légendes et reproduit les cinq dessins (pl. 33-37). Sur l'admiration de Baudelaire pour Hoffmann voir le *Salon de 1845*, p. 58, n. 1, à propos de Lemud. J. Pommier (*Dans les chemins de Baudelaire*, 303) indique que Baudelaire a trouvé le propos d'Hoffmann dans la *Vie* de celui-ci écrite par Loève-Veimars et insérée au tome XX (1833) de la traduction des œuvres d'Hoffmann parue chez Renduel. Loève-Veimars écrivait : « [Hoffmann n'attachait] aucune estime à celles de ses productions où les deux qualités distinctives de son esprit ne se reproduisent pas, comme, par exemple, *Maître Martin*. »

4. Semblable expression dans le *Salon de 1845* (p. 60).

5. *La Presse*, 7 avril 1846.

Page 123.

a. apointés   *1846 et CE*

1. J. Crépet, qui avait repéré l'article de Gautier, indiquait que celui-ci avait notamment tressé des couronnes à Ary Scheffer.

2. Gautier avait écrit : « M. Vidal a pour nous le mérite de poursuivre l'idéal de la beauté moderne ; il fait des femmes de notre temps, et ces femmes sont adorables. »

3. Vidal exposa trois dessins au pastel.

4. *Fatinitza* est un dessin qui avait été exposé au Salon de 1845 ; E. Desmaisons en a fait une lithographie. De Stella et de Vanessa, D. Kelley ne trouve aucune trace. *Saison des roses* est l'un des pastels exposés en 1846. *L'Amour de soi-même* est un dessin exposé en 1845 ; E. Desmaisons en a fait une lithographie.

5. Dans son compte rendu du Salon de 1847 (*La Démocratie pacifique*, 14 avril 1847), L. R. D'Arnem, qui est certainement L[ouis] Ménard, relèvera cet éreintement. Il avait lui-même à se plaindre de l'article défavorable que Baudelaire avait consacré le 3 février 1846 à son *Prométhée délivré* (*Pl*, II, p. 9). Voir *R. H. L. F.*, janvier-mars 1958, p. 93.

Page 124.

IX. DU PORTRAIT

a. ou l'effet   *1846*

b. exprimé sur le   *1846 ; coquille corrigée par Baudelaire en WTB et PM.*

1. Voir p. 68 sq.

2. *La Dame au chapeau de paille* est, suggérait J. Crépet, le *Portrait de la comtesse Spencer* par Reynolds. Mais J. Mayne (*Art in Paris*, p. 89, n. 1) indique que plusieurs autres portraits de Reynolds conviennent à la mention faite par Baudelaire, ainsi *Nelly O'Brien* de la Wallace Collection. *Master Lambton*, de Lawrence, fut exposé à Paris en 1827.

Page 125.

1. Amaury-Duval n'expose qu'un tableau : *Portrait de femme.*
Celui-ci a été l'un des événements du Salon.

2. Personnage d'Hoffmann dans les *Fantaisies à la manière de
Callot.* J. Pommier a repéré le passage (*Dans les chemins de Baudelaire*, 304) dans les *Contes fantastiques* d'Hoffmann, traduction par
Henri Egmont, Béthune et Plon, 1836, p. 297-298. Baudelaire a
pris quelques libertés avec ce texte qui vise Mme de Staël :

« BERGANZA : [...] Corinne ne t'a-t-elle jamais paru insupportable?

MOI : Comment supposer cela possible! — Il est vrai qu'à l'idée
de la voir s'approcher de moi animée d'une vie véritable, je me
sentais comme oppressé par une sensation pénible et incapable de
conserver auprès d'elle ma sérénité et ma liberté d'esprit.

BERGANZA : Ta sensation était tout à fait naturelle. Quelque
beaux que puissent être son bras et sa main, jamais je n'aurais pu
supporter ses caresses sans une certaine répugnance, un certain frémissement intérieur qui m'ôte ordinairement l'appétit. — Je ne
parle ici qu'en ma qualité de chien! » (*Dernières Pensées du chien Berganza.*)

Page 126.

a. O'Connel   *1846 et CE, ici et plus bas.*
b. et vitement; mais   *1846*

1. Franz Xavier Winterhalter, après avoir été le portraitiste de la
cour de Louis-Philippe, deviendra celui de la cour de
Napoléon III. Né dans le pays de Bade en 1805, il arriva à Paris en
1834 et mourra à Francfort en 1873. Il expose en 1846 : *Portrait du
roi* (commandé par la Maison du roi); *Salon du château de Windsor.
La Reine Victoria présente ses enfants au roi Louis-Philippe (8 octobre
1844); Réunion de famille au château d'Eu, le 8 septembre 1845.* Le premier tableau est au musée du Palais de Versailles; il est reproduit
par D. Kelley (pl. 41). Les deux autres toiles sont aussi à Versailles, selon D. Kelley; A. Calvet-Sérullaz indique que le dernier
a été vendu chez Sotheby en 1947 (*BSHAF*, 1969, p. 119)... Voir,
p. 113 et n. 6, une allusion au *Décaméron* qu'il avait exposé au Salon
de 1837. Il expose en 1859 deux portraits et une étude; Baudelaire
ne le mentionne pas.

2. Mme O'Connell est d'origine allemande. Et son mari était,
semble-t-il, de nationalité belge; voir le Répertoire. Baudelaire ne
la connaissait pas encore. Mme O'Connell, de plus, exposait, entre
autres, le portrait de lord Hasley.

Page 127.

1. Exposée en 1845; voir p. 28.

2. Baudelaire avait pu rencontrer Granier de Cassagnac à
L'Époque que celui-ci dirigea après avoir dirigé *Le Globe*, disparu en
1845. Voir les *Conseils aux jeunes littérateurs* (*Pl*, II, p. 16).

3. Voir le *Salon de 1845* (p. 26).

4. Ce portrait appartient au musée Granet d'Aix-en-Provence. Il a été exposé en 1968 (n° 180) et est reproduit par D. Kelley (pl. 42). Sur la couleur de Granet, voir aussi le *Salon caricatural* (p. 164).

Page 128.

X. DU CHIC ET DU PONCIF

1. C'est peut-être à un passage de *L'Interdiction* que pense Baudelaire. Voulant décrire l'étrange figure du chevalier d'Espard, Balzac définissait d'abord le talent de Decamps, pour conclure : « Eh! bien, il faudrait transporter dans le style ce génie saisissant, ce *chique* du crayon pour peindre l'homme droit, maigre et grand, vêtu de noir, à longs cheveux noirs, qui resta debout sans mot dire » (*Œuvres complètes*, édition Bouteron-Longnon, Conard, t. VII, p. 152).

Page 129.

XI. DE M. HORACE VERNET

1. C'est-à-dire le *Journal officiel*, répertoire des fastes de la nation.
2. Il est difficile de ne pas penser au général Aupick.

Page 130.

a. qu'importe au voyageur *1846; coquille corrigée par Baudelaire dans PM, S et WTB.*

b. qui préfèrent le beau *1846; faute corrigée par Baudelaire dans WTB.*

1. Béranger qui est pour Baudelaire le Vernet de la poésie. La haine qu'il leur a vouée ne s'est pas démentie après 1845.

2. Le futur directeur de la Porte-Saint-Martin. Il avait collaboré au *Corsaire-Satan* où Baudelaire peut-être le rencontra.

3. J. Pommier (*Dans les chemins de Baudelaire*, 304) avait repéré cette citation. Elle appartient, comme celle de la page 125, aux *Dernières Pensées du chien Berganza*. Et comme celle-là elle résulte de la contamination par Baudelaire de deux répliques d'un dialogue. Le Chien s'exprime jusqu'à « nom propre ». C'est « Moi » qui reprend ainsi : « Ton maître avait raison... » (traduction Henri Egmont).

Page 131.

1. Baudelaire francise le nom du peintre allemand Peter Cornelius. C'est sans doute à Rome, où Horace Vernet dirigea l'Académie de France de 1829 à 1835, qu'eut lieu la rencontre des deux peintres.

2. Voir les *Conseils aux jeunes littérateurs* (Pl, II, p. 16).

3. J. Crépet attribue les vers de cette chanson au comte de Bonneval.

Page 132.

1. Voir le *Salon caricatural* (p. 175).

2. Un des quatre tableaux que Jean-Baptiste Jouvenet peignit pour l'église Saint-Martin-des-Champs. Il est maintenant au musée de Lyon; le Louvre en a une copie (J. Mayne, *Art in Paris*, p. 96, n. 3).

XII. DE L'ÉCLECTISME ET DU DOUTE

a. En 1846, dans ce titre, les lettres t *et* e *sont interverties, Baudelaire corrige cette coquille dans S et WTB.*

b. Nul d'entre nous ne doute 1846. Baudelaire corrige nous *en* eux *dans PM, S et WTB.*

c. de parades [pluriel] et 1846; on peut préférer cette leçon.

Page 133.

1. Le mot qui a coiffé le système philosophique de Victor Cousin — lequel empruntait à Platon, aux Allemands du XVIIIe et du XIXe siècle (de Kant à Hegel) et aux Écossais du XVIIIe siècle — prend un sens péjoratif.

Page 134.

XIII. DE M. ARY SCHEFFER ET DES SINGES DU SENTIMENT

a. Owerbeck *1846 et CE.*

1. Une des copies de ce tableau fameux a été exposée en 1968 (n° 198); reproduction par J. Mayne (*Art in Paris*, pl. 25). L'œuvre est moquée dans le *Salon caricatural* (p. 175).

Page 135.

1. Baudelaire cite, en l'abrégeant, le passage des *Confessions* de saint Augustin (IX, x) qui est reproduit dans le livret du Salon. Il fausse ainsi quelque peu le motif qu'illustre Ary Scheffer. Voici la citation que celui-ci avait fait imprimer : « Nous étions seuls, conversant avec une ineffable douceur et dans l'oubli du passé, dévorant l'horizon de l'avenir, nous cherchions entre nous, en présence de la vérité que vous êtes, quelle sera pour les saints cette vie éternelle que l'œil n'a pas vue, que l'oreille n'a pas entendue, et où n'atteint pas le cœur de l'homme. »

2. J. Crépet suggère que cette phrase constitue une réponse à Gautier qui, dans son *Salon* publié par *La Presse*, avait écrit que Marguerite appartenait à Ary Scheffer presque autant qu'à Gœthe. Cependant, D. Kelley précise qu'au début des années trente on

avait déjà surnommé Scheffer « le peintre de Marguerite ». Celui-ci expose en 1846 deux tableaux illustrant des scènes du *Faust* de Gœthe.

3. *Girondin* est ici un synonyme d'*éclectique*.

4. Le mot *esthétique* est à cette époque un néologisme d'origine allemande et d'importation récente. Employé comme adjectif, il ne s'applique alors en français (c'est encore le cas dans le sens strict) qu'à des objets ou des idées. Son emploi par Baudelaire est donc insolite. On pense à un poème de l'*Intermezzo* de Heine *(Buch der Lieder)* : « Sie sassen und tranken am Teetisch, / Und sprachen von Liebe viel. / Die Herren die waren ästhetisch, / Die Damen von zartem Gefühl. » Malheureusement, ces vers paraîtront pour la première fois dans la traduction de Nerval (*Revue des Deux Mondes*, 15 septembre 1848) et sous cette forme : « Assis autour d'une table de thé, ils parlaient beaucoup de l'amour. Les hommes faisaient de l'esthétique, les dames faisaient du sentiment. » Il faut comprendre « femmes esthétiques » au sens de « femmes qui ont des idées sur l'art », la nuance de l'adjectif étant évidemment péjorative. L'Allemagne et l'Angleterre (Carlyle, *Sartor Resartus*) ont connu des « thés esthétiques », à l'occasion desquels on échangeait des idées sur l'art.

5. Baudelaire cite de mémoire. Ni J. Pommier (*Dans les chemins de Baudelaire*, 256), ni Gita May (*Diderot et Baudelaire critiques d'art*, 10) n'ont retrouvé une anecdote conclue par une formule aussi tranchante. Voici le texte que cite G. May : « Avez-vous vu quelquefois dans des auberges des copies des grands maîtres ? Eh bien, c'est cela. Mais gardez-m'en le secret. C'est un père de famille que ce Parrocel qui n'a que sa palette pour nourrir une femme et cinq ou six enfants. » Baudelaire avait pu lire ce texte dans l'édition Brière, t. VIII, *Salons*, 1, 1821, p. 242.

Page 136.

1. Baudelaire fera de semblables remarques dans le *Salon de 1859* (p. 297, 299, 335), qu'il n'aura visité qu'une seule fois et dont il écrira le compte rendu à Honfleur en utilisant le livret.

2. Ce tableau, ainsi que J. Crépet l'avait remarqué, est l'œuvre de Mme Céleste Pensotti dont Baudelaire a loué dans le *Salon de 1845* (p. 43) le tableau intitulé *Rêverie du soir*. À noter que le point d'exclamation après le titre a été ajouté par Baudelaire.

3. En fait : *Aujourd'hui* et *Demain*, car ce sont *deux* tableaux de Charles Landelle, ainsi que l'avait remarqué J. Crépet. Landelle (1821-1908) avait été l'élève de Delaroche et d'Ary Scheffer. Il était l'ami de Nerval et de Gautier (D. Kelley, d'après Casimir Stryienski, *Une carrière d'artiste au xixᵉ siècle : Ch. Landelle*, Paris, 1911).

4. Tableau de Henri-Guillaume Schlésinger (1814-1893), d'origine allemande, déjà repéré par J. Crépet.

5. Ce tableau, qui connut un grand succès grâce à la gravure qu'on en fit et aux reproductions qu'on en tira industriellement

(D. Kelley), eſt l'œuvre d'Eugène Giraud (Paris, 1806; Paris, 1881), élève d'Hersent et de Richomme. Il avait été exposé au Salon de 1839. Eugène Giraud s'adonnera ensuite à la caricature : on lui doit une charge de Baudelaire, d'après une photographie par Carjat (*ICO*, n° 37; *Album Baudelaire*, p. 217).

6. Jean-Nicolas Bouilly (1763-1842) eſt un spécialiſte de la littérature moralisante. On peut le comparer à Berquin, raillé dans *Les Drames et les romans honnêtes* (p. 42).

7. Ces deux titres ne se retrouvent pas exaĉtement dans le livret du *Salon de 1846*. J. Crépet proposait d'y reconnaître *L'Amour au château* et *L'Amour à la chaumière*, deux tableaux de François-Claudius Compte-Calix (1813-1180). Il indique qu'était aussi exposée une gravure par Pierre Cottin, d'après Guillemin, intitulée *L'Amour à la ville*. Une confusion a pu se produire entre ces divers titres. Il eſt peu douteux qu'en tout cas Baudelaire pense à Compte-Calix : un « titre à la *Compte-Calix* », telle eſt l'expression qu'il emploie pour demander à Nadar en 1859 de lui donner le titre d'une ſtatue qu'il vient de voir au Salon (*CPl*, I, 578). Compte-Calix était célèbre par ses titres-rébus plus que par la qualité de ses œuvres. Il eſt cité dans les notes annexes à *L'Art philosophique* (p. 267).

8. En cinq, et non en quatre compartiments, avait fait remarquer J. Crépet : *Le Rendez-vous. Le Bal. Le Luxe. La Misère. Saint-Lazare.* L'auteur eſt Charles Richard, sur qui les diĉtionnaires de peintres sont muets, note D. Kelley.

9. Œuvre difficile, sinon impossible à identifier. Voir J. Crépet, *Curiosités eſthétiques*, p. 480, et D. Kelley, p. 226.

Page 137.

   a. Marion Delormé, *1846 et CE*
   b. pour croire l'erreur! Livres, *1846*

1. Les Savoyards sont proverbialement pauvres. Ils attirent la compassion, notamment des poètes. Une poésie célèbre d'Alexandre Guiraud leur eſt consacrée, ainsi qu'une opérette de Dalayrac.

2. Pâtissier de la rue Vivienne.

3. Baudelaire, qui avait écrit à Viĉtor Hugo une lettre pleine d'admiration au sujet de cette pièce (*CPl*, I, 81) et qui avait avant 1846 sympathisé avec les socialiſtes humanitaires rêvant de réhabiliter les femmes tombées, prend ici ses diſtances. Sans doute juget-il que cette littérature a pour effet plus de donner bonne conscience que de remédier efficacement aux ravages de la proſtitution. Le théoricien de l'harmonie qu'il eſt dans ce *Salon* rêve à des moyens moins faciles.

XIV. DE QUELQUES DOUTEURS

4. Voir le *Salon de 1845* (p. 46).

Page 138.

1. Montpellier, musée Fabre. Exp. 1968, n° 193; reproduction, p. 47.

2. Baudelaire pense-t-il au Salon de 1845 (voir p. 35)? se demande D. Kelley. Matout exposait depuis 1833.

3. Exposé au Salon de 1841, ce tableau est maintenant dans l'église Saint-Étienne d'Argenton-sur-Creuse (Indre).

4. Philippe Comairas (1803-1875) expose en 1846 un *Portrait d'homme* qui n'est pas mentionné par Baudelaire. Il sera l'assistant de Chenavard pour la *Palingénésie universelle*, série de grisailles qui devaient décorer l'intérieur du Panthéon.

5. Chenavard expose un seul tableau : *L'Enfer* (musée Fabre, Montpellier; Exp. 1968, n° 179), qui fut généralement assez mal accueilli par la presse et le public. Reproduction dans J. Mayne, *Art in Paris*, pl. 15.

6. Voir, dans le *Salon caricatural, La Note de Bilboquet*, v. 2 (p. 170).

7. D. Kelley (p. 229) fait remarquer que d'autres critiques ont en 1846 rapproché Guignet de Salvator Rosa, peintre de batailles. Le rapprochement Guignet-Decamps se trouve déjà dans le *Salon de 1845* (p. 21). C'est en 1845 qu'avaient été exposés *Les Pharaons*.

8. Comprendre : les peintres de la fin de la Renaissance.

Page 139.

1. D. Kelley (p. 230) n'est pas arrivé à percer l'allusion : aucun tableau connu ne répond à ce titre; Bard a été l'élève de Delaroche et d'Ingres, non de Vernet.

XV. DU PAYSAGE

Page 140.

a. fils, de les *1846 et CE*

1. Autrement dit, les *Keepsakes*.

2. On se rappellera la poésie de Musset : *Une soirée perdue au Théâtre-Français*, publiée dans la *Revue des Deux Mondes* du 1ᵉʳ août 1840, recueillie en 1850 dans les *Poésies nouvelles*.

Page 141.

a. Desgoffes *1846 et CE*

1. Alexandre Desgoffe (1805-1882), gendre de Paul Flandrin et comme lui élève d'Ingres. Il fut l'un des premiers paysagistes à travailler à Barbizon. En 1846 il exposait deux paysages : *Les Baigneuses* et *Campagne de Rome*. Trois autres paysages lui avaient été refusés par le jury (D. Kelley, 231). Baudelaire ne le mentionnera plus.

2. Paul Chevandier de Valdrome (1817-1877), élève de Marilhat et de Picon, exposait au Salon depuis 1836; il présente en 1846 un tableau : *Paysage, plaine de Rome*. Baudelaire ne le mentionnera plus.

3. Alphonse Teytaud, né vers 1815, a exposé au Salon entre 1839 et 1850. En 1846 il présente *l'Élégie* dont le sujet est tiré d'une poésie de Bion : Vénus pleure la mort d'Adonis. Acquis par l'État, le tableau fut envoyé au musée de Limoges, où il a disparu (D. Kelley, 232).

4. Le compliment est ironique; voir le paragraphe suivant.

5. Claude-Félix-Théodore Caruelle d'Aligny (1798-1871), élève de Regnault et de Watelet, avait débuté au Salon de 1831. Il expose en 1846 deux tableaux : *Villa italienne* et *Vue prise à la Serpentara* (*États-Romains*), et huit eaux-fortes représentant Athènes et Corinthe, des paysages grecs, romains et napolitains. J. Mayne (*Art in Paris*, pl. 22) reproduit *L'Acropole* (Victoria and Albert Museum) : c'est la cinquième des *Vues des sites les plus célèbres de la Grèce antique*, album que d'Aligny a publié en 1845 à Paris; elle est exposée en 1846. Autres reproductions des eaux-fortes de cet album par D. Kelley, pl. 68-73.

Page 142.

1. *Vue prise dans la forêt de Fontainebleau*. Ce tableau qui appartient au Museum of Fine Arts de Boston a été exposé en 1968 (n° 181); il est reproduit par J. Mayne (pl. 18). Corot avait eu trois tableaux refusés par le jury : deux *Sites d'Italie* et une *Vue d'Ischia*.

Page 143.

a. Meissonnier [sic] 1846, ici et plus bas; faute courante.

1. Louis Coignard (vers 1810-1883), élève de Picot, a exposé au Salon de 1842 à 1863. Il présente en 1846 un seul tableau : *Troupeau de vaches sur la lisière d'une forêt*, toile de deux mètres sur trois qui sera jugée digne d'une médaille de troisième classe. Baudelaire ne le mentionnera plus.

2. Meissonier avait peint les personnages du paysage de Français. On a déjà trouvé une allusion à Meissonier p. 130. Ces railleries sont les deux seules références à Meissonier dans ce *Salon* (voir aussi le *Salon caricatural*, p. 177, et *Du vin et du hachisch*, *Pl*, I, p. 383, n. 1). Ce peintre n'expose pas en 1846.

3. C'est lui qui soufflera à Baudelaire le titre des *Fleurs du mal* (voir *Pl*, I, p. 797; ainsi que *CPl*, II, 985 et Index; *LAB*, 24). Dans son excellente étude sur « Baudelaire et Hippolyte Babou » (*R.H.L.F.*, numéro spécial Baudelaire, avril-juin 1067, p. 261) James S. Patty écrit qu'il n'avait pu vérifier le texte cité par Baudelaire, la collection du *Courrier français* étant incomplète à la Bibliothèque nationale. D. Kelley a retrouvé ce numéro du 6 avril 1846. Babou écrivait dans *Le Courrier français* : « Voici, en

attendant, le petit tableau d'intérieur que M. Scribe, ce Meissonnier *[sic]* de la peinture dramatique, vient d'accorder aux frises du Gymnase. »

4. Champfleury a le même sentiment : « Quelques journaux ont annoncé que les pastels de M. Flers, refusés par le jury [onze sur treize], se voyaient chez M. Durand Ruel. M. Flers a tort d'exposer ces pastels; il donne raison au jury... Mais ces pastels n'ont aucune ressemblance avec sa peinture; ils sont froids; d'une couleur qui n'en est pas — en somme médiocres » (cité par D. Kelley, p. 236).

5. Antoine-Désiré Héroult (1802-1853) expose en 1846 quatre tableaux : *Vue de l'embouchure de la Seine, prise de la jetée du nord au Havre; Vue du mont Saint-Michel, prise des environs d'Avranches; Vue prise de la grève de la Ninon, à Brest; Vue sur l'Escaut, environs de Termonde;* et trois aquarelles : *La Vallée d'Ossau (Pyrénées); Effet de soleil levant, marine; La Vallée d'Arques (environs de Dieppe).* Ces œuvres, note D. Kelley, ne semblent pas avoir attiré l'attention de la critique. Baudelaire ne mentionnera plus Héroult.

Page 144.

1. Prosper Marilhat (1811-1847), élève de Camille Roqueplan, débuta au Salon de 1831 et exposa jusqu'en 1844. Après un séjour dans le Proche-Orient, il découvrit sa spécialité : paysages désertiques, caravanes, oasis, rues de villes d'Orient. Baudelaire ne le mentionne qu'ici. — Chacaton avait été l'élève d'Hersent, d'Ingres et de Marilhat.

2. Louis Lottier (1815-1892), élève du Gudin, expose en 1846 : *La Grande Mosquée et le port d'Alger; Le Marché des Arabes à Alger; La Grande Mosquée au temps du Ramadan.* Il attire peu l'attention de la critique (D. Kelley). Baudelaire ne le mentionne plus.

3. « Après le refus, en 1836, de sa *Descente des vaches* et trois autres exclusions les années suivantes, [Rousseau] n'envoya rien au Salon jusqu'en 1849 » (D. Kelley, 238).

Page 145.

1. Théodore Gudin (1802-1880) expose, selon le livret, treize marines, dont des batailles et la *Nuit de Naples,* raillée dans un distique : *Peinture aquatique,* du *Salon caricatural* (p. 167). On a exposé en 1968 (n° 194) une de ces toiles : *Bataille de la Martinique (21 août 1674)* [reproduite par Castex, p. 129], partie d'une importante série commandée par Louis-Philippe pour illustrer au musée du palais de Versailles l'histoire de la marine française. Arlette Calvet-Sérullaz indique les toiles qui, exposées en 1846, sont maintenant à Versailles (*BSHAF*, 1969, p. 118). Gudin était considéré comme l'Horace Vernet de la marine. Baudelaire ne le mentionnera plus.

2. Jules Noël (1813 ou 1815-1881) débuta au Salon de 1840. En 1846, il expose trois marines : *Souvenir de Rhodes, Port de Brest* et *Effet du matin.* La deuxième est au musée de Quimper. La première,

à laquelle convient l'évocation de Beaudelaire, est reproduite par D. Kelley (pl. 88) d'après une gravure. La critique n'est pas prolixe. Baudelaire ne mentionnera plus ce peintre.

3. *Un renard au piège, trouvé par des chiens de bergers.*

Page 146.

1. Voir p. 55.

2. Voir p. 57. Arondel, créancier qu'il faut amadouer et que Baudelaire, pour cette raison, fait passer à la postérité, expose un seul tableau : *Gibier sur un meuble ancien*. Le livret indique la même adresse qu'en 1845 : quai d'Anjou, hôtel Pimodan.

Page 147.

XVI. POURQUOI LA SCULPTURE EST ENNUYEUSE

a. elle est vague et insaisissable à la fois, parce qu'elle *1846*

1. Gita May (*Diderot et Baudelaire critiques d'art*, p. 81, n. 34) indique que Baudelaire a probablement trouvé dans le *Salon de 1767* cette formule, ainsi que la suggestion du mot *sculpter* (p. 148). Diderot avait écrit dans ce *Salon*, en reprenant le mot d'« un homme du peuple » : « tout ce qui n'est pas de la sculpture est de la sculpterie », et il avait affirmé que la sculpture telle qu'on la trouve « sur la côte du Malabar, ou sous la feuillée du Caraïbe », était plus apte à provoquer la vénération du peuple qu'un chef-d'œuvre de Pigalle ou de Falconet (édition Brière, t. X, 1821, p. 82, et t. IX, 1821, p. 63).

2. Préault, de qui Baudelaire appréciait les propos à l'emporte-pièce, avait été exclu par le jury depuis 1837. Ce n'est qu'en 1848, après la réforme du jury, qu'il put de nouveau exposer (D. Kelley, 240).

Page 148.

a. autrement dit des *1846*

1. Deux Gayrard, le père et le fils, exposent en 1846. Raymond Gayrard, Gayrard père (1777-1858), expose *La Sainte Vierge* (marbre ; Besançon, église Notre-Dame), *La Sainte Vierge* (bois, église de Bagnères-de-Bigorre), *L'Hiver* (marbre) et *Pèlerine de Guatimala*, statuette en marbre (ancienne collection Thiers). Paul-Joseph-Raymond Gayrard (1807-1855) expose un groupe en marbre, celui des cinq filles du comte de M[ontalembert], et un plâtre : *Statuette de Mme**** (A. Calvet-Sérullaz, *BSHAF*, 1969, p. 119 ; D. Kelley, 241). Comme la statue en bois est raillée dans le *Salon caricatural* (p. 180), il est probable que c'est Gayrard père qui est ici visé.

2. David d'Angers, à l'égard de qui Baudelaire avait été assez sévère en 1845 (p. 63). Il n'exposait pas en 1846.

3. Statue en bronze qui représente un personnage (l'esclave noire de Mme de La Tour) de *Paul et Virginie*, roman qui a fourni à Cumberworth plusieurs de ses motifs.

4. Susse est officiellement un papetier qui, vers 1837, a cédé à son fils la boutique du passage des Panoramas et qui s'est établi tout près, au coin de la rue Vivienne et de la place de la Bourse. Il est aussi bimbelotier, tabletier, bronzier, orfèvre; il vend des couleurs, des cadres et jusqu'à des tableaux et des dessins. Diaz, Decamps, Jules Dupré, Gavarni, Troyon, d'autres encore, se font éditer par lui, et, parmi les sculpteurs, Pradier, dont Susse vend la *Sapho*, et Dantan, dont on peut admirer les figurines (voir p. 149) [Jacques Boulenger, *Sous Louis-Philippe, Le Boulevard*, Calmann-Lévy, 1933, p. 204-205].

5. Provost, de la Comédie-Française (musée de la Comédie-Française); ce buste a été exposé en 1968 (n° 190). Sur Feuchère voir p. 404 et n. 2. Le buste qu'il avait exposé en 1845 était celui de l'acteur Mélingue (plâtre); Mélingue s'est illustré notamment dans les drames historiques de Dumas.

Page 149.

1. Jules Klagmann (1810-1867) n'avait rien d'un maître. Il avait été l'élève de Ramey et de Feuchère. En 1846, il expose deux plâtres : *Une petite fille effeuillant une rose*, et le buste d'Émile de Girardin (sur qui voir l'Index de ces deux volumes). Gautier (*La Presse*, 8 avril) est séduit par la « grâce et mignardise » de la statue (D. Kelley, 242).

2. Cette statue, par son érotisme, connut un grand succès. Elle est conservée au musée des Beaux-Arts de Nîmes. On la voit reproduite par J. Mayne (*Art in Paris*, pl. 21), dans le catalogue de l'Exposition de 1968 (p. 48) et par D. Kelley (pl. 96). Elle est raillée dans le *Salon caricatural* (p. 182).

3. Charles Blanc dans *La Réforme* du 27 mai affirme qu'Anacréon (dans le groupe en bronze : *Anacréon et l'Amour*) est copié d'une tête de Platon conservée au musée de Naples. Dans la *Revue des Deux Mondes* (1846, p. 672) Gustave Planche, qui était rentré d'un long séjour en Italie, remarque une ressemblance entre la Sagesse (dans le groupe en bronze : *La Sagesse repoussant les traits de l'Amour*) et une Minerve étrusque de la Villa Albano (D. Kelley, 242).

4. Il y a deux frères Dantan, tous deux sculpteurs qui ont tous deux exposé en 1846. Dantan aîné n'a exposé qu'un seul buste. Dantan jeune en a exposé cinq. Le pluriel désigne donc celui-ci, dont Baudelaire avait déjà loué les bustes en 1845 (p. 66), année où le premier n'avait rien envoyé au Salon.

5. Ce paragraphe est d'une interprétation délicate. En effet, Charles-Antoine-*Amand* Lenglet (1791-1855; voir *CPl*, II, 1015), modeleur, puis « orfèvre-fabricant », enfin statuaire à ses heures, qui appartenait à une famille amie de celle des Aupick, expose en 1846 deux bustes en marbre, ceux du général A... et de feu

M. H. L... Le premier est celui d'Aupick. Il a été légué par
Mme Aupick à la mairie de Gravelines où il est maintenant exposé ;
photographie dans notre article de *La Quinzaine littéraire*, nº 134,
du 1ᵉʳ au 15 février 1972, et dans l'*Album Baudelaire* (p. 72). Le
« petit buste » qu'admire Baudelaire est-il donc celui d'Aupick ou
celui de H. L...? (Le buste du général n'est pas petit, mais on
ignore où est l'autre, qui était peut-être plus grand.) Dans le premier cas, Baudelaire fait à l'adresse du général Aupick, son tour-
menteur, un geste de conciliation ou de réconciliation. Dans le
second, s'il désigne le buste de H. L..., il exprime simplement sa
sympathie à la famille Lenglet et, par son silence devant le buste
d'Aupick, marque la distance qui le sépare du général. A-t-il
recherché l'équivoque? Ce n'est pas impossible.

Page 150.

XVII. DES ÉCOLES ET DES OUVRIERS

a. ponsifs CE

1. Proche des fouriéristes et des socialistes, Baudelaire n'est pas
nécessairement républicain, à prendre ces mots dans leur acception
de 1846. Mais c'est bien la logique interne du socialisme qui, en
1848, conduira l'ami des roses et des parfums, celui qui sait le langage des fleurs, sur les barricades, du côté du peuple et non des
forces de la réaction ; voir notre étude, « Baudelaire en 1847 »,
BET, 95-121.

On devine ici une réminiscence de Henri Heine qui écrivait dans
De l'Allemagne (éd. Renduel, 1835, t. I, p. 126), à propos du critique Nicolaï : « Pour purger radicalement des vieilles ronces la
terre du présent, le pauvre homme pratique se faisait peu scrupule
d'en arracher en même temps les fleurs. Cette méprise souleva
contre lui le parti des fleurs et des rossignols, et tout ce qui appartient à ce parti, la beauté, la grâce, l'esprit et la bonne plaisanterie ;
et le pauvre Nicolaï succomba. »

Page 152.

1. Il est bon que les noms de Delacroix et de M. Ingres reparaissent ici, après l'impression que laissent les énumérations précédentes, impression volontairement provoquée par Baudelaire qui,
dans son classement, fait apparaître l'anarchie de l'art contemporain. Au-dessus de la mêlée des rapins et des plâtriers, le grand
drame se joue entre Ingres et Delacroix, entre deux conceptions de
la peinture, entre le passé et l'avenir. Ce qui va permettre à Baudelaire de poser la question essentielle dans le dernier chapitre.

2. *Notre-Dame de Paris.* Baudelaire pense au chapitre 11 du
livre V, intitulé *Ceci tuera cela.*

3. Dans sa contribution aux *Mélanges offerts à Jean Fabre, Approches
des Lumières* (Klincksieck, 1974, p. 31-37) : « Énergie, nostalgie et

création artistique; à propos du *Salon de 1846* », Annie Becq a
donné une interprétation originale de ce passage, mis en relation
avec la conception fouriériste de l'art telle que l'expriment les collaborateurs de *La Démocratie pacifique*. Le républicain crossé est assimilé à l'artiste sans génie. Baudelaire veut-il donc constituer une
société élitaire, où le droit à l'expression serait réservé à des privilégiés, aux génies? A. Becq voit ici moins « un refus de l'égalita-
risme républicain » qu'« une critique de la république en tant
qu'individualisme bourgeois ». « La révolution bourgeoise de 89 a
proclamé la liberté et l'égalité et libéré l'individu, mais cette libéra-
tion est en fait une imposture : elle a renversé les cadres anciens
sans fournir à ceux qui seraient incapables de subsister par leurs
propres forces les moyens de se développer. » Cette « liberté
anarchique » (p. 152), cette libre concurrence favorise les forts,
dans l'ordre artistique comme dans l'ordre économique. L'« œuvre
révolutionnaire », écrivait Victor Considérant dans le manifeste de
La Démocratie pacifique, a brisé les cadres anciens, mais elle ne les a
pas remplacés par une organisation meilleure; l'« œuvre démocratique » reste à accomplir. Le mode de consommation socio-écono-
mique des tableaux par la bourgeoisie qui en encombre ses appart-
ments requiert des artistes qu'ils se soumettent, individuellement,
aux goûts de celle-ci; les œuvres individuelles médiocres correspondent au morcellement de la propriété. Baudelaire, qui sent bien
qu'il appartient à une époque de transition, regarde vers un passé
qui avait su organiser le travail artistique; il prévoit pour l'avenir,
grâce à l'association, à la coopération de tous, le « passage de la
peinture individuelle à la peinture collective » « où chaque travailleur, volontairement, fraternellement uni, exécute dans une œuvre
ou une série d'œuvres, la portion qui correspond le mieux à son
sentiment et à son habileté » (Eugène Pelletan). Baudelaire serait
ainsi pris, mais dialectiquement, entre la nostalgie du passé et
l'énergie, le dynamisme qui lui permettent d'entrevoir et, déjà,
d'organiser l'avenir.

Page 153.

XVIII. DE L'HÉROÏSME DE LA VIE MODERNE

1. Voir p. 345, deuxième paragraphe.

Page 154.

a. merveilleux de Rastignac. *1846 : lapsus de Baudelaire qui corrige Rastignac en Raphaël de Valentin dans PM, S et WTB : merveilleux de Rafaël de Valentin. CE*

1. La légende du suicide de Jean-Jacques a été répandue immédiatement après sa mort. Mme de Staël l'accepte encore dans un de
ses écrits de jeunesse.

2. Les Turcs, mamamouchis ou non, fumaient habituellement dans des chibouques. Ces pipes, comme certains fusils utilisés pour chasser les canards sauvages, *les canardières*, étaient munies d'un long tuyau.

3. Le héros du drame d'Alexandre Dumas (1831), drame qui se déroule à l'époque moderne. Dans la pièce même (IV, 6) la vicomtesse de Lancy défend la conception de la modernité : « N'est-ce pas qu'on s'intéresse bien plus à des personnages de notre époque, habillés comme nous, parlant la même langue? », contre Eugène d'Hervilly qui craint que la ressemblance entre le héros et le public ne soit trop grande, au point qu'en cherchant à « montrer à nu le cœur de l'homme », le public risque de ne pas le reconnaître, dérouté par « notre frac gauche et écourté ». Dumas, dans *Mes Mémoires*, écrira en souvenir de la bataille d'*Antony* : « le jour où il arrive qu'un auteur moderne, plus hardi que les autres, va prendre les mœurs où elles sont, la passion où elle se trouve, le crime où il se cache, et, mœurs, passion, crime, force tout cela de se produire sur la scène en cravate blanche, en habit noir, en pantalon à souspieds et en bottes vernies, ouais! chacun se reconnaît comme dans un miroir, et grimace alors au lieu de rire, attaque au lieu d'approuver, gronde au lieu d'applaudir » (édition Pierre Josserand, Gallimard, t. IV, [1967], p. 305-306). Baudelaire aura d'autres raisons d'aimer Dumas père (voir le *Salon de 1859*, p. 282). Mais celle-ci, en 1846, n'est pas à négliger.

4. Ce morceau de bravoure n'est pas sans précédents. Et l'on pourrait même avancer que la défense de l'habit noir fut l'un des « topoi » du romantisme, en tant que celui-ci s'assimilait à la modernité (voir la définition du romantisme par Baudelaire lui-même, p. 81).

Au Salon de 1850-1851 (30 décembre-31 mars) Courbet exposera notamment le *Tableau historique d'un enterrement à Ornans* et *Les Casseurs de pierres* que Champfleury avait vus à Dijon trois mois avant qu'ils ne fussent présentés à Paris. À leur propos, dans *L'Ordre* du 21 septembre 1850, Champfleury cite ce passage, ajoutant : « Le peintre ornanais a compris entièrement les idées d'un livre rare et curieux (*Le Salon de 1846*, par M. Baudelaire) où se trouvent encore ces lignes vraies : " Que le peuple des coloristes [suivre p. 495 jusqu'à la fin du paragraphe] ". »

5. Gautier (« Salon de 1837 », *La Presse*, 8 avril 1837) qualifie les raouts parisiens de « véritables assemblées de croque-morts ». Pensant à la mort de sa mère, il dit avoir « boutonné [son] noir chagrin » sous sa « redingote noire » (*Le Glas intérieur*, dans les *Dernières Poésies, Poésies complètes*, édition R. Jasinski, t. III, 1970, p. 150). Balzac dans *La Mode*, en février 1830, exprimait la crainte que les doctrinaires et les anglomanes ne fissent perdre à la France sa forte et antique gaieté et il se demandait : « Serions-nous donc morts? Je ne sais, mais nous sommes tous vêtus de noir comme des gens qui portent le deuil de quelque chose... » (*Complainte satirique*

sur les mœurs du temps présent, dans *Œuvres complètes*, éd. Bouteron-Longnon, Conard, *Œuvres diverses*, t. I, p. 345). Dans *Le Carrousel* de mars 1836, Gérard de Nerval (si c'est bien lui, car l'article n'est pas signé de son pseudonyme; voir l'étude de Gilbert Rouger, *Mercure de France*, 1ᵉʳ mai 1955) écrit : « Ce grave siècle, ce siècle si préoccupé d'intérêts importants, ce siècle en habit noir et qui semble au tiers de sa vie porter le deuil encore de celui qui l'a précédé. » Image qu'après la publication du *Salon de 1846*, on retrouve dans un chapitre du *Voyage en Orient* (*Revue des Deux Mondes*, 15 mai 1847; *Œuvres* de Nerval, Bibl. de la Pléiade, t. II, p. 308).

6. Pour Lami, cf. *Le Peintre de la vie moderne* (p. 347) et, pour Gavarni, *Quelques caricaturistes français* (p. 219).

7. *Du dandysme et de G. Brummell* a paru à Caen, chez H. Mancel, en 1845. Le 20 décembre 1854, on voit Baudelaire demander à Barbey lui-même un exemplaire de ce livre rare, pour le faire lire à une dame (*CPl*, I, 305). Le 17 mars 1855, Baudelaire donne cet exemplaire (il porte des corrections autographes de Barbey) à Ancelle (Exp. 1968, nº 294).

Page 155.

a. une beauté et un héroïsme modernes! *1846*

1. Comme Stendhal Baudelaire aimait à consulter ces annales de la crédulité, du vice et du crime; voir *Pl*, I, p. 590 et 631 et p. 375.

2. Il revient à Dolf Oehler (*EB VIII*) d'avoir expliqué les allusions de cette fin du *Salon*, tout en tirant de ses explications des conclusions peut-être contestables. Personne, avant lui, n'avait pu préciser qui était le ministre, qui le médailleur, qui le « sublime B..... ». Au point qu'on pouvait croire que Baudelaire avait imaginé personnages et circonstances.

Le ministre est Guizot, chef du gouvernement, sinon en titre, du moins en fait. À la Chambre, le 26 janvier 1844, il fut l'objet d'une furieuse attaque lancée contre lui et par les légitimistes et par la gauche dynastique. On lui reprocha, une fois de plus, mais avec une véhémence accrue, de s'être rendu à Gand en 1815 pour y avoir avec Louis XVIII des pourparlers secrets. Guizot, non content de se justifier de la trahison qu'on lui reprochait (il déclarait n'être allé à Gand que pour déterminer le roi exilé à respecter les libertés inscrites dans la Charte), affecta à l'égard de ses ennemis superbe et mépris : « Et quant aux injures, aux calomnies, aux colères extérieures, on peut les multiplier, les entasser tant qu'on voudra, on ne les élèvera jamais au-dessus de mon dédain » (*Le Moniteur universel*, 27 janvier 1844). Les amis de Guizot firent frapper à cette occasion une médaille par Maurice-Valentin Borrel (1804-1882). À l'avers, le buste de Guizot à gauche. Au revers, l'indication : Chambre des députés, séance du 26 janvier 1844, et cette phrase : « On peut épuiser ma force / on n'épuisera pas mon courage », pour les besoins de la cause, un peu contractée, puisque

Le Moniteur du 27 la transcrit ainsi : « Messieurs, on peut épuiser mes forces, mais j'ai l'honneur de vous assurer qu'on n'épuisera pas mon courage. »

Le « sublime B...... » désigne Pierre-Joseph Poulmann, qui avait assassiné un vieillard. Le procès de ce criminel eut lieu la semaine même de la séance orageuse à la Chambre : Poulmann fut condamné à mort le 27 janvier. Dans son numéro du 7 février la *Gazette des Tribunaux* relate que, ce matin-là, Poulmann, qui avait refusé de se pourvoir en cassation, apprit qu'il allait être exécuté. Il refusa les secours de l'abbé Montès (voir la note suivante) et fut conduit jusqu'au pied de l'échafaud. Là, il aperçut de nouveau l'aumônier et le somma de s'écarter, tout en lui tournant le dos. Sanson l'engagea à écouter les paroles de l'ecclésiastique : « Écoutez-le ne fût-ce qu'à cause de votre mère. » — « Malheureux ! reprit Poulmann, vous voulez donc abattre mon courage ! » Et il monta sur l'échafaud. La *Gazette* rapporte enfin que, juste avant de voir trancher le fil de sa vie, Poulmann, ébranlé, aurait dit : « Adieu, ma mère !... Mon Dieu, pardonnez-moi ! »

Dolf Oehler veut que Guizot et Poulmann s'opposent en une antithèse : le ministre corrompu remporte finalement une victoire ; l'assassin, grande âme, mais né dans le « Lumpenproletariat », périt en victime de la société. Baudelaire prendrait parti contre le premier. Ce n'est pas notre interprétation. Il nous semble, au contraire, que Baudelaire admire et le ministre, qui fit face à ses adversaires, et le criminel, qui témoigna d'une même force d'âme. Guizot et Poulmann ont exprimé, chacun à sa manière, l'héroïsme de la vie moderne.

3. L'abbé Jean-François Montès, né à Grenade, diocèse de Toulouse, le 1er novembre 1765, mort le 13 janvier 1856 sur la paroisse de Saint-Louis-en-l'Ile (*La Semaine religieuse* du dimanche 20 au dimanche 27 janvier 1856). Aumônier de la Conciergerie, il « suivait les condamnés à mort lorsqu'ils étaient transférés à la Grande-Roquette. C'est lui qui accompagna Lacenaire, le 9 janvier 1836 » (Abbé Moreau, *Souvenirs de la Petite et de la Grande Roquette*, Paris, Jules Rouff, s. d., t. I, p. 76).

Page 156.

1. À remarquer qu'ici Baudelaire ne mentionne pas Delacroix. Celui-ci n'était-il donc pas entièrement, à ses yeux, le peintre de la vie moderne ?

2. Le malheureux héros — l'inventeur du bateau à vapeur qui, son invention lui ayant été volée, la détruit — des *Ressources de Quinola*, « comédie en cinq actes et précédée d'un prologue », créée avec un succès médiocre, le 19 mars 1842, à l'Odéon. Dans sa première grande étude sur Poe (*Pl*, II, p. 268), Baudelaire rapporte une anecdote relative aux répétitions de ce drame en prose, qui se déroule en 1588 sous le règne de Philippe II. Baudelaire reproche donc à Balzac de n'avoir pas présenté sur la scène ces souffrances d'un inventeur en prenant pour personnages des contemporains.

Ce qu'il osait dans le roman (*Illusions perdues*), Balzac ne l'osait au théâtre.

Page 157.

LE SALON CARICATURAL DE 1846

1846 — Le Salon caricatural. Critique en vers et contre tous illustrée de soixante caricatures dessinées sur bois. Première Année. Paris, Charpentier, libraire, Palais-Royal, Galerie d'Orléans, 7 (voir p. 157). In-8° de 32 pages.

Première reproduction : *Le Manuscrit autographe*, juillet-août 1930, par Jules Mouquet; fac-similé.

Première reproduction en volume : CHARLES BAUDELAIRE, *Œuvres en collaboration. Idéolus. Le Salon caricatural. Causeries du Tintamarre.* Introduction et notes par Jules Mouquet, Mercure de France, 1932. Fac-similé.

La découverte de cette œuvre écrite en collaboration par Baudelaire, Banville et Vitu résulte de la connaissance de deux documents qui furent révélés dans l'ordre suivant :

— Une lettre d'Auguste Vitu à Eugène Crépet (8 mai 1887), qui venait de publier les premières *Œuvres posthumes*, lettre déjà citée à propos du *Sonnet burlesque* (t. I, p. 1245). Rappelons-en le second paragraphe :

« Est-ce que vous avez recherché le [catalogue *biffé*] salon illustré de 184.., pour lequel Baudelaire et moi avions écrit des légendes versifiées sur le bureau du dessinateur Raymne [*sic*] Pelez? »

Cette indication était mentionnée dès 1906 dans *EJC*, 210.

— Une lettre de Poulet-Malassis à Philippe Burty révélée par Pierre Dufay (« Poulet-Malassis à Bruxelles », *Mercure de France*, 15 novembre 1928). Mal datée et mal transcrite, cette lettre, qui est du 15 août 1863, doit, pour le paragraphe qui nous intéresse, se lire ainsi :

« Il y a un salon en vers, avec caricatures, dont la pièce initiale a été faite par Baudelaire, et les légendes des caricatures, toujours en vers, par Baudelaire, Banville et Vitu. Banville me dit qu'il y aurait des drôleries à y prendre? L'avez-vous? » (Archives de l'Orne).

Il est probable que Poulet-Malassis voulait reproduire ces drôleries dans un *Parnasse satyrique* ou dans *La Petite Revue*, qui allait naître. Une faute de transcription (l'omission du membre de phrase : « Baudelaire, et... par ») fit conclure à J. Mouquet que le prologue était de Baudelaire, Banville et Vitu.

On le voit, le prologue est de Baudelaire. Les légendes ont été écrites en collaboration.

L'œuvre est mineure, croirait-on. Ce n'est pas l'avis de Marie-Claude Chadefaux qui en a montré tout l'intérêt (« *Le Salon caricatural de 1846* et les autres Salons caricaturaux », *Gazette des Beaux-*

Arts, mars 1968) en faisant l'historique de ce genre. Après de premières tentatives en 1781-1783, on trouve, à partir de 1839, dans les périodiques, des planches isolées en pleine page. En 1843, du 29 mars au 29 mai, *Le Charivari* publie un Salon caricatural. 1846, outre le *Salon caricatural* auquel collaborent Baudelaire, Banville et Vitu, voit paraître un autre Salon caricatural, en un album dessiné par Bertall, qui en est à ses débuts et qui continuera à pratiquer ce genre jusqu'en 1872. Dès 1847, Cham exploite cette même veine, suivi de Nadar à partir de 1852. *Le Salon caricatural de 1846* (titre qui figure au-dessus des premières vignettes; p. 161) est ainsi presque à l'origine d'un genre qui va durer plus d'un demi-siècle et qui est fort sérieux sous ses apparences bouffonnes. Salon caricatural ou Salon pour rire (autre titre du genre) : la volonté de caricature est moins prononcée que le désir de parodie.

Baudelaire et Banville sont fort liés à l'époque (voir *Pl*, I, p. 208). Baudelaire et Vitu également (voir *supra*). Baudelaire, Banville et Vitu, en collaboration avec Pierre Dupont, ces quatre compères sont les responsables de la parodie de *Sapho* publiée dans *Le Corsaire-Satan* du 25 novembre 1845 (voir *Pl*, II, p. 4).

La vignette de la page de titre — cartouche au milieu duquel est imprimé : « Première Année » (il n'y eut pas de seconde année) — porte le nom de Fernand : celui-ci a dessiné des vignettes pour des journaux d'art entre 1840 et 1845. Les vignettes au-dessous desquelles se lisent les légendes dues à Baudelaire, Banville et Vitu sont de Raimon Pelez (né en 1814), qui exposa des peintures à la fin de sa vie aux Salons de 1870, 1873 et 1879. M.-Cl. Chadefaux trouve que le style des images n'est pas homogène et qu'il suppose probablement la collaboration de trois personnes. Le mélange de ces styles, ajoute-t-elle, exclut la monotonie et distingue ce *Salon caricatural* des autres publications similaires. Nous doutons d'une collaboration multiple. En effet, Raimon Pelez reprit ces caricatures l'année suivante (*Journal du dimanche*, 7 mars 1847, « Le Salon de 1847 avant l'ouverture. Vues prises... par le trou de la serrure »), ce qu'ignorait M.-Cl. Chadefaux : elles sont alors gravées par Diolot, avec de brèves légendes en prose n'excédant guère une ligne. Sous cette nouvelle forme, elles s'appliquent tant bien que mal au Salon de 1847...

Le Salon caricatural de 1846 a été enregistré à la *Bibliographie de la France* le 9 mai 1846. Il avait donc paru un peu avant le *Salon de 1846* de Baudelaire. Peut-être fut-il écrit à la hâte, un peu avant celui-ci. Si nous le plaçons après le *Salon de 1846*, c'est pour ne pas rompre le rythme qui conduit naturellement du *Salon de 1845* au *Musée classique du Bazar Bonne-Nouvelle* et de ce *Musée* au *Salon de 1846*. D'autre part, l'étude sur le rire et les caricaturistes prend la suite, non moins naturellement, du *Salon caricatural*.

L'identification des œuvres exposées et caricaturées, d'après le livret du Salon, est fort difficile lorsque les artistes ne sont pas nommés. Quant aux allusions, plusieurs restent mystérieuses, comme il arrive dans le cas d'œuvres qui empruntent beaucoup aux circonstances. Les abréviations peuvent relever de la fantaisie. Nous n'avons pas retrouvé dans le livret du Salon M. de C., le comte de M., la comtesse de L. et la baronne de K., non plus que Mlle S. de L. Quant à M. G. il en fut montré quatre portraits par Irma Martin, Eugène Maurin, Robert-Eugène Müller et Albert Roberti, — aucun de ces artistes n'ayant fait l'objet d'un commentaire par Baudelaire dans le *Salon de 1846*. M. de L. a été peint par Alphonse Falcoz, mais Baudelaire est tout aussi muet au sujet de celui-ci.

Page 159.

LE PROLOGUE

J. Mouquet l'a rapproché, pour le mouvement, des *Métamorphoses du vampire* (*Pl*, I, p. 159) et de *La Muse vénale* (*Pl*, I, p. 15) où Baudelaire compare sa muse à un pitre.

Page 160.

Ma moustache et mon œil sont ceux d'un ogre! (v. 2)

Cette description rend bien l'allure de ce croquemitaine à l'épaisse chevelure et aux moustaches de bandit calabrais dont l'illustration figure en tête du Prologue, p. 159.

rancœur (v. 16)

Littré, note J. Mouquet, donne *rancœur* (au féminin) comme un terme vieilli avec cette signification : « Haine cachée ou invétérée qu'on garde dans le cœur. Même sens que rancune, mais d'un style plus élevé. » Littré signale que le mot est masculin dans le Berry (Baudelaire est sans attache avec cette province). Ce masculin doit bien plutôt provenir d'un emploi littéraire ancien. En effet, le dictionnaire de Huguet mentionne plusieurs emplois au masculin chez Tahureau, poète du XVIe siècle que Baudelaire et ses amis purent bien pratiquer. « Rancune » et « fiel » sont associés par Baudelaire à la fois dans *De l'essence du rire* (p. 189) et, à propos de Daumier, dans *Quelques caricaturistes français* (p. 216), textes qui par leur composition sont contemporains de ce *Salon caricatural*.

Page 161.

L'ÉDITEUR REMERCIANT L'ACHETEUR

Ce monsieur décoré vient d'acheter mon livre!
C'est un homme estimable ou bien son crâne ment.
Je suis son serviteur! pour le prix d'une livre
   Il va s'amuser crânement[1].

1. La richesse des rimes peut faire penser à Banville plutôt qu'à Baudelaire, mais celui-ci ne se serait-il pas amusé à faire du Banville?

UN DESSOUS DE PORTE

Complice du jury, ce superbe dauphin
Gambadait autrefois chez le sieur Séraphin[1].
Un rapin chevelu, formé chez monsieur Suisse[2],
Dit qu'on l'a fait venir d'Amiens pour être suisse.

Page 162.

LA PRESSE

Sous l'aspect virginal de ce marmot d'un an,
La critique à grands cris demande du nanan.

LE PUBLIC DE TOUS LES JOURS

Ce jeune abonné de *L'Époque*
Trouve le salon fort baroque,
Ricane et souffle comme un phoque,
Et se fait ce petit colloque :
« Je crois qu'Arnoux bat la breloque[3] ! »

UN MEMBRE DU JURY

Ce juré n'est pas mort, comme on pourrait le croire.
Malgré son faux palais fait en or niellé,
Malgré son œil de verre et son orteil gelé,
Malgré son nez d'argent et sa fausse mâchoire,
Il juge encore en corps la peinture d'histoire,
Grâce au rouage à vis caché par Vaucanson[4]
Dans son gilet de laine et dans son caleçon.

1. Le dessin représente un polichinelle. Sur le théâtre de Séraphin voir le *Salon de 1845* (p. 359) et *Les Paradis artificiels* (*Pl*, I, p. 408).
2. « Suisse, célèbre modèle qui tenait une académie où passa toute la jeunesse de ce temps » (R. Escholier, *Daumier*, 1934, p. 82). C'est chez Suisse, 4, quai des Orfèvres, que se domicilie Tassaert (livret du Salon de 1846). Le vers suivant se souvient des *Plaideurs*, I, 1.
3. J.-J. Arnoux rendait compte des expositions dans *L'Époque*. Dans une lettre qu'on peut dater de la seconde quizaine de mars 1846 (*CPl*, I, 135), Baudelaire écrit à sa mère qu'il a à faire deux feuilletons pour ce journal; un peu plus tard (en décembre?; *CPl*, I, 140), il écrit à la Société des gens de lettres qu'un roman de lui, *L'Homme aux Ruysdaëls*, « doit paraître prochainement à *L'Époque* ». Baudelaire eut-il à se plaindre de ce périodique? Son ami Champfleury, qui y avait placé un double feuilleton, était-il intervenu sans succès auprès du directeur Félix Solar? Le « jeune abonné » a tout l'air d'un Thomas Diafoirus. Peut-être y a-t-il ici une allusion aux prétentions encyclopédiques de *L'Époque*.
4. Voir l'Index.

FOUCHTRA, PICTOR!

Granet fait au salon le beau temps et la pluie.
    Le jury donna son appui
    À ce tableau couleur de suie.
    Charbonnier est maître chez lui[1].

Page 163.

LES EXPOSANTS

Plaignez ceux qui vont voir ces tableaux déplaisants.
Ils s'exposent en outre à voir les exposants.

LES EXPOSÉS

Ces gens que vous voyez s'avancer en escadres,
Ce sont les exposés avec tous leurs plumets.
    Ils viennent de quitter leur cadres.
    Puissent-il n'y rentrer jamais!

Page 164.

LE PUBLIC DES JOURS RÉSERVÉS

À Paris ces gens-là vivent gras et choyés;
Pour leur laideur à Sparte on les eût tous noyés.

AU CHAT BOTTÉ

Voulez-vous de Granet acquérir le talent?
    Un peu de cirage et de blanc,
    Et vous ferez très ressemblant[2].

UNE ILLUSTRE ÉPÉE[3]

    Digne des époques anciennes,
    Ce héros criblé de douleurs
    A défendu les trois couleurs.
    Nous ne défendrons pas les siennes.

1. Voir la phrase du *Salon de 1846* (p. 127) sur « la couleur propre aux tableaux de M. Granet, — laquelle est généralement noire, comme chacun sait depuis longtemps ». Cf. p. 164.
2. L'image caricature la toile de Granet, *Célébration de la messe à l'autel de Notre-Dame de Bonsecours*, que Baudelaire ne cite pas dans le *Salon de 1846*, mais à la couleur de laquelle il fait allusion (voir n. 1, ci-dessus).
3. Caricature d'un officier général.

Page 165.

SÉPARATION DE CORPS[1]

Je ne puis m'attendrir aux pleurs de Roméo,
      Sur son amante qui se vautre;
Car ils ressemblent tant dans cet imbroglio
      À des singes de Bornéo,
Que chacun devrait être heureux de quitter l'autre.

PORTRAIT DE M. G.

(Ressemblance peu garantie.)

De monsieur Grassouillet naguère
On vantait les membres dodus;
Mais, hélas! tout passe sur terre :
Aussi l'an prochain, je l'espère,
Mons Grassouillet ne sera plus.

PORTRAIT DE M. DE L.[2]

Ce serin qui va jusqu'à l'ut*,
Est-ce un ténor à son début,
Ou bien un jeune substitut?
— C'est un membre de l'Institut
Qui donne le la sur son luth.

* Prononcez *utte, débutte, substitutte* et *luthe.*

PORTRAIT DE M. DE C.

Celui qui verra ce front en verrue,
Ces naseaux véreux et cet œil vairon,
Se dira : Pourquoi lâcher dans la rue
Ce vieux sanglier né dans l'Aveyron,
Qui va devant lui flairant la chair crue?
Sans souffrir ainsi qu'il y badaudât,
On devrait manger sa chair incongrue
De verrat dodu chez Véro-Dodat[3].

1. Caricature des *Adieux de Roméo et Juliette!* Voir le *Salon de 1846* (p. 99). En 1855 (p. 253), Baudelaire s'opposera à ceux qui plaisantent « de la laideur des femmes de Delacroix ». Il est impossible de croire que cette légende est de Baudelaire.
2. Un personnage dont la tête imite celle d'un oiseau.
3. Ce huitain funambulesque est certainement de Banville. C'est sous

Page 166.

CORPS ROYAL, D'ÉTAT-MAJOR[1]

(Musique des hirondelles.)

F. DAVID.

Ta niche qui me garde,
Auprès de mon bocal,
Le soir monte la garde
Bravement, comme un garde
National. *(ter.)*

PORTRAIT D'UN PROFESSEUR[2]

Cet horrible baudet, dessiné sans chic,
Jouit du noble privilège
De brouter, après l'heure où finit son collège,
Les chardons de *L'Esprit public.*

UN MONSEIGNEUR

Admirez ce pasteur au milieu de sa cour,
Et le flot de satin qui sur ses jambes court
Comme un paon orgueilleux qui court dans une cour.
Hélas! ce grand prélat, — car tout bonheur est court,
— Mourut de désespoir d'être un homme de Court[3].

son nom qu'il sera réimprimé dans *Le Parnasse satyrique du dix-neuvième siècle*
[Bruxelles, 2 vol., t. I, 1864] — où paraissent aussi les six pièces condamnées
des *Fleurs du mal* — avec ce titre : *Le Docteur Véron, imitation de charcuterie.*
Véron était un magnat de la presse. Véro-Dodat, un charcutier-traiteur.
   1. La caricature représente, en buste, dans un costume d'officier, un chien
coiffé d'un chapeau de papier. Les auteurs visent-ils le *Portrait de M. F...,
lieutenant du corps royal d'état-major,* par Alexandre-Gabriel Lebaillif? Baudelaire ne le mentionne pas dans le *Salon de 1846.* — Félicien David (1810-1876)
est resté connu par son opéra *Le Désert.*
   2. La caricature représente un âne vêtu en professeur. Dans *L'Esprit public*
Baudelaire a publié en février 1846 la traduction du *Jeune Enchanteur (Pl,* I,
p. 523) et, le 15 avril, les *Conseils aux jeunes littérateurs (Pl,* II, p. 13). Ce
périodique avait-il renoncé à sa collaboration? Baudelaire voulait-il se
venger? Mais est-il l'auteur de la légende?
   3. La robe du cardinal a une ampleur exagérée. Raimon Pelez caricature ici
le portrait, peint en 1843, du cardinal prince de Croy, archevêque de Rouen,
grand-aumônier de France, mort le 1er janvier 1844, par Court (sur qui voir
une allusion dans le *Salon de 1846,* p. 39). Le jeu des rimes fait penser à
Banville.

Page 167.

SYMPTÔMES DE VENGEANCE[1]

C'est d'un Italien la mine meurtrière.
Il voudrait se venger; tremblons et filons doux :
Il peut nous assommer d'un seul coup, vertuchoux!
    Avec ses pattes de derrière.

PEINTURE OFFICIELLE

Admirez le début d'une brosse en bas âge!
Il n'avait pas cinq ans qu'au sortir de sevrage
Le jeune Raimon fils, épris de l'art nouveau,
Fit ce chef-d'œuvre épique, imité de *Nousveau*[2].

PEINTURE AQUATIQUE[2]

Ils ont l'air chagriné, dans cette nuit de Naple,
Comme s'ils entendaient le baryton Canaple.

Page 168.

GUDIN

Les pingouins de Gudin étaient des galiotes;
Mais le petit Gudin en a fait des cocottes[4].

PORTRAIT DE M. LE COMTE DE M.

Cet homme décoré, dont la cervelle est plate,
N'est pas un singe vert : c'est un grand diplomate.

1. Allusion à *L'Assassinat nocturne* d'Ignazio Manzoni cité par Baudelaire dans le *Salon de 1846*, p. 112.
2. « Le jeune Raimon fils » désigne le fils du caricaturiste, Jean-Louis Raimon Pelez, né à Paris le 29 juin 1838. On le trouve en 1891 demeurant à Aubervilliers avec la qualité d'artiste-peintre. — Édouard-Auguste Nousveaux (1811-1867), privé ici de son *x* final par une licence toute poétique, expose *La Place du Gouvernement, à l'île de Gorée (Sénégal). Passage de S.A.R. Mgr le prince de Joinville se rendant au Brésil pour son mariage (décembre 1842)*. Baudelaire ne le mentionne pas dans le *Salon de 1846*.
3. Allusion à la *Nuit de Naples* du baron Gudin; voir p. 145 et n. 1. Canaple, après avoir obtenu des succès en province, fut engagé à Bruxelles. Il rompit son engagement à la fin de l'été 1842 pour chanter à l'Opéra de Paris, où il ne semble pas avoir conquis les *dilettanti*. La *Revue et Gazette musicale de Paris*, dans son numéro du 26 avril 1846, indique qu'il venait de rompre à l'amiable son engagement, « par raison de santé ».
4. Gudin, *Vue de mer*. Des cocottes en papier apparaissent, en effet, dans la caricature.

ANNONCE-OMNIBUS

Mademoiselle Ida
12, — place Bréda[1]

MADAME LA COMTESSE DE L.

(Vieux appas, vieux galons!)

Ce vieux morceau de parchemin,
Qui n'a plus rien de la nature,
Est bien l'exacte portraiture
Du noble faubourg Saint-Germain.

Page 169.

PIÈCES DE TOILE

(Prise de la Smala.)

Pour produire par an mille pieds de chefs-d'œuvre,
Que faut-il? de l'aplomb et cinquante manœuvres[2].

TRIOMPHE DE LA MAISON CAZAL[3]

(Prise de la Smala.)

À l'ombre d'un riflard que le sommeil est doux!
Tous les Français sont morts : la victoire est à nous!

Page 170.

UN PROPAGATEUR DU VACCIN

Ce gros monsieur grêlé pose comme Narcisse,
Et chacun de ses doigts a l'air d'une saucisse.

---

1. Une femme à tête de chat. On sait que le quartier Bréda était celui des lorettes.
2. La toile d'Horace Vernet avait figuré au Salon de 1845; voir p. 17. La caricature montre quatre étages de peintres en train de couvrir une toile, le maître d'œuvre, mollement allongé, donnant ses ordres.
3. Cazal, breveté de S.M. la reine, est un grand marchand de parapluie, 23, boulevard des Italiens, « inventeur du coulant Cazal et des parapluies de voyage dont la canne se démonte à volonté, ce qui permet de s'en servir séparément » (*Bottin* de 1846).

CHEVEUX ET FAVORIS

Ce n'est pas un brigand pervers*,
Ce n'est pas non plus monsieur Herz[1].

* Prononcez *pervertz*.

FORÊT VIERGE

En peignant ces bouleaux pareils à des asperges,
L'auteur pour le fouetter nous a donné des verges.

LA NOTE DE BILBOQUET[2]

L'amour et la science, autour de nous tout change;
Tout change, et Chenavard succède à Michel-Ange;
Et depuis quarante ans tout en France a changé,
Excepté le dessin de monsieur Bellangé[3].

Page 171.

PAUVRE FAMILLE!

La pauvre famille en prières
Pousse un triste miaulement.
À les voir, on ne sait vraiment
Si leurs devants sont des derrières!

UN PARFAIT GENTILHOMME

Ceci n'est pas un pantin;
C'est un gentilhomme en chambre,
Fort au pistolet, et membre
Du jockey-club de Pantin.

---

1. Henri Herz (1806-1888), le célèbre pianiste et compositeur, professeur au Conservatoire, auteur d'une *Méthode complète de piano*.
2. Bilboquet est l'un des héros des *Saltimbanques*, célèbre parade de Dumersan et Varin créée au théâtre des Variétés en 1831. Il est passé maître en tours de toutes sortes comme en jeux de mots et en lazzi.
3. Sur Chenevard rivalisant avec Michel-Ange voir le *Salon de 1846* (p. 138). Hippolyte Bellangé [1800-1866] (Rouen, et Paris, 17, quai des Augustins, selon le livret du Salon) exposait trois toiles militaires : *Veille de la bataille de la Moskowa*, *Une halte* et *Un bivouac*.

Page 172.

ENTREVUE D'HENRI VIII ET DE FRANÇOIS Ier [1]

Ces princes sont ventrus comme Lepeintre jeune [2] ;
On dirait, tant leur mine est exempte du jeûne,
Tant ils ont l'air repu des bourgeois d'Amsterdam,
Deux éléphants venus du pays de Siam.

L'ATELIER DE DECAMPS [3]

Des briques, des cailloux, du plâtre, une truelle,
   Une hache, une demoiselle,
Un marteau, des pavés, une pince, des clous,
Pour peindre l'Orient tels furent les joujoux
   De ce peintre à l'âme cruelle !

PROFIL PERDU [4]

En vain les chenavards s'acharnent sur Decamps ;
Il aura toujours, quoi qu'on fasse,
Un mérite de plus que tous nos fabricants :
Ses tableaux se voient mieux de profil que de face.

RETOUR DU BERGER [5]

Dans ce pays sauvage et sous ce ciel à franges,
Sans doute les esprits le soir dansent en rond.
Tandis que Delacroix fait des femmes oranges [6],
Faut-il donc que ton pâtre, ô Decamps ! soit si tronc.

---

1. Toile de Debon, « un franc et vrai peintre », lit-on dans le *Salon de 1846* (p. 107) où il est loué pour un *Concert dans l'atelier*. La caricature représente les deux souverains sous la forme de deux éléphants.
2. Lepeintre jeune (1788-1847), acteur, frère d'un autre acteur, Lepeintre aîné. Lepeintre jeune était obèse et tirait de son obésité même des effets de gros comique : « Une boule de chair, avec deux mains sur les côtés et deux pieds qui sortaient par-dessous » (*Grand Dictionnaire universel du XIXe siècle* de P. Larousse). Il fit les beaux jours du Vaudeville et des Variétés.
3. La caricature représente un mortier et un sac de « plâtre fin ».
4. Pour ces trois légendes dirigées contre Decamps voir le *Salon de 1846* (p. 108-111), où l'on trouvera cité Delacroix. Il y a chance qu'elles soient de Baudelaire.
5. C'est le titre d'une des toiles que Decamps expose en 1846. La caricature représente un vieil arbre au tronc creux.
6. Pour un reproche analogue adressé à Delacroix par ses ennemis voir p. 252 et 292.

Page 173.

UNE FEMME FORTE

(Madame la baronne de K.)

Un peintre trop épris de la célèbre George[1]
Peignit ce chrysocale et cet effet de gorge.

BUREAU DES CANNES

(Mademoiselle S. de L.)

Un canard fit ici le portrait de sa cane.
Cela coûte cinq francs : c'est le prix d'une canne.

LE REPOS DE LA SAINTE FAMILLE[2]

Pour le pauvre Devéria,
Qu'un sort fatal avaria
Et que Gannal[3] pétrifia,
Alleluia!

(Au désert enflammé, tête bêche et pieds nus,
Ils dorment dans les feux des sables inconnus.
On n'y rencontre, hélas! ni savon ni cuvettes;
Où laveront-ils leurs chaussettes!

SAADI, *Orientales.*)

PROJET D'UN MUSÉE

Ce palais et ces murs, d'ordonnance suspecte,
Ont, hélas! beaucoup moins d'aplomb que l'architecte[4].

1. L'actrice.
2. Toile d'Achille Devéria; voir le *Salon de 1846* (p. 107).
3. « Embaumement et momification, conversation des corps humains », 6, rue de Seine (*Bottin* de 1846). F[iorentino], dans *Le Corsaire* du 20 avril 1847, consacre une partie de son feuilleton à Gannal à qui il reproche d'importuner les chroniqueurs en leur envoyant des lettres comme celle-ci : « Monsieur, M. V... fils, embaumé par moi en 1844, devant être exhumé samedi prochain à 9 heures précises au cimetière du Père-Lachaise pour être déposé dans un monument définitif, je serais heureux de vous voir assister à cette opération, etc. J'ai l'honneur de vous saluer, GANNAL. »
4. Auguste Magne expose en 1846 un *Projet de Musée de l'Industrie à ériger sur l'emplacement de l'île Louviers (suite des études exposées au Salon de 1845)*.

Page 174.

LE MARDI-GRAS SUR LE BOULEVARD[1]

Pareil aux songes creux d'un phalanstérien,
Ce fouillis de chapeaux, de bonnets et de casques
De titis[2] et de bergamasques,
Tout ce déguisement de mannequins fantasques[3]
Est si bien déguisé que nous n'y voyons rien.

FI! DIAZ

Le grand Diaz de la Pégna[4]
Chez le soleil se renseigna;
Puis il lui prit un grand rayon
Qui maintenant sert de crayon,
Au grand Diaz de la Pégna.

Page 175.

CHASSE À COURRE SOUS LOUIS XV[5]

BALLADE

Au fond du bois
Le ciel flamboie.
La meute aboie;
Piqueurs, hautbois,
Cerf aux abois,
Tout est en bois!

Ces juments rose pâle, à peine dégrossies,
Sont d'Alfred (dit de Dreux), et non pas d'un rapin.
Pour la forme, ce sont des chiffons de vessies;
Ce sont pour la couleur des joujoux de sapin!

Au fond du bois
Le ciel flamboie, etc.

ÜCERT. *Odes et ballades*[6].)

---

1. La caricature représente, au fond, des maisons. Au premier plan, un arbre sans feuilles et comme une série de barbelés.
2. Déguisements de carnaval qui imitent les costumes des jeunes ouvriers des faubourgs eux-mêmes appelés « titis ».
3. *Bergamasques* et *fantasques* rimeront dans le *Clair de lune* des *Fêtes galantes*.
4. Sur Diaz de la Peña voir le *Salon de 1846* (p. 113).
5. La caricature du tableau d'Alfred Dedreux représente des figurines en bois. Sur ce peintre voir le *Salon de 1846* (p. 131-132).
6. L'impression a été défectueuse (la parenthèse est fermée après *ballades*; elle s'ouvrait avant la majuscule caricaturale en grande capitale qui a également disparu).

PINTURA MORESCA

Ce cadre est en cheveux. Celui qui les peigna,
Un coloriste adroit, Diaz de la Peña,
Est Espagnol, j'en crois son accent circonflexe;
Mais quant à son tableau, j'en ignore le sexe.

SAINT AUGUSTIN ET SAINTE MONIQUE[1]

Ces saints, qui regardaient les cieux calmes et doux,
Ont laissé retomber leurs têtes engourdies.
Sans doute dans les airs quelque démon jaloux
    Leur récitait des tragédies.

Page 176.

LES SAINTES FEMMES

(Tableau-feuilleton.)

Ary Scheffer, cet artiste modeste,
N'expose ci-dessus que le quart d'un tableau.
Nous avons, achetant à grands frais tout le reste,
    Reconstruit son Christ au tombeau;
    Mais, voyez la chance funeste!
    De ces pauvres estropiés
Nous n'avons jamais pu nous procurer les pieds[2].

UN TABLEAU MAL ÉCLAIRÉ

Sur cette toile en deuil, qu'on eut soin de vernir,
Ma chère Anne, ma sœur, ne vois-tu rien venir!

Page 177.

INVISIBLE À L'ŒIL NU

Nous avons entendu maint polisson nier
La présence au Salon du fin Meissonier[3].
Il suffit, pour percer l'ombre qui l'enveloppe,
    De recourir au microscope.

Il est possible que les auteurs veuillent désigner le poète allemand Rückert; ils lui
prêtent des vers à la fois dignes et indignes des *Ballades* du jeune Victor Hugo.
   1. Le tableau célèbre d'Ary Scheffer vivement moqué dans le *Salon de
1846* (p. 474-475).
   2. Ce tableau d'Ary Scheffer était exposé bien qu'il fût inachevé.
   3. M.-Cl. Chadefaux fait remarquer que Meissonnier (le nom est ainsi
imprimé dans l'original) n'a pas exposé en 1846 — ce qui n'empêche pas Baudelaire de le moquer dans le *Salon de 1846* (p. 143). La richesse de la rime
peut faire attribuer cette légende à Banville.

OSTÉOLOGIE

En voyant s'écorner ces tessons attristants,
Le public dit en chœur : Dans cet amphithéâtre
Quel bonheur qu'on ait fait ce grand bonhomme en plâtre!
Sans cette circonstance il eût duré longtemps!

LA GALERIE D'APOLLON UN JOUR DE FOULE

Cherchez dans ce désert un remède à vos maux;
On y rencontre des chameaux.

Page 178.

UN PEINTRE TRÈS FORT

Ce peintre n'a pas pu convaincre de sa force
Certain critique sourd, hurlant avec les loups;
La tête la première, il l'entre dans un torse
Du barbouilleur voisin dont il était jaloux.
Et fait, par ce moyen, d'une pierre deux coups.

LA GARDE MEURT!

Cambronne à l'ennemi poussa de telles bottes,
Qu'il ne reste de lui qu'un tricorne et des bottes[1].

Page 179.

VIVE LA LITHOGRAPHIE[2]!

Aloïs, inventeur élégiaque et morne
De la lithographie et des boutons en corne.

TROIS COUPS POUR UN SOU !

C'est un petit bon Dieu de plâtre,
Dont la tête porte un emplâtre[3].

1. Allusion au *Cambronne* en plâtre de De Bay. Voir le *Salon de 1845*
(p. 65).
2. Allusion à la statue d'Aloys Senefelder (1772-1834), inventeur de la
lithographie (1796), par Hippolyte Maindron. Cette statue fut placée dans la
célèbre imprimerie lithographique de Lemercier. G. Staal en a fait une gravure que publia *Le Magasin pittoresque* en septembre 1846 (t. XIV, p. 292).
3. Barre expose *Jésus-Christ venant de recevoir le supplice de la flagellation.*

Page 180.

MONSIEUR Q[1].

(L'auteur consciencieux de cette bonne boule
Tient citrouilles, panais, carottes et ciboule.)

BOIS DONT ON FAIT LES VIERGES[2]

Pour nommer ceci bûche il suffit qu'on le voie;
Cent comme celle-là font une demi-voie.

Page 181.

MONUMENT EXPIATOIRE

À deux canards assassinés
Ces marbres blancs sont destinés.
Une nuit, aveuglé par les dieux implacables,
Et par un billet de cinq cents,
Un sacrificateur pour des perdreaux coupables
Égorgea ces deux innocents.
Un ancien bas-relief, trouvé dans une armoire,
De ce forfait affreux nous garde la mémoire.

Page 182.

LA POÉSIE LÉGÈRE[3]

Cette lyre en Ruolz et ce marteau de porte
Pèsent de tout leur poids sur ce manteau léger;
Je ne veux pas de mal à celle qui le porte,
Mais je lui dirais zut s'il fallait m'en charger.

Page 183.

ÉPILOGUE

À l'an prochain, messieurs! (v. 1).
Nous l'avons dit, p. 516, il n'y eut pas de seconde année.

Page 184.
Adieu donc! pardonnez les fautes de l'auteur (v. 5).

Jean Pommier (*Dans les chemins de Baudelaire*, p. 46) a fait remarquer que l'épilogue se clôt à la manière des pièces du *Théâtre de*

1. Allusion au buste de Cuvier par Huguenin.
2. Allusion à la statue en bois de la Vierge par Gayrard père (sur qui voir une allusion du *Salon de 1846*, p. 148).
3. Statue de Pradier; voir le *Salon de 1846* (p. 149).

Clara Gazul de Mérimée (1825). Et Jacques Crépet, que le chapitre contre Ponsard des *Myſtères galants* (*Pl*, II, p. 1004) se termine d'une manière analogue par un trait emprunté à l'*Albertus* de Gautier. Serait-ce suffisant, en l'absence de tout témoignage externe, pour faire de Baudelaire l'auteur de cet épilogue?

Page 185.

DE L'ESSENCE DU RIRE

Le Portefeuille, 8 juillet 1855 (*1855*).
Le Présent, 1ᵉʳ septembre 1857 (*1857*).
Curiosités eſthétiques, Michel Lévy frères, 1868 (*CE*).

Texte adopté : celui de 1868. Il reproduit, à de rares exceptions près, celui de 1857, qui diffère sensiblement de celui de 1855.

L'historique de cet essai et des deux études sur les caricaturiſtes, français et étrangers, qui ont dû former avec lui un ensemble, eſt long et délicat. A placer ces pages à la date de première publication, on risque d'en fausser le sens et d'en amoindrir l'originalité. L'examen que nous en avions fait (*BET*, 80-94) nous avait permis de conclure qu'elles datent, dans une première version, de 1846 au plus tard, qu'elles ont été remaniées vers 1851-1853 et enfin mises à jour au moment de la publication. Nous n'avons pas à modifier cette conclusion.

Au second plat, verso, du *Salon de 1845* eſt annoncé comme étant sous presse, entre autres, *De la caricature*. Le 4 décembre 1847, Baudelaire écrit à sa mère : « Il y a à peu près huit mois que j'ai été chargé de faire deux articles importants qui traînent toujours, l'un une *hiſtoire de la caricature*, l'autre une *hiſtoire de la sculpture* » (*CPl*, I, 145). Probablement durant l'été de 1851, il propose à Dutacq, administrateur du *Pays*, quelques « feuilletons intitulés : *Du comique dans les arts et des caricaturiſtes*. [...] il y a une partie philosophique qui eſt *courte*, le reſte eſt une revue des caricaturiſtes »; nombre de signes typographiques : 120 000; un « livre », croit-il (*CPl*, I, 174-175). On reconnaît ici la division entre l'essai sur le rire et les deux études sur les caricaturiſtes. Au début de 1852, alors que Baudelaire et ses amis pensent à donner un successeur à la *Semaine théâtrale* sous la forme du *Hibou philosophe*, Champfleury, établissant le projet de présentation typographique de la revue, mentionne dans une liſte de titres : *De la caricature*, par Baudelaire (collection Armand Godoy, dossier 41; voir *Pl*, II, p. 1102). Quelques semaines plus tard, dans une notice bio-bibliographique adressée à Watripon, Baudelaire déclare : « Vous pouvez ajouter à cela [qui a été publié] : *Physiologie du rire* qui paraîtra prochainement, à la *Revue de Paris*, sans doute, ainsi que *Salon des caricaturiſtes*, et *Les Limbes*, poésies, chez *Michel Lévy*. Ce ne sera pas un mensonge, puisque cela va paraître très prochainement, et sans doute avant le volume biographique » (*Pl*, I, p. 784).

Ce n'était pas « un mensonge ». En effet, Champfleury avait publié, dans *L'Événement* du 20 avril 1851[1], le passage sur le Pierrot anglais, ainsi présenté dans des « Sensations de voyage d'un essayiste » :

« Il y a bien peu de personnes à Paris qui comprennent ces sortes de mystères dramatiques [les pantomimes] et qui ont l'amour sincère de ces muets spectacles. En tête, je citerai Théophile Gautier et Gérard de Nerval, qui m'ont si puissamment aidé dans mes efforts; et, à côté d'eux, mon ami B...d...r, dont je veux citer un fragment inédit, tiré d'un livre sous presse : *De la caricature, et généralement du comique dans les arts*. Ce qu'il a dit du Pierrot anglais, nul ne saurait mieux le dire, et je n'ai pas essayé de lutter avec lui : [suit le passage qu'on lira p. 198[2]]. »

En mars 1853 Baudelaire confie à sa mère que le manuscrit des *Caricaturistes* est resté en gage dans un hôtel (*CPl*, I, 212) : le livre eût été édité par Victor Lecou. Le 31 octobre, trois semaines sont encore nécessaires pour achever « *Caricatures* » (*CPl*, I, 233). C'est alors, ou en 1854, ou au début de 1855, que Baudelaire propose son essai à la *Revue des Deux Mondes*, adressant au secrétaire de cette revue les lignes suivantes :

« DE LA CARICATURE, ET GÉNÉRALEMENT DU COMIQUE DANS LES ARTS, PAR CHARLES BAUDELAIRE

« *Voici la troisième fois* que je recopie et recommence d'un bout à l'autre cet article, enlevant, ajoutant, remaniant, et tâchant de me conformer aux instructions de M. V. de Mars.

« Le ton du début est changé; les néologismes, les taches voyantes sont enlevées [*sic*]. La citation mystique de Chennevierres [*sic*; voir p. 188] est transformée. L'ordre est modifié. Les divisions sont augmentées. Il y a des passages nouveaux sur *Léonard de Vinci, Romeÿn de Hooge, Jean Steen, Brueghel le drôle, Cruikshank le père, Thomas Hood, Callot, Watteau, Fragonard, Cazotte, Boilly, Debucourt, Langlois du Pont de l'Arche, Raffet, Kaulbach, Alfred Rethel, Toppfer, Bertall, Cham et Nadar*[3]. L'article qui concerne Charlet est très adouci. J'ai ajouté une conclusion philosophique conforme au début.

« C. B.

PROGRAMME DE L'ARTICLE »

1. Cette publication a été retrouvée par Malcolm E. McIntosh, *Modern Language Notes*, novembre 1957.

2. Ce passage sera encore cité par Champfleury en 1854 et 1859; voir p. 578 sq. Le nom de Baudelaire est alors clairement donné. En 1854, dans la présentation, « sous presse » s'agrémente de la précision : « depuis dix ans seulement » — durée qui est portée à quinze ans en 1859. Ce qui nous renvoie à 1844.

3. On a respecté les graphies de Baudelaire.

Les noms de Thomas Hood et d'Alfred Rethel ont été ajoutés au bas de la note et reliés par un trait à la place qu'ils devaient occuper dans le texte.

Cette note est à rapprocher de l'insertion, le 1er juin 1855, de dix-huit *Fleurs du mal* dans la *Revue des Deux Mondes*. Elle est sans doute plus proche de l'époque de cette publication que de 1853. Peut-être est-elle même de peu postérieure à cette insertion. Buloz n'avait pas eu à se louer de la collaboration du jeune poète, que, malgré sa « note paternelle », quelques lecteurs lui avaient reprochée. De dépit Baudelaire aurait confié son essai — amputé, hélas! de parties importantes — à cette obscure petite revue, *Le Portefeuille*, où il parut le 8 juillet 1855. *Le Présent*, en 1857, ne sera guère mieux diffusé. Il faut donc noter que l'essai philosophique est resté confiné dans les revues de chapelles, alors que les études sur les caricaturistes publiées d'abord dans *Le Présent* en 1857 seront republiées en 1858 dans une grande revue : *L'Artiste*.

Cet historique appelle deux remarques.

Baudelaire est très prudent. Il laisse Champfleury publier le passage sur le Pierrot anglais, tel un ballon d'essai ; il a procédé de même pour ses poèmes. Mais il cesse bientôt de s'intéresser aux résultats de l'expérience. Sut-il jamais que c'était grâce à Champfleury que son essai, par un fragment, avait été lu? Si Maurice Sand connaît ce fragment, il en doit la connaissance à Champfleury, non à Baudelaire (voir p. 580).

L'ambition de Baudelaire est sans bornes. Son génie n'admet pas l'économie. Il englobe dans son projet une grande partie de l'art occidental. Sur les vingt et un noms qu'il cite à Victor de Mars, trois ou quatre seulement (quatre si l'on compte Vinci, voir p. 230) feront l'objet de commentaires dans les *Caricaturistes*. De son opinion sur quelques autres artistes nous sommes informés directement ou indirectement, en prose ou par la poésie. Mais que pensait-il de Romeyn de Hooghe, de Jan Steen, de Watteau (fils?), de Tœpffer, de Cham et même de son ami Nadar? Lorsqu'il publia *De l'essence du rire* dans *Le Portefeuille*, il en fit accompagner le texte de cet avertissement : « Cet article est tiré d'un livre intitulé *Peintres, Statuaires et Caricaturistes*, qui paraîtra prochainement à la librairie de Michel Lévy »; on entend ici l'écho du dernier paragraphe de la première section. Une note des *Caricaturistes français* précise en 1857 : « Ce fragment est tiré d'un livre resté inachevé et commencé il y a quelques années. » Un livre, ce mot revient plusieurs fois sous la plume de Baudelaire. En fait, les 120 000 signes indiqués à Dutacq en 1851 correspondent à peu près aux 117 000 signes de l'essai sur le rire et des études sur les caricaturistes tels que nous les lisons. C'est plutôt d'un dossier que Baudelaire a extrait pour les publier les trois parties qu'ont recueillies les *Curiosités esthétiques*. On ne se consolerait pas de savoir ce dossier perdu : sur plusieurs artistes, et non des moindres, il nous révélerait des opinions inconnues de Baudelaire.

Le livre qu'il rêvait aurait été primitivement (voir *supra*) « une *histoire de la caricature* ». Il abandonna assez tôt cette perspective sans doute en accord avec Champfleury[1] qui publiera en 1865, chez Dentu, une *Histoire de la caricature antique* et une *Histoire de la caricature moderne*, en appelant Baudelaire à collaborer poétiquement à ce second volume (voir *Pl*, I, p. 167), tout en le citant d'abondance.

Pour rendre chronologiquement à l'essai de Baudelaire son importance en faisant comprendre le guignon qui l'a étouffé, il faut imaginer *Le Rire* de Bergson publié dans de petites revues de la bohème.

Baudelaire était conscient de la valeur de son œuvre. Il comprend *De l'essence du rire* et l'étude sur les caricaturistes *français* dans les plans qu'il adresse à Julien Lemer le 3 février 1865 et à Ancelle, pour Hippolyte Garnier, le 6 février 1866 (*CPl*, II, 444 et 591). Y a-t-il lieu de croire qu'était exclue l'étude sur les caricaturistes étrangers? *Quelques caricaturistes français et étrangers* est un titre qu'on lit dans un projet de sommaire établi, en 1857, pour les *Curiosités esthétiques* (p. xi), et *Caricaturistes étrangers* figure seul, avec *De l'essence du rire*, dans une *Bibliographie Ch. Baudelaire* (*Pl*, I, p. 786). L'intention de Baudelaire était, n'en doutons pas, de réunir les trois parties d'un plus large ensemble.

Pour apprécier l'originalité de Baudelaire on se reportera au beau livre illustré écrit en allemand par Werner Hofmann, dont la traduction française, *La Caricature de Vinci à Picasso*, due à Anna-Élisabeth Leroy et Édouard Roditi, a paru chez Gründ (Paris, s. d.). Dans un article postérieur (« Baudelaire et la caricature », *Preuves*, n° 207, mai 1968), W. Hofmann, remarquant les coïncidences entre le comique absolu selon Baudelaire et la « totalité de l'humour » chez Jean-Paul Richter, se demande si le premier a lu la *Vorschule der Aesthetik* du second. Mais ce traité ne sera traduit en français qu'en 1862. Il ne semble pas que des traductions partielles aient pu influencer Baudelaire. Celui-ci, en donnant droit de cité artistique à la caricature et en définissant le grotesque comme une catégorie esthétique, est donc en France un novateur.

a. C'est bien le texte de CE. En 1855 et en 1857 on lit : que des matériaux;

1. Cette division du travail a été faite, nous l'avons dit ci-dessus, entre Baudelaire et Champfleury.

Page 186.

a. Et chose au moins aussi mystérieuse, c'est que ce spectacle 1855

1. Voir l'article de Yoshio Abé, « La Nouvelle Esthétique du rire : Baudelaire et Champfleury entre 1845 et 1855 », *Annales de la Faculté des lettres*, Université Chūō, Tokyo, t. XXXIV, mars 1964, p. 18-30.

1. Robert Macaire est l'antithéros de *L'Auberge des Adrets*, mélodrame en trois actes de Benjamin Antier, Saint-Amand [= Amand Lacoste] et Paulyanthe [= Chapponnier] (1823). « Frédérick Lemaître changea la nature de la pièce par la conception d'un assassin sarcastique associé à une sorte de Sancho timoré [Bertrand]; et chaque jour amena une variante à ce canevas complaisant qui se gonflait de railleries dont la bouffonnerie enlevait la réalité sanglante » (Champfleury, *Histoire de la caricature moderne*, p. 119). En 1834, Antier écrivit en collaboration pour Frédérick Lemaître un *Robert Macaire*, pièce en quatre actes et dix tableaux, qui fut interdite. Charles Philipon eut alors l'idée de donner la vie par le crayon à ce type devenu fameux. Il la fit réaliser par Daumier, qui en 1836 donna dans *Le Charivari* la série des *Cent et un Robert Macaire* (voir p. 215). Le bandit fanfaron fut « la figure symbolique de l'inventeur sans inventions, du fondateur de compagnies sans compagnons, du bailleur de fonds sans caisse, du médecin célèbre sans malades, de l'illustre avocat sans causes, du négociateur de mariages sans dots, etc. » (Champfleury, *op. cit.*, p. 122-123).

2. Sur le goût de Cramer-Baudelaire pour Rabelais voir *La Fanfarlo* (*Pl*, I, p. 554).

3. Cette formule est tombée des lèvres de Bossuet. Comme l'a montré James S. Patty (« Baudelaire and Bossuet on Laughter », *P.M.L.A.*, septembre 1965, p. 459-461), Baudelaire l'emprunte aux *Maximes et réflexions sur la comédie*.

Page 187.

a. avant que de se permettre le rire, comme *1855*

1. Dans le recueil *Vers* (1843), auquel Baudelaire faillit collaborer, on trouve ce vers de Le Vavasseur : « Dieux joyeux, je vous hais; Jésus n'a jamais ri! » Autre argument en faveur de l'ancienneté de cet essai.

Page 188.

a. dans les yeux *1855*

1. Tout ce passage est emprunté aux *Contes normands* (1842), par Jean de Falaise (pseudonyme de Ph. de Chennevières), recueil tiré à trois cents exemplaires seulement et non mis dans le commerce, dont Baudelaire rendit compte dans *Le Corsaire-Satan* du 4 novembre 1845 (*Pl*, II, p. 3). Ce n'est pas la seule phrase terminée par l'astérisque que Baudelaire doit à Chennevières : c'est bien tout le passage, depuis « Dans le paradis terrestre... » jusqu'à la fin du paragraphe. On serait tenté de croire qu'il en a agi comme il en use à l'égard de Stendhal dans le *Salon de 1846*. Mais, si l'on se reporte à la note pour V. de Mars (p. 572) : « La citation mystique de Chennevierres [*sic*] est transformée », on peut penser que Baudelaire avait, dans une première version, cité le texte entre guillemets et que le laminage auquel il procéda ensuite est cause de

l'impression un peu gênée qu'on éprouve à lire ces lignes de Chennevières :

« Le Seigneur Dieu avait fait la joie dans le cœur de l'homme avant qu'il l'eût formé du limon, de même qu'il avait fait toutes les plantes des champs avant qu'elles fussent sorties de la terre. — Or, la joie n'était point dans le rire, mais il semblait à l'homme comme il avait semblé à Dieu, que toutes choses créées étaient bonnes, c'est pourquoi il vivait dans un contentement plein de délices, et aucune peine ne l'affligeant, son visage était simple et le rire, qui est maintenant parmi les hommes et par lequel nous témoignons notre joie [,] ne déformait point les traits de sa face. La volupté de la créature n'avait point de fin, et elle était toujours égale et sans fatigue, et avant que l'homme eût été livré à la terre pour n'avoir point gardé la parole du Seigneur, l'homme n'avait jamais connu la douleur qui sort de ses yeux par les larmes. Le rire ni les larmes n'ont jamais été vus dans le paradis de délices; ils sont ensemble les enfants de la peine, et ils sont venus, le corps de l'homme s'étant affaibli et manquant de force pour les contraindre.

« Quand quelque chose agréable s'offre à l'homme, le transport qui le saisit est si fort, le bonheur étant rare en terre, que tout son corps s'en agite avec des apparences terribles. Quand la douleur que le Seigneur envoie s'empare de l'homme avec violence, tout son corps est de nouveau ébranlé, son cœur est gonflé, sa poitrine est déchirée par les sanglots. Ainsi je dis que le rire de ses lèvres est signe d'aussi grande misère que les larmes de ses yeux. Dieu n'a point mis dans la bouche de l'homme les dents du lion, mais l'homme mord avec le rire, ni dans ses yeux toute la ruse du serpent, mais il séduit avec les larmes, et aussi avec les larmes l'homme lave les peines de l'homme, avec le rire il adoucit son cœur et l'attire. »

Rien là d'un conte normand, contrairement au titre du volume. Les _Contes normands_ se ferment sur un « Épilogue » qui ne constitue pas la fin du livre. Un autre chapitre s'ouvre, « Le Livre fossile », qui nous montre l'auteur se promenant dans la région de Dieppe et y découvrant « un morceau de l'écriture originelle et antédiluvienne » que Dieu avait enseignée aux hommes. Cette écriture est celle de Manaël, fils de Tubal Caïn. Le passage cité appartient à cette révélation caïnite, qui ne pouvait être indifférente à l'auteur d'_Abel et Caïn_.

L'année où paraît le compte rendu de Baudelaire fournit un autre élément pour dater la première composition de l'essai.

2. Dans « _J'aime le souvenir de ces époques nues,..._ » (_Pl_, I, p. 11), Baudelaire associe de même primitivisme et pureté.

Page 189.

_a._ favorite. La _1855_

1. Baudelaire l'aura visitée durant son séjour à l'île Maurice en 1841.

2. Les libraires y avaient leur quartier général.

3. Marie-Antoinette. *Paul et Virginie* a paru en 1787.

Page 191.

a. un certain orgueil pour ainsi dire inconscient. *1855*

b. entrailles. Il ne dort jamais, *1855*

c. providentiel. Ainsi le *1855*

1. Voir le *Hibou philosophe, Pl*, II, p. 51.

2. *Melmoth the Wanderer*, par le Révérend C. R. Maturin, parut à Édimbourg en 1820 et fut adapté deux fois en français dès l'année suivante. En 1859-1860 Baudelaire aura l'intention de traduire un drame de Maturin, *Bertram* (*CPl*, I, 613 ; II, 41). En 1865, celle de traduire *Melmoth*, après qu'il aura appris que Lacroix et Verboeck-hoven avaient commandé une traduction à Mlle Judith (*CPl*, II, 461 sq.). Melmoth, le rire, la glace sont associés dans les *Vers pour le portrait de M. Honoré Daumier* que Baudelaire adresse à Champ-fleury pour l'*Histoire de la caricature moderne* en mai 1865 (*Pl*, I, p. 166). Sur Baudelaire et Maturin voir l'introduction de Marcel Ruff à son édition de *Bertram* traduit par Nodier et Taylor (José Corti, 1956). Le roman noir et satanique de Maturin n'a pas perdu ses vertus : les surréalistes, André Breton en tête, lui avaient voué une vive admiration.

3. Jonathan Mayne (*The Painter of Modern Life and other Essays*, p. 153) rapproche de ce passage les lignes suivantes de *Melmoth* (2ᵉ éd., t. III, p. 302) : « A mirth which is not gaiety is often the mask which hides the convulsed and distorted features of agony — and laughter, which never yet was the expression of rapture, has often been the only intelligible language of madness and misery. Ecstasy only smiles — despair laughs... »

Page 192.

a. à quelque nation qu'ils *1855*

Page 193.

a. et aspirer sincèrement à la poésie pure, *1855*

b. un âne manger des figues, *1855*

c. et en phallus, je crois *1855* ; *il se peut que ce soit là une suppression demandée en 1855 par « Le Portefeuille » et non une addition de 1857. En 1868 armée et non armés, ce qui est sans doute une faute.*

1. L'anecdote est rapportée par Valère Maxime (I, 10), par Lucien (*Macrobites*), par Érasme (*Adages*, I, 10, 71), mais c'est à Rabelais que Baudelaire en doit la connaissance. Au chapitre xx de *Gargantua* on entend Ponocratès et Eudémon s'esclaffer de rire au point, presque, d'en rendre l'âme, « ne plus ne moins que Crassus voyant un asne couillart qui mangeoit les figues qu'on avoit apresté, pour le disner, mourut de force de rire ».

Page 194.

1. Ce passage est, pour l'époque, étonnant. L'art érotique était tu, l'art oriental, ignoré. Il faut d'ailleurs penser au contexte profondément sérieux dans lequel Baudelaire insère ces réflexions pour expliquer le peu de chances qu'il avait de publier cet essai dans une grande revue.

Page 195.

a. dans le cas de grotesque, *1855 et CE. La leçon du « Présent » s'impose.*

Page 196.

1. Il est possible que ce passage ne date pas de la rédaction primitive. En 1846 Baudelaire n'est pas, comme il l'est ici, obsédé par l'idée du péché originel, selon la juste remarque de Felix Leakey (*Baudelaire and Nature*, p. 150, n. 2). En revanche, le chapitre suivant appartient vraisemblablement aux années 1845 et suivantes. Poe va remplacer Hoffmann au premier rang des admirations de Baudelaire. Il est significatif que dans tout ce texte Poe n'intervienne jamais.

Page 198.

a. que j'ai vu jouer. *1855*

b. Deburau   *Tous textes; fautes fréquentes dont peuvent être responsables les typographes.*

1. J. Mayne a peut-être identifié et daté cette pantomime (*The Painter of Modern Life and other Essays*, p. 159-160) : « *Arlequin*, pantomime anglaise en trois actes et onze tableaux », représentée au théâtre des Variétés du 4 août au 13 septembre 1842. Gautier en a rendu compte dans *La Presse* du 14 août. J. Mayne constate plusieurs ressemblances entre le texte de Baudelaire et celui de Gautier. Lois Hamrick (*The Role of Gautier in the Art Criticism of Baudelaire*, thèse de Vanderbilt University, 1975) met en doute la découverte de J. Mayne : *Harlequin* a eu du succès; dans la pantomime aucun caractère, d'après les journaux du temps, qui corresponde au personnage de Léandre. Mais Baudelaire a pu assister à une représentation où il y avait peu de spectateurs et contaminer des souvenirs de plusieurs pantomimes. En septembre 1846, il assiste à une pantomime de Champfleury, *Pierrot valet de la mort*, au théâtre des Funambules (*Bdsc*, 90). L. Hamrick, au reste, ne propose pas de substituer une autre hypothèse à celle de J. Mayne, qui nous semble donc encore valide.

2. Ce passage — nous l'avons annoncé, p. 572 — était cité par Champfleury dès le 20 avril 1851 dans *L'Événement*. Voici le texte :

« Le Pierrot anglais n'est pas le personnage pâle comme la lune, mystérieux comme le silence, souple et muet comme le serpent, droit et long comme la potence, auquel nous avait accoutumé Deburau. Le Pierrot anglais arrive comme la tempête, tombe comme un paquet, et quand il rit il fait trembler la salle. Ce rire ressemblait à un joyeux tonnerre. C'était un homme court et gros, ayant augmenté sa prestance par un costume chargé de rubans superposés qui faisaient autour de sa personne l'office des plumes et du duvet autour des oiseaux ou de la fourrure autour des angoras. Par-dessus la forme de son visage il avait collé crûment, sans gradation, sans transition, deux énormes plaques de rouge pur. La bouche était agrandie par une prolongation simulée des lèvres, au moyen de deux bandes de carmin ; de sorte que, quand il riait, la bouche avait l'air de s'ouvrir jusqu'aux oreilles. Quant au moral, le fond était le même que celui que nous connaissons : insouciance égoïstique et neutralité. *Indè*, accomplissement de toutes les fantaisies gourmandes et rapaces au détriment, tantôt de l'Arlequin, tantôt de Cassandre et de Léandre. Seulement, là où Deburau eût trempé le bout du doigt pour le lécher, il y plongeait les deux poings et les deux pieds, et toutes choses s'exprimaient ainsi dans cette singulière pièce, avec emportement : c'était là le vertige de l'hyperbole. Pierrot passe auprès d'une femme qui lave le carreau de sa porte ; après lui avoir dévalisé les poches, il veut faire passer dans les siennes l'éponge, le balai, le baquet et l'eau elle-même.

« Pour je ne sais quel méfait, Pierrot devait être finalement guillotiné. Pourquoi la guillotine au lieu de la potence en pays anglais ? Je l'ignore ; sans doute, pour amener ce que l'on va voir : l'instrument funèbre était donc amené sur les planches ; après avoir lutté et hurlé comme un bœuf qui sent l'abattoir, Pierrot subissait enfin son destin. La tête se détachait du cou, cette grosse tête blanche et rouge, et roulait avec bruit devant le souffleur, montrant le disque saignant du cou et la vertèbre scindée. Mais voilà que subitement, ce torse raccourci, mû par la monomanie irrésistible du vol, se dressait, escamotait victorieusement sa propre tête, comme un jambon ou une bouteille de vin, et se la mettait dans sa poche. Avec une plume, tout cela est pâle et glacé ; que peut la plume contre une pantomime ?

« La pantomime est l'épuration de la comédie. C'en est la quintessence, c'est l'élément comique pur, dégagé et concentré. Aussi, avec le talent spécial des acteurs anglais pour l'hyperbole, toutes ces monstrueuses farces prenaient une réalité étrangement saisissante. »

Ce texte de 1851 — dont on a remarqué qu'il est plus bref que celui du passage correspondant dans l'essai de 1855-1857 — a le même titre que la note pour V. de Mars. Il offre sans doute le premier état. Champfleury va reproduire ce passage dans ses *Contes d'automne* (Victor Lecou, 1854), puis dans ses *Souvenirs des Funambules* (Michel Lévy frères, 1859), ceux-ci ne différant de ceux-là que par la suppression du *Comédien Trianon*, prose qui met en scène Philibert Rouvière, lequel était aussi des amis de Baudelaire (voir

Pl. II, p. 60 et 241). De 1851 à 1855 on constate quelques variantes minimes, dont la responsabilité incombe certainement à Champfleury. Et une modification importante; on lit, en effet, dans les *Contes* : « ... un fragment inédit, tiré d'un article sous presse depuis dix ans seulement... » Ce qui est aggravé en 1859 : « ... depuis quinze ans seulement... » Le livre (p. 531) s'est transformé en article. L'adverbe souligne bien la procrastination baudelairienne. La constatation est devenue une plaisanterie. Passe encore pour les *Contes* qui paraissent avant que l'essai de Baudelaire ne soit publié. Mais en 1859 Champfleury ignorait donc la publication de l'*Essence du rire* en 1855 et en 1857! Il ne semble cependant pas qu'ils fussent brouillés à l'époque (voir une lettre de Baudelaire à Champfleury qu'on peut rapporter à la mi-décembre 1859; *CPl*, I, 630).

Le *Vert-vert* publie, le 30 novembre 1859, un article de Maurice Sand intitulé *Clown*. On y trouve ces lignes : « Pour définir le Pierrot anglais, M. Champfleury cite le passage suivant, emprunté à M. Baudelaire : " Le Pierrot anglais n'est pas le personnage pâle [...] le baquet et l'eau elle-même. " » Le *Vert-vert*, journal qui donne les programmes des théâtres, reproduit l'article de Maurice Sand et donc le passage de Baudelaire dans ses numéros du 1er, du 2, du 3, du 4 et du 5 décembre. Baudelaire est cité au travers de Champfleury.

Ainsi, du vivant de Baudelaire, le passage sur le Pierrot anglais aura été publié douze fois! C'est le texte de Baudelaire qui a été le plus souvent reproduit.

3. Regrettable dans le sens ancien : digne d'être regretté; Deburau était mort en juin 1846.

Page 199.

a. qui sent l'abattoir, *1855*

1. Graphie anglaise d'Arlequin (et ancienne graphie française attestée jusqu'au XVIIIe siècle).

Page 200.

a. avec éclats de rire, pleins de gaîté et de contentement; *1855*

Page 201.

a. merveilleux. / Cependant Harlequin *1855*
b. d'Hoffmann. *[Pas d'alinéa.]* Dans *1855*
c. de retomber régulièrement sur la tête, qu'elle *1855*
d. toutes ses splendeurs. *CE; on a corrigé.*

Page 202.

a. qu'on ne le croit *1855 et 1857*

Page 203.

a. dans l'homme l'existence *1855*

1. J. Crépet rapprochait cette conclusion de deux passages de *Fusées* : « Raconter pompeusement des choses comiques » (IV, 4; *Pl*, I, p. 652) et : « Le mélange du grotesque et du tragique est agréable à l'esprit comme les discordances aux oreilles blasées » (XII; *Pl*, I, p. 661).

Est-ce là la « conclusion philosophique » que dans sa note pour V. de Mars (p. 204) Baudelaire déclarait avoir ajoutée?

Page 204.

QUELQUES CARICATURISTES FRANÇAIS

Le Présent, 1ᵉʳ octobre 1857 *(1857)*.
L'Artiste, 24 et 31 octobre 1858 *(A)*.
Curiosités esthétiques, Michel Lévy frères, 1868 *(CE)*.

Texte retenu : celui de 1868, qui reproduit le texte de 1858 (voir la variante *b* de la page 214).

Dans *Le Présent*, (petite revue qui venait de prendre la défense de Baudelaire lors du procès; voir *Pl*, I, p. 1189-1191), le début du texte est séparé du titre par une ligne de points qui indique que ce morceau est détaché d'un ensemble.

Pour la date de composition voir *supra* les généralités sur *De l'essence du rire*.

a. raide *1857; de même, deux phrases plus bas.*
b. qu'on ne le croit généralement. Telle *1857*
c. et ses cheveux sur *1857*

1. Carle Vernet (Bordeaux, 1758; Paris, 1836), fils de Joseph Vernet, l'auteur de marines, et père d'Horace Vernet.
2. Au sens que ce mot avait dans les beaux-arts : une figure dessinée d'après un modèle vivant et nu.

Page 205.

1. Baudelaire, en fait, pense à une caricature de Darcis gravée d'après Guérain; voir les commentaires sur *Le Jeu* (*Pl*, I, p. 1028).
2. Edme-Jean Pigal (Paris, 1798; Sens, 1872). On a exposé en 1968 (n° 421) la planche 43 de la suite des *Scènes populaires*, — lithographie coloriée intitulée *J't'aime tant!* J. Mayne (*The Painter of Modern Life*, pl. 40) reproduit une lithographie conservée au Victoria and Albert Museum et intitulée : *The other foot, Sir, please*. C'est le n° 7 de la série *Miroir de Paris* publiée par *Le Charivari*. On y voit un cireur de chaussures et un gentleman très fier de lui. Albert de La Fizelière, ami de Baudelaire, a publié un article sur Pigal dans *L'Union des arts* du 5 février 1865.
3. Voir le Répertoire des artistes.

Page 206.

    a. pas trop bien   *1857*
    b. que ces jeunes gens   *CE; on a corrigé la faute.*

    1. Pour l'emploi de ce mot voir aussi la première phrase du *Choix de maximes consolantes sur l'amour* (*Pl*, I, p. 546).

    2. Voir, p. 531, les généralités sur *De l'essence du rire.*

    3. Béranger mourut le 16 juillet 1857. Sur les sentiments que lui portait Baudelaire voir aussi les projets de lettre à Jules Janin *Pl*, II, p. 232 et 234 et *CPl*, II, 419, 942.

Page 207.

    a. pat-à-qu'est-ce   *1857*

    1. Allusion au roman de Balzac, *Les Paysans*, dont la première partie fut publiée dans *La Presse* en décembre 1844 et qui ne paraîtra en volume qu'après la mort de l'auteur.

Page 208.

    a. espèce. L'idée est bonne, mais le dessin   *1857*

    1. Charlet a publié chez Gihaut en 1826 une suite de *Croquis lithographiques à l'usage des enfants*, dont quatre planches ont été exposées en 1968 (n°s 386-389).

    2. Auguste Barbier. Baudelaire emprunte ces expressions aux *Ïambes*, X :

        La race de Paris, c'est le pâle voyou
        Au corps chétif, au teint jaune comme un vieux sou.

Les sentiments hostiles qu'il exprimera plus tard dans la notice des *Poètes français* (*Pl*, II, p. 141) tendent à prouver encore que la rédaction de cette page fut précoce, même si ce « Charlet » a été retouché. L'expression *enfants terribles* doit venir d'une série de Gavarni; voir p. 220.

    3. Planche 4 de l'*Album lithographique* publié chez Gihaut en 1832 (Exp. 1968, n° 392).

    4. J. Crépet pensait que Baudelaire faisait allusion à l'*Épitaphe en forme de ballade* composée par Villon *pour lui et ses compagnons, s'attendant à être pendu avec eux.*

    5. *Uniformes de la Garde impériale*, suite de lithographies parue chez Delpech en 1819-1820. Une autre suite fut publiée, posthume, en 1845.

Page 209.

    1. Horace Vernet et Béranger.

    2. Nicolas-Toussaint Charlet, né en 1792, était mort en 1845. Il avait trouvé en la personne du colonel de La Combe (1790-1862) son héraut, qui avait publié en 1856, chez Paulin et Le Chevalier, un ouvrage intitulé *Charlet, sa vie, ses lettres, suivi d'une description*

raisonnée de son œuvre lithographique. On conçoit le déplaisir qu'il éprouva en lisant l'article de Baudelaire dans *Le Présent* du 1ᵉʳ octobre 1857. Dès le 12, de Tours, il protesta avec véhémence, dans une lettre qui a été conservée (*LAB*, 201-203). Il reprochait notamment à Baudelaire d'avoir classé Charlet parmi les caricaturistes : « Dans les pièces les plus gaies, il est vrai avant tout et ce n'est que dans de très rares occasions qu'il fait de la caricature. Dans une œuvre de plus de mille dessins, je saurais à peine trouver une demi-douzaine de caricatures, [...]. » Au cours de cette même protestation, La Combe citait le passage d'une lettre de Delacroix qu'il avait reçue quelques mois auparavant : « Je regarde Charlet — lui écrivait Delacroix — comme un des plus grands artistes de tous les temps et presque tous ses dessins sont des chefs-d'œuvre. » Delacroix écrira lui-même sur Charlet, dans la *Revue des Deux Mondes* du 1ᵉʳ janvier 1862. Lorsqu'il lut l'article de Baudelaire, dans *Le Présent* ou dans *L'Artiste*, il en éprouva lui aussi du mécontentement et il convoqua l'auteur pour le « tancer » (voir p. 424). Et pourtant, comme on le voit par la note à V. de Mars (p. 572), Baudelaire avait « adouci » cette partie. Il est probable que la mention favorable de Charlet dans *Le Peintre de la vie moderne* (p. 369) résulta de ce mécontentement de Delacroix.

La *Revue anecdotique* de la première quinzaine d'avril 1862 annonça la mort du colonel de La Combe en des termes assez moqueurs. Il n'est pas impossible qu'ils aient été soufflés à Poulet-Malassis par Baudelaire.

3. La première mention de Daumier sous la plume de Baudelaire — un éloge qui dut alors paraître excessif — se trouve dans le *Salon de 1845* (p. 16).

4. *La Silhouette*, dont Auguste Vitu fut un temps l'un des principaux rédacteurs et où Baudelaire, sans doute, publia le 1ᵉʳ juin 1845 un *Sonnet burlesque* (*Pl*, I, p. 215) et, le 28 septembre 1845, *À une jeune saltimbanque* (*Pl*, I, p. 221).

5. Baudelaire l'a bien connu; voir *Pl*, I, p. 1000 et 1047; ici, p. 414.

6. On sait que le visage piriforme de Louis-Philippe se prêtait à cette métamorphose. D'où des procès pour lèse-majesté.

Page 210.

1. Charles Philipon, lui-même caricaturiste, fonda *La Caricature* en 1830. Ce périodique vécut jusqu'en août 1835; il dut alors cesser sa publication par suite de la suppression de la liberté de la presse.

2. Cela se serait passé lors d'un procès intenté au directeur du *Charivari* en 1834.

3. Allusion à la lithographie célèbre intitulée : *Rue Transnonain, le 15 avril 1834.* Baudelaire va y revenir.

4. Cette lithographie n'a pu être retrouvée. Baudelaire, qui écrit de mémoire, ne la confond-il pas avec l'œuvre d'un autre caricaturiste? (Une confusion a été par lui faite au sujet de Carle Vernet, on l'a remarqué p. 205.) Voir d'ailleurs la note 2 de la page 211.

Champfleury qui cite tout ce passage dans son *Histoire de la carica-*
ture moderne (p. 227-228) attribue d'ailleurs à Grandville et à Traviès cette série de planches sur la Liberté opprimée.

Page 211.

1. Cette lithographie n'a pas été non plus retrouvée.
2. Cette lithographie n'a pas été retrouvée, si elle est de Daumier. J. Mayne (*The Painter of Modern Life*, p. 173) indique que *La*
Caricature du 27 juin 1831 contient une lithographie de Decamps
qui représente ce sujet.
3. Cette planche n'a pas été non plus retrouvée.
4. Ce Louis-Philippe-Gargantua dévorant des budgets (*La Cari-*
cature, décembre 1831) valut à Daumier six mois de prison.
5. Sans doute La Fayette.

Page 212.

1. J. Crépet, sur des renseignements qu'il devait à Georges
Dubosc, proposait d'identifier F. C. avec Franck-Carré, premier
président à la Cour de Rouen lors de la répression qui suivit les
émeutes d'avril 1848. Le procès des insurgés de Rouen eut lieu à
Caen. — Le demi-frère de Charles Baudelaire, Alphonse, substitut
à Fontainebleau, depuis 1837, attendait d'être nommé magistrat du
siège dans cette ville grâce à l'influence de Franck-Carré, qui avait
été juge dans cette ville. Le fils de Charles-Raynaud-Laure-Félix,
duc de Choiseul-Praslin — lequel avait eu François Baudelaire
pour précepteur et avait accepté d'entrer dans le conseil de famille
de Charles en 1827 —, écrit le 4 février 1841 à Alphonse Baudelaire qu'il va entretenir son père et voir Franck-Carré au sujet de
cette nomination : « M. le Procureur général m'a dit l'année dernière que votre nomination au Siège de Fontainebleau n'était pas
une chose impossible, et j'espère qu'une année ajoutée à vos services n'aura pu que le confirmer dans ses bonnes dispositions »
(collection Armand Godoy, dossier 47). Le 2 janvier 1846,
Alphonse Baudelaire sera nommé juge d'instruction...
2. Cette planche est la dernière d'une série de vingt-quatre
lithographies publiées dans *L'Association mensuelle* pour compenser
les amendes infligées à *La Caricature*. Elle parut en juillet 1834.
3. En fait, note J. Mayne (*The Painter of Modern Life*, p. 175), les
deux séries furent à peu près contemporaines. Les portraits en pied
furent publiés dans *La Caricature* en 1833-1834, la plupart des portraits en buste, dans *Le Charivari* en 1833.

Page 213.

a. raide *1857*

1. La lithographie est intitulée : *Ah! tu veux te frotter à la presse!!*
Elle a été publiée dans *La Caricature* en octobre 1833 (Exp. 1968,
n° 401).
2. Deuxième planche d'une suite de quatre lithographies inti-

tulée *Sentiments et passions*, publiée par *Le Charivari* en 1840-1841 (Exp. 1968, n° 404). Elle parut le 7 juin 1840 et est devenue célèbre.

Page 214.

a. tête-à-tête CE; *plus bas :* remue-ménages

b. CE introduit ensuite un II, *qui vient de « L'Artiste » où le paragraphe terminé par* jambes *clôt l'article du 24 octobre. Le 31 octobre, le titre est répété suivi de* II

1. La lithographie a été retrouvée par J. Mayne. Elle est connue sous un double titre : *À la santé des pratiques* et *Association en commandite pour l'exploitation de l'Humanité.* Elle parut dans *Le Charivari* du 26 mai 1840. Exp. 1968, n° 400.

2. Recueil de satires par François Fabre, publié en 1834-1835, dont le titre s'inspire de la *Némésis* de Barthélemy et Méry (Voir *Pl*, II, p. 159). Daumier illustra la deuxième édition (1840) de trente vignettes, des gravures sur bois.

3. Cette lithographie, publiée le 19 octobre 1844, est la douzième d'une suite intitulée *Les Philanthropes du jour* qui parut dans *Le Charivari* de 1844 à 1846. La légende se lit ainsi : « Ainsi donc, mon ami, à vingt-deux ans vous avez déjà tué trois hommes... Quelle puissante organisation, et combien la société est coupable de ne l'avoir pas mieux dirigée ! — Ah ! voui, monsieur !... la gendarmerie a eu bien des torts à mon égard... sans elle je ne serais pas ici !... » (Exp. 1968, n° 396).

Page 215.

1. J. Crépet fait remarquer que le catalogue des lithographies par Loys Delteil compte trois mille huit cents numéros. Il faut y ajouter un millier de bois gravés.

2. Cette série de cent planches parut dans *Le Charivari* entre août 1836 et novembre 1838; vingt autres, entre octobre 1840 et septembre 1842. Sur Robert Macaire, voir p. 186.

3. Cette série de cinquante planches parut dans *Le Charivari* entre décembre 1841 et janvier 1843 (l'une est reproduite dans Exp. 1968, n° 393). Baudelaire a d'abord utilisé ce paragraphe dans *L'École païenne* (voir *Pl*, II, p. 46). Le « vers célèbre » est de Berchoux. Baudelaire a substitué *nous* à *me.*

Page 216.

a. qui la suppose. Tel *1857 et 1858* ; supporte, *lectio difficilior*, est justifié par la première citation de la note 2.

1. Cf. p. 16; autre preuve en faveur de l'ancienneté d'une partie au moins de ces pages.

2. Lavater a été cité à la fin de la page 212. G. T. Clapton (« Lavater, Gall et Baudelaire », *Revue de littérature comparée*, avril-juin 1933) a relevé ces deux phrases de *L'Art de connaître les hommes par la physionomie* (Depélafol, 1820, t. II, p. 6, et t. III, p. 2) : « Telle forme

de nez ne supporte jamais un front de telle forme hétérogène, telle espèce de front s'associe toujours à tel nez d'une espèce analogue. »
« Telle main ne convient qu'à tel corps, et non à un autre. »

3. Sur l'association des deux mots, voir p. 160.

Page 217.

1. Voir p. 195.
2. Il est possible que Baudelaire ait envoyé ces pages, sous une forme modifiée et amplifiée, à Louis Martinet pour *Le Courrier artistique* qui avait commencé à paraître en juin 1861. Voir la lettre de [juillet 1861] à Martinet (*CPl*, II, 176), qui aurait refusé ce « morceau de critique composé dans un système d'absolue admiration pour notre ami Daumier » par crainte de mécontenter le gouvernement impérial !

Page 218.

1. Champfleury, dans *La Vie parisienne* du 10 septembre 1864, puis dans l'*Histoire de la caricature moderne* (1865, p. 243-244), a montré Baudelaire en conversation avec Henri Monnier (1805-1877) dans les salons de l'hôtel Pimodan, c'est-à-dire entre 1843 et 1848, et le complimentant de ses « excellents dictionnaires ». Baudelaire explique ensuite son mot : « les *Scènes populaires* [publiées en 1830] n'étaient pas de l'art; il manquait à la plupart de ces sténographies bourgeoises une composition, comme aussi le reflet de la personnalité du créateur. Tout était traité par menus détails, jamais par masses; enfin l'idéalisation manquait à ces types qui restaient seulement à l'état de croquis d'après nature » (*Bdsc*, 69). Ce mot *dictionnaire*, Baudelaire en doit l'emploi à Delacroix; voir le *Salon de 1846* : « Pour E. Delacroix, la nature est un vaste dictionnaire... » (p. 93), et le *Salon de 1859*, où l'idée est explicitée : La nature n'est qu'un dictionnaire; mais personne n'a jamais considéré le dictionnaire comme une composition poétique; on n'y trouve que des mots (p. 284).
2. Grandville (Nancy, 1803; Vanves, 1847) a publié *Les Métamorphoses du jour* en 1828.
3. Baudelaire pense sans doute à *Un autre monde* (1844).

Page 219.

a. et aussi n'a jamais su *1857 et 1858*
b. Gavarni cependant commença par *1857 et 1858*
c. et fait le monde son complice. *1857 et 1858*

1. Baudelaire n'est pas le seul à faire le parallèle, et non plus à le conclure en faveur de Daumier, mais il est, sans doute, le premier. Voici une page vigoureuse d'Hippolyte Castille, qui était des relations de Baudelaire, dans un livre : *Les Hommes et les mœurs en France sous le règne de Louis-Philippe* (Paul Henneton, 1853, p. 312-313), que Baudelaire semble bien avoir lu : « M. Daumier est non

seulement un plus grand peintre que M. Ingres, mais encore le plus grand peintre de ce temps. Le crayonneur des Robert Macaire est immortel en son genre comme M. Honoré de Balzac dans le sien. Il a élevé la caricature à la puissance d'une satire de Perse ; il a fait des bourgeois terribles de laideur, d'ignominie, de trivialité, de bêtise et de coquinerie. Son crayon est entré comme une flèche barbelée et empoisonnée dans la poitrine de cette classe qui n'en est pas une, car elle se modifie et se recrute sans cesse. Combien se trompaient ceux qui opposèrent M. Gavarni à M. Daumier ! Le premier, avec ses lorettes si spirituelles et si jolies, a presque l'air d'un complice ; le second fut toujours un juge implacable. »

Page 220.

1. La planche, indique J. Crépet, appartient à la série des *Baliverneries parisiennes*.

2. La création du mot, ou plutôt sa dérivation, peut être aussi revendiquée par Nestor Roqueplan qui a sacré les lorettes dans le numéro du 20 janvier 1841 des *Nouvelles à la main*, petite revue qu'il dirigea anonymement et rédigea seul de 1840 à 1844 (elle est comparable aux *Guêpes* d'Alphonse Karr). La suite des *Lorettes* de Gavarni — soixante-dix-neuf pièces — a paru dans *Le Charivari* de 1839 à 1846. Voir Exp. 1968, nᵒˢ 410-412.

3. Voir l'Index.

4. Baudelaire fait allusion à l'édition Houssiaux de *La Comédie humaine* qui commença à paraître en 1842.

Page 221.

1. Joseph-Louis Trimolet est mort à trente ans, en 1842. Cf. p. 398.

2. Voir *Pl*, I, p. 1462. Les *Chants et chansons populaires de la France* ont paru en 1843 (3 vol.).

3. L'éditeur Aubert s'est fait une réputation autour de 1840 en publiant une série de *Physiologies*, illustrées par Gavarni, Daumier, etc. En 1968 a été exposé *Le Comic Almanach pour 1842*, illustré par Trimolet. Un autre parut l'année suivante.

4. Voir *Quelques caricaturistes étrangers* (p. 226).

5. *La Prière*, suggère J. Crépet. Ce tableau avait été exposé au Salon de 1841.

6. Voir *Pl*, II, p. 11 et n. 3.

7. Charles-Joseph Traviès de Villers (1804-1859). Baudelaire a pu le rencontrer chez Boissard. Voici une lettre de Boissard à Traviès (adresse de celui-ci : 3 *bis*, rue Coq-Héron) conservée dans la collection Armand Godoy (dossier 46) ; elle doit dater des années 1845-1850 et avoir été écrite à l'hôtel Pimodan.

« Mon cher Traviès, vous devez me regarder comme un grand indigne de n'avoir pas encore répondu à votre invitation et de ne pas vous porter moi-même votre commission. Croyez bien néanmoins qu'il n'y a pas eu de ma part insouciance ni oubli, mais bien impossibilité réelle et absolue. Comme vous le savez, je ne puis sortir que le soir, et mes soirées se sont trouvées prises et au delà tous ces jours passés.

« Je vous fais parvenir, avec mes excuses — ou plutôt l'expression de mes regrets, l'échantillon que vous me demandiez. Aussitôt que j'aurai un moment, je vous le consacrerai, et vous, quand vous pourrez montrer votre grouin [?] au public, souvenez-vous qu'il y a des réunions très musicales tous les mardis chez votre ami.

« F. BOISSARD.

« Amenez-moi des concertants. »

Page 222.

a. Les trois textes montrent bien pleuvaient
b. Depuis, on *1857 et 1858*

1. Les *Scènes bachiques*, suite de dix-neuf lithographies, parurent dans *Le Charivari* en 1839 et 1840. Deux planches en ont été exposées en 1968 (nᵒˢ 425 et 426).

2. Il est possible qu'en écrivant *Le Vin des chiffonniers* (*Pl*, I, p. 106) Baudelaire ait pensé aux chiffonniers de Traviès. J. Mayne (*The Painter of Modern Life*, pl. 43) reproduit une lithographie de lui : *Liard, chiffonnier philosophe*. *L'Illustration* du 13 janvier 1844 publie « Les Petites Industries en plein vent », article non signé, illustré de bois de Traviès : l'un représente un chiffonnier avec sa hotte et son crochet; un autre, une chiffonnière. Du texte on retiendra cette phrase, proche par le sentiment et l'expression des *Crépuscules* (*Les Fleurs du mal*) : « Enfin, les pauvres industriels du soir regagnent leur mansarde où plus d'un recherche dans le sommeil l'oubli du froid et de la faim. Ils s'endorment en espérant un lendemain meilleur. »

3. C'est un type d'homme laid et bossu à bonnes fortunes dont la vanité égale la vulgarité. Ce type a été utilisé par d'autres caricaturistes, notamment par Grandville. Quelque cent soixante lithographies, publiées dans *La Caricature* et chez Aubert, en particulier une série intitulée *Les Facéties de M. Mayeux*, ont Mayeux pour héros. Deux ont été exposées en 1968 (nᵒˢ 423 et 424). Une est reproduite par Castex, p. 147.

4. Leclercq (et non Léclaire), qui se disait « Premier physionomane de France ». Jean Adhémar a exposé en 1957 à la Bibliothèque nationale (nᵒ 346) une gravure en couleurs (vers 1835) le représentant. Ce passage a été cité par Champfleury d'après la publication du *Présent*, dans son *Histoire de la caricature moderne* (p. 198-199).

5. La *Méthode* de Charles Lebrun *pour apprendre à dessiner les passions* est restée célèbre jusqu'au début du xixᵉ siècle (J. Mayne).

Page 223.

a. Philippon *CE; coquille.*

1. Personnage grotesque du *Roman comique* de Scarron.

2. Les *Militariana* ont été publiés chez Aubert dans le *Musée Philipon* vers 1840. La série *Les Malades et les médecins* parut dans *Le Charivari* de mars à novembre 1843 : trois des vingt-six lithographies qui la conſtituent ont été exposées en 1968 (nᵒˢ 415-417).

3. Quant aux caricaturiſtes étudiés, l'article du *Préſent* et de *L'Artiſte* reſte en deçà du projet exposé à V. de Mars (voir p. 572). J. Crépet signale que dans le quotidien *La Patrie* du 20 octobre 1857 Henri d'Audigier, tout en faisant des compliments à Baudelaire, lui reproche d'avoir négligé Cham, Guſtave Doré, Marcelin, Randon et Girin. C'eſt oublier le titre même de l'étude par lequel Baudelaire se laissait le choix. C'eſt, de plus, en citant Girin, vouloir à tout prix nommer un inconnu ou un méconnu : Raoul de la Girennerie, officier de hussards, né vers 1830, élève de Pils et d'Armand-Dumaresq, s'inspira de Gavarni et de Guſtave Doré. Ce dernier, Baudelaire ne l'aimait pas (*CPl*, I, 576, 577; II, 83). — Le *Rabelais*, petit journal où Baudelaire avait des amis et qui avait reproduit en juin *Morale du joujou*, relève l'attaque d'Audigier :

« Pourquoi le jeune chroniqueur se déclare-t-il incompétent en matière de beaux-arts ? Nous tenons de source certaine qu'il possède un très joli talent de dessinateur et de caricaturiſte. Quelques amis à peine ont pu voir d'excellentes charges, *Le Tabac*, *Le Vin*, par exemple, que M. Audigier garde dans ses cartons. C'eſt de l'humilité, tout simplement.

« Pas trop n'en faut. » (24 octobre.)

Page 224.

QUELQUES CARICATURISTES ÉTRANGERS

Le Préſent, 15 octobre 1857 *(1857)*.
L'Artiſte, 26 septembre 1858 *(1858)*.
Curiosités eſthétiques, Michel Lévy frères, 1868 *(CE)*.

Texte retenu : celui de 1868 qui reproduit celui de 1858, lequel diffère sensiblement du texte de 1857.

Dans *Le Préſent*, le début du texte eſt séparé du titre par une ligne de points qui indique que ce morceau eſt détaché d'un ensemble.

Pour la date de composition, voir les généralités sur *De l'essence du rire* (p. 571 sq.).

a. éloge; je vois dans cette formule impromptue un symptôme, un diagnoſtic *1857*

1. William Hogarth (1697-1764) eſt non seulement un peintre et un graveur. Il eſt aussi l'auteur de *The Analysis of Beauty, written with a View of fixing the fluctuating Ideas of Taſte* (London, 1753), traité qui sera traduit en français par Hendrik Jansen (Paris,

an XIII-1805, 2 vol.) et qui contient des vues analogues à celles de Baudelaire sur la bizarrerie du Beau, la ligne serpentine, etc. Voir *BET*, nouvelle édition, [1976], *in fine*.

2. Voir *Quelques caricaturistes français* (p. 218).

Page 225.

    a. se soûlait insouciamment du sang　*1857*
    b. que l'impatience n'ébranle jamais.　*1857*

1. Titres anglais : *Marriage à-la-mode, The Rake's Progress, Gin Lane, The Enrag'd Musician* et *The Distress'd Poet.* Les planches sont célèbres. Elles ont été maintes fois reproduites.

2. Cette planche, *The Reward of Cruelty*, appartient à la série *The Four Stages of Cruelty* (1750-1751). J. Crépet a fait remarquer que la description qu'en donne Baudelaire, de mémoire, n'est pas tout à fait exacte dans le détail. En effet, c'est la tête du cadavre qui est maintenue par la corde de la poulie. Le chien ne plonge pas son museau dans le seau; il mange un viscère qui est à terre près du seau.

3. Le conseiller Fualdès avait été assassiné à Rodez en 1817. L'orgue de Barbarie était destiné à couvrir les cris de la victime. *La Complainte de Fualdès* contient cette strophe :

> *Voilà le sang qui s'épanche;*
> *Mais la Bancal, aux aguets,*
> *Le reçoit dans un baquet,*
> *Disant : « En place d'eau blanche,*
> *Y mettant un peu de son,*
> *Ce sera pour mon cochon! »*

4. Robert Seymour (1798-1836) fut aussi — fait remarquer J. Mayne — l'illustrateur des deux premières parties de *The Pickwick Papers.*

5. Par Henri Monnier.

Page 226.

    a. des poètes enragés. Le　*1857*
    b. de ne pas dessiner　*1857*

1. *The deep, deep Sea* fait partie des *Sketches by Seymour* (1867), recueil des *Humorous Sketches* qui avaient été publiés séparément entre 1834 et 1836. Cette planche est reproduite dans le catalogue de l'Exposition de 1968, p. 101. On aperçoit Londres à une petite distance. Le bateau a nom : *The Water Nymph.* Le gentleman, cigare à la main gauche, tourne le dos aux pieds de sa moitié qui sortent de l'eau. Les deux rameurs ont le nez en l'air. Au-dessous de la légende cette précision : « Mr Dobbs singing " — Hearts as warm as those above lie under the waters cold " » (Il gît sous l'onde froide des cœurs tout aussi chauds que ceux qui battent au-dessus).

Page 227.

a. qui s'amusent aux croquis. *1857*

b. impertinents jusqu'au vol des sujets et des canevas, mais même de la manière et du style? La naïveté [...] d'une façon beaucoup plus insuffisante. *1857*

c. volume de mélanges qui portait pour titre collectif *Zigzags*. Théophile Gautier *1857; voir la note 4.*

1. George Gruikshank (1792-1878) — qu'il ne faut pas confondre avec son frère, Robert Isaac Cruikshank (1789-1856), et moins encore avec Isaac Cruikshank (vers 1756-vers 1810) que dans la note à V. de Mars (p. 1343) Baudelaire appelle Cruikshank le père — a dessiné notamment pour les magazines. Sa production a été considérable, ce qui peut expliquer le léger reproche que lui adresse Baudelaire. Le catalogue de l'Exposition de 1968 contient sept numéros (435-441) et une reproduction, *The Gin Shop* (p. 97) : on voit la Mort entrer dans le débit à la suite des consommateurs. J. Mayne (*The Painter of Modern Life*, pl. 46) a reproduit *A Skaiting Party*, désopilante.

2. À l'exception de Henri Monnier (p. 565, n. 5), nous ignorons qui sont ces plagiaires français.

3. Goya occupe dans cette étude la même place que Daumier dans *Quelques caricaturistes français*. Sur « Baudelaire, le musée Espagnol et Goya » voir l'article de Paul Guinard, *R.H.L.F.*, avril-juin 1967, numéro spécial Baudelaire, p. 321-328. Voir aussi *CPl*, Index. Delacroix fut un grand admirateur de Goya et connut autour de 1824 une période goyesque. Le livre de Laurent Matheron sur *Goya* (1858) lui est dédié (cat. Exp. 1957, n° 342).

4. L'étude de Gautier a paru dans *Le Cabinet de l'amateur et de l'antiquaire* en septembre 1842. Elle a été recueillie, non dans *Caprices et zigzags* comme l'écrivait Baudelaire en 1857, mais dans le *Voyage en Espagne* (Charpentier, 1845), d'où la correction apportée au texte (var. *c*). Gautier, avant son voyage en Espagne (1840), avait déjà écrit un article sur « Les Caprices de Goya » dans *La Presse* du 5 juillet 1838 (feuilleton). Or, en ce mois de juillet 1838, Baudelaire, alors à Louis-le-Grand, lisait *La Presse*, il nous l'apprend lui-même (*CPl*, I, 58). Ce premier article (inconnu de P. Guinard) contient déjà des éléments qui se retrouveront dans le quatrain des *Phares* (*Pl*, I, p. 13) et ici même : « de belles filles au bas de soie bien tiré », « des *mères utiles* donnant à leurs filles trop obéissantes les conseils de la Macette de Régnier, les lavant et les graissant pour aller au Sabbat ». Il se termine sur le titre de la planche *El sueño de la razón produce monstruos*.

Page 228.

a. ces rêves permanents ou chroniques *1857*

b. ait aussi beaucoup rêvé *1857*

c. et toutes ces blanches *1857*

1. Il est probable que cette parenthèse a été ajoutée au texte primitif. Au début de 1952, dans *L'École païenne* (*Pl*, II, p. 45-46), Baudelaire est encore favorable à Voltaire.

2. On retrouve ici les expressions de Gautier citées dans la note 4 de la page précédente.

Page 229.

a. tombeau. Plusieurs démons *1857*

b. il a osé à cette époque faire de grandes lithographies *1857*

c. les deux fesses dans lesquelles il va fouillant de son musle menaçant; accident trivial apparemment, car l'assemblée ne s'en occupe guère. *1857*

1. Cette planche 62 des *Caprices : Quien lo creyera!* (« Qui le croirait! ») est sans doute à l'origine de *Duellum* (voir *Pl*, I, p. 36).

2. *Y aún no se van!* (« Et pourtant ils ne s'en vont pas! »), pl. 59 des *Caprices?* J. Mayne (*The Painter of Modern Life*, p. 192) cite Klingender (*Goya in the Democratic Tradition*, Londres, 1948, p. 221), lequel suggère que Baudelaire confond ici la planche 59 des *Caprices* et la description par Gautier de la planche *Nada* des *Désastres de la guerre*. J. Mayne conclut que la description de Baudelaire est inexacte si celui-ci pense vraiment à la planche 59 des *Caprices*.

3. Goya s'était réfugié à Bordeaux en 1824. Il y mourra en 1828. C'est là qu'il fit les quatre lithographies des *Toros de Burdeos*. La planche que Baudelaire décrit dans le paragraphe suivant est intitulée *Diversión de España* (« Le Divertissement d'Espagne »).

Page 230.

a. de l'absurde vraisemblable. Toutes *1857*

b. ces grimaces diaboliques possèdent l'humanité. Même *1857*

c. obscurs. *1857, qui arrête la note sur ce point.*

d. Le soleil de l'Italie, *1857*

1. P. Guinard (art. cité) a, d'après le catalogue du musée Espagnol (voir p. 12), indiqué quels tableaux de Goya Baudelaire pouvait voir jusqu'en 1848 : des scènes de mœurs, sombres (*Enterrement, Dernière veillée du condamné*), picaresques (épisode du *Lazarillo de Tormes*), voire d'un réalisme épique comme les magnifiques *Forgerons* qui sont maintenant à la Frick Collection de New York. « C'est sans doute à ces tableaux — ajoute P. Guinard — que Baudelaire pense lorsqu'au Salon de 1846 — à propos d'une *Rixe de mendiants* de l'Italien Manzoni [p. 111-112] — il célèbre " une férocité et une brutalité de manière assez bien appropriée au sujet et qui rappellent les violentes ébauches de Goya ". Mais le groupe principal était aussi le plus aimable. C'étaient trois tableaux de grand format : le portrait de la duchesse d'Albe en mantille noire devant un paysage, une version des célèbres *Manolas au balcon*, enfin la *Jeune femme lisant une lettre*, tandis que sa suivante l'abrite du soleil. » Le portrait de la duchesse est au musée de la Hispanic

Society of America (New York). La *Jeune femme lisant une lettre* est au musée de Lille, ainsi qu'un autre tableau, également acheté en Espagne par le baron Taylor, qui représente la vieille coquette au miroir des *Caprices*, bafouée et battue par le Temps; mais ce dernier n'était pas exposé, peut-être en raison de son caractère insolemment caricatural.

2. Il est cité dans la note à V. de Mars (p. 572). Ces phrases de l'article de 1857-1858 correspondent-elles au développement annoncé?

3. J. Mayne (*The Painter of Modern Life*, p. 193) note qu'il y a au Kunsthistoriches Museum de Vienne un tableau de Leandro Bassano représentant le carnaval de Venise : Baudelaire aurait pu en voir une gravure. Mais, juge-t-il, l'apparition de Bassano dans ce contexte est étrange. Ajoutons que Baudelaire avait acquis d'Arondel un Bassan (mais il y a quatre Bassan qui se sont fait connaître dans l'histoire de la peinture); voir Cl. Pichois, « Baudelaire jeune collectionneur », *Humanisme actif, Mélanges d'art et de littérature offerts à Julien Cain*, Hermann 1968, t. I, p. 207-211. Autre allusion à Bassan dans le *Salon de 1859* (p. 275).

Page 231.

a. parlent savamment. Les *1857*

b. la cuisine ou le *1857*

c. caricaturiste, mais plutôt *1857*

d. Dans toutes ses études, nous *1857*

e. tout le charlatanisme de l'artiste : ses *1857*

f. ses cadenettes qui ornaient ses joues comme des anglaises, le *1857*

1. Sur le tempérament méridional voir le *Choix de maximes consolantes sur l'amour* (Pl, I, p. 547) et *La Fanfarlo* (Pl, I, p. 573-574).

2. Voir *De l'essence du rire* (p. 198).

3. Café situé via Condotti à Rome : c'était, à la fin du XVIIIᵉ siècle, le lieu de réunion favori des artistes et des écrivains.

4. Callot est mentionné dans la note à V. de Mars (p. 572). Mais peut-on croire que cette simple phrase de 1857-1858 corresponde au développement annoncé?

5. Bartolomeo Pinelli (Rome, 1781; Rome, 1835). J. Mayne a reproduit une aquarelle du Victoria and Albert Museum représentant un carnaval romain (*The Painter of Modern Life*, pl. 47). On a exposé en 1968 (nᵒ 458) une gravure de la suite *Nuova Raccolta di 50 costumi pittoreschi di Roma* publiée à Rome en 1816; la première *Raccolta* y avait été publiée en 1809. Delacroix témoignait de l'admiration pour Pinelli (*Journal*, 5 mai 1824; cité par cat. Exp. 1968). Mais d'où Baudelaire tenait-il ses informations biographiques? Jean Adhémar nous a signalé une étude, non signée, intitulée simplement : « Bartolomeo Pinelli », publiée, avec une reproduction, par *Le Magasin pittoresque* en septembre et en octobre 1846 (t. XIV, p. 289-290 et 339-340). L'auteur y montre le grand chien

noir de l'artiste « original » (Baudelaire : « ses deux énormes chiens »). Il insiste sur la facilité avec laquelle Pinelli « composait et dessinait impromptu » : « Hommes, femmes, enfants, tout ce qui passait devant lui, il le *croquait*, il en reproduisait les lignes et le côté pittoresque. »

En avril, mai et juillet 1857 (t. XXV, p. 106-110, 163-167, 219-223), *Le Magasin pittoresque* revint à Pinelli en publiant, avec plusieurs reproductions, un poème comique que celui-ci avait illustré : *Il meo Patacca* de Giuseppe Berneri. L'anonyme présentateur décrit ainsi Pinelli : « Son costume étonnait les étrangers qui lui achetaient à haut prix ses dessins. Il portait un chapeau " tromblon ", une grosse redingote ; sa cravate était nouée fort négligemment, et le col de sa chemise allait de droite et de gauche un peu au hasard ; deux longues mèches de cheveux pendaient, le long de ses joues, beaucoup plus bas que son visage, et il tenait habituellement sous son bras une espèce de gros gourdin à tête d'aigle. Il avait de petites moustaches et une impériale. Ses traits étaient réguliers et même beaux, mais laissaient deviner son origine populaire. »

Revoyant son article pour la publication (15 octobre 1857), Baudelaire a pu aussi s'inspirer de ces lignes. Mais, par l'allusion qu'il fait à sa jeunesse, on croira qu'une partie de son information lui venait d'amis de son père.

6. Cf. *Pl*, II, p. 18, les *Conseils aux jeunes littérateurs* publiés en 1846.

Page 232.

a. pinceaux. On voit ainsi qu'il a plus d'un rapport avec le malheureux Léopold Robert *1857*

b. nature, des sujets tout faits qui, [...], n'auraient eu que la valeur de notes. *1857*

c. tout cela, selon moi, est signe *1857*

d. et la conduite, le truc qui s'introduit *1857*

e. développées. Rien, souvent, ne ressemble plus *1857*

1. Léopold Robert (1794-1835) s'était donné la mort. Élève de David, il était admiré de Delécluze. Il a peint beaucoup de scènes italiennes, dans un style très léché. Sa réputation a été grande.

2. Cela est encore à rapprocher des *Conseils aux jeunes littérateurs* (voir la note 6 de la page 231).

3. Le premier est Pierre Brueghel, dit l'Ancien ; le second, Pierre Brueghel, dit le Jeune.

Page 233.

a. souvent, il est impossible *1857*

b. contient, selon moi, une *1857*

c. par l'interprétation stupide de l'école voltairienne, *1857; on remarquera l'atténuation.*

d. le mot de folie, ou d'hallucination ; mais vous ne serez guères plus avancé. La *1857*

1. Rappelons que le mot n'a pas encore le sens qu'il prendra dans la critique d'art. C'est alors un superlatif de *bizarre*.

2. Voir p. 218.

3. Voir *Pl*, I, p. 429 et n. 1.

4. Brierre de Boismont a publié *Des hallucinations* chez Baillière dès 1845. Baudelaire cite dans *Fusées*, IX, 14 (*Pl*, I, p. 656) l'autre livre de Brierre de Boismont, *Du suicide et de la folie-suicide* qui paraît chez Baillière en 1856. Ce médecin ouvre à la psychiatrie une voie nouvelle. Baudelaire ne le confondra pas avec les Lélut et Baillarger qu'il raille dans *Assommons les pauvres!* (*Pl*, I, p. 358).

Page 234.

a. merveilles, résumer et crayonner tant   *1857*

1. Il est probable que cette fin est d'écriture tardive et que Baudelaire s'y souvient de Michelet qui, dans le tome VII de l'*Histoire de France*, consacré à la *Renaissance* (Chamerot, 1855), a insisté sur la sorcellerie, les sabbats, « les folies épidémiques du peuple, surtout des campagnes » (p. CVI et CLX), avant d'y revenir dans *La Sorcière*. On notera que le mot *épidémie* est employé par le docteur L. F. Calmeil, médecin de Charenton, dans le titre du livre qu'il publie en 1845 : *De la folie [...]. Description des grandes épidémies de délire simple ou compliqué qui ont atteint les populations d'autrefois et régné dans les monastères*. Sur la dimension vraiment historique de ce phénomène voir Robert Mandrou, *Magistrats et sorciers en France au* XVIIe *siècle* (Plon, [1968]).

Page 235.

EXPOSITION UNIVERSELLE

1855

BEAUX-ARTS

Les première et troisième parties de ce Salon ont respectivement paru dans *Le Pays* des 26 mai et 3 juin 1855. La deuxième, refusée par ce journal, ne put être publiée que dans *Le Portefeuille* du 12 août 1855. Elles furent recueillies dans *Curiosités esthétiques*, dont le texte a été adopté ici. Baudelaire avait prévu un ensemble plus important. Dans une lettre du 9 juin 1855 il alerte Auguste Vitu au sujet d'un « quatrième article » (*CPl*, I, 313). Celui-ci aurait-il été consacré à d'autres peintres français ou aux peintres anglais (voir le post-scriptum du premier article, p. 242, var. *a*, ou la fin de la première section)? Découragé par le refus de l'article sur Ingres, Baudelaire aura abandonné ce quatrième article, dont on n'a aucune trace. *Le Pays*, déconcerté par l'originalité de Baudelaire et par la philosophie de l'art que celui-ci prétendait infuser aux lecteurs de ce quotidien, confia à Louis Énault le soin de décrire sans talent les différentes sections de l'Exposition.

Baudelaire a, bien entendu, manifesté le désir de recueillir ces pages dans ses volumes de critique d'art; voir *CPl*, II, 387, 444 et 591.

La première Exposition universelle avait été organisée à Londres en 1851. Le second Empire, affermi, organisa la deuxième en 1855. En plus des temples qu'il élevait au Progrès, il voulut présenter une ample rétrospective d'un demi-siècle d'art pour montrer, dans ce domaine, la prééminence de la France. À cet effet fut édifié un palais des Beaux-Arts, de deux étages, dont l'entrée principale s'ouvrait avenue Montaigne et une entrée secondaire, rue Marbeuf. Sur cet axe se trouvaient trois salons carrés dont le plus grand était réservé à la France. Les deux autres étaient divisés entre la France et la Prusse, le troisième étant surtout consacré à l'œuvre de Delacroix. Dans des galeries étaient accrochées les toiles d'une trentaine d'autres nations. Au premier étage étaient montrés aquarelles, gravures, projets d'architecture. Un restaurant, une installation rudimentaire d'air conditionné, un système destiné à combattre le feu donnaient à ce Palais des Beaux-Arts, construit en métal et verre, un aspect moderne. Des photographies de l'époque permettent de reconstituer l'accrochage dans les salons carrés, compact selon le goût de l'époque. Voir l'article de Frank Anderson Trapp, « The Universal Exhibition of 1855 », *The Burlington Magazine*, juin 1965, p. 300-305; Exp. 1968, n° 260; J. Mayne, *Art in Paris*, pl. 28.

Inaugurée le 15 mai 1855, l'Exposition des beaux-arts fermera ses portes le 15 novembre.

I. MÉTHODE DE CRITIQUE

Le Pays, 26 mai 1855 *(1855)*.
Curiosités esthétiques, Michel Lévy frères, 1868 *(CE)*.

Texte adopté : celui de *Curiosités esthétiques*.

a. dans l'harmonie universelle. / Un *1855. La correction va faire disparaître une répétition.*

1. C'était une telle comparaison que Baudelaire voulait établir au sujet des joujoux (voir la note finale de 1853 à *Morale du joujou*, *Pl*, I, p. 587, var. *c*).

2. Faut-il voir de *saintes* à *sacrés* en passant par *spirituelles* une gradation? Non, sans doute. Chaque ordre a ses degrés. Cette considération, pour les animaux au moins, renvoie aux théories de la métempsycose telles qu'on les trouve chez le père Kircher et déjà dans le *De subtilitate* de Cardan (auteur cité dans *La Fanfarlo*, *Pl*, I, p. 554) qui distingue des degrés de perfection dans les animaux (voir H. Naïs, *Les Animaux dans la poésie française de la Renaissance*, Didier, 1961, p. 174). Le père Kircher, fort pratiqué

par Nerval, est cité par Baudelaire dans une note qui accompagne la traduction de *Metzengerstein* (*Histoires extraordinaires*, éd. J. Crépet, Conard, 1932, p. 334), à propos d'une phrase de Poe difficile à entendre : « Le sens, après tout — écrit Baudelaire —, me semble se rapprocher de l'opinion attribuée au père Kircher, — que les animaux sont des Esprits enfermés. »

3. *Analogie universelle* est une expression fouriériste; le mot *harmonie* appartient à plusieurs doctrines « mystiques ». Voir J. Pommier, *La Mystique de Baudelaire*, ouvrage cité à propos de *Correspondances* dont on retrouve ici le système (cf. *Pl*, I, p. 11). Swedenborg n'est pas absent de ce paragraphe, en raison de l'accent religieux que marquent les capitales de CELUI. Mais cet accent est lui aussi *indéfinissable*. En 1855 Baudelaire a opéré une transmutation des différents systèmes auxquels il avait pu accorder son adhésion : il les a convertis en un système très souple, qui lui est personnel. De toutes les symboliques il a constitué son symbolisme.

Page 236.

a. chinois? Produit étrange. [...] évanouissement; cependant c'est *1855*

1. Winckelmann (1717-1768), né à Stendal, petite ville proche de Brunswick et dont Beyle a peut-être emprunté le nom, fut le créateur du néo-classicisme, hors duquel, en esthétique, il ne fut pas de salut. Contre lui et contre ses successeurs Baudelaire affirme les droits de la beauté conçue relativement.

2. Yoshio Abé (*Le Monde*, 28 novembre 1968) a fait remarquer que l'Exposition universelle de 1855 offrait aux visiteurs dans son Palais des Beaux-Arts, avenue Montaigne, un Musée chinois, sous la forme d'une collection d'objets d'art chinois rapportés par Montigni, ancien consul à Shanghaï et à Ning-Po. Avec Baudelaire, Gautier fut le seul des trente critiques d'art français qui rendirent compte de cette Exposition universelle à consacrer un article au Musée chinois (voir *Les Beaux-Arts en Europe*, Michel Lévy frères, chap. XII). Et Gautier, pourtant, cherchait à composer avec les vieux principes, en s'ingéniant à distinguer le « beau idéal » grec et le « laid idéal » chinois... Citons Yoshio Abé : « Quand on pense que Diderot méprisait la " bizarrerie " chinoise parce qu'elle représentait un écart par rapport aux sacro-saints principes de l'" imitation de la nature "; que pour Balzac, " en Chine, le beau idéal des artistes est la monstruosité " et qu'en 1867 encore il se trouvera en France un " Winckelmann moderne " (en l'occurrence le secrétaire perpétuel de l'Académie des beaux-arts) qui prétendra qu'il ne voit chez les Chinois " rien qui mérite le nom d'art, au sens élevé du mot ", et qu'il faut croire à l'" inégalité providentielle des races ", alors on mesurera toute l'audace dont Baudelaire témoigne en décrétant qu'un objet d'art chinois si bizarre soit-il est un " échantillon de la beauté universelle ". »

3. On comparera cette expression à celle qui sert de titre à un dessin exécuté par Baudelaire : « échantillon de *Beauté antique*, dédié à Chenavard » (*ICO*, nᵒ 178 ; *Album Baudelaire*, p. 173).

4. *Homme du monde* n'a pas le sens de *mondain* ; l'expression s'applique à un homme doué d'esprit cosmopolite (voir dans le paragraphe précédent l'emploi de *cosmopolitisme*).

Page 237.

a. qu'écrirait, — je le répète, en face   *CE ; on a reſtitué la ponſtua-tion de 1855.*

b. beau [*minuscule*]   *1855*

c. plus que le sien propre [*singulier*] ; science barbare [*singulier*] que les barbares,   *1855. Le second singulier eſt préférable au pluriel. Il n'en reſte pas moins qu'en raison soit de la ponſtuation, soit d'une omission lors de la publication par « Le Pays », la phrase eſt étrange.*

1. Baudelaire parle d'expérience. C'eſt là qu'on voit le mieux ce qu'il a retiré du voyage de 1841-1842.

2. Baudelaire contamine ici deux formules de Heine qu'il trouve dans le *Salon de 1831* (*De la France*, Renduel, 1833, p. 304 et 309). Voici la première, relative à la critique que l'on a adressée à la *Patrouille turque* de Decamps, où le cheval du chef de la police « s'allonge avec une rapidité si comique qu'il semble à moitié courant sur le ventre, à moitié volant » : « La France a aussi en fait d'art ses juges inamovibles qui épluchent, d'après les vieilles règles convenues, toute œuvre nouvelle ; ses maîtres connaisseurs-jurés qui vont flairant dans les ateliers et débitant leur sourire approbateur là où l'on flatte leur marotte ; et ces gens n'ont pas manqué de juger le tableau de Decamps. » L'autre formule a déjà été citée dans le *Salon de 1846* (voir p. 92, dernière ligne).

Heine mourra en 1856. Baudelaire prendra sa défense en 1865 contre Janin (voir *Pl*, II, p. 231 sq).

Page 238.

a. beau [*minuscule*]   *1855*

1. Cf. les vers 5-6 de *Correspondances* (t. I, p. 11).

2. *Ligeia*, dont la traduſtion paraît dans *Le Pays* des 3 et 4 février 1855, offre cette citation : « Il n'y a pas de beauté exquise, — dit lord Verulam [Bacon], parlant avec juſteſſe de toutes les formes et de tous les genres de beauté, — sans une certaine *étrangeté* [ſtrangeness] dans les proportions. »

Page 239.

1. Insiſtons sur ce fait : c'eſt la première fois que sont réunies à Paris et en France autant d'œuvres appartenant à des nations diffé-rentes.

Page 240.

a. une erreur, — fort à la mode, — dans laquelle je veux me garder de tomber, comme dans l'enfer. *1855*

b. *Ce long passage depuis* Ce fanal obscur *jusqu'à* son éternel désespoir? *(p. 241) ne se lit pas dans le texte de 1855. On ne peut prétendre qu'il a été supprimé pour la publication dans « Le Pays ». Peut-être a-t-il été ajouté après 1855.*

1. Cf. *Fusées*, XI : « De la langue et de l'écriture, prises comme opérations magiques, sorcellerie évocatoire » (*Pl*, I, p. 658).

2. Ici commence le second thème de cette étude méthodologique. L'Exposition universelle de 1855 faisait le bilan des conquêtes techniques de l'humanité occidentale. Maxime Du Camp publie à cette occasion ses *Chants modernes* dont la préface, vrai manifeste, que l'auteur voudrait comparable à la préface de *Cromwell*, enjoint aux poètes de se détourner de la vieille mythologie, d'oublier Bacchus et Vénus, pour chanter la Vapeur, le Chloroforme, l'Électricité, le Gaz, la Photographie et la Locomotive; ses *Chants* joignaient, hélas! les exemples au précepte. Sur cette problématique du milieu du XIXᵉ siècle voir Cl. Pichois, *Littérature et progrès. Vitesse et vision du monde*, Neuchâtel, La Baconnière, [1973]. Baudelaire tourne délibérément le dos au progrès. Il est hanté par le péché originel. Dans ses préfaces aux traductions de Poe (1856 et 1857), dans son essai sur *Théophile Gautier* (1859) et dans le *Salon de 1859*, il va revenir inlassablement à l'attaque du Progrès. Sa pensée de moraliste intransigeant est exprimée dans *Mon cœur mis à nu*, XXXII, 58 : « Théorie de la vraie civilisation. / Elle n'est pas dans le gaz, ni dans la vapeur, ni dans les tables tournantes, elle est dans la diminution des traces du péché originel » (*Pl*, I, p. 697). Voir aussi *Le Voyage* (*Pl*, I, p. 129) qui est malicieusement dédié à Maxime Du Camp.

Page 241.

a. *Ici reprend le texte du « Pays ».*

b. *Cette phrase ne figure pas en 1855; voir la n. 1.*

1. J. Crépet pense que Baudelaire fait allusion à *La Grève de Samarez* qui ne paraîtra qu'en 1863. Ce poème philosophique se présente comme un long dialogue platonicien entre Leroux et ses compagnons d'exil à Jersey. Au chapitre V, p. 196-199, se lit une violente attaque contre la cause de l'art pour l'art dont Leroux s'applique à détacher Hugo, en écrivant ironiquement :

« L'artiste est une étoile, une clarté, une rose, un rossignol. Il brille par lui-même, il est odoriférant par lui-même, il chante sans muse qui l'inspire, il est la Muse, il n'y a pas d'autre muse que lui... Il est le Soleil... Le Beau, c'est moi... L'Art, c'est l'artiste. »

Et p. 200 :

« Les Dieux, le genre humain, tout cela c'est du vulgaire. Le Poète seul existe, c'est le poète qui est le Dieu...

« Ainsi le dernier mot de la théorie n'est pas même ce que je disais tout à l'heure. À cette formule : *l'Art c'est l'artiste*, il faut ajouter : *l'Artiste, c'est Dieu*.

« — Hélas! pauvre Narcisse, dit la voix dans l'ombre du rocher. Et la voix derrière moi répéta : Pauvre Narcisse. »

Si c'est bien le passage auquel pense Baudelaire, il faut convenir que celui-ci l'a retourné contre Leroux.

Page 242.

a. En 1855, la signature de Baudelaire figure au-dessous de ces mots. Les deux paragraphes suivants viennent en post-scriptum.

b. romanciers, le peuple de *1805*

1. Il est curieux de voir Baudelaire encore attaché à cette conception messianique de la France que Friedrich Sieburg critiquera dans *Dieu est-il français?* Les sentiments de Baudelaire vont changer : cf. les notices écrites pour l'anthologie d'Eugène Crépet, notamment la notice sur Pierre Dupont (*Pl*, II, p. 169 sq.).

2. Cette idée de décadence rapproche Baudelaire de Gobineau dont l'*Essai sur l'inégalité des races humaines* paraît en 1853 et 1855 (4 vol.).

3. George Crabbe (1754-1832), auteur de *The Borough* (1783), qui contient le poème *Peter Grimes* traduit par Philarète Chasles dans la *Revue de Paris* en mai 1831, traduction recueillie dans *Caractères et paysages* en 1833. C'est sur ce poème, qui conte un drame de la mer, que Benjamin Britten a composé son premier opéra important (1945).

4. Sur Maturin, voir *De l'essence du rire* (p. 191). Sur Godwin, les projets de théâtre (*Pl*, I, p. 645, n. 5).

5. Baudelaire utilisera les notes qu'il avait pu prendre ou ses souvenirs ou encore les articles publiés par Gautier dans *Le Moniteur* dans deux passages sur les peintres anglais qui se lisent, en des termes analogues, dans le *Théophile Gautier* et dans le *Salon de 1859* (*Pl*, II, p. 123 et p. 269; voir les notes relatives à ces deux passages).

Page 243.

II. INGRES

Le Portefeuille, 12 août 1855 (*1855*).
Curiosités esthétiques, Michel Lévy frères, 1868, dont le texte est ici reproduit (*CE*).

Dans *Le Portefeuille* l'étude de Baudelaire était précédée de ces lignes, signées A. P., initiales d'Arthur Ponroy :

« ENCORE M. INGRES

« On nous reproche de paraître indifférents au compte rendu de l'Exposition des Beaux-Arts. Avouons naïvement qu'après les études générales sur les principaux maîtres de l'école moderne, notre ardeur à louer ou à critiquer se trouve quelque peu calmée. Toutefois nous ne saurions laisser rien d'obscur autour de la question de doctrines; et notre devoir est d'ouvrir nos colonnes aux manifestations les plus élevées de l'intelligence et de la critique, surtout dans ce qui regarde les maîtres de premier ordre. C'est à ce titre que nous venons offrir à nos lecteurs une nouvelle étude sur M. Ingres, signée d'un nom que le public d'élite aime toujours à rencontrer. Ce que notre collaborateur G. Pierre a dit de M. Ingres nous a paru juste et sensé. M. Ch. Baudelaire arrive au même résultat critique, mais par d'autres aperçus. Ce très bel esprit s'exprime d'ailleurs avec une telle finesse d'observation, une telle science de la parole écrite, que nous nous trouverions coupables de ne pas donner à nos lecteurs une appréciation si ingénieuse et si modérée des œuvres de M. Ingres. »

L'article, qui avait donné à Baudelaire « un mal de chien » (à [Vitu], 9 juin 1855; *CPl*, I, 313), avait été refusé par la direction du *Pays*, certainement comme trop critique à l'égard d'une gloire nationale.

Ingres, qui n'exposait plus au Salon annuel depuis 1834, avait, en effet, reçu la place d'honneur. Quarante-trois de ses œuvres étaient rassemblées; on avait transporté d'un plafond de l'Hôtel de Ville au palais des Beaux-Arts son *Apothéose de Napoléon Ier* (rendue au Salon de l'Empereur de l'Hôtel de Ville, elle y sera brûlée en 1871 pendant la Commune).

1. Baudelaire utilise ici des éléments de l'étude qu'avait annoncée la couverture du *Salon de 1845 : David, Guérin et Girodet*; certains avaient déjà été inclus dans l'article sur *Le Musée classique du Bazar Bonne-Nouvelle*.

Page 244.

a. Didon [italique] CE; le texte de 1855 imprime ce nom en romain, ce qui est correct, puisque c'est le personnage qui est ainsi désigné, non le tableau.

1. *Didon et Énée*, de Guérin, fut exposé au Salon de 1817 et est maintenant au Louvre.

2. Les *Funérailles d'Atala* ont déjà été mentionnées dans *Le Musée classique du Bazar Bonne-Nouvelle* (p. 71).

Page 245.

a. qu'elles sont entrées 1855

1. *L'Enlèvement des Sabines* (1799) est au Louvre. Sur *Marat*, voir *Le Musée classique du Bazar Bonne-Nouvelle* (p. 69). *Le Déluge*, par Girodet, est au Louvre. *Brutus*, de David (1789), porte selon les catalogues des titres différents, notamment celui-ci : *Les Licteurs rapportant à Brutus les corps de ses fils suppliciés*; ce tableau est au Louvre.

2. Cf. p. 279 sq.

3. Les toiles de Courbet avaient été refusées par la commission chargée d'organiser l'Exposition. Courbet les exposa dans une baraque toute proche du palais de l'avenue Montaigne. Y figurait notamment *L'Atelier du peintre*, avec Baudelaire. Ce paragraphe est le seul que Baudelaire ait consacré à l'œuvre de Courbet, dont l'éloigne en 1855 l'« anti-surnaturalisme », autrement dit le réalisme. C'est à ce moment que Baudelaire projette un article dirigé contre le réalisme : *Puisque réalisme il y a* (*Pl*, II, p. 57). L'amitié des deux hommes, qui avaient été fort proches autour de 1848, survivra à leurs divergences philosophiques, esthétiques, politiques. En 1859 Courbet offrira « à mon ami Baudelaire » un *Bouquet d'asters* (Bâle, Kunstmuseum; Exp. 1968, n° 228; reproduction, p. 59; *Album Baudelaire*, p. 136).

Sur les relations de Baudelaire et de Courbet avant la rupture idéologique, il y a lieu de rappeler la lettre que, le 12 mai 1849, le premier écrivit pour le second au président de la commission chargée du choix des œuvres d'art pour une loterie (*CPl*, I, 787-788). De cette lettre est contemporaine une liste de tableaux de Courbet établie par Baudelaire pour le Salon de 1849 qui s'ouvrit le 15 aux Tuileries. Voici cette liste; elle a été publiée pour la première fois par Cl. Pichois dans *EB II*, 69-70.

« GUSTAVE COURBET

« 1° UNE APRÈS-DÎNER À ORNANS

  C'était au mois de Novembre. Nous étions chez notre ami Cuenot. Marlet revenait de la chasse, et nous avions engagé Promayet[1] à jouer du violon devant mon père.

2° Mr Marc Trap...[2] examinant un livre d'estampes.

3° La Vendange à Ornans, sous la roche du Mont (Doubs).

4° La Roche du Miserere et la *[deux mots illisibles]* vallée de la Mularde (Doubs).

5° La vallée de la Loue, prise de la roche du Mont. Le village qu'on aperçoit au bord de la Loue est Mongesoye *[sic]* (doubs).

6° Vue du château de Saint-Denis, le soir, prise du village de Scey-en-Varay (Doubs).

7° La vallée de la Tuilerie et le ruisseau du Bié de Leugniey avant le coucher du soleil (Doubs).

8° Rochers dans la vallée de l'Essart-Cendrin[3].

1. On rencontre ce musicien en compagnie de Baudelaire les 22 et 23 février 1848 (Ch. Toubin, dans *Bdsc*, 91 sq.). Dans *L'Atelier du peintre*, il représente la musique.

2. Marc Trapadoux, « ce mystérieux et farouche Trapadoux qui traverse l'histoire de la Bohème, noir et long comme un bâton de réglisse » (Monselet, dans *Bdsc*, 148), fut lui-même un ami de Baudelaire qui appréciait ses idées sur l'art et la philosophie.

3. Baudelaire avait d'abord écrit : L'Essart-Sandrin. Ce qui indique qu'il écrivait sous la dictée de Courbet.

9° Les communaux de Chassagne.

« Sur les grands rochers du vieux château à la haute
tourelle, quand le soleil couchant dorait ses beaux
cheveux flottant au vent, mes soupirs caressaient
son beau cou de satin; Je disais à son cœur de
bien douces paroles; les élans de mon âme au
chant, au chant du paysan,
au chant de l'oiseau dans les bois »

G. COURBET. *Chanson en vers blancs.* [Disposition respectée.]

10° Dessin. Le peintre.

11° Dessin. Étude d'après Mlle Zélie C. »

Les numéros 1-3, 5, 6, 9, 10 se retrouvent au livret officiel du
Salon de 1849. Le commentaire du n° 1 a disparu. Celui du n° 9 se
réduit à la simple mention : « soleil couchant », qui a éclipsé les
vers blancs, lesquels sont vraisemblablement de Courbet lui-
même. Celui-ci composait « des chansons rustiques, sans rimes,
sans mesure, sans métaphore, dans un français qui sentait son
patois » (E. Bouvier, *La Bataille réaliste*, Fontemoing, s.d., p. 232).
Il est probable que la liste a été établie avant que Courbet n'allât
montrer ses tableaux au jury.

4. Une toile comme *Les Baigneuses* (1853) avait déjà causé
quelque scandale (remarque de J. Mayne).

Page 246.

1. Cathédrale d'Autun.

Page 247.

1. Souvenir de la lecture de *L'Art de connaître les hommes par la
physionomie*; cf., entre autres, p. 212 et p. 216, n. 2.

2. Musée du Louvre; porte la date de 1851. Exp. 1968, n° 261.

Page 248.

1. Musée du Louvre.

2. Musée Condé, Chantilly.

3. Les deux textes (*1855* et *CE*) montrent bien dans cette parenthèse *Vénus et Antiope*. Comme aucun tableau d'Ingres ne porte ce
titre, il faut conclure qu'il y a eu, du fait de Baudelaire ou de
l'imprimeur du *Portefeuille*, un doublon et que *Vénus et Antiope* doit
se lire *Jupiter et Antiope*.

4. L'*Odalisque à l'esclave* citée dans le *Musée classique du bazar
Bonne-Nouvelle* (p. 72). Elle est simplement intitulée *Odalisque* dans
le livret officiel de l'Exposition (n° 3351) : ce tableau peint à Rome
en 1839 appartient alors à M. Goupil.

Page 249.

1. Ce serait, en effet, une forme de l'héroïsme dans la vie
moderne. Voir la conclusion du *Salon de 1846* (p. 153).

2. *Jeanne d'Arc assistant au sacre du roi Charles VII dans la cathédrale de Reims.* Peint en 1854. Musée du Louvre. Exp. 1968, n° 264.

3. Étienne-Jean Delécluze (cité élogieusement dans le *Salon de 1845*, p. 11) rendit compte de l'Exposition universelle dans le *Journal des Débats*. Robert Baschet (*E.-J. Delécluze témoin de son temps*, Boivin, 1942, p. 297, n. 7) n'a pas retrouvé cette « promesse »; « Baudelaire — conclut-il — fait sans doute allusion à quelque propos que Delécluze aura tenu devant lui ou qui lui aura été rapporté ». Faut-il rappeler que Baudelaire fait ensuite allusion au poème héroïco-comique de Voltaire, *La Pucelle* ?

Page 250.

1. Voir, p. 555, les généralités. Ce n'est pas seulement un quatrième article que Baudelaire comptait écrire, mais plusieurs autres.

III. EUGÈNE DELACROIX

Le Pays, 3 juin 1855 *(1855)*.
Curiosités esthétiques, Michel Lévy frères, 1868, dont le texte est ici reproduit *(CE)*.

Delacroix remercia Baudelaire le 10 juin *(LAB*, 114-115), en termes aimables et distants. Il avait été l'un des membres de la commission chargée de préparer l'Exposition.

a. la faveur et les critiques du public. Depuis *1855*
b. Ce paragraphe, les vers de Gautier et le bref paragraphe qui les suit ne se lisent pas en 1855. Ont-ils été supprimés par « Le Pays » comme faisant longueur ou ont-ils été ajoutés après la publication ?

Page 251.

a. Ici reprend le texte de 1855.
b. de quelques salons, les dissertations partiales de quelques académies d'estaminet? La *1855*
c. du domaine pictural. Il *1855*

1. C'est le titre du poème de Gautier, joint à *La Comédie de la Mort*. Il y a quelques différences de ponctuation entre la citation faite par Baudelaire et le texte de Gautier; de plus, celui-ci au vers 12 de cette page 251, montre *destins* et non *dessins* (il faudrait d'ailleurs *desseins*).

2. Voir le portrait de la canaille littéraire dans *Mon cœur mis à nu*, XIX, 31 (*Pl*, I, p. 688).

3. Baudelaire penserait-il à l'*Odalisque au perroquet* du musée de Lyon, dont *Les Bijoux* sont comme un analogue en poésie?

Page 252.

a. de M. Karr sur *1855*

1. Musée de Rouen.
2. Au Louvre, comme *Dante et Virgile*.

3. Une autre allusion sera faite à ces plaisanteries dans le *Salon de 1859*; voir p. 292.

4. Londres, Wallace Collection.

5. La toile, commandée en 1826 à Delacroix pour le Conseil d'État, exposée au Salon de 1827-1828, a été détruite par les incendies de la Commune. Voir Exp. 1968, n° 268.

6. Église Saint-Paul-Saint-Louis, Paris.

Page 253.

a. plaisanteries [*pluriel*] *1855*

1. *Guillaume de La Marck, surnommé le Sanglier des Ardennes, ou l'assassinat de l'évêque de Liège*, peint en 1829 pour le duc d'Orléans, exposé au Salon de 1831, conservé au Louvre. Le sujet en est emprunté au chapitre XXII, *L'Orgie*, de *Quentin Durward*. Exp. 1968, n° 269.

2. *Scènes des massacres de Scio*, Salon de 1824, musée du Louvre. — *Le Prisonnier de Chillon*, inspiré du poème de Byron, Louvre. — *Le Tasse en prison* : voir dans *Les Épaves* (*Pl*, I, p. 168) le poème que l'une des toiles peintes par Delacroix sur ce sujet a inspiré à Baudelaire. — La *Noce juive* est au Louvre. — Les *Convulsionnaires de Tanger* sont dans une collection particulière de New York.

3. Salon de 1839; musée du Louvre. Exp. 1968, n° 272.

4. Salon de 1846; voir p. 99.

5. Vers emprunté à Gautier, *Terza Rima*, poème joint à *La Comédie de la Mort*. Baudelaire a souligné les deux pronoms, qu'il a modifiés (le vers de Gautier porte : *les*).

6. Philibert Rouvière avait incarné Hamlet dans l'adaptation de Dumas et Meurice jouée au Théâtre-Historique en 1847. Sur Rouvière voir *Pl*, II, p. 60 et 241.

7. Salon de 1845; voir p. 14.

8. Sur le parallèle Hugo-Delacroix voir le *Salon de 1846* (p. 90-92).

9. Voir p. 393-394.

Page 254.

a. autres, des femmes quelquefois historiques *1855*
b. couleurs plus riches, plus intenses, *1855*

1. *Cléopâtre et le paysan* (1839) — dont une réplique fut peinte pour George Sand — est au Ackland Memorial Art Center (Chapel Hill, Caroline du Nord).

2. Cf. le dernier vers de *La Vie antérieure* (*Pl*, I, p. 18).

3. Jules Buisson, ami de jeunesse de Baudelaire, rapportera à Eugène Crépet, en 1886, que Delacroix se plaignait, dans l'intimité, « du critique qui trouvait à louer dans sa peinture je ne sais quoi de malade, le manque de santé, la mélancolie opiniâtre, le plombé de la fièvre, la nitescence anormale et bizarre de la maladie. — " Il m'ennuie à la fin ", disait-il, [...] » (cité dans *LAB*, 112).

4. *Les Deux Foscari* sont au musée Condée, Chantilly. *Une famille*

arabe, dans une collection particulière de Paris. — La *Chasse au lion*, au musée de Bordeaux. — La *Tête de vieille femme*, dans une collection particulière en France.

Page 255.

a. CE introduit ici une note : Charles Baudelaire rappelle ici une des plus belles pièces des *Fleurs du mal*, la vi⁰, *Les Phares*.

b. quasi musicale./ Du dessin *1855; voir la n. 2.*

c. monstruosité; que la nature *1855*

1. Baudelaire, bien entendu.

2. Sur la conséquence chronologique qu'on peut tirer de la possible addition du quatrain des *Phares* et de son commentaire, voir *Pl*, I, p. 854, et *BET*, 125-132.

Page 256.

a. la Postérité? *1855*

1. *Les Souvenirs de M. Auguste Bedloe* dans les *Histoires extraordinaires*.

Page 258.

L'ART PHILOSOPHIQUE

L'Art romantique, Michel Lévy frères, 1868 (*AR*), dont le texte a été adopté, moins les erreurs. Accompagné de cette note, due à Asselineau ou à Banville :

« Cet article, trouvé dans les papiers de l'auteur, n'était évidemment pas prêt pour l'impression. Toutefois, malgré ses lacunes, il nous a paru assez achevé dans les parties principales d'exposition et d'analyse, pour être placé ici. Il complète les études de Charles Baudelaire sur l'art contemporain, et nous livrant ses idées sur un sujet qui le préoccupa longtemps et qui revenait souvent dans ses conversations. »

Les étoiles remplacent des filets.

Asselineau et Banville avaient laissé inédits trois feuillets qu'on trouvera plus loin (p. 266-267).

Ce projet a occupé l'esprit de Baudelaire pendant près de dix ans, sous des titres divers qui recouvrent la même pensée : dénoncer l'hérésie de l'enseignement dans l'art, déjà dénoncée dans les *Notes nouvelles sur Edgar Poe* en 1857, puis dans l'étude sur Théophile Gautier en 1859 (*Pl*, II, p. 333-334 et 111-114).

Voici en regard les dates précises ou approchées, fournies par la correspondance, la liste des titres auxquels pensa Baudelaire avec les commentaires dont il les a parfois accompagnés.

27 avril 1857   *Peintres raisonneurs* (I, 397)
[Janvier-février 1858]   *Peintres philosophes* (I, 449)
(« c'est-à-dire les peintres qui subordonnent l'art au raisonnement, à la pensée. Ainsi Janmot, Chenavard, Alfred Rethel »)

10 novembre 1858	*Les Peintres qui pensent* (I, 522)
8 janvier 1859	*Les Peintres idéalistes* (I, 537)
29 avril 1859	— — — (I, 566)
15 novembre 1859	*Allemands* (I, 619)
13 décembre 1859	*Allemands, Anglais et Espagnols* (I, 626)
4 février 1860	*L'Art enseignant* (I, 664)
[31 juillet?] 1860	*L'Art philosophique* (II, 69)
[Fin août 1860]	*Les Peintres philosophes* (II, 86)
9 février 1861	*Les Peintres philosophes ou l'art enseignant* (II, 128)
[Début mai 1861]	*Les Peintres philosophes* (II, 147)
23 décembre 1861	« un gros travail qui s'appellera *Les Peintres philosophes, Les Peintres qui pensent,* ou quelque chose d'approchant » (II, 200)
2 décembre 1863	*La Peinture didactique* (II, 335)

C'est ce dernier titre qui est retenu quand Baudelaire établit à Bruxelles le plan de ses œuvres complètes pour Julien Lemer (II, 444) et qu'il cite dans une lettre à sa mère quelques jours plus tard (II, 472); à Lemer il précise le nom des peintres dont il traitera : Chenavard, Kaulbach, Janmot, Rethel. Même titre encore dans la lettre à Sainte-Beuve du 30 mars 1865, avec ces précisions : Cornelius, Kaulbach, Chenavard, Rethel. Dans la note pour Hippolyte Garnier, du 6 février 1866, le titre, qui apparaît pour la dernière fois, est un peu différent : *L'Art didactique, écoles allemande et lyonnaise.* On retrouve ici les *Allemands* de 1859 : ils sont en majorité dans les noms cités. *Anglais et Espagnols* avaient trait à d'autres projets (voir *Pl,* II, p. xi et 123, et ici p. 242 et 269; d'autre part *Pl,* II, p. xi et ici p. 12.

L'article a surtout été destiné, de 1858 à 1860, à la *Revue contemporaine*; un moment, Baudelaire pense à *La Presse*. C'est surtout de 1858 à 1860 que Baudelaire a cherché à réaliser ce projet. *Le Peintre de la vie moderne,* moins longtemps porté, a eu plus de chance. Il est souvent cité en compagnie de *L'Art philosophique* et d'un essai sur le *Dandysme littéraire* dont aucune note ne nous est parvenue.

1. Cette formule a été rapprochée par Marcel Ruff (préface à une partie des *Œuvres complètes* de Baudelaire, Le Club du Meilleur Livre, 1955, t. II, p. 10-11) de formules de Schelling qu'à propos de la connaissance et du Moi, Baudelaire pouvait lire dans l'Introduction au *Système de l'idéalisme transcendantal* traduit par Paul Grimblot (Ladrange, 1842).

2. Sur la décadence, voir le compte rendu des beaux-arts à l'Exposition universelle de 1855 (p. 240).

Page 259.

a. Cornélius   *AR*
b. Béthel *[sic] AR; ici et plus bas.*

1. Une gravure de cette grande composition est reproduite par J. Mayne (*The Painter of Modern Life*, pl. 53).

2. Le 14 mai 1859, cherchant un artiste qui composerait les frontispices de ses livres, Baudelaire écrit à Nadar : « Tu me rendrais parfaitement heureux si, parmi tes nombreuses relations, tu pouvais trouver des renseignements biographiques sur Alfred Rethel, l'auteur de la *Danse des morts en 1848*, et de *La Bonne Mort* faisant pendant à la *Première Invasion du choléra à l'Opéra* » (*CPl*, I, 575). Et dans une lettre écrite au même le surlendemain : « Tu ne connais donc pas ces gravures sur bois d'après RETHEL ? *La Danse des morts en 1848* se vend maintenant 1 franc (six planches). *La Bonne Mort* et *L'Invasion du choléra* se vendent, je crois, 7 francs. Tout cela chez un libraire allemand qui vend aussi des gravures allemandes, rue de Rivoli, près du Palais-Royal. Quelques personnes m'ont dit que Rethel avait décoré une église (à Cologne peut-être); d'autres m'ont dit qu'il était mort; d'autres, qu'il était enfermé dans une maison de fous. J'ai les œuvres citées ci-dessus, et je voudrais savoir, outre les renseignements biographiques, s'il y a d'autres œuvres gravées » (*CPl*, I, 576). *La Danse des morts* est une suite de six gravures sur bois accompagnées d'un texte en vers dû à R. Reinick; elle est inspirée par la révolution de 1848 en Allemagne et par la répression qui la suivit. Elle a paru en 1849 sous deux ou trois formes et titres, dont une édition populaire : *Auch ein Todtentanz; Ein Todtentanz aus dem Jahre 1848*. Werner Hofmann, grand connaisseur de la caricature (voir p. 534), nous indique que les différents états de l'œuvre n'ont pas encore été suffisamment étudiés. D'autre part, si sa signification est apparemment réactionnaire, l'interprétation de T. J. Clark (*The Absolute Bourgeois...*, p. 26-27; pl. 20) tend vers une certaine ambiguïté. Selon T. J. Clark le fragment de poème en prose qu'on lit au tome I des *Œuvres complètes* de la Pléiade page 371, sous B, aurait été inspiré à Baudelaire par Rethel (voir aussi *Pl*, I, p. 374, G).

Cette suite de Rethel a été reproduite dans *L'Illustration* du 28 juillet 1849, ainsi que dans l'*Histoire de l'imagerie populaire* par Champfleury (Dentu, 1869). Champfleury consacra aussi un important article à Rethel : *La Danse des morts de l'année 1849*, dans *L'Artiste* du 15 septembre 1849. J. Crépet, à qui nous empruntons ces renseignements, fait remarquer qu'il est étonnant que, lié avec Champfleury, Baudelaire découvre si tard l'œuvre de Rethel. Celui-ci a renoué avec la grande tradition germanique de la xylographie. À la fin de sa vie, Baudelaire possédait deux gravures d'après Rethel (*CPl*, II, 431) : l'une appartient à cette suite et est encore dans les archives Ancelle (*Album Baudelaire*, p. 83).

3. Rethel, né à Aix-la-Chapelle en 1816, meurt à Düsseldorf, le 1er décembre 1859, ce qui fournit, au moins à ce paragraphe, un *terminus a quo*.

4. Il s'agit en fait, remarque J. Crépet, de l'hôtel de ville d'Aix-la-Chapelle.

5. On ne les retrouve pas dans le catalogue de l'Exposition 1855.

Page 260.

1. Caractère qui est évidemment de nature à attirer Baudelaire.

2. Ces deux planches, reproduites notamment par J. Mayne (*The Painter of Modern Life*, pl. 49 et 50), auraient pu inspirer à Baudelaire des poèmes en prose (voir *Pl.*, I, p. 374).

3. Voir *Quelques caricaturistes étrangers* (p. 224).

4. Dans le volume de l'*Histoire de France* qui est consacré au xvie siècle (Chamerot, 1855).

Page 261.

a. Noireau *AR*; *c'était peut-être ici la graphie de Baudelaire.*
b. enchiffrenés *AR*

1. Même jugement dans l'essai sur Gautier (*Pl.*, II, p. 124-125).

2. Baudelaire ne pense pas aux grands Lyonnais du xvie siècle, mais à Laprade, Soulary et Pierre Dupont, qu'il cite dans le paragraphe suivant.

3. L'abbé Noirot a exercé au collège de Lyon, par son enseignement de philosophie spiritualiste, une influence assez considérable sur ses élèves. L'un d'eux a publié les *Leçons de philosophie* de son maître : Barbey d'Aurevilly en rend compte dans *Le Pays* du 16 décembre 1852 (texte recueilli dans le volume intitulé *Philosophes et écrivains religieux et politiques*, Lemerre, 1909).

4. Voir *Pl.*, II, p. 26 et 169.

5. Rappelons que Baudelaire vécut, enfant, à Lyon. Mais il quitta le collège de cette ville bien avant d'avoir l'abbé Noirot pour maître.

6. Citation exacte : « Ils sont trop verts, dit-il, et bons pour des goujats » (La Fontaine, *Le Renard et les raisins*, III, 11).

Page 262.

1. J. Crépet donne les titres de ces œuvres : *Mirabeau apostrophant M. de Dreux-Brézé*, esquisse; *La Convention votant la mort de Louis XVI*, dessin.

2. Ministre de l'Intérieur dans le gouvernement provisoire de 1848. Il dut ensuite s'exiler.

Page 263.

1. Titre exact : *Calendrier d'une philosophie de l'Histoire*. Il est reproduit par J. Mayne (*The Painter of Modern Life*, p. 212).

2. Baudelaire fait ici écho à des propos qu'il a entendu tenir par Chenavard; sur les conversations de Chenavard voir le *Salon de 1859* (p. 271).

3. Les cartons destinés à la décoration intérieure du Panthéon. C'est Ledru-Rollin qui avait demandé à Chenavard d'exécuter cette décoration. Chenavard se proposait d'illustrer l'histoire universelle conçue selon une conception proche de celle d'Auguste Comte. Il en aurait peint « les différentes phases en camaïeu ou en grisaille,

l'or et les couleurs étant réservés à la partie ornementale de l'architecture et au tableau de la *Philosophie de l'histoire*, résumé des événements religieux, politiques et sociaux, placé au milieu de la croix grecque dessinée par le vaisseau du Panthéon sur une superficie de près de cinq cents mètres carrés » (Exp. 1968, n° 504). Sous la pression des catholiques, les travaux furent arrêtés en 1851.

4. Titre exact : *Le Poème de l'Âme*. Note des éditeurs de 1868 : « Sujet d'une suite de tableaux de M. Janmot, exposés à Paris en 1851, et dont le Catalogue était accompagné d'un commentaire en vers de la composition de l'artiste lui-même. » Ce commentaire avait paru à Lyon en 1854. Voir Exp. 1968, n° 508, et surtout É. Hardouin-Fugier, *Le Poème de l'Âme par Janmot*, étude iconologique, Presses universitaires de Lyon, 1977.

Page 264.

1. En 1854.
2. En 1855, Baudelaire ne mentionne pas ces œuvres, mais on se rappellera que son compte rendu resta inachevé.
3. J. Crépet a identifié ces « sujets » : *La Mauvaise Instruction = Le Sentier dangereux*; *promenade mystique = Sur la montagne*.

Page 266.

[NOTES DIVERSES SUR « L'ART PHILOSOPHIQUE »]

Les manuscrits de [I] et [III] sont conservés à la Bibliothèque littéraire Jacques Doucet (*ms*). [I], 31 × 19,5 cm, est écrit au crayon; [II], 20 × 15, à l'encre. Le recto seulement est utilisé. Nous ignorons où se trouve actuellement le manuscrit de [III].

Ces notes n'ont pas été publiées par Asselineau et Banville, qui durent les juger trop cursives. La première et la troisième (ainsi que les trois premières lignes de la deuxième) ont été révélées par Jacques Crépet dans son édition de *L'Art romantique* (1925); la fin de la deuxième a été transcrite par Y.-G. Le Dantec dans les *Cahiers Jacques Doucet, I, Baudelaire*, Université de Paris, 1934.

1. C'est en 1860-1861 surtout que Baudelaire éprouve pour l'œuvre de Wagner enthousiasme et admiration. Il est donc probable que cette note est postérieure au *Salon de 1859*.

Page 267.

a. Réthorique *ms, ici et au-dessous; graphie fautive presque constante sous la plume de Baudelaire.*
b. Le vertige [des grandes *biffé*] senti dans les grandes villes *ms*
c. Bonnefonds *ms*
d. Perrin *ms*

1. Voir la caricature même que Baudelaire a faite pour Chenavard (*ICO*, n° 178; *Album Baudelaire*, p. 173).

2. La formule eſt employée par Baudelaire dans sa lettre à Calonne du 10 novembre 1858, mais elle revient aussi dans la lettre à Laprade du 23 décembre 1861. La suite de cette note ne concerne pas *L'Art philosophique*.

3. Ces notes ont sans doute été prises pour *Le Spleen de Paris*; voir la dédicace à Houssaye (*Pl.*, I, p. 275-276).

4. Ce sont trois sujets ou titres de nouvelles. Toutefois, *Le Paradoxe de l'aumône* eſt peut-être le premier titre d'*Assommons les pauvres!* ou de *La Fausse Monnaie* (*Le Spleen de Paris*).

5. Aide-mémoire relatif aux artiſtes et aux écrivains de l'École lyonnaise que Baudelaire voulait citer dans son essai sur *L'Art philosophique*. Sur Chenavard, Janmot, Laprade, Soulary, l'abbé Noirot, Pierre Dupont, voir les pages précédentes. Hippolyte Flandrin eſt mentionné dans le *Salon de 1846* (p. 39-40), Saint-Jean et Jacquand, dans le *Salon de 1845* (p. 55-56 et 48). P.-H. Révoil (1776-1842), élève de David, peintre d'hiſtoire. Jean-Claude Bonnefond (1796-1860), élève de Révoil, s'illuſtra comme Alexandre Guiraud en popularisant les « Petits Savoyards ». Orsel (1795-1850), élève de Révoil, puis de Guérin, fut ensuite le disciple de Cornelius et d'Overbeck. Alphonse Perin, né en 1798, fut l'ami intime d'Orsel. Compte-Calix fut surtout célèbre par les titres qu'il donnait à ses tableaux (voir la note 2 de la page 275). Les Boissieu forment une dynaſtie : Baudelaire fait ici allusion soit à Jean-Jacques (1736-1810), peintre et graveur, soit à Arthur (1835-1873), journaliſte, grand admirateur d'Orsel. — Ballanche, l'un des soupirants de Mme Récamier, auteur des *Essais de Palingénésie sociale*, d'un ſtyle fuligineux, en effet. Amédée Pommier, le poète des *Océanides* (1804-1877). Blanc Saint-Bonnet (1815-1880), « une des majeſtés intellectuelles de ce siècle », selon Léon Bloy. Gérando (1772-1842), adminiſtrateur et philosophe. Jean-Baptiſte Say (1767-1832), l'économiſte. La famille lyonnaise des Terrasson a produit deux jurisconsultes et deux prédicateurs, mais c'eſt plutôt l'abbé Jean Terrasson, auteur de *Séthos* (1731), roman philosophique sur l'Égypte antique, que Baudelaire vise dans cette note.

Page 268.

SALON DE 1859

Revue française, 10 juin, 20 juin, 1er juillet, 20 juillet 1859 (*RF*).
Curiosités eſthétiques, Michel Lévy frères, 1868, dont le texte eſt ici adopté (*CE*).

Titre dans la *Revue française* : *Lettre à M. le Directeur de la Revue française sur le Salon de 1859*.

Titre de *Curiosités esthétiques : Salon de 1859. Lettres à M. le Directeur de la Revue française.*

Dans la *Revue française* ce Salon n'était composé que de neuf chapitres, le cinquième ayant été divisé en deux parties entre deux livraisons : v et v (suite). Les éditeurs de *Curiosités esthétiques* ont inutilement conservé cette division tout en transformant v (suite) en vi. Il nous a paru préférable de revenir aux neuf chapitres primitifs et de supprimer la division factice entre les deux parties du chapitre v.

À la fin de janvier 1859 Baudelaire s'était rendu à Honfleur, pour y vivre près de sa mère, dans la Maison-Joujou dominant l'estuaire. Il va là-bas, en deux séjours de quelques semaines, connaître la dernière et la plus éclatante de ses périodes de création, composant notamment les grands poèmes qui entreront dans la deuxième édition des *Fleurs du mal* et ce *Salon de 1859*. Revenu à Paris au début de mars, il y était encore lorsque, le 15 avril, le Salon s'ouvrit dans le palais des Beaux-Arts de l'avenue Montaigne, qui avait été édifié pour l'Exposition universelle de 1855 (voir p. 596) : c'est la dernière exposition qui y fut organisée. Baudelaire a visité le Salon immédiatement après l'inauguration. De retour à Honfleur, quelques jours plus tard, le 24 ou le 25 avril (voir p. 282, n. 1 et 2), il écrit, le 29, à Malassis, qui attend depuis 1857 les « malheureuses *Curiosités [esthétiques]* », que le *Salon de 1859* est « fini » et qu'il le livre le soir même ou le lendemain (*CPl*, I, 566). Le 14 mai 1859, il confie à Nadar : « j'écris maintenant un *Salon* sans l'avoir vu. *Mais j'ai un livret.* Sauf la fatigue de deviner les tableaux, c'est une excellente méthode, que je te recommande. On craint de trop louer et de trop blâmer ; on arrive ainsi à l'impartialité » (*CPl*, I, 575). Deux jours plus tard, il revient sur ses propos : « Quant au Salon hélas ! je t'ai un peu menti, mais si peu ! J'ai fait une visite, une seule, consacrée à chercher les nouveautés, mais j'en ai trouvé bien peu ; et pour tous les vieux noms, ou les noms simplement connus, je me confie à ma vieille mémoire, excitée par le livret. Cette méthode, je le répète, n'est pas mauvaise, à la condition qu'on possède bien *son personnel* » (*CPl*, I, 578). Ce qui est caractéristique de la méthode de Baudelaire, qui d'un creux obtient un relief, d'une difficulté un adjuvant à la création.

Baudelaire comptait recueillir ce *Salon* dans les *Curiosités esthétiques* dès qu'il en aurait tiré quelque argent grâce à une publication en revue. Il n'y a donc pas trop lieu de s'étonner qu'ayant publié le *Salon de 1846* sous la forme d'une brochure chez un jeune éditeur plein d'avenir, Michel Lévy, il ait confié ces pages admirables à une obscure petite revue. C'était, au reste, l'une des rares qui lui fussent ouvertes ; il y avait des amis, en particulier le directeur, Jean Morel, le M**** à qui est adressée la lettre. La forme d'un *Salon* épistolaire s'explique bien si l'on pense que Baudelaire écrit ces pages à Honfleur, d'où il les envoie à Morel. Il ne savait pas que la

Revue française était déjà dans une fort mauvaise situation et qu'elle allait disparaître avec le numéro du 20 juillet qui contenait la dernière partie du *Salon de 1859.*

Il semble que Baudelaire n'ait pas eu connaissance de la publication du numéro du 20 juillet : le 10 octobre suivant, il écrira à sa mère : « La fin du *Salon* que tu as reçue n'est qu'une épreuve, et n'a pas paru » (*CPl*, I, 607). En septembre, on le voit cherchant à arracher à Morel ou à l'imprimeur Simon Raçon (qui imprimera les *Fleurs du mal* de 1861) « l'épreuve des trente dernières pages » de son *Salon* (*CPl*, I, 594; voir aussi 603 et 606). Une épreuve de la fin a, en effet, été conservée dans les archives Ancelle. Les corrections (*RFC*) ont été utilisées dans *CE.*

Les *Curiosités esthétiques*, on le sait, ne parurent pas du vivant de Baudelaire. Celui-ci, par deux fois, mentionnera ce *Salon* comme un des éléments essentiels qui doivent entrer dans ses œuvres critiques (plans établis pour J. Lemer et H. Garnier en 1865 et 1866; *CPl*, II, 444 et 591).

En raison de son insertion dans la *Revue française* le *Salon de 1859* fut à peine lu. Si le mot *guignon* eut jamais un sens, appliqué à une œuvre...

Ce traité de haute esthétique était, à propos d'un Salon, le manifeste de ce que Pierre Georgel a appelé « Le Romantisme des années 1860 » (c'est le titre de sa grande étude publiée dans la *Revue de l'Art*, n° 20, 1973). Contre l'art officiel Baudelaire dressait son musée imaginaire, qui est aussi celui de Victor Hugo. Arlette Calvet-Sérullaz a apporté des « Précisions sur quelques peintures, dessins et sculptures du Salon de 1859 cités par Baudelaire » dans le *Bulletin de la Société de l'histoire de l'art français*, année 1969 (F. de Nobele, 1971), cité sous le sigle suivant : *BSHAF*, 1969.

I. L'ARTISTE MODERNE

a. (pour moi). Aucune explosion;   *RF*

1. Jean Morel, dont le nom est cité en toutes lettres dans *RF* chaque fois qu'on voit ici les quatre astérisques (au début), puis les trois astérisques. Sur ses relations avec Baudelaire, voir *CPl*, Index.

Page 269.

1. Celle de 1855, voir p. 242. Cette page du *Salon de 1859* avait déjà paru dans l'étude sur *Théophile Gautier* (*Pl.*, II, p. 123), quelques semaines auparavant. L'article qu'il désirait écrire en 1855, auquel il pensait vers 1857 en établissant un projet de sommaire pour les *Curiosités esthétiques* (voir *Pl.*, II, p. XI) et qu'il intitulait alors *L'Intime et le féerique*, n'a jamais été composé.

Quand il écrit cette page en 1859 Baudelaire utilise-t-il des notes prises en 1855? relit-il le livret de l'Exposition de 1855? ou se fie-t-il à sa mémoire? Dans sa thèse (*The Role of Gautier in the Art Criti-*

cism of Baudelaire, Université Vanderbilt, 1975, dactyl.). Lois Hamrick veut montrer que Baudelaire se souvient des articles publiés par Gautier en 1855 dans *Le Moniteur* et par lui recueillis la même année dans *Les Beaux-Arts en Europe* (Michel Lévy frères). Elle a partiellement raison, comme on le verra ci-dessous par les citations de Gautier, empruntées à ce volume. Mais il y a lieu de remarquer que Gautier ne mentionne ni J. Chalon ni l'« architecte songeur » qui bâtit des villes étranges. En revanche, de Landseer, cité seulement dans *Théophile Gautier* (*Pl.*, II, p. 123), voici ce que Gautier écrivait (p. 73 des *Beaux-Arts en Europe*) : « Landseer donne à ses chers animaux l'âme, la pensée, la poésie, la passion. Il les fait vivre d'une vie intellectuelle presque semblable à la nôtre; s'il l'osait, il leur enlèverait l'instinct et leur accorderait le libre arbitre; [...]. »

Concluons : Baudelaire a rafraîchi ses impressions de 1855 en lisant le livre de Gautier.

2. Charles Robert Leslie (1794-1859), ami de Constable. De 1848 à 1852, il fut professeur de peinture à la Royal Academy. Il exposait en 1855 *S. M. la reine Victoria recevant le Saint Sacrement le jour de son couronnement*; *Catherine et Petruchio*; *L'Oncle Tobie et la veuve Wadman*, sujet tiré du *Tristram Shandy* de Sterne (le tableau est maintenant au Victoria and Albert Museum); une *Scène tirée du Vicaire de Wakefield* et *Sancho Pança et la Duchesse* (Londres, National Gallery). Gautier lui consacre les pages 64-66 de son livre. — Nous reprenons les titres français du livret officiel de 1855.

3. Le mot anglais a eu quelque mal à se franciser.

4. Il y avait quatre Hunt représentés à l'Exposition de 1855, deux Anglais et deux Américains. Le premier Hunt est, tel que le caractérise Baudelaire, William Morris Hunt (1824-1879), qui habitait 42, rue des Acacias, à Montmartre. Américain, élève de Couture et de Millet, il fut influencé par les peintres de l'école de Barbizon dont il contribua à introduire les œuvres aux États-Unis; il était le frère du grand architecte Richard Morris Hunt. Il exposait *Une bouquetière*, *Petite fille à la fontaine* et une *Tête d'étude*. Nous écartons William Henry Hunt (1790-1864) qui exposait en 1855 onze aquarelles, que Gautier admire et qu'il décrit longuement; les titres : *L'Attaque du pâté*, *Jeune fille avec une corbeille de fleurs*, *La Timidité*, *Le Chanteur de ballades*, etc., œuvres dont Gautier souligne « la représentation fidèle », les vertus d'« observation » et de « patience », mais qui ne l'autorisent pas à prononcer le mot naturalisme, applicable, en revanche, à W. M. Hunt.

Le second Hunt est l'Anglais William Holman Hunt (1827-1910), un des chefs de file du préraphaélitisme; il exposait en 1855 *La Lumière du monde*, *Moutons égarés* (Tate Gallery) et *Claudio et Isabella*.

5. Daniel Maclise (1806-1870), peintre d'histoire et de portraits; membre de la Royal Academy depuis 1840. En 1855 il exposait *Le Manoir du baron*; *fête de Noël dans le vieux temps* et *L'Épreuve du toucher*. *Anciennes coutumes saxonnes*. Gautier lui consacre les pages 12-17 de son livre.

6. John Everett Millais (1829-1896) fonda en 1848 avec William Holman Hunt et Dante Gabriel Rossetti l'association qui fut ensuite connue sous l'appellation de « Pre-Raphaelite Brotherhood ». Il exposait en 1855 *L'Ordre d'élargissement*, *Le Retour de la colombe à l'arche* et *Ophélia*. Gautier lui consacre les pages 31-39 de son livre.

7. De John James Chalon (1778-14 novembre 1854) on avait exposé en 1855 trois toiles représentant trois aspects d'*Une journée d'été* : le matin, l'après-midi et le soir.

8. Sir Francis Grant (1803-1878) sera élu président de la Royal Academy en 1866. Il exposait en 1855 les portraits de Mme Beauclerk, de Lord John Russell et de Lady Rodney, ainsi qu'un *Rendez-vous de chasse*; *équipage de S. M. pour la chasse au cerf*. Gautier lui consacre les pages 47-49 de son livre.

9. James Clarke Hook (1819-1907), peintre d'histoire, de marines et de genre, exposait en 1855 *Bayard recevant chevalier le fils du connétable de Bourbon* et *Venise comme on la rêve*. Gautier lui consacre les pages 54-55 de son livre.

10. Joseph Noel Paton (1821-1901), Écossais, peintre d'histoire, mais aussi sculpteur, archéologue et poète. En 1855, il exposait *La Dispute d'Obéron et de Titania* (National Gallery of Scotland).

11. Fuseli, nom anglicisé du peintre zurichois Johann Heinrich Füssli (1741-1825), dont le génie visionnaire est apparenté à celui de Blake. Gautier, qui consacre à Paton les pages 56-63 de son livre, le rapprochait de « Fuessli », tout en reconnaissant, comme le fait Baudelaire, son originalité : « s'il s'est inspiré de Fuessli, M. Paton ne l'a pas copié servilement, et sa part d'invention est assez grande ».

12. George Cattermole (1800-1868) exposait en 1855 onze aquarelles relatives surtout à des sujets d'histoire religieuse et une autre d'après *Macbeth*. Il est connu pour avoir illustré les *Waverley Novels*. Gautier consacre à Cattermole les pages 105-112 de son livre.

13. H. E. Kendall Junior. Voir, dans *Les Fleurs du mal*, *Rêve parisien* (Pl., I, p. 101). Baudelaire pense à la *Composition architecturale* que Kendal exposait en 1855.

14. Deux des plus grands acteurs du XIXe siècle en Angleterre. Sur Macready voir le *Salon de 1846*, p. 101 et n. 1.

Page 270.

1. Étaient exposées 3 894 œuvres, dont 3 045 peintures. Maxime Du Camp fut plus sévère. Il évoque sa tristesse devant « la quantité inconcevable de toiles médiocres » exposées en 1859 : parmi tous les tableaux, « il n'y en a certainement pas trois qui ont les qualités requises pour laisser d'eux un souvenir durable » (cité par Arlette Calvet-Sérullaz, *BSHAF*, 1969, p. 134).

Page 272.

a. un labeur et un danger quotidien *[singulier].*   RF

b. l'entendit tout d'un coup parler latin; *RF*

1. Voir *Fusées*, VII, 10, et le canevas des *Lettres d'un atrabilaire* (*Pl.*, I, p. 654 et 782). Émile de Girardin, que Baudelaire enterre plaisamment, n'était pas mort : il avait seulement, en 1856, abandonné la direction de *La Presse*, qu'il reprendra en 1862.

Page 273.

a. au niveau de la sienne? *RF*

1. Jean-Victor Bertin (1775-1842), élève de P.-H. Valenciennes, l'un et l'autre représentants attitrés du paysage historique. Bertin fut le maître de Corot.

2. J. Crépet a rapproché ce passage d'une plaisante anecdote qu'on voit dans l'*Essai sur la peinture* de Diderot. Voici le texte selon l'édition Brière que put lire Baudelaire (t. VIII, 1821, p. 443) :

« Un jeune homme fut consulté par sa famille sur la manière dont il voulait qu'on fît peindre son père. C'était un ouvrier en fer : mettez-lui, dit-il, son habit de travail, son bonnet de forge, son tablier; que je le voie à son établi avec une lancette ou autre ouvrage [*sic*] à la main; qu'il éprouve ou qu'il repasse, et surtout n'oubliez pas de lui faire mettre ses lunettes sur le nez. Ce projet ne fut point suivi; on lui envoya un beau portrait de son père, en pied, avec une belle perruque, un bel habit, de beau linge, une belle tabatière à la main; le jeune homme, qui avait du goût et de la vérité dans le caractère, dit à sa famille en la remerciant : Vous n'avez rien fait qui vaille, ni vous, ni le peintre; je vous avais demandé mon père de tous les jours, et vous ne m'avez envoyé que mon père des dimanches... »

Page 274.

II. LE PUBLIC MODERNE ET LA PHOTOGRAPHIE

a. a tant de foi dans *RF*

1. *Brutus, lâche César!*, comédie mêlée de chant, en un acte, par Joseph-Bernard Rosier, créée au Gymnase dramatique le 2 juin 1849 avec Rose Chéri. La scène se passe sous le Directoire. Brutus est le nom d'un portier; César, celui d'un chien de garde. Lorsque César est attaché, il aboie contre tous ceux qui veulent entrer; lorsque Brutus le lâche, César court à la cuisine et laisse entrer ou sortir qui veut. Pour apprécier le (gros) sel de ce vaudeville, on se rappellera que Brutus fut la figure privilégiée de la Révolution, figure qui allait faire place à celle de César. Baudelaire se moque de ce titre « calembourique ou pointu » dans une lettre à Calonne lorsqu'il cherche un titre pour son étude sur l'opium (*CPl*, I, 367).

2. Saint Matthieu, XVII, 17. Voici la traduction donnée par la *Bible* de Lemaistre de Sacy (XVIIᵉ siècle), souvent rééditée jusqu'au XIXᵉ siècle inclus et dont Baudelaire dut avoir le texte sous les yeux : « Ô race incrédule et dépravée! jusqu'à quand serai-je avec

vous? jusqu'à quand vous souffrirai-je? ». *Souffrir* au sens de *supporter* (verbe employé dans d'autres traductions) avec *vous* pour complément d'objet direct. L'absence de *vous* donne à la citation de Baudelaire un sens tout différent. Est-ce le résultat d'un lapsus ou d'une faute d'impression?

3. *Amour et Gibelotte* est le titre d'une toile d'Ernest Seigneurgens, élève d'Eugène Isabey. Baudelaire cite ce titre dans sa lettre à Nadar du 16 mai 1859 (*CPl*, I, 578).

4. Drame de Kotzebue qui fut célèbre en France sous la Restauration et la monarchie de Juillet.

Page 275.

1. Tableau de Joseph Gouezou, élève de Léon Cogniet. Le titre en provient d'un discours prononcé par Napoléon III à Rennes le 20 août 1858. La légende se lit ainsi dans le livret :

« Sur son lit, où sont accrochés le vieux mousquet anglais donné par le marquis de Puysaie et l'humble bénitier de faïence où chaque jour il trempe ses doigts, un jeune gars du Morbihan cloue les portraits de Leurs Majestés l'Empereur et l'Impératrice qu'il vient d'acheter au marché voisin. »

2. Le 16 mai 1859, Baudelaire écrit à Nadar, en se reportant à l'unique visite qu'il a faite au Salon : « Dans la sculpture, j'ai trouvé [...] quelque chose qu'on pourrait appeler de la *sculpture-vignette-romantique*, et qui est fort joli : une jeune fille et un squelette s'enlevant comme une Assomption; le squelette embrasse la fille. Il est vrai que le squelette est esquivé en partie et comme enveloppé d'un suaire sous lequel il se fait sentir. — Croirais-tu que *trois fois déjà j'ai lu, ligne par ligne,* tout le catalogue de la sculpture, et qu'il m'est impossible de trouver quoi que ce soit qui ait rapport à cela? Il faut vraiment que l'animal qui a fait ce joli morceau l'ait intitulé *Amour et gibelotte* ou tout autre titre à la *Compte-Calix*, pour qu'il me soit impossible de le trouver dans le livre. Tâche, je t'en prie, de savoir cela; le sujet, et le nom de l'auteur » (*CPl*, I, 578). L'auteur de ce groupe en plâtre est Émile Hébert. Ce n'est pas Nadar, c'est Jean Morel qui a informé Baudelaire, en réponse à une question posée à la fin de mai (*CPl*, I, 584) en des termes analogues à ceux qui figurent dans la lettre à Nadar.

3. Tableau de F.-A. Biard, « un des gros succès du Salon de 1844 » (J. Crépet).

Page 276.

a. progrès la diminution progressive de l'âme et la domination de la matière *RF; il est possible que CE soit ici coupable d'une omission.*

1. Voir le deuxième paragraphe du morceau de *Fusées*, XV : « Le monde va finir... » (*Pl.*, I, p. 666).

2. Citation empruntée à *Morella*. Baudelaire traduit ainsi dans les *Histoires extraordinaires* (édition J. Crépet, Conard, 1932, p. 301) : « Être étonné, c'est un bonheur; — et rêver, n'est-ce pas un

bonheur aussi? » En fait, Poe ayant écrit : « *It is a happiness to wonder; — it is a happiness to dream* » (*Works*, édition Redfield, 1850, p. 469), Baudelaire a interprété le texte dans le sens de sa propre esthétique de l'étonnement : *to wonder* a le sens d'*être émerveillé*.

3. Cf. p. 238, la formule de l'Exposition de 1855 : « *Le beau est toujours bizarre.* ».

Page 277.

a. le goût de RF; *cette leçon peut être jugée préférable.*

1. J. Crépet rapprochait cette parenthèse de l'attaque portée dans *Mon cœur mis à nu* (XVII, 28; *Pl.*, I, p. 687) contre George Sand accusée d'avoir « de bonnes raisons pour vouloir supprimer l'Enfer ».

2. J. Crépet avait repéré les sources des deux allusions. La première réplique est tirée de *La Tour de Nesle* (I, 5) : après une nuit d'orgie avec la reine (qui est restée masquée) et ses sœurs, le capitaine Buridan dit à Philippe d'Aulnay : « Ce sont de grandes dames, de très grandes dames, je vous le répète! »

La seconde citation est tirée du chapitre sur Cazotte des *Illuminés* de Nerval (qui fut d'abord la préface d'une édition du *Diable amoureux*; voir le commentaire du *Possédé*, *Pl.*, I, p. 900). Selon une tradition ou une légende, Cazotte aurait, peu avant la Révolution, prédit à des aristocrates le sort qui les attendait. À une duchesse, l'échafaud. Celle-ci badine :

« Ah! j'espère que, dans ce cas-là, j'aurai du moins un carrosse drapé de noir.

— Non, madame, de plus grandes dames que vous iront comme vous en charrette, et les mains liées comme vous.

— De plus grandes dames! quoi! *les princesses du sang?*

— *De plus grandes dames encore...* »

Page 278.

1. Baudelaire pense ici à la philosophie au rabais proposée aux lecteurs par *Le Siècle*. Voir le canevas des *Lettres d'un atrabilaire* (*Pl.*, I, p. 781).

2. Le premier album de ce genre qui parut illustré de photographies est celui que Maxime Du Camp rapporta du voyage qu'il avait fait au Proche-Orient avec Flaubert : *Égypte, Nubie, Palestine et Syrie, Dessins photographiques recueillis pendant les années 1849, 1850 et 1851*, Gide et Baudry, 1852.

3. Ces éléments positifs se trouvaient exprimés en 1839, mais sans aucune réserve, dans l'exposé des motifs de la loi soumise à l'approbation de la Chambre pour l'achat à Daguerre des droits de sa découverte : « Nous croyons — déclarait le rapporteur — aller au-devant des vœux de la Chambre en vous proposant d'acheter au nom de l'État la propriété d'une découverte aussi utile qu'inespérée et qu'il importe, dans l'intérêt des sciences et des arts, de pouvoir livrer à la publicité. [...]

« Nous n'avons pas besoin d'insister sur l'utilité d'une semblable invention. On comprend quelles ressources, quelles facilités toutes nouvelles, elle doit offrir pour l'étude des sciences et, quant aux arts, les services qu'elle peut leur rendre ne sauraient se calculer [...] » (cité par Louis Chéronnet, *Petit Musée de la curiosité photographique*, éd. Tel, s. d., p. 6).

Page 279.

1. Henri Delaborde a tenu des propos analogues dans un article : « La Photographie et la gravure », publié par la *Revue des Deux Mondes* du 1ᵉʳ avril 1856 (Deuxième période, t. II, p. 617-638). Il affirme que la photographie n'est pas un art, qu'elle ne saurait rivaliser avec la gravure pour la reproduction des œuvres d'art. « Comparée à l'art, la photographie [...] nous semble insuffisante, vicieuse même, puisqu'elle ne sait produire, au lieu d'une image du vrai, que l'effigie brute de la réalité. » Elle échoue devant la peinture, mais elle peut réussir à nous restituer les monuments de la sculpture, où l'expression, que seule peut rendre la gravure, se subordonne en général à la pureté de la forme palpable, et surtout ceux de l'architecture, où tout est nettement et définitivement accusé, dont toute beauté réside à la surface. La photographie offre ainsi de vastes ressources pour les études techniques, comme l'archéologie et l'histoire. Ainsi, les détails de la cathédrale de Chartres gardent le relief, l'apparence même de la réalité et les nobles sculptures des portails revivent sur le papier avec toute l'autorité, toute la fermeté du style que leur a données le ciseau (Laborde cite le recueil de *Photographies de la cathédrale de Chartres et du Louvre*, par Lesecq et Bisson, 1854). « La photographie, très insuffisante en face de la nature, des tableaux et des dessins, partout enfin où l'exactitude matérielle doit s'allier à l'expression d'un sentiment, — la photographie, on le voit, a une importance et une utilité incontestables dans les cas où le fait seul doit être surpris et consigné » (p. 630). H. Delaborde s'élève contre Jules Ziegler qui classait la photographie parmi les arts d'imitation (*Compte rendu de la Photographie à l'Exposition universelle*, Dijon, 1855). « Il y aura toujours entre l'art et la photographie la distance qui sépare la vérité choisie de l'effigie vulgaire, ou la différence qui existe entre une belle statue et un moule pris sur nature. » Mais la photographie peut jouer un utile rôle de repoussoir, en marquant clairement la différence qui sépare « les œuvres de l'industrie matérielle » des œuvres d'art.

On pensera qu'en condamnant la photographie, de par son refus du progrès matériel, Baudelaire est quelque peu injuste, du moins à l'égard de ceux — Nadar, bientôt Carjat, enfin Neyt — qui ont laissé de lui de si vivantes images.

Walter Benjamin, qui a commenté ce passage dans sa *Petite Histoire de la photographie* (1931), cite, avant, quelques propos fougueux tenus en 1855 par Antoine Wiertz, ce « peintre d'idées mal dégrossi » (W. Benjamin) que Baudelaire en Belgique jugera bien plus sévèrement qu'il ne fait la photographie :

« Voici quelques années — écrit Wiertz — est née la gloire de notre époque, une machine qui, jour après jour, surprend notre pensée et épouvante nos yeux. Dans un siècle cette machine sera le pinceau, la palette, les couleurs, l'habileté, l'expérience, la patience, l'agilité, la précision, le coloris, le vernis, l'ébauche, le fini, l'extrait de la peinture. [...] N'allons pas croire que le daguerréotype signifie la mort de l'art. [...] Lorsque cet enfant géant aura grandi, lorsque tout son art et sa puissance se seront développés, le génie brusquement lui mettra la main au collet et lui criera : " Ici ! A présent tu m'appartiens. Nous allons travailler ensemble. " » (W. Benjamin, *Œuvres*, II, *Poésie et révolution*, essais traduits par Maurice de Gandillac, Les Lettres nouvelles, 1971, p. 33).

Dans un autre essai, *L'Œuvre d'art à l'ère de sa reproductibilité technique* (1936), W. Benjamin donne une conclusion à ce débat : « On s'était dépensé en vaines subtilités pour décider si la photographie était ou non un art, mais on ne s'était pas demandé d'abord si cette invention même ne transformait pas le caractère général de l'art » (*ibid.*, p. 186).

C'était la première fois que la photographie avait obtenu droit de cité, non dans l'Exposition des beaux-arts, à proprement parler, mais à l'intérieur des mêmes bâtiments. « C'est, en quelque sorte, une exposition particulière au milieu de la grande Exposition. La photographie a une entrée pour elle seule dans le pavillon sud-ouest. Son exhibition est une tentative intéressante qui lui vaudra peut-être, plus tard, l'honneur de marcher à la suite des beaux-arts » (*Notice sur les principaux tableaux de l'Exposition de 1859. Peintres français*, Henri Plon, 1859, Introduction); cette brochure ne se confond pas avec le livret officiel du Salon). Cette précision fait mieux comprendre l'attaque lancée contre Baudelaire.

III. LA REINE DES FACULTÉS

Page 280.

1. Dans les *Notes nouvelles sur Edgar Poe* (*Pl.*, II, p. 328) Baudelaire avait écrit en 1857 : « Pour lui, l'Imagination est la reine des facultés », introduisant ensuite la distinction que l'on retrouvera au chapitre IV du *Salon* entre la fantaisie et l'imagination créatrice (au sens baudelairien : qui sait retrouver les lois de la Création). L'expression « reine des facultés » apparaît dès 1855 dans l'article sur Ingres (p. 245) : sur les conséquences voir p. 283, n. 3.

Page 281.

1. Contre le protestantisme voir *Fusées*, XII (*Pl.*, I, p. 661).

Page 282.

1. Quand, peu après le 15 avril, Baudelaire regagne Honfleur (voir p. 612).

2. Le premier article d'Alexandre Dumas sur le Salon de 1859

parut dans *L'Indépendance belge* du 23 avril 1859 (édition du soir). Les autres articles paraîtront les 4, 6, 9 et 19 mai. Ils seront recueillis en un volume la même année chez Bourdilliat, à l'enseigne de la Librairie nouvelle, sous le titre : *L'Art et les artistes contemporains au Salon de 1859.* On peut douter que Baudelaire ait réellement lu le numéro du 23 avril. En effet, si Dumas, après s'être plaint de la décadence de l'art, y évoque avec admiration « la grande phalange des artistes de 1830 », il ne mentionne ni les Devéria, ni Poterlet, ni Bonington et, loin de condamner Troyon, il le couvre d'éloges et l'égale à Delacroix. S'il avait vraiment lu Dumas, Baudelaire se serait au moins abstenu de faire allusion à Troyon... À la rigueur on pourrait penser que Baudelaire apprit à Honfleur, par un correspondant qui lui donnait des indications sommaires, que Dumas rendait compte du Salon dans *L'Indépendance belge.* Mais Baudelaire a vraisemblablement lu d'autres de ces articles; voir p. 303 et n. 4.

3. C'est, avec le regret des rayonnantes années du « romantisme », la raison essentielle qui provoque l'admiration de Baudelaire et qui lui avait dicté cette dédicace d'un des rares exemplaires sur hollande des *Fleurs* de 1857 : « à Alexandre Dumas, / à l'immortel auteur d'*Antony*, témoignage d'admiration et de dévouement ». Sur Baudelaire et Dumas voir *BET*, 145-155.

4. Hippolyte Poterlet n'est nommé qu'une seule fois par Baudelaire, ce qui peut paraître étrange si l'on pense à l'estime où Delacroix tenait ce peintre. Né à Épernay en 1804, il fut l'élève d'Hersent. En 1825, il accompagna Delacroix à Londres. Victime de son tempérament nerveux, dans une crise de dépression, il prit une forte dose d'opium, léguant à Chenavard ses esquisses et ses gravures (décembre 1829); il ne succomba pas immédiatement à cette tentative de suicide et ne mourut qu'en 1835. Selon Théophile Silvestre (*Eugène Delacroix. Documents nouveaux*, Michel Lévy frères, 1864), il était, ainsi que Charlet et Bonington, des trois artistes que Delacroix préférait. « Sitôt que Delacroix avait esquissé un tableau important, *Sardanapale* ou *Le Christ au Jardin des Oliviers*, il courait avec un croquis de son œuvre et une toile blanche chez son ami, qui, en deux heures, lui avait donné son avis en lui faisant une esquisse à sa manière. Delacroix tenait infiniment à voir comment, à sa place, Poterlet eût peint le tableau » (p. 29). Dans un article de *La Presse* (17 février 1849), recueilli dans *Tableaux à la plume* (Charpentier, 1880, p. 57-58), Gautier écrit : « Poterlet fut un homme tout de caprice et de spontanéité. Bonington et Delacroix lui soumettaient les questions les plus ardues et les plus délicates d'harmonie et de coloris; il savait les résoudre de la manière la plus capricieuse et la plus imprévue. » Il n'a laissé que peu d'œuvres. La seule à être vraiment connue est la *Dispute de Trissotin et de Vadius* (Louvre).

Page 283.

1. On sait que Dumas avait des « nègres ».
2. Delacroix, vraisemblablement.

IV. LE GOUVERNEMENT DE L'IMAGINATION

3. Mrs. Crowe (née dans le Kent vers 1800, morte en 1876) écrivit des romans, puis publia en 1848 à Londres *The Night Side of Nature, or Ghosts and Ghost Seers*, ouvrage qui connut un réel succès puisqu'il fut réédité en 1852. En 1852, elle fit paraître, dans le même sens, *Light and Darkness* et, en 1859, *Spiritualism and the Age We Live In*. *The Night Side of Nature* emprunte son titre à un livre de Gotthilf Heinrich von Schubert : *Ansichten von der Nachtseite der Naturwissenschaft* (Dresde, 1808), dont Albert Béguin a montré l'intérêt (*L'Âme romantique et le rêve*, nouvelle édition en un volume, José Corti, 1939, p. 104-105) et auquel Mme de Staël avait fait allusion dans *De l'Allemagne* en souhaitant « une philosophie plus étendue, qui embrasserait l'univers dans son ensemble, et ne mépriserait pas *le côté nocturne de la nature* » (3e partie, chap. x; éd. par la comtesse de Pange, Hachette, « Les Grands Écrivains de la France », t. IV, 1959, p. 265). Dans ce livre Mrs. Crowe a réuni une centaine d'histoires surnaturelles et essaie de classifier les apparitions dont elle parle tout en donnant des explications de pneumatologie. Richard Beilharz (*Baudelaire. Actes du colloque de Nice*, 1967, *Annales de la Faculté des lettres et sciences humaines de Nice*, no 4, deuxième trimestre 1968) a clairement indiqué ce qu'elle devait à la pensée allemande, notamment à l'obscur Philipp Heinrich Werner (1791-1843), auteur des *Schutzgeister* (1839) et de la *Symbolik der Sprache* (1841), qui opère une différence nette entre *Phantasie* et *Einbildungskraft* : la première est assimilée à la langue de la nature, à la langue primitive, à la langue de Dieu. La seconde n'est que « le reflet, la copie, le singe de la *Phantasie*. » Mais en anglais la hiérarchie de ces termes platoniciens avait été inversée. Mrs. Crowe fut donc amenée à donner *Imagination* pour équivalent à *Phantasie* et *Fancy* à *Einbildungskraft*.

Quand Baudelaire a-t-il pris connaissance de l'ouvrage de Mrs. Crowe? Certainement, dès le moment où il écrivait les *Notes nouvelles sur Edgar Poe* publiées en 1857 dans les *Nouvelles Histoires extraordinaires*; peut-être même dès 1855, puisque le premier article du compte rendu de l'Exposition universelle emploie l'expression « reine des facultés » pour caractériser le rôle éminent de l'imagination, mais la distinction essentielle n'est pas alors faite (voir p. 280, n. 1). Il est fort possible qu'il ait été incité à lire Mrs. Crowe par Philarète Chasles qui dans le *Journal des Débats* du 16 avril 1853 signalait rapidement *Le Côté sombre de la vie humaine* (traduisant ainsi le titre anglais) et les œuvres de Poe traduites par Baudelaire dans des périodiques.

La dette de Baudelaire envers Mrs. Crowe a été étudiée par G. T. Clapton, « Baudelaire and Catherine Crowe », *Modern Language Review*, t. XXV, 1930, p. 286-305, et par Randolph Hughes, « Une étape de l'esthétique de Baudelaire : Catherine Crowe », *Revue de littérature comparée*, octobre-décembre 1937, p. 680-699.

Margaret Gilman (*Baudelaire the Critic*, p. 241) a raison de déclarer que ces deux études exagèrent l'influence que Mrs. Crowe aurait pu exercer sur Baudelaire. Celui-ci avait lu Balzac et pris connaissance de Swedenborg et d'autres « mystiques » avant de lire *The Night Side of Nature*, où il retrouvait des idées qui lui étaient déjà familières comme celle qu'exprime le passage cité dans le *Salon de 1859* et celle qu'on voit au chapitre IV du livre anglais : « The whole of nature is one large book of symbols, which, because we have lost the key to it, we cannot decipher[1]. » Au reste, la formule : « cette excellente Mme Crowe », qui se lit à la fin de ce paragraphe, témoigne de quelque condescendance.

Page 284.

1. Delacroix.

2. Expression d'Horace (*Odes*, III, 3, v. 8) : les ruines [du monde] le frapperont sans l'effrayer, — familière à Baudelaire, qui l'adaptera pour en faire l'épigraphe d'une photographie par Neyt offerte à Poulet-Malassis lors de leur commun séjour bruxellois (*ICO*, n° 57; *Album Baudelaire*, p. 249) : *Ridentem ferient ruinae* (Les ruines du monde peuvent le frapper; il rira).

3. Cf. *Mon cœur mis à nu*, XXXVIII, 68 (*Pl.*, I, p. 701). En 1850, un prospectus du *Magasin des familles* annonçait pour paraître dans une des livraisons suivantes : *Influence des signes sur les esprits*, par Baudelaire (*Œuvres posthumes*, éd. J. Crépet et Cl. Pichois, t. II, Conard, 1952, p. 300). Lois Hamrick (thèse citée n. 1 de la page 269) rapproche des propos de Baudelaire ceux-ci de Gautier (*L'Artiste*, 14 décembre 1856) : « Épris, tout enfant, de statuaire, de peinture et de plastique, nous avons poussé jusqu'au délire l'amour de l'art; [...]. L'Écriture parle quelque part de la concupiscence des yeux, *concupiscentia oculorum*; — ce péché est notre péché, et nous espérons que Dieu nous le pardonnera. — Jamais œil ne fut plus avide que le nôtre. »

4. Cf. le *Salon de 1846*, p. 93.

Page 285.

a. qui s'accommodent à *RF*

b. une atmosphère colorée qui *RF. Il est possible que CE soit ici coupable d'une omission.*

c. par certains côtés *RF*

1. Voir deux formules analogues, à propos de la poésie, dans un des projets de préface (*Pl.*, I, p. 183).

Page 287.

a. ou telles qu'elles seraient, *RF*

---

1. Toute la nature n'est qu'un grand livre de symboles que nous ne pouvons déchiffrer, parce que nous en avons perdu la clé.

1. Cela s'applique admirablement à la poésie de Baudelaire.
2. Sur la condamnation du réalisme en peinture comme en poésie, voir *Puisque réalisme il y a* (*Pl.*, II, p. 57).

Page 288.

a. par impuissance *RF*

V. RELIGION, HISTOIRE, FANTAISIE

Page 289.

1. Alphonse Legros n'exposait en 1859 qu'une seule toile : *L'Angélus*, qui appartient à une collection particulière; J. Mayne l'a reproduite dans *Art in Paris* (pl. 42). Amand Gautier (Lille, 1825; Paris, 1894) expose *Les Sœurs de charité*. Actuellement au Palais des Beaux-Arts de Lille, cette toile a été exposée en 1968 (nº 487) et reproduite dans le catalogue (p. 113); elle est mieux reproduite par J. Mayne dans *Art in Paris* (pl. 43). La notice du catalogue de 1968 fait remarquer qu'Amand Gautier appartient au groupe réaliste qui se réunit à la Brasserie Andler sous la présidence de Courbet.
2. Cf. le second tercet du *Guignon* (*Pl.*, I, p. 17).
3. Aucun nom ne semble répondre à cette abréviation (« C. » en 1859). Faudrait-il penser à Charles Asselineau, qui a beaucoup collaboré à la *Revue française*, et notamment à la livraison du 10 juin qui contient le début du *Salon de 1859*? Ou, comme le suggère W. T. Bandy (*Buba*, t. X, nº 1, Été 1974), à Henri Cantel, qui fut un des premiers disciples de Baudelaire et qui dans la *Revue française* du 1er février 1859 avait publié un poème dédié à celui-ci (voir *LAB*, 73-76; *CPI*, I, 558)?

Page 290.

1. Sans doute Stendhal.
2. Cf. le deuxième paragraphe des *Bons Chiens* (*Pl.*, I, p. 360).

Page 291.

1. Voir *L'Art philosophique* (p. 259).

Page 292.

1. Peinte en 1841.
2. Exposé au Salon de 1827. Prarond rapporte qu'avant le voyage de 1841 Baudelaire l'emmena un jour voir ce tableau à l'église Saint-Paul, demandant au passage Mlle Sara (*BET*, 27, n. 39).
3. Alphonse Karr dans *Les Guêpes* d'avril 1840 s'était moqué du cheval « lie-de-vin » de *La Justice de Trajan*; voir p. 252. Il semble difficile qu'ici le « jeune *chroniqueur* » soit A. Karr, comme le pensait J. Crépet. Karr avait cinquante et un ans en 1859. Lucie Horner

(*Baudelaire critique de Delacroix*, p. 156, n. 307) propose d'identifier ce chroniqueur avec Victor Fournel qui rend compte du Salon de 1859 dans *Le Correspondant* du 25 mai 1859, faisant précéder son éreintement de Delacroix d'une phrase analogue à celle que Baudelaire cite un peu plus bas : « Je suis fort embarrassé pour parler de l'exposition de M. Delacroix, car je confesse humblement tout d'abord n'avoir pas le sens de cette peinture, et ne rien comprendre aux admirations qui l'accueillent. » Cependant, V. Fournel était l'un des plus fidèles collaborateurs de la *Revue française* où Baudelaire publiait son *Salon*, W. T. Bandy (*Buba*, t. X, n° 1, Été 1974) est tenté de croire que Baudelaire pourrait ici viser Jean Rousseau qui a attaqué Delacroix dans le *Figaro* du 10 mai 1859 où il faisait un *Salon* et qui, le 17 mai, rend compte d'un bal, décrivant les robes; mais ce bal n'eut pas lieu à l'Hôtel de Ville. Etc. On pensera donc que ce « jeune *chroniqueur* » est un portrait composite, à l'occasion duquel Baudelaire exprime son mépris de la jeunesse, comme il le fera dans sa préface aux *Martyrs ridicules* (*Pl.*, II, p. 182).

Page 293.

1. Cette citation et la suivante sont extraites du *Salon de 1822* par Thiers. Ou plutôt, en 1859, de la citation que Baudelaire en a déjà faite dans le *Salon de 1846* (p. 87). Les expressions en italique ont été soulignées par Baudelaire.

Page 294.

a. qui glissent *en*   RF

Page 295.

1. *La Montée au calvaire; le Christ succombant sous la croix* : cette toile avait été refusée, ainsi que *Le Christ descendu au tombeau* (intitulé plus haut par Baudelaire la *Mise au tombeau*), par le conseil de fabrique de Saint-Sulpice. Sur la proposition de Laurent-Charles Maréchal (voir le *Salon de 1845*, p. 59), elle fut achetée à Delacroix par la Ville de Metz en 1861. Elle a été exposée en 1968 (n° 477), de même que *Le Christ descendu au tombeau* (n° 478). La critique reprocha à Delacroix le caractère d'esquisse du tableau, bien que le peintre eût pris la précaution d'avertir le public par la phrase que Baudelaire place entre guillemets et qui est citée dans le livret officiel du Salon. Maxime Du Camp demandait si une mort anticipée avait paralysé la main de Delacroix, ôté à l'esprit de celui-ci « la notion du juste et du vrai » : « Quelles sont ces peintures de revenant qu'on expose sous son nom? »

2. *Ovide en exil chez les Scythes*. Londres, National Gallery. Exp. 1968, n° 479; Castex, frontispice en couleurs. Baudelaire va citer un passage du livre VII des *Martyrs* (sans modification significative); voir, dans la même collection, *Œuvres romanesques et voyages*, édition Maurice Regard t. II, [1969], p. 225.

3. Dans ses *Remarques* Chateaubriand cite lui-même le vers qu'il

traduit : « Parve, nec invideo, sine me, liber, ibis in Urbem »,
indiquant que ce n'est pas là l'épitaphe qu'Ovide s'était composée.

4. « Barbarus hic ego sum, quia non intelligor illis »; voir *Pl.*,
II, p. 91.

Page 296.

a. dans une sentence féconde RF; *cette leçon semble préférable.*

1. Ces expressions en italique sont empruntées à l'Épilogue
d'*Atala.*

2. Le catalogue officiel du Salon (le livret).

3. Ce mot, imprimé en italique, n'a pas le triste sens moderne. Il
vient à Baudelaire de Balzac qui l'emploie dans *Louis Lambert* et
dans *Séraphîta* – deux textes bien connus de Baudelaire – pour
désigner la capacité de « voir les choses du monde matériel aussi
bien que celles du monde spirituel », don qui est apparenté à
l'intuition et à la voyance. Suzanne Bérard a fait l'histoire difficile
de cette notion dans *L'Année balzacienne 1965*, p. 61-82.

4. La formule est frappante. Elle évoque Schelling : « Le beau est la
manifestation du divin dans le terrestre, de l'infini dans le fini » (*Écrits
philosophiques*, traduits par Charles Bénard, publiés chez Joubert et
Ladrange, 1847, p. 381). « L'infini présenté comme fini, est la
beauté » (*Système de l'idéalisme transcendantal*, traduit par Paul Grimblot, Ladrange, 1842, p. 358). Mais il n'est pas nécessaire – ainsi
pourtant le voulait Marcel Ruff (préface à la septième partie des *Œuvres
complètes* de Baudelaire, Le Club du Meilleur Livre, 1955, t. II, p. 8-9)
– que Baudelaire ait lu Schelling. Parmi d'autres exemplaires d'intermédiaires que nous avons relevés entre la philosophie allemande et la
littérature française (« Des " impondérables " dans la création
littéraire », *Mercure de France*, avril 1957, p. 731) on retiendra celui-ci :
« Kant a écrit en maître sur le sentiment du beau et du sublime. Il a
reconnu que le caractère du beau était l'apparition immédiate de
l'infini dans le fini. Schiller a interprété en poète la philosophie de
Kant » (Arsène Houssaye, *L'Artiste*, 10 août 1845). Mais faut-il
recourir à la philosophie allemande? Lamennais, qui est peut-être à
l'origine de la distinction des deux éléments de la beauté, qu'on trouve
faite dans le *Salon de 1846* (p. 153) et dans *Le Peintre de la vie moderne*
(p. 345), deuxième paragraphe; voir la note 1), écrivait en résumant la
partie esthétique de son *Esquisse d'une philosophie* (t. III, 1840,
p. 473) : « le Beau impliquant deux choses, le Vrai et la forme qui le
manifeste, l'Art implique également deux choses, le modèle idéal et la
forme extérieure dans laquelle il s'incarne, l'infini et le fini ». Certes,
Baudelaire ne lie pas le Beau au Vrai, et ce lien lui apparaît même
comme adultère. Mais en partant de la dualité de la beauté telle que
l'exprimait Lamennais, il pouvait arriver seul à cette formule.

Page 297.

a. en tirerais-je RF, *leçon qui peut paraître préférable.*
b. Ici se termine la partie du « Salon » insérée dans la livraison du

20 juin. RF commence la partie suivante, livraison du 1ᵉʳ juillet, par le sous-titre : v / religion, histoire, fantaisie (suite). *CE modifie le numéro du chapitre :* vi *au lieu de* v, *en conservant le même sous-titre. Nous avons préféré introduire un blanc et ne pas répéter le sous-titre.*

c. Dézobry *RF et CE*

1. Une formule analogue est employée par Baudelaire pour caractériser la poésie de Banville (*Pl.*, II, p. 163).

2. Voir les vers 7-8 du *Tonneau de la Haine* (*Pl.*, I, p. 71).

3. Delacroix remercia Baudelaire de ces pages par une lettre du 27 juin 1859 qu'il joignit à une lettre à Jean Morel chargé de faire suivre la première (*LAB*, 116-117) :

« Comment vous remercier dignement pour cette nouvelle preuve de votre amitié. Vous venez à mon secours au moment où je me vois houspillé et vilipendé par un assez bon nombre de critiques sérieux ou soi-disant tels. Ces messieurs ne veulent que du grand et j'ai tout bonnement envoyé ce que je venais d'achever sans prendre une toise pour vérifier si j'étais dans les longueurs prescrites pour arriver convenablement à la postérité, dont je ne doute pas que ces Messieurs ne m'eussent facilité l'accès. Ayant eu le bonheur de vous plaire, je me console de leurs réprimandes. Vous me traitez comme on ne traite que les *grands morts*; vous me faites rougir tout en me plaisant beaucoup : nous sommes faits comme cela. »

Delacroix avait été si affecté par les critiques qu'on lui avait adressées qu'il voulut renoncer à exposer.

4. J. Crépet pensait que le terme était emprunté à Nadar qui désignait par *pointus* les auteurs pédants.

5. Dezobry est l'auteur de *Rome au siècle d'Auguste* (1835) qui est aux Latins ce que le *Voyage du jeune Anacharsis* (1788) de l'abbé Barthélemy est à l'antiquité grecque.

6. Titre d'une toile de Jean-Louis Hamon exposée au Salon de 1853, acquise par l'Empereur; elle disparut dans l'incendie des Tuileries en 1871. En 1859 Hamon, élève de Delaroche et de Gleyre, expose *L'Amour en visite*, dans le même genre mignard.

7. Sans doute Baudelaire fait-il allusion à six « panneaux décoratifs d'un salon de bains » représentant les *Saisons*, l'*Europe* et l'*Afrique* exposés en 1859 par le sculpteur Tony-Antoine Étex (voir p. 36 et 64).

8. J. Crépet a recensé plusieurs de ces *Marchandes d'amour : Amours! amours! marchande d'amours!* par Denéchau; *Jeune Fille pesant des amours*, statue par E.-L. Lequesne; *La Marchande d'amours, d'après une peinture trouvée à Herculanum, grisaille, émail genre de Limoges*, exécuté par Mlle Philip.

Page 298.

1. Citons encore l'*Éducation de l'Amour* par Eugène Faure, *L'Amour vaincu* et *L'Amour triomphant* par Alexandre Colin, *L'Amour et Psyché* par Bonnegrace, *L'Amour puni* par Diaz de la

Peña. Ces œuvres sont caractéristiques du goût bourgeois de l'époque.

2. Margaret Gilman (« Baudelaire and Thomas Hood », *The Romanic Review*, t. XXVI, juillet-septembre 1935, p. 240-244) a repéré le texte que traduit Baudelaire et qui figure dans les *Whims and Oddities* de 1826 : un dessin représentant un Cupidon obèse, semblable à un cochon, avec la légende : *« Tell me, my heart, can this be Love ? »*, y accompagne le poème satirique de Hood. Le dessin est reproduit par J. Mayne, *Art in Paris*, p. 216. Remarquant que la version française qu'en donne Baudelaire est assez faible par endroits, du moins pour le traducteur très expérimenté qu'il était devenu en 1859, Margaret Gilman suggérait que ce texte avait été détaché de l'étude sur la Caricature et introduit dans le *Salon de 1859*, écrit à Honfleur, donc sans que l'auteur pût recourir au texte original. De fait, le nom de Hood apparaît dans le plan que Baudelaire traçait de son étude pour Victor de Mars et que nous avons reproduit au début des commentaires sur *De l'essence du rire* (p. 532). Hood est mentionné au feuillet 1 du *Carnet* (*Pl.*, I, p. 714) : Baudelaire se proposait donc de lui consacrer une étude. À moins qu'il ne voulût traduire *The Bridge of Sighs*, ce qu'il fera en Belgique (*Pl.*, I, p. 269). On sait que le poème en prose *Any where out of the world* doit son titre à ce poème.

Page 299.

1. Un autre mot *sty* signifie *orgelet*.

2. Voir le portrait du premier Satan des *Tentations* (*Pl.*, I, p. 307) : ce poème en prose ne sera publié qu'en 1863, mais Baudelaire en 1859 pense à traiter ce sujet en vers.

3. J. Crépet indique que Baudelaire fait allusion à une chanson du comte de Ségur : *L'Amour et le Temps*. Il avait vu chez Nadar, qui disait la tenir de Baudelaire, une gravure anonyme à deux compartiments, datée de 1813 et ornée d'une légende approchante, mais d'une cruauté adoucie : *L'Amour fait passer le Temps*, *le Temps fait passer les Saisons*.

4. *Le Vieux-Neuf. Histoire ancienne des inventions et découvertes modernes* (Dentu, 1859, 2 vol.). L'expression vieux-neuf est citée à la première phrase du paragraphe. Quant au sous-titre du livre de Fournel il se retrouve dans la phrase suivante : « les industries modernes ».

5. C'est la seule fois que Baudelaire cite Jean-Léon Gérome (1824-1904), l'un des principaux représentants de la peinture académique.

Page 300.

1. *Combat de coqs* a été exposé au Salon de 1847. Ce tableau est maintenant au Louvre. Reproduction dans J. Mayne, *Art in Paris*, pl. 58. Voir *Le Musée du Luxembourg en 1874*, n° 93. Il est difficile de trouver une toile plus conventionnellement hypocrite dans l'érotisme.

2. *Le Siècle d'Auguste* a été exposé en 1855; ce tableau appartient au musée de Picardie (Amiens). Reproduit dans *BSHAF*, 1969, p. 131.

3. Gérome expose *Ave, Cesar imperator, morituri te salutant*, c'est-à-dire le prélude à un combat de gladiateurs. Ce tableau, vendu chez Christie à Londres le 30 novembre 1928, n'a pas été retrouvé.

4. Ce César est celui du tableau précédent, bien qu'en 1859 Gérome expose aussi une *Mort de César* (non retrouvée) que Baudelaire examine deux paragraphes plus bas.

5. Il y a peut-être ici une attaque contre le docteur Véron, l'assez ventripotent directeur du *Constitutionnel* (qu'il venait de céder). Baudelaire n'avait pas eu à se louer de lui (voir *CPl*, I, 204-205). *Les Ventrus* : cette expression désigne sous la monarchie de Juillet les députés du juste-milieu, rassasiés de prébendes par le gouvernement.

Page 301.

1. Ce tableau est passé en vente à New York, Parke-Bernet Galleries, le 21 mars 1963.

2. Pierre-Antoine Baudouin (1723-1769), élève de Boucher dont il épousa la fille cadette. Grimm disait de lui : il « s'est fait un petit genre lascif et malhonnête qui plaît fort à notre jeunesse libertine ». Baudelaire le cite dans les notes sur le XVIIIe siècle (p. 385).

Page 302.

1. Isidore-Alexandre-Augustin Pils (Paris, 1813; Douarnenez, 1875), élève de Lethière et de Picot, avait été premier grand prix de Rome (Histoire) en 1838. En 1859, outre trois portraits, il exposait un tableau : *Défilé des zouaves dans la tranchée (siège de Sébastopol)*, et une aquarelle : *L'École de feu à Vincennes (artillerie à pied, 2e régiment)*, qui n'ont pas été retrouvés.

Page 303.

1. Sur Charlet voir *Quelques caricaturistes français* (p. 206). Baudelaire avait eu l'intention d'inclure Auguste Raffet (Paris, 1804; Gênes, 1860), peintre de batailles, dessinateur, graveur et lithographe, dans son étude sur les caricaturistes; voir, p. 572, la note à V. de Mars.

2. Ce tableau avait été exposé précédemment; il est actuellement au musée des Beaux-Arts de Quimper; reproduction dans *BSHAF*, 1969, p. 131.

3. La Fontaine, *Le Lion abattu par l'homme* (*Fables*, III, 10).

4. Voir, de Dumas, *L'Art et les artistes contemporains au Salon de 1859*, *op. cit.*, p. 58-60, où l'on ne retrouvera d'ailleurs que la substance des propos de Baudelaire sur la peinture militaire.

5. La victoire de Magenta remportée par les Franco-Piémontais sur les Autrichiens est du 4 juin 1859 et celle de Solferino, du 24.

6. En 1817, l'éditeur C. L. F. Panckoucke (sur qui voir _Pl._, I, p. 1430) avait lancé une série de trente volumes : _Victoires, conquêtes, désastres, revers et guerres civiles des Français de 1792 à 1815_, rédigée « par une société de Militaires et de Gens de lettres ». Une cinquième édition avait paru en 1819, attestant l'immense succès de cette publication, plusieurs fois imitée. Pour conserver son avantage Panckoucke avait dès 1819 décidé la publication d'un album de cent planches, intitulé _Monumens des victoires et conquêtes des Français_, à la même époque, — la vingt-cinquième et dernière livraison étant publiée en février 1822. Des descriptions en prose accompagnent les gravures au trait, celles-ci aussi ternes que celles-là. Baudelaire fait surtout allusion aux _Préliminaires de la paix de Léoben_, planche gravée d'après un tableau de Lethiers; on trouvera la planche en cause dans l'article de J. Lethève et Cl. Pichois, « Baudelaire et les illustrateurs des fastes napoléoniens », _Bulletin du bibliophile_, 1956, n° 5.

« La variété des attitudes et la vraisemblance de ces différens portraits historiques remplacent pour le mérite du peintre les grands effets que la nature calme de son sujet lui défendait de rechercher. Mais on voit, au premier coup d'œil, par la noble assurance du chef français qu'il dicte sans morgue ses volontés. »

Et plus loin :

« Le marquis de Gallo s'est avancé avec tout l'air d'embarras que puisse laisser voir un homme de cour. L'artiste a voulu exprimer par la mollesse de ses formes un homme de cabinet, et opposer ce physique d'un courtisan, cet embonpoint sans muscles à la vigueur herculéenne de nos jeunes guerriers. »

Page 304.

1. François-Germain-Léopold Tabar (1818-1869), élève de Delaroche, expose en 1859 : _Guerre de Crimée; attaque d'avant-poste_ (le livret indique que c'est là une commande du ministère d'État) et _Guerre de Crimée; fourrageurs._ Il expose aussi : _La Roche-Fauve (Dauphiné)._

2. Baudelaire veut faire entendre que les soldats de l'armée d'Afrique se muent en colons, à l'instar des soldats de Rome.

Page 305.

_a._ dont il illustrait   RF

1. Eugène Lami n'exposait pas en 1859.

2. Charles Chaplin (Les Andelys, 1825; Paris, 1891), fils d'un Anglais et d'une Française, avait été l'élève de Drolling. Il exposait en 1859 _L'Astronomie, La Poésie et Diane_; aucune de ces trois œuvres n'a été retrouvée à ce jour. Baudelaire cite encore Chaplin, p. 318, comme portraitiste. Il ne le mentionne que dans ce Salon. Au début de sa carrière, Chaplin était portraitiste et paysagiste. Puis, il modifia sa manière pour adopter un genre gracieux qui fit

sa réputation et sans doute sa fortune. Baudelaire a raison de penser que Chaplin avait trahi sa vocation.

Page 306.

    a. troupe *[singulier]* RF
    b. attitudes *[pluriel]* RF

   1. Le tableau du sculpteur Clésinger, qui est alors à Rome (livret), n'a pas été retrouvé. À noter que Clésinger avait aussi peint à Rome, en 1857, une grande toile dédiée à Dumas fils et représentant la *Femme au serpent* (la Présidente); voir *ICO*, n° 133.

   2. Faut-il rappeler ici *La Géante* (*Pl.*, I, p. 22)?

Page 307.

   1. Antoine-Auguste-*Ernest* Hébert (La Tronche, 1817; Grenoble, 1908) avait été l'élève de David d'Angers, puis de Delaroche. Il obtint le premier grand prix de Rome de peinture en 1839 et débuta au Salon de cette année avec une peinture : *Le Tasse en prison* (musée de Grenoble).

   2. *L'Almée*, toile exposée en 1849. Au Salon de 1850-1851, Hébert exposa *La Mal'aria*, autre grand succès (La Tronche, musée Hébert; notice et reproduction dans *Le Musée du Luxembourg en 1874*, n° 116). En 1859, il expose *Les Cervarolles* (acquis par l'État; actuellement au Louvre; reproduction dans J. Mayne, *Art in Paris*, pl. 49; notice et reproduction dans *Le Musée du Luxembourg*, n° 118). Les Cervarolles étaient, dans les États romains, des jeunes filles qui se livraient aux plus rudes travaux. Hébert expose aussi en 1859 *Rosa Nera à la fontaine*, œuvre acquise par l'Impératrice, et un *Portrait de la marquise de L.* Hébert eut un temps son atelier avenue Frochot, non loin du domicile de la Présidente; il était, ainsi que Ricard et Meissonier, des familiers de Mme Sabatier (voir André Billy, *La Présidente et ses amis*, p. 165-167) : le jugement de Baudelaire n'en est pas affecté.

   3. Paul Baudry (La Roche-sur-Yon, 1828; Paris, 1886) expose en 1859 *La Madeleine pénitente* (Nantes, musée des Beaux-Arts; cat. Exp. 1968, n° 465, reproduction p. 103; reproduction dans J. Mayne, *Art in Paris*, pl. 59), *Guillemette, étude*, non retrouvée, *La Toilette de Vénus* (Bordeaux, musée des Beaux-Arts) et deux portraits.

   4. *La Vestale* avait été exposée en 1857; elle se trouve au musée de Lille.

Page 308.

    a. que les louables désirs RF
    b. au lendemain des études RF

   1. Une partie de ces considérations peut être dictée à Baudelaire par une réflexion personnelle dont la série *Hygiène* (*Pl.*, I, p. 668) et la *Correspondance* conservent des échos.

Page 309.

a. établies *[pluriel]* RF

1. Outre ces deux toiles, non retrouvées, Alexandre Bida (1823-1895), élève de Delacroix, expose *La Prière*. Baudelaire ne le cite que dans ce *Salon*.

2. Ary Scheffer est mort l'année précédente.

3. C'est le seul *Salon* dans lequel Fromentin (1820-1876) est cité par Baudelaire comme peintre. Élève de Cabat, Fromentin expose en 1859 *Bateleurs nègres dans les tribus*; *Lisière d'oasis pendant le sirocco*; *Souvenirs de l'Algérie*; *Audience chez un khalifat (Sahara)*; *Une rue à El Aghouat*. Seule, cette dernière toile, qui fut reproduite en 1859 par la *Gazette des beaux-arts*, est actuellement connue. Elle appartient au musée de Douai et a été présentée en 1968 (n° 486; reproduction p. 112; Castex, p. 163). Gautier lui a consacré un feuilleton enthousiaste dans *Le Moniteur* du 26 mai 1859.

Page 310.

1. Baudelaire exprime devant cette rue d'El Aghouat, jonchée, à l'ombre, de dormeurs, une aspiration qui lui est propre et qu'il a exprimée, entre autres, dans le second tercet de *De profundis clamavi* (Pl., I, p. 33).

2. Voir le *Salon de 1846*, p. 106.

3. *Un été dans le Sahara* (nom auquel Baudelaire ajoute un *h* qu'on pourrait dire oriental) a paru chez Michel Lévy en 1857; *Une année dans le Sahel* paraît chez le même éditeur en 1859.

Page 311.

1. *Robur* : force.

2. En 1855 Joseph liès (1821-1865) avait exposé *La Promenade* et *Les Plaisirs de l'hiver*, deux tableaux qui appartenaient à un grand collectionneur belge, Couteaux, dans le nom sera cité dans *Pauvre Belgique!* (Pl., II, p. 958). En 1859 il expose *Les Maux de la guerre*, qui appartient aux Musées royaux des Beaux-Arts (Bruxelles) : ce tableau a figuré à l'exposition de 1968 (n° 497); il a été reproduit par J. Mayne (*Art in Paris*, pl. 44).

3. Henri Leys avait exposé en 1855 *Les Trentaines de Bertal de Haze* (une scène historique du XVIᵉ siècle) et *La Promenade hors des murs* (une scène de *Faust*). Baudelaire verra de ses œuvres en Belgique.

4. Voir le commentaire de *Danse macabre* (Pl., I, p. 1032).

5. Baudelaire pense à la suite d'eaux-fortes intitulée *Les Misères de la guerre*.

Page 313.

1. *Le Misanthrope*, I, 3. — Jean Pommier a fait remarquer (*Dans les chemins de Baudelaire*, p. 140, n. 51) que le texte exact est : « Le méchant goût... » — Est-il utile de préciser qu'il y a là un jeu de

mots, le journal visé étant *Le Siècle*, où Louis Jourdan avait reproché à Penguilly son « uniformité fatigante »?

2. Cf. la lettre à Armand Fraisse du 18 février 1860 où Baudelaire fait l'éloge de la beauté du sonnet en employant cette image : « Avez-vous observé qu'un morceau de ciel, aperçu par un soupirail, ou entre deux cheminées, deux rochers, ou par une arcade, etc., donnait une idée plus profonde de l'infini que le grand panorama vu du haut d'une montagne? » (*CPl*, I, 676.)

3. On lit bien *plaie* dans les deux textes; *avalanche* ferait plutôt attendre « pluie » (l'*u* de Baudelaire est parfois fermé et tend à ressembler à un *a*), si la gradation n'était annulée et si Baudelaire n'avait souligné *plaie*, indiquant ainsi le caractère insolite de l'emploi de ce mot. À l'exposition de 1968 cette toile est peut-être celle qui fut la plus remarquée. Critiques et visiteurs la rapprochaient des œuvres surréalistes, en particulier de l'œuvre d'Yves Tanguy. Elle avait été admirée dès 1859 (le chagrin Maxime Du Camp la jugeait « une des meilleures du Salon »), et l'État l'avait acquise sur les recettes du Salon pour l'attribuer au musée de Rennes où elle se trouve actuellement (Exp. 1968, n° 501; reproduction, p. 117; Castex, p. 161).

4. La *Notice sur les principaux tableaux de l'exposition de 1859. Peintres français* (Henri Plon, 1859) indique dans l'Introduction qu'une salle a été « réservée aux artistes anglais qui n'ont pu faire leurs envois à temps, mais qui ont promis d'être en mesure vers la fin du mois de mai ».

5. Outre cette toile Frederick Leighton (1830-1896) expose une aquarelle : *Danse de nègres à Alger*. Il serait curieux que Baudelaire n'eût pas traité de Leighton au début de ce *Salon* s'il n'avait utilisé alors un passage du *Théophile Gautier*.

Page 314.

1. Jean-Marc Baud, de Genève, exposait trois émaux : *Vénus, d'après M. C. Gleyre* (conservé au musée de la manufacture de Sèvres), un *Portrait d'enfant* (non retrouvé) et *Agar, d'après le Dominiquin*. Ce dernier, conservé au Musée d'art et d'histoire de Genève, a été reproduit dans l'article d'Arlette Calvet-Sérullaz, *BSHAF*, 1969, p. 129. En 1860, Baud communiquera à Baudelaire le manuscrit d'une traduction faite par sa sœur; voir la réponse de Baudelaire en *CPl*, II, 68-69. Le 1er décembre 1865, dans la *Gazette des beaux-arts*, répliquant à une critique de ses œuvres, il citera l'éloge de Beaudelaire.

2. Ici se termine la partie insérée dans la livraison du 1er juillet 1859 de la *Revue française*.

VI. LE PORTRAIT

3. Littéralement : tête morte. Au figuré : restes ou résultats sans valeur.

Page 315.

1. Baudelaire forge une expression qui, bien sûr, eſt sans rapport avec nos contemporaines lunettes d'écaille. Ce mot a le sens ancien de taie, de voile.

2. Un des écrivains classiques le plus admirés de Baudelaire. Voir *La Solitude* (*Pl.*, I, p. 314).

Page 316.

1. Le maître n'expose pas en 1859. Pour le jugement que Baudelaire porte sur les disciples d'Ingres, voir l'étude de Daniel Ternois, *Baudelaire et l'ingrisme*, dans *French 19th Century Painting and Literature* edited by Ulrich Finke, Mancheſter University Press, [1972].

2. Henri Lehmann; voir le Répertoire.

3. Baudelaire eſt son ami. Ce qui ne l'empêche pas de critiquer Chenavard dans *L'Art philosophique* (p. 258).

Page 317.

1. Voir la première étude sur Poe (*Pl.*, II, p. 267).

Page 318.

1. François-Joseph Heim (Belfort, 1787; Paris, 1865) exposait en 1859 soixante-quatre dessins, portraits des principaux membres de l'Inſtitut, assis, revêtus de l'habit d'académicien. Le portrait de Nieuwerkerke a été présenté en 1968 (n° 490). En 1855, Heim avait exposé une première série de portraits qui étaient des études pour trois tableaux représentant des membres des différentes académies de l'Inſtitut — projet qui ne fut pas réalisé.

2. Voir p. 305.

3. Fauſtin Besson expose les portraits de Mme Favart et de Mlle Devienne, de la Comédie-Française (localisation inconnue).

4. Le mot commence à prendre son sens figuré; c'eſt pourquoi Baudelaire le place en italique.

5. Baudelaire rencontre Ricard chez Mme Sabatier, dont le peintre a fait le portrait (*ICO*, n° 136; *Album Baudelaire*, p. 97).

Page 320.

VII. LE PAYSAGE

a. tel ou tel RF

Page 321.

a. Je les préfère telles, avec leurs défauts, à RF

1. Voir p. 268-273.

2. *Auguſte*-Paul-Charles Anaſtasi (Paris, 1820; Paris, 1889), élève de Delacroix, Corot et Delaroche, expose en 1859 sept paysages : *Un lac en Tyrol*; *Le Waal et la Meuse, près de Dordrecht*; *Groupe de chênes en automne*; quatre vues de Hollande. Aucun ne semble avoir été retrouvé. — Sur Charles Le Roux (dont Baude-

laire écrit le nom d'un seul tenant) et sur Jules Breton voir le Répertoire. — Léon Belly, né à Saint-Omer en 1827, élève de Troyon, expose quatre paysages exécutés en Égypte et non retrouvés; il ne se confond pas avec un autre Belly qui apparaît dans la *Correspondance* en février 1859 (*CPl*, I, 557 et 1014; voir *Buba*, IX, 2, Hiver 1974). — Antoine Chintreuil (Pont-de-Vaux [Ain], 1816; Septeuil [Seine-et-Oise], 1873), élève de Corot, expose trois paysages : *La Pluie, Soleil couché* et *La Mare aux biches*, qui se trouve au musée de Mende.

3. Jean-François Millet n'expose en 1859 qu'une seule toile : *Femme faisant paître sa vache* (musée de Bourg-en-Bresse; Exp. 1968, n° 498; reproduction par J. Mayne dans *Art in Paris*, pl. 54; Castex, p. 159). Baudelaire s'est fait rappeler à l'ordre pour n'avoir pas admiré Millet. S'il s'est trompé, on avouera que beaucoup d'autres se sont trompés avec et après lui, jusqu'à ce que se tienne au Grand Palais, en 1975-1976, l'exposition consacrée à ce peintre, dont fut ainsi révélée la grandeur.

4. Sur le mépris de Baudelaire pour ces affectations de sacerdoce, voir *Pl.*, I, p. 665.

Page 322.

a. est souvent ici difficile *RF*

1. L'attaque contre Troyon était annoncée dans le passage sur Dumas (p. 623).

Page 324.

a. qui a tant produit; *RF*
b. en lui le plus louable et le plus remarquable, *RF*

1. Eugène Lavieille expose cinq paysages. Celui que Baudelaire admire doit être *Le Hameau de Buchez; route de La Ferté-Milon à Longpont (Aisne)*.

2. Paul Huet est né en 1803. Il avait été l'élève de Guérin et de Gros.

3. Louis-Godefroy Jadin (1805-1882), né à Paris, élève d'Abel de Pujol, de Paul Huet, de Bonington et de Decamps, expose *Vue de Rome prise de l'arco di Parma*; *La Vision de saint Hubert*; *Hallali d'un cerf à l'eau*; *Têtes de deux limiers de la vénerie de l'Empereur*; *Merveillau et Rocador, chiens d'attaque de la vénerie de l'Empereur*; *Druide (bull-terrier)* et *Pas commode!*... Il avait commencé par peindre des sujets de chasse et des natures mortes, avant de se tourner vers le paysage. Il fut l'ami intime d'Alexandre Dumas qu'il accompagna dans plusieurs voyages.

Page 325.

a. l'imagination fuit le paysage. *RF; voir la n. 1.*
b. qui accommode parfaitement la paresse *RF; la correction de RFC rend le texte conforme à CE.*
c. Ces étonnantes études *RF*

1. Voir la variante _a_ : « fait » ou « fuit », l'enjeu paraît d'importance, et c'est ce qu'ont cru Claude Roger-Marx et Bernard Gheerbrant dans une petite polémique qui les a opposés en juillet 1956 (_Arts_, n°s 575 et 576). Il y a lieu de remarquer que les archives Ancelle conservent de la quatrième et dernière partie du _Salon de 1859_ insérée dans la _Revue française_ une épreuve corrigée par Baudelaire. Or, six lignes plus bas, Baudelaire procède à une correction, et il ne corrige pas _fuit_, leçon qu'on peut donc adopter. Mais _fait_ s'adapte aussi bien au contexte et mieux que _fuit_, car le paragraphe commence par une affirmation, soulignée par _Oui_; _fuit_ s'accommoderait d'une particule de regret. De toute manière, puisque l'imagination _fait_ généralement le paysage, il est regrettable qu'elle l'ait _fui_ dans les œuvres que Baudelaire voit en 1859. Il est probable que le _fuit-elle_ de la phrase suivante avait, en 1859, affecté le _fait_ du début du paragraphe.

La leçon _fait_ peut se trouver renforcée de l'emploi de ce verbe par Delacroix dans une lettre de remerciement qu'on a été tenté de croire adressée à Baudelaire (Exp. 1968, n° 482). Delacroix écrit à un critique : « Vous dites admirablement au public ce que vous avez vu, mais y verra-t-il tout cela? l'imagination du spectateur fait le tableau qu'il regarde. » Depuis « l'imagination » jusqu'à « regarde », le destinataire ou un collectionneur a souligné au crayon.

2. Eugène Boudin est né, en 1824, à Honfleur, où Baudelaire écrit son _Salon_. Dans le livret officiel du Salon il donne pour adresse : au Havre, rue de la Halle, 10; et à Paris, chez MM. Desforge et Carpentier (ce sont des marchands de tableaux), boulevard Montmartre, 8. Boudin travaillait parfois à la ferme Saint-Siméon, donc au-dessus de Honfleur, tout près de la Maison-Joujou. Il n'expose en 1859 qu'un seul tableau : _Le Pardon de Sainte-Anne-Palud au fond de la baie de Douarnenez_ (on remarquera les capitales et les traits d'union : Baudelaire transforme le lieu en une sainte), qui appartient au Nouveau Musée des Beaux-Arts du Havre. Il a été exposé en 1968 (n° 486; reproduction p. 105; autre reproduction, Castex, p. 153).

3. C'est aussi le problème de Baudelaire poète.

Page 326.

_a._ par votre mémoire _RF_; _il est probable que cette leçon est préférable à celle de CE_

b. RF et CPl (voir n. 3) : pas d'alinéa.

_c._ les clochers montrant le ciel, les obélisques _RF_ : les clochers montrant du doigt le ciel _[romain]_, les obélisques _RFC_ : les clochers montrant le ciel comme des doigts _[romain]_, les obélisques _CPl_

1. Baudelaire s'identifie presque à Boudin en écrivant comme un poème en prose. On pense d'ailleurs devant ces nuages merveilleusement décrits à _L'Étranger_ (_Pl._, I, p. 277).

2. Voir _Pl._, I, p. 455.

3. Le passage suivant, depuis « Ce n'est pas… », a été transcrit

par Baudelaire pour Victor Hugo le 13 décembre 1859 (*CPl*, I, 627-629), lorsqu'il apprit que Meryon et son éditeur-imprimeur Auguste Delâtre allaient envoyer à Guernesey un exemplaire des *Eaux-fortes sur Paris*. On indique ci-dessous par *CPl* les variantes de la transcription.

4. Charles Meryon (1821-1868) fut, en effet, officier de marine, après être passé par l'École navale. Il prit part à plusieurs croisières, notamment dans le Pacifique. Voir le catalogue de l'exposition *Charles Meryon, officier de marine, peintre-graveur* (Paris, Musée de la Marine, 1968-1969). Le nom s'écrit tantôt sans accent (le père du graveur, médecin, était anglais), tantôt avec un accent, soit qu'on se souvienne que la famille Meryon était française d'origine huguenote, soit qu'on francise le patronyme. *RF* et *CE* impriment Méryon.

5. C'est le 20 février 1859 que le nom de Meryon apparaît pour la première fois dans la correspondance de Baudelaire : Asselineau est prié de « *carotter* » pour lui « TOUTES les images de Meryon (vues de Paris), bonnes épreuves sur chine » qu'il pourra dérober à Arsène Houssaye, directeur de la *Gazette des beaux-arts* (*CPl*, I, 551). Le 8 janvier 1860, Baudelaire décrira à Poulet-Malassis les manifestations du « délire mystérieux » de Meryon (*CPl*, I, 654-656). Cependant, en février, à la demande de Delâtre, il accepte d'écrire un texte pour l'album des vues de Paris (*CPl*, I, 670). Mais les interventions et les exigences du graveur compliquent, puis rendent impossible la réalisation de ce projet. Le 28 février, Baudelaire envoie à Mme Aupick la série des eaux-fortes et il les lui décrit le 4 mars (*CPl*, I, 683 ; II, 4-5). Avec Gautier et Paul Mantz Baudelaire fut l'un des rares défenseurs de Meryon. Après le vibrant hommage qu'il lui rend dans ce *Salon*, il le louera encore dans ses deux articles sur l'eau-forte en 1862 (p. 395 et 400). Sur la valeur profonde des rapports de Baudelaire et de Meryon voir l'essai de Pierre Jean Jouve, *Le Quartier de Meryon*, dans *Tombeau de Baudelaire* (Le Seuil, [1958]).

6. J. Crépet avait retrouvé la source de cette citation chez Gautier (*Fantaisies*, III) : « Je n'ai jamais rien lu de Wordsworth, le poète dont parle lord Byron d'un ton si plein de fiel, qu'un seul vers : — le voici, car je l'ai dans la tête : — Clochers silencieux montrant du doigt le ciel. » J. Mayne (*Art in Paris*, p. 200, n. 2) a, lui, repéré le vers de Wordsworth dans le poème *The Excursion* (livre VI, v. 19); il ajoute que dans la première édition du poème Wordsworth a indiqué qu'il avait emprunté l'image à Coleridge...

Page 327.

    a. la profondeur des perspectives accrue par *CPl*
    b. le douloureux et glorieux paysage de *RF et CPl*
    c. de ce marin, devenu en *CPl*
    d. dans le bonheur et dans le désespoir, *RF* : dans le bonheur et le désespoir *CPl*

e. dans les étangs mornes, les   *CPl*

f. CPl saute le paragraphe suivant et la première phrase de l'autre paragraphe.

1. Hugo, vers extraits de l'ode *À l'Arc de Triomphe*, dans *Les Voix intérieures.*

2. Ici les éditeurs de *CE* introduisent une note : « Charles Meryon est mort en mars 1868. »

3. Il y a peut-être là une allusion non seulement à des peintures, mais aussi à des gravures de l'album intitulé *Voyages pittoresques et romantiques en France* : l'une de ces planches représente le lac d'Escoubous que Baudelaire avait vu pendant son voyage en 1838 dans les Pyrénées (*Album Baudelaire*, p. 29).

Page 328.

a. Ici reprend, après une série de points qui indique une coupure, la copie de CPl. Le passage sur Hildebrandt était évidemment sans intérêt pour Hugo.

b. Chine; car il est [...] notre Poète est le roi des paysagistes. *CPl. La transcription s'arrête sur ce mot. Elle est suivie de la référence :* CHARLES BAUDELAIRE — *Salon de 1859.* —

1. Eduard Hildebrandt (1818-1869), né à Berlin selon le livret officiel du Salon, à Dantzig, selon Bénézit comme selon Thieme et Becker, exposait deux peintures : *Rayon de soleil* et *Paysage allemand*, ainsi que trente-six aquarelles, représentant surtout le cap Nord, la Suède et la Norvège.

2. Allusion à *Séraphîta* de Balzac, œuvre dont le swédenborgisme avait séduit Baudelaire avant 1848.

3. Hildebrandt, qui n'est mentionné que dans ce *Salon*, exposait aussi une *Vue du Caire* et *Une rue de Funchal* (deux des trente-six aquarelles).

4. Voir le *Salon de 1846*, p. 106. Hugo savait-il qui était Catlin? Il avait pu, en tout cas, voir les toiles de celui-ci en 1846.

5. En adressant à Hugo la copie autographe de ce passage, Baudelaire lui écrivait : « Vous êtes en exil; n'est-ce pas le moment le plus opportun pour vous faire ma cour? » Hugo fut sensible à cet hommage et à la fois un peu agacé, car il dut penser que Baudelaire louait ses dessins aux dépens de sa poésie : voir la remarquable étude de Pierre Georgel, *Revue de l'Art*, n° 20, 1973, citée dans les généralités sur ce *Salon*. Il ne répondit à Baudelaire que le 29 avril 1860 (*LAB*, 191) : « Vous m'avez envoyé, cher poète, une bien belle page; je suis tout heureux et très fier de ce que vous voulez bien penser des choses que j'appelle mes dessins à la plume. [...] Cela m'amuse entre deux strophes. » *Choses, amuse* remettent ces œuvres graphiques à leur place... Suivent quelques lignes pleines d'admiration pour Meryon. Enfin : « Vous avez en vous, cher penseur, toutes les notes de l'art; vous démontrez une fois de plus cette loi, que, dans un artiste, le critique est toujours égal au poète.

Vous expliquez comme vous peignez, *granditer*. » Baudelaire fut surpris du ton aimable; il manda à Poulet-Malassis, le 11 (?) mai (*CPl*, II, 41), que Hugo lui avait envoyé une lettre « très cordiale, contre son ordinaire, et très spirituelle, ce qui eſt encore plus singulier ». Il en transcrivit pour Meryon les termes qui concernaient le graveur (*CPl*, II, 43; cf. II, 215).

6. J. Crépet a rapproché ce passage des deux dernières ſtrophes de *L'Irréparable* (*Pl.*, I, p. 55).

Page 329.

VIII. SCULPTURE

a. vous êtes confronté par   *RF*
b. qui vous sont chers encore, la   *RF*

1. Cette évocation si sensible eſt d'un ton très personnel. Baudelaire pense-t-il au monument funéraire de la mère de Charles Lebrun, à Saint-Nicolas-du-Chardonnet, dont il se souviendra à Bruxelles (*Pl.*, II, p. 945)?

2. Réminiscence de Bossuet (*Oraison funèbre de Henriette d'Angleterre*), qui, après Tertullien, dit du cadavre : « un je ne sais quoi qui n'a plus de nom dans aucune langue; tant il eſt vrai que tout meurt en lui, jusqu'à ces termes funèbres par lesquels on exprimait ces malheureux reſtes! »

Page 330.

a. rond, tournant, autour duquel   *RF*; tourner *se lit dans la même phrase.*

1. Cf. *Le Cygne*, v. 25-26 (*Pl.*, I, p. 86).

2. « Les torches de la vie » : expression empruntée au *De natura rerum* (II, v. 79) de Lucrèce (« comme des coureurs qui se relaient en se passant le flambeau de la vie »).

3. Baudelaire a fait du chemin depuis qu'en 1846 il condamnait la sculpture comme « ennuyeuse », « brutale et positive » (p. 147). Il découvre qu'elle n'eſt pas l'antithèse de la spiritualité, si elle s'accorde à l'imagination et refuse le réalisme. Elle correspond aussi à son goût nettement déclaré dans ce *Salon de 1859* du grand et même du monumental (p. 306). Elle s'accorde enfin avec son goût de l'humaine armature : le squelette. Voir l'étude de Marcel Raymond, *Baudelaire et la sculpture*, *Journées Baudelaire*, *Aĉtes du colloque* de Namur-Bruxelles, 10-13 oĉtobre 1967, Bruxelles, Académie royale de langue et de littérature françaises, 1968, 66-74; même texte dans *Preuves*, mai 1968.

Page 331.

a. déjà un pas fait vers le mensonge, c'eſt-à-dire vers un art   *RF*
b. de s'être laissé volé *[sic]* la   *RF*; *la correĉtion de   RFC rend le texte conforme à   CE.*
c. prunelle! Comme la poésie   *RF*

1. Catlin lui-même a rapporté un épisode de ce genre, mais sans l'aspect dramatique de la querelle, dans ses *Letters and Notes on the Manners, Customs, and Condition of the North American Indians* (Londres, 1841, 2 vol., t. I, p. 108-110). Il se peut que Baudelaire doive plutôt cette anecdote à l'un des Français qui ont relaté la visite à Paris, en 1845, de Catlin et de ses Indiens (voir p. 106 et n. 1).

2. Guillaume Coustou (1677-1746), l'auteur des *Chevaux de Marly*.

Page 332.

a. j'y verrais la raison d'un éloge plutôt que d'une critique; il *RF*

1. Louis-Julien, dit Jules, Franceschi (Bar-sur-Aube, 1825; Paris, 1893), élève de Rude, expose une statue de pierre : *Andromède*, reproduite dans la *Gazette des beaux-arts* en 1859. Baudelaire ne le mentionne pas ailleurs.

Page 333.

a. décidée et parfaite. *RF*

b. On dirait que, souvent dans *RF*; *RFC déplace la virgule, correction adoptée dans CE.*

c. Ribeira *RF et CE*

1. En 1859 Clésinger expose, notamment, deux *Saphos* : *Jeunesse de Sapho* et *Sapho terminant son dernier chant*, deux marbres.

2. Just Becquet (Besançon, 1829; Paris, 1907) débuta au Salon de 1853 et se fit tout de suite remarquer.

3. Baudelaire en a admiré des exemples au musée Espagnol; voir l'article de P. Guinard, « Baudelaire, le musée Espagnol et Goya », *R.H.L.F.*, numéro spécial *Baudelaire*, avril-juin 1967, p. 319.

4. Statue en plâtre de Jean-Baptiste Baujault (1828-1899), élève de Jouffroy; non retrouvée.

Page 334.

1. Stéphano Butté, né à Turin — indique le livret officiel, qui le domicilie à Turin et à Paris —, en fait, Stefano Butti, expose *Épisode du Déluge universel*, groupe en marbre, et *Scène du massacre des Innocents*, autre groupe en marbre qui ne correspond pas au souvenir de Baudelaire.

2. Voir p. 12.

Page 335.

1. Créateur de deux musées de cire, comparables au musée Grévin.

2. Emmanuel Frémiet (Paris, 1824; Paris, 1910), élève de Rude, expose sept statuettes en bronze ou en plâtre, partie d'une « collection des différentes armes de l'armée française, commandée

par ordre de S. M. l'Empereur » (livret). Deux, qui appartiennent au musée de Blois, ont été présentées en 1968 (n⁰ˢ 484 et 485).

Page 336.

1. Le livret indique simplement : « *Cheval de saltimbanque*; plâtre. » Il n'explique pas la présence du hibou. Le sujet a dû intéresser l'auteur du *Vieux Saltimbanque* (*Pl.*, I, p. 295).

2. Claude Francin (Strasbourg, 1702; Paris, 1773), auteur d'un buste de D'Alembert (musée de Versailles) et d'un *Christ attaché à la colonne* (musée du Louvre).

Page 337.

a. une charmante sculpture, sculpture de chambre, dira-t-on *RF; on peut juger que CE est coupable d'une omission.*

1. Alexandre Oliva (Saillagouse [Pyrénées-Orientales], 1823; Paris, 1890), élève de J.-B. Delestre. Le buste du général Bizot (marbre) a été déposé par le musée de Versailles à l'École polytechnique; celui de F. de Mercey, membre de l'Institut, chef de la division des Beaux-Arts au ministère d'État (marbre), appartient au musée Hyacinthe-Rigaud de Montauban : ils ont l'un et l'autre été exposés en 1968 (n⁰ˢ 499 et 500). Oliva expose de plus les bustes de M. Baube (marbre) et du R. P. Zibermann, fondateur et supérieur général du séminaire du Saint-Esprit (bronze).

2. Pierre-Bernard Prouha (Born [Haute-Garonne], 1822; Paris, 1888), élève de Ramey, Dumont et Toussaint, expose *La Muse de l'inspiration*, marbre, commande du ministère d'État pour la cour du Louvre (avait-elle été déplacée pour la circonstance ou y a-t-il deux sculptures de Prouha dans la cour?); *Diane au repos*, groupe en marbre; *Médée égorgeant ses enfants*, groupe en plâtre; deux bustes de dames.

3. Albert-Ernest Carrier de Belleuse, dit Carrier-Belleuse (Anizy-le-Château [Aisne], 1824; Sèvres, 1887), élève de David d'Angers, expose *Jupiter et Hébé*, groupe en bronze; *La Mort du général Desaix*, groupe en plâtre; un buste en plâtre de Desaix; un buste de *Vestale*, terre cuite, et deux autres bustes, celui d'un sculpteur (Eugène P...) et celui d'un médecin (Verdi de l'Isle). Il semble que Carrier-Belleuse n'ait vraiment connu la réputation qu'à partir de 1861.

4. Titre exact de cette statue d'Émile Hébert : *Toujours et Jamais*; voir p. 275.

5. Curieuse appréciation du titre choisi par Stendhal.

6. Jean-Louis-Auguste Commerson (1802-1879), fondateur du *Tintamarre*, où il écrivait sous le pseudonyme de Citrouillard (voir *Pl.*, II, p. 1018); il a fignolé le calembour et l'à-peu-près dans ses *Pensées d'un emballeur* (1851) : il a publié en 1855 une galerie humoristique de *Binettes contemporaines*. — Sur P. de Kock voir *Pl.*, I, p. 781, et *Pl.*, II, p. 79.

Page 338.

> *a.* se dressa à   RF
> *b.* les membranes des palmipèdes, s'il   RF

1. C'est la statuette qui a inspiré à Baudelaire *Le Masque* et que Christophe — qui n'expose pas du tout en 1859 — reprendra sous la forme d'une grande statue en marbre; voir *Pl.*, I, p. 875-876. À cette note du tome I il convient d'ajouter que le musée Lansyer de Loches contient une réduction de la sculpture des Tuileries (une autre réduction appartient à Lady Emilia Dilke) montrant le serpent ajouté au bras droit. Le visage réel de la femme fait penser à celui de Mme Sabatier, chez qui fréquentait Christophe. La statuette est dédiée : « À mon cousin et ami Emmanuel Lansyer », qui était peintre. Ernest Christophe, né à Loches le 15 janvier 1827, est mort à Paris le 14 janvier 1892.

Page 339.

1. Ce vers et les suivants appartiennent à *Danse macabre* (*Pl.*, I, p. 96-97).

Page 340.

1. David d'Angers est mort en 1856.
2. Préault n'expose pas en 1859.

IX. ENVOI

Page 341.

1. La Bruyère avait écrit : « Entre toutes les différentes expressions qui peuvent rendre une seule de nos pensées, il n'y en a qu'une qui soit la bonne » (*Les Caractères*, chap. « Des ouvrages de l'esprit »).

Page 342.

> *a.* et ami, / CHARLES BAUDELAIRE.   RF

Page 343.

LE PEINTRE DE LA VIE MODERNE

Figaro, 26 et 29 novembre, 3 décembre 1863 (*F*).
L'Art romantique, Michel Lévy frères, 1868 (*AR*).

Texte adopté : celui de 1868.

Dans le *Figaro* du 26 novembre cet essai est annoncé par Gustave Bourdin (gendre du directeur, Villemessant), dont les initiales signent le texte suivant :

NOTRE FEUILLETON

« La collaboration du *Figaro* s'enrichit d'un écrivain très distingué, M. Charles Baudelaire; c'est un poète et un critique que nous avons, à diverses reprises, combattu sous ses deux espèces; — mais nous l'avons souvent dit, et nous ne nous lasserons pas de le répéter, nous ouvrons la porte à tous ceux qui ont du talent, sans engager nos opinions personnelles, ni enchaîner l'indépendance de nos rédacteurs anciens ou nouveaux.

« *Le Peintre de la vie moderne*, étude de haute critique, très curieuse, très fouillée et très originale, fera trois feuilletons; le rez-de-chaussée de notre journal est ordinairement consacré à des romans ou à des nouvelles, et si nous dérogeons pour cette fois à nos habitudes, c'est avec la persuasion que nos lecteurs ne s'en plaindront pas. »

Dans *L'Art romantique* une note, due à Asselineau ou à Banville, prévenait le lecteur en ces termes :

« Tout le monde sait qu'il s'agit ici de M. Constantin Guys, dont les merveilleuses aquarelles sont connues et recherchées des amateurs et des artistes. On verra dès les premières pages suivantes pour quels motifs de délicatesse et de déférence Charles Baudelaire s'est abstenu de désigner son ami autrement que par des initiales dans le cours de cette étude. Nous avons respecté dans le texte cette condescendance de Charles Baudelaire, sans revendiquer ailleurs que dans cette note les droits de l'histoire. »

On place ici cet essai, malgré sa date de publication, pour les raisons qui sont données plus bas.

Baudelaire ne dut pas connaître Guys (1805-1892) avant le mois d'avril 1859. Écrivant son *Salon* à Honfleur, après une seule visite au Palais des beaux-arts, il aurait eu toute liberté de faire l'éloge de Guys, comme il fit celui de Christophe, qui n'avait pas exposé. Or il ne le mentionne absolument pas, et aucune allusion à Guys ne saurait être justement décelée. Ce n'est qu'à la fin de l'automne de 1859 que Guys apparaît dans la correspondance.

Le 13 décembre 1859, Baudelaire confie à Malassis qu'il a « acheté et *commandé* de superbes dessins à Guys » pour lui et pour son éditeur. À peu près au même moment, il apprend que Champfleury a acheté des Guys, pour lui, Baudelaire (*CPl*, I, 627, 630), et il va montrer à Paul Meurice un carton de dessins qu'il lui reprendra quelques jours plus tard (*CPl*, I, 641, 643). L'année suivante, il possède une centaine de dessins (*CPl*, II, 102). En mars 1861, il invite un éventuel éditeur de son essai à venir feuilleter son album; il a de plus communiqué au ministère d'État un autre album, contenant « des multitudes de scènes de la guerre de Crimée dessinées sur les lieux et en face des événements » (*CPl*, II,

133). Il cherche, en effet, à obtenir pour Guys une indemnité (*CPl*, II, 114, 131, 177). Mais voilà qu'au début de mai 1861 « *Tout* GUYS (2 000 dessins) est saisi » chez lui (*CPl*, II, 148) : il n'eut sans doute pas trop de mal à prouver que cette collection ne lui appartenait pas, qu'elle lui avait été prêtée pour être montrée à de hautes personnalités, qu'elle devait même être présentée à l'Empereur (voir p. 363). Dans ce désir d'intéresser les services publics à un artiste mal connu en France, on retrouve la générosité que Baudelaire a, malgré ses propres difficultés, mise à la disposition des amis qu'il admirait. Un mécène s'intéresse-t-il aux traductions de Poe et projette-t-il d'en donner une édition de luxe, Baudelaire lui propose d'en demander l'illustration à Guys (*CPl*, II, 50; mai 1860?). Et il lui dédie *Rêve parisien* (*Pl.*, I, p. 101; *CPl*, II, 11), en attendant de pouvoir lui offrir un exemplaire de la deuxième édition des *Fleurs du mal* avec cet envoi : « Témoignage d'amitié et d'admiration. »

Ce n'est pas que l'homme soit de relations faciles — il ne l'est pas plus que Meryon, la manie de l'anonymat remplaçant le délire. « Ah! Guys! Guys! si vous saviez quelles douleurs il me cause! Ce maniaque est un ouragan de modestie. Il m'a cherché querelle quand il a su que je voulais parler de lui » (à Poulet-Malassis; 16 décembre 1859; *CPl*, I, 639). Toutefois, ils dînent ensemble quelques jours plus tard (*CPl*, I, 643). Ils se brouillent de nouveau, et les voici réconciliés (*CPl*, I, 656). Il faut convenir que Guys est « un personnage fantastique » : ne s'avise-t-il pas « de vouloir faire un travail sur la *Vénus de Milo* » et d'écrire à Baudelaire, de Londres, afin de recevoir « une notice de tous les travaux et hypothèses faits sur la statue » (*CPl*, I, 670, 672)? Baudelaire l'a présenté à Champfleury et à Duranty : « ils ont déclaré que c'était un vieillard insupportable ». Baudelaire les en blâme : ces « *réalistes* ne sont pas des *observateurs*; ils ne savent pas s'amuser. Ils n'ont pas la patience philosophique nécessaire » (*CPl*, I, 670; 16 février 1860). Guys et Baudelaire sont des observateurs : on les voit ensemble dans de mauvais lieux, comme le Casino de la rue Cadet (*Bdsc*, 155), et sans doute dans de plus mauvais lieux encore : ce ne sont pas ces croquis de Guys qui eussent été mis sous les yeux des ministres et de l'Empereur. Quand ils ne s'amusent pas de concert, Guys est vraiment « le moins maniable et le plus fantastique des hommes » (à Texier, 30 décembre 1861; *CPl*, II, 213). Cependant, jusqu'à son départ pour la Belgique, Baudelaire reste en contact avec lui. Le 4 février 1864, il mande à Gavarni : « Guys va très bien. Il demeure 11, rue Grange-Batelière. Les articles que j'ai faits à propos de son curieux talent l'ont tellement intimidé qu'il a refusé, pendant un mois, de les lire. Maintenant, il s'avise de donner des leçons d'anglais » (*CPl*, II, 346)[1].

Des œuvres de Guys qu'il possédait et dont il se souciait (*CPl*,

---

[1] Deux billets de Guys à Baudelaire ont été conservés (*LAB*, 175-176).

II, 428-430) encore en Belgique, seules quelques-unes ont été conservées et sont identifiées avec certitude : au Petit Palais, dans la collection Ancelle et dans la collection Cl. Pichois (voir Exp. 1968, n°s 549 sq.)

Sur Guys (1802-1892) voir l'essai de Gustave Geffroy, *Constantin Guys, l'historien du second Empire*, G. Crès et Cie, 1920, et le volume abondamment illustré de Pierre Duflo, *Constantin Guys*, Éditions Arnaud Seydoux, 1988.

L'essai sur Guys est mentionné dans la *Correspondance* avant même que ne le soit la personne de Guys, — dès le 15 novembre 1859 (*CPl*, I, 619). Le 4 février 1860, Baudelaire écrit à Poulet-Malassis qu'il a livré à *La Presse Monsieur G., peintre de mœurs* (*CPl*, I, 626). On en peut douter, car il s'agit avant tout de rassurer un ami à qui est dû de l'argent. Mais que l'essai ait été remis au *Constitutionnel* en août 1860 (*CPl*, II, 76), il est difficile d'en douter : Baudelaire écrira, le 18 octobre, au directeur de ce quotidien qu'il ira le trouver quelques jours plus tard « pour que nous vérifiions ensemble la fin du *Guys* » (*CPl*, II, 101)[1]. Quelques semaines plus tard, *Le Constitutionnel* ne manifestant aucun désir de publier promptement cette étude, Baudelaire la propose à Arsène Houssaye pour *La Presse* (*CPl*, II, 102). Lors de difficultés avec Calonne, en février 1861, il expose à Armand du Mesnil un plan de règlement : pour rembourser ce qu'il doit au directeur de la *Revue contemporaine*, il compte en partie sur son manuscrit, *M. Constantin G., — et généralement les peintres de mœurs*; en regard, il note : « PRÊT », mention qui n'accompagne pas les autres titres (*CPl*, II, 128-129). Il ne fait donc pas de doute que l'essai existait à cette date, et déjà auparavant. Du moins, sous une première forme, Baudelaire hésitant à le borner à l'œuvre de Guys et songeant à l'élargir aux peintres de mœurs, en général[2]. Quant, ayant définitivement renoncé à une publication dans *Le Constitutionnel* ou dans la *Revue contemporaine*, il l'offre à la *Revue européenne*, en mai 1861, c'est en libellant ainsi le titre :

> « (Constantin Guys de Sainte Hélène)
> *peintres de mœurs*. »

Il le remanie de nouveau et, le 6 août 1861, il annonce au secrétaire de la *Revue européenne* : « Je vous reporterai moi-même dans deux jours le *Constantin Guys*, relu et remanié pour la quatrième fois. » Puis, il demandera quelques heures de répit et le renvoi à un numéro ultérieur (*CPl*, II, 132, 147, 185, 190). Mais la *Revue*

1. Il y a lieu de remarquer qu'une allusion possible et une allusion certaine se datent d'avant octobre 1860 : « L'Hiver devant Sébastopol » de Molènes (p. 367, n. 1) a paru dans la *Revue des Deux Mondes* du 1er février 1860 et le massacre des Maronites (p. 362, n. 1) a eu lieu en juillet 1860.

2. Voir les mentions « Peintres » du *Carnet*, *Pl.*, I, p. 714, 715, 717, 718.

européenne disparut en décembre 1861 sans avoir publié le *Guys*.
Baudelaire se tourne donc vers *L'Illustration* (*CPl*, II, 212, 216). Le
29 mars 1862, il dit à sa mère son découragement : « depuis dix-
sept semaines on me promet mes épreuves pour *lundi*, toujours
pour lundi prochain! » (*CPl*, II, 239). En avril, c'est au *Boulevard*
qu'il pense; en mai, de nouveau à *La Presse* : « Lisez mon *Guys*,
peintre de mœurs — écrit-il à Houssaye. Et vous comprendrez pourquoi j'y attache tant d'importance » (*CPl*, II, 246). Mais en
décembre 1862 l'article est encore dans les bureaux du *Pays* (*CPl*,
II, 269)... Alors Baudelaire l'offre en janvier 1863 à Mario Uchard
pour *Le Nord* (*CPl*, II, 283, 287), en août, à Léon Bérardi pour
L'Indépendance belge (*CPl*, II, 313, 314). Sous la forme d'une copie
manuscrite. En effet, *Le Pays* en a des « placards d'imprimerie
collés sur du vélin bleu » : Baudelaire, le 3 novembre 1863 (*CPl*,
II, 329), demande communication de ces placards, afin de les
emporter en Belgique où il compte déjà aller faire des conférences
(ils sont intitulés : *Peintres de mœurs. M. Constantin G.*). Ces placards
— corrigés par Baudelaire depuis longtemps et qu'on n'a pas
retrouvés — ne serviront pas à une lecture bruxelloise : le *Figaro*
sollicite de Baudelaire « un manuscrit *ayant trait surtout aux mœurs
parisiennes* ». (Mais n'est-ce pas plutôt Baudelaire qui a sollicité le
Figaro?) Voilà le texte qui convient. Le *Figaro* publie donc en
novembre et décembre 1863 *Le Peintre de la vie moderne*. Le beau de
l'affaire est que la direction du *Pays* trouve à redire à cette
publication : Baudelaire lui réplique vertement le 2 décembre
(*CPl*, II, 334-335).

Comment expliquer cette suite de refus, cette publication tardive? Peut-être par le guignon qui accable Baudelaire et qui l'a fait
prendre en défiance, sinon en mépris, par les honnêtes gens qui
président aux destinées de la presse. Davantage, par la méconnais-
sance où l'on était alors en France de l'œuvre de Guys : était-il
donc nécessaire que celui-ci recherchât si farouchement l'anonymat? Cette œuvre déroutait pour peu qu'on voulût l'élever au-
dessus de l'anecdote, de l'illustration pour hebdomadaire. Elle
avait de plus, en partie, un caractère choquant. Du peu d'intérêt
qu'elle provoque, Mme Aupick est témoin : Baudelaire lui envoie
pour ses étrennes de 1860 la merveilleuse *Femme turque au parasol*
(Exp. 1968, n° 553) : « Ne te gêne pas pour me dire (si c'est ton
opinion) que tu trouves ta dame turque très laide, je ne te crois pas
très forte en beaux-arts, et cela ne diminue en rien ma tendresse et
mon respect pour toi. » Mme Aupick trouva la *Femme turque* très
laide (*CPl*, I, 644, 645, 683). Une Française parmi beaucoup de
Français. Que pouvait Baudelaire contre ceux-ci, même si Guys
comptait aussi au nombre de ses admirateurs Delacroix, Gautier,
Barbey d'Aurevilly, Paul de Saint-Victor, Nadar, le journaliste
Charles Bataille qui avait été le collaborateur de Guys, quand celui-ci
« dirigeait la partie de l'*Illustrated London News*, et qui a plusieurs fois
tracé de son ancien patron des portraits enthousiastes » (J. Crépet,

édition de *L'Art romantique*, p. 454), notamment dans le *Diogène* du 16 novembre 1856 et dans *Le Boulevard* du 15 juillet 1862?

Cet essai, par sa date de composition, appartient à la dernière grande période créatrice de Baudelaire, celle des années 1858-1860 : il faut donc le placer à proximité du *Salon de 1859*. Mais ce n'est pas là œuvre de simple critique. Felix Leakey l'a rapproché du *Cygne* (*Pl.*, I, p. 85 et 1006). Et Georges Blin y a vu « le plus grand des poèmes en prose de Baudelaire[1] ». Quelle qu'ait été l'admiration de celui-ci pour Guys, l'artiste a surtout été pour le critique-poète un prétexte, le germe au moyen duquel Baudelaire a cristallisé une nouvelle esthétique, celle de l'esquisse, de la fixation de l'impression instantanée grâce à la précision et la rapidité de l'exécution. Cette beauté du « transitoire » avait déjà été affirmée dans le *Salon de 1846* (p. 153-154) : elle pouvait alors se recommander, quant à la forme qu'elle prenait, de l'exemple de Diderot, qui écrivait dans le *Salon de 1767* : « Pourquoi une belle esquisse nous plaît-elle mieux qu'un beau tableau? c'est qu'il y a plus de vie et moins de formes; [...] c'est que l'esquisse est l'ouvrage de la chaleur et du génie[2] ». Mais c'est en 1859-1860 que Baudelaire donne de cette beauté à la fois la théorie et l'expression : *À une passante* (*Pl.*, I, p. 92), poème publié en octobre 1860 et certainement composé peu avant, est un Guys comme *Les Bijoux* sont un Delacroix.

Baudelaire ensuite piétine : quand il veut élargir son essai aux peintres de mœurs de la fin du XVIIIe siècle et du début du XIXe siècle (voir *supra* les titres donnés à du Mesnil et à Lacaussade en février et mai 1861), il ne peut y parvenir, et non plus en 1862, quand il prend connaissance du livre des Goncourt, *La Femme au dix-huitième siècle* (voir p. 385). Du projet de 1861 seules subsistent quelques lignes dans les deux premiers et dans le dernier chapitre du *Peintre de la vie moderne*.

Que Baudelaire ait expressément manifesté le désir de reproduire ces pages dans ses œuvres complètes, on n'en sera pas étonné. Mais c'eût été sous un autre titre, qui figure à la fois dans les notes pour J. Lemer et H. Garnier (*CPl.*, II, 444 et 591) : « Le peintre de *la Modernité* (Constantin Guys de Sainte-Hélène) ». Ce mot, et tout ce qu'il contient et suggère, il a contribué à l'incorporer dans le lexique de la langue française.

Pierre Larthomas[3] fait remarquer que le premier emploi connu remonte à Balzac (*La Dernière Fée*, 1823). Il suffit sans doute, avec

---

1. *Annuaire du Collège de France*, 69e année (1969-1970), *Résumé des cours de 1968-1969*, p. 525.
2. Édition Brière, 1821, t. IX, p. 397-398; cf. *Salon de 1765*, même édition, t. VIII, p. 259-260. Il importe de rappeler que l'esquisse faisait partie de l'enseignement officiel des beaux-arts; voir Albert Boime, *The Academy and French Painting in the Nineteenth Century*, Londres, Phaidon Press, 1971.
3. *Problèmes et méthodes de l'histoire littéraire*, Colloque (18 novembre 1972) de la Société d'histoire littéraire de France, Armand Colin, 1974, p. 63.

Georges Blin[1], de faire remonter le premier emploi lu par Baudelaire à la traduction française des *Reisebilder* de Heine (1843) : on y découvre le sentiment d'une « modernité vague et incommode », le terme s'alliant aussi dans le texte original allemand (1826) à une impression de reproche. G. Blin pense que le néologisme ne devint favorable, dans son application à l'esthétique, que « vers le Second Empire ». « Baudelaire avait été précédé, par Gautier », comme le prouvent les extraits suivants d'articles respectivement publiés dans *La Presse* du 27 mai 1852 et dans *Le Moniteur universel* des 19 et 25 mai 1855[2] : « On a tort, selon nous, d'affecter une certaine répugnance ou du moins un certain dédain pour les types purement intellectuels. Nous croyons, pour notre part, qu'il y a des effets neufs, des aspects inattendus dans la représentation intelligente et fidèle de ce que nous nommerons la *modernité*. »

À propos des peintres anglais dont Baudelaire a lui-même entretenu ses lecteurs (*Pl.*, II, p. 123 et 269) : « L'antiquité n'a rien à y voir. Un tableau anglais est moderne comme un roman de Balzac ; la civilisation la plus avancée s'y lit jusque dans les moindres détails, dans le brillant du vernis, dans la préparation du panneau et des couleurs. »

À propos de l'Anglais Mulready : « Il serait difficile de rattacher cet artiste à aucune école ancienne, car le caractère de la peinture anglaise est, comme nous l'avons dit, la modernité. — Le substantif existe-t-il ? le sentiment qu'il exprime est si récent que le mot pourrait bien ne pas se trouver dans les dictionnaires. »

L'histoire de l'idée de modernité passe ensuite, notamment, par la Belgique. Dans *L'Écho du Parlement belge*, grand quotidien de Bruxelles, Jean Rousseau, qui avait collaboré au *Figaro* de Paris, en montrant de l'hostilité à Baudelaire (voir *Pl.*, II, p. 1129), rendit compte du Salon organisé à Gand, regrettant le dédain qui accablait « cette pauvre peinture d'histoire » et le triomphe fait à la modernité. « Mais qu'entend la *modernité* par les choses et les hommes de notre temps? Si nous comprenons bien tout ce que nous voyons, les choses, ce sont les modes et les *bibelots* du jour, et les hommes, ce sont... les femmes » (7 septembre 1868).

Coup bas, violent et bien dirigé. Arthur Stevens (voir *Pl.*, II, p. 962 et *CPl*, II, 1035) ne s'y trompa point. Ce coup visait son frère Alfred, le peintre des élégances féminines (voir *Pl.*, II, p. 964). Et il ne venait pas d'un journaliste besogneux du *Figaro*, mais d'un homme en place. Jean Rousseau (1829-1891) — sur qui l'on verra la notice de H. Hymans dans la *Biographie nationale* belge

---

1. *Annuaire du Collège de France*, 69ᵉ année (1969-1970), *Résumé des cours de 1968-1969*, p. 526.
2. Les articles de 1855 ont été recueillis dans le volume de Gautier, *Les Beaux-Arts en Europe*, publié la même année. Ces passages ont été relevés par Lois Hamrick (thèse citée p. 613. Celui qui a trait à Mulready avait déjà été cité par Georges Blin dans le *Résumé* que mentionne la note précédente.

(t. XX) — était devenu en 1865 secrétaire de la Commission royale des monuments; il couronnera sa carrière en 1889 par l'accession à la direction générale des sciences, des lettres et des beaux-arts : un Malraux au petit pied ou un Dujardin-Beaumetz.

Arthur Stevens répondit en une brochure intitulée : *De la modernité dans l'art. Lettre à M. Jean Rousseau* (Bruxelles, Office de Publicité, et chez J. Rozez et fils, 1868). Il y écrivait que la modernité loin d'être « la peinture des modes », si on la limitait au monde féminin, commençait aux paysannes de Millet et finissait aux femmes d'Alfred Stevens, mais qu'on ne pouvait ainsi limiter cette notion; qu'il fallait, au contraire, admettre que « l'Art tout entier eſt dans la représentation de la vie contemporaine, que les vrais peintres d'hiſtoire sont ceux qui peignent leur temps. Ceux-là, et ceux-là seuls, sont et resteront intéressants, parce qu'ils expriment une vision et une émotion directes, de première main, pour ainsi dire.

« Je vous le demande, en conscience, à vous écrivain, aucun des nombreux romans hiſtoriques d'Alexandre Dumas père vous a-t-il autant troublé et passionné qu'a pu le faire, par exemple, *Madame Bovary*, de Guſtave Flaubert, quel que soit le jugement à porter en dernier ressort sur ce livre ? »

Arthur Stevens déclare ensuite avoir hâte d'opposer aux idées « peu réfléchies » de Rousseau sur ce sujet « quelques pensées d'un homme qui avait beaucoup médité sur les choses de l'Art, et qui eſt l'inventeur, je crois, de ce mot *modernité* : déplaisant pour vous, mais non de la chose, aussi ancienne que l'Art; je dirais presque qu'elle eſt l'Art lui-même ». Et de citer (p. 10-14) plusieurs passages du « très remarquable article » de Baudelaire. Remarquable eſt aussi cet emprunt fait à Baudelaire par Arthur Stevens car *L'Art romantique*, où sera recueilli *Le Peintre de la vie moderne*, n'eſt pas encore publié.

I. LE BEAU, LA MODE ET LE BONHEUR

1. Les titres ont été ajoutés juſte avant la publication dans le *Figaro*, ainsi que le montre la lettre à Guſtave Bourdin du 12 novembre 1863 (*CPl*, II, 330).

2. Philibert-Louis Debucourt (1755-1832). Il était le contemporain du père de Baudelaire. Il eſt cité dans la note pour V. de Mars (p. 572). — Les deux frères Charles (1721-1786) et Gabriel (1724-1780) de Saint-Aubin. On retrouvera ces noms au dernier paragraphe de l'essai (p. 384).

Page 344.

a. ou roidit son F; *même forme à la fin de l'essai.*

1. Des gravures de Pierre La Mésangère (1761-1831), qui se fit chroniqueur des mœurs et des modes dans plusieurs ouvrages comme dans le *Journal des dames et des modes*. C'eſt Poulet-Malassis qui a adressé ces gravures à Baudelaire, lequel l'en remercie le

16 février 1859 : « Vous ne sauriez croire de quelle utilité pourront m'être ces choses légères, non seulement par les *images*, mais aussi par le *texte* » (*CPl*, I, 550).

2. Graphie d'époque du mot *châle*.

3. Baudelaire pense au *Marquis du 1er housards*; voir *Pl.*, I, p. 635.

4. Cf. p. 154.

Page 345.

1. Cf. p. 153. Baudelaire dans tout ce passage se souvient de son *Salon de 1846*, où il pouvait se souvenir de l'*Esquisse d'une philosophie* (*Pl.*, I, 1840, p. 313), Lamennais voyant dans le beau l'union constante de deux termes, « le vrai conçu en soi », « l'immuable, le nécessaire, l'absolu », et « le variable, le contingent, le relatif, excepté en Dieu, où la manifestation s'identifiant avec ce qui est manifesté, est comme lui absolue, nécessaire, immuable; et c'est pourquoi Dieu est le type essentiel du beau ». Si on laïcise légèrement la transcendance où se situe Lamennais (Baudelaire conserve « éternel », « divin ») et surtout si l'on détache le Beau du Vrai, on trouve la distinction du *Salon de 1846* et celle du *Peintre de la vie moderne*. Cette distinction entre les deux éléments était d'ailleurs entraînée par la conception de la relativité du Beau, qui, dès l'époque de Mme de Staël, découlait de la théorie des climats.

Page 346.

1. Voir le début du compte rendu de *La Double Vie* d'Asselineau (*Pl.*, II, p. 87).

2. Cette formule a été employée, sous une forme légèrement différente, dans le *Salon de 1846* (p. 80).

II. LE CROQUIS DE MŒURS

3. Voir le *Salon caricatural* (p. 179).

Page 347.

1. Cf. *Quelques caricaturistes français* (p. 220).

2. Achille Devéria. Voir, à la fin de cet ouvrage, le Répertoire des artistes.

3. Pierre-Numa Bassaget, dit Numa (1802-1872), cité dans le *Carnet* (f. 10 et 2e plat). Parmi ses suites d'estampes, on retient *Les Baigneuses*, *Les Cinq Sens*, *La Jeunesse dorée*, *Le Calendrier des Grâces*, *Le Carnaval à Paris*.

4. Formule analogue dans le *Salon de 1846* (p. 154)

5. Voir *Quelques caricaturistes français* (p. 220 sq.).

III. L'ARTISTE, HOMME DU MONDE, HOMME DES FOULES ET ENFANT

Page 348.

1. Cet article ne semble pas avoir été retrouvé.

2. Baudelaire, le 12 novembre 1863 (*CPl*, II, 330), supplie G. Bourdin de conserver à Guys l'anonymat : « N'oubliez pas ceci : c'est que quand même vous pourriez croire qu'on peut jouer à M. Guys de Saint-Hélène une farce innocente en révélant son nom, le moment serait très mal choisi pour violer sa manie; M. Guys est tout accablé par un accident de famille. — Il ne manquera pas de révélateurs, croyez-le bien, et Guys m'attribuera l'indiscrétion. » On ignore quel fut cet « accident de famille ». La biographie de Guys est bien mal connue actuellement, et celui-ci n'a évidemment rien fait pour qu'elle le fût mieux.

3. Guys a quelque vingt ans de plus que Baudelaire.

Page 349.

a. avec une honte et une indignation des plus amusantes. *F; le texte de AR résulte peut-être d'une omission.*

1. Cf. *Mon cœur mis à nu*, XLIII, 79 (*Pl.*, I, p. 705).
2. *The Illustrated London News* dont Guys fut un moment le directeur de la partie artistique. Il travaillait pour ce périodique dès 1843, note J. Mayne.
3. Conte de Poe recueilli dans les *Nouvelles Histoires extraordinaires*.

Page 351.

1. Cf. le chapitre d'*Un mangeur d'opium* intitulé *Le Génie enfant* (*Pl.*, I, p. 496). Les deux textes sont à peu près contemporains.
2. Cf. *Fusées*, I (*Pl.*, I, p. 649).

Page 352.

1. Au Salon de 1859, Baudelaire regrette l'absence du « paysage des grandes villes » (p. 326).

Page 353.

1. Voir de semblables impressions dans *Les Petites Vieilles* (v. 53-56; *Pl.*, I, p. 91) et dans *Les Veuves* (*Pl.*, I, p. 293).
2. Voir *Le Crépuscule du soir* (*Pl.*, I, p. 94).
3. « J'ose presque dire que l'état de réflexion est un état contre nature et que l'homme qui médite est un animal dépravé » (Rousseau, *Discours sur... l'inégalité...*, II).
4. Voir *L'Examen de minuit* (*Pl.*, I, p. 144).

Page 354.

IV. LA MODERNITÉ

1. Voir p. 647-649.

Page 355.

1. Si Venise s'accorde parfaitement avec Véronèse, Rubens s'accorde moins bien avec Catherine (de Médicis). Lapsus pour Marie (de Médicis)?

Page 356.

a. un perfectionnement plus ou moins complet, c'est-à-dire plus ou moins despotique, emprunté *F; il se pourrait qu'il y eût ici une omission de AR.*

b. En une pareille matière, *F*

1. Cf. p. 246-247 et 317.

Page 357.

1. Ici se termine la première partie de l'essai dans le *Figaro* du 26 novembre 1863.

V. L'ART MNÉMONIQUE

a. de dessins *F*; quelques *peut résulter en 1868 d'une répétition malencontreuse et involontaire de AR.*

Page 359.

1. Bouffé (1800-1888) fut un des acteurs favoris du public dans le drame-vaudeville. À la fin de sa carrière il a surtout joué aux Variétés. Sa soirée de représentation de retraite organisée à l'Opéra, sera, le 17 novembre 1864, un véritable triomphe.

Page 361.

1. Voir l'Index.
2. Publié dans *The Illustrated London News*, 9 juin 1855 (J. Crépet). Baudelaire a sans doute vu l'original. On abrège ci-dessous le titre du périodique anglais en *I.L.N.* C'est J. Crépet qui y a retrouvé les reproductions, mais Baudelaire a sous les yeux les originaux.
3. *I.L.N.*, 4 mars 1854.
4. *I.L.N.*, 24 juin 1854.

Page 362.

a. Béchickta *F*

1. Le massacre des Maronites par les Druses et par les bachibouzouks d'Ahmed (Achmet) Pacha en juillet 1860.
2. Exp. 1968, n° 558. Ce lavis est au musée des Arts décoratifs (Paris).
3. *I.L.N.*, 18 et 25 novembre, 23 décembre 1854. Reproductions d'originaux dans J. Mayne, *The Painter of Modern Life*, p. 2 et 5.
4. Allusion à la célèbre poésie *The Charge of the Light Brigade*. Tennyson, plusieurs fois cité par Baudelaire, était poète-lauréat.
5. *I.L.N.*, 7 avril 1855.

Page 363.

1. Musée des Arts décoratifs. Exp. 1968, n° 559, avec reproduction. Meilleure reproduction dans J. Mayne, *The Painter of Modern Life*, pl. 3.

Page 364.

VII. POMPES ET SOLENNITÉS

a. de la décadence, *F*

1. Fêtes qui marquent la fin du Ramadan. J. Mayne a retrouvé une gravure d'après les dessins de Guys dans *I.L.N.*, 29 juillet 1854 (*The Painter of Modern Life*, pl. 6). Il souligne que les études de Guys n'étaient que des esquisses qui étaient ensuite traduites (c'est le verbe qu'emploie Baudelaire au paragraphe précédent) sur bois par les graveurs du périodique.

2. *Ramadhan à la mosquée de Tophane, Constantinople*, plume, lavis, et aquarelle qui se trouve maintenant au British Museum. Exp. 1968, n° 562. Reproduction dans J. Mayne, *The Painter of Modern Life*, pl. 7.

3. Reproduction dans J. Mayne, *The Painter of Modern Life*, pl. 8.

4. L'expression « *troisième sexe* » — nous indique Pierre-Georges Castex — est employée par le directeur d'une maison centrale quand, faisant visiter à lord Durham sa prison, il arrive devant « le quartier des *tantes* » (Balzac, « La Dernière Incarnation de Vautrin », quatrième partie de *Splendeurs et Misères des courtisanes, La Comédie humaine*, éd. Bouteron-Longnon, Conard, t. XVI, p. 179).

Page 365.

1. Il est curieux que Baudelaire ne mentionne que les favorites et les courtisanes. La *Femme turque au parasol* (plume, lavis et aquarelle) qu'il a donnée à sa mère en décembre 1859 (voir *supra*, p. 646) méritait d'être mentionnée. Barbey d'Aurevilly, dans un billet qu'on peut dater de la fin de cette année-là, exprime son admiration enthousiaste : « J'ai soif de revoir la Turque dont je suis affolé *[sic]* et les autres créatures du Tout-puissant Guys » (*LAB*, 58). Après la mort de son fils, Mme Aupick offrit la *Femme turque* à Barbey. Elle est maintenant au Petit Palais (Exp. 1968, n° 553). Reproduction dans J. Mayne, *The Painter of Modern Life*, pl. 9).

2. *I.L.N.*, 20 mai 1854.

Page 366.

a. gravés pour l'*Illustrated F*

1. J. Mayne, *The Painter of Modern Life*, pl. 20.

2. Musée national, Compiègne. Exp. 1968, n° 560; repro-

duction p. 129. Sur l'importance du lustre dans l'imaginaire baudelairien, voir *Pl.*, I, p. 682.

Page 367.

VIII. LE MILITAIRE

1. Sur Paul de Molènes, voir *Pl.*, II, p. 215. Baudelaire — note J. Crépet — pense à un chapitre : « Voyages et Pensées militaires », des *Histoires sentimentales et militaires* ou à un chapitre : « L'Hiver devant Sébastopol » des *Commentaires d'un soldat*.

2. C'est-à-dire le caractère particulier.

Page 368.

1. Voir deux reproductions dans J. Mayne, *The Painter of Modern Life*, pl. 10-11.

2. Voir *Pl.*, I, p. 367, nº 43, le projet de poème en prose : *Fête dans une ville déserte*, et la note afférente (p. 1355).

Page 369.

1. Il est probable que cette mention de Charlet a été inspirée à Baudelaire par le désir de se concilier Delacroix, fort mécontent du passage de *Quelques caricaturistes français* (voir p. 206-209). Mais Delacroix était mort quand parut *Le Peintre de la vie moderne*.

IX. LE DANDY

a. F : pas d'alinéa.

2. Ce chapitre est en étroite relation avec un projet cité maintes fois, sous différents titres, dans la *Correspondance*; voir l'Index de *CPl*, à *Dandysme littéraire*. La *Revue fantaisiste*, dans ses numéros des 1er et 15 septembre, 1er et 15 octobre 1861, 1er novembre 1861, annonce, « pour paraître dans les prochaines livraisons » : « Dandys, Dilettantes et Virtuoses », autre forme du même projet, qui eût sans doute inclus Liszt. Voir aussi sur le dandy *Don Juan aux Enfers* (*Pl.*, I, p. 19-20) et *Mon cœur mis à nu*, IX, 16, XIII, 22 et XX, 33 (*Pl.*, I, p. 682, 684 et 689).

3. Formule stendhalienne : « la chasse au bonheur ». Cf. p. 80, n. 3 et 346, n. 2.

4. Ce conspirateur-dandy intriguait fort Baudelaire, qui a fait figurer son ombre dans *La Fin de don Juan* (*Pl.*, I, p. 628).

5. Voir *Atala* et *Les Natchez*. Baudelaire désirait inclure le portrait de Chateaubriand dans l'étude sur le dandysme littéraire à laquelle il pense au moment où il compose *Le Peintre de la vie moderne*. Le 29 avril 1859 il écrit de Honfleur à Poulet-Malassis qu'il vient de « relire », avec le *Discours sur l'histoire universelle* de Bossuet et l'ouvrage de Montesquieu sur les Romains, *Les Natchez* : « Je deviens tellement l'ennemi de mon siècle que *tout*,

sans en excepter une ligne, m'a paru sublime » (*CPl*, I, 568). Chateaubriand a pu retrouver le type du dandy chez les Indiens, car ceux-ci ne sont pas des barbares, mais comme Baudelaire l'indique p. 371-372, « les débris de grandes civilisations disparues ».

6. Voir l'article sur *Madame Bovary* (*Pl.*, II, p. 78). Custine devait aussi figurer dans l'étude sur le dandysme littéraire.

Page 370.

a. par certains côtés, F

Page 371.

a. jusqu'aux tours de force les plus périlleux du sport, F; *on peut, pour AR, hésiter entre l'omission et la correction suggérée par la quasi-homophonie.*
b. dandies *F, ici et plus bas.*

1. Voir *Pl.*, I, p. 404.
2. Ici se termine la deuxième partie de l'essai dans le *Figaro* du 29 novembre 1863.
3. « *Les Raffinés et Les Dandies* » est l'un des titres de l'essai sur le Dandysme littéraire (*CPl*, II, 335). On notera que *Raffinés* est le titre d'une planche en couleurs de Gavarni (*Le Carrousel*, n° 22, 1837) représentant deux hommes, d'ailleurs vulgaires, l'un portant une cravache et disant « Ventrebleu! », l'autre fumant un cigare et disant « Tudieu! » Le mot avait été employé à la fin du XVIᵉ siècle pour désigner des élégants très soucieux du point d'honneur.
4. Allusion à Chateaubriand; cf. p. 369.

Page 373.

X. LA FEMME

a. Winckelman [*sic*] F, AR

1. Cf. *Mon cœur mis à nu*, XXX, 54 (*Pl.*, I, p. 695-696).
2. Baudelaire cite le plus souvent de mémoire et en infléchissant dans son propre sens le souvenir de ses lectures. Il ne semble pas que Maistre ait jamais rien écrit de semblable. Au contraire, dans le *Traité sur les sacrifices* (II), il insiste sur la dignité que l'Évangile a conférée aux femmes, les élevant au niveau de l'homme, proclamant les « *droits de la femme* après les avoir fait naître », et il énonce cette maxime : « *Avant d'effacer l'Évangile, il faut enfermer les femmes*, ou les accabler par des lois épouvantables, telles que celles de l'Inde. » Certes, la femme est inférieure à l'homme : elle « est plus que l'homme redevable au christianisme — lit-on dans *Du pape*, II, 2, en un passage que l'abbé Constant reproduit dans le *Dictionnaire de littérature chrétienne* (Migne, 1851). C'est de lui qu'elle tient toute sa dignité. La femme chrétienne est vraiment un être *surnaturel* puisqu'elle est soulevée et maintenue par lui jusqu'à un état qui ne

lui est pas *naturel*. Mais par quels services immenses elle paye cette espèce d'ennoblissement ! » Et si à sa fille Constance — dans une lettre que Baudelaire a pu lire dans les *Lettres et opuscules inédits* (voir *Pl.*, II, p. 50), t. I, p. 148 — Maistre déclare crûment : « *Les femmes n'ont fait aucun chef-d'œuvre dans aucun genre* », c'est pour la mettre en garde contre le risque de devenir une femme savante. Le chef-d'œuvre de la femme est de mettre au monde des enfants et de les bien élever. On est loin du bel animal destiné à égayer le jeu sérieux de la politique.

Page 374.

1. Voir *Un mangeur d'opium* (*Pl.*, I, p. 499).

2. À rapprocher de *Sed non satiata*, des *Bijoux*, etc. (*Pl.*, I, p. 28, 158).

3. Mme Aupick avait cru voir dans ce chapitre l'éloge de la femme. Baudelaire la détrompe, vers le 5 décembre 1863 (*CPl*, II, 336) :

« Je suis désolé de t'arracher tes illusions sur le passage où tu as cru voir l'éloge de ce fameux sexe.

« Tu l'as compris tout de travers.

« Je crois qu'il n'a jamais été rien dit de si dur que ce que j'ai dit dans le *Delacroix* et dans l'article du *Figaro*. Mais cela ne concerne pas la *femme-mère*. »

Pour « le Delacroix », voir p. 426-427.

XI. ÉLOGE DU MAQUILLAGE

Page 375.

1. Voir *Pl.*, I, p. 209.

2. Ainsi que l'avait déjà indiqué J. Crépet, on trouve ici l'écho de la pensée de Joseph de Maistre. Mais on peut douter que celui-ci aurait adopté la conséquence sur la parure et le maquillage qu'en tire Baudelaire.

3. Voir le *Salon de 1846*, p. 155.

Page 376.

1. Rappelons que l'apôtre Barthélemy a été écorché vif.

Page 377.

a. la pure nature   F

1. Cf. le vers 40 de *Bénédiction* (*Pl.*, I, p. 8).

Page 378.

1. W. T. Bandy (*R.H.L.F.*, avril-juin 1953, p. 206) a signalé que ce chapitre XI du *Peintre de la vie moderne* avait été reproduit par *La Vie parisienne* du 23 avril 1864 (la veille du départ de Baudelaire pour Bruxelles), sous le titre, probablement factice, de *L'Éternelle Question du maquillage*.

XII. LES FEMMES ET LES FILLES

2. Reproductions dans J. Mayne, *The Painter of Modern Life*, pl. 12, 14, 15.

Page 379.

1. Reproduction dans J. Mayne, *ibid.*, pl. 13. Cf. *Morale du joujou*, *Pl.*, I, p. 583.

2. Pour le cadre, voir *Les Yeux des pauvres* (*Pl.*, I, p. 318).

3. Au catalogue de l'exposition des œuvres de Constantin Guys (mai 1904) figuraient plusieurs lavis ou aquarelles évoquant Valentino, le Casino Cadet, le Bal Mabille, la Valse à Bullier, chez Musard, etc., Baudelaire, qui oublie le Bal Mabille (Exp. 1968, n° 565, reproduction p. 131), cite les principaux établissements du second Empire, puis ceux de la Restauration et de la monarchie de Juillet. Les premiers étaient surtout des bals d'hiver, les seconds, des jardins publics et des bals d'été.

Les folies privées du XVIIIᵉ siècle, souvent déclarées biens nationaux sous la Révolution, avaient été ouvertes au public sous le Directoire. Leurs bals et leurs attractions multiples connurent une grande vogue. Puis, vers 1810, certaines furent loties : rues et immeubles se construisirent à leur emplacement. Le public montrait d'ailleurs moins d'engouement pour les jardins publics dont le nombre dépassait la trentaine, à tel point que l'on chantait au Vaudeville sur l'air : *Il pleut, il pleut, bergère :*

> *À Paphos on s'ennuie,*
> *On déserte Mouceaux,*
> *Le jardin d'Idalie*
> *Voit s'enfuir ses oiseaux;* [...]

Le *Bal Valentino*, salle située rue Saint-Honoré, numéro 355 ancien devenu le 251, devait son nom au musicien français Valentino (Lille, 1787; Versailles, 1865) qui y donna des concerts de musique classique de 1837 à avril 1841. L'établissement devint alors un bal public, succursale d'hiver du Bal Mabille.

Le *Casino Cadet*, fondé en 1859, 18, rue Cadet, à l'angle de la rue du Faubourg-Montmartre, fut inauguré par les exercices de Rigolboche, alors connue aux Concerts de Paris sous le pseudonyme de Marguerite la Huguenote. Le 12 février 1860, le *Figaro* y donna une grande fête au bénéfice des personnes enfermées pour dettes à la prison de Clichy. Le 31 décembre 1861, la salle fut en partie détruite par une explosion de gaz. Plusieurs fois fermé et rouvert, le bal fit place à une imprimerie en 1873. Selon Paul Mahalin (*Au bal masqué*, [1869], « Baudelaire fut — longtemps — un habitué des bals masqués du Casino ».

Le *Prado* était situé place du Palais de Justice. En 1838 fut ouverte, avenue de l'Observatoire, une succursale, le *Prado d'été*, qui remplaça *La Chartreuse*, vaste jardin fréquenté par les étudiants et les grisettes. En 1843, Victor Bullier achetait le *Prado d'été*, le transformait et ouvrait en 1847 la *Closerie des Lilas* qui deviendra bientôt le *Jardin Bullier*, le *Bal Bullier*, puis le *Bullier* tout court.

Paris compta trois *Tivoli* et un *Nouveau Tivoli* :
— de 1796 à 1810, rue Saint-Lazare, 76-78, et rue de Clichy, 27 (l'ancienne Folie-Boutin) ;
— 1810 à 1826, rue de Clichy, 16-38 (la Folie-Richelieu) ;
— 1826 à 1841, rue de Clichy, 88 (la Folie-Bouexière) ;
— 1844 à 1882, rue de Clignancourt, 42-54 (autrefois le Château-Rouge, situé à Clignancourt, annexe de la commune de Montmartre).

Tous ont offert à leurs visiteurs « promenades, fêtes, danses, courses en char, concerts, fantasmagories, tours de force, expériences physiques, ascensions aérostatiques, feux d'artifice, illuminations » (G. Chapon, *Les Trois Tivoli*, Paris, 1901). Baudelaire adolescent a pu connaître le troisième Tivoli. Le Tivoli qui figure sept fois dans le *Carnet* n'est pas celui-ci puisqu'il fut fermé en 1841, mais le *Nouveau Tivoli Château-Rouge* dont le propriétaire-directeur, M. Bobœuf, est nommé dans l'une des *Causeries* du *Tintamarre* (4-10 octobre 1846), non reproduite dans ce volume parce qu'elle n'a pas de chance d'être de Baudelaire.

Le *Jardin d'Idalie* (du nom d'une ville de l'île de Chypre dédiée, comme Paphos d'ailleurs, à Vénus) n'était autre que la Folie-Marbeuf confisquée pendant la Révolution à la comtesse de Marbeuf qui y avait semé de la luzerne et non du blé. La Convention ordonna peu après de convertir ce parc en un jardin public et en un lieu de plaisir. Au début de la Restauration, le bal fut transféré, sous le nom d'*Idalie*, dans le passage de l'Opéra (aujourd'hui, 12, passage des Italiens), au sous-sol.

Il exista deux *Paphos*, du nom de la ville de l'île de Chypre, où serait née Vénus de l'écume de la mer. L'un était situé à Clichy, près de la barrière de ce nom probablement. L'autre, la *Rotonde de Paphos*, à l'angle du boulevard du Temple et de la rue du Temple (aujourd'hui à un endroit que recouvre, depuis 1862, la place de la République), fut ouvert de 1795 à 1836. Ils comprenaient une salle de bal, une maison de plaisir et des jeux. (Note due à Jean Ziegler.)

4. Ce paragraphe est reproduit par Champfleury dans le chapitre « Bals et Concerts » qu'il donne au tome II du recueil *Paris Guide* publié à l'occasion de l'Exposition universelle (Paris, Librairie internationale, A. Lacroix, Verboeckhoven et Cⁱᵉ, 1867, p. 995). Champfleury reproduit ensuite le début de la page 720, en le remaniant un peu : « La beauté interlope a inventé une élégance provocante... » jusqu'à « son enveloppe d'apparat. » Passages qu'il commente ainsi : « Certes voilà qui est bien dit, et le croquis, par endroit, ne manque pas de réalité ; mais c'est la sombre réalité particulière au poète des *Fleurs du mal*. » Champfleury adresse encore à Baudelaire ce reproche : « s'il rencontrait une Mimi Pinson dont le

type exi$te toujours (mais il faut savoir le découvrir), il la trouve-
rait trop simple et trop naïve. Ce sont les gros vices noirs et
be$tiaux qu'il recherche ». Et de citer un passage de la page 381
(« Parmi celles-là, les unes, exemples [...] par l'entêtement. ») ainsi
commenté : « N'e$t-ce pas pousser à l'extrême la peinture des dan-
seuses que le poète entrevoit plus particulièrement dans les désolées compositions du vieux Guys! » (P. 996.)

5. Cf. *Fusées*, II (*Pl.*, I, p. 650).

Page 380.

a. provoquante [sic] F, AR

1. Baudelaire dessinera de mémoire en 1865 un portrait de
Jeanne et l'annotera ainsi : *quaerens quem devoret*, « cherchant qui
elle dévorera » (*ICO*, n° 122; *Album Baudelaire*, p. 56).

2. Cf. *L'Amour du mensonge*, (*Pl.*, I, p. 98), publié en mai 1860,
dont c'e$t ici le germe ou le doublet en prose.

3. *Les Cara&ères*, chap. « Des femmes ».

4. Voir Exp. 1968, n°s 552, 555, 566, 567, 569. Reprodu&ions
dans J. Mayne, *The Painter of Modern Life*, pl. 17-19.

Page 381.

1. Expression de Juvénal employée dans les notes sur *Les Liaisons dangereuses* (*Pl.*, II, p. 69 et n. 2).

Page 382.

a. mal avisé F

1. Le feuillet 12 du *Carnet* (*Pl.*, I, p. 722) contient des notes relatives à ce chapitre, en particulier cette expression.

XIII. LES VOITURES

2. Cf. p. 347.

Page 383.

1. Voir Exp. 1968, n° 554. Reprodu&ions dans J. Mayne, *The
Painter of Modern Life*, pl. 21-24.

2. Néologisme, qui faisait écrire à J. Crépet : « Faut-il croire
que Baudelaire, s'il avait vécu quelque vingt ans de plus, aurait
versé dans le vocabulaire néo-latin du symbolisme? »

Page 384.

1. Cf. *Fusées*, XV (*Pl.*, I, p. 663).

2. Debucourt et les Saint-Aubin ont été cités p. 683. — Pour
Moreau, Baudelaire pense sans doute à Jean-Michel Moreau, dit
Moreau le Jeune (1741-1814), illustrateur de nombreux ouvrages et
chroniqueur de la société de son temps. — Sur Carle Vernet, voir
Quelques caricaturi$tes français (p. 204). — Lami a été cité deux fois
dans cet essai, p. 347 et 382. — Devéria et Gavarni le sont p. 347.

Page 385.

[NOTES SUR LE XVIIIe SIÈCLE]

Mercure de France, 15 septembre 1935, par Jacques Crépet, qui avait retrouvé ces notes, parfois difficilement lisibles, dans les papiers de son père, lequel en avait levé une copie d'après un autographe de Baudelaire qui n'a pas été retrouvé.

Première reproduction en volume : *Œuvres posthumes*, Conard, t. II, 1952.

Il revient à Georges Blin (*Annuaire du Collège de France*, 69e année [1969-1970], *Résumé des cours de 1968-1969*, p. 532) d'avoir découvert et signalé que ces pages n'étaient pour la plus grande partie que des notes de lecture prises par Baudelaire dans le livre d'Edmond et Jules de Goncourt, *La Femme aux dix-huitième siècle*, Librairie de Firmin Didot frères, fils et Cie, 1862 (enregistrement à la *Bibliographie de la France*, 27 décembre 1862). Ces pages avaient été intitulées : [NOTES SUR LES PEINTRES DE MŒURS]. Il est bon de leur donner désormais un titre moins précis, même si elles sont en relation avec le projet d'élargissement de l'essai sur Guys aux peintres des mœurs du XVIIIe siècle (voir p. 645), — en relation indirecte plutôt que directe.

Pour les premières notes on cite largement le texte des Goncourt. On se contente ensuite de références.

1. Goncourt, chap. II, *La Société.* — *Les Salons*, p. 40 : « Dans la pièce large et haute, entre ces murs où les tableaux montrent des baigneuses nues, sur les ramages des panneaux de soie, sur les lourds fauteuils aux bras, aux pieds tordus, près de cette cheminée où flambe un feu clair et d'où monte la glace sortant d'une dépouille de lion et couronnée de sirènes, il semble que l'œil s'arrête sur un Décaméron au repos. »

2. Note, p. 41, indiquant la source du paragraphe d'où est tiré le passage précédent. Baudelaire copie même la faute des Goncourt : J.-P. au lieu de J.-Ph. Lebas.

3. Goncourt, chap. III, *La Dissipation du monde*, p. 92. Au début de ce chapitre nous est décrite une journée de la femme du monde. Vers onze heures, celle-ci se lève et « s'abandonne aux bras de ses femmes qui la transportent sur une magnifique *délassante*, et la voilà devant sa toilette. Dans l'appartement de la femme, c'est le meuble de triomphe que cette table surmontée d'une glace, parée de dentelles comme un autel, enveloppée de mousseline comme un berceau, toute encombrée de philtres et de parures, fards, pâtes, mouches, odeurs, vermillon, rouge minéral, végétal, blanc chimique, bleu de veine, vinaigre de Maille contre les rides, et les rubans, et les tresses et les aigrettes, petit monde enchanté des

coquetteries du siècle d'où s'envole un air d'ambre dans un nuage de poudre! » Une note de la même page, relative aux pommades, contient la référence au *Mercure de France* de 1722.

4. P. 94 : « Le colporteur entre avec les scandales du jour, tirant de sa balle des brochures dont une toilette ne peut se passer, et qu'on gardera trois jours, assure-t-il, sans être tenté d'en faire des papillotes. »

5. P. 93 : « Le cartel en forme de lyre accroché au panneau marque plus de midi; la porte, mal fermée derrière la paravent, s'est déjà ouverte pour un charmant homme qui, assis à côté du coffre aux robes, le coude appuyé à la toilette, un bras jeté derrière le fauteuil, regarde habiller la dame d'un air de confidence. » À la fin de ce paragraphe une note indique les sources, notamment : « *La Toilette* peinte par Baudouin gravée par Ponce, *Le Lever* gravé par Massard » (p. 95).

6. Chap. iii, *La Dissipation du monde*, p. 96, texte et note (ici placée entre parenthèses par Baudelaire).

Page 386.

1. Chap. iii, p. 108, avec la référence en note.

2. Chap. iii, respectivement p. 118, 121, 117-118, 120. Mais on ne retrouve pas le mot « laizes » difficile à lire dans la copie levée par Eugène Crépet. Peut-être faut-il lire « gaze », mot deux fois employé p. 121.

3. Chap. viii, *La Beauté et la mode*, p. 276 et note.

4. Ceci n'a pas de correspondance exacte dans le texte des Goncourt et n'est pas un titre : il faut y voir l'intitulé de ce qui suit.

5. Depuis *Fêtes* jusqu'ici, chap. viii, p. 280-281.

6. *Ibid.*, p. 282 et 285.

Page 387.

1. *Ibid.*, p. 287.

2. *Ibid.*, p. 290-292.

3. *Ibid.*, p. 294-296.

4. *Ibid.*, p. 302, 303, 305.

5. *Ibid.*, p. 307.

Page 388.

1. À partir d'ici il ne semble pas que les notes de Baudelaire doivent grand-chose au livre des Goncourt.

2. Estampe gravée par Tardieu : Watteau s'y est représenté la palette à la main, près de son protecteur Jean de Julienne, qui joue de la basse.

3. Deux tableaux de Lancret, inspirés par des pièces de Destouches et gravés par N. Dupuis.

4. Planche gravée par Baron.

5. On ne connaît pas d'ouvrage du père Philippe Bonanni ou Buonanni portant exactement ce titre. Mais tous les éléments pris

en note par Baudelaire se retrouvent dans l'*Histoire des ordres militaires ou des chevaliers, des milices séculières et régulières de l'un ou de
l'autre sexe, qui ont été établis jusques à présent [...]. Nouvelle Édition
tirée de l'Abbé Giustiniani, du R. P. Bonanni, [etc.]*, Amsterdam,
Pierre Brunet, 1721, 4 vol., t. II, p. 233-234.

Page 389.

PEINTURES MURALES D'EUGÈNE DELACROIX
À SAINT-SULPICE

Revue fantaisiste, 15 septembre 1861 (*RFA*).
L'Art romantique, Michel Lévy frères, 1868 (*AR*).

Texte adopté : celui de 1861, en raison d'une faute au moins que
présente *L'Art romantique*.

En 1868, cet article est placé à la suite de l'étude nécrologique
sur Delacroix, qui lui est postérieure. De plus, le texte est écourté
pour éviter une répétition avec celle-ci.
Dans le plan de ses œuvres qu'il établit en février 1865 pour
Julien Lemer Baudelaire mentionne cet article en le faisant suivre
de l'étude nécrologique (*CPl*, II, 444).
La chapelle des Saints-Anges fut inaugurée le 21 juillet 1861.
L'article de Gautier dans *Le Moniteur* parut dès le 3 août. Mais une
revue n'avait pas la possibilité de publier aussi rapidement le texte
de Baudelaire.
Delacroix remercia Baudelaire de cet article le 8 octobre 1861
(*LAB*, 119-120); il lui écrivait notamment :
« Je vous remercie bien sincèrement et de vos éloges, et des
réflexions qui les accompagnent et les confirment, sur ces effets
mystérieux de la ligne et de la couleur, que ne sentent, hélas! que
peu d'adeptes. Cette partie musicale et arabesque n'est rien pour
bien des gens qui regardent un tableau [...]. »

1. Cette citation est empruntée à la traduction de la *Bible* par
Lemaistre de Sacy : une réédition en avait paru chez Furne en
1846. Baudelaire suit fidèlement ce texte.

Page 390.

a. interprètent catégoriquement, et   *AR*
b. Jacob [faute]; *AR*
c. au nom de *Lucifer   AR*

1. C'est la seule fois qu'on voit Baudelaire citer la Kabbale. Sans
doute, poussé par son insatiable curiosité, connaissait-il l'ouvrage
d'Adolphe Franck, *La Kabbale ou la Philosophie religieuse des Hébreux*
(Hachette, 1843). P. 257, Franck insiste sur le fait que la Kabbale

interprète symboliquement tous les faits et toutes les paroles de l'Écriture.

2. C'est-à-dire les swédenborgiens.

Page 391.

1. Cette citation est également empruntée à la traduction de Lemaistre de Sacy.

2. Les éditeurs de *L'Art romantique* ont arrêté ici le texte dont la fin a été citée par Baudelaire lui-même dans *L'Œuvre et la vie d'Eugène Delacroix* (III). Le passage en cause, auquel le lecteur voudra bien se reporter, se situe p. 411-413, après cette phrase : « Et plus récemment encore, à propos de cette chapelle des Saints-Anges, à Saint-Sulpice (*Héliodore chassé du Temple* et *La Lutte de Jacob avec l'Ange*), son dernier grand travail, si niaisement critiqué, je disais : ». Il se termine à « ces inutiles vérités? ».

Page 392.

[EXPOSITION MARTINET]

Revue anecdotique, 1re quinzaine de janvier 1862; composé en petits caractères, à la fin de la livraison, sans titre, et non annoncé au sommaire.

Première reproduction en volume : *Œuvres posthumes*, Conard, t. II, 1952.

Cet article n'est pas signé. C'est W. T. Bandy (*The Romanic Review*, février 1938) qui, s'appuyant sur l'éloge du *Sardanapale* et sur le fait que la *Revue anecdotique* était en 1862 dirigée par Poulet-Malassis, a proposé d'attribuer cet article à Baudelaire. Cette attribution n'a jamais rencontré aucune opposition. Elle se renforce maintenant d'une preuve, la mention explicite que fait Asselineau, le 1er avril 1862, dans *Le Courrier artistique*, du jugement qu'a porté Baudelaire sur *L'Inondation de Saint-Ouen* : Asselineau se plaît à citer ce qu'« un bon juge, Charles Baudelaire, a dit quelque part » de ce tableau, voilant et à la fois dévoilant par cette formule l'identité du collaborateur de la *Revue anecdotique*; voir l'article de Georges Gendreau et Cl. Pichois, « Baudelaire, Lavieille et Asselineau », dans *Buba*, VIII, 2, 9 avril 1973.

Dans une note qui accompagnait son article de la *Romanic Review*, W. T. Bandy indiquait que six autres articulets anonymes parus pareillement dans la *Revue anecdotique* au cours du premier semestre de l'année 1862 lui semblaient aussi pouvoir être de Baudelaire; à savoir : « L'Anniversaire de la mort de Murger » (1re quinzaine de février); « Antoine Fauchery » (2e quinzaine de février); « Histoire de l'Opéra de la Reine de Saba » (1re quinzaine de mars); « Un bal où on ne danse pas » (2e quinzaine de mars); « Le Cotillon dans les Salons et au Vaudeville » (1re quinzaine d'avril); « Explication d'une estampe énigmatique » (1re quinzaine de mai). Voici l'opinion de J. Crépet sur cette proposition d'attributions : « Nous partagerions volontiers son sentiment pour le premier, mais pour celui-là seulement; encore avons-nous estimé qu'il serait bien aventureux de le recueillir ici » (*Œuvres posthumes*, Conrad, t. II, p. 166). Collaborateur de J. Crépet pour ce tome des *Œuvres complètes*, nous nous étions rangé à son avis. Nous ne voyons rien à y modifier vingt ans après.

1. Louis Martinet (1814-1895), élève de Gros, devint peintre d'histoire. Mais c'est comme organisateur qu'il se fit connaître. Par une série d'expositions particulières qui se tenaient 26, boulevard des Italiens, dans l'hôtel du marquis de Hertford et qu'il renouvelait partiellement chaque mois, il donna leurs chances à Millet, à Dupré, à Théodore Rousseau. En 1862, il fonda avec Théophile Gautier la Société nationale des Beaux-Arts, qui fut à l'origine de la Société des artistes français. Voir *CPl*, II, 176 et 1019-1020.

2. *Le Courrier artistique*, dont le premier numéro porte la date du 15 juin 1861.

3. La comparaison est digne de remarque; elle est à ajouter aux images maritimes de Baudelaire.

Page 393.

1. Léon Joly de Saint-François (1822-1886), peintre de genre et paysagiste, n'est nulle part ailleurs mentionné par Baudelaire.

2. *L'Ex-voto*, peint en 1860, exposé au Salon de 1861. Ce tableau est maintenant au musée de Dijon; il a été présenté en 1968 (n° 528).

3. *La Vocation de saint François*, peint en 1861. Ce tableau est maintenant au musée d'Alençon; il a été présenté en 1968 (n° 529; reproduction, p. 125).

4. Depuis sa jeunesse, Baudelaire n'a cessé d'admirer ces compositions espagnoles en regrettant que depuis 1848 elles fussent si rares à Paris (voir *Pl.*, II, p. xi et p. 12).

5. L'impassibilité de la nature est, à l'époque, un thème commun à beaucoup de poètes. Mais l'expression ironique est bien baudelairienne.

6. Encore plus baudelairienne, cette image.

Page 394.

1. Rendant compte de l'Exposition des beaux-arts en 1855, Baudelaire avait écrit : « Je suis fâché que le *Sardanapale* n'ait pas reparu cette année » (p. 253).

2. Dans le *Salon de 1859* Baudelaire évoquait « le temps heureux où, à côté de la nouvelle école littéraire, florissait la nouvelle école de peinture : Delacroix, les Devéria, Boulanger, Poterlet, Bonington, etc. » (p. 282). Voir aussi, pour la nostalgie, *Le Coucher du soleil romantique* (*Pl.*, I, p. 149).

Page 395.

L'EAU-FORTE EST À LA MODE
[PREMIÈRE VERSION DE « PEINTRES ET AQUAFORTISTES »]

Revue anecdotique, 2ᵉ quinzaine d'avril 1862, sans titre et sans signature; titre au sommaire de la revue : *L'eau-forte est à la mode*.

Cet article est déjà signalé par La Fizelière et Decaux dans leur bibliographie baudelairienne (1868). Première reproduction en volume : *Œuvres posthumes*, 1908.

Tous les noms cités ici se retrouvent, sauf deux, dans la seconde version (p. 397) à laquelle le lecteur voudra bien se reporter.

Page 396.

a. Le texte montre : Yonkind, *ce qui correspond à la transcription phonétique du nom de l'artiste hollandais.*
b. se manque dans le texte.

1. André Jeanron, né et mort à Paris (1834-1873), est le fils et l'élève de Philippe-Auguste Jeanron (1808-1877); il travailla aussi avec Forster, peintre de genre et de paysages. Il exposa au Salon de 1865 à 1870. — Théodule Ribot (1823-1891) est plus connu. Baudelaire mentionne ce nom au feuillet 37 du *Carnet* (*Pl.*, I, p. 735). Il ne semble pas avoir eu avec lui de relations étroites. Sur Ribot voir le Répertoire des artistes.

Page 397.

PEINTRES ET AQUAFORTISTES

Le Boulevard, 14 septembre 1862 *(1862)*.
L'Art romantique, Michel Lévy frères, 1868, dont on adopte le texte qui ne diffère du précédent que par des variantes infimes.

Le meilleur commentaire de ces pages est constitué par l'important ouvrage, abondamment illustré, de Janine Bailly-Herzberg, *L'Eau-forte de peintre au XIXᵉ siècle : la Société des aquafortistes (1862-1867)*, Léonce Laget, [1972], 2 vol.

Cette Société des aquafortistes marque une étape décisive dans le renouveau de l'eau-forte au XIXᵉ siècle. L'eau-forte n'avait pas survécu au triomphe de David. Le burin l'avait supplantée. Au début du XIXᵉ siècle le développement de la lithographie n'était pas fait pour lui permettre de reprendre une place importante. Ce sont des peintres comme Chassériau et comme les paysagistes qui lui donnent une nouvelle impulsion; on comparera la série des eaux-fortes de Chassériau sur *Othello* avec la série des lithographies de Delacroix sur *Hamlet* et l'on verra où est la modernité. Autre secours apporté à l'eau-forte : l'illustration des livres, et notamment les frontispices, remis en honneur par Poulet-Malassis : il est beau de voir se relayer, dans cette renaissance, le poète et son éditeur. Celui-ci a fait appel au talent de Bonvin, Bracquemond, Amand Gautier, Legros, Léopold Flameng. Ce type d'eau-forte va être appelé eau-forte de peintre par opposition à l'eau-forte de graveur, celle-ci étant plutôt aux mains des techniciens qui ont préparé un travail destiné à être terminé au burin.

Cette renaissance atteint son apogée lorsque est fondée, en 1862, la Société des aquafortistes, grâce aux efforts des artistes, mais aussi et surtout de deux hommes de cœur et de talent : Delâtre et Cadart. L'imprimeur Auguste Delâtre (1822-1907), avec qui l'on voit Baudelaire en relation en 1859 (*CPl*, I, 762), lorsqu'il s'intéresse de près à Meryon (dont Delâtre a gravé les *Eaux-fortes sur Paris*), avait, en 1858, tiré la *Suite française* de Whistler, ce qui lui ouvrit les portes de l'Angleterre. En 1859, il séjourna à Londres, puis il imprima la *Suite de la Tamise* de Whistler. Il est dès lors l'imprimeur incontesté de la jeune école des aquafortistes. Seymour Haden disait de lui : « Si Rembrandt vivait de nos jours, il lui donnerait ses planches à tirer. »

Alfred Cadart (1828-1875), éditeur et marchand d'estampes, tout en étant tenté par la photographie, publie en décembre 1859 la première livraison de *Paris qui s'en va, Paris qui vient*, avec des eaux-fortes dessinées et gravées par Léopold Flameng et des textes de Gautier, Champfleury, Monselet, La Fizelière, Delvau, etc. En 1861, il s'associe au photographe Félix Chevalier et publie à la fois un album de photographies : des fragments du Parthénon, et des suites d'eaux-fortes (Legros, Bonvin, Jeanron).

Les amateurs sont avertis de cette renaissance par la presse spécialisée aussi bien que par la presse d'information. En mai 1862 est fondée la Société dont Cadart est reconnu comme l'éditeur, F. Chevalier n'y ayant tenu qu'un rôle subalterne. Outre les livraisons de la Société, dont la première paraît sous la date du 1er septembre 1862, Cadart publie en 1862-1863 des recueils d'eaux-fortes originales, de Jongkind, Manet et Daubigny. En octobre 1863 F. Chevalier cède sa place à Jules Luquet. La maison passe du numéro 66 de la rue de Richelieu au numéro 79, à l'angle de cette rue et de la rue de Ménars. L'histoire ultérieure de Cadart et de la Société des aquafortistes n'intéresse plus Baudelaire, qui quitte Paris en avril 1864.

L'artiste que celui-ci publie d'abord sous une forme réduite dans la *Revue anecdotique* d'avril 1862 puis, sous une forme un peu plus développée, dans *Le Boulevard* du 14 septembre 1862 doit être considéré comme un appui donné aux artistes et à leur éditeur. Il s'inscrit, pour ainsi dire, dans le cadre d'une campagne menée en leur faveur. On remarquera que l'article du *Boulevard* appartient au mois qui voit paraître la première livraison de la Société. Le 4 août 1862, Baudelaire avait intéressé Gautier à cette œuvre : « Tu serais bien charmant — lui écrit-il (*CPl*, II, 253) —, si tu disais quelques mots agréables de l'entreprise des Aquafortistes. C'est, à coup sûr, une très bonne idée, et il y aura dans la collection des œuvres qui te charmeront. Il faut évidemment soutenir cette réaction en faveur d'un genre qui a contre lui tous les nigauds. » Gautier s'exécutera et, le 27 octobre, à la fin d'un article dont le début est une évocation des *Paradis artificiels* de Baudelaire il entretiendra ses lecteurs des productions de la Société. L'année suivante, Gautier écrira une préface, « Un mot sur l'eau-forte », pour les douze premières livraisons réunies en un volume. Cette même année 1863, Baudelaire composait son quatrain sur *Lola de Valence* (voir *Pl.*, I, p. 168), quatrain qui sera gravé au-dessous de la planche de Manet.

Le 30 janvier 1864 paraît chez Cadart et Luquet le premier numéro d'un hebdomadaire, *L'Union des arts, Nouvelles des beaux-arts, des lettres et des théâtres*, dont le directeur est Albert de La Fizelière, une relation ancienne de Baudelaire. Les éditeurs annoncent qu'ils se sont assuré « la collaboration de plusieurs écrivains spéciaux et connus » : Philippe Burty, Champfleury, les Goncourt, Jules Janin et, entre autres, Baudelaire. Celui-ci avait donné son nom; il n'apporta pas sa collaboration.

Titre. La modification (ou l'addition) par rapport à l'article de la *Revue anecdotique* résulte du fait que d'avril à septembre Baudelaire a appris la fondation de la Société par un groupe de peintres. Et telle est aussi la raison pour laquelle, dans *Le Boulevard*, il a fait précéder son passage sur la gravure d'un paragraphe sur Legros et Manet peintres. Baudelaire écrit aqua-fortistes, en deux mots. C'est en deux mots qu'aquafortistes figurait au magasin de Cadart, 79, rue de Richelieu.

1. Le lecteur a compris qu'il s'agissait de Delacroix.

2. *L'Angélus* a été exposé au Salon de 1859; voir p. 289. À Rouvière (voir *Pl.*, II, p. 241) Baudelaire écrit le 6 novembre 1861 : « M. Legros est un de mes amis. Il est l'auteur de l'*Angélus*, dont j'ai écrit moins de bien encore que j'en pense » (*CPl*, II, 190).

3. Albert de Balleroy (1828-1873), peintre, fut membre de la Société des aquafortistes dès la fondation. Ami de Manet, il loua avec lui un atelier durant l'hiver de 1858-1859. Fantin-Latour le fera figurer avec Baudelaire dans l'*Hommage à Delacroix* (*ICO*, n° 52; *Album Baudelaire*, p. 226). Balleroy était riche. Il possédait dans le Calvados le château dont il portait le nom. En 1871 il sera élu député du Calvados sur la liste des conservateurs.

Page 398.

a. dix sols   1862

1. Philippe Ricord (1800-1889), un des maîtres de la chirurgie et de la syphiligraphie. Le *Grand Dictionnaire universel du xixᵉ siècle* de

Pierre Larousse décrit l'intérieur du bel hôtel qu'il possédait rue de Tournon : un musée.

2. Connu aussi sous les titres *Le Chanteur espagnol* ou *Le Guitarero* (New York, Metropolitan Museum). Manet l'a gravé à l'eauforte en 1862 ; cette eau-forte fait partie de la série des huit gravures éditée par Cadart en 1868 (Exp. 1968, nos 579 et 580).

3. Voir *Quelques caricaturistes français* (p. 221).

Page 399.

a. Le texte ici, et plus bas, montre Yonkind, *comme dans l'article d'avril 1862 (p. 396, var.* a).

Page 400.

a. ne pouvait pas manquer   *1862*
b. à peu de jours de distance,   *1862*

1. L'Etching Club a été créé en 1838, Seymour Haden en était membre et a pu vanter à ses amis français les vertus de cette société britannique. Mais l'Etching Club était un cercle fermé, de seize membres, créé dans un but artistique, non commercial, tandis que la Société parisienne présente d'emblée un caractère international et se soucie de commercialiser ses aspirations artistiques.

2. Legros avait dédié ses *Esquisses à l'eau-forte* (Cadart et Chevalier, 1861) à Baudelaire (*Catalogue raisonné de l'œuvre gravé et lithographié de M. Alphonse Legros* [...] par MM. *A. P.-Malassis et A.-W. Thibaudeau* [...], Baur, 1877, no 160 ; Exp. 1968, nos 530-533) : la couverture-frontispice représente, sous une arcade, un homme à genoux, en prière, auprès d'un moine qui d'une main tient une croix et de l'autre s'appuie à une pierre plate sur laquelle se lit le titre ; au premier plan, un vase à eau bénite, une tête de mort, des fleurs d'héliante, et les mots : *Dédié à mon ami Baudelaire.* En 1861 également, Legros avait entrepris, à la demande de Poulet-Malassis, une série d'eaux-fortes pour illustrer les *Histoires extraordinaires* de Poe traduites par Baudelaire. Cette série concernait *Le Chat noir, Ombre, La Vérité sur le cas de M. Valdemar, Bérénice* (2 eaux-fortes), *Le Puits et le pendule* (2 eaux-fortes) et *Le Scarabée d'or.* Elle « n'a pas été continuée, et les pièces dont elle se compose n'ont pas été publiées » (*Catalogue, op. cit.*, p. 101). « La façon dont Legros comprenait et interprétait le romancier américain me fit renoncer à la publication », écrira Malassis à Tourneux. Mais dans son exemplaire personnel du *Catalogue*, Thibaudeau a ajouté : « Cadart a cependant fait un tirage de cinq numéros. » En fait, l'ensemble de ces planches, la plupart en unique état, se trouve à la Public Library de Boston. Il provient de la collection Frank E. Bliss. Voir Arthur V. Heintzelman, « Legros' Illustrations for Poe's Tales », *Boston Public Library Quaterly*, 1956, p. 43-48. La Bibliothèque nationale n'en possède que quelques épreuves.

On citera aussi, parce qu'elles prouvent l'amitié reconnaissante portée au poète par l'artiste, les eaux-fortes suivantes : un portrait de Baudelaire (*ICO*, n° 158), *Le Savant endormi* (*ICO*, n° 159; *Album*, p. 229), *Le Mendiant* et *La Veillée mortuaire*, deux eaux-fortes reprises au pinceau pour Baudelaire (selon une note de Poulet-Malassis) et conservées au cabinet des Estampes de la Bibliothèque nationale (DC. 310ᵈ, réserve).

3. C'est *griffonnage* et non *gribouillage* qu'emploie Diderot, ainsi que nous le fait remarquer Morris Wachs, qui nous signale l'article de Gita May, « Diderot devant la magie de Rembrandt » (*P.M.L.A.*, septembre 1959, p. 390). Voici le passage du *Voyage en Hollande*, qui contribua à la formation de l'image des Pays-Bas en France et dont Baudelaire s'est peut-être souvenu dans *L'Invitation au voyage* en prose : les Hollandais « aiment les tableaux, les gravures et les dessins; un griffonnage à l'eau-forte de la main de Rembrandt est d'une valeur exorbitante. Ils se jettent avec fureur sur toute la marchandise de l'Inde et de l'Asie. Les maisons regorgent de porcelaines, de bijoux en argent et en or, de diamants, de meubles et d'étoffes précieuses » (*Œuvres* de Diderot, édition Assézat-Tourneux, t. XVII, p. 408; édition Brière, t. XXVI, 1821, p. 254). Gita May fait remarquer que *griffonnage* n'a pas la nuance péjorative de *gribouillage* et que Gersaint et Bartsch dans leur *Catalogue raisonné* utilisent le terme technique *griffonnement* pour désigner la catégorie d'études préparatoires et non terminées de Rembrandt.

4. Les *Eaux-fortes sur Paris* de Meryon avaient été imprimées par Delâtre en 1852. Cadart n'a pas joué de rôle important dans la vie artistique de Meryon, lequel avait d'ailleurs biffé la plupart des cuivres de la série sur Paris.

Page 401.

1. Passage repris du *Salon de 1859*; voir p. 326-327.

2. Jules Niel, bibliothécaire au ministère de l'Intérieur, mort à Paris le 29 janvier 1872. Niel vendit plus tard le cuivre de la *Vue de San Francisco* à Cadart.

Page 402.

L'ŒUVRE ET LA VIE D'EUGÈNE DELACROIX

L'Opinion nationale, 2 septembre, 14 novembre et 22 novembre 1863 *(1863)*.
L'Art romantique, Michel Lévy frères, 1868 *(AR)*.

Dans *L'Opinion nationale*, un quotidien, la première partie est en « Variétés », les deuxième et troisième en feuilleton. Les citations sont imprimées en caractères plus petits; nous les avons laissées en corps normal; en effet, à l'exemple des éditeurs de *L'Art romantique*,

nous n'avons pas reproduit à sa place la fin de l'article sur *Les Peintures murales* qui mérite donc de recevoir ici sa pleine lisibilité.
Titre : *Au Rédacteur. À propos d'Eugène Delacroix.* Ce rédacteur, en
fait le directeur, est Adolphe Guéroult (1810-1872), saint-simonien
d'obédience, puis de fidélité. Après avoir collaboré à différents
journaux, notamment à *La Presse*, dont il fut un moment le
rédacteur principal, il fonda *L'Opinion nationale* en septembre 1859.
Il venait d'être élu au Corps législatif lorsque mourut Delacroix.
Sainte-Beuve, dans *Le Constitutionnel* du 12 janvier 1863, avait
rendu compte de ses *Études de politique et de philosophie religieuse*
(article recueilli au tome IV des *Nouveaux Lundis*). Élu du parti
démocratique, comme libéral et utilitariste, il n'en était pas moins
favorable au gouvernement impérial.

Texte adopté : celui de 1863 (moins les fautes typographiques),
en raison, notamment, d'une modification apportée par Baudelaire
ou, plus vraisemblablement, par les éditeurs en 1868 (elle concerne
Gautier ; voir p. 425). Mais il nous a paru impossible de renoncer
au titre que cette étude porte dans *L'Art romantique*, dont elle
ouvre le volume : *L'Œuvre et la vie d'Eugène Delacroix.* Baudelaire a
manifesté par deux fois, à la fin de sa vie, son intention de recueillir
cet essai, dans son plan dressé pour J. Lemer et dans sa note pour
H. Garnier (*CPl*, II, 444 et 591), respectivement sous ces titres :
« L'œuvre, la vie et les mœurs d'Eugène Delacroix », « La vie et
les œuvres de Delacroix ». Ainsi peut s'expliquer le remaniement
de la phrase sur ou plutôt contre Gautier (p. 425, var. *b* et n. 2).

Delacroix mourut le 13 août 1863. Les obsèques eurent lieu le
lundi 17 : Baudelaire y assista (*CPl*, II, 313).
Sur la préparation de l'article et l'argent escompté voir le *Carnet*,
feuillets 99, 102, 104-111.
Baudelaire écrit à Chenavard, le 25 novembre 1863, que ses articles « ont beaucoup fait *gueuler* », et à sa mère, le même jour : « Le
Delacroix a soulevé beaucoup de colères et d'approbations » (*CPl*,
II, 331, 333). En fait, il est difficile, sinon impossible, de prouver
de telles assertions. Au reste, si le premier article parut quand le
public pouvait être encore ému de la mort de Delacroix, l'intervalle qui sépare le deuxième du premier et le moment où parurent
le deuxième et le troisième sont de nature à laisser entendre le
contraire. Que plus de deux mois se soient écoulés entre les publications de deux parties qui forment un ensemble démontre surtout
le peu d'empressement de *L'Opinion nationale*, et sans doute le
manque d'intérêt prêté par la direction du quotidien au public.

On remarquera les réserves qu'à l'endroit de Delacroix contient
cet essai (p. 404, milieu ; p. 420, fin ; etc.) et l'on se reportera au
livre d'Armand Moss sur *Baudelaire et Delacroix*. De plus, on
remarquera les répétitions que s'autorise Baudelaire de passages
déjà publiés par lui, dans de petites revues il est vrai : c'est le dernier essai de quelque étendue.

1. 1846, plutôt (voir p. 481). *La Silhouette* du 24 mai 1846 fait ainsi parler Baudelaire dans les bureaux du *Corsaire-Satan* : « Eugène Delacroix me disait hier... » (*Bdsc*, 83).

Page 403.

a. et plus appropriées que *AR*

1. Ce plafond : *La Paix venant consoler les hommes*, a disparu dans l'incendie de la Commune, en même temps que des éléments de la décoration de ce Salon. Sur toutes ces œuvres voir l'ouvrage de Maurice Sérullaz, *Les Peintures murales d'Eugène Delacroix* (Les Éditions du Temps, 1963).

2. L'*Histoire des artistes vivants* de Th. Silvestre a connu plusieurs éditions à partir de 1856 (voir *BET*, 126), après avoir été publiée par livraisons. Baudelaire avait emprunté l'exemplaire de Poulet-Malassis, le sien étant sans doute à Honfleur (*CPl*, II, 321).

3. Baudelaire déclare avoir de même renoncé à dresser le catalogue de l'œuvre de Daumier (p. 215, note).

4. Néologisme. La correction de 1868 est-elle due à Baudelaire ou à ses éditeurs ?

5. Sur ce mot voir le *Salon de 1859* (p. 626, n. 3 de la p. 296).

6. Cf. l'essai sur Gautier (*Pl.*, II, p. 125) où se trouve un semblable palmarès.

Page 404.

a. d'une manière incomplète. *AR*
b. C'est l'indivisible, c'est *AR* ; *coquille, certainement.*

1. On remarque la réserve et l'embarras avec lequel elle est exprimée.

Page 405.

a. les sympathies de tous les poètes ; et *AR*

1. Cf. p. 115 et 357 sq.

Page 406.

1. Voir *Le Musée classique du Bazar Bonne-Nouvelle* (p. 68).
2. Voir p. 68 sq.
3. En fait, si l'on adopte les conclusions d'Armand Moss, qu'il est difficile de ne pas adopter, ces conversations sont anciennes et elles ont été peu nombreuses.

Page 407.

a. des choses de la chimie *AR*

1. Ce paragraphe et le suivant sont extraits du *Salon de 1859* (p. 284-285). On pourra remarquer quelques variantes entre les deux textes.

Page 408.

a. la propriété matérielle *1863 et AR; mais le « Salon de 1859 »*
(p. 285) montre bien propreté.

b. par de certains côtés *AR; le texte de 1863 est conforme à celui*
du « Salon de 1859 » publié dans la « Revue française ».

1. Jusqu'à la série de points qui termine la page 410, tout ce qui
suit est également repris du *Salon de 1859.* Après la série de points :
« L'imagination de Delacroix!... » (p. 411), et jusqu'à « ... font
toujours écho dans son esprit » (p. 411), c'est le cinquième chapitre
du *Salon de 1859* qui est mis à contribution. Voir p. 285-288 et
p. 291-292. Quelques variantes.

Page 410.

a. universelle. Ainsi un *bon* peintre peut n'être pas un *grand*
peintre; mais un *AR*

Page 411.

a. même dans le *Triomphe de Trajan, RFA*
b. admirateurs. Le *[pas d'alinéa] RFA*

1. C'est le passage suivant (jusques à et y compris : « Mais,
hélas! à quoi bon, à quoi bon toujours répéter ces inutiles
vérités? », p. 413) que les éditeurs de 1868 ont supprimé à la fin de
l'article consacré aux *Peintures murales d'Eugène Delacroix,* pour
éviter un double emploi; voir la note 2 sur la page 391 de ce texte.
Pour ce passage on dispose donc de trois textes : *Revue fantaisiste*
(RFA), *L'Opinion nationale, L'Art romantique.*

2. Voir *Exposition universelle de 1855* (p. 252). Le vrai titre est *La*
Justice de Trajan.

Page 412.

a. des contours d'une *AR; faute grave.*
b. origine. Un dessinateur-né *[pas d'alinéa] RFA*

Page 413.

a. du tableau. Un *[pas d'alinéa] RFA*
b. de toute pensée secrète. *AR; coquille sans doute.*
c. beaucoup moins cette rhétorique *AR*

1. Cf. *Un fantôme,* 1, *Les Ténèbres,* v. 14 (*Pl.,* I, p. 38).
2. Ici s'arrête la première partie de l'étude publiée, le
2 septembre 1863, dans *L'Opinion nationale.*

Page 414.

1. *Des variations du Beau* avait paru dans la *Revue des Deux Mondes*
du 15 juillet 1857; *Prud'hon, ibid.,* 1er novembre 1846; *Charlet,*
ibid., 1er juillet 1862. Poussin, dans *Le Moniteur universel* des 26, 29
et 30 juin 1853. J. Crépet, qui donnait ces indications, montrait

que Baudelaire avait servi d'intermédiaire entre Delacroix et Poulet-Malassis, l'éditeur (sans doute à ce incité par Baudelaire lui-même) désirant publier le recueil des articles du peintre. Delacroix déclina l'offre par une lettre du 17 février 1858 à Baudelaire (*LAB*, 115-116) : il devrait remanier ces articles; d'autre part, il venait de refuser cette faveur à Théophile Silvestre.

2. Baudelaire lui-même, à n'en pas douter.

Page 415.

1. Sur Baudelaire et Emerson, voir *Pl.*, I, p. 673.

2. Voir, p. 369, n. 5, une preuve de l'admiration de Baudelaire pour Montesquieu dans ces années.

3. Au Louvre, J. Crépet avait repéré l'article de Saint-Victor dans *La Presse* du 13 septembre 1863. On constate ainsi : 1) ou bien que la deuxième partie de cette étude n'était pas écrite quand, le 2 septembre, parut la première, ou bien que Baudelaire a ajouté cet élément de comparaison dans un manuscrit déjà déposé à *L'Opinion nationale,* pour renforcer sa démonstration; en effet, cette comparaison n'a pas de nécessité structurale dans le tissu du texte, puisqu'on peut lier directement à la phrase : « Je puis vous fournir... féconde et poétique », celle-ci : « Je copie simplement... » 2) Que, de toute manière, entre la composition de cette phrase ou son insertion *a posteriori,* il s'est écoulé beaucoup plus de temps que prévu : « ces jours derniers », une telle expression s'applique mal, dans un article du 14 novembre 1863, à un article paru deux mois auparavant. Sur Paul de Saint-Victor voir *CPl,* II, 1032 et Index; *LAB,* 351-352. Les relations qu'il entretint avec Baudelaire furent distantes et cordiales. Ici, Baudelaire lance une flèche, fleurie, mais aérée. En mai 1863, dernier témoignage conservé, Baudelaire avait recommandé une actrice, Mme Deschamps, à Saint-Victor (*CPl,* II, 298). Faut-il penser qu'il se venge du silence du critique?

4. Baudelaire avait été invité, en octobre 1851, à contempler ce plafond; voir à ce sujet une lettre de Delacroix (*LAB,* 113-114).

Page 416.

1. Le conventionnel Delacroix; mais on sait que, par suite d'une malformation qui lui survint, il fut sans doute mis hors d'état de procréer et que Talleyrand l'aurait remplacé dans cette mission.

Page 417.

1. J. Crépet indique que le tableau de Delacroix : *Richelieu disant la messe* ou *Le Cardinal de Richelieu dans sa chapelle du Palais-Royal,* exposé au Salon de 1831, avait péri au cours de la mise à sac du Palais-Royal et qu'une autre toile : *Corps de garde marocain,* avait un peu souffert, à l'occasion des mêmes événements de 1848. Voir aussi Champfleury, *Le Réalisme,* éd. G. et J. Lacambre, p. 121.

2. Naturaliste, Victor Jacquemont (1801-1832) voyagea dans l'Inde et au Tibet. Ami de Stendhal (qui incorpora dans *De l'amour*

un texte de Jacquemont) et de Mérimée, il avait en commun avec celui-ci un esprit voltairien, irrespectueux des choses religieuses. La *Correspondance de Victor Jacquemont avec sa famille et plusieurs de ses amis pendant son voyage dans l'Inde (1828-1832)* a été publiée en 1833 chez H. Fournier et fut rééditée en 1835, 1841, 1846 et 1861.

3. Sur Baudelaire et Mérimée, voir *CPl*, Index, et J. Crépet, *Propos sur Baudelaire*, p. 43-55.

Page 418.

a. aimait à façonner *AR*
b. opinions de M. Delacroix *AR*

1. Cette « propension » est aussi celle de Baudelaire : voir les *Journaux intimes* et, en particulier, la série *Hygiène* (*Pl.*, I, p. 668 sq.).

2. Voir p. 670.

3. Giuseppe Ferrari (né à Milan en 1811; mort à Rome en 1876) se fixa à Paris en 1839 et rentra en Italie en 1859. Il avait publié l'*Histoire de la raison d'État* chez Michel Lévy frères en 1860. La correspondance de Baudelaire témoigne de l'intérêt que celui-ci porta à ce livre et à l'auteur. Il voulut faire figurer Ferrari dans sa galerie du dandysme littéraire en raison du caractère fataliste et apparemment désinvolte de la pensée qui s'exprimait dans le volume. Sur leurs relations voir *CPl*, Index.

Page 419.

a. une aisance de manières merveilleuses, *AR; coquille.*
b. Bonnington *1863 et AR*

1. Voir, notamment, p. 240-241.

2. Ce sens de la nuance sociale est un trait commun à Delacroix et à Talleyrand : on se rappellera l'anecdote du rôti de bœuf au déjeuner offert par Talleyrand à des personnes de rang divers. Baudelaire fut lui-même victime de cette politesse condescendante de Delacroix : voir les lettres de celui-ci (*LAB*, 112-120).

Page 420.

a. Montézuma *AR*
b. au delà et au-dessous *AR*

1. Il est difficile d'affirmer que c'est là une faute d'impression. Le Larousse du XIXᵉ siècle indique à la notice sur Montezuma Iᵉʳ qu'en mexicain ce nom est Moctheuzoma. Baudelaire put disposer d'une source d'information que nous ignorons. Plutôt que Montezuma Iᵉʳ, qui fit cependant sacrifier un grand nombre de victimes humaines lors de son avènement, Baudelaire désigne Montezuma II qui multiplia ces sacrifices et que subjugua Cortez.

2. J. Crépet note qu'au début de sa carrière Delacroix avait fait quelques caricatures dans *Le Nain jaune* et *Le Miroir*, périodiques libéraux de la Restauration. — On remarquera la restriction que

suggère l'emploi de la préposition *au-delà de* : Baudelaire pense ici à Daumier.

3. Ici prend fin la deuxième partie de l'étude dans *L'Opinion nationale* du 14 novembre 1863.

Page 421.

1. « Je hais la foule et sa vulgarité » (Horace, *Odes*, III, 1, v. 1); *et arceo* : « et je les écarte ».

2. On sait que cette expression fut employée par Sainte-Beuve pour définir l'attitude d'Alfred de Vigny.

3. P. 415. Voir aussi *Pl.*, I, p. 673.

4. Le livre de Liszt sur Chopin, écrit pour la plus grande partie par Mme d'Agoult, parut en 1852 (Paris, M. Escudier). Baudelaire connaissait-il le portrait de Chopin par Delacroix ?

5. Allusion aux visites faites par le jeune Charles, en compagnie de son père, dans les ateliers, avant 1827.

Page 422.

a. Delacroix se fait l'esclave   *AR*

1. Elle aura lieu en février; voir l'exorde de la conférence prononcée à Bruxelles sur Delacroix (p. 434).

2. En fait — nous suggère Jacqueline Wachs —, si Baudelaire pense bien à ce passage du livre XII des *Confessions* (*Œuvres complètes*, Bibl. de la Pléiade, t. I, p. 643), il l'a interprété dans son propre sens. Rousseau : « Après le déjeuner, je me hâtois d'écrire en rechignant quelques malheureuses lettres, aspirant avec ardeur à l'heureux moment de n'en plus écrire du tout. Je tracassois quelques instans autour de mes livres et papiers, pour les déballer et arranger plustôt que pour les lire; et cet arrangement qui devenoit pour moi l'œuvre de Penelope me donnoit le plaisir de muser quelques moments, après quoi je m'en ennuyois et le quittois pour passer les trois ou quatre heures qui me restoient de la matinée à l'étude de la botanique [...]. »

3. Voir *Pl.*, I, p. 668 sq.

Page 423.

1. Voir *Le Crépuscule du soir* et *L'Examen de minuit* (*Pl.*, I, p. 94 et 144).

2. Le second plat verso du *Théophile Gautier* (1859) annonce pour paraître : *Machiavel et Condorcet, dialogue philosophique*, dont Baudelaire écrit à sa mère, le 15 novembre 1859, qu'il « n'est même pas commencé » (*CPl*, I, 616-617; voir aussi 624). C'est Machiavel lui-même qui a raconté (*Œuvres complètes*, Bibl. de la Pléiade, [1952], p. 1434-1438) comment il avait composé *Le Prince*. Ce récit figure dans une lettre à Francesco Vettori (10 décembre 1513), imprimée pour la première fois par Ange Ridolfi en 1810. Le soir, après avoir chassé la grive, après avoir surveillé ses bûcherons et s'être rendu

dans une auberge où ses compagnons sont un boucher, un menuisier et deux chaufourniers, il se retire dans sa petite maison proche de San Casciano, revêt des habits de cour et entre dans la société des grands hommes de l'Antiquité; c'est en s'inspirant de leur exemple qu'exilé, il écrivit *Le Prince*. Belle antithèse! Cette lettre avait été citée partiellement par Ginguené dans son *Histoire littéraire d'Italie* (1819), complètement par Artaud de Montor dans la *Biographie* Michaud (1820), Balzac, dans *Illusions perdues*, évoque Machiavel écrivant *Le Prince*, le soir, « après avoir été confondu parmi les ouvriers pendant la journée ». Voir Cl. Pichois, « Deux interprétations romantiques de Machiavel, de Rousseau à Macaulay », *Hommage au doyen Étienne Gros*, Faculté des lettres et sciences humaines d'Aix-en-Provence, Gap, Imprimerie Louis-Jean, 1959, p. 211-218.

3. Sur elle, voir A. Moss, *Baudelaire et Delacroix*, p. 269-281.

4. Frédéric Villot est l'un des rares amis de Delacroix, qui le mentionne fréquemment dans son journal.

Page 424.

1. Voir le Répertoire des artistes.

2. Voir *Quelques caricaturistes français*, p. 206-209.

Page 425.

a. une grande force de critique   *AR*

b. amère, *faite avec de l'encre et du cirage*, comme a dit autrefois Théophile Gautier. / Mais   *AR; voir n. 2.*

1. *La Barricade*, huile sur toile, a figuré au Salon de 1850-1851 et est maintenant au Louvre. Reproduction par J. Mayne, *The Painter of Modern Life*, pl. 32.

2. Voir la variante *b*. Mme Hamrick, dans sa thèse sur *The Role of Gautier in the Art Criticism of Baudelaire* (Université Vanderbilt, 1975, dactyl.), a repéré un article de Gautier dans *L'Artiste* du 3 mai 1857, article repris dans *Portraits contemporains* (Charpentier, 1874, p. 299) : c'est un compte rendu de l'« Exposition des œuvres de Paul Delaroche au Palais des Beaux-Arts ». On y lit : « Le *Strafford* afflige l'œil par l'abus des noirs, qui ont un fâcheux ton de cirage. » Mais, remarque-t-elle justement, le mot *cirage* ne figure pas dans le texte de *L'Opinion nationale*. Il faut donc recourir à un article plus ancien de Gautier pour retrouver les deux termes dépréciatifs présents dans *L'Art romantique*. Dans *La Presse* du 10 mars 1837, rendant compte du Salon de cette année-là, Gautier avait écrit de la même œuvre de Delaroche : « cette toile semble peinte avec de l'encre, de la teinte neutre et du cirage » (Gautier a sans doute utilisé en 1857 son article de 1837).

On sait que le collégien Baudelaire lisait dans *La Presse*, en 1838, les critiques d'art de Gautier (*CPl*, I, 58). Toutefois, les lisait-il dès 1837 ? Et pouvait-il se rappeler cette lecture en 1863 ? Gautier, dans une conversation, serait-il revenu à la formule de 1837?

Par qui cette formule précisée a-t-elle été consignée dans le texte de *L'Art romantique* (voir p. 670)? Cette question est liée à une autre. Qui a supprimé l'attaque contre Gautier — Baudelaire ou Asselineau et Banville? De toute manière, cette attaque ne pouvait subsister dans un volume qui contenait aussi le texte du *Théophile Gautier*, vrai dithyrambe, et qui appartenait aux *Œuvres complètes* préfacées par Gautier lui-même.

L'hypothèse suivante n'est peut-être pas à écarter : après avoir supprimé l'attaque, Asselineau et Banville auraient demandé à Gautier de préciser l'allusion.

Quant à l'attaque (qui n'est pas la seule, si l'on en juge par les pages 8 et 18, mais qui est la seule à cette date), elle s'explique par un mouvement d'humeur, visible dans un billet de Baudelaire à Gautier en date du 21 août 1863 : le premier y reproche au second de n'avoir pas fait appel à lui pour écrire un article sur Delacroix (voir *CPl*, II, 314 et 820-821).

3. Lyon; voir *L'Art philosophique* (p. 261).

Page 426.

a. (rappelez-vous la   *AR. En 1863 manque le de, pour cette raison placé entre crochets.*

1. Chenavard, ayant lu l'article, en remercia Baudelaire, qui lui répondit le 25 novembre 1863 (*CPl*, II, 331-332), promettant de lui faire place dans *L'Art philosophique*.

2. On ne retrouvera pas cette invocation telle quelle à la fin d'un sonnet de Michel-Ange. Baudelaire cite de mémoire et magnifie ce que le sculpteur avait écrit au second quatrain du sonnet XII où l'artiste se demande pourquoi une sculpture dure plus longtemps que l'homme dont elle fut l'ouvrage :

« L'effet ici l'emporte sur la cause, et l'art triomphe de la nature même. Je le sais, moi pour qui la sculpture ne cesse d'être une amie fidèle, tandis que le temps, chaque jour, trompe mes espérances » (*Poésies de Michel-Ange Buonarroti*, traduction A. Varcollier, Paris, Hesse, 1826, p. 27).

Texte original :

Io 'l so ch'amica ho sì l'alma scultura,
E veggo il tempo omai rompermi fede.

3. Cf. *Mon cœur mis à nu*, XXVII, 48, (*Pl.*, I, p. 693).

4. Voir la lettre à Mme Aupick du 5 décembre 1863 (*CPl*, II, 336) environ, déjà citée à propos de l'essai sur Guys (p. 656).

Page 427.

a. femme *certaine chose   AR*

1. Baudelaire éprouve devant l'enfance des sentiments contradictoires ou, plutôt, devant l'enfant et l'enfance. L'enfant n'est qu'un petit voyou. Mais l'enfance est un état de poésie : voir *Un*

mangeur d'opium (*Pl.*, I, p. 498) et *Le Peintre de la vie moderne* (p. 690). Léon Cellier a consacré une étude à « Baudelaire et l'enfance » (*Baudelaire. Actes du colloque de Nice*, 25-27 mai 1967, *Annales de la Faculté des lettres de Nice*, deuxième trimestre 1968, p. 67-77).

Page 428.

a. s'il s'agissait de choses importantes. *AR*

1. En fait, Baudelaire devait partager ce sentiment, dans son for intérieur.

Page 429.

1. Baudelaire cite de mémoire. Voici ce que Stendhal avait écrit dans *De l'amour* (Michel Lévy frères, 1853, p. 243, fragment 61) :

« Gœthe, ou tout autre homme de génie allemand, estime l'argent ce qu'il vaut. Il ne faut penser qu'à sa fortune tant qu'on n'a pas six mille francs de rente, et puis n'y plus penser. Le sot, de son côté, ne comprend pas l'avantage qu'il y a à sentir et penser comme Gœthe ; toute sa vie, il ne sent que par l'argent et ne pense qu'à l'argent. C'est par le mécanisme de ce double vote que dans le monde les prosaïques semblent l'emporter sur les cœurs nobles. »

Page 431.

VENTE DE LA COLLECTION
DE M. EUGÈNE PIOT

Figaro, 24 avril 1864 *(F)*.
L'Art romantique, Michel Lévy frères, 1868 *(AR)*.

Texte retenu : celui du *Figaro*.

Baudelaire n'a jamais manifesté le désir de recueillir cet article. Ce sont Asselineau et Banville qui ont décidé de l'insérer dans *L'Art romantique*, où le titre réduit le prénom de Piot à l'initiale.

Eugène Piot (né en 1812), à la fois grand voyageur et collectionneur avisé, avait accompagné en Espagne son ami Théophile Gautier, qui lui dédia *Tras los montes*. En septembre 1842, dans *Le Cabinet de l'amateur et de l'antiquaire*, il publia, à la suite d'un article de Gautier sur Goya, le « Catalogue raisonné » de l'œuvre de celui-ci. En 1864, souffrant, il éprouva le besoin de voyager et se crut obligé de vendre sa collection. On lit, dans la notice qu'Edmond Bonnaffé lui a consacrée (Étienne Charavay, 1890) : la vente « comprenait des bronzes, des marbres, des terres cuites, des faïences, des peintures, des antiquités et des médailles. *L'Harpocrate* de la collection Fould, la *Sainte Élisabeth* de Raphaël, la *Tête de Michel-Ange*, le *Tondo* de Donatello et la *Coupe de bronze* des Contarini figuraient à la vente et furent rachetés par le vendeur : l'*Harpo-*

crate 3 200 fr.; la *Sainte Élisabeth*, 20 000 fr.; le *Michel-Ange*, 10 000 fr.; le *Donatello*, 2 500 fr.; et la *Coupe*, 3 050 fr. ». Piot se remit et entreprit de nombreux voyages après sa vente.

1. Le dimanche 24 avril 1864, Baudelaire était dans le train de Bruxelles. Cet article est le dernier qu'il a écrit à Paris.

Page 432.

   a. Meissonnier *F*
   b. à l'activité de *AR*

1. Rosalba Carriera, pastelliste italienne (1675-1757).
2. Charles Sauvageot (1781-1860), violoniste, réunit une très belle collection d'objets de la Renaissance et la légua au musée du Louvre. On peut le comparer au cousin Pons.

Page 433.

[EXORDE DE LA CONFÉRENCE
FAITE À BRUXELLES EN 1864]

SUR EUGÈNE DELACROIX

SON ŒUVRE, SES IDÉES, SES MŒURS

Manuscrit (4 p. in-4°) dans la collection Louis Clayeux. Le titre est au crayon; le titre, à l'encre *(ms.)* Texte retenu.
Première publication, par Adolphe Piat, dans *L'Art*, juillet 1902.
Première publication en volume, par J. Crépet, *L'Art romantique*, Conard, 1925, p. 440-442.

C'est le 2 mai 1864 qu'au Cercle artistique et littéraire de Bruxelles, Baudelaire fit sa conférence sur Delacroix : voir les billets d'invitation que, le 30 avril, il adresse à Gustave Frédérix et à l'éditeur Albert Lacroix (*CPl*, II, 361). Sa conférence, ou plutôt sa lecture, car, après cet exorde — une *captatio benevolentiæ* —, il lut son article nécrologique, *L'Œuvre et la vie d'Eugène Delacroix* (p. 402); du moins, une partie de celui-ci. Dans son numéro du 29 mai 1864 *La Chronique des arts et de la curiosité*, dirigée par Édouard Houssaye, signale cette conférence, ajoutant que Baudelaire « a obtenu un véritable succès ». En fait, Baudelaire n'eut que peu d'auditeurs et fut mal rémunéré.
Voir un autre exorde de conférence, *Pl.*, I, p. 519.

   a. Je [veux parler de *biffé*] fais allusion à *ms.*
   b. ce fut [une surprise générale *biffé*] pour *ms.*

1. Les sentiments de Baudelaire à l'égard de la Belgique et même de Rubens allaient bientôt changer. Voir *Pauvre Belgique!*, *Pl.*, II, p. 932.

Page 434.

a. abriter [leurs *biffé*] les dernières [heures *biffé*] convulsions de leur vie. *ms.*

b. et [quelques *biffé*] deux heures *ms.*

c. une [nouv⟨elle⟩ *biffé*] noblesse [nouvelle *biffé*] personnelle *ms.*

d. sans [haine et sans *biffé*] une explosion de haine *ms.*

e. Ces cinq derniers mots, ajoutés. ms.

f. ceux-là *a été ajouté. ms.*

g. qu'ils [éprouvaient *biffé*] craignaient *ms.*

1. Voir « *La servante au grand cœur...* » (*Pl.*, I, p. 100).

2. La vente des œuvres de l'atelier de Delacroix eut lieu du 15 février au 1ᵉʳ mars 1864. Le 6 mars, *La Chronique des arts et de la curiosité* cite, avec des « etc. », les noms de ceux qui ont assisté à la vente. Celui de Baudelaire n'est pas mentionné. Cette vente « rapporta trois cent soixante mille francs. Trois mois auparavant, Baudelaire avait vendu le droit aux traductions d'Edgar Poe pour deux mille francs. L'inégalité des deux destins continuait de se manifester » (A. Moss, *Baudelaire et Delacroix*, p. 203).

3. Alfred Stevens (1823-1906), peintre de genre et portraitiste — à qui François Boucher a consacré un livre (Rieder, « Maîtres de l'art moderne », 1930 — est le frère du marchand de tableaux Arthur Stevens, qui avait contribué à faire venir Baudelaire en Belgique. Voir *Pl.*, II, p. 962.

Page 435.

a. dans [sa vanit⟨é⟩ *biffé*] son orgueil *ms.*

b. furie de [moutons *biffé*] bourgeois *ms.*

c. mort *est ajouté au-dessus de la ligne. ms.*

d. de [s'entêter *biffé*] s'obstiner *ms.*

e. de la [race *biffé*] nature humaine. / [Messieurs, je commence; *biffé*] Quelques jours *ms.*

1. *Ceci* était composé avant la vente.

Page 437.

CRITIQUE MUSICALE

NOTICE

Cette section est la plus brève. Elle n'est pas la moins dense. L'essai sur Wagner appartient à la fin de la grande époque créatrice de Baudelaire, les années 1859-1860. On en comprend mieux la nécessité quand on lit la lettre que Baudelaire adresse à Wagner (ils sont tous deux à Paris) et qui est comme l'esquisse de l'essai.

« Vendredi 17 février 1860.

« Monsieur,

« Je me suis toujours figuré que si accoutumé à la gloire que fût un grand artiste, il n'était pas insensible à un compliment sincère, quand ce compliment était comme un cri de reconnaissance, et enfin que ce cri pouvait avoir une valeur d'un genre *singulier* quand il venait d'un Français, c'est-à-dire d'un homme peu fait pour l'enthousiasme et né dans un pays où l'on ne s'entend guère plus à la poésie et à la peinture qu'à la musique. Avant tout, je veux vous dire que je vous dois *la plus grande jouissance musicale que j'aie jamais éprouvée*. Je suis d'un âge où on ne s'amuse plus guère à écrire aux hommes célèbres, et j'aurais hésité longtemps encore à vous témoigner par lettre mon admiration, si tous les jours mes yeux ne tombaient sur des articles indignes, ridicules, où on fait tous les efforts possibles pour diffamer votre génie. Vous n'êtes pas le premier homme, Monsieur, à l'occasion duquel j'ai eu à souffrir et à rougir de mon pays. Enfin l'indignation m'a poussé à vous témoigner ma reconnaissance; je me suis dit : je veux être distingué de tous ces imbéciles.

« La première fois que je suis allé aux Italiens pour entendre vos ouvrages, j'étais assez mal disposé, et même, je l'avouerai, plein de mauvais préjugés; mais je suis excusable; j'ai été si souvent dupe; j'ai entendu tant de musique de charlatans à grandes prétentions. Par vous j'ai été vaincu tout de suite. Ce que j'ai éprouvé est indescriptible, et si vous daignez ne pas rire, j'essaierai de vous le traduire. D'abord il m'a semblé que je connaissais cette musique, et plus tard en y réfléchissant, j'ai compris d'où venait ce mirage; il me semblait que cette musique était *la mienne*, et je la reconnaissais comme tout homme reconnaît les choses qu'il est destiné à aimer. Pour tout autre que pour un homme d'esprit, cette phrase serait immensément ridicule, surtout écrite par quelqu'un qui, comme moi, *ne sait pas la musique*, et dont toute l'éducation se borne à avoir entendu (avec grand plaisir, il est vrai) quelques beaux morceaux de Weber et de Beethoven.

« Ensuite le caractère qui m'a principalement frappé, ç'a été la grandeur. Cela représente le grand, et cela pousse au grand. J'ai retrouvé partout dans vos ouvrages la solennité des grands bruits, des grands aspects de la Nature, et la solennité des grandes passions de l'homme. On se sent tout de suite enlevé et subjugué. L'un des morceaux les plus étranges et qui m'ont apporté une sensation musicale nouvelle est celui qui est destiné à peindre une extase religieuse. L'effet produit par l'*introduction des invités* et par la *fête nuptiale* est immense. J'ai senti toute la majesté d'une vie plus large que la nôtre. Autre chose encore : j'ai éprouvé souvent un sentiment d'une nature assez bizarre, c'est l'orgueil et la jouissance de comprendre, de me laisser pénétrer, envahir, volupté vraiment sensuelle, et qui ressemble à celle de monter dans l'air ou de rouler sur la mer. Et la musique en même temps respirait quelquefois l'orgueil de la vie. Généralement ces profondes harmonies me paraissaient ressembler à ces excitants qui accélèrent le pouls de l'imagination. Enfin, j'ai éprouvé aussi, et je vous supplie de ne pas rire, des sensations qui dérivent probablement de la tournure de mon esprit et de mes préoccupations fréquentes. Il y a partout quelque chose d'enlevé et d'enlevant, quelque chose aspirant à monter plus haut, quelque chose d'excessif et de superlatif. Par exemple, pour me servir de comparaisons empruntées à la peinture, je suppose devant mes yeux une vaste étendue d'un rouge sombre. Si ce rouge représente la passion, je le vois arriver graduellement, par toutes les transitions de rouge et de rose, à l'incandescence de la fournaise. Il semblerait difficile, impossible même d'arriver à quelque chose de plus ardent; et cependant une dernière fusée vient tracer un sillon plus blanc sur le blanc qui lui sert de fond. Ce sera, si vous voulez, le cri suprême de l'âme montée à son paroxysme.

« J'avais commencé à écrire quelques méditations sur les morceaux de *Tannhäuser* et de *Lohengrin* que nous avons entendus; mais j'ai reconnu l'impossibilité de tout dire.

« Ainsi je pourrais continuer cette lettre interminablement. Si vous avez pu me lire, je vous en remercie. Il ne me reste plus à ajouter que quelques mots. Depuis le jour où j'ai entendu votre musique, je me dis sans cesse, surtout dans les mauvaises heures : *Si, au moins, je pouvais entendre ce soir un peu de Wagner!* Il y a sans doute d'autres hommes faits comme moi. En somme vous avez dû être satisfait du public dont l'instinct a été bien supérieur à la mauvaise science des journalistes. Pourquoi ne donneriez-vous pas quelques concerts encore en y ajoutant des morceaux nouveaux? Vous nous avez fait connaître un avant-goût de jouissances nouvelles; avez-vous le droit de nous priver du reste? — Une fois encore, Monsieur, je vous remercie; vous m'avez rappelé à moi-même et au grand, dans de mauvaises heures.

« CH. BAUDELAIRE.

« Je n'ajoute pas mon adresse, parce que vous croiriez peut-être que j'ai quelque chose à vous demander. »

Baudelaire le dit bien : son éducation se borne à avoir entendu quelques beaux morceaux de Weber et de Beethoven. Si la musique est souvent présente dans sa poésie, si sa poésie, avant celle des symbolistes, cherche parfois à reprendre son bien à la musique, il s'en faut que les musiciens soient aussi souvent présents dans son œuvre de création et de critique que les peintres, sculpteurs, graveurs. Weber est associé à Delacroix dans la strophe des *Phares* comme dans une page du *Salon de 1846* et dans le commentaire de la strophe que donne l'article sur l'Exposition de 1855. Par l'intermédiaire de la symphonie la poésie de Gautier sur l'horloge d'Urrugne est associée à Beethoven. La place faite à celui-ci est plus grande dans la notice sur Banville : « Beethoven a commencé à remuer les mondes de mélancolie et de désespoir incurable amassés comme des nuages dans le ciel intérieur de l'homme » : c'est le début d'une histoire en raccourci du romantisme. Son nom apparaît comme un titre dans une liste qui accompagne la série du manuscrit dit des *Douze poèmes* (1851-1852) : recouvre-t-il alors le poème *La Musique*? Avec Haydn, Mozart et Weber son nom figure encore dans une liste d'artistes qui ont inspiré Delacroix et que Baudelaire adresse au peintre Henri Fantin-Latour pour son *Hommage à Delacroix* ou pour un *Delacroix reçu aux champs Élysées*. C'est peu. C'est beaucoup, si l'on pense à l'importance de *La Musique* dans *Les Fleurs du mal*.

Ses amis Champfleury et Barbara le renforçaient dans ce goût pour la musique, en pratiquant la musique de chambre : Allemands et Autrichiens du XVIIIe siècle et du romantisme. La musique française était alors dans un marais, entre deux sommets, Berlioz et Debussy. Avant, après, Baudelaire aurait eu plus de chance. Ernest Reyer, qu'il rencontre chez Mme Sabatier, est un bon, un sage musicien : Baudelaire s'intéresse à lui, ou feint, à partir de 1861; il lui envoie ses livres jusqu'aux *Épaves* comprises. C'est le plus digne. Sinon : Victor Robillard, à qui il remet le manuscrit du *Jet d'eau* — Robillard, l'auteur de la musique de *L'Amant d'Amanda*; Jules Cressonois, qui dirigea les musiques des cuirassiers de la Garde impériale, des guides et de la gendarmerie, tout en mettant en musique *Harmonie du soir* et *L'Invitation au voyage*; Chorner, un compositeur belge; sans compter beaucoup de Fossey dont la musique est exécutée dans les fosses des orchestres pour mélodrames.

Robillard est sans doute le moins ridicule, aux yeux de Baudelaire, à un moment où celui-ci rêve d'une alliance entre la poésie et la musique. Nouvelle alliance dont Pierre Dupont a pu être par lui considéré comme le Jean-Baptiste. Les *Chants et Chansons* de Pierre Dupont dont Baudelaire a écrit la préface annonçaient dans leur dernier volume (1854) que le chansonnier avait composé des mélodies sur des poésies d'autres auteurs — en particulier de Baudelaire, ce qui pour celui-ci n'a pas été réalisé[1]. Entre 1851 et 1854 on le voit cherchant cette collaboration à un niveau où il est difficile qu'elle s'établisse : s'il est tenté par la forme de la chanson, dont *L'Invitation au voyage* est avec *Le Jet d'eau* un merveilleux exemple, c'est qu'il souhaite cette renaissance de la poésie vraiment *lyrique*, dont de grands exemples avaient été donnés par Marot et par Ronsard. Plus tard, Villiers de l'Isle-Adam lui offrira sans doute de vraies satisfactions en composant les mélodies du *Vin de l'assassin* (vers 1863), puis de *La Mort des amants* (vers 1865) et de *Recueillement*[2]. Plus tard, trop tard. La nouvelle alliance des arts à laquelle Baude-

---

1. Voir *Pl.*, II, p. 1091. Pour les noms des compositeurs précédemment cités, voir l'Index et la *Correspondance en Pléiade*.
2. Voir *LAB*, 385-386.

laire devait nécessairement aspirer dans sa conception unitaire du monde et donc de l'esthétique, il en avait découvert la plus grandiose expression dans les opéras de Wagner.

À celui-ci, il s'intéresse depuis 1849 : le 13 juillet, il adresse à un mystérieux destinataire une lettre de recommandation au sujet d'un non moins mystérieux « M. *Schoman* » qui a dû quitter Dresde à la suite des journées révolutionnaires et qui désire publier une étude sur *Tannhäuser* : « Notre commune admiration pour *Wagner* me fait pressentir l'accueil favorable que vous réserverez à M. *Schoman*. » Et d'ajouter : « En lui donnant satisfaction, vous servirez la cause de celui qui l'avenir consacrera le plus illustre parmi les maîtres[1]. » La connaissance que Baudelaire pouvait alors avoir de l'œuvre de Wagner était faible; sans doute était-elle réduite à l'audition de quelques rares morceaux[2] et à la lecture de l'analyse de *Tannhäuser* publiée par Liszt dans le *Journal des Débats* du 18 mai 1849.

Wagner venait de faire à Paris un très bref séjour. Lui-même, chassé de la Saxe par la répression de la révolution de mai 1849, il avait gagné Zurich, de là Paris, où il tomba en pleine épidémie de choléra et d'où il repartit peu après son arrivée. C'était son deuxième séjour à Paris, aussi ambigu de signification que l'avait été le premier (septembre 1839-avril 1942). En cette année 1849, ils sont au moins trois à s'intéresser à Wagner : Baudelaire — qui utilise la formule la plus éclatante —, Théophile Gautier cité dans la lettre de Baudelaire et sans doute informé par Nerval —, et Nerval.

La mention à la fois glorieuse et furtive de Wagner apparue sous la plume de Baudelaire en 1849 est la seule qu'on rencontre jusqu'en février 1860. Cependant, il est difficile de croire que Baudelaire sera resté insensible tout ce temps à l'intérêt que les wagnériens français portent à leur idole. Liszt est hors de cause : c'est par Wagner que Baudelaire entre en relation avec lui au mois de mai 1861. Mais Nerval publie dans *La Presse* du 18 et 19 septembre 1850, dans la *Revue et Gazette musicale de Paris* (22 septembre) et dans *L'Artiste* (1er octobre) des articles sur les fêtes de Weimar organisées en l'honneur de Herder et de Gœthe et aussi de Liszt et de Wagner : on représente *Lohengrin* pour la première fois. Gérard ne les a pas vues; il les décrit d'autant mieux[3]; ces articles seront partiellement recueillis dans *Lorely* (1852). Liszt, dans le *Journal des Débats* du 22 octobre 1850, attire l'attention du grand public sur *Lohengrin* comme précédemment il l'avait fait pour *Tannhäuser*. La Société Sainte-Cécile, sous la direction du chef d'orchestre belge Seghers,

---

1. *CPl*, I, 157.

2. Rappelons que *Rienzi* date de 1838, *Le Vaisseau fantôme* de 1842, *Tannhäuser* de 1845 et *Lohengrin* de 1847. *Tristan* ne sera achevé qu'en 1859.

3. Voir Gérard de Nerval, *Lettres à Franz Liszt*, publiées par Jean Guillaume et Cl. Pichois, « Bibliothèque de la faculté de philosophie et lettres de Namur », fascicule 52, 1972.

exécute le 24 novembre 1850 l'ouverture de *Tannhäuser*. À cette occasion Léon Leroy s'enthousiasme pour le compositeur.

Wagner eſt revenu à Paris en février 1850. Puis en oĉtobre 1853. Séjours brefs : la police a l'œil ouvert sur ce dangereux révolutionnaire; elle lui fait savoir qu'elle le surveille.

En 1857 *Tannhäuser* eſt représenté à Wiesbaden devant des journaliſtes français : Gautier exprime sa satisfaĉtion dans *Le Moniteur* du 29 septembre 1857; Ernest Reyer — qui fut le conseiller musical de Gautier (peu doué à cet égard, il affeĉtait de dire que la musique eſt le plus cher des bruits) —, dans *Le Courrier de Paris* du 30 septembre Croyant que la France eſt favorablement disposée envers lui, Wagner gagne Paris en janvier 1858. Il discute avec Émile Ollivier de l'application en France des clauses de ses contrats allemands. Émile Ollivier a épousé Blandine, fille de Liszt et de la comtesse d'Agoult et sœur de Cosima (qui n'eſt pas encore entrée dans la vie de Wagner). Si la réalisation ne paraît pas répondre à l'espoir, du moins des jalons ont-ils été posés. En septembre 1859 Wagner revient à Paris. Ses amis français : Auguſte de Gaspérini et Léon Leroy, les Ollivier, Champfleury, l'accueillent avec joie et admiration. Pour préparer son entrée à l'Opéra, il va donner au Théâtre-Italien, les 25 janvier, 1er et 8 février 1860, trois concerts, dirigeant l'orcheſtre et les chœurs : ouverture du *Vaisseau fantôme*; de *Tannhäuser*, l'entrée solennelle des conviés au Wartburg, le pèlerinage du héros à Rome et le chœur des pèlerins, le Venusberg; le prélude de *Triſtan*; de *Lohengrin*, le prélude, la marche des fiançailles, la fête nuptiale et l'épithalame. Wagner a fait diſtribuer une brochure imprimée à Paris, intitulée *Concert* [sic] *de Richard Wagner* et portant à la page de titre cette indication : « Dans l'impossibilité de faire entendre en entier ses opéras, l'auteur se permet d'offrir au public quelques lignes d'explications, qui lui feront mieux comprendre le sens des morceaux détachés qu'il lui soumet aujourd'hui[1]. »

Baudelaire mande à Poulet-Malassis le 10 février environ : « Si vous aviez été à Paris, ces jours derniers, vous auriez entendu les ouvrages sublimes de Wagner; ç'a été un événement dans mon cerveau[2]. » Et il se moque d'Asselineau qui n'eſt pas allé aux concerts parce que les Italiens étaient trop loin de chez lui et parce qu'on lui avait dit que Wagner était républicain. Le 16 février, au même : « Je n'ose plus parler de Wagner; on s'eſt trop foutu de moi. Ç'a été, cette musique, une des grandes jouissances de ma vie; il y a bien quinze ans que je n'ai senti pareil enlèvement[2]. » Le 17 février, c'eſt la grande lettre à Wagner. La réponse vint par

---

1. Cette brochure eſt extrêmement rare. James K. Wallace, qui en a découvert un exemplaire, a offert de celui-ci une photocopie au W. T. Bandy Center for Baudelaire Studies de l'Université Vanderbilt.
2. *CPl*, I, 667.
3. *CPl*, I, 671.

l'intermédiaire de Champfleury[1]. Celui-ci est tout aussi enthousiaste. Sous le coup de la forte impression qu'il a reçue, il écrit et publie rapidement chez Bourdilliat, à l'enseigne de la Librairie nouvelle, un *Richard Wagner* dédié à Charles Barbara : le compositeur y est rapproché de Mozart et de Beethoven, de Goya et de Courbet. Un an plus tard, chez Poulet-Malassis, il fera figurer Wagner avec Balzac, Nerval et Courbet, dans ses *Grandes figures d'hier et d'aujourd'hui*. Achille Bourdilliat est un autre fervent admirateur : c'est lui qui en décembre 1860, sous la date de 1861, publie les *Quatre poèmes d'opéra* de Wagner : *Le Vaisseau fantôme, Tannhäuser, Lohengrin, Tristan et Iseult*, traduits par Challemel-Lacour et précédés d'une *Lettre sur la musique*. Baudelaire pensera à lui confier son propre essai[2].

Il avait « commencé à écrire quelques méditations sur les morceaux » qu'il avait entendus lors des concerts[3], — des « morceaux de poésie en l'honneur de l'auteur du *Lohengrin* », précise la *Revue anecdotique* de la seconde quinzaine de février 1860, informée sans doute par Poulet-Malassis. Puis, confiait-il à Wagner, il avait renoncé à ce projet. Mais l'impression persistait, sans rien perdre de sa vivacité, renforcée par l'audition de morceaux, comme l'épithalame de *Lohengrin*, dans une salle aussi profane que le Casino de la rue Cadet, plutôt mauvais lieu que temple wagnérien[4]. À la fin d'avril 1860[5], Baudelaire décide d'écrire « un grand travail » sur Wagner; « chose rude », ajoute-t-il. De fait, mention du travail revient sous sa plume de juillet 1860 au 25 mars 1861 : « en finir avec le *Wagner* », écrit-il ce jour-là[6]. Le 1er avril 1861, il apprend à sa mère que l'article Wagner a été enfin terminé : « improvisé en trois jours dans une imprimerie », ce qui a toute chance d'être vrai[7]. Il se connaît : « sans l'obsession de l'imprimerie, je n'aurais jamais eu la force de le faire[8] ».

À cette nécessité s'est ajoutée l'indignation éprouvée à l'occasion de la première de *Tannhäuser* à l'Opéra de Paris, le 13 mars 1861 : *indignatio facit libellum !* Cette lamentable histoire a été racontée cent fois, et par Wagner lui-même. On se rappelle la princesse de Metternich, son éventail, les abonnés — petits et vieux crevés — et le corps de ballet. Ce qui n'avait été pour la plupart des autres qu'un incident ou un malentendu prit aux yeux de Baudelaire l'importance que devait revêtir un tel refus.

1. *CPl*, I, 681.
2. *CPl*, II, 129; environ 10 février 1861.
3. Lettre à Wagner, 17 février 1860, citée *supra*.
4. *CPl*, II, 13; mi-mars 1860? Musard lui-même (Musard fils, sans doute) selon une note manuscrite de Léon Leroy dirigé du Wagner, d'après une indication donnée par Maxime Leroy dans « Les Premiers Amis français de Wagner », *Wagner et la France*, numéro spécial de la *Revue musicale*, 1er octobre 1923, p. 34.
5. *CPl*, II, 35.
6. *CPl*, II, 137.
7. Voir p. 439, n. 1.
8. *CPl*, II, 140.

Publié dans la *Revue européenne* du 1ᵉʳ avril, daté du 18 mars, l'essai sur Wagner était, le 3 avril, envoyé à Mme Aupick, priée de le renvoyer au plus tôt, car la livraison de la revue avait été corrigée par Baudelaire. « Il faut — précisait-il — qu'il reparaisse immédiatement en brochure, *avec un supplément* », qu'on lui réclamait d'urgence[1]. Ce sera le post-scriptum : *Encore quelques mots*, de la plaquette publiée chez Dentu à la fin d'avril. Le post-scriptum était destiné à venger Wagner, obligé, après la troisième représentation[2], de faire retirer *Tannhäuser* de l'affiche. L'éditeur profitait du hourvari causé par l'odieux déni de justice.

Wagner quitta Paris à la fin de mars pour Bruxelles, Karlsruhe et Vienne. Puisqu'on ne pouvait à Paris entendre ses opéras, Champfleury et Baudelaire firent le projet de gagner Vienne pour y voir *Tristan*. Le 18 septembre 1861 Wagner est obligé de les faire prévenir par Gaspérini : « Je ne sais pas si ils *[sic]* ont pris ce propos trop au sérieux; du moins c'était de la bonne volonté, et je me sens obligé de leur faire parvenir le retard de mon opéra. Voudriez-vous bien, mon cher ami, vous charger de leur dire ou écrire les nouvelles que je vous donne à cet égard. Dites leur aussi mes meilleures salutations[3]. »

Quelques pages écrites après l'audition de concerts en janvier et février 1860, d'un opéra en mars 1861 : une œuvre de circonstance? Baudelaire n'y contredit pas : « ma brochure sur Wagner, œuvre de circonstance très méditée[4] ». On sait que toute œuvre est de cir-

---

1. *CPl*, II, 143-144.
2. C'est à l'occasion de l'une de ces trois représentations que Baudelaire a écrit à Auguste Lacaussade le billet suivant qui ne figure pas dans la *Correspondance* de la même collection; il est reproduit en fac-similé dans le catalogue de l'exposition Richard Wagner, musée Galliera, 24 juin-17 juillet 1966, nᵒ 170 :

« à M. Lacaussade

« Mon cher Monsieur, je reçois cette lettre de M. Giacomelli, avec deux stalles pour moi.

« J'excuse volontiers Wagner, parce qu'il ne s'occupe de rien, mais je n'excuse pas M. Giacomelli.

« C. B. »

Sur Lacaussade, directeur de la *Revue européenne*, où parut d'abord l'essai sur Wagner, voir l'Index de la *Correspondance en Pléiade*. Adolphe Giacomelli (né à Paris le 13 janvier 1821) se fit l'homme de confiance et l'impresario de Wagner pendant le séjour de celui-ci à Paris et à Bruxelles. Il dirigea *Le Luth français* (1856-1857) et *La Presse théâtrale et musicale* (1860-1870) où il reproduisit l'essai de Baudelaire (voir *infra*); l'interruption de la publication, à la ligne 4 de notre page 451, interruption qui dut contrarier l'auteur, s'explique sans doute, comme l'avait suggéré J. Crépet dans son édition de *L'Art romantique*, par la mise en vente chez Dentu de la plaquette, que *La Presse théâtrale et musicale* avait annoncée dès le 28 avril.
3. Lettre exposée en 1968-1969 au Petit-Palais. Nᵒ 612 du catalogue.
4. *CPl*, II, 129; 10 février 1861, à Bourdilliat.

constance. Mais Baudelaire a compris ce texte parmi ceux qu'il rete-
nait pour ses volumes de critique dans les deux listes qu'il établit en
Belgique[1].

Œuvre « très méditée », en effet; un des essais les plus personnels
que Baudelaire ait écrits. Ce qui lui tient à l'esprit et à l'imagination
intervient ici avec une force révélatrice du pouvoir catalysant que
Wagner exerce sur lui : le système des correspondances (p. 444), la
relation entre la musique et l'espace, entre les visions dues à la
musique et celles que déchaîne la drogue (p. 445), la symbiose du
créateur et du critique (p. 453), le déchirement du cœur humain par
les deux principes qui veulent s'en assurer l'empire (p. 454), la férocité attachée à l'amour (p. 455) — l'univers baudelairien est ici présent, reflété, pour la dernière fois, juste après l'avoir été dans la
seconde édition des *Fleurs du mal*. À quoi il faut ajouter ce qui
n'apparaît pas dans ce recueil : le mépris, sinon la haine, de la
France, victime de ses accès de snobisme et d'antisnobisme, étrangère à toute vraie poésie. Baudelaire ne connaît pas d'autre pays. Un
sursis lui eût-il été accordé après son séjour en Belgique, n'aurait-il
pas réclamé qu'on donnât Wagner à l'Opéra en 1871 ? Il y a parfois
du Gobineau chez Baudelaire. C'est à un Anglais qu'il n'a pas rencontré, c'est à Swinburne, qu'il confie en 1863 : « Un jour,
M. R. Wagner m'a sauté au cou, pour me remercier d'une brochure
que j'avais faite sur *Tannhäuser*, et m'a dit : *" Je n'aurais jamais cru
qu'un littérateur français pût comprendre si facilement tant de choses. "*
N'étant pas exclusivement patriote, j'ai pris de son compliment tout
ce qu'il avait de gracieux[2]. »

Wagner se déclara « enivré » des « belles pages » de Baudelaire[3].
A-t-il vraiment compris qui était Baudelaire, quelle place serait la
sienne dans la poésie française et européenne ? On en peut douter.
Catulle-Mendès, dans des « Notes de voyage » adressées au
National de 1869, rapportera que Wagner comptait la mort de Baudelaire et celle de Gaspérini « parmi les plus grands chagrins de sa
vie[4] ». Ce n'est pas le poète qui est ici en cause, mais l'admirateur,
l'ami français, le frère d'armes. Après tout, sans faire de Wagner un
prétexte, Baudelaire avait en premier lieu découvert dans l'œuvre de
celui-ci son propre reflet. Chaque grand créateur est seul. Chaque
phare n'échange avec les autres que de furtifs éclairs. Ces saluts n'en
sont que plus émouvants. Et l'on aime à se représenter Baudelaire
chez les Hugo, rue de l'Astronomie, à Bruxelles, s'adressant à la
jeune femme de Charles Hugo : « Allons, quelques nobles accords
de Wagner », et lui demandant le chœur des pèlerins, la marche des

1. *CPl*, II, 445 et 591.
2. *CPl*, II, 325.
3. *LAB* 400; 15 avril 1861. Voir aussi la lettre du 4 avril 1861 (Richard
Wagner, *Lettres à Hans de Bülow*, traduction Georges Khnopff, Crès, 1928,
p. 131).
4. Cité par Maxime Leroy, p. 31 de l'article dont référence est
donnée p. 686.

chevaliers ou la prière d'Élisabeth[1]. Ces accords seront les derniers qu'il entendra quelques mois plus tard, de la main de Suzanne Manet ou de Mme Paul Meurice, dans la maison de santé du docteur Duval.

> *Adieu donc, chants du cuivre et soupirs de la flûte!*
> « Le Goût du néant. »

NOTES ET VARIANTES

Page 439.

RICHARD WAGNER
ET « TANNHÄUSER » À PARIS

Revue européenne, 1ᵉʳ avril 1861; titre « Richard Wagner » *(RE)*.
La Presse théâtrale et musicale, 14 et 21 avril, 5 mai 1861; titre : « Richard Wagner. »
Richard Wagner et « Tannhäuser » à Paris par Charles Baudelaire, Paris, E. Dentu, 1861 *(RW)*.
L'Art romantique, Michel Lévy frères, 1868.

Texte adopté : celui de *L'Art romantique*, où l'on a systématiquement corrigé *Tannhaüser* en *Tannhäuser* (même faute dans le texte de 1861). On remarquera que si ce texte en un point (var. *a* de la page 455) est sans doute moins bon que ceux de 1861, en d'autres points (notamment, var. *a* de la page 784 et var. *a* de la page 445) *L'Art romantique* améliore les textes antérieurs.

On ne tient pas compte dans les variantes du texte de *La Presse théâtrale*, qui n'est qu'une reproduction.
La Presse théâtrale indique qu'elle reproduit le texte de la *Revue européenne*.
La plaquette est enregistrée à la *Bibliographie de la France* le 4 mai 1861. Le second plat verso de la couverture mentionne la deuxième édition des *Fleurs* (parue en février) et, en préparation : *Réflexions sur quelques-uns de mes contemporains* (deux volumes), c'est-à-dire la matière de *Curiosités esthétiques* et de *L'Art romantique*, plus les traductions de Poe. Dentu était l'éditeur de la *Revue européenne* : mention est faite dans la plaquette que le texte en reproduit celui de la revue. Cependant, la plaquette apporte inédit le texte du post-scriptum : *Encore quelques mots*, écrit après la représentation de la chute de Tannhäuser à l'Opéra. J. Crépet a remarqué que ce ne fut pas un succès de vente : cinq ans après la publication, *La Petite*

---

1. Témoignage de Gustave Frédérix, *L'Indépendance belge*, 20 juin 1887 *(CPl*, II, 943-944).

Revue, dans sa livraison du 14 avril 1866, annonce qu'elle est soldée à cinquante centimes; à la publication elle était vendue un franc.

1. Baudelaire pense aux concerts de janvier-février 1860 (voir p. 685), ce qui permet de dater la rédaction de ce début, de mars 1861, puisque, trois paragraphes plus loin, Baudelaire mentionne la représentation du 13 mars 1861. L'article a donc bien été écrit en trois (ou en cinq) jours comme Baudelaire le confie à sa mère (p. 686). Voir p. 468, n. 1.

2. Allusion au premier séjour de Wagner à Paris, de septembre 1839 à avril 1842.

3. François-Joseph Fétis (1784-1871), musicographe belge, compilateur de la *Biographie universelle des musiciens et bibliographie générale de la musique* (Bruxelles, Leroux, 8 vol., 1835-1844; réédition chez Firmin-Didot avec supplément et complément par Arthur Pougin, 1878-1880). Il fut l'un des adversaires acharnés de Wagner. Son réquisitoire avait paru dans la *Revue et Gazette musicale* en juin, juillet et août 1852.

Page 440.

a. entendues. Hier encore durait cette situation *RF; la correction s'explique par la représentation de « Tannhäuser » à l'Opéra.*

1. *Dilettante* signifie sous la Restauration : tenant de la musique italienne et, en particulier, de celle de Rossini. Sous le second Empire le mot commence à prendre son sens moderne. *Dilettantiste* conserve pleinement le sens premier, musical, de *dilettante*.

2. *Le Moniteur,* 29 septembre 1857.

3. Publié dans le *Journal des Débats,* ce feuilleton sera recueilli par Berlioz en 1862 dans son volume intitulé *À travers champs.*

4. Le 13 mars 1861.

Page 441.

1. Paul Scudo (Venise, 1806; Blois, 1864), autre adversaire acharné de Wagner. Il collaborait à la *Revue des Deux Mondes,* dans laquelle il l'attaqua. Baudelaire avait pu le connaître par l'éditeur Victor Lecou chez qui Scudo publia en 1852 la première série de *Critique et Littérature musicales* et chez qui, lui, Baudelaire, devait publier une édition de luxe des *Contes* de Poe (voir la *Correspondance* en Pléiade).

Page 442.

1. Sur ce programme, voir p. 685. La reproduction est fidèle, moins les italiques, qui sont de Baudelaire.

2. *Lohengrin et Tannhäuser de Richard Wagner,* Leipzig, F. A. Brockhaus, 1851. C'est peu après avoir publié sa plaquette sur Wagner et à propos de cette plaquette, qu'il lui a envoyée, que Baudelaire entre en relations avec Liszt (voir *CPl,* II, 162). Il lui

dédiera *Le Thyrse* (*Pl.*, I, p. 335) et le mentionnera dans les notes de *Mon cœur mis à nu* (*Pl.*, I, p. 701).

Page 443.

1. Dans cette longue citation de Liszt les italiques sont de Baudelaire, sauf le mot *adagio* dans la dernière phrase. Baudelaire a omis ici une expression; Liszt avait écrit : « aux colonnes d'opale, aux ogives d'onyx, aux parois de cymophane » (James K. Wallace dans *Buba*, V, 2 ; 9 avril 1970).

Page 444.

a. de raconter, de traduire avec des paroles la traduction forcée que *RE* : de raconter, de traduire avec des paroles la traduction inévitable que   *RW*

1. Sur l'interprétation de ces deux quatrains de *Correspondances*, voir *Pl.*, I, p. 839 sq.

Page 445.

a. qui apporte un   *RE, RW*

1. L'ensemble de ces impressions est un caractère essentiel du psychisme de Baudelaire; voir, entre autres, *Élévation*, *La Musique*, *Le Vin des amants* (*Pl.*, I, p. 10, 68 et 109). En assistant aux concerts de janvier-février 1860, Baudelaire traduit ainsi pour Poulet-Malassis la jouissance qu'il a ressentie : un « enlèvement » (*CPl*, I, 671).

2. Autre caractère essentiel de l'esthétique baudelairienne : le goût du grand, visible dans *La Géante* (*Pl.*, I, p. 22), exprimé dans le *Salon de 1859* (p. 306).

3. Cf. le vers 6 de *Ténèbres*, premier sonnet d'*Un fantôme*, et le second tercet d'*Obsession* (*Pl.*, I, p. 38 et 76).

4. Il est intéressant de remarquer qu'en défendant contre Calonne le début d'*Un mangeur d'opium*, Baudelaire le voit ressembler, « par sa solennité, aux premières mesures d'un orchestre » (*CPl*, I, 651 ; 5 janvier 1860, soit trois semaines avant le premier concert aux Italiens).

5. Voir la lettre à Wagner du 17 février 1860 (p. 681-682).

Page 446.

1. Le Casino de la rue Cadet; voir p. 1428 et 1457.
2. Voir p. 439, n. 3.
3. *Oper und Drama* fut publié en trois tomes à Leipzig, en 1852. James K. Wallace est parvenu à identifier (*Buba*, V, 2 ; 9 avril 1970) cette traduction anglaise qui parut dans un périodique publié à Londres, *The Musical World*, entre le 19 mai 1855 et le 26 avril 1856. Cette traduction est due à John Bridgeman, dont le nom ne figure pas dans la revue. J. K. Wallace ne trouve pas trace de la lecture d'*Opera and Drama* dans l'essai de Baudelaire sur Wagner. Il

est vrai que les idées exprimées dans *Oper und Drama* sont résumées dans la *Lettre sur la musique* qui précède les *Quatre poèmes d'opéra* (voir p. 686). D'autre part, la traduction est exécrable, difficile à lire, car elle calque le texte allemand, souvent aux dépens de la clarté : le *Musical World*, hostile à Wagner, n'était pas fâché de montrer combien celui-ci était ridicule. Baudelaire n'écrit d'ailleurs pas qu'il lut cette traduction; il s'est contenté de se la procurer.

Page 447.

a. l'ordre d'un empereur [*caractères romains*] pour   RE

1. J. Crépet trouvait l'origine de cette citation dans l'ouvrage de Wagner publié en 1852 : *Die Operndichtungen nebst Mitteilungen an seine Freunde als Vorwort*, en signalant que Fétis avait fait état de cette pensée dans l'article du 6 juin 1852 publié à la *Revue et Gazette musicale de Paris*. Baudelaire ignorait l'allemand. C'est donc à Fétis qu'il a eu recours. On a vu qu'il a lu l'« indigeste et abominable pamphlet de celui-ci » (p. 446).

2. Baudelaire se réfère à quelques années de la Restauration où le pseudo-romantisme fut, en effet, légitimiste (Victor Hugo, des premières *Odes* à *Hernani*, avec des nuances qui importent peu ici), tandis que les libéraux étaient voltairiens et « classiques ». — Il prend ici ses distances par rapport aux partisans de Wagner, qui sont pour la plupart des républicains : Auguste de Gaspérini, Léon Leroy, Émile Ollivier. Il fallait que Baudelaire admirât fort Wagner pour qu'il pût passer sur cette divergence d'opinions politiques et donc d'options philosophiques.

3. En fait, c'est dans la *Lettre sur la musique* (p. XVIII) qui précède les *Quatre poèmes d'opéra* (voir p. 686) que Baudelaire a trouvé ces indications. Il avait usé d'un semblable subterfuge dans son étude de 1852 sur Poe (*Pl.*, II, p. 259), prétendant recourir à des « notes biographiques » alors qu'il suivait l'article de Daniel.

Page 448.

1. Dans la *Lettre sur la musique* Wagner résume *Opéra et drame*, écrit dans lequel il a exposé le résultat de ses recherches sur les rapports que la poésie entretient avec la musique du point de vue dramatique. Dans l'opéra, se demandait-il, l'idéal du drame lyrique auquel il pensait avait-il été atteint ou du moins immédiatement préparé?

« En Italie, mais surtout en France et en Allemagne, ce problème a occupé les esprits les plus éminents de la littérature. Le débat des gluckistes et des piccinistes à Paris n'était autre chose qu'une controverse, insoluble de sa nature, sur la question de savoir si c'est dans l'opéra que peut être atteint l'idéal du drame. Ceux qui s'étaient crus fondés à soutenir cette thèse se voyaient, malgré leur victoire apparente, mis en échec par leurs adversaires, dès que ceux-ci décrivaient la prééminence de la musique dans l'opéra, prééminence telle que c'était à la musique et non à la poésie que l'opéra devait son succès. Voltaire, qui inclinait en théorie à admettre la première façon de voir, était ramené par la réalité à cette proposition désespérante : " Ce qui est trop sot pour être dit, on le chante. " En Allemagne, le même problème, soulevé d'abord par Lessing, était discuté entre Schiller et Gœthe, et tous deux penchaient vers l'attente du développement le plus favorable de l'opéra; et cependant Gœthe, par une contradiction frappante avec son opinion théorique, confirmait malgré lui ce mot de Voltaire; car il a lui-même composé plusieurs textes d'opéra, et, pour se tenir au niveau du genre, il a trouvé bon de rester, dans l'invention comme dans l'exécution, aussi trivial que possible : aussi ne peut-on voir sans regret ces pièces d'une platitude absolue admises au nombre de ses poésies » (*Quatre poèmes d'opéra*, Bourdilliat, 1861, p. xxii-xxiii).

2. « Les passages de Diderot qui s'imposaient au souvenir de Baudelaire, provenaient sans doute du *Neveu de Rameau*, bien que la *Lettre sur les sourds et muets*, et le *Troisième Entretien sur le Fils naturel* contiennent aussi la même théorie » (Jean Thomas, *Diderot et Baudelaire*, éd. Hippocrate, 1938, p. 5).

3. On sait que c'est l'expression que l'on attribuait à Wagner et par laquelle ses détracteurs se moquaient de son œuvre. Les folliculaires se gausseront aussi de Baudelaire en appliquant aux *Fleurs du mal* l'expression de « poésie de l'avenir ». Après tout, ils ne savaient pas si bien dire.

Page 449.

1. *Journal des Débats*, 22 février 1860.

Page 451.

1. On remarquera l'emploi du même verbe dans *Le Mauvais Moine* (v. 2) et *Le Léthé* (v. 11) : *Pl.*, I, p. 15 et 156.

2. Ce passage est emprunté à la *Lettre sur la musique* (*Quatre poèmes d'opéra*, p. xxv-xxvi). Baudelaire, parce qu'il fait un extrait, est obligé de modifier un peu le texte de Wagner. Les points de suspension représentent ceci : « Le poète cherche, dans son langage, à substituer à la valeur abstraite et conventionnelle des mots leur signification sensible et originelle; l'arrangement rythmique [...]. » Dans la parenthèse le texte de Wagner fait précéder *presque* par *déjà*.

Page 452.

1. Wagner : *trouvons*.

2. En fait, dans la même *Lettre sur la musique*. (*Quatre poèmes d'opéra*, p. xlviii-xlix). Les points de suspension indiquent des coupures. Celles-ci ne nuisent en rien à la succession des idées.

3. Dans le texte de Wagner, « rêve » n'est pas souligné, alors que *clairvoyance* l'est.

Page 453.

a. un idéal du drame lyrique, *RE*; *J. Crépet fait remarquer que cette variante ne conftitue pas une coquille, mais correspond à une idée très différente.*

1. Comme on le sait par la *Lettre sur la musique* (*Quatre poèmes d'opéra*, p. xiii-xvi).

2. Passage célèbre. Sur la symbiose du poète et du critique, cf. cette phrase de Jean-Jacques Ampère : « Au don d'une imagination tour à tour fine et hardie, railleuse et mélancolique, Tieck unit un talent remarquable pour la critique littéraire, dont on peut dire qu'il tient à ce moment le sceptre en Allemagne » (cité par José Lambert dans sa thèse sur *Ludwig Tieck en France*).

3. Voir les notes prises en vue d'un projet de préface (*Pl.*, I, p. 182 et 183).

4. Cette allusion à la conception phylogénétique eft une preuve de l'intérêt porté par Baudelaire aux développements les plus récents de la philosophie; voir *Pl.*, I, p. 433 et n. 2.

Page 454.

a. déjà dit et écrit *RE*

1. Cf. pour toute cette page, *Mon cœur mis à nu*, XI, 19 (*Pl.*, I, p. 682-683).

2. Dans son livre sur *Lohengrin et Tannhäuser*.

Page 455.

a. les nerfs vibrent à l'unisson *RE, RW. Cette leçon eft certainement préférable, mais celle de « L'Art romantique » ne saurait être absolument récusée.*

1. Expression familière à Baudelaire qui l'avait d'ailleurs empruntée à Heine (cf. p. 237).

Page 456.

a. Comme on le voit, la note ne figurait pas dans RE; elle apparaît dans RW.

1. Pour le mot *satyresses*, voir *L'Avertisseur*, v. 6 (*Pl.*, I, p. 140).

2. Perrin, dans la livraison du 15 mars 1861 de la *Revue européenne*, avait refusé de se prononcer. Baudelaire a-t-il écrit ce passage avant de prendre connaissance de cette livraison? Ou lui a-t-on fait croire que Perrin se prononcerait dans un numéro suivant? Celui-ci, qui allait devenir directeur de l'Opéra, ne voulait sans doute pas alors se compromettre. J. Crépet fait observer que dans la *Revue européenne* du 15 février 1860, donc après les concerts au Théâtre-Italien, Perrin s'était déclaré en faveur de Wagner.

Page 457.

a. rythme pompeux fièrement cadencé, *RE*

Page 458.

1. Ce dialogue est emprunté aux *Quatre poèmes d'opéra* traduits par Challemel-Lacour, p. 190-191.

Page 459.

1. *Quatre poèmes d'opéra*, p. 239-240, mais cette traduction montre : *envers son chevalier*, non *sur*, — et *comment je récompense*, non *comment il récompense*.

Page 460.

a. nous fournissent à ce sujet   *RE*
b. partout, le Rédempteur est partout; le mythe partout. Rien de plus cosmopolite que l'éternel.   *RE*

1. La pardonner à Baudelaire! On lui rendra grâce d'avoir fondé dans cette « digression », bien avant C. G. Jung, une science poétique des mythes et des archétypes.
2. Cf. *Les Foules* (*Pl.*, I, p. 291) : ce poème en prose paraîtra pour la première fois dans la *Revue fantaisiste* du 1er novembre 1861.

Page 461.

a. Nous avons remarqué que   *RE*

1. Baudelaire, comme l'a fait voir J. K. Wallace (*Buba*, V, 2; 9 avril 1970), a un peu modifié cette langue. Dans la citation suivante, les italiques sont de Baudelaire.
2. Liszt : « durant trois longs actes ». Baudelaire a-t-il jugé péjoratif l'adjectif *long*?
3. Liszt : « Quels sont les épopées et les drames... » Baudelaire annule la possible cacophonie.

Page 462.

a. à ces charmes   *RE*

1. Liszt : « du grand pouvoir ».
2. Liszt : « Il a mélodiquement dessiné le caractère... » Cette transformation est nécessitée par la suppression qu'a opérée Baudelaire de quelques lignes sur *Les Huguenots* de Meyerbeer. Cette suppression est représentée par les trois points qui séparent « intellectuel » de « Il dessine ».

Page 463.

a. capitaine, qui [...] ans, rencontre   RE, RW
b. Depuis lors, le navire fatal s'était montré çà et là dans différents parages, courant   *RE; cette dernière leçon peut sembler préférable.*
c. norwégien   Tous textes; graphie normale à l'époque
d. À quoi me sert d'amasser   *RE; c'est le texte de « Quatre poèmes d'opéra »* (p. 86).

1. Baudelaire combine ici une phrase du Hollandais : « Le terme est passé, il s'est encore écoulé sept années. La mer me jette à terre avec dégoût... Ah! orgueilleux Océan! Dans peu de jours il me faudra me porter encore! » (*Quatre poèmes d'opéra*, p. 81-82), avec un passage de la Ballade de Senta : « Un jour pourtant l'homme peut rencontrer la délivrance, s'il trouve sur terre une femme qui lui soit fidèle jusque dans la mort! » (*Quatre poèmes d'opéra*, p. 94). Toutes les citations suivantes sont puisées par Baudelaire dans ce même ouvrage : il procède à des coupures qui resserrent et dramatisent encore plus le texte.

2. En fait, Baudelaire prête au Hollandais une phrase qu'il ne prononce pas dans le poème de Wagner et qui appartient à la Ballade de Senta : on en trouve la substance au paragraphe suivant.

3. Ici Baudelaire passe de la première à la troisième personne et interprète : « de lui [me] donner une nouvelle patrie », ne figure pas dans le texte de Wagner, mais c'est bien l'idée. (*Quatre poèmes d'opéra*, p. 84-86)

Page 464.

1. Texte de Wagner : « À bord, sur le tillac, l'homme pâle [...] relâche. Hou-hi! comme bruit le vent! Iohohé! Hou-hi! quel sifflement dans les cordages! Iohohé! hou-hi! Comme une flèche, il vole [...] » (*Quatre poèmes d'opéra*, Ballade de Senta, p. 94). La suppression s'explique aisément.

2. Texte de Wagner : « ... de l'éternité! "Hou-hi! Satan l'a entendu! Iohohé! hou-hi! " Et [...] » (*ibid.*, p. 95).

3. Texte de Wagner : « À l'ancre, tous les sept ans, pour chercher une femme, il descend à terre. Il a courtisé tous les sept ans, et jamais encore il n'a trouvé une femme fidèle. Hou-hi! "Les voiles au vent! " Iohohé! hou-hi! "Levez l'ancre! " Iohohé! hou-hi! "Faux amour, faux serments! Alerte en mer, sans relâche, sans repos! " (*Ibid.*, p. 95.)

4. Texte de Wagner : « que tu obtiendras le salut » (*ibid.*, p. 96). Le travail discret effectué par Baudelaire sur le texte de Wagner traduit par Challemel-Lacour va dans le sens d'une amélioration. On assiste ici à un travail analogue à celui que Baudelaire a fait sur le texte de Poe et bien davantage sur celui de De Quincey.

5. Le héros du roman de Maturin. Voir l'Index.

Page 465.

a. *Niebelungen Tous textes; c'est la graphie affectionnée par les Français.*

1. Ces trois dernières citations appartiennent à la fin de l'acte III et dernier (*Quatre poèmes d'opéra*, p. 120-121).

2. La *Tétralogie* n'était pas encore achevée. Sa première représentation n'aura lieu qu'en 1876 au Festspielhaus de Bayreuth.

Page 468.

1. On eſt d'abord tenté de penser que la fin de l'essai a été écrite avant la première représentation de *Tannhäuser* à l'Opéra (13 mars). Mais la première ne décida rien. La deuxième (18 mars) non plus. Ce n'eſt qu'à la troisième (24 mars) que l'échec devint patent. Ainsi, tout l'article aurait bien été composé entre la première et la deuxième représentation, donc entre le 13 et le 18 mars.

Page 469.

a. à se garnir de   *RW*

Page 470.

1. L'Opéra dépendait alors direĉtement de la liſte civile et donc du miniſtère d'État, dont le titulaire était le comte Walewski, apparenté à l'Empereur. À celui-ci la princesse de Metternich, épouse de l'ambassadeur d'Autriche à Paris, se plaignait d'un opéra ennuyeux, disant que c'était de la mauvaise musique. Napoléon III lui objeĉta : « En connaissez-vous une meilleure? Sire, répondit-elle, vous avez en ce moment à Paris le plus grand compositeur de l'Allemagne, Richard Wagner. » L'empereur donna l'ordre de faire jouer *Tannhäuser*. C'eſt l'une des versions de l'hiſtoire de l'impérial oukase. Nous l'empruntons à l'article de Georges Servières, « Les Visées de Wagner sur Paris », paru dans le numéro spécial de la *Revue musicale* cité plus haut.

2. La presse avait été muselée au début de 1858 après l'attentat d'Orsini.

3. La princesse de Metternich qui ne fut pas reconnaissante à Baudelaire de l'hommage qu'il lui rendait ici. Dans *Mon cœur mis à nu*, XIV, 24 (*Pl.*, I, p. 685), on lit : « Madame de Metternich, quoique princesse, a oublié de me répondre à propos de ce que j'ai dit d'elle et de Wagner. / Mœurs du 19ᵉ siècle. » Nadar raconta à J. Crépet que l'exemplaire qu'il avait prêté à la princesse lui fut rendu par celle-ci sans qu'elle l'eût coupé.

4. Eugène Cormon (1811-1903), collaborateur habituel de Dennery et consorts.

5. Louis-François Clairville (1811-1879), fécond auteur de vaudevilles.

6. L'orcheſtre était dirigé par Dietsch. Voici la diſtribution : Tannhäuser, Albert Niemann; Vénus, Mme Tedesco; Élisabeth, Mlle Sax; Wolfram, Morelli.

Page 471.

1. Frédérick Lemaître, le grand aĉteur de drame. Sur Rouvière voir *Pl.*, II, p. 60 sq. et 241 sq.

2. Eugène Bignon (1817-1858), aĉteur de grand tempérament, qui tint le rôle de Fontanarès lors de la création des *Ressources de Quinola* à l'Odéon en 1842 (voir *Pl.*, II, p. 268, n. 1, et 156, n. 2).

Privat d'Anglemont, ami de Baudelaire (voir *Pl.*, I, p. 1259 sq.), a écrit sur lui dans la *Gazette de Paris* du 12 décembre 1859 un article nécrologique reproduit dans *Paris inconnu*.

3. Wagner, pour complaire aux abonnés, avait, en effet, dû intercaler une bacchanale dans le tableau de Venusberg.

4. Ce sentiment paternel, Baudelaire l'éprouve à l'égard de Jeanne, affaiblie par l'âge et la maladie. Il va l'éprouver moins purement à l'égard d'une petite théâtreuse, Berthe : voir *Pl.*, I, p. 1140, la dédicace des *Yeux de Berthe* écrite à Bruxelles.

Page 472.

1. Berlioz était devenu l'ennemi de Wagner.

Page 473.

1. *La Causerie*, directeur Victor Cochinat, qui est des amis de Wagner, reprocha à Baudelaire d'avoir jugé « bien légèrement la conduite de la presse », d'avoir oublié « la petite presse » : « Il devrait savoir qu'à l'exception du *Figaro*, cet éternel railleur des opprimés, tous les petits journaux ont protesté contre la cabale et contre le mauvais vouloir du public » (cité par J. Crépet dans son édition de *L'Art romantique*, p. 514). De leur côté, Champfleury, Louis Ulbach, d'autres encore avaient pris la défense de Wagner (voir Georges Servières, *Tannhäuser à l'Opéra en 1861*, Librairie Fischbacher, 1895).

2. *Les Funérailles de l'Honneur*, drame en sept actes d'Auguste Vacquerie, avait été créé à la Porte-Saint-Martin le 30 mars 1861, avec Rouvière dans le rôle du héros, don Jorge de Lara. Voir la lettre pleine d'admiration que Baudelaire adresse à Vacquerie le 4 avril (*CPl*, II, 144-145). Ce drame disparut de l'affiche après quelques jours. Le 7 mai (*LAB*, 378-379), Vaquerie remercia Baudelaire et de la lettre et de la mention dans la plaquette.

Page 474.

1. François Ponsard, une des bêtes noires de Baudelaire ; il avait été reçu à l'Académie française le 4 décembre 1856.

2. Baudelaire fait imprimer « Shakspeare », graphie qui est aussi fréquente que l'autre à cette époque.

3. Cet article : « Shakespeare and Literature in France », a paru dans l'*Illustrated London News* du 13 décembre 1856. Il a été repéré par James K. Wallace (*Buba*, VIII, 2, p. 26 ; 9 avril 1973). On sait que Constantin Guys était l'un des collaborateurs de ce périodique anglais.

Page 475.

1. Le lendemain du jour où il appose cette date à la fin de son post-scriptum Baudelaire va avoir quarante ans.

SIGLES

Album Baudelaire : *Album Baudelaire. Iconographie réunie et commentée* par Claude Pichois, Bibl. de la Pléiade, Gallimard, [1974].

Baudelaire à Paris : Claude Pichois, *Baudelaire à Paris*. Photographies de Maurice Rué, Librairie Hachette, « Albums littéraires de la France », [1967].

Baudelaire et Asselineau : Baudelaire et Asselineau. Textes recueillis et commentés par J. Crépet et Cl. Pichois, Nizet, 1953.

Bdsc : Baudelaire devant ses contemporains. Témoignages rassemblés et présentés par W. T. Bandy et Cl. Pichois, U.G.E., coll. 10-18, [1967].

BET : Cl. Pichois, *Baudelaire. Études et témoignages*. Neuchâtel, La Baconnière, [1967].

Buba : Bulletin baudelairien publié par le Centre d'études baudelairiennes, Université Vanderbilt, Nashville, Tennessee, États-Unis. Directeurs : W. T. Bandy, James S. Patty, Raymond Poggenburg, — et Cl. Pichois depuis 1971.

CPl : Baudelaire, *Correspondance*, texte établi, présenté et annoté par Claude Pichois, avec la collaboration de Jean Ziegler, « Bibliothèque de la Pléiade », 2 vol., [1973].

EB : *Études baudelairiennes*, publiées sous la direction de Marc Eigeldinger, Robert Kopp et Claude Pichois, Neuchâtel, La Baconnière.

EJC : *Baudelaire. Étude biographique d'Eugène Crépet revue et mise à jour* par Jacques Crépet, Léon Vanier, A. Messein successeur, 1906; retirages.

ICO : *Iconographie de Charles Baudelaire, recueillie et commentée* par Cl. Pichois et Fr. Ruchon, Genève, Pierre Cailler, 1960.

LAB : *Lettres à Charles Baudelaire*, p. p. Cl. Pichois avec la collaboration de Vincenette Pichois, Neuchâtel, la Baconnière, [1973]. *Études baudelairiennes*, t. IV et V.

Pl : Baudelaire, *Œuvres complètes*, texte établi, présenté et annoté par Claude Pichois, « Bibliothèque de la Pléiade », 2 vol., [1975, 1976].

p. p. : publié par.

R.H.L.F. : *Revue d'Histoire littéraire de la France.*

R.L.C. : *Revue de littérature comparée.*

SC : CHARLES BAUDELAIRE, *Souvenirs — Correspondances, bibliographie*, René Pincebourde, 1872.

Les sigles et abréviations concernant la Critique d'art sont donnés p. 491-493.

⟨ ⟩ encadrent le complètement d'un mot qui n'a été qu'ébauché par Baudelaire.
: indique le passage à une autre variante.
/ indique un alinéa.
// indique un alinéa avec un blanc.

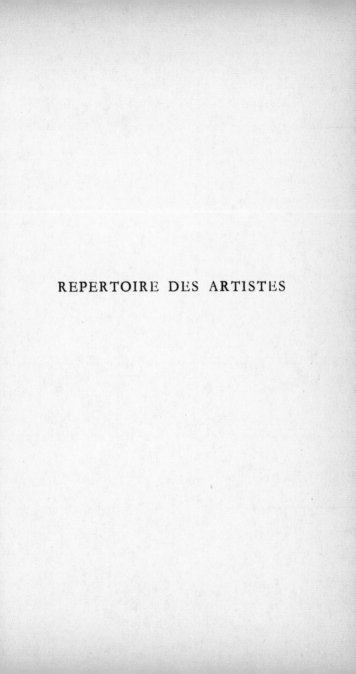

REPERTOIRE DES ARTISTES

On s'est efforcé de donner sur les artistes, généralement cités plus d'une fois par Baudelaire, un certain nombre d'informations, en particulier la liste des œuvres exposées en 1845, 1846 et 1859, d'après les livrets des Salons. (On ne mentionne qu'exceptionnellement l'Exposition universelle de 1855 dont Baudelaire n'a pas eu le loisir de traiter sous la forme d'un Salon.) Ce Répertoire doit évidemment beaucoup aux éditions commentées du Salon de 1845 par André Ferran et du Salon de 1846 par David Kelley (sigles : F et K), aux traductions commentées de Jonathan Mayne, à l'ouvrage de Pierre-Georges Castex (Baudelaire critique d'art; abréviation : Castex; la page indique l'illustration), aux articles d'Arlette Calvet-Sérullaz et de Geneviève et Jean Lacambre dans le Bulletin de la Société de l'histoire de l'art français (BSHAF), au catalogue de l'exposition Le Musée du Luxembourg en 1874 – tous instruments de travail enregistrés dans la Bibliographie de la section Critique d'art (p. 491) – comme aux répertoires usuels (Bellier de La Chavignerie et Auvray, Bénézit, Thieme et Becker, etc.), ainsi qu'aux deux volumes de Janine Bailly-Herzberg, L'Eau-forte de peintre au dix-neuvième siècle. La Société des Aquafortistes (1862-1867), Léonce Laget, 1972 (abréviation : J. Bailly-Herzberg). À propos des renseignements extraits de cette thèse, il convient de faire remarquer que la mention « Membre de la Société des aquafortistes en 1862 et 1865 » ne signifie pas que l'artiste ne s'est intéressé à cette Société et à l'eau-forte que ces années-là : simplement, on ne possède de listes des aquafortistes que pour ces deux années.

Jean Ziegler nous a apporté nombre de précisions : qu'il en soit affectueusement remercié.

AMAURY-DUVAL (Eugène-Emmanuel Pinieu-Duval, dit) [Montrouge, 1808 - Paris, 1885]. « Élève d'Ingres, il avait, comme Flandrin, un penchant pour le préraphaélitisme spiritualiste de l'école d'Overbeck. Connu surtout pour ses portraits, mais également pour ses décorations dans de nombreuses églises parisiennes (par exemple Saint-Merry et Saint-Germain-l'Auxerrois) » (K). N'expose pas en 1845. 1846 : *Portrait de femme* [en bleu]. 1859 : cinq portraits, dont celui d'Alphonse Karr; localisation inconnue. Voir Amaury-Duval, *L'Atelier d'Ingres*, souvenirs, Charpentier, 1878.

BARD (Jean-Auguste) [1812-1862]. 1845 : *La Vierge et l'Enfant-Jésus ; Les Pifferari ; Femmes grecques après le bain.* 1846 : *Souvenir d'Albano ; Souvenir de Rome ; Vue de la place Masaniello, à Naples ; Médora* (Lord Byron); *Portrait de Mme de B...* Élève d'Ingres et de Delaroche, expose portraits, tableaux de genre et d'histoire de 1831 à 1861. Gautier, 1845 : « né avec d'heureuses dispositions, exemple des aberrations où peut faire tomber l'amour des vieilleries, soit étrusques, soit gothiques » (F). D. Kelley n'est pas arrivé à percer l'allusion à *La Barque de Caron* et à Vernet, dont Bard n'avait pas été l'élève.

BARON (*Henri*-Charles-Antoine) [Besançon, 1816 - Genève, 1885]. Élève de Jean Gigoux, il débute au Salon de 1840. Long voyage en Italie avec Gigoux. 1845 : *Les Oies du père Philippe Balduci (Conte* de Boccace. — 4e journée du *Décaméron).* N'expose pas en 1846. 1859 : *Entrée d'un cabaret vénitien où les maîtres peintres allaient fêter leur patron saint Luc* ; *Arlequin et Pierrot,* aquarelle, médaillon d'un éventail peint en collaboration avec Hamon, Français, Lami et Vidal. Voir A. Estignard, *H. Baron, sa vie, ses œuvres, ses collections,* Besançon, 1896.

BESSON (Faustin) [Dole, 1821 - Paris, 1882]. N'expose pas en 1845. 1846 : *La Madeleine* (« Et de retour chez elle, affaissée sous le poids de la parole divine, déplora ses fautes »); *Le Jardinier du couvent ; Un jour d'été ; Fleurs ; Portraits de Mme S. G...* et de *Mme P...* 1859 : quatre portraits, dont ceux de Mme Favart et de Mlle Devienne, de la Comédie-Française. Élève d'Adolphe Brune, de Decamps et de Jean Gigoux. En 1846, les critiques sont surtout attirés par *La Madeleine ;* ils associent Besson aux peintres de l'école Couture. Réaction en général favorable. Cependant, avec Baudelaire, Murger et Champfleury condamnent vivement le tableau (K).

BIARD (François) [Lyon, 1798 - Les Plâtreries, près Fontainebleau, 1882]. Élève de Révoil à Lyon. Voyagea en Méditerranée et jusqu'au Spitzberg. Expose au Salon depuis 1824. N'expose pas en 1845. 1846 : *La Jeunesse de Linné* (citation de Boitard, *Manuel de botanique*); cette toile a été détruite pendant la dernière guerre : elle est reproduite dans *BSHAF,* 1969, p. 117, et par Kelley, pl. 64; *Tourville et Andronique* (« Le jeune Tourville prend un vaisseau turc à l'abordage et y trouve la belle Andronique, sa maîtresse, qui était conduite en captivité », Eug. Sue, *Histoire de la marine*); *Le Droit de visite* (K, pl. 65); *Naufragés attaqués par un requin ; L'Aveugle, le chien et le perroquet* (K, pl. 66); *Le Peintre classique* (K, pl. 67); *Le Repos après le bain ; Un dessert chez le curé.* 1855 : *Jane Shore* (Salon de 1842); *Duquesne délivre les captifs d'Alger* (Salon de 1837); *Du Couëdic recevant les adieux de son équipage* [après le combat de *La Surveillante* contre la frégate anglaise *Québec*] (Salon de 1841); *Gulliver dans l'île des Géants* (Salon de 1853); *Halte dans le désert ; L'Aurore boréale ; La Pêche aux morses* (Salon de 1841); *Voyageurs français dans une posada espagnole ; Portrait de Mme ...; Le Salon de M. le comte de Nieuwerkerke, directeur général des musées impériaux, intendant des Beaux-Arts de la Maison de l'Empereur, membre de l'Institut.* N'expose pas en 1859. « Artiste médiocre, qui représente un certain aspect du goût du juste milieu (voir L. Rosenthal, *Du romantisme au réalisme,* p. 224) » (K). Gautier s'est enthousiasmé pour le décor du *Linné :* « c'est l'exactitude poussée jusqu'à la botanique. Chaque plante pourrait être reconnue et classée » (K). Cette peinture anecdotique valut à Biard un grand succès : il n'est plus actuellement célèbre que pour avoir été le mari de sa femme, laquelle fut surprise en flagrant délit d'adultère avec Hugo.

BOISSARD (Joseph-*Fernand,* et non Ferdinand) [Châteauroux, 1813 - Paris, 1866]. Élève de Gros et de Devéria. Il est connu aussi sous le nom de Boissard de Boisdenier depuis 1855, du nom d'une propriété que sa famille possédait à Tours. Boissard — c'est sous ce seul nom que, jusqu'en 1855, sont présentées les notices accompagnant ses envois au Salon — débute, en 1835, par une peinture, *Épisode de la retraite de Moscou* (musée de Rouen), « d'un réalisme admirable et effrayant », notait J. Crépet. Les sujets religieux qui furent exposés en 1836, 1839, 1843, 1845, 1846, 1847 ne connurent pas un grand succès, pas plus d'ailleurs que les portraits et les autres sujets reçus en 1841, 1842, 1844, 1848, 1849, 1850-1851, 1852, 1855 et 1857 (il n'expose plus ensuite). Dans son *Salon de 1845,* Baudelaire reconnaît que le *Christ en croix* (seule toile exposée; actuellement dans l'église Saint-Martin de Valençay, *BSHAF,* 1969, p. 110) « est d'une pâte solide et d'une bonne couleur » et regrette que le jury ait refusé « *La Poésie, la Peinture et la Musique* » — titre exact de ce tableau allégorique (archives du Louvre). En 1846, il présente *Sainte Madeleine au désert* (seule toile exposée) comme « une peinture d'une bonne et saine couleur, sauf les tons des chairs un peu tristes ». Il semble que Baudelaire, peu enthousiasmé, décerne des éloges modérés, de convenance, pourrait-on dire, à son voisin. Boissard a, en effet, longtemps habité l'île Saint-Louis, d'abord, de 1841 à 1845, 3, quai d'Anjou; puis, de 1845 à 1849, à l'hôtel Pimodan, 17, quai d'Anjou, tandis que Baudelaire habite d'avril 1842 à l'été de 1845 quai de Béthune et, après un court séjour rue Vaneau, 15 et 17, quai d'Anjou. Ils ont donc été, en 1845, colocataires de Pimodan, où Boissard s'installa au printemps de 1845. Boissard s'était lié avec Gautier quand le poète était rapin. Il fut aussi l'ami de Daumier. En 1843, dans la fiche qu'il remplit avant le Salon (archives du Louvre), il note qu'il est l'élève de Delacroix; même mention (avec Gros) dans le livret de l'Exposition universelle de 1855. Delacroix (voir son *Journal*) se rendait aux soirées de musique qu'organisait Boissard, chez qui eurent lieu les « fantasias » de hachisch. Voir Geneviève et Jean Lacambre, « Tableaux religieux de Boissard de Boisdenier », *Revue de l'art,* nº 27, 1975, p. 52-57. Jean Ziegler a reproduit un article de Boissard sur Meryon (*Le Siècle,* 6 octobre 1858) dans *Buba,* t. XI, nº 1, Été 1975.

BONVIN (François) [Vaugirard (Seine), 1817 - Saint-Germain-en-Laye, 1887]. S'est formé lui-même, encouragé par François-Marius Granet. Expose pour la première fois en 1848. Médaille de 3e classe (genre) en 1849. Médaille de 2e classe en 1850. 1855 : *Religieuses tricotant* ; *La Basse Messe* (appartient à l'État); *La Cuisinière* ; deux *Portraits.* 1859 : *La Lettre de recommandation* (acquis par le ministère d'État; Besançon, musée des Beaux-Arts; Exp. 1968, nº 467, reprod., p. 104); *La Ravaudeuse* ; *La Liseus* ; *Portrait de M. Octave Feuillet* ; *Portrait de M. D...* En 1855, habite 32, rue de Vaugirard; en 1859, 189, rue Saint-Jacques. Baudelaire l'a rencontré dans le milieu réaliste, mais n'a cessé de lui témoigner de la sympathie. Il figure sous le nom de Thomas dans *Les Aventures de Mlle Mariette* dont en 1853 Baudelaire établit la clef (*CPl*, I, 210). Champfleury évoque Bonvin dans ses *Souvenirs et portraits de jeunesse* (Dentu, 1872, p. 147-152), dont un passage est reproduit par G. et J. Lacambre dans leur recueil de textes de Champfleury, *Le Réalisme*, p. 92-93, où ils citent, de plus, p. 119, un extrait du *Salon de 1849* du même. Voir aussi Étienne Moreau-Nélaton, *Bonvin raconté par lui-même*, Henri Laurens, 1927.

BORGET (Auguste) [Issoudun, 1809 - Châteauroux, 1877]. « Élève de Bouchard aîné à Bourges, il déménagea ensuite avec sa famille à Paris (1829), où il fut présenté à Balzac par la famille Carraud. À partir de 1832 élève de Gudin, dont on remarque l'influence dans ses marines. Il fit un long voyage à New York, en Amérique du Sud et en Orient, et rapporta des dessins dont il allait s'inspirer pendant quinze ans » (K). 1845 : *Vue de Rio-de-Janeiro, prise de San Domingo* (acquis par Louis-Philippe; détruit à Toulon pendant la dernière guerre; *BSHAF*, p. 110); *Pont chinois près d'Amoy, le jour de la fête des lanternes ; Le Matin à Benarès ;* ces trois toiles avaient été peintes d'après nature. 1846 : *Vue de Notre-Dame-de-Gloire, à Rio-de-Janeiro* (acquis par Louis-Philippe; disparu dans un incendie; *BSHAF*, 1969, p. 116); *Désert entre Cordora* [sic] *et Mondoga (République argentine) ; Rue de Vallodolid* [sic]*, à Lima (Pérou) ; Promenade d'une grande dame chinoise* (K, pl. 84, d'après *L'Illustration*); *Bords de l'Hoogly (Bengale) ; Habitation d'un fakir sur les bords du Gange ; Mosquée dans les faubourgs de Calcutta ; Temple birman dans l'île de Poulo-Senang (détroit de Malacca) ; Fougère ; Arbre sur les versants du Corvocado (Brésil),* dessin à la mine de plomb. N'expose pas en 1859. S'est surtout fait connaître comme illustrateur de livres de voyage.

BOULANGER (Louis) [Verceil (Italie), 1806 - Dijon, 1867]. Élève de Guillon Lethière et d'Achille Devéria. Révélé dès 1827 par le *Supplice de Mazeppa* (musée de Rouen). 1845 : *Sainte Famille ; Les Bergers de Virgile* (musée de Dijon ; reprod., *BSHAF*, 1969, p. 111); *Baigneuses ;* un portrait. 1846 : *Portrait de M. A[ugufte] Maquet,* le collaborateur de Dumas père. 1859 : expose quatorze toiles, dont cinq portraits (Dumas fils, R. de Billing, Granier de Cassagnac, M. et G. Richard); quatre sujets sont empruntés à Shakespeare, un à *Don Quichotte,* un à *Guy Mannering,* un à *Gil Blas ;* un tableau religieux : *Apparition du Chrift aux Saintes Femmes ;* et *Le Message.* Ami et peintre de V. Hugo; illustrateur des œuvres de celui-ci, il est bien représenté à la Maison de Victor Hugo. Voir Ernest Chesneau, *Peintres et ftatuaires romantiques,* Charavay, 1880; Aristide Marie, *Le Peintre poète Louis Boulanger,* Floury, 1925.

BRACQUEMOND (Félix) [Paris, 1833 - Paris, 1914]. Élève du peintre Joseph Guichard et de la misère. Poulet-Malassis le rencontre et s'engoue de lui en 1858 : il illustrera les livres de l'éditeur de Baudelaire, mais manquera le frontispice des *Fleurs du mal* de 1861 (*CPl*, Index). Joua un rôle de premier plan dans la Société des aquafortistes dès le début (1862). En 1859, il expose un *Portrait de Th. Gautier* (eau-forte). Voir J. Bailly-Herzberg, notamment t. II, p. 20-28; *BET*, 187-200.

BRETON (Jules) [Courrières (Pas-de-Calais), 1827 - Paris, 1906]. Élève, notamment, de Drolling. Débute au Salon de 1849. 1859 : *Le Rappel des glaneuses (Artois)* [musée d'Arras; *Le Musée du*

Luxembourg en 1874, n⁰ 34]; *Plantation d'un calvaire ; Le Lundi ; Une couturière.* Les deux tableaux que Baudelaire a vus à Bruxelles dans la collection Crabbe n'ont pu être identifiés.

BRILLOUIN (Louis-Georges) [Saint-Jean-d'Angély, 1817 - Melle (Deux-Sèvres), 1893]. Élève de Drolling et de Cabat, il débute en 1843. 1845 : cinq dessins : *Un récit terrible, scène du XVI⁰ siècle ; Une partie décisive, scène du XVI⁰ siècle ; Le Tintoret donnant une leçon de dessin à sa fille ; Les Deux Zuccoti sous les plombs de Venise* (George Sand, *Les Maîtres mosaïstes*) *; Marino Faliero et Angiolina* (tragédie de Lord Byron). 1846 : cinq dessins : quatre d'après *A quoi rêvent les jeunes filles ; Le Titien et sa maîtresse.* Gautier, cette année-là, fait un rapprochement entre Brillouin, Curzon et Lehmud. En 1859, Brillouin expose quatre toiles, mais Baudelaire ne le mentionne pas.

BROWN (John Lewis) [Bordeaux, 1829 - Paris, 1890]. D'origine irlandaise, peintre, élève de Roqueplan et de Belloc, il se fit une spécialité des études de chevaux et de chiens, des scènes sportives et militaires. Il n'est pas cité dans l'ouvrage de J. Bailly-Herzberg sur les aquafortistes. Dans le *Carnet* (f. 28) Baudelaire se propose de donner de ses livres à Brown : au feuillet 70, il se recommande de lui écrire. Voir t. I, p. 1550.

BRUNE (Adolphe) [Paris, 1802 - Paris, 1880]. Élève de Gros, il expose depuis 1833, surtout des sujets religieux. Voir la note 1 de la page 369. N'expose pas d'avant de 1840 à 1844. 1845 : *Le Christ descendu de la croix* [ce tableau se trouvait avant 1878 dans l'église Notre-Dame-des-Blancs-Manteaux, d'où il a disparu). 1846 : *Caïn tuant son frère Abel* (musée de Troyes; K, pl. 63; *BSHAF*, 1969, p. 117, reprod.); *Portrait de Mme la vicomtesse de P...* 1859 : trois portraits; Baudelaire ne le mentionne pas. D. Kelley (p. 229) fait remarquer que Brune « avait été considéré comme le fondateur d'une nouvelle école néo-espagnole » et que « son apogée avait coïncidé avec l'ouverture de la galerie espagnole à Paris » (sur laquelle voir p. 352 et n. 2). « En 1846 sa renommée et son talent étaient en baisse. » L'« École franco-espagnole », comme on l'appela aussi, eut un autre chef, Jules Ziegler (ou Ziégler); voir Léon Rosenthal, *Du romantisme au réalisme, essai sur l'évolution de la peinture en France de 1830 à 1848;* H. Laurens, 1914, p. 244-248.

CABAT (Louis) [Paris, 1812 - Paris, 1893]. Élève de Flers et ami de Jules Dupré, il débuta au Salon de 1833 et se fit « une place importante dans l'école du paysage romantique de 1830 », obtenant « un succès populaire avec son *Étang de Ville-d'Avray* au Salon de 1834 » (K). 1846 : *Le Repos, vue prise sur les bords d'un fleuve* (Louvain, musée des Beaux-Arts; Exp. 1968, n⁰ 176; reprod. K, pl. 75; Castex, p. 125); *Un ruisseau à la Judie (Haute-Vienne)* [K, pl. 76, d'après *L'Illustration*]. Ces deux toiles montraient — note D. Kelley d'après les critiques — l'évolution du style de Cabat vers la sévérité du paysage de style, évolution qui n'empêcha pas Cabat de continuer à peindre selon sa première manière (il semble malheureusement impossible à D. Kelley de déterminer lequel des deux tableaux appartient à la nouvelle manière). Cette sévérité du style, qui fut trop facilement qualifiée d'académisme, résultat de la conversion de Cabat, sous l'influence de Lacordaire. On ne sait quelle toile Baudelaire vit à Bruxelles dans la collection Crabbe. Élu membre de l'Institut en 1867, Cabat fut directeur de l'Académie de France à Rome de 1878 à 1884. Dans les lettres à son frère, Vincent Van Gogh dit son admiration pour les deux toiles de Cabat qui se trouvaient au musée du Luxembourg.

CALAMATTA (Joséphine) [Paris, 1817 - ?, 1893], fille de l'helléniste Raoul Rochette, élève de Flandrin et femme du graveur Luigi Calamatta. 1845 : *Femme à sa toilette,* représentant dans une petite chambre « une jeune Grecque d'Asie Mineure au temps de Périclès » (Ferran citant *L'Illustration* du 26 avril); *Portrait du docteur M...* 1846 : *Sainte Cécile ; L'Homme entre la Religion et la Volupté ; Portrait d'homme.* D. Kelley note qu'« elle était connue pour la sévérité de son style et ses tendances préraphaélites ».

CATLIN (George) [Wilkes-Barre, Pennsylvanie, 1796 - Jersey City, New Jersey, 1872]. Voir page 1303 la note 1 de la page 446.

CHACATON (Jean-Nicolas-Henri de) [Chézy (Allier), 1813 - ?, après 1860]. Élève de Marilhat, Hersent et Ingres, il expose entre 1835 et 1857 surtout des paysages italiens et orientaux. 1845 : *Paysage ; Vue prise dans le Bourbonnais.* 1846 : *Départ d'une caravane, souvenir de Syrie ; Une ville de Syrie ; Le Platane d'Hippocrate dans l'île de Stanchio (ancienne Cès).*

CHENAVARD (Paul-Marc-Joseph) [Lyon, 1807 - Paris, 1895]. Entre à l'École des beaux-arts en 1825 et étudie dans les ateliers d'Ingres, d'Hersent et de Delacroix. N'expose pas en 1845. 1846 : *L'Enfer* (voir p. 478, n. 5). N'expose pas en 1859. Chenavard, influencé par la philosophie et la peinture allemandes, assigne à l'art une mission humanitaire et civilisatrice, ce qui lui vaudra d'être dénoncé par Baudelaire comme l'un des tenants de l'art philosophique ou lyonnais et de l'hérésie de l'enseignement dans l'art. Sous la deuxième République, il proposa de décorer le Panthéon d'une série de tableaux en grisaille représentant *La Palingénésie universelle,* c'est-à-dire l'histoire philosophique de l'Humanité. Ce projet fut suivi d'un commencement d'exécution, mais dut être abandonné lorsque, après le coup d'État de 1851, un décret rendit l'édifice au culte catholique. Il y a un autre Chenavard à la présence de qui Baudelaire était sensible, autant que l'était Delacroix : le causeur, prodigieux jouteur d'idées que l'on rencontrait au Divan Le Peletier (dès 1846), puis à la Brasserie Andler. Voir *CPl*, Index, et Joseph C. Sloane, *Paul-Marc-Joseph Chenavard Artist of 1848,* Chapel Hill, The University of North Carolina Press, [1962].

CHIFFLART (François-Nicolas) [Saint-Omer, 1825 - Paris, 1901]. Élève préféré de Léon Cogniet, il obtint le premier prix de Rome pour la peinture historique en 1851. 1859 : *Faust au sabbat* et *Faust au combat,* deux dessins dont le premier, dépôt du Petit Palais, est dans la salle du Conseil de l'hygiène de la Préfecture de police. J. Mayne, *Art in Paris,* pl. 45, reproduit une lithographie par A. Bahuet d'après ce dessin. En 1859, Chifflart expose aussi deux tableaux : *Le Passage des moutons dans les environs de Tivoli (États du pape)* et *Portrait de Mme C...* Membre de la Société des aquafortistes en 1862 et 1865 : l'éditeur, Cadart, était son beau-frère. Voir Pierre Georgel, « Le Romantisme des années 60 », *Revue de l'Art,* n° 20, 1973, et, avec la collaboration du même, le catalogue de l'exposition Chifflart au musée de l'hôtel Sandelin, Saint-Omer, 16 septembre-6 novembre 1972.

CLÉSINGER (Jean-Baptiste-Auguste) [Besançon, 1814 - Paris, 1883],
dont le nom parfois ne porte pas d'accent. Sculpteur et peintre,
élève de son père. 1845 : trois bustes, ceux du duc de Nemours
(Besançon, musée des Beaux-Arts ; Exp. 1968, n° 126) et de
Charles Weiss, bibliothécaire de Besançon et ancien ami de
Nodier, ainsi que celui de Mme Marie de M... En 1847, il expose
Femme piquée par un serpent et Buste de Mme ***, un moulage et
une sculpture qui représentent l'un et l'autre Mme Sabatier
(*ICO*, n° 132-135 ; *Album Baudelaire*, p. 94-95). 1859, trois
peintures : *Ève dans le Paradis terrestre est tentée pendant son sommeil ;
Isola Farnèse, campagne de Rome ; Castel Fusana, campagne de Rome ;*
et huit sculptures : *Zingara ; Sapho terminant son dernier chant ;
Jeunesse de Sapho* (statuette) ; *Tête de Christ* ; buste de *Charlotte
Corday,* buste d'une *Transtévérine ;* buste d'une *Napolitaine des
montagnes ; Taureau romain.* — Voir A. Estignard, *Clésinger, sa vie,
ses œuvres,* H. Floury, 1900.

COGNIET (Léon) [Paris, 1794 - Paris, 1880]. Élève de Guérin, il
expose depuis 1817 et obtient un grand succès au Salon de 1824
avec *Marius sur les ruines de Carthage*. 1843 : *Le Tintoret peignant
sa fille morte* (Bordeaux, musée des Beaux-Arts ; Exp. 1968, n° 154 ;
Castex, p. 103). 1845 : *Portrait de Mme L*[utteroth], le « très
beau portrait de femme » mentionné par Baudelaire, et *Portrait
de M. G*... 1846 : *Portrait de M. Granet* (Aix-en-Provence, musée
Granet ; Exp. 1968, n° 180 ; K, pl. 42).

CORNELIUS (Peter) [Düsseldorf, 1783 - Berlin, 1867]. Il est fort
proche d'Overbeck et des Nazaréens avec qui il a travaillé à
Rome. Ses fresques s'ordonnent en compositions monumentales.
À l'Exposition universelle de 1855, où Baudelaire put les voir,
il envoya un « choix de cartons pour les fresques des portiques
du cimetière royal (Campo Santo) en construction à côté du
Dôme, à Berlin ».

COROT (Jean-Baptiste-Camille) [Paris, 1796 - Ville-d'Avray, 1875].
Élève de Michallon et de Victor Bertin, il expose depuis 1827.
1845 : *Homère et les bergers, paysage,* d'après André Chénier,
L'Aveugle (musée de Saint-Lô ; Exp. 1968, n° 127 ; reprod.
Castex, p. 91) ; *Daphnis et Chloé, paysage* et *Un paysage.* 1846 : *Vue
prise dans la forêt de Fontainebleau* (Boston, Museum of Fine Arts ;
Exp. 1968, n° 181 ; reprod. dans J. Mayne, *Art in Paris,* pl. 18) ;
trois toiles avaient été refusées par le jury : deux *Sites d'Italie*
et une *Vue d'Ischia.* 1859 : sept peintures dont trois ont été
repérées : *Dante et Virgile* (Boston, Museum of Fine Arts ;
Exp. 1968, n° 472, reprod. p. 107) ; *Idylle* (musée de Lille ;
Exp. 1968, n° 473) ; *Paysage avec figures ou la Toilette* (Paris, collection de Mme D. David-Weill ; Exp. 1968, n° 474) ; *Macbeth,
paysage ; Souvenir du Limousin ; Tyrol italien ; Étude à Ville-
d'Avray.* À Bruxelles, dans la collection Crabbe, Baudelaire a vu
deux toiles de Corot : *Le Matin* et *Le Soir.* — Voir F. W. Leakey
« Baudelaire et Asselineau en 1851 : Asselineau critique de
Corot », ainsi que G. Gendreau et Cl. Pichois, « Baudelaire,
Lavieille, Asselineau », ces deux articles dans *Buba,* VIII, 2,
9 avril 1973, et le catalogue de l'*Hommage à Corot* (Orangerie
des Tuileries, 1975).

COURBET (Gustave) [Ornans, 1819 - La Tour-de-Peilz (Suisse),
1877]. Courbet n'expose pas ou ne peut pas exposer aux Salons
dont traite Baudelaire, à une exception près. 1843 : *Autoportrait*

au chien. 1844 : *Portrait de l'auteur.* 1845 : *Guitarero, jeune homme dans un paysage.* 1846, 1847, 1848 : n'expose pas. 1849 : *L'Après-dînée à Ornans.* Le portrait de Baudelaire (Montpellier, musée Fabre) dut être peint en 1847. En 1855 Courbet organise sa propre exposition. Son nom figure en 1862 et 1865 parmi ceux des membres de la Société des aquafortistes. Cependant, la mention du *Carnet* concerne, non pas l'auteur d'eaux-fortes originales, mais le peintre d'après qui ont été faites les eaux-fortes (*Le Retour de la foire* ; *Les Casseurs de pierres, La Curée*) ; voir J. Bailly-Herzberg (Index). Pour ses relations avec Baudelaire, voir *ICO*, nos 6-12 ; *Album Baudelaire, passim*, et ici p. 1373-1374.

COURT (*Joseph*-Désiré) [Rouen, 1797 - Paris, 1865]. Élève de Gros, prix de Rome en 1821. 1845 : trois portraits de femmes. 1846 : *Portrait de S. A. E. Mgr le cardinal prince de Croy, archevêque de Rouen, grand aumônier de France, etc., mort à Rouen le 1er janvier 1844 : peint d'après nature en 1843.*

COUTURE (Thomas) [Senlis, 1815 - Villiers-le-Bel, 1879]. Élève de Gros et de Delaroche, second prix de Rome en 1837, expose au Salon depuis 1840. 1845 : n'expose pas, n'ayant pas terminé à temps, « malgré toute sa verve et toute son audace », une *Orgie romaine* (A. Houssaye, *L'Artiste*, 16 mars, cité par Ferran, 31). 1846 : n'expose pas. 1847 : expose enfin *Les Romains de la décadence* (musée du Louvre ; *Le Musée du Luxembourg* en 1874, no 57) ; cette toile, mentionnée dans les Causeries du *Tintamarre* du 7 mars 1847 (p. 1022), vaut à Couture une médaille de 1re classe et le rend plus célèbre encore. Il l'était déjà par son enseignement. 1859 : n'expose pas. Ce que « Baudelaire appelle assez injustement peut-être l' " école Couture " [p. 453] » recherche « l'alliance d'une couleur décorative plutôt qu'expressive ou "réaliste" à une composition audacieuse et à un dessin clair et net » (K, 5).

CUMBERWORTH (Charles) [Verdun, 1811 - Paris, 1852]. Élève de Pradier, expose depuis 1833. 1845 : *Lesbie de Catulle pleurant sur le moineau*, statue en plâtre (le livret offre une traduction d'extraits de l'élégie *Sur la mort du passereau de Lesbie*). 1846 : *Marie*, statuette en bronze, dont le sujet est pris à *Paul et Virginie*.

CURZON (Alfred de) [Le Moulinet, près Poitiers, 1820 - Paris, 1895]. Élève de Drolling, dans l'atelier de qui il se lie avec Brillouin, puis de Cabat ; second prix de Rome en 1849, il expose depuis 1843. Il s'est rattaché à l'École de Metz. 1845 : *Les Houblons*, paysage (reprod. d'un fusain préparatoire, musée de Poitiers, dans *BSHAF*, 1969, p. 111), et un dessin, *Sérénade dans un bateau.* 1846 : *Vue des bords du Clain, près de Poitiers* (K, pl. 32) ; *Souvenir d'Auvergne* ; *Souvenir des rives de la Loire* ; *Paysage composé, effet du matin* ; *Le Brunelleschi enseignant la perspective au Masaccio*, dessin ; *Paolo Uccello*, dessin ; et cinq dessins tirés de *Maître Martin* d'Hoffmann (voir p. 462, n. 3). 1859 : *Psyché* ; *Le Tasse à Sorrente* ; deux toiles représentant des femmes du royaume de Naples et quatre paysages italiens. Baudelaire ne mentionne même pas Curzon. — Voir la biographie écrite par son fils, Henri de Curzon, *Alfred de Curzon, peintre (1820-1895), sa vie et son œuvre...*, H. Laurens, [1916].

DANTAN aîné (Antoine-Laurent) [Saint-Cloud, 1798 - Paris, 1878]. Élève de Bosio et de Brion. 1845 : n'expose pas. 1846 : *Saint*

Chriſtophe, ſtatue en pierre deſtinée à la façade de l'église Saint-Jacques-Saint-Chriſtophe de La Villette ; *Louis-Joseph de Bourbon, prince de Condé*, ſtatue en plâtre ; *Buſte du baron Mounier, pair de France*, marbre, commandé pour le palais du Luxembourg. 1859 : *Le Général Perrin Jonquière*, buſte en marbre, commandé pour le muſée du palais de Versailles ; *Picard*, auteur dramatique, buſte en marbre, pour la Comédie-Française. Baudelaire ne le mentionne jamais.

DANTAN jeune (Jean-Pierre) [Paris, 1800 - Bade, 1869]. Élève de Bosio, expose depuis 1827. 1845 : *Buſte de Soufflot* (commandé pour le muſée du palais de Versailles ; actuellement à l'École des beaux-arts de Strasbourg selon Exp. 1968, n° 128 ; au muſée de Besançon, selon *BSHAF*, 1969, p. 115) ; *Mme Fanny K...*, buſte en marbre ; *Le Docteur Jules Cloquet*, buſte en plâtre ; *Le Docteur Jobert de Lamballe*, buſte en plâtre ; *M. Onslow*, buſte en plâtre ; *M. G...*, buſte en plâtre. 1846 : cinq buſtes en marbre (un seul eſt accompagné, dans le livret, d'un nom complet : celui de Thomas Henry). 1859 : cinq buſtes en marbre dont celui de Rossini et celui du docteur Velpeau. Baudelaire ne le mentionne pas en 1859. Parallèlement à son œuvre « noble », Dantan jeune continue depuis 1826 la série de charges modelées d'après ses contemporains : c'eſt cette série qui l'a rendu célèbre en France et en Angleterre.

DAUBIGNY (Charles-François) [Paris, 1817 - Paris, 1878]. Reçut de son père les premiers éléments, voyagea en Italie à dix-sept ans, fut engagé par Granet à l'atelier de reſtauration du Louvre, entra en 1838 dans l'atelier de Delaroche et débuta au Salon cette année-là. N'expose ni en 1845, ni en 1846. 1859 : *Les Graves au bord de la mer à Villerville (Calvados)* [Marseille, muſée Cantini ; Exp. 1968, n° 475] ; *Les Bords de l'Oise* (Bordeaux, muſée des Beaux-Arts ; reprod. par J. Mayne, *Art in Paris*, pl. 50 ; Caſtex, p. 155 ; le livret indique que le tableau appartient à Nadar) ; *Soleil couchant ; Lever de lune ; Les Champs au printemps*. Fait de l'eau-forte très tôt, à partir de 1841 ; membre de la Société des aquafortiſtes en 1862 et 1865 : c'eſt à ce titre qu'il eſt cité au feuillet 37 du *Carnet* (t. I, p. 735). Peintre, il soutiendra le mouvement impressionniſte sans y prendre part.

DAUMIER (Honoré) [Marseille, 1808 - Valmondois, 1879]. Voir les notes sur *Quelques caricaturiſtes français*, p. 1354 sq. Baudelaire l'a connu très tôt : une note de Poulet-Malassis rapporte que Baudelaire l'a mené chez Daumier, quai d'Anjou, le 14 janvier 1852 (Jean Adhémar, *Honoré Daumier*, Pierre Tisné, [1954], p. 44-45). Mais leurs relations personnelles sont mal connues.

DAVID (Jacques-Louis-*Jules*) [Paris, 1829 - Ormoy-la-Rivière (Seine-et-Oise), 1886]. Voir p. 365, n. 2. Petit-fils du grand David. En 1859, il expose un dessin au fusain : *Portrait de Mlle J. D. ;* Baudelaire ne le mentionne pas.

DAVID D'ANGERS (Pierre-Jean) [Angers, 1788 - Paris, 1856]. Reçu les premiers éléments de son père, sculpteur sur bois, puis fut l'élève de Rolland à Paris. Deuxième prix de Rome en 1810, premier prix en 1811. Débute au Salon en 1817. Lié avec les poètes dits romantiques, il représente parmi eux le sculpteur romantique, comme Louis Boulanger était le peintre romantique. 1845 : *Étude d'enfant*, ſtatue en marbre dite *L'Enfant à la grappe* (voir p. 403, n. 1). 1846 : n'expose pas. David d'Angers est l'auteur du fronton du Panthéon, *La Patrie distribuant des couronnes aux génies*.

DEBON (Hippolyte) [Paris, 1807 - Paris, 1872]. Élève de Gros et d'Abel de Pujol, il expose depuis 1835. 1845 : *Bataille d'Hastings*, tableau acquis par l'État et envoyé au musée de Caen où il fut détruit par un incendie en 1905; la veuve de l'artiste fit don, pour le remplacer, de l'esquisse du tableau, montrée à l'exposition de 1968 (n⁰ 132). 1846 : *Henri VIII et François Ier. Épisode du Camp du drap d'or*, d'où caricature dans le *Salon caricatural* (p. 512); Le *Concert dans l'atelier* (K., pl. 10, d'après une gravure de L'*Illustration*). 1859 : *Sainte Geneviève, patronne de Paris* ; Baudelaire ne mentionne pas alors Debon.

DECAMPS (Alexandre-Gabriel) [Paris, 1803 - Fontainebleau, 1860]. Élève d'Abel de Pujol, il débute au Salon de 1827. 1834 : *La Défaite des Cimbres* (Louvre). 1839 : *Le Supplice des crochets* (Londres, Wallace Collection). 1845 : *Histoire de Samson*, neuf dessins (Exp. 1968, n⁰ˢ 133-137; reprod. du n⁰ 137). 1846 : *École de jeunes enfants ou salle d'asile (Asie Mineure)* [Amsterdam, Stedelijk Museum; Exp. 1968, n⁰ 187 et reprod.; Castex, p. 131]; *Retour du berger, effet de pluie* (Amsterdam, Stedelijk Museum; Exp. 1968, n⁰ 188; Castex, p. 133); *Souvenir de la Turquie d'Asie* (Chantilly, musée Condé; J. Mayne, *Art in Paris*, pl. 24; K, pl. 15); *Souvenir de la Turquie d'Asie, paysage* (Amsterdam, musée Fodor; J. Mayne, *Art in Paris*, pl. 23; K, pl. 16). 1859 : n'expose pas. On ne sait quelle(s) toile(s) Baudelaire vit à Bruxelles dans la collection Crabbe.

DEDREUX (Alfred), parfois De Dreux ou de Dreux [Paris, 1810 - Paris, 1860]. Fils d'un architecte et neveu du peintre Dedreux-Dorcy, élève de L. Cogniet, il expose à partir de 1831 surtout des scènes de chasse et des études de chevaux. 1845 : *Une châtelaine* ; *Le Déjeuner trop chaud* ; *Riche et pauvre* ; *Chien et chat*. En 1846, il revient à sa spécialité : *Chasse au vol sous Charles VII* (K., pl. 46); *Chasse à courre sous Louis XV*, moquée dans le *Salon caricatural* (p. 515); ces deux toiles ont été exécutées pour l'hôtel de la comtesse Le Hon aux Champs-Élysées; *Chasse anglaise* ; *La Douleur partagée* ; *Chiens courants*, deux études. 1859 : *Le Retour* ; *La Mort* ; Baudelaire ne le mentionne pas.

DELACROIX (Eugène) [Saint-Maurice, près Paris, 1799 - Paris, 1863]. Il est impossible de retracer ici sa biographie et de mentionner les reproductions très nombreuses de ses œuvres. Sur les rapports qu'il entretient avec le poète et critique, voir Armand Moss, *Baudelaire et Delacroix*, Nizet, 1973. 1845 : *La Madeleine dans le désert*, *Dernières paroles de l'empereur Marc Aurèle* ; *La Sibylle* ; *Muley-Abd-err-Rahmann, sultan de Maroc, sortant de son palais de Méquinez, entouré de sa garde et de ses principaux officiers* ; le jury avait refusé *L'Éducation de la Vierge*. 1846 : *Rébecca enlevée par les ordres du templier Boisguilbert, au milieu du sac du château de Front-de-Bœuf* (d'après *Ivanhoe*); *Les Adieux de Roméo et Juliette* ; *Marguerite à l'église* ; *Un lion,* aquarelle (l'identification ayant prêté à erreur, renvoyons à D. Kelley, p. 198 et pl. 3). 1859 : *La Montée au Calvaire, le Christ succombant sous la croix* ; *Le Christ descendu au tombeau* ; *Saint Sébastien* ; *Ovide en exil chez les Scythes* ; *Herminie et les bergers* ; *Rébecca enlevée par le templier, pendant le sac du château de Front-de-Bœuf* (reprise, très différente, du sujet traité en 1846); *Hamlet ; Les Bords du fleuve Sébou (royaume de Maroc)*[1]. Quelques dates : salon du roi à la Chambre des députés (1835 et 1847); Chambre des pairs (1846); plafond de la galerie d'Apollon au Louvre (1851); salon de la Paix à l'Hôtel de Ville (1854); première rétrospective des œuvres à l'Exposition universelle de 1855.

DELAROCHE (Paul) [Paris, 1797 - Paris, 1856]. Élève de Watelet, puis de Gros, il expose à partir de 1822. Le Salon de 1827 (*La Mort d'Élisabeth*) consacre sa réputation. Au Salon de 1831 il expose *Les Enfants d'Édouard*. Comme l'indique Baudelaire, Delaroche est le Casimir Delavigne de la peinture : poète et peintre ont fourni à la bourgeoisie, au juste-milieu les images rassurantes dont ils avaient besoin. Delaroche est aussi rapproché par Baudelaire d'Horace Vernet et de Meissonier, qui ne sont pas plus que lui inquiétants. On remarquera qu'à une seule exception près, Baudelaire, à Paris, ne cite pas les œuvres de Delaroche pour les commenter. Le nom de l'artiste n'intervient qu'à titre de symbole. À Bruxelles, dans la collection Crabbe, Baudelaire est indulgent, mais ne l'est-il pas pour tous les artistes représentés ? On ne sait d'ailleurs quels tableaux il a vus. Beaucoup d'artistes se sont formés ou déformés dans l'atelier de Delaroche, que fréquenta le grand ami de Baudelaire, Émile Deroy, lequel n'y laissa pas son talent.

DEVERIA (Achille) ou DEVÉRIA [Paris, 1800 - Paris, 1857]. Élève de Girodet, à la fois peintre, dessinateur, graveur et lithographe, il fut l'illustrateur des écrivains dits romantiques et la providence des éditeurs. 1845 : *Sainte Anne instruisant la Vierge* (cathédrale d'Alès). 1846 : *Repos de la Sainte Famille en Égypte ;* caricature dans le *Salon caricatural* (p. 513). C'est comme auteur de lithographies qu'il figure au *Carnet* ; voir le Répertoire du *Carnet*.

Consulter Maximilien Gauthier, *Achille et Eugène Devéria*, H. Floury, 1925. On y trouve, parmi de nombreuses autres reproductions, celles de sujets galants, lithographies auxquelles Baudelaire fait allusion dans *Le Peintre de la vie moderne* (p. 687).

DEVERIA (Eugène) ou DEVÉRIA [Paris, 1805 - Pau, 1865]. Frère du précédent, élève de Girodet, il connut, jeune, la gloire en exposant au Salon de 1827 la *Naissance de Henri IV*. Ce succès fut de brève durée. En 1844, la *Résurrection du Christ* provoqua une comparaison par Gautier (*La Presse*, 28 mars) qui mesurait la décadence du héros de la peinture romantique. 1845 : n'expose pas. 1846 : *Inauguration de la statue de Henri IV sur la place royale de Pau, présidée par S. A. R. Mgr le duc de Montpensier (25 août 1843)* [musée du palais de Versailles; K, pl. 9]. 1859 : *Mort du fils de la Sunamite; Une scène de la mort de l' « Henry VIII », de Shakespeare* (III, 1); *Halte de marchands espagnols dans une auberge à Pau*.

1. Le catalogue de l'exposition Baudelaire de 1968 et les ouvrages de Maurice Sérullaz sur Delacroix donnent toutes les informations nécessaires sur la localisation de ces tableaux célèbres. On consultera aussi *Tout l'œuvre peint de Delacroix*, introduction par Pierre Georgel, documentation par Luigina Rosso Bortolatto, Flammarion, [1975]. Il faut ajouter que la *Madeleine*, tableau peint en 1843, a été présentée en juin-juillet 1974 à la galerie Daber (Paris), lors de l'exposition *La Joie de vivre*, sous le titre *Tête de Madeleine*. *La Sibylle* appartient aussi à une collection particulière.

DIAZ DE LA PEÑA (Narcisse-Virgile) [Bordeaux, 1808 - Menton, 1876]. Comme bien d'autres artistes de cette époque, Diaz fit ses débuts dans une fabrique de porcelaine; il exposa à partir de 1831. Ses spécialités sont les sujets orientaux, les « décamérons », les allégories et les paysages. Cependant, en 1845, il expose trois portraits. 1846 : *Les Délaissées ; Jardin des amours* (appartient au duc de Montpensier); *Intérieur de forêt* (K, pl. 18); *Une magicienne ; Léda ; Orientale* (K, pl. 19); *L'Abandon ; La Sagesse.* 1859 : *Galathée ; L'Éducation de l'Amour ; Vénus et Adonis ; L'Amour puni ; N'entrez pas ; La Fée aux joujoux ; La Mare aux vipères,* paysage; deux portraits. Dans la collection Crabbe, Diaz était représenté par *La Meute sous bois.* « Sa réputation, énorme dans les années quarante, est quelque peu tombée aujourd'hui, et le jugement de la postérité correspond plutôt à celui de Baudelaire qu'à celui de ses contemporains — bien qu'on le considère parfois comme ayant eu une influence importante sur des peintres tels que Monticelli, Renoir et Fantin-Latour » (K, p. 206).

DUBUFE père (Claude-Marie) [Paris, 1790 - La Celle-Saint-Cloud, 1864]. Élève de David, il débuta au Salon de 1810 et devint le portraitiste attitré de l'aristocratie et de la grande bourgeoisie. 1845 : portraits d'une comtesse, d'une marquise, d'un duc et de Miss J... Baudelaire est plus indulgent que d'autres critiques. 1846 : deux portraits. 1859 : *La Naissance de Vénus ; Jeune femme grecque sortant du bain ;* trois autres œuvres dont une étude montrant une jeune Granvillaise à la pêche. Baudelaire ne le mentionne pas à cette date.

DUBUFE fils (Édouard) [Paris, 1820 - Paris ou Versailles, 1883]. Élève de son père, puis de Delaroche. Débuta au Salon de 1839. 1845 : *Sermon de Jésus-Christ sur la montagne ; Entrée de Jésus-Christ dans Jésusalem ; Jésus-Christ au mont des Oliviers ; Portrait de M. Gayrard,* le sculpteur (voir p. 488). Baudelaire ne le mentionnera plus, bien que Dubufe fils ait continué imperturbablement sa carrière, abandonnant la peinture religieuse pour le portrait, genre dans lequel sa réputation ne tarda pas à balancer celle de son père. En 1846, à côté d'une *Multiplication des pains,* il expose le portrait de son père, celui de Mme Jules Janin et celui de Mme Gayrard.

DUVAL-LE CAMUS (Jules) [Paris, 1814 - Paris, 1878], fils du suivant. Élève de Delaroche et de Drolling, second prix de Rome en 1838, il expose à partir de 1844. 1845 : outre le tableau dont l'imitation est dénoncée par Baudelaire, il présente *L'Improvisateur.* Il expose de 1846 à 1867, atteignant sa pleine réputation au Salon de 1859 avec *Jésus au mont des Oliviers,* un portrait et surtout *Poste avancé de routiers,* qui lui vaut la Légion d'honneur : Baudelaire est muet. Duval-Le Camus fils fabrique la peinture de consommation demandée par ses contemporains : voir *Le Musée du Luxembourg en 1874,* n° 74. Le nom est écrit de différentes manières : Duval-Lecamus, Duval Lecamus, Duval Le Camus, Duval-Le-Camus, Duval-Le Camus. La première graphie est celle de l'acte de naissance de Jules (5 août 1814) : celui-ci est le fils de Pierre Duval et de son épouse Aglaé-Virginie Lecamus. Pierre Duval avait donc joint le nom de son épouse au sien pour n'être pas confondu avec les innombrables Duval. Il signe ses toiles : Duval L. C.

DUVAL-LE CAMUS père (Pierre) [Lisieux, 1790 - Saint-Cloud, 1854], père du précédent. Élève de David, il expose depuis 1819 des portraits, des paysages et des scènes de genre. 1845 : *La Correction maternelle ; Un pifferari* [sic] *donnant une leçon à son fils* (acquis par Louis-Philippe ; déposé par le Louvre à la Chambre des députés ; *BSHAF*, 1969, p. 112) ; *L'Heureuse Mère ; Jeune femme à la fontaine* et deux portraits. Baudelaire ne le mentionnera plus, bien que Duval-Le Camus continue à exposer, notamment en 1846.

FEUCHÈRE (Jean-Jacques), [Paris, 1807 - Paris, 1852]. Élève de Cortot et de Ramey (sculpteur qui était des amis de François Baudelaire), il exposa de 1831 à 1852. 1845 : *Jeanne d'Arc sur le bûcher,* reproduction en marbre de la statue en plâtre exposée en 1835 ; *Buste de M. Mélingue.* 1846 : *Buste de M. Provost, de la Comédie-Française* (musée de la Comédie-Française ; Exp. 1968, n° 190 ; K, pl. 93). Sur les relations de Feuchère avec Baudelaire, voir p. 404, n. 2.

La collection personnelle de Feuchère a été vendue à Paris les 8-10 mars 1853. Le catalogue est préfacé par Jules Janin qui évoque avec émotion les autres artistes morts prématurément. Feuchère possédait, entre autres, une étude de Boissard, un tableau et une étude de Bonvin, une peinture de Daumier, plusieurs figures de femmes par Tassaert sur une toile, — tous artistes que Baudelaire a fréquentés.

FLANDRIN (Jean-*Hippolyte*) [Lyon, 1809 - Rome, 1864]. Élève de maîtres lyonnais (Révoil), puis d'Ingres, premier prix de Rome en 1832, il débute au Salon de 1836. Il décora des églises, en particulier Saint-Germain-des-Prés (1846-1848 et 1856-1861). 1845 : *Mater dolorosa* et trois portraits, en particulier celui de Chaix d'Est-Ange, futur procureur général. 1846 : quatre portraits de femmes ou plutôt de dames ; l'un a été exposé en 1968 (n° 191 ; Castex, p. 117 ; voir aussi *BSHAF*, 1969, p. 116). Membre de l'Institut en 1853. 1859 : trois portraits.

FLANDRIN (Jean-*Paul*) [Lyon, 1811 - Paris, 1902]. Frère et clair de lune du précédent, élève de maîtres lyonnais, puis élève d'Ingres, expose à partir de 1839. 1845 : *Campagne de Rome, bords du Tibre ; Les Rochers ;* deux *Paysages* et le portrait d'un lieutenant d'artillerie. 1846 : *Paysage, un ruisseau ; Bords du Rhône, environs d'Avignon ; Portrait d'homme.* 1859 : deux paysages marseillais ; un paysage du Tréport ; d'autres paysages ; *Le Héron* (La Fontaine) ; *Le Ruisseau ;* huit portraits, dont cinq dessins. Baudelaire ne le mentionne pas à cette date.

FLERS (Camille) [Paris, 1802 - Annet-sur-Marne (Seine-et-Marne), 1868]. Élève de Pâris, il joua un rôle important dans l'évolution du paysage vers le réalisme. Il débuta au Salon de 1831 avec une *Cascade de Pissevache.* 1845 : *Environs de Dole* et *Environs de Beauvais ;* plus quatre pastels. 1846 : *Vue prise à Garches* et *Vue prise à Trouville,* deux des treize pastels qu'il avait envoyés, les onze autres ayant été refusés par le jury. 1859 : *Vue prise à Saint-Denis ; Saules sur la Beuvronne (Seine-et-Marne) ; Prairie à Aumale (Normandie) ; Moulin de Coillour (Aumale) ; Moisson à Fresnes (Seine-et-Marne).* Baudelaire ne le mentionne pas à cette date.

FRANÇAIS (François-Louis) [Plombières, 1814 - Paris, 1897]. Commis de librairie, puis dessinateur de vignettes pour éditions de luxe, il entre en 1834 dans l'atelier de Gigoux et reçoit aussi les conseils de Corot. Expose à partir de 1837. 1845 : *Vue prise à Bougival* (musée du Mans); *Le Soir*. 1846 : *Les Nymphes* (« Heureux étrangers, dit-elle, qui avez pu parvenir en ce séjour si beau et si délicieux... »; *Jérusalem délivrée*) [K, pl. 80]; *Soleil couchant*, peint à Rome en 1845 (Montpellier, musée Fabre; Exp. 1968, n° 192; K, pl. 81; Castex, p. 127); *Saint-Cloud, étude* (voir *BSHAF*, 1969, p. 117-118). 1859 : *Les Hêtres de la côte de Grâce, près d'Honfleur, effet d'automne ; Soleil couchant, près d'Honfleur* (Bordeaux, musée des Beaux-Arts; *Les Bords du Gapeau, près d'Hyères ;* un médaillon d'un éventail peint en collaboration (voir BARON). « Son œuvre est presque exclusivement composée de paysages lumineux d'une grande fraîcheur » (G. Lacambre, *Le Musée du Luxembourg en 1874*). Voir [Aimé Gros], *François-Louis Français. Causerie et souvenirs par un de ses élèves* Paris, Librairies-Imprimeries réunies, 1902.

GAUTIER (Marie-Louise-*Eugénie*) [Paris, 1813; décédée après 1875]. Élève de Belloc, elle expose de 1834 à 1869. 1844 : deux portraits, d'une dame et d'une demoiselle. 1845 : portrait d'une demoiselle. 1846 : deux portraits, d'un monsieur et d'une demoiselle. N'expose pas en 1859. L'intérêt porté par Baudelaire à cette artiste est quelque peu insolite : A. Ferran et D. Kelley remarquent que les critiques sont presque tous muets à son sujet.

GAVARNI (Guillaume-Sulpice Chevalier, dit) [Paris, 1804 - Paris, 1866]. Voir les notes relatives aux pages 559-560.

GIGOUX (Jean-François) [Besançon, 1806 - Besançon, 1894]. Étudie dans sa ville natale, puis aux Beaux-Arts; expose depuis 1831. 1833 : *Le Comte de Comminges reconnu par sa maîtresse*. 1835 : *Les Derniers Moments de Léonard de Vinci* (musée de Besançon). 1845 : *Mort du duc d'Alençon à la bataille d'Azincourt ; Mort de Manon Lescaut*. 1846 : *Le Mariage de la Sainte Vierge*. 1859 : *Une arrestation sous la Terreur*. Baudelaire ne le mentionne pas à cette date. Gigoux est un des meilleurs représentants de la peinture de consommation de son époque.

GLAIZE (Auguste-Barthélemy) [Montpellier, 1807 - Paris, 1893]. Élève d'Eugène et d'Achille Devéria, ce qui le marque du signe romantique, il expose à partir de 1836. 1845 : *La Conversion de la Madeleine ; Acis et Galathée ; Consuelo et Anzoletto*. 1846 : *L'Étoile de Bethléem* (Matthieu, II, 9); *Le Sang de Vénus* (citation de Dumoustier, *Lettres sur la mythologie*, XXXIV : « les roses blanches se colorent du sang de la déesse »; Montpellier, musée Fabre; Exp. 1968, n° 193, reprod. p. 47; Castex, p. 123). 1859 : *Allocution de S. M. l'Empereur à la distribution des aigles, le 10 mai 1852* (commandé pour le musée du palais de Versailles); *Portrait de M. Louis Figuier*. Baudelaire ne le mentionne pas à cette date.

GRANET (François-Marius) [Aix-en-Provence, 1775 - Aix-en-Provence, 1849]. Élève de J.-A. Constantin à Aix, puis de David, il expose depuis 1799 des sujets historiques, particulièrement médiévaux. 1845 : *Chapitre de l'ordre du Temple tenu à Paris sous le magistère de Robert de Bourguignon en 1147* (musée du Palais de Versailles; reprod. par Castex, p. 95), loué par les critiques conservateurs et le davidien Delécluze. 1846 : *Interrogatoire de Girolamo Savonarola* (Lyon, musée des Beaux-Arts, reprod. par J. Mayne, *Art in Paris*, pl. 27; par D. Kelley, pl. 44); *Célébration de la messe à l'autel de Notre-Dame de Bon-Secours* (Nice, musée Chéret; reprod., K, pl. 45; cf. le *Salon caricatural*, p. 504 et 1330); *Saint François renonçant aux pompes du monde; La Confession; Une religieuse instruisant des jeunes filles ; Saint Luc peignant la Vierge ; Un moine peignant ; Un religieux livré à l'étude.* Aix-en-Provence a un musée Granet. Voir Emile Ripert, *François-Marius Granet (1775-1849), peintre d'Aix et d'Assise*, Plon, 1937.

GUIGNET (Jean-Baptiste), [Autun, 1810 - Viriville (Isère) 1857]. Élève de Regnault, il expose depuis 1831. À partir de 1837 se spécialise dans le portrait. 1845 : *Jésus-Christ laissant venir à lui les petits enfants ; Une jeune mère.* 1846 : onze portraits, dont celui de M. Mater, premier président de la Cour royale de Bourges, celui de M. Billault, député (qui sera ministre de l'Intérieur au moment de la publication des *Fleurs*), celui de M. Cumberworth (le sculpteur; voir à ce nom), celui de M. Garnier, membre de l'Institut. Au Salon de 1859 est présentée une petite rétrospective de ses œuvres : cinq portraits, dont ceux du sculpteur Pradier, de Soulé, fils de l'ambassadeur des États-Unis, et celui de l'auteur, et une esquisse au fusain, *L'Opinion publique.* Baudelaire ne le mentionne pas à cette date.

GUIGNET (Jean-*Adrien*) [Annecy, 1816 - Paris, 1854]. Élève de son frère Jean-Baptiste et de Blondel, il expose de 1840 à 1848 tableaux d'histoire et paysages. 1845 : *Joseph expliquant les songes du pharaon* (musée de Rouen; Exp. 1968, n° 145; Castex, p. 87). 1846 : *Xerxès* (pleurant sur son armée); *Condottières après le pillage* (K, pl. 62); le premier tableau est dans la manière de Decamps, le second dans la manière de Salvator Rosa. Bibliographie dans D. Kelley, p. 229.

GUILLEMIN (Alexandre-Marie) [Paris, 1817 - Bois-le-Roi (Seine-et-Marne), 1880]. Élève de Gros, peintre de scènes de genre et d'anecdotes, expose depuis 1840. 1845 : *La Sainte Famille ; Après l'émigration ; Le Marchand d'images ; L'Amour à la ville ; Le Dernier Blanc.* 1846 : *Le Convoi ; La Lecture ; La Mauvaise Nouvelle ; L'Art au régiment ; Les Amateurs ;* un portrait. *L'Art au régiment* est ainsi décrit dans le catalogue de la vente Delessert, 1869 : « Un jeune soldat de ligne, installé dans une chambre de caserne, fait le portrait d'un sapeur qui se détire et bâille au mieux; un autre soldat, assis sur le lit, regarde peindre son camarade. » *Les Amateurs* (même vente) : « Deux amateurs regardent attentivement un tableau placé sur une table où sont des livres et des objets d'art » (K, 210). 1859 : *Le Galant Béarnais ; Les Bleus passent !... La Bretagne en 1793.* Baudelaire ne le mentionne pas à cette date.

HADEN (Sir Francis Seymour) [Londres, 1818 - Aylesford (Hampshire), 1910]. Chirurgien, beau-frère de Whistler, il se mit à graver à l'âge de quarante ans. Membre de la Société des aquafortistes en 1862 et 1865. — Voir J. Bailly-Herzberg, Index.

HAFFNER (Félix) [Strasbourg, 1818 - Mesnil-Amelot (Seine-et-Marne), 1875]. Selon D. Kelley, il a commencé ses études en Allemagne; il se déclare en 1859 élève de M. Sandmann. En 1844 débute par un portrait de femme. 1845 : *Marais près de Dax ; Brauerey (brasserie) aux environs de Munich ; Portrait de Mme de V...*, dont Thoré fait l'éloge. 1846 : *Intérieur de ville (Fontarabie)* (K, pl. 27); *Chaudronniers catalans ; Intérieur de ferme (Landes).*

1859 : *Le Coup double ; Pluie et bon temps ; La Pêche, panneau décoratif*. Baudelaire ne le mentionne pas à cette date. Voir le *Carnet*, t. I, p. 716 et 1562. Consulter la notice d'Édouard Sitzmann, dans le *Dictionnaire des biographies des hommes célèbres de l'Alsace*, Rixheim, Sutter, 1909-1910, t. I, p. 685-686.

Haussoullier (Guillaume, dit William) [Paris, 1818 - Paris, 1891]. Élève de Paul Delaroche, mais plus influencé par Ingres, il débute au Salon de 1838. 1845 : *La Fontaine de Jouvence* (voir p. 358, n. 2). C'est la seule œuvre d'Haussoullier dont traite Baudelaire bien que l'artiste, qui n'expose pas en 1846, expose en 1859, outre trois dessins (portraits), deux peintures qui auraient pu retenir l'attention du poète : *Vallée du Mont-Saint-Jean, près d'Honfleur ; Chemin dans la forêt de Toucques près de* [sic] *Honfleur*. C'est à Honfleur que fut écrit le *Salon de 1859*, après, il est vrai, une visite très rapide au Salon, mais au vu du livret. Faudrait-il donc croire que Baudelaire se repentait d'avoir loué Haussoullier en 1845 et d'avoir rappelé son éloge en 1846 ? Si peu connu que soit Haussoullier, à l'exception du tableau auquel la gloire de Baudelaire fit un sort mérité, il convient de remarquer que ce préraphaélite français avait la confiance de Barbey d'Aurevilly et des amis de celui-ci. Barbey était en relation avec les parents d'Haussoullier, comme il appert d'une lettre écrite de Passy et adressée au Mont-Saint-Jean, par Honfleur, le 17 juillet 1844. De son côté, Eugénie de Guérin écrivait dans son journal à la date du 3 septembre 1841, pensant à un tableau (sujet : les teintes de la vie) que pourrait peindre « M. William, l'artiste idéal », qu'elle lui croit « beaucoup de rêverie dans l'âme, et l'amour passionné du beau, une nature tendre, ardente, élevée, qui présage l'homme de marque ». Elle regrette que « M. William » n'ait pas connu Maurice de Guérin et qu'il n'ait pas fait le portrait de celui-ci : « Nous y perdons trop. Quelle ressemblance ! comme ce beau talent eût saisi cette belle tête ! » (*Reliquiæ*, 1855; repris dans Eugénie de Guérin, *Journal et lettres publiés avec l'assentiment de sa famille* par G. S. Trebutien, Didier, 1862, p. 441). C'est en faisant écho aux *Reliquiæ* de 1855 que Barbey écrit à Trebutien le 2 avril 1855 : « Il [William] aimait Chénier. Il adora Guérin. C'était un esprit élevé, mais sans étendue. Il avait le sentiment de la poésie. C'était une belle lyre, mais qui n'avait qu'une corde. Guérin tapa sur cette corde-là, qui était fort raide, comme on frappe sur sept ! En tant que peintre Haussoulier [sic] était de dessin, de ligne, de précision, de fierté correcte et pure, un artiste digne de son maître, mais il n'avait pas le grand don, le coloris, le génie du peintre. Il faisait aboyer, piauler et hurler la couleur. Certainement, s'il l'avait vu seulement une fois, Haussoulier nous aurait donné de Guérin quelque beau portrait à la manière noire, et quelle bonne aubaine pour mettre à la tête de ses Œuvres ! » (*Lettres à Trebutien*, Typographie François Bernouard, [1927], t. III, p. 231-232). Haussoullier avait fait un portrait de Barbey au fusain, apprend-on par la même lettre. En 1855, Barbey se hâte un peu trop d'enterrer Haussoullier, il est facile de le constater. Mais, de fait, l'artiste peint de moins en moins et grave de plus en plus.

Huet (Paul) [Paris, 1804 - Paris, 1869]. Élève de Guérin et de Gros, il fut le plus illustre représentant du paysage romantique. Il expose à partir de 1827. En 1845 deux de ses trois envois ont été refusés. Il n'expose que *Vieux château sur des rochers*. N'expose pas en 1846. 1859 : quinze paysages dont huit compositions destinées au salon de M. Lenormand à Vire (collection Perret-Carnot, Neuilly-sur-Seine). Voir Ernest Chesneau, *Peintres et statuaires romantiques*, Charavay, 1880; René-Paul Huet, *Paul Huet*, Laurens, 1911; Maurice-Pierre Boyé, *La Mêlée romantique*, Julliard, [1946].

INGRES (Jean-Auguste-Dominique) [Montauban, 1780 - Paris, 1867]. Il est impossible de retracer ici sa biographie et de mentionner les reproductions très nombreuses de ses œuvres. Aucun rapport personnel à signaler avec Baudelaire. Le peintre n'exposait plus au Salon depuis 1835. Baudelaire a vu des œuvres d'Ingres réunies au Musée classique du Bazar Bonne-Nouvelle, en 1846, et à l'Exposition universelle de 1855. Les notes de la section Critique d'art identifient les toiles mentionnées par Baudelaire. Sur l'attitude de celui-ci à propos de l'école d'Ingres, voir l'étude de Daniel Ternois citée p. 1259.

JACQUAND (Claudius) [Lyon, 1805 - Paris, 1878]. Élève de Fleury Richard et de l'École de Lyon, ainsi qu'il le fait indiquer dans les livrets des Salons. Expose à partir de 1824, et se spécialise dans la peinture historique à partir de 1831. 1845 : *Charles Ier au château de Holdenby; Charles II quitte l'Angleterre en 1651; Conseil des ministres aux Tuileries le 15 août 1842* (musée du Palais de Versailles); *Le Droit de haute et basse justice au XVe siècle.* Thoré lui reproche aussi d'imiter servilement Delaroche, « tel Campistron, Racine » (Ferran, 256). Expose quatre tableaux en 1846 et deux en 1859 (*Pérugin peignant chez des moines, à Pérouse; Guillaume Ier dit le « Taciturne », stathouder des Pays-Bas, vendant ses bijoux*). Mais Baudelaire ne le mentionne plus que dans une note de *L'Art philosophique* (p. 607).

JACQUE (*Charles*-Émile) [Paris, 1813 - Paris, 1894]. Expose à partir de 1845. Graveur, il fut aussi peintre de scènes agrestes et familières et travailla à Barbizon. 1845 : *Portrait et sujet*, eau-forte. N'expose pas en 1859. Il est probable que le paragraphe final de *Quelques caricaturistes français* à lui consacré fut ajouté lors de la publication de cet article. On ne sait quel tableau Baudelaire admira dans la collection Crabbe à Bruxelles. Dans *L'Union des arts* du 21 janvier 1865, Albert de La Fizelière insère un article sur les eaux-fortes de Ch. Jacque, qui va publier chez Cadart et Luquet des cahiers d'essais et d'esquisses à l'eau-forte. Le musée du Petit Palais conserve un portrait de Ch. Jacque par Philippe-Auguste Jeanron (1808-1877).

JACQUEMART (Jules-*Ferdinand*) [Paris, 1837 - Nice, 1880]. Fils d'un historien de la porcelaine, il fit des eaux-fortes d'après des tableaux de Rembrandt, Franz Hals, Meissonier et grava des planches pour les ouvrages de son père. Membre de la Société des aquafortistes en 1862 et 1865. Ph. Burty loue son « adresse sans rivale dans l'art de la morsure » : Jacquemart a ainsi « donné à des objets inanimés une vie latente en les baignant de lumière » (*Gazette des beaux-arts*, juillet 1865). — Voir J. Bailly-Herzberg, II, 119-120.

JANMOT (Louis) [Lyon, 1814 - Lyon, 1892]. Élève d'Orsel et de Bonnefond à Lyon, d'Ingres à Paris, il expose à partir de 1840.

Baudelaire le considère comme un des représentants majeurs de l'Art philosophique. On est maintenant tenté de voir en lui l'expression française de l'école nazaréenne allemande et de l'école préraphaélite anglaise. 1845 : *Assomption de la Vierge.* Partie supérieure : la Sainte Vierge est entourée d'anges, dont les deux principaux représentent la Chasteté et l'Harmonie. Partie inférieure : Réhabilitation de la femme; un ange brise ses chaînes. Ce tableau appartient au musée d'Art et d'Industrie de Saint-Étienne. En 1845, Janmot expose aussi *Fleur des champs* (Lyon, musée des Beaux-Arts; reprod. par J. Mayne, *Art in Paris*, pl. 1) et deux portraits. 1846 : *Le Christ portant sa croix ; La Sainte Vierge, l'Étoile du matin ; Portrait de M. Janmot.* 1859 : *Les Saintes Femmes au tombeau ; « Ecce ancilla Domini » ;* un portrait de dame; *La Cène,* dessin; *La Vierge et l'Enfant-Jésus,* dessin. *Le Poème de l'Âme* est une composition ambitieuse, digne pendant de l'*Histoire de l'Humanité* de Chenavard. Janmot la commença en 1846 ou 1847, éclairant plus tard d'un texte en vers le symbolisme des différentes images de cette histoire de l'Âme qui devait être réalisée en trente-quatre tableaux. Dix-huit seulement furent achevés et exposés à Lyon, puis à Paris en 1854 et 1855. Une suite photographique sera publiée en 1881 avec quatre mille vers; nouvelle édition par René Jullian en 1950. En 1956, les héritiers de Janmot donnèrent *Le Poème de l'Âme* à la Ville de Lyon (Exp. 1968, n° 508; K, p. 213-214).

JONGKIND (Johan Barthold) [Latrop, Pays-Bas, 1819 - La Côte-Saint-André, 1891]. Élève d'Eugène Isabey, il expose depuis le milieu du siècle (en 1859, un *Paysage hollandais,* effet de soleil couchant). C'est au graveur que s'intéresse Baudelaire : Jongkind est membre de la Société des aquafortistes en 1862 et 1865. Sur les vingt eaux-fortes cataloguées par Delteil, Cadart fut l'éditeur ou le dépositaire de dix-sept. Leur collaboration commence avec le *Cahier des six eaux-fortes* précédé d'un titre : *Vues de Hollande.* La collection Claude Roger-Marx en contient un exemplaire avec dédicace manuscrite à Baudelaire (Exp. 1968, n° 526). En 1864-1865, Baudelaire possédait un Jongkind (*CPI,* II, 430). Il avait rendu visite au graveur, qui habitait 9, rue de Chevreuse à Montparnasse, le 14 novembre 1862 (*LAB,* 198). Voir J. Bailly-Herzberg, t. II, p. 121-123.

JOYANT (Jules-Romain) [Paris, 1803 - Paris, 1854]. Élève de Bidault, de Guillon Lethière et de l'architecte Huyot, il expose depuis 1835. Paysagiste, peintre de sites vénitiens, il avait été surnommé le Canaletto français. 1845 : *Vue de l'ancien palais des Papes à Avignon* (Toulouse, musée des Augustins); *Scuola di San Marco.* 1846 : *Le Pont Saint-Bénézet à Avignon* (K, pl. 82); *L'Église Saint-Gervais et Saint-Protais à Venise ; L'Hôpital des mendiants à Venise ; L'Église de l'ange Raphaël sur le canal à la Giudecca à Venise.* Voir J.-R. Joyant, *Lettres et tableaux d'Italie,* publiés par Édouard Joyant, petit-neveu du peintre, H. Laurens, 1936.

KAULBACH (Wilhelm von) [Arolsen (Hesse), 1805 - Munich, 1874]. Élève et ami de Peter Cornelius, il affectionne comme lui les grandes compositions symboliques. Avant 1855, Baudelaire a surtout dû voir à Paris des gravures faites d'après ces compositions. À l'Exposition universelle de 1855, Kaulbach, directeur de l'Académie de Munich, expose : *La Tour de Babel ; La Légende ; L'Histoire ; Moïse ; Solon,* et quatre éléments décoratifs peints en grisaille; avec cette indication : « Cartons d'une partie des peintures à fresque exécutées par lui dans le nouveau musée de Berlin. » À Bruxelles, lors de l'exposition organisée place du Trône, Kaulbach avait envoyé une grande frise sur la Réforme.

KIORBOË (Carl Fredrik), ou KIÖRBÖE, ou KIORBOÉ [Kristiansfeld (Schleswig), 1799 - Dijon, 1876]. Son nom connaît plusieurs graphies : il est imprimé Kiorboe dans le *Salon de 1846* de Baudelaire, Kiorboé dans le livret du Salon de 1859. Élève de Henning en Suède, il s'établit en France et exposa entre 1841 et 1874. 1845 : *Hallali au loup ; Chasse au daim ; Chasse au chevreuil.* 1846 : *Un renard au piège trouvé par des chiens de bergers ; Hallali au cerf ; Taureau et autres animaux, paysage.* 1859 : *Portrait de chiens ; Griffons des Pyrénées.* Baudelaire ne le mentionne pas à cette date.

LAMI (Eugène) [Paris, 1800 - Paris, 1890]. Élève d'Horace Vernet, puis de Gros, il expose depuis 1824. Il peignit une série de tableaux pour le musée du palais de Versailles et fut le peintre officiel d'un nombre considérable d'événements importants. Mais c'est à ses aquarelles, qui représentent des aspects moins officiels de la vie sous la monarchie de Juillet, que Lami doit sa réputation, (K, 244) et c'est à ce titre que Baudelaire l'aurait compris dans ses *Peintres de mœurs.* 1845 : n'expose pas. 1846 : *La Reine Victoria dans le salon de famille, au château d'Eu, le 3 septembre 1843* (un des cinq tableaux commandés à Lami pour commémorer la visite de la reine Victoria; celui-ci est à Versailles; K, pl. 100); *Le Grand Bal masqué de l'Opéra,* aquarelle. 1859 : vingt aquarelles destinées à illustrer les œuvres de Musset; *Un bal d'Opéra,* aquarelle; collaboration, à un médaillon, à un éventail (voir BARON). Voir Paul-André Lemoisne, *Eugène Lami, 1800-1890,* Manzi, Joyant et Cie, 1912. P.-A. Lemoisne a également dressé le catalogue de l'œuvre de Lami (Champion, 1914).

LAVIEILLE (Eugène) [Paris, 1820 - Paris, 1889]. Élève de Corot, il travailla souvent dans la région de Barbizon. Il était l'ami intime d'Asselineau, qu'il tutoyait, et par lui connut Baudelaire, qui, durant les années 1859-1861, le recommande à des directeurs de revue (*CPl,* 1, 648). 1845 : *Vue prise à Radepont dans la vallée de l'Andelle (Eure).* N'expose pas en 1846. 1859 : *Un soir aux étangs de Bourcq (Aisne) ; L'Étang et la ferme de Bourcq, lisière de la forêt de Villers-Cotterêts (Aisne) ; Le Hameau de Buchez, route de La Ferté-Milon à Longpont (Aisne)* — qui est sans doute le tableau loué par Baudelaire; *Les Ruines du château de La Ferté-Milon (Aisne) ; À Précy-à-Mont (Oise).* Galerie Martinet, fin 1861-début 1862 : *L'Inondation de Saint-Ouen en 1861.* Voir G. Gendreau et Cl. Pichois, « Baudelaire, Lavieille, Asselineau », *Buba,* VIII, 2; 9 avril 1973. — Eugène Lavieille avait un frère, Adrien, né en 1818, graveur sur bois, mort en 1862.

LEGROS (Alphonse) [Dijon, 1837 - Watford, près Londres, 1911]. Élève de Lecoq de Boisbaudran, il débute au Salon de 1857. En 1859, il n'expose qu'une toile : *L'Angélus (CPl,* I, 578). En 1860, il peint *L'Ex-voto* (exposé au Salon de 1861; Dijon, musée des Beaux-Arts; Exp. 1968, n° 528); en 1861, *La Vocation de saint François* (musée d'Alençon, donné par l'artiste; Exp. 1968, n° 529) : ces deux toiles figurèrent en 1862 à la Galerie Martinet.

En 1862, Legros peignit une réplique du portrait du poète par Courbet. La même année il appartenait déjà à la Société des aquafortistes. Sur cet aspect important de son activité, voir p. 740, n. 2. Et sur les relations de l'artiste et du poète, voir *CPl*, II, 270 (à propos d'un portrait de V. Hugo) et *CPl*, II, 430 (liste d'œuvres appartenant à Baudelaire). Legros partit pour l'Angleterre au début de 1863 : il répondait ainsi à l'incompréhension de la France. Cette année-là il figura au Salon des Refusés. Il n'obtiendra de médailles qu'en 1867 et 1868.

LEHMANN (Charles-Ernest-Rodolphe-*Henri*-Salem) [Kiel, 1814 - Paris, 1882]. Frère aîné de Rodolphe, il fut élève de son père, peintre en miniatures, puis d'Ingres. Il expose à partir de 1835. Membre de l'Institut en 1864. 1844 : *Portrait de Mme la princesse de B...* [Belgiojoso]; sur la localisation voir *BSHAF*, 1969, p. 113. 1845 : n'expose pas. L'allusion de la page 372 du tome II renvoie certainement à Henri Lehmann. 1846 : *Hamlet* (K, pl. 28) *Ophélia* (K, pl. 29); *Océanides* (sujet emprunté à Eschyle, *Prométhée enchaîné*, repris dans une autre toile exposée au Salon de 1850-1851); portraits du comte Émilien de Nieuwerkerke (musée du Louvre, en dépôt au musée de Compiègne; K, pl. 31) et de deux dames. 1859 : *Sainte Agnès, souvenir de feu Mlle ****, *L'Éducation de Tobie* ; *Le Pêcheur*, d'après la ballade de Gœthe; *Bacchantes*, fragment de la frise de la galerie des Fêtes à l'Hôtel de Ville de Paris; *La France, sous le règne des Mérovingiens et des Carolingiens, renaît à la foi et à l'indépendance* ; *La France, sous les Capétiens, les Valois et les Bourbons, combat pour sa religion et son unité, crée ses lois, fonde sa monarchie. Délivrée de ses ennemis extérieurs et des guerres civiles, elle s'élève au premier rang dans les arts et les lettres* : ces deux grisailles sur l'histoire de France ont été exécutées dans les deux hémicycles de la salle du Trône au palais du Luxembourg. En 1859, H. Lehmann expose de plus le portrait de l'abbé Deguerry, curé de la Madeleine, quatre portraits de femmes et un portrait d'homme.

LEHMANN (Auguste-Guillaume-*Rodolphe*-Salem; le prénom est parfois mal francisé : Rudolphe, graphie du *Salon de 1845*) [Ottensen, près Hambourg, 1819 - Bournemede (Hertshire), 1905]. Élève de son père et de son frère Henri, il fut surtout le peintre des scènes de la vie italienne. 1843 : *Grazia, vendangeuse de Capri* (tableau auquel Baudelaire fait allusion t. II, p. 385, en se trompant d'une année). 1845 : *Mater amabilis* ; *Vanneuse des marais Pontins* ; *Pèlerine dans la campagne de Rome*. 1846 : n'expose pas. 1859 : *Les Marais Pontins* ; *Balcon au carnaval dans le Corso à Rome, costumes de Procida, Albano et Nettuno* ; *Mendiantes des Abbruzzes attendant la distribution de la soupe à la porte d'un couvent à Rome*.

LELEUX (*Adolphe*-Pierre) [Paris, 1812 - Paris, 1891]. D'abord graveur; puis peintre des mœurs populaires, surtout bretonnes. Il expose depuis 1835 et obtient un grand succès en 1842 avec une *Danse bretonne* qu'achète le duc d'Orléans. On voyait en lui le chef d'une nouvelle école réaliste (K, 209). 1845 : *Pâtres bas-bretons* ; *Départ pour le marché (Basses-Pyrénées)*. 1846 : *Contrebandiers espagnols (Aragon)* [K, pl. 26]; *Faneuses (Basse-Bretagne)*. 1859 : *Un marché de bestiaux (Basse-Bretagne)* ; *Moissonneurs (Bas-Bretons)* ; *Bûcherons à l'heure du repas (Bourgogne)*. Baudelaire ne le mentionne pas à cette date.

LELEUX (Hubert-Simon-*Armand*) [Paris, 1818 - Paris, 1885]. Élève d'Ingres; auteur, comme son frère, de scènes rustiques. 1845 : *Zingari ; Baigneuses (Montagnardes de la Forêt-Noire) ; Forgeron (Intérieur)*. 1846 : *Danse suisse (environs de la Forêt-Noire)* [K, pl. 24]; *Intérieur d'atelier ; Le Matin, intérieur ; Villageoise des Alpes ; Chasseur des Alpes.* 1859 : *Le Dessin, intérieur ;* quatre *intérieurs suisses : Jeune fille endormie ; Le Message ; La Leçon de couture* et *Faits divers ; Le Passeur (Savoie)*. Baudelaire ne le mentionne pas à cette date. Au même Salon expose Mme Armand Leleux, née à Genève.

Sur les frères Leleux, voir *Le Musée du Luxembourg en 1874*, nᵒˢ 157-159.

LÉPAULLE (François-Gabriel-Guillaume) [Versailles, 1804 - Ay (Marne), 1886]. Élève de Regnault, il expose à partir de 1824. 1845 : *Martyre de saint Sébastien* (exposé de nouveau en 1855); *Chacun chez soi (intérieur de cuisine flamande) ; Vase de fleurs ; Les Fleurs ;* portraits de Castil-Blaze, de A. Latour et d'un homme avec ses deux enfants. La « femme tenant un vase de fleurs dans ses bras » peut être soit *Chacun chez soi,* soit, plutôt, *Vase de fleurs.* 1846 : *Intérieur d'un harem ; Odalisques au bain ; Portrait de M. le duc d'Osuna et de l'Infantade ;* plus quatre portraits de personnes non dénommées. 1859 : trois tableaux de chasse et cinq portraits. Baudelaire ne le mentionne pas à cette date.

LEROUX ou LE ROUX (Marie-Guillaume-*Charles*) [Nantes, 1814 - Nantes, 1895]. Il signe Charles Le Roux. Élève de Corot, il expose pour la première fois en 1833, puis à partir de 1842. 1846 : *Une lande ; Paysage, souvenir du haut Poitou.* 1859 : *Prairies et marais de Corsept au mois d'août à l'embouchure de la Loire* (musée du Louvre; reprod. par J. Mayne, *Art in Paris*, pl. 51; Exp. 1968, nᵒ 496); *Marais de la Charlière au mois de juin (Chapelle-sur-Erdre) ; Marais de Kramazeul ; Village et dunes de Saint-Brevin près de Saint-Nazaire ; Îles de la basse Loire à la pleine mer ; Pêche au saumon sur la Loire près de Nantes ; Bords de l'Erdre, effet de soleil levant.*

À distinguer d'Eugène Leroux (1833-1905) et d'Hector Leroux (1829-1900), sur qui voir *Le Musée du Luxembourg en 1874*, nᵒˢ 162 et 163.

LEYS (Henri) [Anvers, 1815 - Anvers, 1869]. Illustrateur des fastes de l'histoire de Belgique, auteur des fresques de l'hôtel de ville d'Anvers, Leys appartient à ce grand mouvement européen de la peinture monumentale qui associe les noms les plus divers, d'Horace Vernet à Kaulbach, de Wiertz à Hodler. Baudelaire a vu des œuvres de Leys à l'Exposition universelle de 1855; il regrette en 1859 l'absence du peintre (p. 651 et n. 3). Il voit d'autres œuvres de Leys en Belgique, notamment *Une ronde* dans la collection Crabbe.

MATOUT (Louis) [Renwez (Ardennes), 1811 - Paris, 1888]. Élève de Huvé, il expose de 1833 à 1838 surtout des paysages, puis il aborde la peinture religieuse. En 1845, il présente des toiles à sujets antiques : *Pan et les nymphes* (musée de Carcassonne; reprod. dans *BSHAF*, 1969, p. 114), qui est des tableaux exposés par Matout le plus grand; *Silène ; Daphnis et Naïs,* ainsi que *Jeune fille romaine (Moretta)*. 1846 : *Le Printemps* (citation d'Anacréon). 1859 : *Dessin d'après une peinture* [de lui] *exécutée à la chapelle de l'hôpital Lariboisière*. Baudelaire ne le mentionne pas à cette date. Voir *Le Musée du Luxembourg en 1874*, nº 172.

MAURIN. Dans *Le Spleen de Paris*, Baudelaire évoque les *Célébrités contemporaines* [...] *ou portraits des personnes de notre époque lithographiés par MM. Maurin et Belliard*, collection publiée par Mme Delpech, éditeur, quai Voltaire, 3, en 1842 (cabinet des Estampes, Ne. 57); on y relève les noms des médecins ou chirurgiens suivants : Broussais, Dupuytren, Larrey et Roux. Ce Maurin était *Nicolas*-Eustache (Perpignan, 1799 - Paris, 1850); c'est lui que, dans *Le Peintre de la vie moderne*, Baudelaire désigne comme l'un des « historiens des grâces interlopes de la Restauration ». Antoine Maurin (Perpignan, 1793 - Paris, 1860), frère de Nicolas, a gravé quelques planches du recueil de Mme Delpech. Le Maurin du f. 10 du *Carnet* est encore Nicolas, dont Delarue a édité plusieurs lithographies. De même, t. I, p. 780.

Au contraire, le Maurin que Baudelaire, dans le *Salon de 1845*, place au-dessous de Boulanger et de Vidal serait Antoine Maurin, né à Marseille, élève d'Ary Scheffer. Il n'expose pas en 1845. Il a exposé, en 1843, une *Religieuse*, tête d'étude. Il exposera en 1859 *Joanica, célèbre improvisatrice de Catane*.

MEISSONIER (Ernest) [Lyon, 1815 - Paris, 1891]. Élève de L. Cogniet, expose à partir de 1834. 1845 : *Corps de garde ; Jeune homme regardant des dessins ; Partie de piquet*. 1846 et 1859 : n'expose pas. Élu à l'Institut en 1861. Une gloire nationale, avec Horace Vernet. Voir *Le Musée du Luxembourg en 1874*, nºs 173 et 174.

MERYON (Charles) [Paris, 1821 - Charenton, 1868]. Voir p. 666, n. 4 et 5; catalogue de l'exposition *Charles Meryon, officier de marine, peintre-graveur*, musée de la Marine, octobre 1968-janvier 1969; J. Bailly-Herzberg, t. II, p. 151-153. Meryon fut membre de la Société des aquafortistes en 1865.

MIRBEL (Lizinka-Aimée-Zoë de -, née Rue) [Cherbourg, 1796 - Paris, 1849]. Miniaturiste, élève d'Augustin, elle débute au Salon de 1819 (portrait de Louis XVIII); épouse en 1824 le botaniste Brisseau de Mirbel, membre de l'Institut (1776-1854). Mme de Mirbel reçut le titre de « peintre en miniature de la chambre de Sa Majesté » et conserva le patronage royal sous les règnes de Charles X et de Louis-Philippe (K, 221). 1845 : portraits (miniatures) de la duchesse de Trévise, de Mme Prévoteau, de M. Prévoteau, de Mme Rodier de La Bruyère. 1846 : sept portraits dont ceux de la vicomtesse de Raymond, de la baronne de Castelnau et du garde des Sceaux. Elle est généralement louée: Gautier l'appelle « la reine de la miniature » (*La Presse*, 17 avril 1845, cité par A. Ferran, p. 276). Mais le républicain Thoré lui reproche de donner, pour plaire aux gens du monde, « un air pâle et distingué aux figures les plus communes » (*Salon de 1846*, p. 215, cité par D. Kelley, p. 221).

Mme de Mirbel était amie des Aupick (voir *CPl*, Index); peut-être ces relations étaient-elles plus anciennes : sous l'Empire Mirbel, directeur des jardins de la Malmaison, puis professeur de botanique, put rencontrer François Baudelaire, chef, à la même époque, des bureaux de la préture du Sénat. Mme de Mirbel était en mesure d'aider le jeune Baudelaire critique d'art. Domicile : 72, rue Saint-Dominique.

MÜLLER (Charles-Louis) [Paris, 1815 - Paris, 1892]. Élève de Gros et de L. Cogniet, expose de 1834 à sa mort. 1845 : *Fanny ; Le*

Sylphe endormi (Hugo, *Odes et Ballades*); *Le Lutin Puck* (Shake-speare, *Le Songe d'une nuit d'été*); *Fatinitza* (A. Dumas, *Aventures de John Davy*). 1846 : *Primavera* (voir p. 453, n. 6); *Portraits des enfants de M. le comte de Laroche*. Müller fut nommé directeur de la manufacture des Gobelins en 1850. Sa réputation date du Salon de 1850-1851 : il y présentait l'*Appel des dernières victimes de la Terreur* (actuellement au musée du palais de Versailles; voir *Le Musée du Luxembourg en 1874*, n° 183). 1859 : *Proscription des jeunes Irlandaises catholiques, en 1655* (d'après *L'Irlande*, par Gustave de Beaumont); *Portrait de Mme la supérieure des filles de la Compassion*. Baudelaire ne le mentionne pas à cette date. Müller sera à l'Académie des beaux-arts en 1864.

NANTEUIL-LEBŒUF (Célestin-François, dit Célestin Nanteuil) [Rome, 1813 - Marlotte, 1873]. Élève de Ch. Langlois et d'Ingres, il expose à partir de 1833, mais il était déjà connu pour ses vignettes et ses eaux-fortes; il illustrait les œuvres de Hugo, Dumas, Nerval, Gautier, etc. Il était le graveur du Cénacle, comme Louis Boulanger en était le peintre. 1844 et 1845 : n'expose pas. 1846 : *Dans les vignes* (reprod. d'après une gravure, K, pl. 20). 1859 : *Séduction ; Perdition* (ces deux toiles sont au musée des Beaux-Arts de Dijon); *Ivresse*. Baudelaire avait pensé à demander un frontispice à Nanteuil (*CPl*, I, 520, 577). — Voir Aristide Marie, *Un imagier romantique, Célestin Nanteuil, peintre, aquafortiste et lithographe. Suivi d'une étude bibliographique et d'un catalogue*, L. Carteret, 1910, et *Célestin Nanteuil, peintre, aquafortiste et lithographe*, H. Floury, 1924.

O'CONNELL ou O'CONNEL (Mme Frédérique-Auguste -, née Miethe) [Berlin, 1823 - ?, 1885]. Elle passa sa jeunesse à Berlin, puis gagna la Belgique en 1844 et épousa un Belge. 1846 : *Portrait de lord Hasley ; Tête d'étude de jeune homme ; Portrait de femme*, aquarelle; quatre portraits à l'aquarelle enregistrés sous le même numéro. Elle se fixe à Paris au début du second Empire et deviendra assez célèbre comme portraitiste de personnalités parisiennes : Gautier, Arsène Houssaye, Rachel en costume de ville et dans le rôle qu'elle tenait dans *Diane* d'Émile Augier, Morny, Mgr Sibour, etc. Son saisissant portrait de *Rachel morte* (1858) fut donné par Émile de Girardin à la Comédie-Française. 1859 : *Portrait de M. Charles-Edmond L...; Portrait de M. Edmond Texier*. Bas-bleu, elle avait des prétentions à la philosophie et mourut folle. Baudelaire eut en 1863 une algarade avec Champfleury, qui voulait absolument que son ami l'allât visiter (*LAB*, 80-82; *CPl*, II, 292-294). Voir ce que Champfleury écrit d'elle dans son *Salon de 1846* (G. et J. Lacambre, Champfleury, *Le Réalisme*, p. 111-112).

OVERBECK (Friedrich) [Lübeck, 1789 - Rome, 1869]. Fonda à Rome en 1810 le groupe des Nazaréens et mena avec eux une vie claustrale. En 1813, Overbeck se convertit au catholicisme. De Raphaël, avec ses compagnons, il était remonté aux primitifs, avant les préraphaélites. Cette peinture estimable, souvent à fresque, doit évidemment plus à l'imitation qu'à l'inspiration, plus à l'idée qu'à la naïveté. Overbeck n'a rien envoyé à l'Expo-sition universelle de 1855. Baudelaire connaît l'œuvre de celui-ci par des reproductions plutôt que par un contact direct. Mais il ne s'est pas trompé.

PAPETY (Dominique) [Marseille, 1815 - Marseille, 1849]. Élève de L. Cogniet; premier grand prix de Rome en 1836, il obtient un succès en 1843 avec *Rêve de bonheur* (Compiègne, musée Vivenel), tableau composé après son retour d'Italie, conçu sous l'influence du fouriérisme et auquel Baudelaire fait allusion dans son compte rendu du *Prométhée délivré* de L. Ménard. 1845 : *Guillaume de Clermont défend Ptolémaïs (1291)*, que Baudelaire intitule *Un assaut* (commande de la Liste civile; actuellement au musée du palais de Versailles; Exp. 1968, n° 150; reprod.); *Memphis* (appartenait au duc de Montpensier). 1846 : « *Consolatrix afflictorum* » (Marseille, musée des Beaux-Arts; Exp. 1968, n° 196; D. Kelley, p. 227, pense que le tableau de Marseille est une deuxième version, commandée par la reine Marie-Amélie en 1848 et qui ne put être livrée à cause de la Révolution; reprod., K, pl. 58); Champfleury ironise : le tableau « nous afflige sans nous consoler » (cité Exp. 1968, n° 196); *Solon dictant ses lois*, commandé par le ministère de l'Intérieur pour la décoration de la salle du Comité de contentieux du Conseil d'État au palais d'Orsay, détruit dans l'incendie de 1871 (*BSHAF*, 1969, p. 118); *Portrait de M. Vivenel* (Compiègne, musée Vivenel). — Voir F. Tamisier, *Dominique Papety, sa vie et ses œuvres*, Marseille, Typographie et Lithographie Arnaud et Cie, 1857; Ferdinand Servian, *Papety d'après sa correspondance, ses œuvres et les mœurs de son temps*, avec un portrait par Gustave Ricard, Marseille, Librairie P. Ruat, 1912 (bibliothèque de Marseille). Servian, apologiste du classicisme, ennemi du fouriérisme, indique que la *Revue des Deux Mondes* du 1er juin 1847 a publié le récit du séjour de Papety au mont Athos, et *La Démocratie pacifique*, organe fouriériste, des fragments du grand ouvrage que le peintre préparait sur l'art chrétien.

PENGUILLY L'HARIDON (Octave) [Paris, 1811 - Paris, 1870]. Élève de l'École polytechnique, il servit dans l'artillerie jusqu'en 1866 tout en menant une carrière parallèle qu'il commença sous la direction de Charlet, le peintre des fastes militaires de l'Empire; voir p. 546-549. Son passage à l'école d'artillerie de Metz explique-t-il son affiliation à l'École (artistique) de Metz ? Il expose des dessins au Salon de 1835, des peintures à partir de 1842. 1846 : *Parade, Pierrot présente à l'assemblée ses compagnons, Arlequin et Polichinelle ; La Sentinelle ; Le Ravin.* 1847 : *Le Tripot* (musée du Louvre; voir *Le Musée du Luxembourg en 1874*, n° 191). 1857 : *Le Combat des Trente* (Quimper, musée des Beaux-Arts; reprod., *BSHAF*, 1969, p. 131). 1859 : *Train d'artillerie du temps de Louis XIII, en marche vers la fin du jour ; Le Coup de l'étrier ; Une ronde d'officiers du temps de Charles Quint ; Petite Danse macabre : la mort, dans une ronde symbolique, entraîne les quatre âges de la vie humaine ; La Plage, souvenir des environs de Saint-Malo ; Les Approches des montagnes, souvenir des Pyrénées, versant espagnol, coucher du soleil ; La Plaine de Carnac et ses menhirs (Morbihan) ; Les Petites Mouettes* (voir p. 653, n. 3). À la recherche de frontispices pour ses œuvres, en particulier pour les *Fleurs*, en 1858-1860, Baudelaire pense à Penguilly qu'obligé de subir Bracquemond il regrette de n'avoir pas choisi.

PÉRÈSE (Léon), pseudonyme de Félix Muguet [Besançon, 1800 - ?,

1869]. Ami de Baron et de Gigoux. Surtout graveur sur bois et aquafortiste. Peintre, il expose entre 1841 et 1846. 1845 : *La Saison des roses.* 1846 : *La Fête dans l'île ; Promenade au parc.*

PÉRIGNON (Alexis-Joseph) [Paris, 15 mars 1808 - Paris, 1882]. Élève de son père, Alexis-Nicolas Pérignon, peintre d'histoire et de portraits, et de Gros, il débute au Salon de 1834 avec un portrait du roi des Belges et devient le portraitiste à la mode. 1845 : neuf portraits. 1846 : onze portraits. Aucun n'est au livret accompagné d'un nom complet. L'un d'eux est reproduit par D. Kelley, pl. 10, d'après une gravure de *L'Illustration.* Pérignon — écrit Murger dans un compte rendu du Salon de 1846, en se référant au succès obtenu par le portraitiste en 1842 et 1843 — « fut accepté avec enthousiasme par l'aristocratie bourgeoise. Les dames surtout se précipitèrent frénétiquement chez le peirtre qui savait faire sourire si gracieusement un portrait » (K, 218). N'expose pas en 1859.

PRADIER (Jean-Jacques, dit James) [Genève, 1792 - Bougival, 1852]. Vint à Paris en 1809 et entra dans l'atelier de Lemot. Premier grand prix de Rome de sculpture en 1810. Imitateur des sculpteurs du XVIIIe siècle plutôt que des Anciens, servi par une facilité qu'on était près de prendre pour du génie, il a multiplié de Salon en Salon les statues. 1845 : *Phryné* (voir p. 404, n. 1). 1846 : statue du duc d'Orléans, marbre; *La Poésie légère,* marbre (voir p. 489, n. 2); *Statue de M. Jouffroy, membre de l'Institut,* marbre pour la ville de Besançon (K, pl. 97); *Anacréon et l'Amour,* groupe en bronze; *La Sagesse repoussant les traits de l'Amour,* groupe en bronze (ces deux groupes sont au musée d'Art et d'Histoire de Genève; K, pl. 98 et 99); *Buste de M. Paillet,* marbre. On se rappelle que Pradier eut Juliette Drouet pour modèle et maîtresse, avant qu'elle ne devînt l'amante de Hugo.

PRÉAULT (Antoine-Augustin) [Paris, 1810 - Paris, 1879]. Il n'expose ni en 1845, ni en 1846, ni en 1859, exclu qu'il avait été par le jury, du moins jusqu'en 1848. Il est à l'opposé de Pradier. Par-delà ses maîtres, David d'Angers et Antonin Moine, il renoue avec Michel-Ange et les grands sculpteurs du baroque. Baudelaire l'aimait, appréciait sa conversation et ses boutades, lui donna un exemplaire des *Fleurs* de 1857 et s'est peut-être inspiré du *Christ en croix* de l'église Saint-Gervais (Exp. 1968, n° 359) dans la cinquième strophe du *Reniement de saint Pierre.* G. et J. Lacambre (Champfleury, *Le Réalisme,* p. 124-128) ont réuni les textes de Champfleury sur Préault.

RIBOT (Théodule) [Saint-Nicolas-d'Attez (Eure), 1823 - Colombes (Seine), 1891]. Peintre et aquafortiste, il reçut les conseils de Glaize; il fut remarqué au Salon de 1861 avec des scènes de cuisine. Membre de la Société des aquafortistes en 1862 et 1865. À la même époque, il exécute un portrait de Baudelaire, à la plume, avec un rehaut de gouache, d'après une photographie prise par Carjat (*ICO,* n° 51). — Voir J. Bailly-Herzberg, t. II, 163-164; Exp. 1968, n° 545; *Le Musée du Luxembourg en 1874,* n°s 199 et 200.

RICARD (Gustave) [Marseille, 1823 - Paris, 1873]. Élève de l'École des beaux-arts de Marseille, puis de Paris, il expose au Salon de 1850-1851, avec sept autres portraits et *Une jeune Bohémienne,* le *Portrait de Mme A. S...,* c'est-à-dire de Mme Sabatier, dont il est le commensal et dont il restera le fidèle ami (voir A. Billy, *La Présidente et ses amis*, p. 152-157 et *passim*). Gautier l'a loué dans *La Presse* du 8 avril 1851. Voir *ICO*, n⁰ 136, où l'on trouvera aussi le témoignage d'Edmond About, et *Album Baudelaire*, p. 97. Dans la collection Crabbe figurait une toile : *Buste de jeune femme*. — Consulter Stanislas Giraud, *Gustave Ricard, sa vie et son œuvre (1823-1873)*, Occitania, E. H. Guitard, 1932.

RIESENER (Louis-Antoine-*Léon*) [Paris, 1808 - Paris, 1878]. Petit-fils de l'ébéniste Jean-Henri Riesener (avec qui s'était remariée la grand-mère de Delacroix), il fut l'élève de son père Henri-François Riesener, portraitiste, et de Gros; il exposa à partir de 1830. 1845 : *Portrait du docteur H. de St-A...*, huile sur toile, et plusieurs portraits au pastel. En 1846, il est refusé par le jury : Delacroix était puni en la personne d'un de ses disciples. 1859 : n'est pas présent au Salon. Delacroix, qui nomme souvent Léon dans son *Journal*, avait été initié à la peinture par Henri-François. — Voir Geneviève Viallefond, *Le Peintre Léon Riesener...*, A. Morancé, 1955.

ROBERT (Victor) [1813-1888]. Élève d'Ingres, il est peu connu. 1845 : *La Religion, la Philosophie, les Sciences et les Arts éclairant l'Europe*, grande composition allégorique. 1846 : *La Courtisane Phryné devant l'aréopage ; Père et Mère ; Portrait de M. Granier de Cassagnac*. N'expose pas en 1859.

ROBERT-FLEURY (Joseph-Nicolas-Robert Fleury, dit) [Cologne, 1797 - Paris, 1890]. Élève de Girodet, de Gros et d'Horace Vernet, il expose à partir de 1824 des peintures historiques. 1845 : *Marino Faliero ; Un auto-da-fé ; L'Atelier de Rembrandt ; Une jeune femme*. Élu à l'Académie des beaux-arts en 1850. On ne sait quelle toile Baudelaire vit à Bruxelles dans la collection Crabbe. — Voir *Le Musée du Luxembourg en 1874*, n⁰ˢ 203-205.

ROUSSEAU (Théodore) [Paris, 1812 - Barbizon, 1867]. Il travailla seul et débuta au Salon de 1834. Mais il fut exclu en 1836 par le jury et, après trois autres exclusions, il n'envoya plus rien au Salon jusqu'en 1849. D. Kelley (p. 238) montre que la réputation de Rousseau a été faite par Thoré qui a fini par l'imposer au public et dont l'enthousiasme s'est peut-être communiqué à l'auteur des *Salons* de 1845 et 1846. 1859 : *Gorges d'Aspremont (forêt de Fontainebleau)* [reprod. par J. Mayne, *Art in Paris*, pl. 52; pour la localisation, voir J. Mayne et Exp. 1968, n⁰ 502]; *Ferme dans les Landes ; Bords de la Sèvre (Vendée) ; Bornage de Barbizon (forêt de Fontainebleau) ; Lisière de bois, plaine de Barbizon, près de Fontainebleau*. Quel est le tableau de Rousseau que Baudelaire admire dans la collection Crabbe en 1864 ? En 1890, la collection en contenait trois : *Les Chênes ; La Plaine, près Barbizon ; Paysage, soleil couchant*.

ROUSSEAU (Philippe) [Paris, 1816 - Acquigny (Eure), 1887]. Élève de Gros et de Victor Bertin, il expose à partir de 1834 des paysages, puis des natures mortes et des sujets anecdotiques où figurent des animaux. 1845 : *Le Rat des villes et le Rat des champs ; Un chien ; Nature morte*. 1846 : *Le Chat et le vieux Rat* (d'après La Fontaine) [K, pl. 89, d'après *L'Illustration*]; *Nature morte*. 1859 : *Un jour de gala ; Un déjeuner*. Baudelaire ne le mentionne pas à cette date : n'était la brièveté de sa visite au Salon, on pourrait croire qu'il se reprochait un jugement excessivement favorable. Voir *Le Musée du Luxembourg en 1874*, n⁰ˢ 208-210.

SAINT-JEAN (Simon) [Lyon, 1803 - Écully, près Lyon, 1860].
Comme l'indiquent la dernière référence et la boutade de 1846,
ce peintre de fleurs appartient à l'École de Lyon. 1845 : *Fruits
et fleurs* (Dijon, musée des Beaux-Arts). 1846 : *Ceps de vigne
entourant un tronc d'arbre ; Fleurs dans un vase*. Gautier fait remarquer en 1846 que la réputation du peintre décline (*La Presse*,
4 avril ; cité par D. Kelley, p. 240). 1859 : *La Vierge à la chaise*,
médaillon en bois sculpté, entouré de fleurs.

SAINT-MARCEL (Charles-*Edme* Saint-Marcel-Cabin, dit) [Paris,
1819 - Fontainebleau, 1890]. Peintre de paysages et d'animaux,
membre de la Société des aquafortistes en 1865, il avait été
l'élève de Delacroix et d'Aligny.

SCHEFFER (Ary) [Dordrecht, 1795 - Argenteuil, 1858]. Élève de
Guérin, il débute au Salon de 1812. N'expose pas de 1839 à 1845.
1846 : *Le Christ et les Saintes Femmes* (K, pl. 47) ; *Le Christ
portant sa croix* (K, pl. 48) ; *Saint Augustin et sainte Monique*
(Londres, National Gallery ; Exp. 1968, n° 198 ; innombrables
reproductions) ; *Faust et Margarethe au jardin* (Gœthe) ; *Faust,
au sabbat, aperçoit le fantôme de Margarethe* (K, pl. 50 et 51) ;
L'Enfant charitable, d'après *Goetz de Berlichingen* (Nantes, musée
des Beaux-Arts ; Exp. 1968, n° 198 bis ; K, pl. 52) ; *Portrait de
M. de L...* (Lamennais) [musée du Louvre ; K, p. 53]. La première
et la troisième œuvre sont caricaturées dans le *Salon caricatural*.
Une rétrospective eut lieu en 1859 au boulevard des Italiens. —
Voir Marthe Kolb, *Ary Scheffer et son temps*, thèse, Boivin, 1937.

SCHEFFER (Henry) [La Haye, 1798 - Paris, 1862]. Frère d'Ary et
élève de Guérin, il expose à partir de 1824. Alors que son frère
n'expose pas, il présente en 1845 : *Mme Roland et M. de Lamarche
allant au supplice ; Portrait du roi ; Portrait d'enfant ; Portrait de
M. Daru, architecte ; Portrait de M. B...* 1846 : *Tête de Christ*
(saint Luc, XXIII, 5) ; *Le Christ portant sa croix (La Fleur des
saints)* [Paris, église Saint-Roch] ; *Portrait de M. Alfred de Pontalba ; Portrait de M. Gustave de Pontalba ; Tête de femme, étude*.
1859 : *La Vierge, saint Jean et la Madeleine au pied de la croix ;*
cinq portraits (Ary Scheffer, docteur F. Churchill et M. Riaux,
deux femmes). Baudelaire ne le mentionne pas à cette date.

SEYMOUR-HADEN. Voir HADEN.

TASSAERT (Nicolas-François-*Octave*) [Paris, 1807 - Paris, 1874].
Élève de A. - Fr. Girard et de Guillon Lethière, il expose
à partir de 1827 des tableaux historiques, allégoriques et religieux.
1844 : *Le Doute et la Foi ; L'Ange déchu*. 1845 : *La Sainte Vierge
allaitant l'Enfant-Jésus*. 1846 : *Érigone ; Le Marchand d'esclaves ;
La Pauvre Enfant ! ; Les Enfants heureux ; Les Enfants malheureux ;
Le Juif*. En fait, Tassaert, contrairement à ce que laisse entendre
Baudelaire, pour le besoin de sa cause, dans le *Salon de 1846*,
n'était pas encore un peintre libertin. Mais, déçu par la grande
peinture, il commençait à s'orienter vers l'érotisme, tout en
exploitant la veine sentimentale. En 1859 il n'expose pas et en
1862 il abandonne la peinture ; il se donnera la mort en 1874.
Il fait figure d'artiste maudit. — Voir Bernard Prost, *Octave
Tassaert, notice sur sa vie et catalogue de son œuvre*, préface
d'Alexandre Dumas fils, L. Baschet, 1886 ; *Le Musée du Luxembourg en 1874*, n° 223.

TISSIER (Ange) [Paris, 1814 - Nice, 1876]. Élève d'Ary Scheffer et de Delaroche, il expose entre 1838 et 1875 des portraits et des scènes religieuses. 1845 : *Mater dolorosa* et deux portraits. 1846 : *Le Christ portant sa croix*, trois portraits de femmes, deux portraits d'enfants et un portrait d'homme. 1859 : *L'Annonciation* (commandé par le ministère d'État), un portrait d'homme et cinq portraits de femmes.

TRAVIÈS (Charles-Joseph - de Villers) [Wülflingen, 1804 - Paris, 1859]. Voir p. 561-563 (*Quelques caricaturistes français*), et les notes correspondantes.

TRIMOLET (Joseph-Louis) [Paris, 1812 - Paris, 1843]. Voir p. 561 (*Quelques caricaturistes français*), et les notes correspondantes.

TROYON (Constant) [Sèvres, 1810 - Paris, 1865]. Fut employé tout jeune à la manufacture de Sèvres; expose à partir de 1833. En 1847, voyage en Hollande. 1845 : *Vue prise de Caudebec ; Vue prise à Fontainebleau.* 1846 : *Vallée de Chevreuse* (K, pl. 77); *Coupe de bois* (musée de Lille; K, pl. 78); *Le Braconnier, paysage* (musée de Mulhouse; K, pl. 79); *Dessous de bois, Fontainebleau.* 1859 : *Le Retour à la ferme* (musée du Louvre; reprod. par J. Mayne, *Art in Paris,* pl. 64); *Vue prise des hauteurs de Suresnes* (musée du Louvre; Castex, p. 157); *Le Départ pour le marché ; La Vache qui se gratte ; Vaches allant aux champs ; Étude de chien.* En 1890, lors de la dispersion de la collection Crabbe, il y avait trois toiles de Troyon : *Le Garde-chasse et ses chiens ; Départ pour le marché* (voir *supra*); *La Vache blanche* (voir *supra*); sont-ce les œuvres qui s'y trouvaient lorsque Baudelaire visita la collection en 1864 ?
— Voir Arthur Hustin, *Constant Troyon*, G. Pierson, [1893].

VERDIER (*Marcel*-Antoine), [Paris, 1817 - Paris, 1856]. Élève d'Ingres, il expose à partir de 1835, d'abord des portraits et des peintures d'histoire, à partir de 1846 des tableaux de genre. 1845 : *Portrait de Mlle Garrique, ex-artiste du Théâtre-Français, rôle de Rosine dans « Le Barbier de Séville » ; Jeune Savoyarde.* 1846 : *Le Jardinier Mazet (conte de Boccace) ; La Laitière et le Pot au lait ;* trois portraits de femmes et un portrait d'enfant.

VERNET (Carle), [Bordeaux, 1758 - Paris, 1835]. Voir p. 544-545 (*Quelques caricaturistes français*), et t. I, p. 95-96, *Le Jeu.*

VERNET (Horace), [Paris, 1789 - Paris, 1863]. Fils de Carle et petit-fils de Joseph Vernet; petit-fils de Jean-Michel Moreau (Moreau le Jeune); beau-père de Paul Delaroche. Il expose à partir de 1810. Élu à l'Académie des beaux-arts en 1826; directeur de l'Académie de France à Rome de 1829 à 1835. Il est quasiment le peintre officiel de la monarchie de Juillet : le peintre du juste-milieu, comme Béranger en est le poète. 1845 : *Prise de la smalah d'Abd-el-Kader à Taguin (16 mai 1843)* [musée du palais de Versailles]; *Portrait de M. le comte Molé en costume de grand juge, ministre de la Justice (1813) ; Portrait en pied du frère Philippe, supérieur général de l'Institut des Écoles chrétiennes.* 1846 : *Bataille d'Isly (14 août 1844).* *Prise du camp du fils de l'empereur de Maroc. Le colonel Yusuf présente au maréchal Bugeaud les étendards et le parasol de commandement, enlevés par les spahis et les chasseurs à la prise du camp.* Outre cette immense toile (un peu plus petite seulement que la *Prise de la smalah*) commandée par la Liste civile pour les galeries historiques du palais de Versailles (K, pl. 43), H. Vernet expose un portrait d'enfant. 1859 : n'expose pas.

VIDAL (Pierre-*Vincent*) [Carcassonne, 1811 - Paris, 1887]. Voir
p. 400, n. 3. Élève de Paul Delaroche. En 1859, il expose *L'Angélus en Bretagne (Finistère), Muse de la candeur ; La Prière ; Portrait
de Mme la comtesse de N..., fantaisie ; Portrait de Mme G. O... ; Portrait de l'enfant de M. J. N. ; Portrait des enfants de M. Ch. V...* :
toutes œuvres qui, à l'exception de la première, sont des dessins
au pastel; et il a collaboré, par un médaillon, à un éventail (voir
BARON). Baudelaire ne mentionne pas de Vidal à cette date.

WATTIER (Charles-Émile) [Paris, 1800 - Paris, 1869]. Élève de
Lafond et de Gros, mais s'inspirant surtout, jusqu'au pastiche,
de Watteau et de Boucher (il a gravé l'œuvre entier de ce dernier),
il expose à partir de 1831. Il est absent du Salon de 1845. 1846 :
La Fin d'une journée d'été. 1859 : six dessins dont les sujets sont
tirés de l'histoire de Psyché (esquisses des décorations du salon
du comte de Crisenoy).

WHISTLER (James Abbott McNeill) [Lowell, États-Unis, 1834 -
Londres, 1903]. Arriva à Paris en 1854 et travailla dans l'atelier
de Gleyre. Membre de la Société des aquafortistes en 1865 :
c'est à ce titre que Baudelaire l'a connu, non comme peintre.
— Voir *CPl*, II, 275 et 326 (lettre de Baudelaire à Whistler,
10 octobre 1863); J. Bailly-Herzberg, Index.

BIBLIOGRAPHIE

Cette bibliographie doit être complétée par la liste des titres le plus fréquemment cités dans les commentaires des Fleurs du mal *(Pl., I, p. 821-822) et par la liste des ouvrages relatifs à la critique d'art (p. 491). Les références suivantes ont trait à la généralité des aspects de la vie et de l'œuvre de Beaudelaire. Paris, lieu d'édition, est omis, ici comme ailleurs.*

I. ŒUVRES COMPLÈTES[1]

1. « *Édition définitive* précédée d'une notice [préface] par Théophile Gautier », procurée par Asselineau et Banville (dont les noms n'apparaissent pas) dans la collection de la « Bibliothèque contemporaine » des éditions Michel Lévy frères. Quatre volumes, plus trois de traductions d'Edgar Poe. Pour le contenu, voir la Chronologie, t. I, p. LV-LVI.

2. Édition critique par F.-F. Gautier, continuée [à partir de 1933] par Y.-G. Le Dantec. Paris éditions de la « Nouvelle Revue française ». Douze volumes, dont cinq de traductions de Poe.

Les Fleurs du mal, 1918.
Les Fleurs du mal. Documents, variantes, bibliographie, 1934.
Petits poèmes en prose. Les Paradis artificiels, 1921.
L'Art romantique, 1923.
Curiosités esthétiques, 1925.
Correspondance. I. 1841-1863, 1933.
Œuvres diverses, 1937.

Cette édition n'a pas été terminée.

3. Édition procurée par Jacques Crépet, avec des notes et éclaircissements, chez Louis Conard. Dix-neuf volumes — dont cinq de traductions de Poe — imprimés (sauf le premier tome des *Œuvres posthumes*) sur les presses de l'Imprimerie nationale.

Les Fleurs du mal (texte de l'*Édition définitive*). *Les Épaves*, 1922 : réimpression en 1930.
Quelques-uns de mes contemporains. Curiosités esthétiques, 1923.
Quelques-uns de mes contemporains. L'Art romantique, 1923.
Petits poëmes en prose (Le Spleen de Paris). Le Jeune Enchanteur, 1926.
Les Paradis artificiels. La Fanfarlo, 1928.
Juvenilia. Œuvres posthumes. Reliquiæ, 3 vol., 1939-1952. Index au tome III.
Correspondance générale, 6 vol., 1947-1953.

Les tomes II et III des *Œuvres posthumes* portent les noms de Jacques Crépet et de Claude Pichois, ainsi que le tome VI (Compléments et Index) de la *Correspondance générale*.

Cette édition offrait un texte généralement sûr, en procurant de très nombreux et très utiles éclaircissements. Elle a constitué et reste en partie la vulgate de l'œuvre.

1. Les éditions critiques sont citées dans chacune des sections auxquelles elles se rapportent.

4. « Édition présentée dans l'ordre chronologique et établie sur les textes authentiques avec des variantes inédites et une annotation originale. » Le Club du Meilleur Livre, collection Le Nombre d'Or, Domaine français, dirigé par S. de Sacy. Deux volumes (Iconographie à la fin du deuxième), 1955. L'établissement du texte et l'annotation étaient dus à Cl. Pichois, dont le nom n'avait pu être mentionné.

II. ŒUVRES POSTHUMES

1. *Charles Baudelaire, Œuvres posthumes et correspondances inédites, précédées d'une étude biographique par* Eugène Crépet, Quantin, 1887.

2. *Charles Baudelaire. Œuvres posthumes,* Société du Mercure de France, 1908. (Édition préparée par Féli Gautier et Jacques Crépet, achevée par ce dernier.)

3. *Cahiers Jacques Doucet, I, Baudelaire. Textes inédits commentés* par Yves-Gérard Le Dantec, Université de Paris, 1934.

III. DOCUMENTS
INSTRUMENTS DE TRAVAIL

Le Manuscrit autographe. Numéro spécial consacré à Charles Baudelaire, Auguste Blaizot, 1927 (sigle : *MsAut*).

BIBLIOTHÈQUE NATIONALE, *Charles Baudelaire.* Catalogue de l'exposition organisée en 1957 pour le centenaire des *Fleurs du mal* (sigle : *Exp. 1957*).

Baudelaire en Belgique, avril 1864-juillet 1866. Catalogue rédigé par Jean Warmoes. Bruxelles, Bibliothèque royale, 1967.

Baudelaire. Petit Palais. 23 novembre 1968-17 mars 1969. Ministère d'État, Affaires culturelles. Réunion des Musées nationaux. Ville de Paris. Catalogue de l'exposition organisée pour le centenaire de la mort de Baudelaire (sigle : *Exp. 1968*).

BANDY (W. T.) : *Baudelaire Judged by his Contemporaries,* New York, Columbia University, Publications of the Institute of French Studies, [1933].

CARTER (A. E.) : *Baudelaire et la critique française, 1868-1917,* Columbia, University of South Carolina Press, 1963.

CARGO (Robert T.) : *Baudelaire Criticism 1950-1967. A Bibliography with Critical Commentary,* University (Alabama), University of Alabama Press, [1968].

CENTRE D'ÉTUDE DU VOCABULAIRE FRANÇAIS, avec la collaboration de K. MENEMENCIOGLU : *Baudelaire, Les Fleurs du mal. Concordances, index et relevés statistiques,* Larousse, [1965]. Texte de base : l'édition Crépet-Blin, José Corti, 1942.

CARGO (Robert T.) : *A Concordance to Baudelaire's Les Fleurs du Mal,* Chapel Hill, The University of North Carolina Press, [1965]. Même texte de base.

CARGO (Robert T.) : *Concordance to Baudelaire's Petits Poèmes en Prose, with Complete Text of the Poems,* The University of Alabama Press, [1971]. Texte de base : *Œuvres complètes,* Bibl. de la Pléiade, [1961].

IV. PRINCIPALES ÉTUDES SUR BAUDELAIRE
(livres)

AUSTIN (Lloyd James) : *L'Univers poétique de Baudelaire. Symbolisme et symbolique.* Mercure de France, 1956.

BLIN (Georges) : *Baudelaire.* Préface de Jacques Crépet. Gallimard, [1939].

BLIN (Georges) : *Le Sadisme de Baudelaire,* José Corti, [1948].

BUTOR (Michel) : *Histoire extraordinaire. Essai sur un rêve de Baudelaire,* Gallimard, [1961].

CASSAGNE (Albert) : *Versification et métrique de Ch. Baudelaire,* Hachette, 1906.

CRÉPET (Jacques) : *Propos sur Baudelaire* rassemblés et annotés par Cl. Pichois. Préface de Jean Pommier. Mercure de France, 1957.

EIGELDINGER (Marc) : *Le Platonisme de Baudelaire,* Neuchâtel, La Baconnière, [1951].

EIGELDINGER (Marc), *Poésie et métamorphoses,* Neuchâtel, La Baconnière, [1973].

EMMANUEL (Pierre) : *Baudelaire,* Desclée de Brouwer, [1967]; collection « Les Écrivains devant Dieu ».

FAIRLIE (Alison) : *Baudelaire : Les Fleurs du Mal,* Londres, Edward Arnold, [1960]; collection « Studies in French Literature », n° 6.

FERRAN (André), *L'Esthétique de Baudelaire,* Hachette, 1933. Réimpression : Nizet, [1968].

FONDANE (Benjamin) : *Baudelaire et l'expérience du gouffre.* Préface de Jean Cassou. Pierre Seghers, 1947.

GILMAN (Margaret) : *Baudelaire the Critic,* New York, Columbia University Press, 1943. Réimpression : New York, Octagon Press, 1971.

JOUVE (Pierre Jean) : *Tombeau de Baudelaire,* Le Seuil, [1958].

LEAKEY (Felix W.) : *Baudelaire and Nature,* Manchester University Press, [1969].

LLOYD (Rosemary) : *Baudelaire's Literary Criticism,* Cambridge University Press, 1980.

MACCHIA (Giovanni) : *Baudelaire critico,* Florence, Sansoni, 1939.

MAURON (Charles) : *Le Dernier Baudelaire,* José Corti, 1966.

MILNER (Max) : *Baudelaire, enfer ou ciel, qu'importe !* Plon, [1967]; collection « La Recherche de l'absolu ».

NØJGAARD (Morten) : *Élévation et expansion. Les deux dimensions de Baudelaire. Trois essais sur la technique poétique des Fleurs du mal,* Odense University Press, 1973; « Études romanes de l'Université d'Odense », vol. IV.

PEYRE (Henri) : *Connaissance de Baudelaire,* José Corti, 1951.

PIA (Pascal) : *Baudelaire par lui-même,* Éditions du Seuil, [1952]; collection « Écrivains de toujours ». Réimpression : [1975].

POMMIER (Jean) : *La Mystique de Baudelaire,* Les Belles Lettres, 1932. Réimpression : Genève, Slatkine Reprints, 1967.

POMMIER (Jean) : *Dans les chemins de Baudelaire,* José Corti, [1945].

PRÉVOST (Jean) : *Baudelaire. Essai sur l'inspiration et la création poétiques,* Mercure de France, 1953.

RUFF (Marcel) : *Baudelaire, l'homme et l'œuvre,* Hatier-Boivin, 1955; collection « Connaissance des lettres ». Nouvelle édition, mise à jour, Hatier, 1966.

Ruff (Marcel A.) : *L'Esprit du mal et l'esthétique baudelairienne*, Armand Colin, 1955. Réimpression : Genève, Slatkine Reprints, 1972.

Sartre (Jean-Paul) : *Baudelaire*. Précédé d'une note de Michel Leiris. Gallimard, Les Essais, XXIV. Première édition du texte de Sartre : 1947.

Starobinski (Jean) : *La Mélancolie au miroir. Trois lectures de Baudelaire.* Julliard, 1989.

Vivier (Robert) : *L'Originalité de Baudelaire. Nouveau tirage revu par l'auteur de la réimpression en 1952, avec une note, de l'édition de 1927* [*sic* pour 1926]. Bruxelles, Palais des Académies, 1965.

Zilberberg (Claude) : *Une lecture des Fleurs du mal*, Tours, Mame, [1972]; collection « Univers sémiotiques ».

Numéro spécial *Baudelaire* de la *Revue d'histoire littéraire de la France*, avril-juin 1967 (67e année, n° 2) ; réimprimé, avec une autre pagination, sous la forme d'un fascicule, dans la série des Publications de la Société d'histoire littéraire de la France.

Baudelaire. Actes du colloque de Nice (25-27 mai 1967), *Annales de la Faculté des lettres et sciences humaines de Nice*, n° 4, deuxième trimestre 1968, Paris, Minard.

Journées Baudelaire. Actes du colloque de Namur-Bruxelles, 10-13 octobre 1967, Bruxelles, Académie royale de langue et littérature françaises, 1968[1].

*

Le lecteur ne s'étonnera pas de ne point voir reproduites dans cette édition les *Années de Bruxelles* dont la première publication, due à Georges Garonne, remonte à 1927 (Paris, Éditions de la Grenade). C'est un habile pastiche forgé par deux de nos illustres contemporains.

---

1. Nous sommes redevable de plusieurs précisions à Mme Jacqueline Wachs dont la thèse de troisième cycle, *Recherches préparatoires à une étude sur Baudelaire et le XVIIIe siècle : inventaire des textes*, a été soutenue à la Faculté des lettres d'Aix-en-Provence en 1979.

INDEX DES NOMS

INDEX DES NOMS

DU MÊME AUTEUR

Aux Éditions Gallimard

dans la collection Poésie/Gallimard

ŒUVRES COMPLÈTES, I et II

COUPS DE SON DANCE, etc.

dans la collection Folio

POÈMES, MON CŒUR MIS À NU, LA PAUVRE BELGIQUE...

LES FLEURS DU MAL, etc.

PETITS POÈMES EN PROSE, etc.

Reproduit et achevé d'imprimer
par Brodard et Taupin
à La Flèche (Sarthe), le 3 novembre 1997.
Dépôt légal : novembre 1997.
1er dépôt légal dans la collection : février 1992.
Numéro d'imprimeur : 1313T-5.

ISBN 2-07-032673-X / Imprimé en France.